KB106186

인물로 읽는
현대한국정치사상의 흐름

인물로 읽는
현대한국정치사상의 흐름

해방 이후부터 1980년대까지

강정인 · 정승현 · 전재호 외 지음

아카넷

차례

'근대' 그리고 '현대'
한국 정치사상의 흐름

여러 필진이 모여서 만든 책의 서문은 대개 누군가 전체를 대신해서 책의 구성, 전반적 방향, 각 글의 내용 등을 소개하는 것으로 구성된다. 이 서문도 그런 식으로 꾸려갈 것이다. 그런데 이 책은 한국 정치사상에 관심을 갖는 학생이나 일반인을 대상으로 삼고 있다. 이런 내용이 아무래도 낯설 수밖에 없을 것 같은 독자들에게 한국 현대 정치사상에 접근하기 위한 배경지식을 먼저 알려주는 편이 좋겠다는 생각이 들었다. 정치사상도 일정한 역사를 거쳐서 내려오는 것이기 때문에 '현대 한국 정치사상' 이전에 '근대 한국 정치사상의 흐름'을 먼저 알아둘 필요가 있기 때문이다. 서문치고는 다소 내용이 길어지겠지만 경기에 들어가기에 앞서 몸을 푼다고 생각하며 읽어두기를 부탁한다. 우리의 책 제목에는 정치와 사상이라는 학문적 개념, 현대라는 시간 개념, 한국이라는 공간 개념이 하나로 얽혀 있다. 지금부터 이 말을 하나씩 풀어보고자 한다.

1. 근대 한국 정치사상

정치사상이란 무엇인가?

　정치는 인간이 외부 환경에 적응하고 수많은 문제를 처리하는 방식 중 하나이다. 포유류에 속하는 인간은 신체 능력만 놓고 본다면 다른 생물 종(種)에 비해 대단히 뒤떨어진다. 인간은 부족한 능력을 집단이라는 '쪽수'로 극복했다. 단순히 수가 많은 것이 아니라 집단 내에서의 협동과 분업이라는 방식을 통해 일을 체계적으로 처리함으로써 다른 동물에 비해 전략적 우위를 갖춰 생존경쟁에서 살아남은 것이다.

　처음에는 사람들의 '무리'에 불과했을 집단은 점차 그 내부에 어떤 체계성을 갖추고 효과적으로 일을 처리하는 방향으로 발전하였다. 집단은 그 내부에 의사결정을 내리는 결정자, 조직 전체가 잘 운영되도록 보살피는 관리자, 그 결정에 따라 맡은 업무를 처리하는 실행자 등으로 나누어진다. 점차 시간이 지나며 집단은 이와 같은 업무의 결정, 분담, 실행을 규제하는 원칙과 규범을 발전시키며 오래오래 살아남는 방향으로 진화해왔다. 정치는 이처럼 집단을 이루는 사람들 사이의 위계질서를 규정하고, 각 구성원에게 업무와 직책을 할당하며, 그들의 행동 규범을 설정함으로써 사회가 장기적으로 안정되게 유지될 수 있도록 하는 운영과 관리의 기술인 것이다.

　이처럼 정치는 인간이 자신의 집단생활과 조직 운영에 있어서 생기는 문제를 파악하고 해결하려는 시도를 말한다. 정치는 외부환경에 보다 효과적으로 적응하여 집단의 생존능력을 늘리기 위해 인간이 발전시켜온 문화의 일부이다. 정치사상은 정치에 관한 생각을 말한다. 앞에서 말한 사회구성원들의 행동 규범, 사회 운영 원리, 사회 내부의 위계질서 등에 관한 체계적이고 일관된 생각, 그것이 정치사상이다. 인간은 생존을 위해 정치라는 기술, 그리고 그 정치를 운영하는 기본원리로서 정치사상을 고안했고, 언어와 문자를 통해 대대로 전승했던 것이다. 인간의 생존 비법은 이와 같은 사회적 학습 능력의 전승에 있다. 정치와 정치사상은 인간의 사회적 학습을 통해 이어져 온 문화의 한 부분이며 인간이 존재하는 한 계속 이어질 것이다.

정치사상은 넓은 의미에서 정치공동체를 운영하는 기본 프로그램 역할을 한다. 정치사상은 우리가 정치 세계에서 직면하는 복잡한 사건들과 조건들을 바라보는 방식이다. 구체적으로 정치사상은 인간의 정치적 삶에 대한 조건을 설명하고, 사람들이 정치에서 차지하는 자신의 위치를 이해하도록 도와주며, 정치적 행동 강령을 제공한다. 정치사상이 추구하는 목표는 인간의 정치적 삶에 대한 일관되고 체계적인 이해를 제공하는 것이다. 정치사상은 개념적, 설명적, 규범적 차원이라는 세 개의 차원으로 구성되어 있다.

첫째, 정치사상은 인간의 정치적 삶을 이해하기 위한 개념적 틀을 제공하고 발전시킨다. 우리는 국가, 민주주의, 권력, 지배, 정의, 계급 같은 개념을 통해 정치를 이해하는데, 이러한 개념들은 정치사상으로부터 나온 것들이다. 둘째, 정치사상은 정치적 삶이 왜 지금과 같은 특정한 방식으로 구성되어 있으며, 정치 공동체의 상이한 요소들이 어떻게 상호 연관되어 있는지 설명하고자 한다. 즉 한 사회의 정치적 삶을 구성하는 원리와 규범을 설명한다. 셋째, 정치사상은 정치사회가 현재의 방식으로 구성되어 있는 것을 정당화하거나 비판하며, 나아가 바람직한 정치사회에 대한 대안을 제시한다.

이처럼 정치사상은 한 사회의 구성원에게 왜 지금의 상태에 있는지, 무엇이 좋고 나쁜지, 기존의 정치를 어떤 방식으로 보존 혹은 변화시킬 것인지 알려준다. 정치사상에는 인간은 '어떻게 살고 있으며' '어떻게 살아야 하는가'라는 두 가지 문제의식이 결합되어 있다. 전자는 현실에 대한 설명의 경험적 측면이고, 후자는 규범의 측면이다. 정치사상에서는 이 둘이 구분되기 어렵다. 그런 의미에서 정치사상은 규범적인 동시에 실천적이며, 경험적인 동시에 규범적이다.

근대란 무엇인가?

영어권에서 'modern'이라는 단어는 우리말로 근대로 번역되기도 하고 현대로 번역되기도 한다. 한국에서는 보통 근대를 고종 즉위(1863)를 전후로 한 시점을, 현대는 1945년 이후를 가리킨다. 근대는 전통과 반대되는 말인데, 여기에는 그 이전과 '다른 세계', '질적으로 다른 시대'라는 생각이 전제되어 있다. 곧 그때까지 조선이 살아오고 경험해왔던 세계와는 질적으로 다른 시대로 접어들었다는 뜻이다. 이것은 전통사회를 지배했던 정치사상의 인식 틀이 더 이상 통용되기 어려운 시대에 처했다는 말이기도 하다. 이러한 인식을 만든 것은 조선 내부의 모순, 그리고 서구열강의 진출이라는 외부의 충격 때문이었다.

당시 조선은 '민란의 시대'라고 일컬어질 정도로 농민들의 항의와 시위가 이어졌다. 철종 시대에 들어오면 1862년에만 임술민란, 전라도의 장흥민란, 삼남민란, 충청도의 은진민란과 공주민란, 경상도의 상주민란과 진주민란 등이 연이어 터졌다. 이 민란은 마침내 1895년 동학농민혁명으로 절정에 달했다. 철종의 뒤를 이어 고종이 즉위하고, 흥선대원군의 개혁정치가 실시되었지만, 상황은 크게 나아지지 않았다. 관리의 부패, 벼슬을 사고파는 매관매직, 농민에 대한 가혹한 수탈 등은 여전했다.

대외적으로는 서양세력의 연이은 침투와 강화 요구(병인양요, 신미양요), 조선을 자신의 속국인 것처럼 취급하며 사사건건 어깃장을 놓는 중국, 동아시아의 신흥세력으로 떠오르면서 조선에 강화를 요구하는 일본의 위협적 행동(1875, 운요호사건)이 있었다. 조선은 이들과 조약을 맺고 외국에 문을 열 것인지, 아니면 문을 닫아걸고 살 것인지 선택의 기로에 놓여 있었다.

　이러한 시대적 위기의식 속에서 조선의 지식인들은 낡은 사상 틀에서 탈피하고자 했다. 19세기 중반까지—실학자라고 일컬어지는 소수의 지식인을 제외한—조선의 사상가들은 주자학 담론에 몰입해 있었다. 그들이 추구했던 나라는 예와 도의가 가득했다고 알려진 옛날 중국의 주(周)나라였다. 그러나 근대 국면에 접어들자 조선의 대다수 사상가들은 더 이상 중화문명이 아닌 서구의 문명을 준거로 삼고자 했다. 물론 전통적 세계관에 입각하여 서양이나 일본에 대한 문호개방을 완강하게 반대했던 위정척사파도 있었다. 그러나 서구의 압도적 힘 앞에서 대부분의 조선 지식인들은 조선도 서구와 같이 부국강병을 이룩해야 한다는 생각으로 돌아섰다.

　서구에서 일어난 근대화는 근대적 국민국가의 형성, 자본주의에 의한 경제발전, 민족주의에 입각한 사회 통합, 집단에서 분리된 개인의 주체 확립 등으로 요약된다. 조선에서도 표면적으로는 이와 유사하지만, 위기 극복을 위한 노력은 서구의 사상적 자원과 물질문명 기술을 도입하여 근대 민족국가 수립과 상공업 진흥을 통한 경제발전에 집중되었다. 이처럼 서구의 근대성 모델에 따라 조선을 근대화하려는 노력이 시작되는 국면을 근대라고 불렀다.

근대 한국 정치사상

　한 사회를 지배하는 정치사상은 그 사회의 정치적 사유와 행동을 지배하는 패러다임이라고 할 수 있다. 19세기 중반 이전 한국(조선)의 지배적인 정치사상은 유교였다. 그러나 19세기 중반을 전후하여 한국을 포함한 동북아시아 국가들은 근대화를 위해 서구화를 추진할 수밖에 없었고, 이와 함께 서구적 개념, 이론체계, 세계관에 따라 세계를 보고 구성해야 하는 과제에 직면하게 되었다. 19세기 말 이전 조선의 사상가들이 유교적 담론에 몰두했다면, 19세기 말을 분수령으로 그 후 대다수의 사상가는 서구의 근현대 사상을 토대로 삼고 시대의 문제들을 해결하는 데 몰두했다.

근대 한국 정치사상을 지배한 가장 큰 문제의식은 서세동점(西勢東漸)으로 표현되는 서구열강의 침투로 인한 위기의식, 이에 대응하기 위해 조선 사회 내부를 개혁하고 서구적 근대화를 추진해야 한다는 과제였다. 이것은 곧 중화 세계관을 근본으로 삼는 주자학 정치사상이 쇠퇴하고, 조선의 근대화를 가능케 하는 정치이념으로서 서구사상이 본격적으로 수용되었다는 뜻이기도 하다. 조선이라는 정치공동체가 지향하는 목표가 바뀌면서 현실을 설명·평가하며, 앞으로 지향해야 할 방향을 설정하고, 사회 구성원에게 무엇을 해야 할지 알려주는 실천적 규범이 바뀌었던 것이다. 새롭게 도입된 서구의 정치사상이 전통사상과 갈등을 일으키고 융합되면서 새로운 시대를 개척하기 위한 정치적 사유를 발전시켰던 사상의 흐름, 그것을 우리는 근대 한국 정치사상이라고 부른다.

2. 근대 한국 정치사상의 흐름

문명개화의 시대

근대가 열리던 시대에 조선 지식인들의 사상적 대응 방안은 크게 두 가지로 나타났다. 첫째, 이항로, 유인석, 최익현 등을 중심으로 하는 위정척사운동. 둘째, 외국에 문호를 개방하고 서양의 문물을 받아들여 조선을 개혁하려는 개화파가 그것이다. 개화파를 통틀어 문명개화론자라고 부르기도 하는데, 세부적으로는 조선의 옛 제도를 근본으로 삼고 서양의 문물만을 받아들여 부국강병을 꾀하려는 '동도서기파', 조선을 근본적으로 개혁하고 서양의 제도와 기술을 받아들여 근대화를 달성하려는 '전면 서구화론자'로 나뉘었다. 처음에는 위정척사운동이 위세를 떨쳤으나 개방의 물결을 이기지 못하고 사라졌다. 그 이후에는 김윤식 등을 중심으로 하는 동도서기의 논리가 우세했지만, 결국 조선의 정치와 사회를 서구와 같이 개혁하고 근대화를 이룩하자는 '전면 서구화'의 논리가 압도했다. 1880년대가 되면 조선에는 문명개화라는 말이 일대 유행을 하게 된다.

개화 지식인들은 너나 할 것 없이 백성의 사유재산 보호와 자유로운 상공업 활동을 통한 산업의 진흥을 주장했다. 그중에서도 전면 서구화 논리는 특히 서구 근대화를 가능하게 만들었(다고 생각되)던 정치제도와 이념의 측면을 강조하였다. 그들이 보기에 서구문명의 원동력은 경제적으로는 상공업의 진흥(자본주의의 발달), 정치적으로는 민주주의, 이념적으로는 기독교였다. 개화 지식인들은 조선이 근대화하려면 단순히 과학기술의 도입에 그치지 않고 서구문명의 발달을 이끌었던 정치적·정신적 자원을 도입해야 한다고 보았다.

개화 지식인들이 보기에 서구의 정치제도는 법에 따라 공평하게 운영되고, 크고 작은 일들이 의회를 통해 결정됨으로써 군주와 백성이 하나가 되어 나라의 부강을 위해 노력하고, 나라에 위기가 닥치면 상하가 일치단결하여 목숨을 걸고 지키도록 하는 원동력이었다. 이에 따라 그들은 정치제도 면에서는 군민공치(백성과 인민이 함께 통치하는 일종의 입헌군주제) 혹은 공화주의(당시 민주주의를 부르던 이름)를 모색하였다. 물론 백성의 정치참여를 어느 정도 허용하고, 그들에게 어느 정도의 자유와 권리를 부여할 것인지에 대해서는 의견이 달랐다. 또한 백성의 참정권과 저항권을 완전히 인정한 것도 아니었다. 그렇지만 조선은 더 이상 낡은 정치에 매달려서는 안 되고 서구의 정치제도를 따라야 한다는 생각만큼은 같았다.

이러한 생각에 따라 개화 지식인들은 자유, 권리, 법치, 의회, 민주주의 등의 개념을 소개했다. 개화 지식인들은 처음에는 서구의 정치제도 중 군민공치를 가장 이상적인 제도로 꼽았다. 특히 고종이 황제로 있던 대한제국 시절에는 백성의 교육수준이 낮아 '공화주의는 아직 우리에게 맞지 않는 다'고 하면서 군민공치를 주장하는 선에 머물렀다. 유길준의 『서유견문』 이나 박영효가 고종에게 국정 개혁의 청사진으로 제시한 「건백서」에는 모두 영국이나 일본의 입헌군주제를 가장 바람직한 제도로 꼽았다.

반면 서재필이 발행했던 《독립신문》은 미국의 민주주의 정치제도와 부 강을 세계의 으뜸으로 꼽았으며 기독교를 널리 보급하여 애국심이 투철 한 국민으로 만들어야 한다고 주장했다. 이러한 생각은 《독립신문》을 통 해 점차 널리 퍼져나갔다. 이 생각이 폭발한 것은 1898년 독립협회 주도 로 열린 만민공동회였다. 이 운동은 러시아를 비롯한 열강의 이권 침탈에 대항하여 자주독립의 수호와 자유 민권의 신장을 부르짖었는데 참가자들 의 요구 조건 중에는 의회 설립도 포함되어 있었다. 이승만은 이 회의에 서 큰 역할을 했다.

개화 지식인들이 근대화의 이념적 자원으로 주목한 것은 기독교였다. 그들은 기독교의 종교 교리가 아니라 그 정치사회적 파급 효과에 주목했 다. 기독교는 인간의 권리와 자유를 존중하고 재산을 보호함으로써 산업 발전을 이룩하고, 낡은 것을 버리고 새것을 추구하는 개혁과 진취의 정신 을 불어넣으며, 나라에 위급한 일이 생기면 죽기를 각오하고 저항하도록 맞서는 원동력이라는 것이 당시 개화 지식인들의 일반적인 관점이었다. 이러한 생각 역시 넓게 퍼져 1905-1910년의 애국계몽론자들 역시 문명 개화, 좁게는 부국강병과 독립에 공헌하는 종교만이 가치 있는 것이라고 보았다.

이처럼 19세기 말이 되면 문명개화론이 조선을 압도했고, 조선의 지식 인들은 서구 문명국을 모델로 삼고 서구의 정치사상을 받아들였다. 그렇 지만 서구 정치사상이 본래 그 내용 그대로 도입된 것은 아니었다. 사상 은 그것을 받아들이는 사회가 본래부터 가진 전통문화나 사상의 매개를 거칠 수밖에 없다. 또한 그 사상을 받아들인 사회가 처한 상황에 따라 특정한 부분이 강조되거나, 혹은 그 내용을 일부 선택적으로 받아들이거나, 아니면 본래의 내용과 다른 형태로 받아들인다. 이른바 선택적으로 흡수하는 것이다. 조선 역시 마찬가지였다.

개화 지식인들은 권리보다는 의무를, 자유보다는 책임을, 개인보다는 국가에 강조점을 두었다. 개인의 권리와 자유는 그 자체만으로 소중한 것이 아니라 국가의 독립과 번영을 이룩하는 수단으로써 간주되었다. 개인의 권리와 자유는 어디까지나 집단이라는 전체의 생존과 번영에 이바지하는 한도 내에서 보장받아야 하므로 필요한 경우에는 제한될 수 있는 것이었다. 이러한 논리가 최고조로 도달한 것은 1905-1910년의 이른바 자강기 혹은 애국계몽기였다.

애국계몽기

1905년 을사늑약이 체결되며 조선은 일본의 보호국으로 떨어졌다. 을사늑약 문서 첫 부분에는 '한국이 실제로 부강해졌다고 인정될 때까지 이 조약을 약속한다'는 문구가 있었다. 조선의 반발을 무마하려는 기만에 불과했지만, 이 부분은 실력 양성을 통한 국권회복운동이 일어나게 만드는 계기가 되었다. '조선이 문명개화에 성공하여 부강한 나라가 되면 다시 외교권을 찾아올 수 있다'는 말에 희망을 걸고 '실력 양성·국권 회복'을 주장하는 대대적인 운동이 일어났던 것이다.

'자강(自强)운동' 혹은 '애국계몽운동'이라는 이름의 이 운동은 한국이 문명개화에 힘써 부강한 나라가 되자는 운동이었다. 구체적으로는 정치와 법률을 개혁하여 인민의 자유를 보장하고, 교육에 힘써 인민의 지식을 높이며, 산업을 진흥하여 경제를 발전시키고, 군대와 무기를 현대적으로 갖추자는 운동이었다. 신채호, 박은식, 신규식, 장지연 등의 지식인과

《대한매일신보》를 비롯한 언론이 앞장섰다.

1905년 을사늑약부터 1910년 국권침탈에 이르는 시기를 자강운동기 혹은 애국계몽기라고 부른다. 이 시기에는 그 어느 때보다 조선의 문명화가 절실한 과제로 등장했다. 우리 스스로를 강하게 만들자는 '자강'운동이 타오르듯 일어났다. 한국 민족이 주체가 되어 교육과 실업을 진흥함으로써 문화적·경제적 실력을 양성하고 나아가 부국강병을 달성함으로써 국권 회복의 토대를 마련하자는 운동이었다. 당시의 모든 지식인과 언론들은 문명 건설만이 대한을 보존할 수 있는 길임을 의심하지 않았다. 생존경쟁과 우승열패는 역사의 법칙으로 생각되었으며, 이 경쟁에서 이기지 못하면 조선은 멸망의 길로 떨어진다고 강조하였다.

사상적으로 애국계몽운동은 사회진화론을 받아들였다. 사회진화론은 다윈의 진화론을 단순한 형태로 사회와 역사에 적용한 이론이다. 세상의 이치는 생존경쟁이며, 생존경쟁에서 실패한 사람이나 나라는 모두 망할 수밖에 없기 때문에 힘과 실력을 길러 우리도 생존경쟁에서 이기는 강자가 되자는 것이었다. 이것을 '우승열패'(우수한 자는 이기고 열등한 자는 패한다) '적자생존' '생존경쟁'의 논리라고 부른다.

사회진화론은 19세기 중후반 영국에서 크게 유행했는데, 사회 불평등을 정당화하는 데 안성맞춤이었다. 지금 어렵고 가난한 처지에 있는 사람들은 생존경쟁에서 졌기 때문이고, 반대로 부자와 지배계급은 그 경쟁에서 이긴 자들이라고 주장하는 이 논리는 노동계급의 불만을 억누르고 사회개혁을 막는 데 아주 효과적이었다. 또한 이 논리는 대외적으로 서구 열강의 식민지 정복을 정당화하는 데도 더없이 좋았다. 비서구 국가들이 문명화라는 시대적 생존경쟁에서 탈락했기 때문에 강대국의 먹잇감이 되는 것을 정당화시켜주었다.

사회진화론은 중국의 양계초(梁啓超)를 통해 1880년대부터 조선에 소개되었고, 유길준은 「경쟁론」이라는 소론을 쓰기도 했으며, 《독립신문》과

《황성신문》에 의해 적극적으로 수용되었다. 유길준, 윤치호, 서재필 등 대표적인 개화 지식인들을 비롯하여 이승만 역시 사회진화론에 빠져 있었다. 사회진화론에 따르면 생존경쟁에 필요한 지식이나 무기를 갖추지 못하면 그 어떤 개인이나 국가도 바닥으로 떨어질 수밖에 없다. 생존경쟁에서 살아남는 방법은 스스로 실력을 갖추는 것 외에는 없다. 개화 지식인들도 사회진화론을 진리로 받아들이며 조선이 살아남기 위해서는 문명개화에 힘써야 한다고 주장했다.

이 시기에도 서양 문명국과 낙후된 조선(대한)을 철저하게 대립시키며 한국은 서양 문명국이 걸어간 길을 그대로 따라야 한다고 강조했다는 점에서 문명개화론자들과 뜻을 같이했다. 그러면서도 사상적 측면에서는 전보다 훨씬 더 애국, 민족, 희생, 국가 등의 용어가 압도하며 민족주의와 국가주의가 강하게 나타났다.

당시 지식인들은 국권 회복을 위한 첫 번째 과제는 전 국민이 애국심과 민족의식을 갖추는 데 있다고 보았으며, 국민을 각성시키기 위해 언론과 교육을 통해 대대적 계몽사업을 벌였다. 이 시기에 가장 강조된 것은 민족, 국가, 애국이었다. 부국강병을 실현하고 국권을 회복하기 위해서는 한 사람 한 사람이 애국심에 충만한 국민이 되어야 한다는 것이었다. 계몽지식인들은 우선 국민들에게 독립정신을 불어넣고자 했다. 국권은 일본으로 넘어갔지만 그래도 독립과 자유의 정신만 있으면 나라를 지켜낼 수 있다는 생각이었다. 당시 독립정신은 국혼(國魂), 나라의 정신, 대한의 정신, 국수(國粹) 등 다양한 용어로 표현되었지만 그 뜻은 민족정신 혹은 애국심이었다.

이 시기 계몽지식인의 가장 중요한 임무는 어려운 시기를 헤쳐나갈 수 있는 '위대한 민족상'을 구축하는 것이었다. 제국주의에 맞서기 위해서는 민족주의로 무장해야 하며, 그러기 위해서는 한국 민족이 위대하고 신성한 민족이라는 사실을 민족문화와 역사를 통해 재구성하고자 했다. 이것은 한국 민족이 다른 민족(들)과 구별되는 지점은 어디인가, 한국 민족은 어떤 민족인가, 그 정체성의 근거를 어디서 찾을 것인가 하는 물음이었다. 그들은 한국 민족이 '단군'의 피를 이어받은 신성한 민족이라는 담론을 창안하고 유포했다. 단군이 한국 민족의 조상이라는 생각은 조선 시대에도 있었지만 '단군 할아버지'로부터 뻗어 나온 단일민족 신화가 만들어진 것은 이때부터였다.

계몽지식인들은 이 신성한 민족을 어떠한 고난에도 굴하지 않고 승리의 길을 걸어온 민족으로 묘사했다. 한국 민족은 다른 민족들과의 경쟁에서 반드시 승리하여 국가를 확장했으며, 위대한 민족문화를 창조해왔고, 침범을 받으면 반드시 물리쳤다는 자랑스러운 역사로 재구성되었다. 민족의 위대한 역사에 대한 기억에서 이순신, 강감찬, 을지문덕 같은 영웅은 중요한 자리를 차지했고, 민족문화와 고대사의 위대함이 강조되었다. 박은식, 신채호 등의 역사 서술은 이러한 의도로 기획된 것이었다.

한반도에 거주하는 사람들이 중국이나 일본과 다른 언어·관습·역사·영토를 가진 별개의 민족이라는 생각은 예전부터 있었다. 그렇지만 1905년을 전후한 시기에 널리 유통되었던 민족이란 개념은 근대 민족주의를 바탕으로 하는 것이었다. 근대 민족주의에서 민족은 문화·역사·인종 같은 요소의 공통성만으로 성립되지 않는다. 가장 중요한 것은 '민족으로서의 수평적 연대의식'이다. 모든 사회구성원은 민족의 구성 부분으로서 평등한 존재이며 민족의 일원으로서 다른 사람들과 동등한 위치에서 연대하는 것이 바로 근대 민족주의에서 말하는 민족 개념이다.

애국계몽기 지식인들에게 있어 민족주의는 무엇보다 자기 민족은 자기 나라를 스스로 다스려야 한다는 이념이었다. 그들은 국가의 독립을 위해 사회구성원들은 책임과 의무를 나누고 국가 앞에 희생하는 국민이 되어야 한다고 역설했다. 그들도 개인의 자유와 권리를 강조했지만, 그것들은 국가와 민족의 생존을 위해 희생될 수 있는 것이었다. 모든 것은 민족과 국가의 생존 앞에 그 정당성이 판가름되었다. 국가주의의 논리는 애국계몽기 무렵부터 강고하게 자리 잡게 되었다.

1910년 이후

1910년 국권침탈로 나라가 소멸된 이후 국내에 남아 있던 지식인들은 실력양성론을 주장하였다. 무엇이라도 해야 했던 이 시대에 일본 유학생을 중심으로 전개되었던 운동인데, 낡은 사상과 낡은 관습을 개혁함으로써 사회 모든 분야에서 실력을 쌓자는 주장이었다. 그 방법은 교육을 통해 진취적이고 활동적인 근대적 인간으로 개조하고, 산업을 진흥시켜 경제를 발전시키자는 것이었다. 이 운동은 실력이 갖추어지지 않은 상태에서 독립은 불가능하기 때문에 먼저 실력을 기른 후에 독립을 도모하자는 이른바 '선 실력 양성 후 독립론'이었다. 이들의 세계관을 지배한 것도 역시 사회진화론이었다. 약육강식과 우승열패는 20세기의 철칙으로 이해되었고, 살아남기 위해서는 실력을 길러 강자가 되어야 한다는 주장이 지배했다.

실력양성운동은 1919년 3·1운동 이후 한층 강화되었다. 3·1운동이 일어나자 국내에서는 윌슨이 제창한 민족자결주의에 큰 기대를 걸고, 독립에 대한 미국의 지원을 기대했다. 그러나 제1차 세계대전의 뒤처리를 논의하는 파리강화회의(1919-1920)에서 한국 문제는 논의조차 되지 않았다. 3·1운동에 대해서도 미국 국무부 장관은 그것은 일본의 내정 문제이므로 간섭하지 않겠다는 태도를 밝혔다.

1922년 11월에는 워싱턴회의(일명 태평양회의)에서는 미국, 일본, 영국 간의 태평양에서의 군비축소 문제, 중국에서 각국의 이권 조정 문제를 주된 의제로 논의했다. 이 회의에서 한국 문제도 다루어질 것이라는 기대를 했으나 한국 문제는 단 한 번도 논의되지 않았다. 세 나라는 모두 현상 유지를 존중하여 서로의 기득권을 인정하는 선에서 그쳤다. 이런 정황들은 모두 국내의 실력양성론자들에게 조속한 독립에 대한 기대를 포기하도록 만들었다.

3·1운동 이후 일본의 이른바 '문화정치'가 실시되면서 1920년대 초반에는 문화운동이라는 이름으로 실력양성운동이 펼쳐진다. 문화운동은 신교육 보급, 낡은 관습 개혁, 민족자본 육성을 지향하는 운동이었다. 주로 청년회운동, 교육진흥운동, 물산장려운동으로 나타났는데, 운동의 중심 역할은 《동아일보》와 『개벽』이 맡았다. 당시 《동아일보》에서는 송진우, 장덕수, 이광수가 중심이 되어 문화운동을 추진했다.

문화운동은 특히 개인의 인격 완성, 즉 개인의 개조를 궁극 목적으로 하였다. 개인이 낡은 정신에서 벗어나 진취적이고 부지런하며 학문과 산업 활동에 힘쓰는 사람이 되기 위해 정신을 개조하자는 것이었다. 그 대상은 주로 청년들이었는데, 조선의 개조는 청년의 개조에 의해 가능하고, 청년의 개조는 정신 개조에 의해 가능하다는 것이다. 이것이 1922년 즈음에는 한국인의 열등함을 고치자는 민족개조론으로 나타났다. 대표적인 주장이 이광수의 「민족개조론」(1922)이었다.

개인의 개조, 민족의 개조는 개인이나 민족의 열등한 점을 고쳐 실력 있고 강한 민족이 되자는 주장이었는데, 이것 역시 그 밑바탕에는 사회진화론이 깔려 있었다. 세계는 생존경쟁의 원칙에 따라 움직이며, 당분간 독립은 절망적이기 때문에 개인, 더 나아가 민족을 개조하여 실력을 쌓고 독립을 '기다리자'는 생각이었다. 실력양성운동은 1930년대 초에는 자치운동으로 나타났다. 이제 자력으로 독립은 '불가능'하므로 일본의 지배 아래 조선인이 자치권을 획득하자는 것이었다.

전체적으로 일제강점기 식민지 조선에서 전개되었던 실력양성운동, 문화운동, 자치운동은 식민지 권력과의 타협을 전제로 하는 것이었다. '선실력 양성'에서 실력은 식민지 자본주의의 틀 안에서 산업을 진흥시키자는 것이었다. 그들이 목표로 했던 민족자본 육성은 어디까지나 일본의 경제정책 안에서 가능했으며, 그때의 발전은 종속적 발전에 불과했다. 운동이 진행되면서 독립이라는 궁극 목표는 퇴색되었고 타협적 성격이 더욱 더 짙어졌으며 그 연장선에서 자치운동이 나타났다. 만주사변(1931), 중일전쟁(1937)을 거쳐, 태평양전쟁(1941)이 일어난 후에는 이러한 실력양성운동조차 종막을 고하게 된다. 남아 있는 사람들은 일본의 황민화에 추종하면서 종속적 자본주의 발전을 지향하는 노선을 걷게 된다.

1910년대부터 1930년대 중후반까지 실력양성운동의 주도세력은 기본적으로 자유주의 계열에 속한다. 자유주의는 당시 상황에서 충분히 진보적이었다. 개인의 자유와 권리를 강조하고 자본주의 산업화를 강조하는 세력은 조선 내부를 자유주의 원칙에 따라 개혁하겠다는 과제와 맞물려 있었다. 그러나 이들이 주장했던 개인의 자유, 민족의 자유는 식민지 치하에서는 실현될 수 없는 것이었고, 개량과 타협은 자유주의가 갖고 있던 저항정신을 소멸시켰다. 식민지 지배 아래 자유주의는 저항과 진보정신을 상실하고, 순응과 타협으로 바뀌었다. 식민지 자유주의에서 남은 것은 개인의 자유로운 경제활동, 사유재산 보호 같은 자본주의 논리뿐이었다. 김성수, 장덕수, 송진우 등 해방 이후 한국민주당(한민당)의 중심 인물들이 이 계열에 속한다.

다른 한편, 국내에는 일본 제국주의와 타협하지 않고 나름대로 저항운동을 지속했던 여운형, 정치와 일정한 거리를 두고 학문 연구에 주력했던 안재홍 등이 있었다. 이들은 8·15광복 직후 조선건국준비위원회를 조직하며 좌우합작을 이끌어나갔다. 안재홍은 조선건국준비위원회에서 곧 탈퇴했으나 좌우합작운동은 계속해서 추진했다. 두 사람은 해방공간에서 좌우의 극단적 주장에 쏠리지 않고 좌우합작을 통해 분단을 극복하고자 했던 중도파로 남았다.

자유주의 계열이 실력양성운동에 힘을 쏟던 1920년대, 국내에는 공산주의라는 새로운 사상이 유입되기 시작했다. 특히 3·1운동의 실패, 제1차 세계대전 직후 베르사유 강화조약과 워싱턴회의에서 드러난 강대국 위주의 국제질서에 대한 배신감, 세계 약소민족을 지원하는 소련에 대한 기대감이 복합적으로 작용하면서 공산주의는 민족해방운동의 이념적 무기로 등장하였다.

1910-1920년대 일본에는 다이쇼(大正) 데모크라시라는 자유주의 시대가 열렸다. 이 시기에 일본 유학생들이 주축이 되어 공산주의사상이 국내에 도입되었다. 마침내 1925년 4월 17일 박헌영, 김단야, 조봉암, 김재봉, 김약수, 김찬 등이 중심이 된 조선공산당이 정식으로 세워졌다. 조선공산당은 끈질기게 활동을 이어갔지만 1928년 제4차 조선공산당이 와해되면서 조선에는 더 이상 공산당이 존재하지 않았다. 그 이후 공산주의자들은 지하에서 활동하며 공산당 재건에 노력을 기울이다가 해방을 맞이하게 되었다.

서구에서 사회주의는 노동계급의 해방이념으로 출발했지만, 한국에서는 독립을 달성하고 미래의 바람직한 정치질서를 만드는 민족해방·근대화·민족국가 건설의 이념으로서 수용되었다. 이름도 사회주의가 아니라 공산주의였다. 일제강점기부터 국내의 공산주의자들은 반제국주의·반봉건 민주주의 혁명론을 내세웠다. 즉 식민지 치하에서는 일본 제국주의와 투쟁하고, 해방 후에는 제국주의의 잔재와 내부의 봉건적 요소, 예를 들면 소작제, 전통적 신분 관계, 낡은 풍습 등을 씻어내고 근대적인 사회경제 구조를 발전시킴으로써 사회주의를 향해 나아간다는 주장이었다. 여기에는 친일파 및 민족 반역자에 대한 숙청, 일본인과 민족 반역자 소유 토지에 대한 몰수, 농민의 토지 분배, 일본 식민주의자로부터 토지·산림·지하자원·공장·은행 등을 몰수하고 국유화하여 국가 관리에 넘기는 것 등이 포함되어 있었다.

이 혁명론은 일본과 타협하며 국내에서 재산 축적을 했던 자본가계급,

일본 제국주의 전쟁에 적극적으로 협조하며 친일 행각을 벌였던 사람들에게는 매우 위협적이었다. 더구나 조선의 공산주의자들과 우파는 1920년대 물산장려운동 때부터 해방될 때까지 서로를 불신했다. 해방공간에서 좌우의 대립은 피할 수 없었다.

마지막으로 중국이나 미국으로 망명을 떠났던 세력들이 있었다. 3·1운동 직후 상해에 대한민국 임시정부가 수립되며 해외 독립운동의 구심점이 마련되었다. 상해 임시정부는 1919년 4월 '대한민국 임시헌장' 제1조에서 '대한민국은 민주공화제'라고 선언했다. 임시정부는 몇 차례 소재지를 옮기는 등 어려운 시절을 보냈다. 그러는 과정에서 공산주의자들은 임시정부에서 떨어져 나왔고, 김구, 조소앙, 학병에서 탈출하여 임시정부에 합류한 장준하 등은 끝까지 임시정부를 지켰다.

임시정부의 주요 인물 중 김구, 조소앙 등은 기본적으로 전통 유학에 바탕을 두고 서구 민주주의를 흡수하였다. 임시정부는 삼균주의를 이념적 기반으로 삼았는데, 1941년 조소앙이 삼균주의에 기초한 건국강령은 1948년 대한민국 헌법에 반영되었다. 김구와 조소앙은 민주주의와 자본주의를 기본으로 삼고 전체 국민의 평등을 중시하며 도덕과 경제가 조화를 이루는 정치체제를 만들고자 했다. 기본적으로 반공 입장을 갖고 있던 조소앙과 김구는 처음에는 이승만과 뜻을 같이했지만, 남한 단독정부 수립이 가시화되면서 남북협상을 추진하며 중도파가 되었다.

다른 한편 미국에서 외교독립론을 주장하였던 이승만은 해방 후 조국을 미국식 민주주의와 자본주의 경제에 입각한 반공 국가로 설계하고자 했다. 그는 젊은 시절부터 이미 미국식 정치사회제도와 기독교에 깊이 기울어 있었고, 미국 체류 시절부터 공산주의를 반대했다. 임시정부와는 무장투쟁과 외교독립론을 놓고 계속 갈등을 벌였다. 이승만은 반공·자본주의·친미 측면에서 장덕수를 비롯한 국내 자유주의세력들과 이념적 공통분모를 갖고 있었다.

이처럼 해방에 이르기까지 국내에는 여러 정치사상에 입각한 세력들이 형성되어 있었다. 박헌영을 중심으로 하는 공산주의, 김구·조소앙 등 전통 유학을 바탕으로 민주주의와 자본주의를 지향하면서도 도의와 평등을 강조하는 사상, 여운형·안재홍 등 좌우합작을 추진하며 중도파 노선을 걸었던 인물들, 철저한 반공과 미국식 정치사회제도를 추종하는 이승만, 일본 제국주의에 대해 타협 노선을 펼쳤던 김성수·장덕수·송진우 등의 자유주의세력이 현대를 향하는 길목에서 만나게 되었던 것이다.

근대 한국 정치사상의 특징

지금까지는 근대 한국 정치사상의 흐름을 역사적 순서에 따라 정리했다. 우리가 지금 다루는 현대 한국 정치사상이 어떤 역사적 계기에서 출발했고, 어떤 내용을 중심으로 발전되었으며, 그 흐름이 현대의 문턱에서 어떻게 합류하게 되었는지를 설명하기 위함이다. 이러한 내용을 통해 근대 한국 정치사상의 특징을 다음과 같이 정리하고자 한다.

첫째, 근대 한국에서는 사상 혁신의 계기가 외부로부터 유입됐다. 근대 한국 정치사상은 자체 개혁을 추동하는 데 실패한 전통사상에 대한 반발, 그리고 예의를 숭상하는 도덕국가로부터 부국강병이라는 문제의식의 근본적 전환에서 비롯된 것이었다. 근대 한국 정치사상은 자체 개혁을 추동하는 데 실패한 전통 정치사상 대신 부국강병을 가능하게 만드는 서구의 사상적 자원을 바탕으로 삼았다.

둘째, 기본적으로 서구중심주의를 바탕에 깔고 있었다. 당시 조선에 들어왔던 서구사상들은 서구는 인류의 발전을 대변하는 모범이며, 서구 이외의 지역은 서구가 걸었던 길을 따라가야만 한다는 서구중심주의를 내재하고 있었다. 이런 생각에 따르면 서구는 인류문명의 주요 가치를 대변하며 모든 인류의 미래이기 때문에 조선은 서구가 보여준 근대화의 길을 걸어가야 한다. 그 모델은 이승만을 비롯한 자유주의자들에게는 미국, 공산주의자에게는 소련이었지만, 공통점은 둘 다 '선진국'이라는 점이었다. 서구 선진국 모델을 향해 나아가야 한다는 우리의 강박관념의 시초는 여기서 시작됐다고 할 수 있을 것이다.

셋째, 사상의 특정 부분이 강조되었다. 외부로부터 들어온 사상은 그것을 받아들이는 사회가 본래부터 가진 전통문화나 사상의 매개를 거칠 수밖에 없다. 또한 그 사상을 받아들인 사회가 처한 상황에 따라 특정한 부분이 강조되거나 혹은 그 내용 중 일부가 선택적으로 받아들여진다. 근대한국 정치사상은 부국강병을 위해 개인의 자유와 권리, 민주주의를 강조했지만 실제 그 내용은 서구의 그것과는 너무나 달랐다. 무엇보다 강조된 것은 국가의 자유와 권리, 즉 국권(國權)이었다. 개인의 권리와 자유는 그 자체로 소중한 것이 아니라 국가의 독립과 발전을 이룩하는 수단으로 간주되었다. 그것들은 국가의 생존과 번영에 이바지하는 한도 내에서 보장받아야 하며 필요한 경우에는 제한될 수 있다는 것이었다. 강조점은 권리보다는 의무에, 자유보다는 책임에, 개인보다는 국가에 있었다.

넷째, 근대 한국 정치사상들은 모두 민족주의를 기반으로 삼았다. 민족주의는 보통 '민족을 으뜸에 놓고 그 독립과 발전을 이룩하려는 사상이나 운동'을 말한다. 근대 한국 정치사상을 이끌어온 기본동력은 외세의 위협 앞에 국가의 독립을 확보하려는 노력이었다. 일본에 의한 식민지 경험은 민족의 사활을 그 어느 것보다 높이 떠받들도록 만들었다. 민족주의는 모든 정치사상의 공통분모인 동시에 모든 정치세력의 정통성을 평가하는 기준으로 정립되었다. 즉 민족주의가 여타 이데올로기를 압도하는 '최상의 이데올로기' 또는 '이념 중의 이념'으로 군림하였다. 우리는 이것을 '민족주의의 신성화'라고 부른다.

3. 현대 한국 정치사상의 흐름

역사학에서는 한국 현대를 보통 1945년 해방 이후로 잡는다. 현대는 결국 근대의 연속이다. 한국 정치사상은 근대 정치사상의 문제의식을 일정 부분 계승한 동시에 새로운 시대가 제기한 문제들을 해결하려는 이념적 노력을 말한다. 해방 이후 한국 정치의 과제는 민족국가 건설, 민주주의 실현, 근대화, 통일 네 가지였다. 앞의 셋은 근대 정치사상부터 이어진 문제의식이었지만 통일은 전혀 새로운 단어였다. 본래 공통의 언어, 관습, 인종 같은 민족적 요소를 공유하고 있던 한반도의 거주민들은 1945년 이후 남과 북의 분단이라는 현상에 직면하게 되었다. 이로 인해 현대 한국은 근대화와 민주주의의 실현이라는 본래의 과제에 더해 통일민족국가 완성이라는 숙제까지 떠안게 되었다.

이 문제를 둘러싸고 이념적으로는 이승만·김구·한국민주당의 우파, 박헌영·조선공산당의 좌파, 김규식·여운형 등의 중도파로 나누어졌다. 1946년 이후 좌우 대립이 격화되며 남한 단독정부 수립이 가시화되자 이승만·한국민주당의 우파, 김구·김규식·조소앙 등 중도파, 박헌영·조선공산당의 좌파로 다시 나누어졌다. 결국 우파 노선이 승리하며 좌파는 남한에서 궤멸하였고 중도파는 정치세력으로서 힘을 상실했다. 그 이후 한반도 남쪽에는 자본주의와 민주주의를 근간으로 하는 '대한민국'이 세워졌다. 이 질서는 6·25전쟁을 겪으며 한층 더 경직된 반공 권위주의 체제로 전환되었다. 조봉암과 진보당은 당시의 보수적 지배질서에 맞서 사회민주주의·평화통일 노선을 들고나왔는데, 이것은 한국 정치에서 최초로 진보와 보수의 대립이 마련된 계기이기도 했다.

이승만 정권이 붕괴되었지만 곧이어 5·16 군사쿠데타가 발생하고 그 이후 18년 동안 박정희 시대로 접어들었다. 박정희 정권은 조국 근대화를 기치로 내걸고 북한의 위협에 맞서 안보를 확보하고 국민의 민생을 확보하기 위해서는 근대화를 달성해야 한다고 주장하면서 강력한 리더십과 효율적인 통치를 강조하였다. 그는 국가와 민족의 번영 및 발전이 우선이라고 주장하고, '한국적 민주주의'를 내세웠다. 이승만 정권 시절부터 권위주의 정권을 치장하는 이념으로 변질되었던 자유민주주의는 박정희 정권 아래서 그러한 성격이 한층 더 강화되었다.

1970년대는 이러한 박정희 정권에 맞서 민주주의와 통일을 전면에 내세운 민주화운동이 나타났다. 함석헌, 장준하, 당시의 야당이었던 민주당 등을 중심으로 하는 민주화운동은 한국에 진정한 자유민주주의의 실현을 주장했다. 여기에 통일이 저항 자유주의의 중요한 의제로 추가되었다. 특히 이승만, 박정희 등 집권세력이 통일에 수동적이고 소극적이었기 때문에 통일은 저항과 진보를 상징하는 하나의 단어가 되었다. 장준하는 민족, 통일, 민주주의를 하나로 연결하여 집권세력에 저항했다.

박정희 사망 이후 1980년대에 한국 사회는 새로운 문제들을 접하게 되었다. 한편으로는 개인의 자유와 권리를 중요한 가치로 내세우고 민주주의의 실현을 주장하는 민주화운동, 그리고 박정희 시절에는 본격적으로 꺼내기 어려웠던 통일운동이 전면에 등장했다. 다른 한편으로 한국 사회는 급격한 자본주의로 인해 사회 불평등, 환경파괴, 물질만능 가치관 등 공동체의 위기라는 문제가 대두되었다. 이영희, 박현채, 문익환, 장일순 등은 이러한 80년대 상황을 대변하는 인물들이다.

이처럼 해방 이후 1980년대에 이르는 시기는 민족국가, 근대화, 민주주의, 통일에 대한 여러 생각이 서로 충돌하고 대립한 시기였다. 이러한 사상들의 밑바닥에는 민족주의가 공통으로 자리 잡고 있었다. 해방 이후 한국의 모든 정치이념은 자신이 민족의 발전과 번영에 이바지하는 사상이라는 것을 강조했다. 공산주의자들은 이승만과 국내 자유주의자들을 가리켜 '친일 반역자'로 몰아붙였고, 자유주의자들 역시 공산주의자들을 향해 '조국을 소련에 갖다 바치는 자', '민족 반역자'라고 공격했다.

분단 이후 통일이 강조되면서 저항세력은 분단 정부 수립에 앞장섰던 이승만과 한민당 세력을 '반민족주의자'라고 비판했다. 조봉암은 민주당을 비롯한 기득권 세력을 일제강점기에 일본에 협조하고 해방 후에는 미군정과 결탁한 반민족주의라는 점을 강조했다. 장준하는 일본군을 탈출한 자신을 민족주의자로 부각시키며 박정희와 대비시켰고, 박정희는 자신이 추진하는 근대화가 '민족중흥의 사업'이라고 강조했다. 문익환 등 통일운동을 추진하던 인물들 역시 자신들의 행동을 민족주의로 정당화시켰다. 1980년대 학생들의 저항이념 역시 민족·민중·민주 이른바 삼민을 내세웠다. 곧 민족주의가 여타의 모든 이념의 정당성을 규정하는 최상의 이념으로 군림하는 민족주의의 신성화가 현대에서도 지속되었던 것이다. 이 책은 민족국가의 건설, 민주화, 근대화, 통일이라는 현대 한국 정치의 과제를 위해 분투했던 사람들의 사상에 대한 해설이다.

보통 정치사상사에 관한 서술 방식은 크게 두 가지로 나누어진다. 자유주의, 보수주의, 급진주의와 같이 사상의 큰 줄기에 따라 나누는 방식, 혹은 각 사상의 대표적인 인물을 중심으로 풀어가는 방식이 그것이다. 우리들은 고심 끝에 후자를 택했다. 이들은 현대 한국 정치의 중요한 사상적 흐름인 보수주의, 자유주의, 급진주의의 뿌리에 해당한다. 우리는 이들 사상의 뿌리를 파악함으로써 그 이후에 이들로부터 뻗어가는 줄기와 물길의 흐름을 전체적으로 이해할 수 있으리라고 기대한다.

각 글은 먼저 해당 인물의 사상이 현대 한국 정치사상에서 어떤 위치를 차지하고 또 오늘날에는 어떤 의미가 있는지 서술했다. 이어서 각 인물의 생애를 간략하게 서술한 후 그들의 사상을 설명하고 평가하는 순서로 글을 구성하였다. 마지막으로 각 인물에 대해 더욱 깊은 이해를 위해 필요한 기본적인 자료와 더 읽으면 좋은 문헌을 덧붙였다. 그러면 여기에 수록된 글들을 간략하게 살펴보기로 하자.

1부는 '해방공간의 두 노선'이라는 큰 제목 아래 김구와 이승만의 정치 사상을 다루었다.

1장은 김구의 사회 인식과 민족주의라는 제목으로 백범의 정치사상을 설명했다. 이 글은 다른 글들과 달리 김구의 생애를 별도 항목으로 넣지 않고 초기, 중기, 후기 사상을 설명하는 첫머리에 배치하여 설명했다. 김구 정치사상의 성립과 발전은 그의 생애와 따로 떼어내 설명하기 어렵다는 판단에서였다. 보통 김구의 정치사상을 다루는 글들은 해방 이후 남북협상에 초점을 두고 그의 민족주의에 초점을 맞추는 방식을 취하였다.

반면 이 글은 김구의 정치사상이 확립된 과정을 추적하며 그의 정치사상의 바탕을 유교 명분론으로 파악하였다. 수많은 어려움을 견디며 임시정부를 끝까지 지킨 일, 상황이 이미 기울었음을 알면서도 남북협상의 길을 택한 것은 바로 이와 같은 명분과 의리의 정치사상에서 비롯되었다는 것이다. 필자 양윤모는 김구의 평생에 걸친 행적을 떠받친 사상적 바탕을 설명하는 데 중점을 두었기 때문에 해방 이후의 행적에 대해서는 상대적으로 비중을 적게 할애했다.

2장은 해방 이후 한국의 지배이념으로 자리 잡은 자유민주주의의 원류로 이승만의 정치사상을 설명했다. 이 글은 서구 정치사상의 한국화라는 문제의식에서 개화기 이래 도입된 서구 자유주의가 보수적 자유주의로 변모·정착된 궤적을 이승만을 통해 추적하였다. 필자 정승현·전재호는 이승만의 친미·반공 노선의 배경을 사회진화론, 미국에 대한 신뢰, 임시정부 시절 공산주의자들과의 갈등 등으로 나누어 설명하고자 했다. 이 글은 이승만의 친미·반공·자본주의 노선이 형성되는 역사적 궤적과 그 내용을 설명하는 데 중점을 두었기 때문에 해방 이후 그의 행적이나 발언에는 비중을 적게 두었다.

2부는 김성수·송진우·장덕수와 한국민주당을 중심으로 한국 보수주의의 기원을 분석하는 글이다. 흔히 한국 정치의 이념적 대립 구도를 진보와 보수로 꼽지만 막상 한국 보수주의의 기원을 설명한 글은 많지 않다. 필자 서희경은 한국 보수세력의 원류라고 꼽을 수 있는 김성수·송진우·장덕수와 한국민주당의 정치이념을 살펴봄으로써 한국 보수주의 정치이념의 역사적 기원을 검토하였다. 이 글은 한국 보수주의의 정치이념을 자유주의·자본주의·반공·문화민족주의 등으로 설정하고, 1920년대 《동아일보》계열 우익 인사들의 정치이념과 해방 후 한민당의 정치이념을 연속적인 관점에서 접근하고 있다. 필자는 한국 보수주의 정치이념의 역사적 배경과 그 사상적 내용을 설명하는 데 초점을 두며, 한국 보수주의가 '반공'에 기반을 둔 자유민주주의와 '국가의 적극적 개입'을 수용한 자본주의로 변용·강화되었음을 지적했다.

3부에서는 급진사상을 다루었다. 이 책에서 급진사상은 친미·반공·자본주의를 기반으로 하는 질서를 넘어 새로운 대안을 지향하는 이념을 말한다. 일제강점기와 해방공간의 공산주의, 사회민주주의를 지향했던 1950년대 조봉암과 진보당, 1980년대 운동권의 사회주의 혁명론, 2000년대 이후 민주노동당과 정의당 등의 이념이 여기에 속한다.

4장은 일제강점기 국내 공산주의운동과 박헌영, 해방공간에서의 조선공산당과 박헌영, 북한 체류 이후 박헌영으로 나누어 박헌영의 정치사상을 설명하였다. 해방공간에서 공산주의자들은 노동자·농민이 중심이 되어 도시 소시민과 지식인 및 양심 있는 지주·자본가와 광범위한 혁명 전선을 결성하고, 이를 바탕으로 점차 '노동자 농민의 민주주의적 독재정권'으로 발전시켜 사회주의혁명으로 나아갈 수 있는 전제조건을 만들어나갈 것을 주장했다. 이 글은 이와 같은 노선이 확립된 과정을 추적하고, 해방공간에서 좌파가 구사했던 민족주의 담론을 분석함으로써 민족주의와 공산주의를 결합시키고자 했던 공산주의자들의 시도를 파악하는 데 중점을 두었다.

5장은 1950년대 이승만 정권 아래 공산주의자로 몰려 사형을 당했던 조봉암에 대해 다루었다. 이 글은 조봉암·진보당의 사회민주주의, 평화통일, 피해대중 노선이 성립된 계기와 그 내용을 설명하면서 당대의 맥락에서 진보와 보수가 어떻게 평가되었는지 밝히고자 했다. 필자 정승현은 특히 진보와 보수가 고정된 내용을 갖는 이념이 아니라 시대와 상황에 따라 상대방의 논리와 문제의식을 적절하게 흡수하면서 내용을 바꾸어가는 이념임을 강조하며, 한국 정치사에서 진보와 보수의 이른바 담론 역전을 보여주고자 했다.

4부에서는 중도파와 민족주의사상을 다루었다. 중도파는 해방공간에서 좌우합작을 통해 통일민족 국가를 실현하고자 했던 세력과 그들의 이념을 말한다. 그들에게 공통적으로 볼 수 있는 점은 특정 이념보다 독립과 국가 건설이라는 민족적 과제를 우선적으로 했다는 점, 그리고 좌우의 극단을 지양하고 양자를 중간에서 수렴시키려 했다는 점이다. 이들의 사상은 비록 해방공간에서는 실패했지만 한반도 평화를 적극 추진하고 있는 현재의 시점에서 좌우의 화합과 공존을 지향하는 사상적 토대로서 다시 검토될 필요가 있다.

중도파 중 조소앙과 안재홍은 한국의 역사적 전통이나 고유한 이념 혹은 유교 정치사상 같은 전통적 자원으로부터 주요 개념들과 체계를 발굴하고, 이를 통해 전통사상을 쇄신하여 새로운 시대에 적응할 수 있는 이론으로 탈바꿈시키고자 했다. 우리는 이것을 '전통사상의 혁신' 혹은 '전통사상의 현대화'라고 부른다. 조소앙과 안재홍은 이와 같은 시도를 보여주는 대표적인 인물이며, 그런 점에서 현대 한국 정치사상의 흐름에서 중요한 위치를 차지하고 있다.

6장은 일제강점기에는 비타협적인 독립운동가로서, 해방공간에서는 조선의 자주적이고 독립적인 통일정부를 구성하기 위해 건준, 인민당, 근로

인민당 등을 결성하고 좌우합작운동을 전개했던 여운형을 다루었다. 필자 전재호는 여운형이 급진주의를 한국적 맥락에서 독특하게 변용시킨 사상가로서 민족을 중심에 놓으면서도 일반 대중의 정치 참여에 의한 민주주의를 구상했던 민족주의자이자 '진보적' 민주주의자였음을 부각시켰다. 이 글은 여운형이 구상했던 새로운 민주주의는 주요 산업시설의 국영화, 계획경제 제도 도입, 노동자 중심의 기업 관리 등 사회주의적 요소를 지니고 있었지만, 이런 내용은 김구를 비롯한 우파세력에도 공유되었음을 지적하면서, 여운형을 중도 좌파 또는 민족주의 좌파로 평가했다.

7장은 안재홍의 '다사리주의'와 '순정우익' 노선을 다루었다. 다사리주의는 민족의 단결을 통해 자아의 생존과 발전을 도모하면서도 '인류 공존'을 지향하는 안재홍의 독특한 이념이다. 필자 이상익은 안재홍이 민족적 정체성과 주체성을 근본으로 삼고 정치·경제·문화에서 균등주의를 지향하며 자본주의와 공산주의를 극복하는 민족자주 노선을 확립하고자 했음을 강조했다. 이 글은 특히 안재홍의 사상이 민족의 전통을 발굴하고 그것을 현대적으로 재해석함으로써 정치사상의 토대로 삼으려 했다는 점에서 '전통사상의 현대화'의 중요한 사례였음을 밝히고자 했다.

8장은 조소앙의 사상을 한국의 민주공화주의의 기원으로 파악하고 '전통사상의 혁신'이라는 측면, 그리고 그의 사상이 현재 갖는 의미라는 두 측면에서 설명했다. 이 글은 삼균주의와 민주공화주의의 관계를 설명하며 한국의 건국이념으로서 삼균주의를 부각시켰다. 또한 필자들은 현재 진보와 보수의 격렬한 이념 대립을 불러일으키고 있는 불평등 해소와 사회개혁 문제를 합리적 토론의 장으로 끌어들이는 자원으로 조소앙의 사상이 활용될 수 있음을 기본소득 논의를 통해 강조했다.

5부는 1970년대의 정치사상에 대해 다루었다. 박정희, 함석헌, 장준하 세 인물을 통해 70년대의 지배적인 사상의 흐름을 포착하려 했다. 우리는

1970년대의 정치사상의 한 축을 당시 한국의 모든 사회구성원에게 깊은 영향을 끼쳤던 지배이념으로써 박정희의 정치사상에 두었다. 그리고 또 다른 축은 권위주의 정권에 맞서 자유민주주의의 실현을 외쳤던 저항 자유주의자 장준하, 씨올이라는 독특한 개념을 통해 자본주의를 비판하고 생명과 환경사상을 열었던 함석헌에게 두었다. 우리는 이들을 통해 1970년대에는 권위주의 국가주의사상, 저항 자유주의, 생명과 환경을 지향하는 대안 공동체사상이 마련되었던 시기였음을 보여주고자 했다.

9장은 박정희의 정치사상을 '한국적 국가주의'라는 틀에서 설명하고 있다. 필자는 박정희를 영웅이나 독재자라는 단편적 평가에서 벗어나 '박정희식 개발독재 패러다임'으로 접근할 것을 제안하고 있다. 이 패러다임에서 국가적 목표를 수립하고 실행하는 데 있어 강력한 지도자로서의 리더십과 이에 따른 국가주의적이고 권위주의적 통치는 필수 불가결한 것으로 인식되었다. 필자 강정인은 박정희의 정치사상은 박정희가 그 패러다임을 실천에 옮기는 과정에서 국가적 목표의 수립과 실행 그리고 강력한 리더십의 행사를 정당화하기 위해 생산한 정치적 담론이라고 파악하였다. 이 글은 박정희의 정치사상을 규정하는 핵심 단어를 국가주의로 파악하며, 그것을 '정치적 국가주의', '정치경제적 국가주의', '대외적 국가주의'라는 세 측면에서 살펴보았다. 아울러 박정희의 정치사상은 장기집권 과정을 통해 보수우익세력은 물론 일반 국민에게도 광범위하게 확산되고 깊숙이 침투해 보편화되었다는 점에서 당대의 '지배 이데올로기'였음을 지적하였다.

10장은 함석헌의 정치사상을 민주주의사상, 그리고 생명 · 환경사상의 두 측면에서 접근하였다. 필자는 종교적 바탕 위에서 민중, 생명, 환경, 민주를 강조하는 함석헌 사상의 한계, 그리고 지금까지 이어져 오는 함석헌의 영향력을 지적하였다. 필자 이상록은 함석헌에게 민주주의는 '도덕적 주체로서의 민중'이 행하는 자치, 즉 '씨올'로써 민중이 주인이 되는 일종

의 집단적 자기 통치 상태라고 지적한다. 이 부분에서는 함석헌 사상의
종교적·도덕적 차원을 지적하며 그 현실적 한계를 비판하였다. 그리고
현대문명의 반인간적·반공동체적 속성을 비판하며 생명과 환경사상을
역설했던 함석헌 사상의 또 다른 측면은 1990년대 이후 새로운 비판적
사유와 삶의 방식을 구성하는 데 이바지하였다고 결론지었다.

11장은 장준하의 정치사상을 민족주의, 민주주의, 정치평론 세 차원에
서 설명하였다. 이 글은 한국 자유주의의 또 다른 측면, 즉 집권세력의 보
수적 자유주의에 맞서는 저항 자유주의를 장준하 정치사상의 큰 축으로
설정하였다. 장준하는 민족의 자주와 통일을 최고의 가치로 내세우며 박
정희 정권에 맞서 민주화운동을 이끌었다. 필자 김대영은『사상계』를 통
해 당시의 중요한 정치적 이슈에 관한 비판적 의견을 밝혔던 정치평론가
로서의 장준하, 민족자주와 통일을 최고의 가치로 내세웠던 민족주의자
로서의 장준하, 민주화운동의 구심점으로서의 장준하로 구분하여 그의
정치사상을 풀어나갔다. 그리고 민족주의가 21세기 국면에서 보다 개방
적인 내용으로 수정되어야 함을 지적하였다.

마지막 6부는 80년대의 사상의 조류를 리영희, 박현채, 문익환, 장일순
을 중심으로 설명했다. 1980년대에는 전두환·노태우에 저항하는 민주화
운동이 전국을 뒤덮었지만, 사상적으로는 다양한 흐름이 진행되었다. 필
자 이나미는 1970년대 이래 학생들에게 이른바 '의식화'의 원천이었던 리
영희, 민족경제론을 내세우며 1980년대 사회구성체 논쟁의 한 축을 이루
었던 박현채, 통일운동을 위해 헌신했던 문익환, 생명과 환경사상을 마련
했던 장일순을 그 대표적인 인물로 꼽았다. 그리고 이들의 사상을 간략하
게 설명하면서 1980년대가 다양한 사상의 흐름들로 이어지면서 그 이후
로 새로운 물줄기를 흘려보냈던 시대였음을 보여주었다.

처음에는 간단한 해설을 쓰고자 했는데, 의도치 않게 이렇게 긴 서문이 되고 말았다. 마지막으로 이 책이 출간된 상황을 간단하게 언급하고자 한다.

서강대학교 정치외교학과의 강정인 교수를 중심으로 한 연구팀은 2011년부터 한국 연구재단의 SSK 지원사업 대상자로 선정되어 일련의 연구를 수행해왔다. 각각 3년 기한으로 정해져 있는 소형, 중형 단계를 지나 이제 대형 단계로 접어들었다. 대형 단계에서는 '서강대학교 글로컬한국정치사상연구소'(이하 연구소)를 2017년 설립하였다. 연구소는 현대 한국 정치사상의 재구성, 동아시아 현대 정치사상의 서구중심주의 극복 시도, 비교 정치사상을 통한 탈서구 중심주의 이론과 개념의 심화·확충, 탈서구 중심적 미래사상이라는 네 가지 방향에서 연구를 추진하고 있다. 이 책은 현대 한국 정치사상에 관한 교재를 개발하고, 학생과 일반 독자에게 널리 읽혀 우리의 연구 성과를 확산할 수 있는 계기로 삼으려는 계획의 일환으로 기획되었다.

이를 위해 먼저 각 분야의 전문가들을 물색했다. 이 책에서 다루는 각 사상가에 관해 최고의 글을 기고한 전문가들을 찾아 집필을 의뢰했다. 학술지에 논문을 등재해야 업적으로 인정받는 시대인 만큼 딱히 내키지 않는 일이었겠지만 우리 연구소의 취지에 동감하며 흔쾌히 집필을 맡아주셨다. 또 기획진이 미처 생각하지 못했던 부분을 지적하여 책의 내용이 보다 풍성해질 수 있도록 많은 도움을 주었다. 이 책은 각 전문가가 기존에 발표했던 학술 논문을 다듬고 재구성한 글들의 모음이지만, 결과적으로 각각의 글은 완전히 새롭게 만들어졌다고 해도 좋을 것이다. 필진의 노고에 깊이 감사드린다.

서강대학교 정치외교학과 대학원의 이종원은 각 글을 통일된 편집 체제에 맞게 다듬었다. 학술지 출간이 어려운 시대에 아카넷 출판사는 이 책의 출판을 맡아주었다. 이 모든 분에게 깊은 감사의 마음을 전한다. 마지막으로 이 작업은 한국연구재단의 SSK 지원사업 덕택으로 가능했다는 점을 알려드리고자 다음과 같은 문구를 추가하고자 한다.

"이 저서는 2017년 대한민국 교육부와 한국연구재단의 지원을 받아 수행된 연구임(NRF-2017S1A3A2065772)."

집필자들을 대신하여

정승현

1부

해방공간의 두 노선

1

김구

백범 김구의 사회 인식과 민족주의

양윤모

1. 타협 없는 민족주의자

2019년은 3·1운동과 대한민국 임시정부(이하 '임시정부') 수립 100주년
이 되는 해이다. 이를 기념하기 위해 많은 지방자치단체와 관련 기관 등
에서 그 숫자만큼이나 많은 기념행사가 진행되었다. 이는 그만큼 두 사건
이 한국 현대사에서 차지하는 비중이 크다는 것을 입증한다.

특히 1987년 제정된 현행 헌법에서 3·1운동과 임시정부가 동시에 언
급되면서부터는 그 사건의 중요성이 더욱 부각되었다. 물론 지금도 대한
민국의 출발이 언제부터인가를 놓고 첨예한 대립이 있는 게 사실이다. 법
적, 학문적 논쟁뿐만 아니라 현실적인 이념적·사회적·계급적 위치에 따
라서도 각기 다른 입장을 취하고 있기 때문이다.

그런데 1948년 7월 12일 제정된 첫 번째 헌법 전문(前文)을 보면 이에

대한 답이 아주 명확하게 나와 있다. "유구한 역사와 전통에 빛나는 우리들 대한국민은 **기미 삼일운동으로 대한민국을 건립하여 세계에 선포한 위대한 독립정신을 계승하여 이제 민주독립국가를 재건**함에 있어서"로 시작되는 제헌헌법을 존중한다면, 대한민국의 출발에 대해 크게 왈가왈부할 필요가 없을 듯하다. 이런 내용을 제정한 제헌의원들은 대부분 독립운동과 일제 침략에 저항했던 인물들이고, 당시의 제헌의회 의장은 이승만이었다.

이러한 제헌헌법의 전문을 가장 모범적으로 계승한 것이 바로 현재의 헌법이다. "유구한 역사와 전통에 빛나는 우리 대한국민은 **3·1운동으로 건립된 대한민국 임시정부의 법통**과 불의에 항거한 4·19 민주이념을 **계승하고**"로 시작하는 지금의 헌법은 제헌헌법 전문 내용에서 한걸음 더 나아가, 아예 대한민국은 임시정부를 계승한다고 못 박고 있다.

이런 헌법 아래서 대한민국의 출발이 언제인지가 논의의 대상이 되고 있다는 것 자체가 '비역사적'일 뿐 아니라 '반역사적' 행태이다. 게다가 제헌헌법과 현재의 헌법은 많은 정치세력이 공감한 상태에서 제정되었다는 점도 기억할 필요가 있다. 이처럼 현재 한국의 사회적·정치적 현실을 규정하고 있는 3·1운동과 임시정부 수립은 100주년이 아니더라도 기념하고 또 기념해야 할 중요한 사건이다.

이 글의 주인공인 김구는 바로 임시정부가 수립된 1919년부터 시작해서 해산된 1948년까지 30년 동안 임시정부를 지킨 거의 유일한 인물이다. 그래서 임시정부 하면 김구, 김구 하면 임시정부가 자동으로 언급될 정도로 깊은 관련이 있다. 또한 우리는 김구라는 이름을 들으면 해방공간에서 끝까지 민족통일을 위해 노력하다가 암살당한 타협 없는 '민족주의자'로서의 모습을 떠올린다. 김구에 관련된 많은 연구 역시 민족주의사상을 중심으로 임시정부 시절과 해방공간을 연결하면서 그의 정치적·사상적 행적을 다루는 데 주력하고 있다. 그렇지만 이 글은 조금 다른 각도에서 김구에 접근하고자 한다.

필자가 묻고 싶은 질문은 다음과 같은 것들이다. 도대체 무엇이 김구를 가혹한 처지의 해외 망명 상황에서도 한 치의 흔들림 없이 임시정부를 지키고, 일본 제국주의에 대한 가열찬 투쟁을 전개해나가게 했으며, 해방 후에는 민족 분단을 막기 위해 전력을 기울이게 했을까? 그리고 궁극적으로 그는 어떤 인물이었는가? 즉 김구의 독립투쟁 방략, 독립 이후 조국이 나가야 할 길에 관한 구상, 해방공간의 활동을 떠받쳤던 근본적인 사상 틀은 무엇이었는가 하는 의문이다.

이런 의문들을 이 글에서 모두 해결할 수는 없을 것이다. 다만 여기서는 김구의 삶을 규정했던 몇 가지 가치들을 중심으로 이 질문에 대한 답을 일부분이나마 제시하고자 한다. 이 글은 김구의 사상 밑바탕에서 떠받치는 유교적 세계관에 주목한다. 민족주의를 비롯하여 김구의 사상 전반과 그의 평생에 걸친 활동을 떠받친 근본 원리를 유교의 명분론적 사회의식과 대동세계관으로 정리하려는 것이다. 엄격한 자기 수양과 옳고 그름을 명확한 기준으로 내세우는 유교적 명분론에 입각한 행동 원칙은 그가 평생 동안 지켰던 기본 틀이었다.

1919년 이후 여러 국면마다 김구가 기준으로 삼았던 원칙은 유교였다. 그는 유교 원칙에 따라 왕비의 원수를 갚았고, 독립운동 과정에서도 민족의 우선성을 철저히 강조했던 것도 유교의 원칙에서 비롯된 것이었다. 해방 조국의 비전으로 그가 제시한 대동세계, 즉 문화를 바탕으로 도덕과 의리가 충만한 세상을 만들고자 했던 구상도 이러한 생각에서 나왔다. 그뿐만 아니라 남북분단이 거의 기정사실화된 국면에서도 끝까지 포기하지 않고 북한을 방문한 것 역시 유교의 '명분'과 '당위'에 따른 행동이었다. 그는 아무리 사정이 어렵고 불가능하게 보여도 의(義)와 도리에 입각해서 해야 할 일은 해야 하는 사람이었다.

물론 그의 사상적 경험이 워낙 다양하기 때문에 다른 차원에서도 얼마든지 그의 사상적 내용을 정리할 수 있을 것이다. 또한 해방공간에서 그의 사상과 정치적 행적을 중심으로 민족주의자로서 위상을 강조하는 것 역시 충분히 의미 있는 작업일 것이다. 그렇지만 필자는 그 오랜 시간 동안 모든 고난을 참고 견뎌내며 이미 남북 분단이 돌이킬 수 없는 상황에 이르러서도 북한행을 감행하게 만든, 다시 말해 평생에 걸친 김구의 행동과 사상을 떠받쳤던 근본 원리를 찾고자 하는 것이다. 우리는 이를 통해 김구의 사상을 보다 체계적으로 이해하고, 전통사상이 어떻게 계승 혹은 변용되면서 대한민국의 대표적인 정치이념인 민족주의 속에 용해되었는지 살펴볼 수 있을 것이다.

본래 이 책은 각 인물의 생애를 먼저 간략하게 정리하고 사상을 소개하는 순서로 구성되어 있다. 하지만 이 글에서는 각 장의 첫 부분에 그의 생애를 간략하게 정리하고, 그 기간 동안 김구의 사상과 정치적 행적을 설명하는 방식을 택했다. 김구의 사상은 그의 삶과 행동 속에 녹아들어 있기 때문에 생애만을 따로 서술하는 것보다 오히려 필자의 방식이 김구를 이해하는 데 더 도움이 된다고 판단했기 때문이다.

2장은 김구가 사회에 눈을 뜨면서부터 생을 마감할 때까지 놓지 않았던 과업 중 하나인 '교육'과 반일투쟁들을 중심으로 그의 일생을 조명했다. 2장에서는 1900년 이전과 이후로 김구의 생애를 나누어 그가 유교의 명분론에 입각한 사회의식을 확립하는 과정을 추적하였다. 이 부분은 초기 사상에 해당한다. 3장은 김구의 생애 전체를 놓고 본다면 중기에 해당하는데, 1919년 상해로 망명하여 대한민국 임시정부에 합류하며 임시정부를 지키고 독립운동에 모든 역량을 쏟던 시기에 관한 서술이다. 그의 '명분론'이 개인·국가·정부를 대상으로 어떻게 표출되었는지 정리했다. 4장은 김구의 민족주의를 대동세계론이라는 유교이념으로 풀이하고 해방정국에서 그의 국가 건설이념을 간략하게 검토했다. 시기적으로는 해방 이후이며 그의 생애로 본다면 후기에 해당한다.

2. 초기 사상: 김구의 삶과 교육

1) 1900년 이전

김구(金九, 1876-1949)는 1876년 태어나 1949년에 생을 마감했다. 조선이 개항한 바로 그 해부터 한국전쟁 발발 1년 전까지가 김구의 생몰연대인 것이다. 어릴 적 이름은 창암(昌巖), 본명은 창수(昌洙), 개명하여 김구(金龜)가 되었다. 불교에 귀의했던 시절 법명은 원종(圓宗)이었고 환속 후에는 김두래(金斗來)로 고쳤던 적도 있다. 호는 백범(白凡)이다. 당시 가장 천한 계층이었던 백정(白丁)과 무식한 일반 백성을 일컫는 범부(凡夫)처럼 가장 못난 사람으로, 민족의 한 부분으로 같이 살아가겠다는 뜻을 담고 있다.

김구의 삶은 격변의 시대, 특히 1894년 이후 일어난 많은 사건과 직간접적으로 연결되어 있다. 그가 태어났던 1876년에는 일본과 '조일수호조규', 1882년에는 미국과 '조미통상조약'이 체결되면서 조선왕조는 본격적으로 국제사회에 등장하게 된다. 그리고 1884년에는 근대화 개혁 사건으로 이해되고 있는 '갑신정변'이라는 쿠데타가 일어난다. 10년이 지난 1894년에는 우리 역사상 가장 격동적인 사건들이 연이어 발생했다. '제1차 동학농민전쟁'과 '갑오개혁' 그리고 '제2차 동학농민전쟁'이 전국을 휩쓸었고, 그 와중에 '청일전쟁'이 우리 땅에서 발발했다.

이어 1895년 '을미사변'이라는 세계역사상 유례없는 사건이 일어났고, 이후 '단발령', '제1차 의병전쟁', '아관파천', '독립협회 결성', '대한제국 선포' 등의 사건들이 연이어 발생했다. 1900년대는 '한일의정서'와 '을사늑약', '정미7조약'을 거쳐 결국 망국으로 귀결되는 1910년 '경술국치'로 마감되었다. 그리고 독립운동의 총본산이라 할 수 있는 '대한민국 임시정부'는 그가 거의 반평생을 쏟아 부은 그의 삶 자체였다. 이처럼 격변의 시기를 살았던 그이기에 그가 경험한 모든 사실을 살펴보는 것은 무리라고 할 수밖에 없다.

　이 글에서는 김구의 삶에서 중요한 부분을 차지하는 한 축인 '교육'을 중심으로 그의 일생을 정리하겠다. 그가 평생 특별히 강조했던 것은 남을 가르치는 교육이었으며, 그의 삶 자체도 교육과는 떼려야 뗄 수 없이 연결되어 있다. 우선 그가 사회화 과정에서 부딪친 중요한 사건 역시 교육과 관련되어 있다. 아직 신분제도가 존재하고, 과거만이 신분상승할 수 있던 시대였다 해도 누구나 과거에 매진할 수는 없었다. 더욱이 김구 집안은 이른바 '상놈' 집안이었다. 특히 그가 태어난 황해도 해주 변방 지역은 유독 반상(班常)의 신분 차이가 심했던 곳이었다. 이를테면 김구와 같은 상놈들은 아무리 나이가 먹었어도 양반 아이들에게 꼬박꼬박 존대어를 써야 했다.

　교육에 대한 김구의 열망은 신분상승을 목표로 시작되었다. 그 목표는 바로 양반이 되고자 함이었고, 그의 그러한 열망은 부모, 특히 곽낙원 여사의 지지와 희생을 필연적으로 요구했다. 그는 9세에 한글과 한문을 배우기 시작하였다. 15세에는 서당에서 본격적인 한학 수업에 정진하였고, 1892년(17세) 조선왕조 최후의 과거에 응시하였으나 뜻을 이루지는 못하였다. 그렇지만 그는 그 이후에도 더욱 열심히 책을 읽었고 아이들을 대상으로 이른바 '훈장질'을 하며 때를 기다렸다. 이는 그의 첫 번째 교육활동이었다. 이때부터 그는 교육을 받든, 교육을 하든, 교육과는 뗄 수 없는 관계가 되었다.

　김구는 1893년 평등과 개벽(開闢, 새로운 시대가 열림)이라는 표어에 이끌려 동학에 입도했다. 이때 이름을 창암(昌巖)에서 창수(昌洙)로 바꾸었고, 열심히 동학을 전파했다. 이후 1894년 9월 '척양척왜'(斥洋斥倭, 서양과 왜의 문물이나 세력 따위를 거부하여 물리침)를 기치로 삼고, 동학 접주 자격으로 해주성 공격에 나섰지만 실패했다. 또한 동학군 내부의 갈등으로 인해 한때 동학 토벌군이었던 황해도 신천의 청계동에서 활동하던 진사(進士)

안태훈이 일으킨 의병 집단[1]에 몸을 의탁하게 된다.

김구는 안태훈 의병집단에서 참모 역할을 하고 있던 고능선이라는 유학자에게 1년여간 훈육을 받게 된다. 고능선은 황해도를 대표하는 성리학자로서 화서 이항로의 학맥을 잇는 유학자였다. 그는 비로소 본격적으로 성리학의 세계를 마주하게 되었던 것이다. 김구의 유학 수준이 낮았기 때문에 고능선은 이른바 구전심수(口傳心授: 말로 전하고 마음으로 가르침이란 뜻으로, 일상생활을 통하여 저절로 몸에 배도록 가르치는 일)로 그를 가르쳤다. 그리고 때로는 당시 대표적인 위정척사학파였던 이항로와 주희의 저서 중 중요하다고 생각되는 구절을 풀어주기도 했다.[2] 곧 위정척사사상을 전수했다는 것이다.

이때 전수받은 성리학적 교훈은 김구의 일생을 떠받치는 명분론적인 사고와 동양적 가치관을 논리적으로 인식하게 되는 중요한 지적 자산이 되었다. '의(義)', '의리', '도덕'과 같은 추상적인 가치들이 그에게 행위의 중요한 기준이 되었다. 그리고 그 추상적 가치들이 서양의 신문명과 만나면서 그는 보다 넓은 사유를 하게 되었다.

김구가 성리학적 가치관을 습득한 후 접한 사건은 '명성황후 시해사건'이었다. 스승 고능선의 충고에 따라 그는 청나라와의 연합을 통해 일본의

---

1 다른 지역과 마찬가지로 황해도에서도 동학농민운동이 거의 모든 지역에서 일어났고, 이에 대응하여 지역 유력자(대개 유생들)들이 중심이 되어 '동학 토벌군'을 이끌었다. 당시 황해도 신천 지역에는 안태훈이 의병(동학 토벌군)을 이끌고 있었다. 그는 신천의 토호로 천주교 신자였고 그의 아들 중 한 명이 안중근이다.

2 이때 상황을 김구는 다음과 같이 적고 있다. "선생은 고금의 위인들을 비평하여주고, 자기가 연구하여 깨달은 요지를 가르쳐주고, 『華西雅言(화서아언)』이나 『朱子百選(주자백선)』 중에 긴요한 구절들을 가르쳤다. 주로 의리가 어떤 것이며, 사람이 아무리 뛰어난 재간과 능력이 있어도 의리에서 벗어나면 그 재능이 도리어 화근이 된다는 말이라든지, 사람의 처세는 마땅히 먼저 의리에 기본하며, 일을 해나가는 데는 판단, 실행, 계속의 3단계로 일을 성취한다는 등 금언을 들려주었다"(『현대어판』, 139). 『화서아언』은 이항로의 말과 글 중에서 중요한 것을 모은 책이고, 『주자백선』은 송나라 주희의 저작들 중 중요 부분을 가려뽑은 책이다.

침략에서 벗어날 방도를 찾게 된다. 그는 김형진이라는 인물과 함께 함경도를 거쳐 압록강을 건너 만주의 상황을 살피고, 그 과정에서 1895년 11월 김이언 의병부대에 참가하기도 했다. 이후 잠시 청계동으로 돌아왔다가 다시 청국으로 가던 중 '명성황후 시해사건'(이른바 을미사변)과 '단발령'으로 청나라행을 포기하고 돌아오게 된다. 그의 일생에서 중요한 사건 중 하나가 바로 이때 벌어지게 되는 것이다.

일반적으로 '치하포사건'으로 알려지진 일본인 살해사건은 1896년 3월 9일 일어났다.[3] 안악군 치하포는 평안도와 황해도를 연결시키는 중요한 포구이다. 많은 사람이 배 시간에 맞춰 오고가는데, 김구 역시 이곳에서 묵게 되었다. 아침을 먹는 자리에서 수상한 '왜놈'을 본 그는 다음과 같은 결심을 하게 된다.

> 저놈이 보통 상업이나 공업을 하는 왜놈 같으면 이곳은 진남포이므로 매일 몇 명의 왜놈이 왜의 본색(本色)으로 다니는 곳이다. 지금 경성 분란으로 인하여 민후[閔后, 명성황후]를 살해한 삼포오루[三浦梧樓, 미우라 고로]가 몰래 도망가는 것이 아닌가? 이 왜놈이 삼포는 아니더라도 삼포의 공범일 것 같고, 하여 큰 칼을 차고 몰래 다니는 왜놈은 우리나라와 민족의 독균일 것은 명백하니, 저놈 한 놈을 죽여서라도 국가에 대한 치욕을 설[雪, 씻음]하리라 (『현대어판』, 169).[4]

---

3 치하포사건에 대해서는 양윤모(2002) 참조.

4 『백범일지』의 인용은 '김구. 양윤모 역. 2017. 『현대어판 김구 자서전 백범일지』'를 이용했다. 앞으로의 인용에서는 『현대어판』으로 표시하고 쪽수를 적었다. 인용문이나 관련 문헌의 경우 당시의 표기법, 띄어쓰기는 그대로 살렸다. 어려운 한자어는 [ ]로 묶어 해설을 붙이거나 한자의 음을 같이 표기했다. 그런데 이 『현대어판』 부록의 「김구와 인천 그리고 탈옥」이라는 글 말미에 소개된 〈김구탈옥지도〉 지도는 잘못 들어간 것이다. 책이 급하게 간행된 관계로 미처 살피지 못한 실수이다. 올해 인천광역시 중구청에서 간행될 김구 관련 보고서에는 정확한 지도가 게재될 예정이다.

결국 김구는 이 '왜놈'을 살해했다. 자신의 행위는 스승의 교훈대로 의 (義)를 실현한 것일 뿐이었다. 이를 그는 '국모보수'(國母報讐, 국모를 위해 원수를 갚다)라고 표현했고, 재판 과정에서도 신문 때마다 자신이 한 행위의 타당성을 강조하는 논리로 대응했다. 그리고 이 사건은 그의 삶의 방향에 매우 중요한 계기가 되었다.

해주 백운동 자기 집에서 체포된 김구는 해주 감옥에서 1차 신문을 받았다. 이어 한성(서울)의 일본공사관에서는 일본인 관련 사건이라고 해서 일본영사관이 있는 인천으로 이관을 요구했다. 일본의 강력한 요구에 굴복하여 조선 정부는 그를 인천 감리서로 옮기고 만다. 1896년 7월, 그는 인천 감리서 감옥에 수감되어 세 차례에 걸쳐 재판을 받고, 최종적으로 사형을 언도받게 된다. 김구는 이 감옥에서 1898년 3월 9일 탈옥 때까지 수형수들을 대상으로 교육활동을 했다. 그에게는 두 번째 교육활동이었다. 이때 감옥에서 그가 시행했던 교육활동은 매우 특이한 현상이었다. 당시 유일한 신문이었던 《독립신문》에서 그의 감옥 교육활동에 대해 다음과 같이 보도하고 있을 정도이다.

> 인천항 감옥 죄수 중에 김창수는 나이가 20세이다. 일본 사람과 관련된 일이 있어 감옥에 갇혀 있은 지가 지금 3년인데, 옥 안에서 밤낮으로 학문을 독실하게 하며 또한 다른 죄인들을 설득해서 열심히 공부를 시키는데 그중 양봉구는 거의 공부가 이루어졌다. 다른 죄수들도 김창수와 양봉구를 본받아 학문과 공부를 성실하게 하니, 감옥에 근무하는 순검의 말에 의하면 감옥서는 옥이 아니요 인천 감리서 학교라고들 한다(《독립신문》,「외방통신」[1898/02/15]; 현대어로 번역).

그런데 김구는 인천 감옥에서 매우 중요한 경험을 하게 된다. 그가 감옥생활을 했던 인천지역은 그 어떤 개항장보다도 서양을 비롯한 외부

문물을 먼저 수용하던 곳이었다. 다른 지역 개항장과는 달리 거의 모든 외국 선박이 인천항을 종착으로 기항했다. 따라서 인천 감리서에는 비교적 서양 사정에 밝은 직원들이 있었을 것이라고 추정하게 된다.

김구는 그런 직원 중 한 사람의 추천으로 서양 사정에 관한 몇 가지 서적을 읽게 되었다. 당시 국내에서 유행하던 중국에서 번역된 책인 『태서신사(泰西新史)』라든지 『세계지지(世界地誌)』 등과 같은 서적들이 주종이었다. 이런 책들은 1895년 유길준이 편집·저술한 『서유견문』과 함께 양반 출신의 근대지식인은 물론이고 문자 해독이 가능했던 계층에서 선풍적인 인기를 끌었던 서적들이다.

'조문도석사가의'(朝聞道夕死可矣, 아침에 도를 들으면 저녁에 죽어도 좋다)는 김구가 신서적들을 접하는 자세였다고 하면서 『백범일지』에 기록한 구절이다. 신서적의 내용이 그에게 주었던 충격을 짐작할 수 있다. 물론 사형을 앞둔 시점이라 그는 마음공부의 일환으로 『대학(大學)』도 열심히 외웠다고 한다. 김구는 감옥 생활을 네 가지로 정리했는데 그중 첫 번째가 바로 '독서'였고, 두 번째가 '교육'이었을 정도로 그에게는 이 두 가지가 중요했다.

1898년 3월 인천 감옥을 탈출한 후 김구는 추격을 피해 감옥에서 인연을 맺은 인물들의 연고를 중심으로 전국을 떠돌았다. 그런 와중에 같은 해 말쯤에는 공주 마곡사에서 일시적이지만 중이 되기도 했다. 원종(圓宗)이라는 법명도 받고 수계식까지 치렀으니 정식으로 불가에 입문한 것이다. 그는 처음에는 동학에 참여했고, 신천 청계동에서 고능선의 가르침으로 성리학 중심의 위정척사사상을 수용했으며, 인천 감옥에서 신사상으로 무장했고, 이제는 불교까지 접하게 된 것이다. 평양에서는 지역 유지인 최재학의 후원을 받아 영천사라는 절에 머물면서 중의 신분으로 학동들을 교육시키기도 했다. 그의 세 번째 교육활동이었다. 이어 같은 해 가을 불교에 입적한 것을 취소하고 부모와 함께 고향인 해주 텃골로 돌아온다.

2) 1900년 이후

　김구는 1900년 부친을 만나러 가는 도중에 스승인 고능선의 집을 방문했다. 그곳에서 스승과 본격적인 사상적 '충돌'을 하게 된다. '존화양이'(尊華攘夷, 유교 문화를 높이 받들고 오랑캐를 물리친다)는 논리로 무장된 위정척사사상에서 한 치도 벗어나지 않는 스승과 신사상을 바탕으로 개혁을 주장하는 제자가 벌이는 논쟁이 매우 흥미롭게 전개되었다. 김구는 "세계 문명 각국의 교육제도를 모방하여 학교를 세우고, 전국 백성의 자녀를 교육하여 2세들을 건전한 국민으로 양성하고, 애국지사를 규합하여 전 국민에게 망국의 고통이 어떤 것이며, 흥한 나라의 복(福)과 즐거움이 어떤 것인지를 알도록 하는 것이 나라를 구하는 길"(『현대어판』, 259)이라 주장했다.

　이에 대해 고능선은 "만고천하에 망하지 않는 나라가 없고 만고천하에 죽지 않는 사람이 없으니, 우리나라도 망할 운명을 당한 바에 어찌하겠나? 나라를 구할 길이라 하여 왜놈도 배우고 양인도 배우다가 나라를 구하지도 못하고 절의까지 배반하고 죽어 지하에 가면 선왕, 선현을 무슨 면목으로 대하겠나"(『현대어판』, 259)라고 답했다.

　김구의 주장은 현실적으로 실력이 부족함을 인정하고 장기적인 안목에서 신사상을 보급하는 교육을 통해 구국의 길을 찾자는 것이었다. 반면 고능선은 단적으로 나라가 망하더라도 오랑캐의 문물은 배울 수 없으며 어떠한 상황에 처하더라도 화(華)가 가지는 문화적 가치를 포기할 수 없다는 것이다. 본래 김구는 고능선의 문하에서 위정척사사상을 학습하며 국가의식과 당면한 현실에 눈을 뜨게 되었다. 그런데 김구는 신서적 몇 권으로 스승의 가치관을 비판할 수 있었으며, 이제 스승의 논리와 사상은 신서적이 갖는 매력을 감당하지 못했다. 보다 역동적이면서 폭넓은 경험을 했던 김구의 선택에 대해 관념적이고 추상적인 가치관의 수호를 내세우는 스승의 주장은 전혀 설득력을 갖지 못했다.

그리하여 김구의 사상적 전환은 필연적으로 지금까지의 행동양식과는 다른 행위를 요구하게 된다. 동학, 의병, 치하포사건과 같은 일회성 행위에서 탈피하여 보다 장기적인 안목을 가진 교육사업으로 바뀌었던 것이다. 그가 학교에서 교원 일을 하게 된 시점은 1903년이다. 바로 직전 그는 전도조사(傳道助事, 목사나 선교사를 도와 전도하는 교직이나 그 일을 맡은 사람)로 활동하던 우종서의 권유로 기독교에 입문했고, 1904년에는 목사의 주례로 혼인을 하는 등 기독교를 신봉했다. 결국 그는 동학사상, 위정척사사상, 불교사상, 개화사상 그리고 기독교사상까지 섭렵하기에 이르렀다. 다시 말해 한국 근대사에 등장하여 근대적 개혁사상 내지는 사회사상으로 자리매김한 거의 모든 사상적 조류를 경험한 것이다.

그렇다면 김구가 전개했던 교육사업, 이를 구국교육계몽운동이라고 한다면 그 구체적인 내용은 무엇이었을까? 유감스럽게도 구체적인 실상을 알 수는 없다. 다만 신사상 전파가 곧 신교육이고, 신교육을 통한 애국사상의 전파만이 나라가 망한 상황을 타개하는 거의 유일한 방법이라고 믿었던 것은 추정으로만 알 수 있다.

그러면 김구의 그러한 믿음 내지 의식에 영향을 주었거나 작용했던 시대적 분위기는 무엇이었을까? 그가 적극적으로 교육사업에 종사하게 된 중요한 계기는 기독교와 밀접한 관계에 있다. 그의 다음과 같은 회고를 보자.

평안도는 물론이고 황해도에도 신교육의 풍조는 예수교로부터 계발되었고, 신문화 발전을 도모하는 사람들은 문을 꽁꽁 닫고 지키다가 거의 예수교에 투신해서야 겨우 서양 선교사들의 혀끝을 통해 문밖의 사정을 알게 된 이들이었다. 예수교를 신봉하는 사람들은 대부분 중류 이하로, 실제 학문은 배우지 못한 우매한 사람들이었다. 그리고 그다지 숙달치도 못한 반벙어리 선교사의 말이라도 선교사들이 문명족이기 때문에 그 말을 많이 들은 자는 신앙심 외에 애국사상도 가지게 되었다. 애국사상을 가진 대다수가 이 예수교 신봉자였음은 숨기지 못할 사실이었다(『현대어판』, 266).

이 기록은 기독교와 신문화 전파와의 관계, 그리고 신문화 확산이 초래하게 된 결과를 보여준다. 그리고 구국의 방법론으로서 교육에서 기독교가 갖는 기능성을 수용하려는 자세를 보여주고 있다.

1903년 김구는 거주지를 황해도 장연으로 옮기고 본격적으로 교육사업에 나선다. 이후 봉양학교와 양산학교, 안산학교 그리고 재령의 보강학교 등에서 교사로 재직했다. 1905년 을사늑약이 체결되자 김구는 진남포 의법청년회 총무 자격으로 서울 상동교회에서 개최된 전국청년대표회의에 참석했다. 이때 고종황제가 머물던 덕수궁 대한문 앞에서 상소운동을 전개했고, 이어 종로에서 개최된 시국강연과 공개연설에 참여하는 등 구국운동에 앞장서기도 했다. 또한 1908년 해서교육총회가 조직되자 학무총감에 취임하여 황해도 각지를 돌며 애국계몽 강연을 주도했다.

그렇지만 상동교회를 중심으로 전개된 일련의 구국운동과 황해도 지역 일반 인민들의 호응은 만족할 만한 수준이 못 되었던 것 같다. 김구는 당시 민중의 애국심이 너무 빈약하다고 보았다. 그가 생각하고 실천하려는 구국의 길은 분명 인민을 토대로 놓여야 했다. 하지만 그가 생각하는 길은 인민과 함께 가는 길이 아니다. 그에게 인민은 동지적 관계가 아니라 교육의 대상인 것이다. 그래서 교육을 통해 국가가 바로 자기 집이며, 왜놈들이 바로 자기 자신의 생명과 재산을 빼앗고, 자기 자손을 노예로 삼는다는 것을 분명하게 일러주어야 했다.

1911년 김구는 이른바 안명근사건[5] 관련자로 몰려 황해도와 평안도에

5　1910년 11월 안명근이 서간도에 무관학교를 설립하기 위한 자금을 모집하다가 황해도 신천 지방에서 관련 인사 160명과 함께 검거된 사건으로 안악사건이라고도 부른다.

서 활동하던 많은 민족주의자들이 검거될 때 체포되어 서울로 압송되었다. 그는 17년 징역형을 선고받고 서대문 감옥에 투옥되었다. 감옥에 있던 1913년 그는 자신의 이름을 구(龜)에서 구(九)로, 호는 불교식의 연하(蓮下)에서 백범(白凡)으로 바꾸었다. 1914년에는 이전에 있던 인천으로 이감되었고, 인천항 축항 공사에 동원되었다. 동년 7월 가출옥한 뒤 1915년 자신이 근무했던 안신학교에서 교사로 근무했다. 이후 옛 동지 김홍량이 관장하던 동산평 농장의 감독관을 하면서도 농민들을 교육하는 등 농촌 계몽운동을 전개했다.

1919년 3·1독립만세운동이 전국적으로 일어났지만 김구는 여기에 참여하지 않고 상해로 망명하여 대한민국 임시정부의 경무국장으로 독립운동에 매진했다. 그가 이렇게 한 이유는 1910년 11월 서울에서 열린 신민회 비밀회의에서 결정된 국외 독립운동과 광복전쟁 개시 계획에 따른 것으로 보인다. 이때부터 1945년 해방을 맞아 임시정부와 함께 귀국할 때까지 그는 초지일관 임시정부를 지키면서 독립운동을 주도했다.

3. 중기 사상: 김구의 사회 인식과 명분론

김구는 1919년 3·1운동 직후에 상해로 망명하여 대한민국 임시정부의 초대 경무국장, 1923년 내무총장, 1924년 국무총리 대리, 1926년 국무령, 1927년 국무위원을 역임했다. 1930년에는 이동녕·이시영 등과 한국독립당을 창당하였다. 1931년에는 한인애국단을 조직하여 직접 일본 수뇌부의 암살을 계획했고, 1932년 이봉창 의사와 윤봉길 의사의 의거는 이러한 계획의 일환이었다.

1934년 임시정부 국무령에 재임되었고, 1940년 임시정부 주석에 취임하였다. 1940년에는 충칭에서 한국 광복군을 조직하고 총사령관에 지청천,

참모장에 이범석을 임명하여 항일무장부대를 편성하였다. 일본의 진주만 기습 직후 그는 1941년 12월 대한민국 임시정부 이름으로 대일 선전포고를 하면서 임전 태세에 돌입하였다.

윤봉길 의사 의거 후 임시정부는 일본의 집요한 방해와 체포를 피해 상해를 떠나야 했고, 중일전쟁(1937년) 이후에는 중국 각처를 옮겨 다녀야 했다. 1932년 항저우를 비롯하여 전장, 창샤 등 다섯 곳을 전전하다가 1940년 충칭에 자리를 잡고, 이곳에서 해방을 맞이한다. 김구는 1944년 충칭 임시정부 주석으로 재선되고, 부주석에 김규식, 국무위원에 이시영 · 박찬역 등이 함께 취임하였다. 이 기간 동안 그는 일본군에 강제 징집된 학도병들을 광복군에 편입시키는 한편, 한국 광복군 특별훈련반을 설치하고 중국 본토와 한반도 수복을 위한 군사훈련을 추진하였다.

1) 개인과 사회적 차원의 명분론

김구의 정치사회화 과정에서 영향을 끼친 사상 또는 종교는 동학과 유교 그리고 기독교다. 그중 동학은 혁명사상과 평등사상을 갖게 했고, 기독교는 신문명 형태로 구국계몽교육의 이념적 기반이 되었다. 이에 비해 유교는 당대 대부분의 인물과 마찬가지로 1895년 이래 일생 동안 그에게 가치판단의 사상적 배경으로 작용했다. 곧 그가 어떤 정치적 결정을 내릴 시점이라든가 행동을 취할 경우, 또는 궁극적으로 자신의 가치를 현실화시키고자 할 때 중요한 기준이 되었다고 본다.

물론 그렇다고 김구의 정치사회적 행위가 모두 유교적 인식에 바탕을 두었다는 것은 아니다. 많은 경우 명분(그리고 의리)이 그의 정치사회적인 행위들을 해석할 수 있는 단서가 되었다는 뜻이다. 특히 그는 성리학적인 가치관에서 벗어나 새로운 사상(이른바 개화사상)을 수용한 후에도 옳고 그름의 문제가 생길 때면 주저 없이 명분과 의리를 바탕으로 결정을 내렸다.

명분에 따른 김구의 행위가 분명히 드러난 것은 '치하포사건'이다. 위정척사사상에서 유래한 '국모보수'의 기치를 내건 이 사건은 그에게 옳고 그름의 문제가 생길 때 취해야 할 자세가 무엇인지를 잘 보여준다.[6] 그는 『백범일지』에 치하포사건과 재판 과정을 자세하게 기록해두었는데, 여기서 주목해야 할 점은 심문 과정에서 그의 진술이다.

본인은 시골의 일개 천한 몸이나 신민의 한 사람 된 의리로 국가가 치욕을 당해 백일청천하[白日青天下, 빛나는 해와 맑은 날 아래]에 나의 그림자가 부끄러워서 한 명 왜구라도 죽였거니와, 나는 아직 우리나라 사람이 왜황을 죽여 복수를 했단 말을 듣지 못했소. 지금 당신들이 몽백[蒙白, 국상으로 흰 갓을 쓰고 흰옷을 입었다는 뜻]을 했는데 춘추대의[春秋大義, 대의명분을 밝혀 세우는 큰 도리]에 '임금의 원수를 갚지 못하면 몽백을 아니한다'는 구절도 읽어보지 못했소? 한갓 높고 귀한 벼슬과 나라의 녹을 도적질하는 더러운 마음으로 어찌 인군을 섬기겠소(『현대어판』, 186).

이는 김구의 의리관과 연관된 것인 동시에 그의 명분론적인 사고를 보여준다. 즉 그의 생각에는 국모(명성황후)가 왜놈들에게 살해당한 상황에서 국록을 받는 국가 관리라면 마땅히 원수인 왜놈을 죽여 원수를 갚아야 한다. 그래야만 공자를 섬기는 유교 국가의 관리가 가져야 할 대의명분에 합당한 것이다. 그런데 지금 원수도 못 갚은 상황에서, 겉으로만 흰옷과 갓을 쓰고 있는 모습은 바로 공자가 말한 대의명분에 어긋난다는 사실을 지적하고 있는 것이다.

명분과 의리에 대한 김구의 이러한 관념은 물론 스승인 고능선의 영향이 크다. 김구는 고능선이 "사람이 아무리 뛰어난 재간과 능력이 있어

---

6   이 사건은 김구의 이름을 세상에 처음 알리게 된 계기가 되었다.

도 의리에서 벗어나면 그 재능이 도리어 화근이 된다는 말이라든지, 사람의 처세는 마땅히 먼저 의리에 기본한다"라고 한 부분을 특별히 기억했다(『현대어판』, 139).

이러한 가르침과 국모보수의 경험을 통해 김구는 의리에 바탕한 명분론적 사고방식을 체득했는데, 이때 '의'와 '명분'의 대상은 개인적 차원과 국가적 차원 모두 해당된다. 고능선은 갑오경장 이후의 정세에 대하여 "만고천하에 무장존불망지국(無長存不亡之國, 오래가서 망하지 않는 나라가 없다)이요, 만고천하에 무장생불사지인(無長生不死之人, 오래 살아 죽지 않는 사람이 없다)인즉, 자네나 나는 일사보국(一死報國, 한 몸 죽어 나라를 구하다)의 한 가지 일만 남아 있네"라고 하여, 비록 나라가 망하더라도 대의에 입각하여 신성하게 망하는 것이 마땅하다는 견해를 밝히고 있다(『현대어판』, 143).

고능선의 이러한 논리는 대의명분에 입각하여 전개된 한말 의병전쟁의 명분론적인 투쟁과도 상통하는 것이었다. 곧 의병전쟁 자체는 승패를 떠난 춘추대의(春秋大義, 역사의 대의를 밝히고 의를 세움)와 명분을 기치로 내세운 것이었다. 김구는 기독교와 서구문명의 전파를 통한 애국사상으로 사상의 방향을 전환한 이후에는 의병 자체에 대해서는 찬동하는 입장에 서지 않았다. 그렇지만 서대문 감옥생활을 할 때 의병장 이강년과 허위 등의 절의와 정신에 대해서는 깊은 존경의 마음을 가지고 있었다.

김구의 이러한 사고 즉 의리와 명분에 대한 공고한 의식은 스승의 행동양식과 가치관을 비판적으로 인식하고 사상 전환을 한 이후에도 지속되었다. 그는 서구 학문을 배우고 일체 문화와 제도는 세계 각국에서 채택하여 적용하면 국가에 복리가 되겠다는 생각을 가졌다. 그렇다고 하더라도 개인과 개인 그리고 개인과 사회를 인식하는 데 있어서 기준이 되는 '준거 틀'은 여전히 명분과 의리라는 형태로 각인되어 있었던 것으로 보인다. 그가 1905년 이후 신학문에 입각한 구국교육활동을 전개할 당시,

학생들에게 가르쳤던 것은 '남아는 의로 죽을지언정 구구히 살지 않는다'라는 명분과 의리에 입각한 가치관이었다. 그에게 의리라는 것은 결코 동·서양의 학문의 차이나 문화 제도의 차이가 아닌 원칙의 문제로 인식되었다.

김구의 명분론적 사회 인식은 임시정부의 수반이 되는 과정에서도 여실히 보이는데 다음과 같은 기록이 참고가 될 것이다.

> 나는 의정원 의장 이동녕에게 말했다. "내가 김 존위(尊位) 아들로서 아무리 추형[芻形, 형태가 완전히 고정되기 전의 최초의 형식]일망정 한 나라의 원수가 되는 것은 국가의 위신을 추락하게 하는 것이니 감당하기 어렵겠습니다." 그러나 혁명 시기에는 상관없다고 하며 부득이 권하여서 승낙했다(『현대어판』, 385).

이 인용문은 대한민국 임시정부가 재정난과 인물난에 처해 기본적인 정부 기구조차 구성하지 못했던 1926년 상황을 보여준다. 1923년 국민대표회의의 결렬과 1925년 임시의정원의 이승만 대통령 탄핵은 상해 독립운동 세력의 역량을 약화시켰다. 이에 임시정부는 임시약헌(臨時約憲)을 제정하여 지도체제를 대통령제에서 국무령제로 바꾸어 정치적 위기를 타개하고자 했다. 그렇지만 이상룡, 양기탁, 안창호 등은 모두 국무령 취임을 거부했다. 1926년 7월 홍진을 국무령으로 하는 내각이 성립되었으나 5개월 만에 붕괴되었다. 김구의 국무령 취임은 바로 이러한 난맥 상태에서 이루어진 것이다. 여기서 그가 국무령 취임을 거절했던 이유는 바로 명분 때문이었음을 알 수 있다. 물론 그의 거절을 '양반에 대한 콤플렉스' 때문이라고도 볼 수 있지만, 근본적이고 정치적인 의미에서 볼 때는 명분사상이 강하게 표출된 것으로 보인다.

또한 여기에는 고도로 계산된 김구의 정치적 제스처가 개입되어 있기도 하다. 유교적 명분사상에 입각하면 신분에 따라 '지위'가 결정된다.[7] 존위(尊位)는 지방 자치직의 한 종류로서 지방 수령을 도와 주로 세금 문제에 관여하지만 그 지위는 비교적 낮다. 이런 사회적 신분이 국가 원수가 되는 것은 전통적인 유교 명분론에서 볼 때 결코 합당한 처사는 아니었다.

더군다나 임시정부의 인적 구성을 보았을 때, 대부분은 이미 국내에서부터 김구와는 비교가 되지 않을 정도로 명망이 있는 인물들이었으며, 신분도 대부분 양반이었다. 그러므로 비교적 신분이 낮은 김구가, 비록 '민주공화정'을 표방하고는 있었지만, 임시정부 대표자로서 양반들을 통어하기에는 아무래도 제약이 있으리라는 것은 능히 짐작할 수가 있다.

그리고 김구에게 이러한 사정은 매우 심각하게 작용했을 가능성이 있다. 훨씬 나중의 일이지만, 임시정부의 요인이면서 광복군 참모장을 지냈고, 해방 후 통위부(지금의 국방부의 역할을 했다)의 장으로 있던 유동열은 장교를 선발하는 데 있어서조차도 양반이 아니면 선발을 거부할 정도였다고 한다(하우스만·정일화 1995, 127).

그리하여 김구는 이동녕이 '혁명 시기'라는 비상상황을 강조하며 권유했기에 비로소 국무령 취임에 응했던 것이다. 이동녕이 말한 혁명 시기는 정상적인 시기가 아니므로 유교적 가치관에서는 이른바 '권도'(權道, 특수하고 예외적인 상황에서 임시적으로 정당성을 가질 수 있다는 행위규범을 말한다)의 시행이 용납될 수 있을 때이다. 따라서 정상적인 위치로 돌아오기 위한 방편적 성격을 가질 때의 모습이 바로 '혁명적'인 상황이며, 그는 바로 그러한 상황을 연출하여 명분을 얻었다고도 해석할 수 있다.

사실 김구의 이러한 모습은 임시정부에 처음 참여할 때부터 나타났다. 『백범일지』에는 그가 안창호에게 정부 문지기를 시켜달라고 요청하는 대목

---

7 유교의 중요한 경전 중 하나인 『논어』에서 강조되고 있는 것이 바로 '정명(正名)'인데 이는 '명분(名分)'을 바로잡는 것'으로 풀이된다.

이 있다. 그런데 안창호는 수위를 요청한 그에게 경무국장직을 권했지만 사양하는 그에게 "백범은 수년간 감옥에서 지내 왜놈의 사정을 잘 알고 있고, 혁명 시기의 인재는 그 정신을 보고 등용하는 것이오. 국무회의에서 기왕 임명한 것이니 사양하지 말고 일을 보시오"라고 말했다(『현대어판』, 400). 여기서도 '혁명'에 대한 해석은 앞에서 언급한 것과 같은 맥락이다.

한편 김구는 1937년 중일전쟁의 여파로 임시정부를 상해에서 남경으로, 다시 창샤로 옮길 때 안공근[8]으로 하여금 안중근 의사의 부인을 모셔 오도록 부탁했다. 그런데 안공근이 자신의 가족만 데려왔을 뿐 형수를 데리고 오지 않아 크게 질책했다.

> 양반의 집에 화재가 나면 사당부터 안고 나오나니 혁명가가 피난을 하면서 나라를 위해 살신성인한 의사의 부인을 왜구의 점령지에 버려두는 것은 군의 가정의 도리는 물론이고 혁명가의 도덕으로도 인정할 수 없는 일이오 (『현대어판』, 461).

이는 유교적 가치관에 입각한 언설로 볼 수 있다. 여기서 김구가 지적한 점은 혁명가에 대한 의리를 지키지 않았다는 것이다. 즉 국가에 대한 공훈을 남긴 의사의 가족은 마땅히 그에 맞는 합당한 대우를 해야 함에도 불구하고 안공근의 행위는 그러한 의리에 어긋났다는 것이다.

---

8 안공근(1889-1939?)은 안중근 의사의 친동생이다. 1921년 대한민국 임시정부로부터 주러시아 대사로 임명된 뒤 대한민국 임시정부에 가담하여 활동하였다. 1939년 치과를 간다고 집을 나선 이후 실종되었다. 암살되었다고 추정되지만 시신조자 발견되지 않았고 그 내막은 아직까지 밝혀지지 않고 있다.

2) 국가적 차원의 명분론

그런데 김구의 이러한 명분론적 사회정치적 인식은 그 대상이 '임시정부' 혹은 그가 생각하는 국가 혹은 민족과 관련된 부분에서 더욱 강고한 모습으로 나타나고 있다. 임시정부에 참여한 이후 그의 가치관은 거의 '국가'와 '정부'를 대상으로 이해되었다. 바로 이 점이 망명 이전과 이후 가치관의 차이를 보여주는 것이라 하겠다.

이미 지적했지만, 그의 가치관을 '유교적인 충의관'으로 규정할 수 있는 시기는 임시정부에 참여하기 전이다. 망명 이전의 김구는 분명히 국가에 대한 의식보다는 '군주'라는 실체에 대한 의식이 지배적이었던 것으로 보인다. 그렇지만 임시정부 시절부터는 유교 혹은 유교인(人)의 행위가 '국가'의 안위와 관련되었을 때, 그의 선택은 주저 없이 '국가'에 있었다. 이것은 이른바 '이병헌사건'에 대한 인식에도 잘 나타난다.

1920년 이병헌이 공자의 성상(聖像, 성인이나 임금의 초상) 입수를 목적으로 상해에 왔다. 임시정부와 경무국에서는 그가 친일단체인 대동사문회(大同斯文會)의 핵심 멤버이고 그가 소지한 저술에 보이는 친일적인 내용(일본이 세계의 맹주가 되는 방략에 관한 내용이 있다고 한다)을 문제 삼아 심문했다. 당시 경무국장이던 김구는 경무국의 심문 내용을 보고받은 후 그가 단순히 조선총독부에 이용당한 것으로 판단하고 석방했다. 이어 그는 이 사건에 대한 기자와의 대담에서 다음과 같이 언급했다.

> 유교의 세력만 확장할 수 있으면 적의 아래에도 있으려 하오. 유림의 사상이 거의 이렇소. 공자 높은 줄만 아오. 나라 있는 줄 모르오(《독립신문》, 1920/05/27).[9]

김구의 이러한 비판적 언명이 유교 자체에 대한 비판이라고 해석하기는 어렵다.[10] 그렇지만 유교(혹은 유교인)가 갖는 의미가 국가 혹은 정부의 지향점과 일치하지 않을 때, 그의 선택은 정부와 국가였다. 즉 그가 유교적인 명분론과 의리관을 고수하고 있지만, 그 가치관은 정부와 국가 다음에 위치하고 있었다.

그런데 김구의 이러한 행위를 가능케 했던 것은 당연히 대한민국 임시정부에 대한 명분이었다. 특히 임시정부의 정통성과 법통성에 관한 대내외적인 여러 움직임들, 곧 명분에 어긋난다고 규정된 행위들에 대하여 그가 구사했던 용어는 바로 '반역'이었다. 여기에는 어떠한 타협도 있을 수 없다. 그러한 예를 1923년의 이른바 '국민대표대회'에 대한 김구의 인식에서 볼 수 있다.

국민대표대회는 극히 일부 임정 고수파를 제외하고 남북 만주와 중국 관내의 거의 모든 정파와 단체들이 모여, 독립운동 세력의 사상적 대립을 해소하고 독립운동의 근본 노선을 정립하기 위해 개최한 전체 민족운동가들 대회였다. 대회가 진행되면서 논의는 정부 문제에 집중되었고, 이른바 개조파와 창조파로 나뉘어 격렬하게 대립했다. 결국 창조파가 새로운 정부 수립을 추진하자, 개조파는 반대 성명과 함께 1923년 5월 25일 국민대표대회의 무효를 선언함과 동시에 탈퇴함으로써 대회는 해산되었다.[11]

---

9 「孔子(공자)의 잇음을 알고, 檀祖(단조)의 잇음을 모른다」,《독립신문》(1920/05/27). 이병헌 사건에 대해서《독립신문》은 한 면 전체를 할애하여 다루고 있다. 이 기사의 제목은 '공자가 있는 것만 알고 우리 조상 단군이 있는 것은 모른다'는 의미이다. 개화기에 발행되었던 순한글판《독립신문》이 아니라, 상해 임시정부에서 발행되었던 국한문 혼용 신문이다.

10 김구는 개인적으로 이병헌이 설립한 배산서당(培山書堂)에 축사를 한 것으로 알려져 있기도 하다.

11 1923년 1월부터 시작된 국민대표회의는 국내, 상해, 북경, 만주, 러시아, 미주에 흩어져 있는 독립운동 단체를 하나로 묶어 효과적인 독립운동을 전개하고자 했다. 그러나 회의는 임시정부를 개조하자는 '개조파', 임시정부를 해체하고 새로운 정부를 구성하자는 '창조파'로 나뉘어져 대립했다. 시베리아 대표들이 주로 창조파에 속했는데, 이들은 6월에 단독회의를 열고 국호를 '한'이라고 하는 새로운 한국 정부를 만들어 블라디보스토크로 이주했다. 그러나 러시아 정부가 이들을 추방하며 해프닝으로 끝났다.

당시 김구는 국민대표대회를 '잡종회'로 규정짓고, 그 대회가 전적으로 세 파벌로 분열된 한인 공산당의 주도권 다툼으로 인식했다. 그는 이 대회가 이동휘파(상해파) 공산주의자인 한형권이 소련에서 지원받은 자금으로 소집될 수 있었다고 했다(『현대어판』, 411). 그렇지만 실제로는 그 자신도 1923년 2월 2일 국민대표대회 정식회의에서 황해도 군사주비단 대표로 선정되어 자격을 인정받았다. 명목이 어떻든 그도 참여했다. 그럼에도 그가 내무총장 자격으로 국민대표대회의 해산이라는 강경조치를 취하면서 적대 관계로 돌아서게 된 계기는 바로 창조파가 '한(韓)'이라는 국호를 선포하면서 대한민국 임시정부를 부인하는 행동을 보였기 때문이다.

이러한 창조파의 행위는 명분과 의리에 입각한 정치행위와 노선을 고수하는 그에게는 일종의 반역으로 보였던 것이다. 그가 1923년 6월 1일 내무총장 명의로 내린 '내부훈령' 내용은 다음과 같다.

> 소위 국민대표회에 있어서 6월 2일 연호·국호를 정한 것은 민국에 대한 모반이며 두세 번의 귀순을 권유했음에도 전혀 완집[頑執, 몹시 고집을 부리는 것]하여 함부로 헌법을 제정함은 조국의 존엄한 권위를 침범함이라. 본 내무총장은 2천만 민족이 공동으로 위탁한 치안의 책임과 4천만 유업의 신기[神器, 인위적으로 만들어진 것이 아니라, 하늘이 내려준 권위라는 의미]를 보유하는 직권으로서 소수인의 집회 등 6월 2일 이래 일체 불궤[不軌, 법도를 지키지 않는] 행위의 작소[繳銷, 없애 버림]를 명하며 대표회 자체의 즉시 해산을 명함"(『조선민족운동연감』, 1923, 245-246).[12]

---

12 또한 같은 날 임시정부 국무원에서는 각 총장들이 서명한 '포고령' 3호를 발표했으며, 여기서도 "소위 대표자대회의 잔여당인 윤해(尹海) 신숙(申肅) 등의 6월 2일 모반 행위를 성토하며 중외 국민의 각성을 촉구함"(『조선민족운동연감』, 1923, 246)이라고 하여 창조파의 행위를 모반으로 규정하고 있다.

위의 포고령에 구사된 왕조적 용어와 함께 유의할 대목은 창조파의 정치적 노선과 행위를 '민국(民國)에 대한 모반(謀反)'으로 규정한 것이며, '조국의 존엄한 권위를 침범'이라고 한 부분이다. 이는 김구가 임시정부를 독립운동계의 유일무이한 최고 지도기관으로 인식하고 있음을 보여준다. 여기서도 정부와 국가를 거의 같은 개념 혹은 동등한 의미로 이해하고 있다.

국민대표대회의 진행상황을 볼 때 의심의 여지가 없는 한 가지 사실이 있다면, 그 대회가 거의 전 지역과 단체의 대표자들이 모여서 독립운동 노선의 재점검을 위한 자리였다는 점이다. 당시 정부의 상황은 김구도 지적했듯이 이승만과 이동휘의 노선 차이와 다양한 사상 조류 등으로 인해서 "국무총리 이동휘는 공산혁명을 부르짖고 대통령 이승만은 민주주의를 주창하여 국무회의 석상에서도 의견이 일치하지 않았다. 그리하여 종종 쟁론이 일어나고 국시[國是, 국가의 이념 혹은 근본 방침]가 서지 못해 정부 내부에 기괴한 현상이 자꾸 거듭해서 일어났다"(『현대어판』, 408)고 할 정도로 이미 임시정부는 노선상의 차이가 심했다. 특히 좌파와의 알력이 심했는데, 대회가 창조파와 개조파로 양분되었던 것 자체가 그러한 사정을 말해주는 것이라 하겠다.

또한 김구 스스로도 1920년 이후 임시정부에 대해서 사실상 그 기능을 상실한 상태라고 회고했다.[13] 그럼에도 불구하고 정부 자체에 대한 재논의를 곧 '국가'에 대한 반역으로 이해하고, 유명무실한 정부의 각료 권한을 '사천만유업(四千萬遺業)의 신기를 보유한 직권'이라는 식으로 인식하였다. 이는 그가 '국가'와 그것을 지속시키기 위한 정치적 결집체인 '정부'

---

13 당시 상황에 대해 김구는 다음과 같이 회고했다. "기미 이래 독립운동이 점점 퇴조기에 접어들어 정부 이름만도 유지하기 어려웠다. 당시 떠돌던 말과 같이 몇 명의 동지와 더불어 고성낙일[孤城落日, 외롭고 힘든 처지]에 슬픈 깃발을 날리며 스스로 생각하기를, 운동도 부진하고 세월도 많이 흘러 죽을 날이 가까웠으니"(『현대어판』, 391-392).

를 동일시하고 있다는 것을 보여주고 있다. 다시 말해 '국가=정부'라는 이해 방식이 '명분'이라는 사고의 원칙과 결부되며 국가에 충성해야 한다는 명분은 정부에 대한 충성과 같은 것으로 인식하였던 것이다. 또한 정부라는 명의라도 있으면 그 자체가 권위와 권력 행사를 담보해주는 중요한 근거가 된다는 것이다.

이러한 측면은 1930년대 중반 이후부터 1942년경까지 이른바 대일전선통일의 움직임과 그 실행의 논의가 지루하게 진행될 때 그가 보인 태도에서도 알 수 있다. 당시 그의 정치적 목표는 오직 독립운동가들의 대동단결과 임시정부의 존재 여부에 관해서였다. 특히 그가 유의했던 것은 임시정부가 당시 대한민국의 유일무이한 정부로서 그 정통성을 인정받는, 즉 법통(法統)을 인정받는 문제였다.[14]

그는 임정의 법통 문제에 대하여 민감한 반응을 보였다. 특히 이른바 창조파가 별도의 정부를 구성하였던 사태는 그에게 각별한 위기의식을 안겨주었던 것으로 보인다. 한 자료에 의하면 김구는 임시정부에 대해서 "한족(韓族)의 혈(血)을 가지고 국권·국토를 광복하려는 한인은 모두 임정을 성심 옹대[擁戴, 떠받들어 모시는 것]할 의무가 있다"(「임시의정원 제공에 고함」, 국사편찬위원회 1968)라고 전제하였다. 다음과 같은 기록들에서 임시정부를 둘러싼 그동안의 독립운동계 상황과 임시정부의 법통성 논란에 대한 김구의 기본적인 인식을 볼 수 있다.

---

14 이 문제와 연관이 있는 것으로는 이른바 '이승만 위임통치청원 건'에 대한 김구의 태도를 들 수가 있다. 이 사건에 대해서 당사자 중 한 명인 김창숙은 자신과 더불어서 박은식과 신채호 등은 이승만의 파면을 주장했고, 이동휘·안창호·이동녕 등은 이에 반대했다고 한다. 그리고 김구는 파면을 주장하는 박은식에게 '지금 우남(雩南, 이승만)을 없애면 정부가 망합니다'라고 대답했다는 것이다(단채신채호선생기념사업회 1982, 403). 이 내용의 신빙성에 대해서 확신하지는 못한다. 그렇지만 적어도 김구가 대부분의 다른 독립운동가와 입장이 달랐던 것만큼은 사실인 듯하다.

우리 정계에는 세상에 드물게 보이는 나쁜 사례가 있다. 자기 필요로 임정 직원이 되었다가도 개인적인 불만이 있을 때는 마치 헌 신발 버리듯 반역을 기도하는 자가 한두 사람이 아니다(「임시의정원 제공에 고함」, 국사편찬위원회 1968).

일부 인사들 사이에는 이상하게도 역사적 기회를 타서 임시정부를 파괴하고 폐기하기를 도모하는 자가 있다는 것은 과거에도 나타난 명확한 사실임은 재언할 필요가 없는 바이다. 그에 즈음하여 자기의 사상을 발휘하고 혹은 자기 발전을 위하여 충실치 못한 계획으로 대의명분상 사상 본령에 저촉되는 것도 돌아보지 않고 상호 표리하는 종횡술책 곧 마음에 위배되는 행위를 감히 시도하는 자(김정주 1971, 779).[15]

첫 번째 인용문은 임시정부 요인들이 좌우통합 명분으로 1935년 민족혁명당에 참여하기 위해 임시정부를 떠나자, 이에 격분하여 임시의정원에 보낸 개인 명의의 서한 중 일부이다. 여기서 김구는 자신이 결코 민족통일을 반대하지 않음을 천명하고, 그렇지만 임시정부를 부정하는 행위는 일종의 '반역'에 해당된다는 것을 명백하게 밝히고 있다.

두 번째 인용문은 민족혁명당의 결성으로 임시정부가 그 기능과 인적 구성면에서 일대 위기에 직면했을 때, 김구가 이를 긴급히 해결하여 새롭게 국무위원을 구성한 다음 1935년 11월 3일 국무위원 명의로 발표한 포

---

15 김구만이 이른바 '좌익분자'들의 행위를 공격한 것은 아니었다. 이시영 역시 그들의 행위를 강하게 비난하였다. 이시영은 "매번 보는 일이지만 좌익분자들은 은밀하게 한국인에게 연분을 대어 독립운동이라는 명목을 앞세우고 적색운동을 잠행하여 선과 맥을 밀통하는 자가 그例 적지 않으며 이런 일이 있은 지가 오래되었다"(「황염배의 조선관을 반박함」, 이시영 1983, 128)라고 하여 그들의 행동양식을 비난하였다. 또한 이시영은 좌익의 사상적인 측면과 폐해에 대해서도 다음과 같이 비판했다. "기타 혼잡스럽고 장식하여 표방한 것들은 민족주의의 표어를 구호로 내세우면서 속마음으로는 타인의 천한 부성을 사모하며 내면으로는 민족정신을 훼방하는 책동을 하고 있다."

고문의 일부이다. 여기서도 임시정부를 부정하고 '파괴'하려는 여러 시도들을 격렬히 비난하고 있다. 그렇지만 첫 번째 인용문과 마찬가지로, "필히 정상적이고 진실한 길을 취하여 완전한 통합을 성취하라. 본 정부는 주저함이 없이 십분 환영"(김정주 1971, 781)한다고 말하며 정당한 통합을 천명하고 있다.

이와 같은 김구의 입장은 기본적으로 국가에 대한 충성심의 결과라고 볼 수 있다. 그렇지만 보다 근본적으로는 '국가'와 '정부'에 대한 인식의 착종에서 온 것이라고 생각한다. 김구는 국가와 정부를 동일한 객체로 인식했으며, 국가에 충성한다는 명분론적 사고를 가진 그는 그 원칙에 입각하여 임시정부를 고수하였다. 즉 '국가＝정부'라는 인식 아래 '국가에 대한 충성이라는 명분＝임시정부에 대한 충성이라는 원칙'으로 전화되었던 것이다.

이상에서 보듯이 김구는 좌우통합에는 반대하지 않았지만, 정부의 권위와 정통성을 부정하는 합작 또는 통합에는 결연하게 반대하였다. 임시정부에 대한 대내적인 해소운동과 도전에 직면하여 김구는 민족의 진정한 통일을 요망한다는 뜻을 천명했다. 물론 여기에는 임시정부에 대한 정통성을 부정하지 않아야 된다는 전제가 깔려 있었다. 『백범일지』의 다음 부분을 보자.

5당 통일이[16] 형성될 당시부터 우리 동지들은 단체 조직을 주장했지만 나는 극히 만류했다. 그 이유로, "다른 사람들은 통일을 하는데 그 통일 내용이 복잡하여 아직 참가를 하지 않고 있다. 그런데 내가 차마 어찌 딴 단체를 조직하

---

16 1935년 7월 효과적인 대일 항전을 위해 기존의 신한독립당, 의열단, 조선혁명당, 한국독립당, 대한독립당 등 5개 당이 민족혁명당으로 통합된 것을 말한다. 민족혁명당은 결성 이후 줄곧 임시정부에 참여하지 않았으나, 중일전쟁 이후 임시정부를 중심으로 독립운동 정당·단체들이 연합전선을 형성하자, 1941년 11월 임시정부에 참여, 광복 직후까지 활동하였다.

겠느냐"라는 것이었다. 그러나 지금은 조소앙의 한독(韓獨, 한국독립당) 재건설이 출현하여 이제는 내가 단체를 조직하여도 통일 파괴자는 아니며, 임시정부가 여러 가지 위험을 당하는 것은 튼튼한 배경이 없었음이고, 이제 임시정부를 형성했으니 정부 옹호를 목적으로 하는 하나의 단체가 필요하다고 생각되어 한국국민당을 조직했다(『현대어판』, 457-458).

인용문은 첫째 5당의 통일은 받아들일 수 있으나 임정의 해소는 불가하다는 것이고, 둘째 통일을 위한 움직임이라 할지라도 자신이 먼저 단체를 조직하지는 않았다는 것을 강조하고 있다. 여기서 김구가 특히 의식하고 있는 것은 분파적 행위와 그에 따르는 비난이었고, 그 바탕에는 명분론적 인식이 작용하고 있었음을 보여주고 있다. 기록의 사실 여부와 가치 판단의 문제를 떠나서, 정부에 대한 충성과 정부에 해를 끼친다고 생각되는 분파적 정치행위에 대한 단호한 인식이 표출되었다고 해석된다.

그런데 이처럼 일관해서 명분과 의리라는 가치관을 '정부'와 '국가'에 적용시킬 때, 해방 후 현실에 대한 인식의 폭은 좁아질 수밖에 없다고 생각한다. 물론 김구의 해방 후 정치적 판단이나 정치행위의 실행에 있어서도 명분과 의리는 중요한 기준이 되었다. 예컨대 해방 후 격변하던 정세 속에서 주체성을 잃고 미국과 소련 등 외세에 추종하여 이익을 얻으려는 풍조에 대해 경고하는 한 성명에서 그는 다음과 같이 주장하고 있다.

우리의 조국을 버리고 조국을 이 강호[江湖, 우리 강토] 밖에서 찾으려는 경향이 강토 내에 있는 듯하니 이는 모두 우리의 독립을 방해하는 장벽일 것이다. 명분과 의리에 어그러진 바를 청산하고 단결하여 독립완수에 매진할 것이며(「자력으로 조국 찾자」,《동아일보》, 1946/08/16).

이 인용문은 주체적으로 독립을 이루자는 내용을 가진 글의 일부이다.

여기서 김구가 강조한 명분과 의리의 대상은 조국의 독립과 민족임을 알 수 있다. 그리고 비록 독립에 방해되는 객체가 '부모형제'일지라도 용서가 되지 못한다고 하여, 명분과 의리에 반하다면 누구든 투쟁의 대상이 된다는 것이다. 이에 대해 『백범일지』에 언급된 이동휘와의 대화를 보면 명확하게 알 수 있다(이해를 돕기 위해 조금 정리했다).

> 이동휘: 무릇 혁명은 유혈(流血)사업이니 어느 민족에게나 중요한 일이다. 지금 우리 독립운동은 민족주의운동인데, 독립 이후에는 다시 공산혁명을 해야 한다. 따라서 두 번 피를 흘리는 일은 민족의 큰 불행이므로 나와 같이 공산혁명을 하자.
> 김구: 우리가 공산혁명을 하는데 제3 국제당[코민테른, 소련이 창설한 각국 공산주의운동 지원 단체로서 전 세계의 공산혁명을 위해 결성되었다]의 지휘명령을 받지 않고 독자적으로 혁명을 할 수 있는가?
> 이동휘: 가능하지 않다.
> 김구: 우리 독립운동은 한민족의 독자성을 회복하는 운동인데 제삼자의 지도와 명령을 받는다는 것은 자존성을 상실한 의존성 운동이다. 선생은 지금 우리 임시정부 헌법을 위반하고 있으므로 동조할 수 없다(『현대어판』, 409).

김구에게 '대한민국 임시정부'는 일본 제국주의와 대결하는 가장 중요한 기관이자 민족적 총합체였다. 이 대화에서 김구는 외세를 등에 업은 행위는 독립의 방해가 되며, 이는 민족이라는 명분과 의리뿐 아니라 대한민국 임시헌법에 명시되어 있는 대한민국 인민의 주권 행사에도 반하는 것이기 때문에 결코 용인되어서는 안 된다고 분명하게 밝히고 있다. 그는 '대한민국 임시정부'의 정통성을 무시하거나 부정하는 각 당파, 특히 좌파들의 행동을 경계하였다. 이후 김구는 좌파와의 연합 자체를 회의적으로 보기는 했어도 전적으로 부정하지는 않았다. 그러나 어떤 경우에도 '대한민국 임시정부'가 갖는 권위와 정통성은 결코 훼손되어서는 안 된다는 것이 김구의 일관된 가치였다.

이렇듯 국내 활동이건 국외 독립운동 활동이건, 그의 삶에서 민족의 주권은 가장 중요한, 그리고 결코 양보할 수 없는 가치였다. 그런데 오히려 이와 같은 원칙적이며 단정적인 정치의식은 여러 정치적 가능성이 존재했던 '해방'이라는 상황에서는 유연한 정치적 입장을 갖기 어렵게 만든 요인이었다.

4. 후기 사상: 새로운 민족국가의 탄생

해방 이후 김구는 1945년 11월 임시정부 국무위원들과 함께 제1진으로 환국하였다. 미국이 대한민국 임시정부를 승인하지 않았기 때문에 그를 비롯한 독립운동가들은 개인 자격으로 귀국했다. 1945년 12월 28일 모스크바 삼상회의에서 신탁통치안이 결의되자 반대운동에 앞장섰다. 이를 전후하여 대한독립촉성중앙협의회와 민주의원, 민족통일총본부를 이승만, 김규식과 함께 이끌었다. 김구는 1947년 11월 국제연합 감시하의 남북총선거에 의한 정부수립결의안을 지지했지만, 1948년 초 북한은 국제연합의 남북한총선거 감시위원단 입북을 거절했다. 이로써 선거 가능 지역인 남한만의 단독선거가 결정되었다. 김구는 남한만의 선거에 의한 단독정부 수립 방침에 절대 반대하는 입장을 취하였다. 그는 1948년 5월 10일 제헌 국회의원 선거를 거부하기로 방침을 굳히고 4월 19일 평양으로 향했으나 아무런 소득 없이 서울로 돌아왔다. 그 뒤 한국독립당을 정비하고 '건국실천원양성소' 일에 주력하다가 1949년 6월 26일 자택 경교장에서 육군 소위 안두희에게 암살당하였다.

1) 민족국가와 대동세계론

김구가 민족통일을 간절히 바랐다는 사실은 누구나 알지만 막상 그가 해방공간에서 새로운 한국의 미래 구상을 어떻게 구상했는지에 대해서는 잘 알지 못한다. 김구가 「나의 소원」(1947)에서 밝힌 새로운 한국은 무엇보다 문화의 힘을 토대로 국민 "모두 성인(聖人)을 만드는"(『현대어판』, 505) 문화국가였다. 그는 '인', '의' 혹은 '도'와 같은 유교적 가치야말로 현실 세계에서 구현할 수 있는 인류문화의 정화로 인식했고, 이러한 가치를 바탕으로 문화와 도의를 꽃피운 국가를 해방 조국의 미래상으로 제시했다.

김구의 이러한 국가 구상은 기본적으로 유교적 세계관에 입각한 대동세계와 깊은 관련성을 갖고 있다. 그것은 초기와 중기 시절부터 그를 지배했던 유교적 세계관의 연장선에서 이루어진 것이다.

그는 1940년 발표한 글에서 한국 독립운동의 근본적인 의의를 첫째, 일본 제국주의를 구축하고 동아시아의 평화를 보장하며, 둘째, 고유한 문화를 떨쳐 일으키고 독립과 자유·평등의 신(新)한국을 건립하는 데 있으며, 아울러 대동세계를[17] 조성하는 데 있다고 강조했다(「한국의 독립과 동아시아의 평화」, 김구 1940, 7).

김구는 신한국의 기틀을 다지기 위해 갖추어야 할 요소로 인애(仁愛)와 신의 그리고 겸양과 도덕을 강조하였다. 그리고 새로운 한국은 궁극적으로 대동세계를 지향한다는 점을 밝혔다. 자유·평등과 대동세계·왕도문화라는[18] 개념에서 알 수 있듯이, 그는 서양의 근대적인 가치와 동양적

---

17 '대동세계'는 유교에서 말하는 이상적인 세상이다. 옛 유가의 고전(古典) 중 하나인 『예기』 「예운」편에 나온다. 이에 의하면 대동(大同)이란, 공평무사한 세상, 사악한 모의가 일어나지 않고 사람들이 모두 천하의 도를 이해하기 때문에 이해관계로 간사한 다툼이 일어나지 않는 세상을 말한다.

18 제왕이 힘으로 백성을 억누르지 않고, 인·덕·의 같은 유교적인 가치에 따라 통치하는 이상적인 정치문화를 말한다.

가치관의 조화를 통한 새로운 국가 건설을 지향하였다. 김구는 「나의 소원」에서 공자의 도와 석가의 자비 그리고 예수의 사랑을 동등한 가치로 이해하였다. 그리고 자신이 생각하는 신한국은 그러한 종교적인 가치가 충만해야 한다고 강조하고 있다. 이러한 발언들을 본다면 김구가 그리는 신한국은 동양과 서양의 가치가 조합되는 자유와 평등의 나라라는 결론을 내릴 수 있을 것이다.

그렇지만 그는 서양의 공리주의와 동양의 도의를 비교함으로써 동방의 문화가 서방의 문화보다 우월하다는 생각을 감추지 않았다. 뿐만 아니라 유교적인 가치, 즉 인, 의, 도 같은 인간성의 본질이 조선에서 발현되었고 그로 인해 조선 문화가 우월하다는 점을 은연중에 강조했다. 이를테면 공자가 우리 민족이 도를 좋아하는 민족이라고 했다든가, 기자가 우리나라의 인후지덕을 사모하여왔다는 등의 언급을 보면 김구가 인식하는 신국가는 기본적으로 유교적인 가치가 구현되는 사회를 지향하는 것이라고 이해된다. 더욱이 그는 유학자인 고능선으로부터 받은 유교적인 훈육 과정을 통해 사회와 국가에 대해 명분과 의리를 바탕으로 하는 인식을 갖게 되었음을 기억할 필요가 있다.

다른 한편 김구는 새로운 조국에서는 민족의 생존과 발전을 위해 우수한 조선 전통에 기초하여 다양한 사상과 문화를 흡수할 것을 주장했다. 다음의 인용문에는 그러한 인식이 잘 나타나 있다.

나는 결코 정주학설의 신봉자가 아니며 마르크스와 레닌주의 배척자도 아니다. 우리 국성[國性, 국가의 품성]과 민도[民度, 인민의 계몽 정도]에 맞는 주의 제도를 연구, 실시하려고 머리를 쓰는 자가 있는지, 만일 없다면 이보다 더한 슬픔은 없을 것이라 생각된다(『현대어판』, 452).

이러한 생각은 해방 후에도 그대도 이어진다. 김구는 「나의 소원」에서 해방 조국의 모습을 제시하면서 대동세계나 왕도문화 같은 표현은 사용하지 않았다. 그렇지만 "내가 원하는 우리 민족의 사업은 …… 오직 사랑의 문화, 평화의 문화로 우리 스스로 잘 살고 인류 전체가 즐겁게 살도록 하는 일을 하자는 것이다"(『현대어판』, 497), "진정한 세계의 평화가 우리나라에서, 우리나라로 말미암아서 세계에 실현되기를 원한다"(『현대어판』, 504) 같은 표현에서는 대동세계나 왕도문화의 흔적을 쉽게 찾을 수 있다. 요컨대 김구는 부국강병의 나라, 물질적 풍요의 나라보다는 인, 의, 도의 문화를 바탕으로 세계 평화와 도덕증진에 기여하는 나라가 되기를 원했던 것이다.

보다 구체적인 측면에서 본다면 김구는 개인의 자유를 가장 중요한 가치로 제시하며 모든 종류의 독재, 그중에서도 공산 독재에 대해서는 철저하게 반대 입장을 밝혔다. 그리고 미국 민주주의를 지지하면서도 그것이 최선의 정치체제는 아니라면서 이렇게 지적했다.

> 현실의 진리는 민족마다 최선의 국가를 이루어 최선의 문화를 낳아 길러서 다른 민족과 서로 바꾸고 서로 돕는 일이다. 이것이 내가 믿고 있는 민주주의요 이것이 인류의 현 단계에서는 가장 확실한 진리다(『현대어판』, 495-496).

여기서 언급된 '국성과 민도'에 부합하는 제도로서 김구는 조선 시대의 홍문관과 사간원 그리고 사헌부 등을 지적했고, 과거제와 암행어사 제도는 앞으로 더 연구해볼 가치가 있다고 밝혔다. 이러한 제도는 인재양성과 운영에 밀접한 관련이 있을 뿐만 아니라 궁극적으로는 인문적 가치를 강하게 내포하고 있는 제도적인 장치라는 데 주목할 필요가 있다. 즉 김구는 해방 이후 새로운 국가 정치체제의 근본을 민주주의에서 찾으면서도 우리 고유의 제도와 가치를 바탕으로 전통과 근대가 융합된 국가를 지향하고자 했던 것이다.

김구가 이처럼 동·서양의 여러 종교적 가치관을 강조하고 인문적인 가치에 대해서 낙관적인 견해를 가졌던 것은 그가 인류의 역사를 진보하는 것으로 혹은 발전하는 것으로 보았기 때문이다. 그는 인류 역사의 진보에 대해, '역사발전이라는 것은 진보적·전진적 방향', 즉 암흑에서 광명으로, 부자유에서 자유로, 불평등에서 평등으로, 총괄적으로는 강권 세계에서 호혜평등한 공리(公理)의 세계로 간다고 언급했다(김구 1987 [1941], 220). 이러한 역사에 대한 낙관적 전망은 독립의 필연성을 강조하기 위한 하나의 방편일 수도 있지만, 다른 한편으로는 독립 이후의 국가 성격을 제시한 것으로 해석될 수도 있다.

김구는 전쟁 이후 '전 세계 피압박 민족은 반드시 해방될 것'으로 믿었고, '불평등한 사회제도는 해소'되고, '강권적 국가는 반드시 도태'된다고 믿었다. 따라서 우리는 반드시 '인도(人道)에 바탕하는 평등으로써 평화에 기초한 신민주국가'를 만들어 '강권적인 국가를 대신하게 된다'라고 피력하였다. 여기서 그가 언급하는 신민주국가의 성격은 아마도 삼균주의에 입각한 것으로 보인다.

삼균주의는 사실상 대한민국 임시정부의 기본이념이었기 때문에 임시정부의 주석인 김구가 그에 근거하여 신국가의 성격을 공표한 것은 당연한 일이다. 그는 1945년 한 방송 원고에서 조국의 통일과 완전한 독립 그리고 전 세계 인류의 평화 달성을 위한 네 가지 원칙을 제시했는데, 두 번째 항목에서 '정치·경제·교육의 균등을 기초로 한 신민주국을 건설할 것'을 강조했다. 그는 정치의 균등을 확보하기 위해서는 보통선거제를 실시하며, 경제의 균등을 위해서는 토지와 대규모 생산기관의 국유를 원칙으로 하고, 교육의 균등을 실시하기 위해서는 국비로 교육을 담당할 것을 제안했다. 이것은 삼균주의의 구상이 그대로 반영된 것이었다. 조소앙이 그랬던 것처럼 김구 역시 민주주의, 평등 등 서양의 제도와 사상을 받아들이면서도 기본적으로는 유교적인 가치관에 입각하여 그 의미를 재해석하였다. 그리고 이러한 바탕 위에서 문화와 도덕이 융성하는 새로운 미래를 해방 조국이 앞으로 가야 할 길로 제시했던 것이다.

이상에서 살펴본 것처럼 김구는 '인후지덕(仁厚之德)'이라든가 '인' 그리고 '의'가 내포하는 가치를 민족적 차원에서 이해했다. 그리고 역사에 대한 낙관적 전망을 기초로 인문적인 가치가 발현될 수 있는 신국가 건설을 궁극적 목표로 삼았다. 나아가서 그러한 가치가 구현되는 대동세계를 지향했던 것으로 보인다. 그리고 이와 같은 가치관들은 1929년 『백범일지』를 기록할 때부터 1947년 「나의 소원」에 이르기까지 김구의 사상을 규정짓는 중요한 개념이었다. 그는 「나의 소원」 끝부분에서 도덕과 문화에 입각한 국가 건설은 "우리의 힘으로, 특히 교육의 힘으로 반드시 이 일이 이루어질 것을 믿는다"고 적었다(『현대어판』, 507). 이십대 시절부터 간직해온 '교육'에 대한 희망이 생애 끝까지 유지되었던 것이다.

김구가 역사를 낙관적으로 인식하고 있었다고 해서, 현실적인 문제까지 도외시한 것은 아니었다. 그는 시종일관 민족을 절대적 가치로 고수하며, 이 가치에 비추어 현실을 판단했다. 1948년 도산 안창호 추도식에서 한 발언은 그가 민족이라는 절대적 가치가 붕괴되고 있던 당시의 현실을 얼마나 심각하게 인식하고 있었는지 보여주고 있다.

> 우리의 해방은 사전(辭典)상에 새 해석을 올리지 아니하면 아니 될 기괴한 내용을 포함하고 있습니다. 우리의 해방이 왜적을 구축하여준 것은 감사한 일이지만 다른 각도에서 보면 통일과 자유와 행복이 아니라 분열과 구속과 불행이 되어 있습니다(「안도산선생추도문」, 김구 1948, 15-16).

이처럼 김구는 해방이 갖는 진정한 의미를 통일, 자유, 행복 등에 두었지만, 현실은 남북 모두에서 독자정부 수립으로 귀결될 상황이었기 때문에 해방의 의미가 실현되기 불가능해 보였던 것이다. 이런 정치적 상황에서 그가 할 수 있었던 선택은 바로 북행(北行)이었다. 1948년 4월 19일 그의 북행은 바로 이러한 현실을 타개하기 위한 마지막 시도였다. 이를 당위적으로 실행하도록 만든 것이 바로 명분이었으며, 또한 그가 지향했던 대동세계를 위해 할 수 있는 가장 올바른 행동이었다.

5. 나머지 말

최근 민족 통일에 대한 관심이 높아지면서 자주독립 통일운동의 선구자였던 백범 김구에 대한 일반인의 관심 또한 높아졌다. 특히 그의 회고록인 『백범일지』에 대한 다양한 주해본이 간행됨으로써, 일반인들 역시 조국 독립에 헌신한 그의 면모를 잘 알 수 있게 되었다. 그리하여 일반적으로 김구는 조국의 독립을 위해 일관되게 투쟁했고, 해방 후 자주독립 통일국가 건설을 위해 노력했던 인물로 알려졌다.

김구는 근대 민족주의운동에서 중요한 위상을 점하고 있는 동학농민운동에 적극적으로 참여했고, 위정척사사상을 수용한 후에는 강계 의병진에 합류했으며, 명성황후가 살해된 후에는 이른바 국모의 원수를 갚기 위해 일본인을 타살하기도 했다. 이후 그는 기독교를 수용하면서 신교육운동만이 최선의 구국 방책임을 인식하고, 본격적으로 교육계몽운동에 투신했다. 또한 1905년 이후 국권 회복을 지향한 비밀결사조직인 신민회에 가입하여 활동했다.

사상적 측면을 살펴보면, 김구는 동시대 다른 인물들과 차별성을 갖고 있다. 그것은 동학, 성리학, 개화사상, 불교, 기독교 등 당대 한국 사회가 경험한 모든 사상을 대거 수용했다는 점이다. 그가 상이한 특성을 가진 다양한 사상을 충돌 없이 수용할 수 있었던 것은 교조주의에 빠지지 않고 스스로의 경험을 토대로 적절하게 변화시키는 능력을 가졌기 때문이었다.

김구의 삶을 규정할 수 있는 용어가 있다면 바로 '교육'이라 하겠다. 교육에 대한 관심은 그의 사회화 과정과 연관되어 있다. 그는 어떤 상황에서도 독서와 교육에 대한 관심을 소홀히 하지 않았다. 특히 구국운동의 한 방략으로도 교육을 활용했다. 그는 다양한 사상적 조류들을 수용하면서 구국을 위한 방안을 모색했다. 그것은 바로 교육을 통한 계몽이었다.

이러한 김구의 생애와 사상을 떠받친 근본적 가치관은 유교적 세계관이었다. 이 글은 이를 명분론적 사회의식과 대동세계관으로 정리했다. 물론 그의 사상적 경험이 다양하기 때문에 다른 차원에서도 얼마든지 그의 사상적 내용을 정리할 수 있다. 그럴지라도 1919년 이후 여러 국면들에서 그가 기준으로 삼았던 것은 역시 유교였다. 엄격한 자기 수양과 옳고 그름을 명확한 기준으로 내세우는 성리학적 유교관은 그가 평생 지켰던 원칙이었다.

그는 유교적 원칙에 따라 왕비의 원수를 갚았고, 자기 기준을 지키기 위해서 유교 경전의 여러 내용을 강조했다. 독립운동 과정에서도 민족의 우선성을 철저히 강조했던 것도 유교에서 제시하는 주체적 원칙에 기인한 것이었다. 문화를 바탕으로 다 같이 평화롭게 잘 살기 위해서도 유교에서 제시하는 길을 따랐다. 그가 제시한 대동세계의 길도 바로 여기에 있었다.

그렇지만 김구가 집착했던 명분론은 현실에서 유연하고 융통성 있는 정치 행보를 가로막았던 원인이기도 하다. 그는 남북분단을 기정사실로 인정하고 분단 상황에서 자신의 활로를 모색할 수 없었다. 김구를 비판하는 쪽에서는 그를 가리켜 흔히 '국제정세에 어두웠다', '명분에 집착하여 완고하다'는 평가를 내린다. '유연함'이 정치인의 중요한 덕목일 수는 있다. 좋게 말하면 상황에 대한 예리한 판단, 그리고 그 상황에 맞게 적절한 현실적 행동으로 대응한다는 의미이다. 그러나 우리는 지금까지 '유연함'

을 내세워 자신의 줏대 없는 정치 행보를 미화하는 사람들을 더 많이 보았던 것이 엄연한 사실이다. 김구에게는 유연함보다는 명분과 도의가 더 중요했다.

지금까지 보았듯이 김구의 일생을 지탱한 근본적 가치는 유교적 세계관, 특히 명분론에 입각한 의식이었다. 김구에게는 민족의 독립과 발전이 모든 가치를 우선하였다. 민족은 민족국가로 대표되어야 하고, 민족국가가 단일정부로 성립됨으로써 모든 사회구성원들의 충성을 받아야 한다. 현실에서 분단국가가 기정사실화되었다고 하더라도 그가 그것을 인정할 수 없었던 이유가 그것이다. 무엇보다 유교적 명분과 도의에 어긋나는 일이었기 때문이다. 그는 국제정세에 어둡지 않았다. 미국과 소련의 주도 아래 움직이는 세계정세를 그도 주시하고 있었다. 그러나 그것을 인정할 수는 없었다. 그는 현실과 명분이 충돌할 때 명분을 따랐고, 그것으로 현실을 깨고자 했다. 자신의 유교적 명분론에 따라 안 되는 줄 알면서도 북한행을 택했던 것이다.

1948년 김구는 사망했다. 남북의 평화와 통일을 목표로 매진하는 현시대에 그가 제시했던 그 길이 다시 한 번 환하게 밝혀지길 기대한다.

김구. 1947. 『김구 자서전 백범일지』. 서울: 국사원.

김구. 1948. 『김구주석최근언론집』. 서울: 삼일출판사.

김구. 1994. 『(친필을 원색 영인한 김구 자서전) 백범일지』. 서울: 집문당.

김구. 도진순 주해. 1997. 『백범일지』. 서울: 돌베개.

김구. 양윤모 역. 2017. 『초판본 백범일지 현대어판』. 서울: 더스토리.

김구. 이만열 역. 1997. 『백범일지』. 서울: 역민사.

김구. 1940. "한국의 독립과 동아시아의 평화(韓國獨立與東亞平和)." 『한민(韓民)』 제1기 제1호. 중국: 한국국민당선전부.

김구. 1941(초판)/1987. 『光復(광복)』. 천안: 한국독립운동사연구소.

국사편찬위원회. 1968. 『자료 대한민국사』 1. 서울: 문교부.

김정주 편. 1971. 『조선통치사료』 10. 서울: 한국사료연구소.

단채신채호선생기념사업회. 1982. 『단채 신채호 전집』 별집. 서울: 형설출판사.

배경식. 2008. 『(올바르게 풀어쓴) 백범일지』. 서울: 너머북스.

백낙청. 1979. 『한국개신교사』. 서울: 연세대학교출판부.

백범김구선생전집편찬위원회. 1999. 『백범 김구 전집』 1-12. 서울: 대한매일신보사.

백범전기편찬위원회. 1982. 『백범 김구-생애와 사상』. 서울: 교문사.

손세일. 2015. 『이승만과 김구』 전 7권. 서울: 조선뉴스프레스.

송건호 편. 1980. 『김구』. 서울: 한길사.

신용하. 2003. 『백범 김구의 사상과 독립운동』. 서울: 서울대출판부.

양윤모. 2002. "백범 김구의 치하포사건 관련 기록 검토." 『고문서연구』 22. 271-296.

엄항섭. 1998. 『김구선생혈투사』. 천안: 독립기념관 한국독립운동사연구소.

윤병석. 1996. 『(직해) 백범일지』. 서울: 집문당.

이시영. 1934(초판)/1983. 『感時漫語(감시만어)』. 서울: 일조각.

정정화. 1987. 『녹두꽃』. 서울: 미완.

정화암. 1982. 『이 조국 어디로 갈 것인가』. 서울: 자유문고.

짐 하우스만·정일화. 1995. 『(한국 대통령을 움직인) 미군 대위: 하우스만 증언』. 서울: 한국문원.

필자는 김구에 관한 참고자료보다는 『백범일지』의 판본에 대해 독자들에게 알려주고자 한다.

『백범일지』의 판본들

위 참고문헌에서 제시한 대로 지금 우리에게는 여러 종류의 『백범일지』가 놓여 있다. 이들 책은 얼핏 보면 모두 같은 것처럼 보인다. 하지만 우리가 인상적으로 느끼는 것과 달리, 좀 더 사실적인 측면에서 살펴볼 필요가 있다. 특히 김구 유족의 결단에 의해 공개된 『친필을 원색 영인한 김구 자서전 백범일지』와 1947년 간행된 『김구 자서전 백범일지』에 주목해보자.

지금 우리한테 남아 있는 『백범일지』 중 가장 널리 알려진 것은 두 가지다. 그리고 이 둘은 모두 '원본'이라고 볼 수 있다.

첫 번째는 김구가 직접 쓴 『백범일지』다. 이른바 '친필본'이라고도 부르는데, 간행본의 제목은 『친필을 원색 영인한 김구 자서전 백범일지』(집문당, 1994)로 현재 보물 제1245호로 지정된 책이다. 이 간행본은 제목 그대로 김구의 유족에 의해 공개된 것으로 김구가 직접 쓴 친필 원고를 사진으로 찍어 출간되었다. 그러니까 김구와 김구 가족이 보관하고 있던 김구가 써놓은 일지를 원래 모습 그대로 사진으로 찍어서 낸 것이다.

앞에서 말했지만 김구는 특히 하권에 해당하는 내용 중 일부를 수정하거나 삭제하였다. 삭제된 부분 중 몇몇 곳은 완전하게 지워지지 않아서 처음 작성할 때의 모습을 부분적으로 확인할 수 있다. 이것을 두고 '원본'이 아니냐는 반론이 나올 수도 있지만, 수정 및 삭제 작업에 김구의 의도가 개입되지 않았다는 명확한 증거가 없다. 그 어느 자료보다 가장 기본적인 원본으로 보아야 한다.

두 번째는 1947년 간행된 『김구 자서전 백범일지』다. 김구의 글들을 전문적으로 출판하기 위해 설립한 국사원이라는 곳에서 한글 사용을 원칙으로 간행하였다. 이 책에는 김구가 작성한 일지 내용과 함께 김구가 해방 이후 새롭게 작성한 내용과 「나의 소원」이라는 문건으로 구성되어 있다. 1994년 이전까지 『백범일지』 하면 바로 1947년 간행된 이 책을 지칭하였다. 이 책은 처음부터 판권을 공개하였기 때문에 누구나 마음만 먹으면 책을 자유롭게 출판할 수 있었다. 지금까지 얼마나 많은 출판사에서 복간을 거듭하였는지 정확하게 파악이 안 될 정도다. 게다가 책에 그림이나 사진을 덧붙이거나 혹은 내용을 축약시키는 등 다양한 형태로 출간되었다.

이 '국사원본'은 춘원 이광수가 거의 전적으로 번역하였다는 김구 유족의 발언으로, 그 의도를 놓고 여러 이야기가 나오기도 하였다. 아무튼 이 '국사원본'은 어려운 국한문 혼용(거의 한자로 이루어진) '친필본'을 현대 한글 문체로 번역한 것이다. 이광수 특유의 유려한 문체로 구성되어 있어 읽으면 읽을수록 감동과 격정이 유발되는 효과를 주고 있다. 또한 김구 문장 자체를 가능한 잘 살린 번역본이기도 한다.

다만 '국사원본'은 '친필본'이 공개되면서 그 내용이 상당 부분 빠지거나 축약된 부분이 발견되고 있어 김구의 진면모를 상당 부분 변형시킨 혐의를 받고 있기도 하다. 하지만 그런 점을 감안하더라도 '국사원본'은 그 나름대로 또 하나의 완전한 『백범일지』로 보아야 할 것이다. 그 이유는 김구가 귀국한 이후 38선 이남 여러 지역을 방문하면서 남긴 여행기 성격의 기록과 그리고 「나의 소원」이라는 글이 김구의 승낙 아래 부가되어 있다는 점이다. 어쩌면 이 「나의 소원」은 김구를 민족주의의 화신으로 만드는 데 가장 큰 역할을 한 것으로 보인다. 이처럼 중요한 문건이 김구의 적극적인 관심 아래 간행된 '국사원본'에 수록되어 있는 것만으로도 '국사원본'은 독립적이고 전혀 새로운 차원의 『백범일지』로 인정하지 않을 수 없다.

이상에서 설명한 것과 같이 현재 『백범일지』의 기본 판본은 다음의 두 가지를 바탕으로 삼고 있다.

- 김구. 1947. 『김구 자서전 백범일지』. 국사원.
- 김구. 1994. 『친필을 원색 영인한 김구 자서전 백범일지』. 집문당.

그밖에 여러 출판사에서 이른바 '원본'이라는 타이틀을 걸고 출간한 번역본들은 거의 대부분 위의 두 자료를 통합하여 나온 것이다. 친필본을 바탕으로 삼은 책들은 다음과 같다.

- 김구. 2015. 『정본 백범일지』. 열화당.

1994년 출간된 친필본을 바탕으로 삼아 「한글 정본」, 「한문 정본」 두 권으로 구성되어 있다. 「한문 정본」은 원본 그대로, 즉 한자로 된 부분과 한글로 된 부분을 그대로 옮겨 세로쓰기한 것이다. 한자에는 옆에 음을 덧붙였다. 「한글 정본」은 한자를 우리말로 풀었는데,

역시 세로쓰기 형식으로 되어 있다.

- 김구. 2002. 『김구 자서전 백범일지』. 나남.

가로쓰기 형식으로 되어 있는데, 친필본을 한 글자도 수정하지 않고 그대로 활자로 옮긴 것이다.

- 김구. 양윤모 역. 2017. 『현대어판 김구 자서전 백범일지』. 더스토리.

현재 보물로 지정된 친필본 『백범일지』를 현대말로 풀어 번역한 것이다. 가능한 한 현대 맞춤법에 기준을 두고 번역했다. 친필본에는 없는 「나의 소원」을 추가했고, 치하포사건의 전말에 관해 '김구와 인천 그리고 탈옥'이라는 제목으로 번역자의 해설을 덧붙였다.

2

이승만

통치이념으로서 자유민주주의의 탄생[1]

정승현 · 전재호

1. 한국 정치에 있어서 이승만의 의미

대한민국의 초대, 2대, 3대 대통령을 지냈던 이승만에 대한 평가는 극과 극을 오간다. 한편으로는 자유민주주의와 시장경제를 기반으로 국가의 기틀을 잡은 건국의 아버지로 추앙받는가 하면, 다른 한편으로는 분단을 초래하고 독재를 자행함으로써 불구화된 민족국가를 만든 원흉으로 취급받고 있다. 그렇다고 하더라도 그가 현대 한국의 기초를 쌓은 인물이라는 점은 누구도 부인할 수 없는 사실이다. 초대 대통령으로서 그의

---

1 이 글은 다음의 두 논문을 재구성하였고 이승만의 후기 사상에 대해서는 새롭게 서술하여 보완했다. 강정인 · 정승현. "이승만의 초기 사상에 나타난 서구중심주의." 『정치사상연구』 제20집 2호, 37-64. 정승현. "이승만과 한국자유주의: 중기 사상을 중심으로." 『현대정치연구』 제10권 제1호, 255-286.

생각·발언·행동·정책·노선은 신생 한국의 진로를 결정했을 뿐 아니라 역사적 유산으로 구조화되어 현재까지도 영향을 미치고 있다. 그렇다면 이승만의 사상에 대한 심도 깊고 체계적인 분석은 오늘날의 한국 사회를 이해하는 데 꼭 필요한 작업일 것이다.

대부분의 이승만 관련 연구자들은 대한제국 시기에 형성된 이승만의 초기 정치이념이 독립운동기와 해방 이후에도 일관되게 유지되었다고 지적한다. 그렇지만 그의 긴 생애(1875-1965)를 고려할 때, 그렇게 단정하는 것은 무리이다. 그의 사상을 초기(대한제국 시기), 중기(미국 체류 시절), 후기(해방 이후)로 구분한다면 초기에는 기독교 문명개화론자로서 애국계몽기 지식인의 일원이었고, 중기에는 대한민국 임시정부의 대통령이자 독립운동가로 활동하면서 미래 독립국가 구상을 발전시켰으며, 후기에는 대한민국 대통령으로서 새로운 국가이념과 정책을 결정했다.

이러한 상황을 고려할 때 전 생애에 걸친 이승만의 사상을 고찰하기 위해서는 초기의 사회정치적 견해, 미국 망명 시기 미국에서 새롭게 습득하여 변화된 사상, 그리고 해방공간과 대통령 재임 시기 표출되었던 사상 등으로 구분하여 추적할 필요가 있다. 사실 이는 방대한 작업이다. 그의 생존 기간이 워낙 길고, 또한 문명개화론자, 독립운동가, 정치가, 대통령이라는 다양한 경력을 가졌으며, 상당한 분량의 저술을 남겼기 때문에 다루어야 할 내용이 방대하다. 이 많은 내용을 제한된 분량에 모두 담을 수는 없다. 이 글은 이승만의 정치사상 중 현재 한국 정치에 중요한 의미가 있는 부분만을 다루고자 한다.

이승만의 사상에서 우리가 주목하는 부분은 그가 '만들었다'는 '자유민주주의'이다. 오늘날 한국인들에게 현재 한국의 정치체제가 무엇이냐고 묻는다면 아마 십중팔구는 '1948년 정부 수립과 더불어' 정착된 자유민주주의 체제라고 답할 것이다. 그런데 이승만이 만들었다는 자유민주주의에 대한 평가 역시 극과 극이다. 보수주의자들은 이승만이 한국에 자유민주주의를 '세웠고', 이를 토대로 현재의 '번영과 발전'을 이루었다고 주장한다. 반면 진보주의자들은 이승만의 자유민주주의는 '자유의 이름으로 자유를 억압한 거짓 자유주의' 혹은 냉전구도에 따라 이식된 '반공국가주의'에 불과하다고 혹평을 퍼붓는다.

필자들은 이승만의 정치사상의 핵심을 친미·반공·친자본주의·국가주의를 바탕으로 하는 자유민주주의로 규정하고, 그가 어떤 경로와 궤적을 거쳐 그와 같은 이념을 확립하게 되었는지를 시기별(초기·중기·후기)로 나누어 살펴보고자 한다. 이것은 개화기에 도입된 서구 자유주의가 국권 상실·일제강점기·해방정국의 역사적 경험 속에서 변용되며 '이승만 버전'의 자유민주주의로 만들어져갔던 과정을 추적하는 작업이기도 하다. 이승만 버전의 자유민주주의는 곧 해방 이후 한국의 통치이념으로 확립된 자유민주주의, 다른 한편으로는 많은 사람들로부터 가짜 자유민주주의라고 비판받고 있는 이념을 말한다. 이 글은 이승만이 자유민주주의의 '참뜻'에 충실했느냐를 따지려는 것이 아니다. 자유민주주의를 자신의 방식대로 이해하고 소화하면서 마침내 신생 대한민국의 통치이념으로 확립시켰던 이승만의 사상 궤적을 추적하고 그 이념의 내용과 특징을 검토하려는 것이다.

2장에서는 먼저 그의 생애를 살펴보았다. 3장은 이승만의 자유민주주의를 한국 보수주의와 연결해 설명하면서 이 글의 문제의식을 다시 검토했다. 4장은 이승만의 친미 노선의 사상적 배경을 '문명개화론'이라는 틀 속에서 서술했는데, 주로 초기 사상에 중점을 두었다. 5장은 그가 주장한 민주주의가 실제로는 국가의 안전과 번영을 최고의 가치로 삼고 개인의 자유나 권리보다는 국가 앞에서 개인의 희생을 강조하는 국가주의와 밀접하게 관련되어 있음을 서술하였다. 6장에서는 반공과 친자본주의 노선을 살펴보았다. 5장과 6장은 이승만의 중기와 후기 사상을 다루었다. 마지막으로 7장에서는 이승만의 자유민주주의에 대한 평가들을 간략하게 살펴보았다.

이 글은 자유민주주의라는 틀을 통해 이승만의 정치사상이 어떻게 확립되었는지 그 역사적 궤적을 추적하고자 한다. 따라서 그가 독립운동을, 임시정부 대통령을, 그리고 신생 한국의 대통령 노릇을 '제대로' 했는가 하는 문제, 또한 대통령으로서 어떤 '업적'을 남겼는가와 같은 문제는 다루지 않았다. 필자들은 이승만이 긴 생애에 걸쳐 자신의 정치사상을 확립하였던 과정과 그 사상적 배경을 밝히려는 데 주안점을 두었기 때문에 대통령 재임기보다는 사상의 기본 틀이 확립되었던 초기·중기에 더 비중을 두었다. 또한 이승만의 정치사상의 일관된 흐름을 밝히면서도 각 시기에 따라 세부적 내용이 변화하는 양상을 구체적으로 드러내고자 했다.

2. 이승만의 생애

1) 초기: 대한제국 시기

우남(雩南) 이승만(李承晩, 1875-1965)은 1875년 3월 26일 황해도 평산군 능내동 시골 마을에서 부친 이경선(李敬善)과 모친 김해(金海) 김씨(金氏) 사이에서 6대 독자로 태어났다. 양녕대군의 후손이었지만 5대째 벼슬이 끊긴 몰락한 양반이었다. 5세 때부터 서당에서 한학을 공부했고 13세부터 19세까지 매년 과거에 응시했지만 끝내 등과하지 못했다. 1894년 갑오개혁으로 과거제가 폐지되어 결국 입신양명의 꿈은 좌절되었다.

이승만은 신학문을 배워 관직에 진출하기 위해 1895년 미국 선교사가 세운 배재학당에 입학하여 서양의 선진문물과 함께 기독교에도 친숙하게 되었다. 특히 교내 토론 단체인 협성회(協成會)에서 창립회원이자 서기로 활발하게 활동했고, 동료들과 함께 서재필이 주도했던 독립협회의 개혁운동에도 적극적으로 참여했다.

1897년 졸업 후 이승만은 배재학당에서 습득한 신학문과 협성회의 조직을 기반으로 1898년부터 《협성회회보》, 《매일신문》, 그리고 《제국신문》에서 언론활동을 했다. 그는 언론을 통해 독립협회의 개혁운동을 적극적으로 지원했고, 외국의 이권 개입을 폭로하는 등 민중의 계몽과 자주민권 정신 배양을 위해 노력했다. 또한 독립협회와 만민공동회에서는 연사와 총대위원으로 적극 활동했다. 그러다가 1899년 1월 쿠데타 음모와 관련된 혐의로 체포되어 무기징역을 선고받고 5년 7개월 동안 옥고를 치렀다.

옥중에서 이승만은 죽음에 대한 공포를 느끼고 기독교에 귀의했다. 그는 이미 배재학당의 교육을 통해 서양의 문명 부강의 원천이 기독교에 있음을 느꼈는데, 한국은 기독교를 통해 개화해야 한다는 신념을 옥중에서 더욱 강화하게 되었다. 이승만은 미국 선교사들이 정기적으로 차입해준 잡지와 서적을 읽고 국제정세에 대한 인식을 확장시켰으며, 《제국신문》의 논설을 담당했다. 1904년 2월 러일전쟁이 발발하자 자신의 정치개혁에 대한 이상과 국제정세 인식을 정리하고, 그 바탕 위에서 한국인의 독립정신을 고취하기 위해 옥중에서 『독립정신』을 집필했다. 또한 『청일전기』라는 책을 번역한 후 자신의 해설을 덧붙였다.

2) 중기: 미국 체류 시절

이승만은 출옥 후 1904년 미국으로 출국했고, 1905년 2월 감리교단의 후원으로 조지워싱턴대학 2학년에 편입하여 1907년 6월 학사학위를 받았다. 감리교단은 그가 즉시 귀국하여 전도활동을 하기를 바랐으나 그는 좀 더 공부를 하기 위해 9월 하버드대학 석사과정에 입학했다. 하버드에서 1년 수학한 후 1908년 가을 프린스턴대학 박사과정에 입학하여 국제법, 외교론, 역사 과목 등을 수강했다. 그는 1910년 「미국의 영향을 받은 중립」

(Neutrality as influenced by the United States)이라는 논문으로 박사학위를 취득했다.

이승만은 1910년 9월 일본을 상대로 한 소모적인 독립운동보다는 한국민의 교육과 교화가 급선무라 생각하여 즉시 귀국했다. 이후 그는 중앙 기독교청년회(YMCA) 교육부 간사를 맡아 전도 및 교육사업에만 종사했을 뿐 정치활동과 어떤 관련도 맺지 않았다. 그러다 105인사건으로 불리는 기독교계 인사들에 대한 대대적인 검거 열풍이 몰아치자 1912년 다시 미국으로 출국했다. 그리고 1913년 초 하와이로 이주하여 105인사건을 다룬 『한국교회 핍박』이라는 선전 책자를 출판했다.

이승만은 미국에서 한국인들은 기독교를 열심히 믿고, 안으로는 교육에 힘쓰며 밖으로는 서양인에게 우리의 뜻을 널리 알려 동정을 얻게 되면 독립할 수 있을 것이라고 주장했다. 이러한 인식 아래 이승만은 1919년 3·1운동 발발과 거의 동시에 국제연맹 하의 위임통치 청원을 제기했다. 이와 같은 행동은 상해 임시정부와 미주(美洲, 아메리카 대륙) 내의 반이승만 세력들로부터 비난 받는 계기가 되었다.

3·1운동 이후 러시아, 상해, 한성에 정부가 조직되었다. 국내 한성 정부는 그를 집정관 총재로 추대했고, 이 세 정부가 통합하여 결성한 상해 임시정부에서도 그를 대통령으로 선출했다. 그러나 그는 상해 임시정부와 사전 협의나 사후 승인 없이 8월 한성 정부 집정관 직권으로 워싱턴에 구미위원부를 설립하여 미주 지역의 외교 및 재정권을 장악했다. 이로 인해 미주 한인사회의 지도적 기관이었던 대한인국민회가 분열과 해체 위기를 맞게 되었고, 상해 임시정부 역시 재정수입과 외교권 행사에 큰 타격을 입게 되었다. 1925년 3월 상해 임시정부는 임시 대통령이었던 이승만에 대한 탄핵을 단행한 것과 동시에 구미위원부 폐지령을 공포했다. 이에 이승만은 한성 정부의 '법통'을 내세워 상해 임시정부의 결정에 정면으로 맞서는 한편 사조직인 동지회를 기반으로 구미위원부의 명맥을

그대로 이어갔다.

1941년 말 미일 간에 전면전이 발발하자 중국 중경의 임시정부는 대미 외교의 필요성에 따라 '주미외교위원부'를 신설했는데 이승만이 그 책임 자로 임명되었다. 그는 미국 정부로부터 임시정부가 공식 승인과 군사적 지원을 받도록 하기 위해 노력했지만 미국은 이 요구를 들어주지 않았 다. 그 과정에서 미주 한인사회 내부에서도 그에 대한 불만과 불신이 증가 했다.

3) 후기: 해방 이후

해방이 되자 이승만은 10월 16일 귀국해 좌우익을 망라한 독립촉성중 압협의회를 구성했는데, 좌익이 이탈하자 반공노선을 본격화했다. 12월 모스크바 회의에서 신탁통치가 결정되자 이에 반대하며 반탁운동을 전개 했다. 1946년 초 개최된 제1차 미소 공동위원회가 교착상태에 빠지자 그 는 6월 3일 정읍에서 남한 지역에서 '임시정부 혹은 위원회 같은 것을 조 직하여 38 이북에서 소련이 철퇴하도록 세계 공론에 호소하여야 될 것' 이라고 주장했다. 이는 '남한단정론'으로 인식되어 후일 그가 '민족분열의 원흉'으로 비난받는 계기가 되었다.

이승만은 1948년 5·10선거에서 국회의원으로 당선된 후 제헌국회에 서 의장으로 선출되었고, 헌법을 만든 후에는 대한민국 초대 대통령으로 선출되었다. 취임 직후인 10월 여수·순천 군인반란사건이 일어나자 국 가보안법을 제정하고 반공체제를 강화했다. 1949년에는 자신에게 반대 한 국회 소장파에 대해서는 '국회프락치사건'을 통해, 그리고 그들이 주도 한 '반민족행위특별위원회' 활동은 경찰 습격을 통해 무력화시킴으로써 반대세력을 제거했다. 1950년에는 농지개혁을 실시하여 농민들의 지지 를 확보하고 잠재적 도전세력이던 지주 계층을 약화시켰다.

1950년 한국전쟁 당시 이승만은 많은 정책적 실책을 저질렀다. 전쟁 발발 3일 만에 수도 서울을 빼앗겼고, 피난민이 가득했던 한강교를 폭파하여 많은 양민을 사상케 했으며, 국민방위군 이름으로 동원된 수많은 청장년이 제대로 먹지도 입지도 못한 상태로 사망케 했고, 군인들이 거창지역 등에서 양민을 통비(通匪: 적과 내통하는)분자로 몰아 학살했다.

이승만은 1952년 재선을 위해 대통령 직선제 개헌을 추진하는 과정에서 '부산정치파동'을 일으켰다. 그는 대통령 직선제에 반대하는 국회의원을 소환하자는 관제데모를 동원하였을 뿐 아니라 부산 등에 비상계엄령을 선포하고, 군대를 출동시켜 국회의원 10명을 국제공산당 혐의로 구속하기도 했다. 이렇게 야당을 압박한 결과, 7월 4일 국회에서 대통령 직선제와 양원제 도입을 골자로 한 발췌개헌안을 통과시켰다. 1953년 한국전쟁 휴전협정 과정에서 반공포로를 석방하고 휴전협정 반대와 북진통일론을 주장했지만, 7월 27일 휴전협정 체결을 막지는 못했다. 이후 미국과 한미상호방위조약을 체결하고 미국의 지원을 받아 전후 복구를 진행했다.

1954년 이승만은 집권 연장을 위해 다시 헌법 개정을 시도했다. 기존 헌법에는 대통령의 임기가 중임으로 제한되어 있었기 때문에 이를 개정하기 위해서는 헌법 개정을 해야 했다. 그런데 11월 20일 국회 본회의 표결 결과 2/3의 지지를 얻지 못해 부결되었지만, 이틀 후 자유당은 사사오입이라는 논리를 내세워 가결을 선포했다. 개정된 헌법에 따라 실시된 1956년 제3대 정부통령 선거에서 이승만은 야당 후보 신익희의 급서로 손쉽게 승리했지만, 진보당 조봉암의 유효득표율이 30%에 이르고, 부통령 선거에서는 민주당의 장면이 당선되는 이변이 일어났다. 이러한 민심 이반을 읽지 못한 채 그는 북진통일론을 주장하면서 권위주의적 통치행위를 지속했다. 특히 진보당을 불법화시키고, 조봉암을 사형시켰으며, 1958년 국가보안법을 강화하고, 1959년 《경향신문》을 폐간시켰다.

1960년 제4대 정부통령 선거에서 벌어진 대규모 부정선거에 항의하는 학생과 시민들의 시위가 폭발했다. 이승만은 '4월혁명'으로 불리는 학생과 시민들의 자발적 시위를 공산주의자들에 의해 고무돼 조종된 것이라 주장하는 등 현실과 동떨어진 인식을 보여주었다. 미국마저 등을 돌리자 그는 결국 4월 26일 하야를 발표하고, 5월 29일 비밀리에 하와이로 망명했다. 1965년 7월 19일 하와이에서 사망했고, 유해는 동작동 국립묘지에 묻혔다.

3. 통치이념으로서의 자유민주주의

우리는 흔히 자유주의와 민주주의의 결합, 즉 자유민주주의를 당연하게 받아들이지만, 자유주의는 광범위한 사회정치이념을, 민주주의는 정치체제를 가리키는 단어이다. 즉 자유주의 이념과 민주주의 정치체제의 결합을 말하는데, 이 둘이 처음부터 연결되었던 것은 아니다. 서구에서 자유주의와 민주주의의 결합은 오랜 역사를 갖고 있지 않다.[2]

이와 달리 한국에서 자유주의는 완성품인 '민주적 제도를 갖춘 자유주의', 즉 자유민주주의로 도입되었다. 특히 1948년 정부 수립 이후 한국의 통치이념으로서 자유민주주의가 선언되었고, 현대 서구의 국가들은 거의 모두 자유민주주의 체제라는 사실 때문에 우리는 흔히 자유주의를 자유민주주의와 동일시하는 경향이 있다. 즉 자유주의는 민주주의와 결합되는 것이 당연하며, 자유민주주의는 어디서나 동일한 내용을 갖는다고 생각하는 경향이 있다.

---

2 영국의 경우 19세기 후반 개혁적인 자유당을 만들었던 글래드스턴(William Gladstone) 조차 1860년대 중반까지 민주적 개혁에 반대했으며, 자신이 민주주의자가 아니라고 밝힐 정도였다(이화용 2010, 82). 서구에서 자유주의와 민주주의의 결합은 19세기 중후반에나 이루어지기 시작했다.

자유주의는 개인의 자율성 및 존엄성, 인간의 자유, 입헌주의 등 고유한 가치와 원리를 담고 있다. 그러나 자유주의가 어떤 보편적 가치를 갖고 있으며, 그 가치를 실현하기 위한 정치제도로서 민주주의와 보편적으로 결합된다고 하더라도 이념의 가치와 정치제도는 특정한 역사적, 정치사회적 현실 속에서 실현된다. 한국의 자유민주주의에 대한 적절한 이해와 평가는 이 점에 주목할 때 가능하다. 자유민주주의를 어떤 고정된 내용을 가진 이념이 아니라 '역사적 이념이자 운동'으로 보아야 할 필요가 있다는 것이다.[3]

서구 자유주의는 봉건질서와 귀족 혹은 왕정에 대항하는 유산계급의 이념으로 발전했지만, 한국에서 자유주의는 도입 계기, 배경, 문제의식부터 다르다. 한국에서 자유주의는 미래의 질서를 규정하고 이끌어가는 진보의 측면과 주어진 질서에 순응하며 변화의 동력을 차단하는 보수의 측면을 동시에 갖고 있었다. 자유주의는 19세기 말 조선의 낡은 질서를 개혁하고 근대적 국민국가를 건설하며 제국주의 열강의 위협으로부터 국권수호의 과제를 해결하기 위한 이념으로 도입되었다.

한국에서 자유주의는 처음부터 민주주의와 결합된 자유민주주의로 이해되었다. 당시 조선에서는 자유민주주의라는 말은 거의 쓰이지 않았고 민주주의라는 말로 통용되었다. 개화 지식인들은 서구가 부강한 이유를 민주주의 제도에 있다고 보고, 자유주의를 조선의 낡은 질서를 개혁하고 근대화로 나아가는 이념으로 선택했다. 교육과 실업을 장려함으로써 부국강병을 달성하고 장차 국권 회복의 토대를 마련하려 했던 1905-1910년의 자강기(혹은 애국계몽기)에도 자유주의는 근대화와 국권 수호의 한 축을 담당했다. 또한 대한민국 임시정부는 앞으로 건설될 해방된 조국의 이념을 민주공화국으로 내세웠고, 1948년 정부 수립과 함께 자유민주주의가

3　'운동하는 이념으로서의 자유주의'는 문지영(2004)으로부터 도움을 받은 것이다.

한국의 통치이념이 되었다. 나아가 권위주의 정권 시대에는 독재에 저항하던 민주화운동의 이념이기도 했다.

한편 자유주의는 일제강점기에 실력양성론과 자치를 내세우며 일제에 순응하거나 타협했다. 특히 1931년 만주사변 이후 자유주의자들은 일본 파시즘의 일원이 되어 식민지 파시즘이 주장하는 국가주의와 반공 노선을 자신의 이념적 자원으로 삼았다. 자유주의는 식민 통치에 맞서는 저항과 진보의 이념이 되기를 포기하고 공산주의에 맞서 기성 질서를 옹호하는 보수의 이념으로 후퇴했다. 해방 이후 자유주의는 자유민주주의라는 이름을 달고 공식 지배이념이 되었지만, 실제로 그것은 반공을 앞세워 민주주의를 부정하고 권위주의 체제를 보존하는 보수의 이념이 되었다. 이렇듯 자유주의는 한국 근현대사에서 해방과 보수 두 측면을 동시에 갖고 있다.

한국 정치의 통치이념으로서의 자유민주주의는 기본적으로 보수의 이념이다. 이는 보수주의자들 또한 인정하고 있다. 예를 들어 대표적인 보수 논객 조갑제는 "대한민국의 주인은 늘 보수세력이었습니다. 우익이라고도 합니다. …… 우익은 자유민주주의를 의미합니다"라고 주장했다(조갑제 2001, 108). 정치학자 김병국도 한국의 보수주의자는 "자유민주주의와 자본주의를 옹호하고 미국과의 연대를 주장한 세력"이라고 규정했다(김병국 2000, 330). 이러한 주장에서도 볼 수 있듯이 통치이념으로서의 자유민주주의는 친미·반공·친자본주의를 기반으로 권위주의 체제를 정당화했던 집권 우익세력의 지배이념을 가리킨다. 위의 두 논객은 국가주의를 언급하지는 않았지만, 한국의 통치이념으로서 자유민주주의의 중요한 특징 중하나가 바로 국가주의이다. 국가주의는 사회의 모든 영역과 시민의 일상적 삶에서 국가가 가장 중요한 가치와 규범으로 강조되는 것을 의미한다. 국가로부터 독립된 개인의 자율성과 존엄성이 허용되지 않고, 개인의 자유와 권리는 국가의 안전이나 영광을 위해 희생되어야 한다는 국가주의의 논리는 자유민주주의라는 이름으로 권위주의를 정당화했던 바탕 중 하나였다. 필자들은 해방 이후 한국 정치질서를 규정하는 기본 틀이자 통치이념이었던 자유민주주의의 핵심을 친미·국가주의·반공·친자본주의로 보고 있다. 이 글은 보수우익의 자유민주주의의 이념적 연원을 이승만에게서 찾고, 그가 어떤 경로와 사상적 근거를 통해 이와 같은 요소들을 자신의 사상적 토대로 삼게 되었는지 추적하고자 한다.

국가주의와 반공을 기본토대로 삼고 권위주의를 정당화했던 이러한 '사이비' 자유민주주의에는 자유민주주의라는 이름이 가당치도 않다는 반론이 나올 수도 있다. 그러나 필자들은 자유주의를 어떤 고정된 내용을 갖는 이념이 아니라 '운동으로서의 이념'으로 보고, 개화기 이후 자유주의의 전개와 변화를―부정적 측면에도 불구하고―자유주의의 한국적 변용이라는 시각에서 살펴보려 한다. 즉 해방과 진보의 이념으로 들어온 자유민주주의가 한국의 역사적·정치적 맥락에서 보수적 통치이념으로 변용되는 과정을 추적하려는 것이다. 이 문제는 마지막 부분에서 다시 검토하겠다.

4. 친미 노선

1) 문명개화론: 미국처럼 되기

이승만의 친미 노선은 어린 시절부터 확립되었다. 그는 영어를 배우기 위해 배재학당에 입학하였으며, 미국인 선교사를 통해 기독교를 처음 접했다. 처음에는 '무식한 사람들이나 믿을 우스꽝스러운 말'이라고 무시했지만, 한성감옥에서 미국인 선교사를 통해 성경을 비롯한 여러 서적들을 전달받으면서 기독교에 매달렸다. 이후에도 그는 계속 미국인 선교사들의 도움을 받았다. 미국 유학을 위해 서울에 있던 미국인 선교사들은 19통의 추천서를 써줬으며, 학비 역시 워싱턴 소재 교회의 미국인 목사로부터 받은 목회 장학금으로 충당했다. 이러한 개인적 인연이 그의 친미관의 바탕이 된 것은 틀림없다.

이승만의 초기 사상을 한마디로 요약하자면 문명개화론이다. 그가 공공 영역에서 활동하기 시작했던 대한제국 시기에 문명개화는 누구도 거부할 수 없는 시대의 대세로 자리 잡았다. 특히 청일전쟁을 기점으로 근대 서구문명을 문명의 중심으로 설정하고 근대적인 정치제도의 수립, 기독교의 수용 등을 비롯하여 정치·경제·사회의 모든 부분을 서구화하려는 이른바 '전반적 서구화' 논리가 압도했다. 당시의 《한성신문》, 《한성주보》뿐 아니라 《독립신문》, 《매일신문》까지도 서구의 발전된 제도와 문물이 곧 문명이며, 문명개화는 문명국을 충실히 따르는 것이라고 이해했다(노대환 2010, 147-150).

이승만 역시 자신이 알고 있는 지식의 범위 내에서 문명국의 제도와 기술을 문명 그 자체로 규정했고, 조선의 문명화는 바로 그것들이 갖추어질 때 완성된다고 주장했다. 그의 문명개화론에서 문명은 물질적 차원, 제도와 관습의 차원, 정신적 차원이라는 세 개의 차원에서 나타난다. 물질적 차원은 기계·대포·군함 등과 같은 무기와 상공업의 발달을 가리킨다. 제도와 관습의 차원은 공평한 법제도, 깨끗한 위생, 도서관·학교·의회 등의 제도 완비, 실용학문 교육, 민주정치 혹은 입헌군주정치 등의 제도를 말한다. 정신적 차원은 남에게 지지 않으려는 인민의 정신, 독립심, 활달한 기상, 나라를 위해 목숨을 아끼지 않는 용기 등 이른바 문명국의 국민으로서 갖추어야 할 정신적 자세를 가리킨다. 이 중에서 그가 가장 중요하게 여긴 것은 정신적 차원이다. 이승만은 문명국 국민을 만드는 힘을 기독교에서 찾았다.

이승만은 문명개화의 근본 원리를 기독교에서 찾았으며, 조선을 '기독교의 나라'로 바꾸고자 했다. 그는 일차적으로 기독교가 서구문명의 원동력이라고 보았다. 그는 루터를 서구문명의 시조라고 부르며 개신교를 믿는 나라에서만 문명화가 가능하다고 주장했다(『독립정신』, 67). 그렇지만 이승만이 기독교를 받아들이려고 했던 근본적 이유는 민족의 갱생과 나라의 발전을 이룩하기 위한 정신적 자원으로 삼으려는 것이었다. 그는 무엇보다 기독교의 사회·정치적 파급 효과에 주목했다. "나라의 부패함과 인심의 패리[悖理: 이치에 어긋남]함을" 바로 잡는 것은 교회의 힘을 통해서만 가능하기 때문에 조선을 개혁하고 문명개화를 하려면 기독교를 꼭 믿어야 한다고 주장했다(「두 가지 편벽됨」, 『뭉치면 살고』, 154).[4] 또한 기독교는 낡은 것을 버리고 새것을 추구하는 개혁과 진취의 정신을 불어넣으며, 나라의 위급한 일이 생기면 "기도를 그치지 아니하며 일심으로 나서서 죽기까지 나아가는 일꾼들", 즉 애국심이 투철한 사람을 만들어낸다고 역설했다(「대한 교우들이 힘쓸 일」, 『뭉치면 살고』, 162).

이승만은 독립과 부국강병을 외치기는 했지만 서구열강처럼 세계에 식민지를 만들자는 식의 주장을 편 적은 한 번도 없었다. 그가 희망했던 조선은 영국과 미국처럼 개신교를 바탕으로 문명개화에 성공함으로써 '세계의 상등국'이 되고 기독교 문명을 세계에 널리 전파하는 나라가 되는 것이었다. "우리는 마땅히 이 교[기독교]로써 만사에 근원을 삼아 각각 나의 몸을 잊어버리고 남을 위하여 일하는 자 되어야 나라를 일심으로 받들어 영미 각국과 동등이 되게 하여 이후 천국에 가서 다 같이 만납시다"

---

4 《제국신문》과 『신학월보』에 수록된 글들은 원영희·최정태 편, 『뭉치면 살고 …… : 1898-1944 언론인 이승만의 글 모음』에 수록되어 있다. 이 글에서는 「흥왕할 기회」, 『뭉치면 살고』, 453' 식으로 인용을 표시했다. 이승만이 한성감옥에서 쓴 문건들은 「한국인의 전차타기」, 『옥중잡기』, 123' 방식으로 표시했다. 『옥중잡기』는 유영익(2002)의 편역서를 말한다. 그 외의 것들은 『독립정신』, 『청일전기』, 『전시중립론』 등 책 제목에 따라 표기했다. 또한 앞으로 이승만의 인용문에서 [ ] 표시가 있는 부분은 필자들이 설명을 위해 추가한 것이다.

는 언급에는 살아서나 죽어서나 서구와 동렬에 서려는 욕망이 잘 드러나고 있다(『독립정신』, 282-283). 이처럼 그의 문명개화론에서 '문명개화=서구 선진국처럼 되기=기독교 국가 되기=미국과 같이 되는 것'이었다.

새삼 설명할 필요도 없겠지만 이승만은 미국을 이상화하며 조선이 미국처럼 되어야 한다고 주장했다. 그는 「워싱턴의 기개와 정신」이라는 제목의 논설을 《제국신문》(1901/08/27)에 기고할 정도로 일찍부터 미국을 흠모했고 미국식 공화제를 이상으로 여겼다. 이승만은 시종일관 미국을 박애의 나라, 영토 욕심이 없는 나라, 세계의 문명화에 힘쓰는 나라, 국민교화가 가장 잘 되어 있으며 정치체제가 완비됨으로써 "참 즐겁고 편안하여 곧 인간에 극락국"이라고 표현했다(『독립정신』, 84). 이러한 인식에는 미국 선교사들의 영향이 컸던 것이 틀림없다.

그렇지만 한 가지 추가되어야 할 사항이 있다. 미국의 정치제도와 부강을 세계의 으뜸으로 꼽는 인식은 서재필이 발행했던 《독립신문》을 통해 개화 지식인들 사이에 널리 퍼져 있었다. 또한 기독교 입국론도 대부분의 애국계몽론자에게 공유되어 있었다. 애국계몽론자들 역시 문명개화, 좁게는 부국강병과 독립에 공헌하는 종교만이 가치 있는 것이라고 보았다. 그러나 이승만은 스스로 서구의 입장에서 현실을 바라보고, 서구의 주장을 도덕으로 인정하고 있었다는 점에서 당대의 애국계몽론자들과 차별성을 갖고 있었다.

2) 사회진화론: 서구문명의 도덕성 우월성

이승만의 문명개화론을 떠받치는 기본 틀은 사회진화론(social Darwinism)이었다. 사회진화론이란 다윈의 진화론을 정치·사회 영역에 적용한 개념이다. 인간세계 역시 생존경쟁과 적자생존이라는 자연의 법칙에 따라 움직이기 때문에 우월한 자가 열등한 자를 지배하는 것은 자연의 질서라고 주장하며 서구의 제국주의 침략을 정당화했던 이론을 말한다. 유럽의 팽창과 함께 유럽인들은 문명과 진보의 이름으로 자신들의 우월성을 주장하고 제국주의를 문명의 이름으로 정당화했는데, 그 밑바탕에는 사회진화론이 깔려 있었다.

이승만은 사회진화론을 기반으로 서구의 입장에서 현실을 바라보았다. 그는 중심부의 입장, 즉 사회진화론에 입각한 '자연의 이치', 그리고 '세계의 문명화'라는 두 가지 관점에서 제국주의를 파악했다. 그는 제국주의의 본질을 정확하게 이해하고 있었다. 영국을 비롯한 서구열강이 '개화되지 못한 나라를 찾아' 항구를 열고 자기 나라 사람들을 이주시킨 후에는 자국인을 보호한다는 명분으로 공사·영사를 보내 "그 나라 진액[생명의 물]을 뽑아내는 고로 나라는 점점 빈핍[가난해서 아무것도 없음]해질 수밖에 없는" 현실을 정확하게 지적했다(「이제 천하 근본이 농사가 아니라 상업이다」, 『뭉치면 살고』, 272). 또한 서구의 "개명한 사람 이르는 곳에는 어두운 사람들을 몰아내며 …… 야만 나라를 복멸[뒤집어 망하게]하는 것이 종종" 있다고 인정하면서, 문명화의 사명이라는 이름 아래 벌어지는 학살이나 정복을 인정했다(「서양에서 동양으로 뻗어오는 힘(2)」, 『뭉치면 살고』, 371). 그러나 그는 결코 '서구 문명국'의 제국주의를 비난하지 않았다.

이승만은 전에는 '힘으로써 남의 항복을 받는 것'을 비판했지만 "문명국 사람의 의견은 이와 달라서" "근래에 이르러서는 부강한 법을 말하는 자는 말하기를 강한 자가 약한 자를 이기는 것은 자연한 이치 …… 강한 자가 약한 자를 치는 것이 당연한 일"이라고 주장했다(「서양에서 동양으로 뻗어오는 힘(2)」, 『뭉치면 살고』, 371). 이처럼 그는 약육강식을 '자연한 이치', '당연한 일'이라고 부르며 문명화를 내세운 서구의 제국주의 논리를 철저하게 수용했으며 이를 비판하지 않았다. 이는 '부강한 법을 말하는 자', '문명국 사람', '강한 자'의 입장에서 세상을 보겠다는 것이며, 일관되게 그 입장을 고수했다.

이승만은 서구 제국주의와 비서구 제국주의를 구분하였다. 그는 일본, 중국, 러시아의 오만함과 제국주의 침략을 맹렬하게 비판했다. 그가 가장 위험하게 보았던 외세는 중국, 러시아, 일본이었는데, 이 나라들은 모두 기독교를 믿지 않고 황제 치하에서 노예처럼 살거나 이상한 풍습에 물들어 있다고 보았다. 다른 한편 그는 기독교 문명국, 그중에서도 영국과 미국에 대해서는 비난하지 않았다. 그에게 서구의 기독교 문명국들의 제국주의는 야만의 나라에 문명을 전파하는 '높은 도덕적 이상'에서 우러나오는 문명개화 사업이었다.

이승만은 서구의 식민지 진출을 기독교도이자 문명인이라는 '밝은 사람'들이 서구문명의 '새 빛을 밝히며' '야만인들'에게도 그 혜택을 누리도록 하는 사업으로 묘사했다. 유럽 문명국들은 지구상의 버려둔 자원과 땅을 개척하여 거기서 나온 산물을 모든 사람이 이용할 수 있도록 해줌으로써 모든 인류에게 이익을 준다는 것이다. 이런 좋은 뜻을 외면한 채 외부와 단절하고, 지혜도 떨어져 자기 나라의 자원과 토지를 이용하지 못하는 야만국들은 '문명한 나라'의 "압제를 불러서라도 세상 형편을 보고 스스로 깨닫게 하여야" 한다고 주장했다(『독립정신』, 54).

이승만은 속국으로 떨어진 나라의 '야만인'이 오히려 문명국에 고마움을 표한다고 주장했다. 그는 그 사례를 '워싱턴 생일'에는 문명화를 시켜준 "워싱턴의 덕화(德化)를 감복하여 자기의 마음으로 그 경축하는 뜻을 표"하는 하와이 원주민과 미국 원주민에게서 찾았다(『한국교회핍박』, 475). 서구는 단순히 힘이 우월한 자가 아니라 인류 전체의 이익을 위해 전 세계에 박애정신을 실현하는 도덕의 표상이었다. 사물의 판단 기준 자체가 서구에 있었던 것이다.

이승만은 '서양의 눈'에 맞추어 우리의 행동과 관습도 바뀌어야 한다고 강조했다. 아무리 우리가 보기에 옳은 것이라고 해도 서구문명국의 눈에 '천하게' 보이면 고쳐야 한다는 것이었다. 그는 서양인의 쾌활한 행동은

"우리 안목에는 경한 듯하지만 이는 오히려 흠이 아니고", 걸음을 갈지자로 걷거나 천천히 옮기는 우리나라 사람의 행동거지는 그네들에게 "도리어 병신스러워 보이는 것"이라고 지적하며 고칠 것을 강조했다(「외국 대사 접견 때의 예절」, 『뭉치면 살고』, 318). 그 외에도 서구문명국의 기준에 들지 않는 대부분의 전통은 '기괴망측한 풍습'으로 매도되었다.

미국 체류 시절에도 마찬가지였다. 조선의 소설, 춤, 노래 등은 음담패설로 가득 차 있다고 하면서 "서양 사람들이 이런 것을 흉보며 개명 못 한 인종으로 여기는 것"을 걱정하였다(「춤과 노래」, 『태평양잡지』, 1914/02, 51).[5] 심지어 낙동강 전선이 일진일퇴를 거듭하며 나라의 운명이 말 그대로 바람 앞의 등불이었던 때에도 이승만은 외국신문에 보도된 한국의 지저분한 거리 풍경을 걱정하였다. '인분 냄새와 벼룩 빈대'가 들끓는 거리는 "개명한 세계 사람들의 안목을[에는] 짐승의 정도만 못지않은 감상을 주게 되니 …… 개명한 세계에서 전 민족이 개명한 사람의 대우를 받을 수 없"으니 온 민족이 청소 운동을 일으키자는 담화문을 발표했다(「전민족적으로 청소 운동을 일으키자」, 『담화집』 1, 1950/08/28, 237).[6]

3) 만국공법

이승만은 서구열강이 만들어놓은 제국주의 국제질서 그 자체의 정당성에 대해서는 전혀 의심도 비판도 하지 않았고, 그들의 입장을 전적으로

---

5   『태평양잡지』는 1913년부터 1930년까지 미주 동포들을 대상으로 하와이에서 발간된 순한글 잡지다. 이승만이 사장 겸 주필로 있었다. 이 잡지에서 인용한 기사들은 「한족 단합이 언제」, 『태평양잡지』, 1923/03, 6'이라는 형태로 제목, 권호수, 쪽수를 표기했다. 이승만 이름으로 된 글, 혹은 그가 작성한 것이 거의 확실한 글들만 자료로 삼았다.

6   『담화집』은 1953년(1권), 1956년(2권), 1959년(3권) 공보처에서 발행한 『대통령 이승만 박사 담화집』을 말한다. '『담화집』 1, 126'의 방식으로 권수와 쪽수를 표시했는데, 현재의 표기법에 맞게 고쳤다.

받아들였다. 그는 이 질서를 '자연의 섭리'로 인식하고 그 안에서 경쟁하여 이길 수 있는 방법으로 문명개화를 주장했지만 조선을 둘러싼 정세는 위태롭기만 했다. 그는 조선의 문명개화와 국권 보전의 방법을 국제법과 국제여론에서 찾고자 했다. 그것은 서구 기독교 문명국의 힘과 선의(善意)에 기대어 비서구 제국주의 국가, 즉 러시아나 일본의 힘을 견제하려는 방안이었다.

국제법은 당시 조선에는 만국공법이라는 이름으로 알려졌다. 이승만은 만국공법을 서구가 만든 약육강식의 국제질서를 스스로 순화시키는 도덕성의 원리라고 인식했다. 그는 국내적으로 법을 만든 "본의인즉 약하고 작은 자를 보호하기 위하여 만든 것"과 같이 국제관계에서도 "공법 만드는 본의가 작은 나라를 보호하고자 한 것"이라고 했다(「국민의 권리 손해」, 『뭉치면 살고』, 385). 강대국들이 평화와 약소국 보호를 위해 스스로 힘을 양보하면서까지 제정한 법이라는 것이다. 그는 조선이 모든 나라와 고르게 우호를 닦으며 만국공법에 의거하여 책임을 다하면, 어떤 나라가 침략욕을 드러내도 "반드시 공정한 논의에 따라 드러내놓고 성원하는 나라가 있게 될 것"이라면서 국제법과 문명사회에 대한 신뢰를 놓지 않았다(「큰 신문사의 설립을 청원함」, 『옥중잡기』, 296).

한편 이승만은 국제법의 배후에 있는 권력정치의 논리와 제국주의적 속성을 잘 이해했다. "대개 공법의 본의[참뜻]인즉 천리[하늘의 이치]와 인정을 따라 세계 만국과 만국 만민이 일체로 평균한 이익과 권리를 보전케 하고자 함이나" 각국의 문명화 정도가 달라 "만일 한두 나라라도 개명치 못한 구석이 있을진대 불가불 공법 권한의 구별이 있을지라"라는 대목은 그것을 잘 보여준다(『독립정신』, 50). 이 구절은 국제법이 서구열강끼리의 타협의 산물이며, 그들 간의 거래에 따라 '문명화 정도가 다른' 세계 여러 지역의 법적 지위가 규정된다는 것을 그 자신도 알고 있었음을 보여준다. 그렇지만 그는 '문명국'의 시각에서 '개명하지 못한 나라'가 속국이나 보호국의 지위로 전락하게 되는 것을 당연하게 여겼다.

이승만은 국제법에 의거해서 조선의 독립을 지킬 수 있을 것이라고 기대했지만, 현실은 그의 기대와는 달랐다. 그는 일본의 보호국으로 넘어간 후에도 '국제공론', 즉 국제여론에 대한 기대를 포기하지 않았다. 근대 한국의 지식인들은 일본의 기만행위와 대외팽창을 비판할 때마다 오늘날 국제여론에 해당하는 '만국공론'을 동원했다. 부국강병과 외교를 통해 자주독립을 도모하는 것이 어려운 상황에서 국제정의와 도덕에 호소하고자 했던 것이다.

이승만은 러일전쟁 이후 일본이 힘을 믿고 의를 저버리며 동양에서 야심을 부리니 영국과 미국의 여론도 변하고 있으며, "세상 공론을 등지며 떳떳한 인도를 배반하고 다만 강포만 믿는 자는 이 20세기 되는 세계에서는 결단코 서지 못할지라"고 주장했다(「일본이 개탄하는 일이 곧 우리의 행복될 일이라」,《공립신보》, 1908/09/02). 비록 조선이 국제법상 일본의 보호국으로 전락했지만 '문명국의 여론'은 권력정치의 폭력성을 메울 수 있다고 보았다. 이 방법은 문명국이 부과한 강제질서를 인정하면서도, 강대국의 무도함에 맞서기 위해서는 그네들의 도덕에 기댈 수밖에 없는 전략이었다. 기독교 서구문명의 인도정신과 선의를 끝까지 신뢰했던 이승만에게는 자연스러운 인식이었다.

서구문명의 도덕성을 받아들이고, 그들의 도덕 표준에 따른 저항을 내세웠던 이승만의 독립운동 전략 역시 철저하게 서구의 기준과 눈에 맞추어져 있었다. 이것은 의병과 관련된 부분에서 잘 드러난다. 한성감옥 수감 시절에 작성된 논설들뿐 아니라 『독립정신』에서도 그는 동학과 의병을 무모할 뿐 아니라 위험한 일이라 비판했다. '어리석은 백성들'이 과거 복귀를 주장하고 일어서서 천하의 웃음거리가 되었을 뿐 아니라 외국의 개입을 불러와 나라를 위태롭게 했다는 이유에서였다. 나라가 보호국으로 넘어간 상황에 대해서도 마찬가지로 생각했다.

샌프란시스코에서 발간되는 한인 신문《공립신보》에 기고한 논설에서 이승만은 의병의 충성심과 의기는 인정했지만 '세상 형편'을 전혀 모르고, 훈련과 무기가 부족하며, 전국적으로 조직되어 있지 않아 일본에 패배할 뿐이라고 지적했다. 그리고 의병은 "만국공법을 알지 못한즉 …… 지금 세계에서 보기에는 불과 한란민란당뿐[세상을 어지럽히는 반란의 무리]"이니 장래를 위해 그 원기를 아끼고 앞날을 준비할 것을 권했다(「남을 대적하려면 내가 먼저 준비할 일」,《공립신보》, 1908/08/12).

물론 이러한 비판들에는 타당한 측면도 있다. 조직력·무기·훈련·규율이 잘 갖추어지지 않아 일본군대를 도저히 상대할 수 없고, 때로는 민간을 약탈하여 오히려 해당 지역 주민이 일본군의 토벌을 환영하는 일마저 벌어진다는 대목은 수긍할만하다. 현재 일본의 보호국이 되어 있는 조선의 경우 만국공법에 따르면 의병은 교전단체가 아니라 한낱 불한당에 불과하다는 말도 이해할 수 있는 부분이다. 그러나 만국공법을 모르고 일어선 저항, 문명국이 인정해주지 않는 저항은 의미 없는 일인가? 철저하게 문명국의 관점에 서 있는 이승만에게는 약자의 연대나 저항의 정신은 설 자리가 없으며 비문명권으로부터 탈출할 방법도, 문명의 횡포에 저항하는 방법도 서구의 눈에 맞추어 서구의 선의에 기대는 것뿐이었다. 그가 시종일관 주장했던 독립운동의 방략, 즉 외교독립론의 바탕에는 이러한 생각이 자리 잡고 있었다.

4) 서구문명의 도덕적 기둥: 상상의 나라 미국

조선은 1905년 이후 일본의 속국으로 전락했다. 이승만은 국권 상실 이후 한인이 해야 할 일을 몇 가지로 요약했다. 그 골자는 굳게 단결하여 하나의 조직 이루기, 문명개화에 힘쓰기, 일본에 토벌의 빌미를 주는 의병 중단, 기독교 믿기 등이었다. 그렇게 되면 "각국이 공법상 같이 하는 문명인의 사회로 대접하는 경우가 있는지라"고 말하면서 저항보다는 문명사회로 대접받을 정도로 실력을 양성할 것을 주장했다(「일본이 개탄하는 일이 곧 우리의 행복될 일이라」, 《공립신보》, 1908/09/02). 그리고 이렇게 실력을 양성하면 "금년이 아니면 명년이요 명년이 아니면 내명년이라 3년이 지나지 아니하리니" 하면서 기대했던 미일전쟁으로써 독립이 완성될 것이라고 주장했다(「미일전쟁이 한국에 기회」, 《공립신보》, 1907/09/06).

이처럼 이승만의 독립 전략은 만국공법이 만든 보호국의 지위를 인정하고 문명개화와 기독교 믿기에 힘쓰다가, 서구열강으로부터 문명사회로 인정받고, 최종적으로 미일전쟁을 기다리는 것이었다. 서구의 기준에 따른 문명화의 성취, 문명국의 여론과 선의, 기독교 문명국과 비기독교 문명국의 전쟁으로 이어지는 이 연결고리 안에서 우리의 주체적인 독립방략이나 무장투쟁은 의미가 없게 된다. 우리를 보호국으로 만든 것도, 우리에게 우호적인 공론을 일으키는 것도, 전쟁을 일으키는 것도 모두 그들의 선의에 달려 있는 것이다. 하지만 그렇게 기다리는 동안 아무도 우리를 '문명인의 사회'로 인정해주지 않으면 어떻게 할 것인가?

이승만은 '공론'을 일으켜 약소국 조선을 붙들어주고, 강자의 횡포를 제어하며, 끝까지 '정의와 인도'가 실현될 수 있도록 국제사회를 떠받치는 존재가 반드시 있으리라 생각했다. 만일 그렇지 않다면 기독교 문명의 정신은 공염불에 불과한 것이 되고, 기독교 문명국들이 만들어놓은 국제질서와 국제법의 도덕성도 붕괴할 것이다. 그는 기독교 서구문명의 '박애정신'을 실현하며 만국공법을 지킴으로써 서구가 만든 국제질서의 규범을 지탱해주는 존재를 상정했으니 그것은 미국이었다.

이승만에게 미국은 물질문명뿐 아니라 기독교 서구문명의 '참뜻'인 교화와 인애를 세계에 널리 전파하고 약한 나라의 권리를 보호하며 일어서도록 도와주는 나라이다. 미국에 대한 기대는 미국인 선교사들로부터 비롯된 것이라고 보는 것이 맞다. 그가 작성한 비망록을 보면 이미

한성감옥 시절부터 미국에 큰 기대를 품고 있었다. 이 비망록은 당시 감옥에 수감된 사람들 사이에서는 한국의 힘만으로는 침략국의 군사력을 물리칠 수 없다는 데 의견이 일치했다고 기록했다. 그래서 "미국의 도덕적이고 물질적인 도움은 불가결한 것이라고 생각했는데, 그 미국의 주요 목적은 세계 전반에 민주주의와 기독교를 전파하는 것이라고 생각했다"는 것이다(이정식 2005, 126에서 재인용).[7]

　이승만이 미국에 기대를 걸었던 가장 큰 이유는 문명국 중에는 남의 나라를 함부로 침탈하는 경우도 있지만, 미국은 "나의 문명개화를 널리 드러내서 모두 다 교화에 들어와 같이 문명의 복을 누리게 하는" 공평한 도리를 널리 행함으로써 기독교의 참된 정신을 보여주는 나라라는 점이다(『독립정신』, 138). 그는 미국을 '남의 영토에 욕심이 없는 나라', 심지어 "사람 같지 않게 생긴 야만 흑인들의 권리를 위하여 저의 나라에 같은 동포끼리 전쟁을 일으켜" 노예해방을 할 정도로 인의와 도덕에 충실한 나라라고 묘사했다(『독립정신』, 98).

　조선의 상황이 위급할수록 이승만의 미국에 대한 기대는 깊어갔다. 미국은 더욱 신의 있고 공평한 나라로 묘사되었고, 미국에 의해 지탱되는 올바른 규범질서로서의 만국공법을 충실하게 지키는 것이 조선의 의무가 되었다. 그는 1905년 미국에 가서 조일수호조약에 의거하여 미국의 도움을 얻으려 했던 시도가 실패했음을 회고하며, 그 조약은 "어리석은 외교적 제스처에 지나지 않았고 한국인들이 그 조약에 기대를 걸었던 것은 어리석고 순진한 탓"이라고 술회했다(이정식 2005, 338). 그럼에도 미국의 외교적 제스처에 대해서는 전혀 언급하지 않았고, 그 조약을 제대로 이해하지 못한 조선의 잘못만을 지적했다.

7　비망록은 영문으로 작성되어 있다. 제목은 "Connections or Relation between Missions and Korean Independent Movement(기독교 선교와 한국 독립운동의 연결 혹은 관계)"이며, 작성 날짜는 밝혀 놓지 않았다.

이승만이 그려낸 미국은 그 어느 곳에서도 유례를 찾을 수 없는 자유·평화·독립·평등의 나라였다. 그것은 현실의 미국이 아니라 '상상의' 미국이었다. 그가 「Neutrality As Influenced by the United Sates」라는 제목으로 1912년 프린스턴대학교에 제출한 박사학위 논문은 미국에 대한 기존 관념, 즉 미국은 영토 욕심이 없고 다른 나라들의 독립을 후원하며 국제법을 준수하는 국가라는 생각을 '학문적'으로 확인한 글이었다.[8]

논문에서 이승만은 미국이 국제적인 정의와 자연권의 정신을 지켜온 나라이며, 이러한 정신이 전시중립론과 약소국의 독립 지원이라는 두 가지로 실현되었음을 논증했다. 그리고 먼로독트린은 그러한 미국의 의지가 외교적 원칙으로 표시된 것으로 보았다. "미국 혁명의 아버지들은 독립을 위해 투쟁하는 식민지들에 자연 동정적"이어서 "자신의 자매 대륙이 억압과 폭정으로부터 해방되기를 원했다"는 것이다(『전시중립론』, 77). 그는 전시중립론의 배후에 있는 미국의 상업적 이익, 전시중립론을 받아들여지게 만든 국제정치의 역학관계, 먼로독트린 속에 감추어진 미국의 남아메리카에 대한 상업적 이익의 확보라는 측면은 도외시하면서 미국이 내세운 명분만을 무비판적으로 따랐다.

이러한 미국 편애는 망명 중에 더욱 더 깊어졌다. 이승만에게 미국은 영토에 대한 "지역적 야심을 가지지 않은 유일한 국가"(『일본 군국주의 실상』, 245), 힘만 믿고 무도한 행위를 일삼는 나라들을 제어할 수 있는 유일한 나라로 떠받들어졌다.[9] 세계대전의 기운이 가까워진 1941년에 그는 미국이 "큰 형의 자격으로 선봉에 서서 모든 사람을 위한 국제적 평등과 공정의 기초 위에서 국가 간에 평화와 선의를 가져오도록 그의 위대한 세력을

---

8 이 논문은 『이승만의 전시중립론』이라는 제목으로 번역되었다. 아래 인용문에서는 『전시중립론』으로 표기하였다.

9 *Japan Inside Out*이라는 제목으로 미국에서 출간되었다(1941). 『일본 군국주의 실상』이라는 제목으로 번역되었다.

행사하여야 한다"고 주장하며 미국이 주도하는 세계질서를 적극 지지했다 (『일본 군국주의 실상』, 250).

해방 후에도 이승만은 반공을 기치로 내걸고 미국이 주도하는 세계질서를 강하게 옹호하며 좌익의 공세에 맞섰다. 미국에 관한 기본인식은 초기·중기의 그것과 같았다. 영토에 욕심이 없고, 세계정의와 평화를 위해 공산주의에 맞서 싸우는 나라라는 것이었다. 이러한 인식이 6·25전쟁을 겪으면서 더욱 강화되었음은 말할 필요도 없을 것이다. "미국은 젊은 국가이며 옛 세계를 모략과 의심의 온상으로 만들어온 질투심은 조금도 찾아볼 수 없는 나라", "미국 사람들은 곤란에 처해 있는 모든 국가들을 돕고자 하고 있으며 그 대가로서 영토나 기타 보수를 바라지 않는다", "미국은 공산주의 대 민주주의의 전 세계적 투쟁에 있어서 필연적인 지도자"라는 발언에서 그것이 잘 드러난다(『담화집』 2, 1954/04/28, 22).

더 나아가 이승만은 「미국독립기념일을 맞이하여」(1954/07/03)라는 연설에서는 미국을 '전 세계의 자유와 정의를 대변하는' 나라라고 표현하면서, "1776년 정의를 위하여 희생을 서슴지 않은 미국의 위대한 애국지사들의 위대한 업적을 상기하여 우리도 이들의 뒤를 따라야 할 것이라"고 해 미국 독립운동과 한국의 반공을 연결시키기도 했다(『담화집』 2, 105). 이러한 연설이나 발언은 이승만의 미국에 대한 인식이 초기부터 후기까지 일관되게 지속되었음을 보여주고 있다.

5. 국가주의: 국민·국가 만들기의 수단으로서의 자유민주주의

이승만을 옹호하는 측에서는 그를 '한국을 자유민주주의 국가로 만든 지도자'라고 평가한다. 대통령으로서 그의 행동은 자유민주주의와 전혀 맞지 않았지만, 그가 시종일관 자유민주주의를 옹호하고 주장했던 것은 사실이다. 그렇다면 그는 자유민주주의를 어떻게 이해했는가?

앞에서도 설명했지만 개화기 한국(조선)에 들어온 자유주의는 자유주의와 민주주의의 결합물, 즉 자유민주주의였다. 이것은 광범위한 사회철학으로서의 자유주의와 정치제도로서 민주주의의 결합이었는데, 문명개화론자들은 자유주의 이념보다는 정치제도로서 민주주의에 더 관심을 쏟았다. 당시 조선에서는 자유민주주의라는 말은 거의 쓰이지 않았고, 민주주의라는 말로 통용되었다. 그들은 조선의 독립과 생존에 필요하다고 생각되는 것들을 자신들이 이해하는 한도 내에서 수용하거나 변용하면서 자유주의를 재구성했는데, 이러한 논의들은 민주주의라는 틀 속에서 이루어졌다.

조선의 개화 지식인들은 서구가 부강하게 된 원인이 민주주의 제도에 있다고 보고, 그것을 조선의 근대화를 위한 방안으로 선택하고자 했다. 그들의 문제의식은 그러한 제도를 하루라도 빨리 조선에 도입하여 자주독립과 부국강병의 근대 국민국가를 만들어내는 것이었다. 그 과정에서 그들은 서구의 자유주의를 조선의 현실에 따라 선택적으로 받아들였다. 권리를 강조하면서도 의무에, 민권(인민의 권리)을 말하면서도 국권(나라의 권리)에 더 중점을 두거나, 천부인권 및 제한정부 관념을 강조하면서도 군주권의 강화를 내세웠던 것이다.

문명개화론자들은 민주주의의 사상적·정신적 토대보다는 미국 민주주의에서 보이는 외형적 제도의 조속한 실현에 가장 큰 관심을 두었다. 이승만도 이런 사고에서 크게 벗어나지 않았다. 그가 보는 문명국의 핵심은 겉으로 드러나는 부국강병이 아니라 탄탄하게 정비된 국가 제도, 그리고 그 밑에서 나라를 떠받치는 국민의 애국심이었다. 그는 모든 '백성'을 애국심을 갖춘 국민으로 만들어내는 데 가장 효과적인 정치제도를 민주주의, 그중에서도 미국 민주주의에서 찾았다. 미국은 인민의 평등과 자유를 보장해주는 "민주국을 실시"함으로써 "사람마다 그 나라의 흥망성쇠가 다 제 한 몸에 달린 줄로" 알고 나라를 위해 목숨을 바친다는 것이다(『독립정신』, 89).[10] 즉 이승만에게 민주주의는 국가의 생존과 번영을 이룩하는 데 가장 효과적인 정치제도로 인식되었던 것이다.

민주주의에 관한 이승만의 인식은 미국 체류 중에 보다 명확하게 다듬어졌다. 이승만은 미국의 정치제도를 '민주' 혹은 '공화'라는 말로 설명했다. 그에게 공화는 미국식 민주주의를 말하며, 그가 민주정치를 묘사할 때는 항상 미국을 기준으로 삼았다. 1919년 4월 14일에서 16일까지 필라델피아에서 개최된 '대한인총대표회의(The First Korean Congress)'에서 채택된 결의 중 하나인 「한국인의 목표와 열망(Aims and Aspirations of the Koreans)」에는 이러한 생각이 잘 나타나 있다. 「필라델피아 총 대표회 종지」라는 제목으로 『대한독립혈전긔』에[11] 수록된 번역문에는 이 회의의 의결사항을 이렇게 설명했다. "우리나라를 회복한 후 정부를 미국 제도로 할 수 있는 대로 모본[그대로 본떠서]하여 공화정치와 기독교 문명을 숭상하는 나라"로 만들겠다는 데 의견의 일치를 보았다는 것이다(김영우 편 1974, 313).

이 결의안은 대한민국이 앞으로 삼권분립 원칙에 입각한 미국식 대의제 공화국을 채택하고 국민의 평등 및 신앙·언론·출판의 자유 보장, 국민 교육, 국민에게 지방의회 및 도의회 선거권 부여 등을 보장할 것을 선언했다. 그렇지만 강조점은 강력한 중앙집중 정부 아래서 민주주의 제도를 조속히 실현하겠다는 데 있었다. 이 대회에서는 "우리는 할 수 있는 데까지 미국의 정체를 모방한 정부를 세우기로" 하며 민중의 교육수준이 저급하고 자치경험이 부족한 점을 감안하여 독립 이후 "앞으로 오는 10년

---

10 그렇지만 초기의 이승만은 아직 조선에는 국왕 고종이 엄연히 집권하고 있다는 점을 염두에 두고, "지극히 공변되고[공정하고] 바른 제도"지만 "동양 천지에서는 …… 도리어 극히 위험한 생각"이라고 한발 물러섰다(『독립정신』, 79).
11 이 책은 1919년 하와이 호놀룰루 소재 태평양잡지사에서 간행된 것이다.

동안에는 필요한 경우를 따라서 권세를 정부로 더욱 집중"한다는 선언을 했다(김영우 편 1974, 322). 서재필, 이승만, 정한경, 임병직, 조병옥, 장택상, 유일한 등 해방 후 남한에서 중요한 역할을 맡게 되는 인사들이 다수 참가한 이 대회에서 공화주의는 미국 민주주의로 이해되고 있었음을 알 수 있다. 그렇지만 민주주의의 최우선 과제는 개인의 권리나 자유의 보호보다는 강력한 국가 만들기였다. 이처럼 해방정국의 우파 지도자들과 이승만 사이에는 이미 사상적 공감대가 형성되어 있었다.

앞서 설명했듯이 이승만은 민주정치의 가치를 애국심 투철한 국민 만들기에서 찾았다. 그가 민주정치에서 시종일관 강조한 것은 권리나 자율이 아니라 국민의 희생과 의무였다. 그는 공화주의에서도 "전체를 위하여 분자를 희생하는 것이 옳으니 국가에 유익될 일에는 개인이 자기의 자유와 명예와 이익과 목숨까지 다 희생"하라고 요구하면서 '국민 된 직책', '국민의 의무심', '국민의 단합'을 일방적으로 강조하며 전체에 대한 개인의 희생을 내세웠다(「한족 단합이 언제」, 『태평양잡지』, 1923/03, 6).

이런 표현들은 문명개화와 독립을 위해 민족적 분발을 요구하는 시도로 이해할 수 있다. 그러나 가장 큰 문제점은 이승만에게 한국인은 민주주의를 함께 건설하고 운영하는 동료가 아니라 훈계와 가르침의 대상이었다는 데 있다. 그는 생애 전체에 걸쳐 국민을 교화와 계몽의 대상으로 보았다. 거의 모든 글이 훈계조로 되어 있고 한국인은 자신이 알려주는 내용을 '깊이 깨달아야' 한다고 끝맺고 있다. 더 나아가 그는 공화주의를 자신의 지휘에 따라 일치단결해서 행동하는 정치제도라고까지 주장했다. 특히 상해 임시정부를 비롯하여 해외 한인들 사이에서 자신에 대한 반대가 불거질수록 그 정도가 더욱 심해졌다.

미국 체류 시절 이승만은 시종일관 한인에게 가장 시급히 필요한 것은 '단결' 혹은 '단합'임을 강조했는데, 그것은 자신의 지휘에 따르는 단합이었다. 이러한 생각들은 「공화쥬의가일너[공화주의라고 하는 것은]」라는 제목의 논설에서 가장 분명하게 드러난다. 이 논설에서 그는 "지금부터는 우리 모든 충의 동포들이 공화사상이라는 것은 아직 좀 덮어두고 …… 복종하는 마음으로 다 희생적 주의로 따라 행해야 민족의 완전한 대단결을 성취할지라"고 주장했다(「공화쥬의가일너」, 『태평양잡지』, 1924/10, 9). 즉 민주주의의 기본원리는 '덮어두고' 자신의 명령에 복종하는 국민이 되어 단결하라는 발언이었다. 이와 같은 생각에는 '(앞으로 실현될) 자유를 위해 (현재의) 자유를 유보'하고 국가의 명령에 따라야 한다고 주장했던 권위주의의 논리가 상당 부분 마련되었음을 지적하지 않을 수 없다.

이승만이 자유주의의 기본원리를 설명하는 부분도 있다. 초기 저작에서는 사람들이 모여 살게 되면서 "정치와 법률을 마련하고 다스릴 자를 정하여 인민의 생명과 재산을 보호하게 했으니 이것이 나라의 설립과 본의"라며 사회계약의 논리와 비슷한 생각을 보여주기도 했다(『독립정신』, 75). 중기 저작에서도 "헌법이 아니면 인민의 생명 재산과 자유 행복을 보전하고 살 수 없는 줄로 아는바"라고 하면서 법치주의의 원리를 간략하게 거론하기도 했다(「미국 헌법의 발전」, 『태평양잡지』, 1914/02, 19). 미국 체류 중 거의 마지막 저작이라 할 수 있는 『일본 군국주의 실상』에는 '개인주의'를 거론하는 부분도 있다. "정부의 민주주의 원칙을 믿는 사람은 근본적으로 개인주의자다. 정부의 권력은 시민권으로부터 나온다. 그러므로 개인적인 자유와 권리는 국가 기구가 설립되는 근본적인 기초"라는 대목이 그것이다(『일본 군국주의 실상』, 241).

이러한 구절들을 근거로 삼아 이승만이 자유민주주의의 '참뜻을 깊이 이해하고 있었다'는 평가를 하고 싶은 사람들도 있을 것이다. 사실 이승만은 1948년 8월 15일 정부 수립 선포 겸 광복 3주년 기념식의 대통령 연설에서 "독재주의가 자유와 진흥을 가져오지 못하는 것은 역사에 증명된 것입니다. …… 이 [민주주의] 제도로 성립된 정부만이 인민의 자유를 보장하는 정부입니다. …… 민권과 자유를 보호할 것입니다. 민주정체의 요소는 개인의 근본적 자유를 보장하는 것입니다. …… 사상의 자유는 민주국가의 기본적 요소"라고 하면서 자유민주주의의 기본원칙에 충실한 발언을 했다(『우남실록』, 565).[12]

그러나 이러한 지적들은 민주주의의 기본원리를 설명하는 '원론적' 언급일 뿐이다. 그의 초기·중기 저작에서 개인은 언제나 민족의 일원으로서의 개인이며, '개인의 발전'이라고 할 때는 '민족의 일원으로서 개인'을 의미했다. 개인은 개인감정, 개인적 이해관계, 개인행동 등 거의 언제나 부정적 의미와 결합되었다. 개인의 존엄성은 설 자리가 없고 자유와 권리의 크기와 규모는 국민 만들기의 필요에 따라 얼마든지 가감할 수 있는 것이었다. 국가와 민족의 틀 속에서 수용된 자유주의의 위험성이 여기에 있으며, 진보적 논객들이 '국가주의'라고 부르며 통치이념으로서 자유민주주의의 '허구성'을 비판하는 부분 또한 이 점에 있다.

국가주의는 사회의 모든 영역과 시민의 일상적 삶에서 국가가 가장 중요한 가치와 규범으로 강조되는 것을 의미한다. 국가주의에서는 국가로부터 독립된 개인의 자율성과 존엄성이 허용되지 않고, 개인의 자유와 권리는 국가의 안전이나 명예를 위해 희생될 수 있다. 이것은 민주주의에 정면으로 위배된다. 민주주의는 공적 영역에 적극 참여하는 '국민'을 필요로 하고, 국민은 주권 행사에 적극적 발언권을 행사하며, 공공영역에서 활발하게 참여함으로써 스스로를 주체적·자율적 판단의 주체로서 만들어가는 것이다. 그러나 이승만에게 국민은 그 자신 앞에서 교육·계몽·훈계의 대상, 본인으로 대표되는 국가에 대한 복종과 희생의 대상이었다.

후기에 들어오면 위와 같은 태도는 한층 더 심해진다. 대통령 재임 시절 이승만의 연설과 담화를 모은 『대통령 이승만 박사 담화집』의 서문

---

12 『우남실록』은 해방 이후 이승만의 행적과 발언을 정리한 것이다. 『담화집』에 빠져 있는 발언들이 수록되어 있기 때문에 자료로서 요긴하다.

은 그 대표적인 사례이다. "이 담화는 말씀이 아니시라 곧 각하의 피요 혼 …… 이 나라 백성을 기르시는 젓[젖]이요 감로수 …… 이 나라 백성들은 그 얼마나 각하의 담화를 가문 때에 비를 기다리듯이 한 적이 그 몇 번이었던고" 할 정도였다(『담화집』 2, 1). 그의 많은 연설들은 '나의 충고를 명심하고' '내가 이르노니' 하면서 국민을 어린아이 취급했다.

해방 이후에도 이승만은 계속 개인주의에 대한 부정적 인식을 밝혔다. 제30회 국회 개회사에서(1958/09/01) 그는 "우리가 개인으로서 자기만을 생각한다면 무슨 일이든지 다하겠다는 생각을 가질지 모르겠으나, 그러나 우리는 항상 국가의 지위와 영예를 생각하고 생동하지 않으면 안 된다는 것을 명심하여야만 하겠습니다. 그러므로 어떤 고통과 참기 어려운 일이 있을지라도 항상 우리나라의 안위와 광명을 위해서 노력 분투하여야만 될 것"이라고 강조했던 것이다(『담화집』 3, 72). 이승만이 임기 내내 가장 즐겨 사용한 표현 중 하나는 '나라를 위해 한 덩어리가 되자'는 발언이었는데, 그것은 자신에 대한 모든 반대를 불허한다는 뜻이었다.

개인의 권리와 자유 대신 이승만이 강조한 것은 '국권'이었고, 국권을 지키기 위해서는 자신의 지도 아래 단결해야 한다고 강조했다. 그는 정권에 대한 반대는 물론이고 정치적 이견조차도 '파당적 행위', '국권을 손실시키기 위해 노력'하는 행위로 몰아세웠다. 이런 사람들은 "한편으로 치워놓고" 정부를 지지하는 사람들만 따로 모아 "국권을 공고히 세워가지고 부강안전의 토대"를 삼자고 주장했다(『담화집』 1, 110). '단결'을 저해하는 요소로 이승만에게 가장 눈에 거슬렸던 것은 자신에게 비판적인 언론이었다. 그는 "신문의 자유권보다 국가와 국민의 안위가 중한 줄" 알고 "조심해서 사실만을 보도"해야 한다고까지 말했다(『담화집』 2, 235).

이러한 발언들에는 언론의 자유를 국가의 안위와 대립관계로 놓고, 국가안보를 위해 언론자유가 유보되는 것은 당연하다는 발상이 잘 나타나 있다. 대공 사찰 강화와 언론 통제를 내용으로 하는 국가보안법이 언론의 자유를 해친다는 비판에 대해 이승만은 이렇게 답했다. "지금은 분열할 시기가 아니라 애국적인 한국인들이 단결할 시기"이며 자유는 "우리가 생사의 투쟁을 하고 있는 적을 원조하거나 교사하는 데 대한 면허는 아니다"라고 밝혔다(『담화집』 3, 1959/02/03, 77; 78).

이승만의 이러한 인식은 서구와 한국의 자유주의가 각기 다른 역사적 경험 속에서 발전해왔다는 사실과 관련이 있다. 서구 자유주의는 개인주의를 바탕으로 한 평등·자유·인민주권의 개념 아래 민주주의와 자유주의를 결합시킴으로써 민주주의의 가치와 중요성에 대한 철학적 논구가 이루어졌다. 반면 한국에서는 국가 주권 회복이 가장 시급한 과제로 부각됨으로써 민권보다는 국권이 강조되었다. 민주주의가 독립 이후의 당연한 정치제도로서 인식되며 그 조속한 도입에 문제의식이 집중되었고, 개인은 국가와 민족을 위해 목숨을 바쳐야 하는 존재라는 인식이 압도했던 것이다.[13]

6. 반공과 친자본주의를 위한 민족주의와 자유주의

이승만의 반공 노선은 별다른 설명이 필요 없을 정도로 유명하다. 해방공간에서 자신의 활동은 공산주의에 맞서 민주주의를 건설했다는 명분으로 선전되었고, 분단과 전쟁을 겪은 후 반공은 이승만 정권의 지도이념이 되었다. 진보적 성향의 사람들은 반공이란 동서 냉전구도 아래 미국의 힘을 빌려 친일파와 결탁한 이승만이 자신들의 부족한 정당성을 만회하기 위한 정치적 술책에 불과하다고 주장한다. 그러나 그의 반공 노선을 그렇게 간단히 비판하는 것은 단견이다. 그의 반공은 이미 1920년대부터

---

13 이승만의 국가주의는 박정희에 비해 그 강도가 약했다.

형성되기 시작했으며, 해방공간이 되기 이전부터 확고히 굳어진 사고였다. 그의 반공 담론은 민족주의와 자유주의라는 두 이념에 의해 정당화되는데, 먼저 민족주의의 층위를 살펴보자.[14]

이승만은 초기 저작에서부터 러시아를 강하게 비판했다. 당시 황제의 지배 아래 있던 러시아(제정 러시아)가 조선의 독립을 위협하는 가장 위험한 침략세력으로 인식되었기 때문이었다. 미국에 정착한 이후에는 사회주의를 표방한 소련이 한국의 독립운동에 도움이 되는 한에서는 그것을 적극 이용할 수 있다는 자세를 취했다. 독립을 위한 협조방안을 모색하기 위해 소련에 특사를 보내려고도 했다. 반공 노선이 확고해진 이후에도 그는 공산주의가 독립에 도움이 되는 경우에는 분명히 받아들이겠다고 선언했다.

임시정부 초기 이승만은 반공 노선을 분명히 하지 않았으나 일련의 사태로 인해 공산주의에 대한 입장을 정리하지 않을 수 없게 되었다. 가장 큰 요인은 상해 임시정부에서 사회주의자들과의 갈등이었다. 임정에서 이승만의 실정을 공격하는 데 가장 앞장 선 인물들은 주로 사회주의자들이었다. 사회주의 계열과의 갈등은 기본적으로 외교 노선과 무장투쟁 노선의 대결이었는데, 그 과정에서 공산주의에 대한 이승만의 반감은 높아졌다. 임시정부의 초대 국무총리 이동휘는 미국에 대한 위임통치와 실효성 없는 외교 노선을 주장한 이승만을 축출해야 한다고 강력하게 주장했다. 또한 국내에서 공산주의자들의 평판이 높아지고 있다는 점도 우려의 대상이었다. 그의 추종자 장붕이 상해로부터 이승만에게 보낸 편지

14　이승만이 민족주의의 대의에 충실한 인물이었는가 하는 문제를 따지는 것이 아니라 그의 반공 노선이 민족주의의 중층 결정이라는 틀 안에서 형성되었음을 분석하려는 것이다. 이승만의 반공 노선에 대해서는 다양한 해석이 제기되고 있다. 홍용표(2007)는 이승만의 반공 노선이 현실주의 시각에 근거하여 형성되었음을 지적했고, 김명섭·김석원(2008)과 김명섭·김주희(2013)는 지정학적 인식과 결부시켜 설명했다. 이승만의 반공 노선이 강화된 원인을 공산주의자들과의 갈등으로 꼽은 연구로는 양동안(2012)이 대표적이다.

(1922/09/12)에는 "내지[조선]에 있는 청년들은 사회주의의 선전에 취하여 독립운동자들을 전일과 같이 열성으로 환영하지 않고 공산주의 선전자라 하면 환영"한다고 전했다(『동문서한집』하, 287).[15]

이러한 상황에서 이승만은 『태평양잡지』에 공산주의 관련 글들을 기고 하며 반공 노선을 정립하게 된다. 그가 이 잡지에 쓴 공산주의 관련 논설 은 모두 4편인데, 그중에서 최초의 글 「공산당의 당부당」에 반공 노선이 집약되어 있다. 그 이후의 공산주의 관련 논설들은 기본적으로 이 내용을 반복하거나 혹은 특정 항목을 강조하고 있다. 반공에 관련된 첫 번째 논 설에서부터 공산주의와 민족주의가 강하게 대비되는데, 일차적으로 그는 공산주의가 주장하는 "정부도 없고 군사도 없으며 국가사상도 다 없이 한 다"는 부분을 반공의 가장 중요한 이유로 꼽았다(「공산당의 당부당」, 『태평양 잡지』, 1924/07, 18).

이 글에서 이승만은 세계가 공산주의로 통일된다고 해도 "우리 한인 은 일심단결로 국가를 먼저 회복하여 세계에 당당한 자유국을 만들어놓 고 군사를 길러서 우리 적국의 군함이 부산 항구에 그림자도 보이지 못하 게 만든 후에야 국가주의를 없이할 문제라도 생각하지 그전에는 설령 국 가주의를 버려서 우리 2천만이 모두 다 밀년에아[백만장자]가 된다 할지라 도 우리는 원치 아니할지라"고 선언했다(「공산당의 당부당」, 18). 그리고 글 의 말미에서는 "우리 한족에게 제일 급하고 제일 긴하고 제일 큰 것은 광 복사업이라 공산주의가 이 일을 도울 수 있으면 우리는 다 공산당 되기를 지체치 않으려니와 만일 이 일이 방해될 것 같으면 우리는 결코 찬성할 수 없노라"고 하면서 이중적 입장을 보이는 듯하지만(「공산당의 당부당」, 18),

---

15 이승만은 《동아일보》에 글을 기고하여(1924/04/23) "우리는 민족이 먼저 살고야 볼 일"이 기 때문에 "공산당 사회당 등 명의로[이름으로] 의견을 나누지 말고" 단결을 이룰 것을 부탁했 다(「자유와 단결」, 『뭉치면 살고』, 210). 『태평양잡지』에 반공 관련 글들이 1924년 7월에 처음 수록되었다는 점을 생각하면 이승만이 당시 상황을 우려하고 있었음을 짐작할 수 있다.

사실은 '민족 독립'의 이름으로 공산주의에 반대한다는 뜻을 명확하게 밝힌 것이다.

이승만이 민족이나 민족주의를 상세하게 논한 대목은 없으나 그의 저작 전체를 보면 민족주의의 의미는 '나라의 부강', '자주독립', '번영', '민족 생존' 등으로 나타난다. 반공과 관련된 또 다른 논설인 「사회공산주의에 대하여」에서도 그는 어떤 사상을 받아들이는 기준을 '민족의 생존'이라고 주장하면서 이 방침을 방해하는 것은 "곧 민족적 자살"이라고 강조했다(「사회공산주의에 대하여」, 13). 또한 이 글에서는 "세계적 주의가 전파되는 곳마다 민족주의와 충돌이 생기나니"(「사회공산주의에 대하여」, 13)라고 말하면서 사회주의를 민족주의와 대척점에 있는 사상으로 보고 분명하게 반대 의사를 밝힌다. 그에게 민족주의는 국가·민족의 생존 및 부국강병을 가장 중요하게 여기는 원칙이며, 그것이 공산주의가 주장하는 계급 평등과 국제주의를 압도하고 있다. 이런 점에서 필자들은 그의 반공 노선이 민족주의를 기본바탕으로 삼고 있었다고 지적하는 것이다.

다음으로 이승만의 반공 노선을 떠받치는 자유주의는 두 가지 논지로 나타난다. 하나는 친자본주의론이다. 그는 20세기에 들어 전파되는 공산주의에서 오늘날 인류사회에 '합당한 것'과 '합당치 않은 것'을 '당부당'이라고 표현했다. 이승만이 합당한 것으로 꼽은 것은 '인민의 평등주의'였다. 반상의 구분, 신분의 귀천, 노예제도의 혁파, 가난한 자와 부자의 혁파는 받아들일 만하다는 것이다. 그러나 '재산을 나눠 가지자 함', '자본가를 없이하자 함', '지식계급을 없이하자 함', '종교단체를 혁파하자 함', '정부도 없고 군사도 없으며 국가 사상도 다 없이한다 함'은 '합당치 않은 곳'이라고 지적했다. 특히 재산을 나눠 가지면 사람들의 근로 의욕이나 노동 동기부여가 사라지고, 자본가를 없애면 상업과 공업이 발달하기 어렵다는 점을 강조했다. 이 부분은 친자본주의에 입각한 반공 노선으로 해석될 수 있다.

한편 이승만은 미국식 민주주의와 공산주의를 대립시키는 논지를 내세웠다. 이승만은 우리 민족은 먼저 공화주의로 국가독립과 부강을 달성해야 한다고 주장하면서 "로국[露國: 러시아]의 공산사회주의가 지금 공화주의와 충돌될 것은 자연 면할 수 없는 일"이라고 주장했다(『평민시대』, 15). 이승만의 어법에서 공화주의가 미국식 자유민주주의를 의미한다는 점을 감안하면 그가 자유민주주의의 이름으로 공산주의를 거부한 것은 확실하다. 그리고 『일본 군국주의 실상』에서는 독일·이탈리아·일본·소련을 모두 "국민이 정부에 절대복종해야 한다고 주장하는 전체주의적 이데올로기(totalitarian ideology)"로 규정하고(『일본 군국주의 실상』, 241) 이들과의 전쟁을 '선악의 대쟁투(Armageddon)'라고 표현했다. 공산주의를 자유주의와 양립 불가능한 사상으로 확실하게 규정했던 것이다.

해방 이후 이승만의 반공 담론도 미국 체류 시절과 크게 다르지 않았다. 1945년 10월 21일, 11월 21일, 12월 27일 세 차례에 걸쳐 이승만은 서울 중앙방송국을 통하여 공산당에 대한 자기 생각을 밝혔다. 첫 번째 연설에서 자신은 '공산당에 대하여 호감을 가지고 있는 사람'이며, 특히 그 경제 정책은 앞으로 우리나라에서 채용해야 할 부분이 많다고 밝혔다. 그러면서도 무책임하게 각 방면에 선동하는 행동에 대해서는 찬성하지 않는다고 밝혔다(국사편찬위원회 1968, 285). 두 번째 연설은 앞의 것과 별다른 내용이 없었다.

세 번째 연설에서는 "지금 우리 형편으로 공산당을 원치 않는 것을 우리는 세계 각국에 대하여 선언"한다고 분명하게 밝혔다(국사편찬위원회 1968, 612). 그들은 "로국을 저희 조국"이라 부르며 우리의 것을 뺏어 러시아에 갖다 바치는 무리라는 것이 그 이유였다. 이러한 무리들이 비록 친부모나 조카 삼촌이라도 "원수로 대우해야" 하며 "우리 삼천만 남녀가 다 목숨을 내놓고 싸울 결심"을 해야 한다고 주장했다(국사편찬위원회 1968, 613). 이 연설을 계기로 좌익은 이승만과 확실하게 갈라섰다.

해방정국에서 좌익은 우익의 친일 경력을 끄집어내며 그들을 '매국노'

'친일파'로 비판하였다. 이승만의 반공 역시 민족주의 담론에 입각하여 좌익을 '민족의 반역자' '매국노' '소련의 앞잡이'라고 공격했다. 대통령 취임사(1948/07/29)에서도 "우리는 공산당을 반대하는 것은 아닙니다. 공산당의 매국주의를 반대하는 것"이라고 밝히며 "하루바삐 평화적으로 남북을 통일"할 것을 촉구했다(『담화집』 1, 3). 그러나 전쟁이 벌어지며 평화통일은 언급조차 될 수 없었다.

이승만은 강력한 반공 노선을 펼치며 북진통일을 내세웠지만 필요할 때에는 북한 주민을 '북한 동포' '이북 동포'라고 불렀다. 단 여기에는 한계가 있었다. 전쟁이 진행 중이던 1951년 광복절 기념식사에서 그는 공산주의자들은 "자기들 정부를 파괴시키고 자기들 나라를 크레믈린의 독재자들 지배하에 두려는" 소련의 앞잡이라고 비난하면서, "당신의 동생이 있어서 공산주의의 훈련을 과학적으로 받은 뒤에는 당신의 동생이 아닙니다"라고 분명하게 선을 그었다(『담화집』 1, 69). 아무리 같은 '동포'라고 해도 일단 공산주의자가 되면 더 이상 그렇지 않다는 것이었다. 전쟁 중 벌어진 보도연맹 관계자 학살은 동포를 배신한 자에 대한 '처단'이었다.

지금까지 보았듯이 이승만은 상해 임시정부 내의 사회주의 계열과의 갈등을 거치며 반공 노선을 확립했다. 그의 반공 노선이 분단과 전쟁을 통해 강화된 것은 분명하지만, 이미 미국 체류 시절부터 강한 반공 노선을 갖고 있었다. 필자들은 미국 체류기에 형성된 그의 반공 노선이 민족주의와 자유주의의 위에서 구축되었음을 지적했다. 그리고 해방 이후에는 민족주의가 반공 노선의 받침돌 구실을 하면서 공산주의자들을 민족에서 배제하는 전형적인 반공 민족주의로 바뀌었음을 보여주고자 했다.

이승만의 국가주의와 반공을 집약한 사상이 '일민주의'이다. 일민주의는 안호상, 양우정, 이범석 등이 주도가 되어 반공과 국가지상주의를 결합하여 이승만 정권의 지배이념으로 만들고자 했던 이념이다. 일민주의는 우리 민족이 같은 혈통, 같은 운명을 지닌 공동체이기 때문에 남녀, 상하,

지방, 빈부의 차별을 없애고 민주정치, 민족교육, 민생경제를 달성하겠다는 주장이다. 그런데 실제 내용은 '민족지상주의', '국가지상주의' 아래 국가와 민족 앞에 철저한 희생과 단합을 요구하며 공산주의와의 목숨을 건 투쟁에 나서라는 것이었다.

일민주의는 1949년에는 잠시 '국시'로 떠받들어졌고, 이승만은 『일민주의 개설』이라는 작은 팸플릿을 저술하며 일민주의에 적극 호응하기도 했다. 그러나 1950년 4월 이범석이 국무총리에서, 안호상이 5월에 문교부 장관에서 해임되며 일민주의의 위세는 크게 줄어든다. 이승만 역시 1950년 이후에는 일민주의를 별로 중요하게 여기지 않았고 잘 언급하지도 않았다. 일민주의는 이승만의 독재 성향을 비판할 때 자주 인용되지만 필자들은 이 이념에 그렇게 큰 비중을 두지 않았다.

7. 이승만의 자유민주주의에 대한 평가

지금까지 필자들은 이승만의 정치사상의 핵심을 친미 · 반공 · 친자본주의 · 국가주의를 기반으로 하는 자유민주주의로 규정했다. 그리고 이승만이 이러한 생각들을 형성해갔던 사상적 이력을 추적했다. 통치이념으로서의 자유민주주의는 민주화 이전 집권 우익세력의 이념을 말한다. 그것은 '집권 우익세력이 공산주의의 침략과 위협으로부터 자유민주주의를 방어하고 국가안보(반공)와 경제발전에 필요한 정치적 안정을 명분으로 내세우며 (민주주의의 이름 아래) 권위주의와 자본주의 체제를 옹호하는 이념'으로 기능해왔다.[16] 이런 사실을 감안한다면 '이런 자유민주주의가

---

16 필자의 이러한 규정은 강정인(2013, 283; 2014, 37)의 보수주의 개념 규정을 하나로 섞은 것이다.

과연 자유민주주의인가?' 하는 반론이 제기되지 않을 수 없을 것이다. 그렇지만 우리는 그것을—그 부정적 측면에도 불구하고—자유주의의 한국적 변용이라는 시각에서 살펴보고자 했다.

필자들은 자유주의를 고정된 내용을 가진 이념이 아니라 주어진 사회·역사적 조건 속에서 '운동하는 이념'으로 본다. 자유와 관용, 다양성에 대한 존중, 입헌주의(헌정주의) 등은 자유주의의 고유한 특성이며, 그런 점에서 보편성을 띤다고 볼 수 있다. 하지만 자유주의의 보편적 가치들은 특정한 정치사회적·역사적 현실 속에서 전개되며 때로는 굴절되기도 한다. 자유주의를 어떤 고정되고 추상적인 가치들을 가진 닫힌 체계로 이해하고, 순수하게 개념적·정태적 분석만 진행하는 것은 오히려 자유주의에 대한 오해와 왜곡을 낳기 쉽다.

필자들은 한국 자유주의가 자체의 진보적 동력을 상실했기 때문에 보수의 이념으로 귀착되었다고 본다. 개화기와 일제강점기의 자유주의는 전제정치와 식민지 권력으로부터 해방을 추구하는 진보적 이념이었다. 그러나 일제강점기 식민지 권력과의 대결에서 한국 자유주의자들이 타협 노선을 걷게 됨에 따라 그 진보성을 상실했다. 또한 해방 이후에는 미군정의 지원을 받은 우파세력들이 헤게모니를 장악하고 좌익과의 무장투쟁을 치르는 과정에서 대한민국(남한)의 존립을 절대가치로 간주하는 국가주의와 반공이 자유주의의 틀 속에서 강화되었다. 송진우·장덕수·조병옥 등 일제강점기 한국(조선)에서 활동했던 자유주의자들이 자신의 친일 전력을 무마하기 위해 이승만과 결합한 것은 명백한 사실이지만, 이미 그들 사이에는 자유주의라는 이름 아래 반공·친자본주의·친미·국가주의라는 공통점이 존재했다.

이처럼 한국의 자유주의는 자체의 진보적 동력을 발휘할 계기를 획득하지 못한 채 식민지 권력에 순응하고 좌익과 대결하는 과정에서 친미·반공·국가주의라는 내용을 삼는 방어적·보수적 성격을 갖게 되었으며,

한국 정치의 지배이념으로 정립된 이후에는 '기존 질서를 옹호'하는 보수주의로 고착되었던 것이다. 필자들은 이와 같은 통치이념으로서의 자유민주주의를 한국에 정착한 중심인물로서 이승만을 살펴보았던 것이다.

이승만은 '자유대한의 건국자'로서 높이 떠받들여진 경우도 있었지만 그에 관한 평가는 '독재자'가 압도적이었다. 1980년대에 들어서 진보적 학자들이 대거 등장하고 민족 · 민중 · 민주의 돌풍이 불면서 이승만은 '친일파', 미국과 야합하여 분단을 만든 원흉'으로 취급되었다. 이러한 흐름에 맞서 1990년대 들어서며 조갑제를 비롯한 보수주의 논객들이 본격적으로 이승만을 '대한민국의 국부(國父)'로 세우고자 했다. 특히 노무현 정부의 '과거사 청산' 움직임 속에서 이른바 '뉴라이트'가 그에 적극적으로 대응했다. '거대한 생애' '위대한 발자취' '이승만이 없었다면 대한민국은 없었다' 등의 문구를 내건 책들이 속속 출간되었다. 보수주의자들은 한국이 민주화와 경제발전에 성공을 거둔 데는 그 초석을 놓은 이승만이 있었기 때문에 가능했다고 주장하면서, 이승만 · 박정희 비판은 좌파의 공세라고 밀어붙였다. 그러나 진보적 논객들은 뉴라이트를 수구 기득권 세력으로 취급하고 있다. 여전히 이승만은 보수주의자들에게는 '건국의 아버지'로, 진보주의자들에게는 '분단과 독재의 시발'로 평가받고 있다.

우남실록편찬위원회. 1976. 『우남실록』. 서울: 열화당.

유영익 편. 2002. 『젊은 날의 이승만: 한성감옥생활(1899-1904)과 옥중잡기 연구』. 서울: 연세대학교출판부.

원영희·최정태 편. 1995. 『뭉치면 살고 …… : 1898-1944 언론인 이승만의 글 모음』. 서울: 조선일보사.

이승만. 1959. 『대통령 이승만 박사 담화집』 3권(1953-1959). 서울: 공보처.

이승만. 1993. 『독립정신』. 서울: 정동출판사.

이승만. 1998. 『청일전기』. 우남 이승만 문서편찬위원회 편. 『이화장 소장 우남 이승만 문서』 제2권. 서울: 중앙일보사.

이승만. 1998. 『한국교회핍박』. 우남 이승만 문서편찬위원회 편. 『이화장 소장 우남 이승만 문서』 제2권. 서울: 중앙일보사.

이승만. 2009. 『동문서한집』 전 3권. 유영익 외 편. 서울: 연세대학교출판부.

이승만 저. 이종익 역. 1987. 『일본 군국주의 실상』. 서울: 나남.

이승만 저. 정인섭 역. 2000. 『이승만의 전시중립론』. 서울: 나남.

강정인. 2013. 『넘나듦의 정치사상』. 서울: 후마니타스.

강정인. 2014. 『한국 현대정치사상과 박정희』. 서울: 아카넷.

국사편찬위원회. 1968. 『자료 대한민국사』 1. 서울: 문교부.

김병국. 2000. "보수는 본류, 진보는 지류." 『월간조선』 12월, 330-332.

김명섭·김석원. 2008. "독립의 지정학: 대한제국 시기 이승만의 지정학적 인식과 개신교." 『한국정치학회보』 제42집 4호, 59-86.

김명섭·김주희. 2013. "20세기 초 동북아 반일 민족지도자의 반공: 이승만과 장개석의 사례를 중심으로." 『한국정치외교사논총』 제34집 2호, 73-98.

김영우 편. 1974. 『대한독립혈전긔』. 국사편찬위원회 저. 『한국독립운동사 자료』 4. 서울: 문교부.

노대환. 2010. 『문명』. 서울: 소화.

문지영. 2004. "한국에서의 자유주의와 자유주의 연구: 문제와 대안적 시각의 모색." 『한국 정치학회보』 제38집 2호. 73-94.

양동안. 2012. "이승만과 반공." 이주영 외. 『이승만 연구의 흐름과 쟁점』. 111-138. 서울: 연세대학교 대학출판문화원.

이정식. 2005. 『이승만의 구한말 개혁운동』. 대전: 배재대학교출판부.

이화용. 2010. "영국: 민주주의의 신화와 역사." 강정인 외. 『유럽 민주화의 이념과 역사』. 55-130. 서울: 후마니타스.

조갑제. 2001. 『이제 대한민국의 반격이 시작된다』. 서울: 월간조선사.

홍용표. 2007. "현실주의 시각에서 본 이승만의 반공 노선." 『세계정치』 제28집 2호. 51-80.

이승만의 저작을 읽는 것이 가장 중요하다. 그런데 저작의 분량이 많아 일단 다음과 같은
책을 권한다.

- 원영희·최정태 편. 1995. 『뭉치면 살고 … : 1898-1944 언론인 이승만의 글 모음』.
서울: 조선일보사.

이 책에는 이승만의 《제국신문》 논설, 기독교 관련 글들이 수록되어 있다. 이승만의 초기
사상을 살피려면 반드시 봐야 할 자료이다.

- 『독립정신』

이승만의 초기 사상을 대표하는 책이다. 여러 판본이 있다.

정동출판사(1993) 판본은 원문을 현대어로 일부 다듬은 것이다. 현재 절판 상태이다.

- 『독립정신』이 원문 그대로 수록되어 있는 판본은 다음과 같다.

독립기념관 독립운동사연구소 편. 1999. 『한국독립운동사』 영인본 시리즈로 출간되었다.
역시 현재 절판 상태이다.

우남 이승만 문서편찬위원회 편. 1998. 『이화장 소장 우남 이승만 문서』 제1권. 서울:
중앙일보사.

- 박기봉 엮음. 2018. 『독립정신』. 비봉출판사.

현대어로 풀어쓴 책이다.

- 최기영. 2013. 『태평양잡지』 1, 2권. 세종: 국가보훈처.

이승만의 중기 사상을 파악하는 데는 이 책이 필수적이다. 현재 단행본으로 출간되어 이용
하기에도 편리하다. 최기영의 간략한 해제가 첨부되어 있다.

- 고정휴. 2004. 『이승만과 한국독립운동』. 서울: 연세대학교출판부.
이승만의 초기 사상과 독립운동에 관해 꼭 읽어야 할 책이다.

- 김일영. 2013. 『건국과 부국: 이승만·박정희 시대의 재조명』 개정신판. 서울: 기파랑.
뉴라이트의 시각에서 한국 근현대사를 서술한 책이다. 객관성을 유지하려고 노력했다.

- 문지영. 2011. 『지배와 저항: 한국 자유주의의 두 얼굴』. 서울: 후마니타스.
이승만 정권으로부터 전두환 정권에 이르는 보수적 자유주의의 흐름을 분석한 책이다.

- 유영익 외. 2009. 『이승만과 대한민국 임시정부』. 서울: 연세대학교출판부.
임시정부와 이승만의 관계를 다룬 6편의 글이 수록되어 있는데 내용이 알차다.

- 정병준. 2005. 『우남 이승만 연구』. 서울: 역사비평사
구한말부터 1948년까지 이승만의 행적과 사상을 추적한 책으로 내용이 충실하다.

- 최상오 외. 2010. 『이승만과 대한민국 건국』. 서울: 연세대학교출판문화원.
1945-1948년 정부 수립 과정에서 이승만의 활동과 건국 노선에 관한 논문집이다. 그 중에서 이현주, 홍선표, 서희경, 김수자의 글이 좋다.

- 후지이 다케시. 2012. 『파시즘과 제3세계주의 사이에서』. 서울: 역사비평사.
부제는 '족청계의 형성과 몰락을 통해 본 해방8년사'이다. 이범석이 이끌었던 조선민족청년당(족청)의 형성과 몰락을 추적하면서 '일민주의'의 배경을 세밀하게 알려주는 책이다.

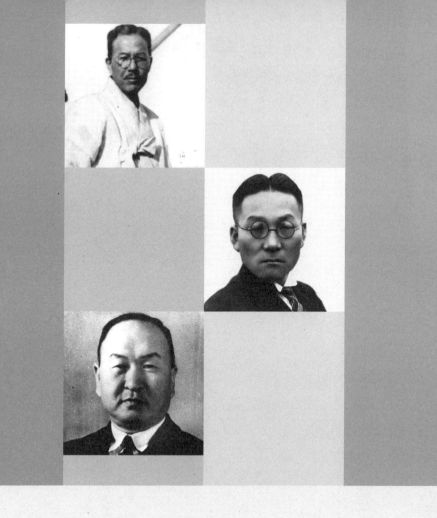

2부

한국 보수주의의 기원

3

김성수·송진우·장덕수

한국민주당을 중심으로[1]

서희경

1. 한국 보수주의의 기원과 연속성

이 글의 목적은 김성수·송진우·장덕수와 한국민주당의 정치이념을 살펴봄으로써 한국 보수주의 정치이념의 역사적 기원을 검토하려는 것이다. 해방 후 한국의 보수주의세력은 김성수 등의 한민당 세력, 이승만 세력, 김구를 중심으로 한 임시정부–한독당 세력 등의 우파세력으로 분류할 수 있다.[2] 특히 이 글에서는 1920년대《동아일보》계열 우익 인사들의

---

1 이 글은 아래의 글을 본 저서의 취지에 맞춰 보완했음을 밝혀둔다. 강정인·서희경. 2013. "김성수와 한국민주당 연구—한국 보수주의 정치이념의 기원과 연속성을 중심으로." 『한국정치학회보』 제47집 제1호. 103–126.

2 한민당 세력과 이승만 세력은 대한민국에 자유민주주의 체제를 수립하는 데 공통된 입장을 견지하였지만, 민주제도 선호에 있어서는 차이를 보인다. 김성수 등의 한민당 세력은 이승만 세력보다 당 운영에서 보다 민주적이고, 권력 분산을 선호하여 의원내각제를 주창

정치이념과 해방 후 한민당의 정치이념을 연속적 관점에서 접근하고자 한다.[3]

보수주의는 일반적 정의에 따르면 "권위를 받아들이고, 미지의 것에 비해 이미 알려진 것을 선호하며, 현재와 미래를 과거와 결부시키는 경향이 있는 기질, 정치적 입장 및 일련의 가치체계"를 지칭한다(Klemperer 1972, 164). 다른 한편으로는 구체적인 역사적 맥락 및 다른 이데올로기, 특히 진보 이데올로기와 관련하여 보수주의를 "구체적 역사적 상황 아래서 기존질서가 무엇이든, 그 기존 질서에 도전하는 이데올로기에 대항해 그 질서를 옹호하려는 정치적 입장"으로 정의할 수도 있다(Michels 1954, 230; 강정인 2010, 39).

흔히 보수주의 정치이념의 내용을 자유주의, 자본주의, 반공주의 등으로 규정하지만 서양의 경우 보수주의에 대한 구체적 내용은 시대에 따라 다르게 나타났다. 예를 들어 영국과 프랑스에서는 자유주의가 먼저 출현했고, 뒤이어 자유주의에 대항해 구체제를 옹호하기 위한 보수주의가 출현했다. 산업화 및 자본주의의 본격적인 진전과 더불어 자유주의-자본주의를 비판하는 사회주의가 등장하면서 한때는 진보였던 자유주의-자본주의가 보수주의에 속하게 되었다. 그리고 러시아혁명 이후에는 반공이 보수주의의 중요한 항목으로 등장하게 되었다(강정인 2014, 101). 즉 각 시기에 따라 보수주의의 이념적 내용이 변했던 것이다.

위와 같은 사실은 보수주의라고 하더라도 각 사회가 처한 역사적 맥락에 따라 그 내용이 달라질 수밖에 없음을 보여준다. 이 글에서는 한국

하였다. 이 제도는 다수당의 당수가 내각 수반이 되어 정치를 공동운영하는 제도로 일제강점기 때 이미 인적 조건을 형성한 김성수에게 보다 적절한 제도였다.

3 따라서 이 글의 분석 대상은 일제강점기 때 《동아일보》 계열과 해방 후 한민당 주요 강령과 정책에 한정하고자 한다. 그런 점에서 이 글은 장기간에 걸친 한국 보수주의의 역사를 다루었다기보다 1920년대와 해방 직후라는 특정 시점을 선택적으로 다루었으므로 시론적 성격을 갖는다.

보수주의 정치이념의 내용을 자유주의, 자본주의, 반공주의, 문화민족주의 등으로 분류하여 살펴보고자 한다. 앞에서 보았듯이 보수주의의 세부 내용을 구성하는 이 이념들은 영국과 프랑스 등 서구 주요 국가들의 경우 근대 정치사상의 전개 과정에서 순차적(계기적)으로 출현하였지만, 한국의 경우에는 동시적으로 수용되었다. 이 글에서는 이처럼 보수주의의 세부 내용들을 압축적으로 수용한 한국 보수주의 정치이념이 등장하게 된 역사적 맥락, 그리고 그 이념을 주창했던 사람들의 현실 인식을 김성수·송진우·장덕수와 한민당의 사례를 중심으로 검토하고자 한다.

현재 한국 정치의 문제점을 이해하고 미래의 방향을 모색하려면 우리가 지나온 자취에 대한 깊은 성찰이 필요하다. 최근의 건국 기점 논쟁과 역사교과서 집필 문제 등을 보면 대한민국의 국가 정체성은 여전히 불안정하고 대립적이다. 이러한 논의는 결국 한국 현대사와 정치이념에 대한 인식 차이에서 비롯된 것이다. 그런 점에서 한국 보수주의 정치이념이 어떤 역사적 배경하에서 등장하였는지, 그 정치이념이 발생했던 역사적 맥락과 현실 인식을 검토함으로써 오늘날 우리 사회가 직면하고 있는 문제를 규명하고 현재의 정치사회의 방향을 모색하는 데 기여할 수 있을 것이다.

한국 보수주의의 기원을 일제강점기에서 찾고, 일제강점기와 해방 후를 연결시켜 그 전개 과정을 살펴본 선행연구는 거의 없었다. 이에 관한 선행 연구를 살펴보면, 첫째, 김성수·송진우·장덕수의 생애를 다룬 평전과 전기물이 있다. 김성수의 전기물 중 인촌기념회의 『인촌 김성수』가 대표적이다. 그런데 김성수에 대해서는 대체로 상반된 평가를 하고 있다. 한편에서는 김성수를 독립운동가로 평가하기도 하고(인촌기념회 편 1976; 동아일보사 편 1987; 신일철 1991), 대한민국 건국의 공헌자로 평가하기도 한다(이현희 2009; 이완범 2009). 다른 한편에서는 일제에 협력한 친일파로 규정되기도 한다.[4] 그를 친일파로 규정하는 근거는 《매일신보》와 《경성일보》에 김성수의 이름으로 학병 권유의 글이 실렸고, 일제강점기 때 각종 관변단체의 간부 명단에 그의 이름이 올라 있었다는 것이다(위기봉 1991; 정운현 1999).

송진우의 전기물은 김학준의 『고하 송진우 평전』과 김교식의 『송진우』 등이 있다. 특히 김학준은 송진우를 대한민국 수립에 '기초 공사를 다진 선구적 일꾼'으로 평가했다(김학준 1990).

장덕수에 대한 연구는 해방 전후와 정부 수립 시기, 그의 정치이념 등을 검토한 연구(심지연 1984; 김학준 2008),[5] 그의 친일문제나 암살사건 등 특정 이슈와 관련해서 다룬 연구(서중석 1993; 박태균 1994), 그의 정치활동을 중심으로 그의 국가 인식과 자유주의 정치이념을 비교적 전 생애에 걸쳐 체계적으로 분석한 연구가 있다(심재욱 2007; 최선웅 2014). 그런데 이들 연구는 대체로 반일 민족주의나 분단이라는 관점에서 그에 대한 역사적 평가에 집중되었고, 보수주의 정치이념이라는 범주와 맥락에서는 김성수·송진우·장덕수에 관심을 기울이지 않았다.[6]

둘째, 일제강점기 때 김성수·송진우·장덕수 등 《동아일보》 계열 정치가들의 정치 성향을 '문화민족주의'라는 관점에서 살펴본 연구가 있다 (인촌기념회 편 1976; 동아일보사 편 1987; Robinson 1988; 신일철 1991; 김중순 1998). 문화민족주의는 '사회혁명을 꾀하며 직접적인 반일행동을 주장했던 급진 노선의 과격한 민족주의'와는 달리 '점진적이고 온건한 민족주의 노선'을 의미한다.[7] 다른 한편으로 그들의 정치 성향을 국가건설사상 및

---

4   김성수에게 1962년 대한민국 건국공로훈장 복장(複章)을 추서하였으나, 일제강점기 친일 행적이 인정되어 2018년 2월 13일 국무회의에서 서훈(복장)이 취소되었다.
5   심지연(1984)은 장덕수를 "미국식 민주주의적인 입장에 선 냉전론자"라고 평가한 반면, 김학준(1996; 2008)은 장덕수를 "대한민국 건국의 논거와 방략을 마련"한 인물로 평가했다.
6   장덕수에 관한 전기물로는 이경남의 『설산 장덕수』가 대표적이다.
7   또한 이들에 대해서는 '한국 자본주의의 식민지 기원'이라는 관점에서도 접근되었다 (Robinson 1988; 에커트 2008).

자유주의의 수용과 전개, 쇠퇴 등의 관점에서 살펴본 연구가 있다(심재욱 2007; 최선웅 2014). 특히 최선웅은 일제강점기의 정치이념에 대한 기존 시각이 대개 민족주의와 사회주의로 양분되어 자유주의가 독자적인 범주로 인식되지 못한 점에 착안하였다.[8] 그의 연구에서는 장덕수 등이 일본 유학을 통해 자유주의를 접한 후, 1920년대 전반 국내에서《동아일보》를 매개로 자유주의 민족운동을 전개한 점이 분석되었다. 그런데 이 연구들은 대체로 일제하 민족주의와 자유주의 연구에 초점을 맞추고 있고, 해방 후 한민당으로 연속되는 보수주의 정치이념은 주요 관심 사항이 아니었다.[9]

셋째, 한민당 연구는 대체로 한민당의 창당 과정, 조직 운영, 주요 정책에 관한 구체적 연구(이기하 1961; 한태수 1961; 심지연 1982; 채정민 1991)나 한민당에 대한 역사적 평가에 주로 관심을 기울이고 있고, 정치이념에 대한 본격적 연구는 드물었다. 긍정적 입장에서는 한민당이 "민족경제의 진흥과 민족교육의 육성 등에서 적지 않은 공헌을 했다"고 평가한다(김일영 2010, 38). 반면 비판적 입장에서는 한민당이 "토착지주, 자본가, 엘리트 및 일부의 친일파 등으로 구성된 정당으로서 기득권과 정권욕에 집착하였다"고 평가한다(채정민 1991, 95). 또한 한민당이 "남북협상이나 긴장 완화를 추구하려고 노력하지 않"고, "냉전 논리에 편승해버림으로써 분단이 고정화되는 사태를 초래하게 했다"는 비판도 있다(심지연 1982, 124-125).

이상에서 알 수 있는 바와 같이 선행연구에서는 보수주의 정치이념에 대한 관심이 매우 적고, 일제강점기와 해방 후를 연속적으로 접근한 연구가 드물었다. 따라서 이 글에서 다룰 구체적 연구 내용은 크게 세 가지이다.

---

8 최선웅은 장덕수의 핵심 정치이념을 사회적 자유주의(social liberalism)로 보았는데, 이는 대체로 자유주의에 민주주의의 원리를 결합하되 정치적인 자유민주주의를 넘어 사회경제적 민주주의로의 강화를 지향하는 정치이념을 말한다(최선웅 2014, 6).

9 김경택(1998)은 한국 보수주의의 기원을 동아일보 그룹에서 찾는 연구를 진행하였다. 그런데 이 연구는 1910년과 1920년대《동아일보》주도층의 정치경제사상 연구에 집중되었다.

첫째, 한국 보수주의 정치이념이 역사적으로 어떻게 형성되었는지 살펴보기 위해, 일제강점기에 김성수·송진우·장덕수의 정치활동과 이념 형성의 직접적 계기들을 추적하고자 한다. 이들 3인은 일제강점기에《동아일보》사주, 사장, 주간으로 활동하였고, 해방 후 한민당을 창당하고 이끈 중심인물이었다. 한민당의 인적 구성과 정치이념은 일제강점기 때 이들의 일본 유학 경험,《동아일보》를 중심으로 한 활동을 토대로 이루어졌던 것으로 생각된다.

둘째, 일제강점기 이래《동아일보》를 중심으로 형성된 보수주의 정치이념의 특징을 검토하고자 한다. 이 연구에서 주로 인용되는《동아일보》사설은 주로 장덕수가 집필한 것이다. 장덕수는 동아일보 그룹의 '정치브레인'으로서 이들 그룹이 지향했던 국가상을 이론적으로 체계화한 중요한 인물이었다(심재욱 2007).

셋째, 일제강점기 이래《동아일보》를 중심으로 형성된 이념이 해방 후 한민당의 주요 정치이념으로 어떻게 반영되어 나타나는지를 살펴보고자 한다. 동아일보계의 보수주의 정치이념은 해방 후 한민당의 강령과 정책에 반영되었다. 하지만 해방 후 좌우 대립상황에서 '반공'에 기반한 자유민주주의와 '국가의 적극적 개입'을 수용한 자본주의로 변용·강화되었다.

2. 한국 보수주의의 기원(1): 일제강점기 김성수·송진우·장덕수의 정치이념 형성의 계기

인촌(仁村) 김성수(金性洙, 1891-1955)는 호남지방의 만석 지주 집안[10]

---

10 김성수의 부 김경중과 양부 김기중은 지주경영과 미곡판매를 통해 경제적으로 크게 성장했다. 김경중은 김성수의 장인이 된 담양의 대지주 고정주와 함께 호남학회 설립에 참여하였고, 김기중은 영신학교를 설립했다.

출신으로 일본에 유학한 후 한국 사회의 자본주의 근대화를 선도했다는 점에서 버크(Edmund Burke)가 말한 이른바 '자연귀족'이라 할 수 있다(장규식 2010, 287).[11]

김성수는 1908년 군산 금호학교에서 처음으로 근대학문 세계를 접했다. 당시 교과목은 근대 민권사상과 영어, 일본어 등 외국어, 물리, 산수, 화학 등이었다. 이 무렵 그는 후포에서 열린 대한협회 강연회에서 대한협회 군산지회 총무였던 한승이로부터 시민권과 만민평등 개념, 그리고 주권재민사상을 듣게 되었다(인촌기념회 편 1976, 65-67). 김성수의 일제강점기 활동은 대한협회에서 직접적인 영향을 받았다. 1907년 11월 대한자강회를 계승한 대한협회는 한국인의 "도덕 및 지식수준 함양, 교육의 진흥, 식산흥업에 의한 민족의 자강을 주창"했던 조직이었다(대한자강회 편 1906, 9).

1908년 10월, 김성수는 송진우와 함께 일본 유학을 떠났다. 일본 유학은 대한협회를 통해 배우게 된 개화 민족주의 사고에서 보다 진전된 근대사상과 인적 유대를 형성하는 데 결정적 계기가 되었다. 처음에 김성수는 근대화된 동경의 모습을 보고 큰 충격을 받았다.

> 홍명희의 안내로 동경을 한 바퀴 돌아본 인촌은 놀라움보다 허탈감을 느꼈다. 시모노세키에서 동경 신바시까지 오는 하루 밤 이틀 동안, 차창 밖으로 내다본 울창한 수목과 잘 정리되어 있는 전답, 규모 있는 도시와 깨끗한 촌락, 이런 풍경과 조국의 모습을 비교하고 허전함을 금할 수 없었다. 더구나 동경에 와서 관공서나 학교 등의 시설, 고층건물과 번화한 상가, 여기저기 벌여놓은 엄청난 공사장들을 보면서, 소총 하나 제대로 갖추지 못하고 칼과 죽창을 들고 지금도 일본과 싸우고 있는 의병을 생각하면 암연해[슬프고

---

11 버크는 18세기 영국 사회의 자본주의적 발전을 반영하여, 혈통상의 귀족뿐만 아니라 자신의 개인적 성취를 통해 재산과 지식 능력으로 사회를 선도해가는 지배 엘리트를 모두 '자연귀족'이라 칭했다(김경택 1999, 174).

우울]하지 않을 수 없었다. 일본이 쇄국정책을 버리고 서양문명을 받아들인 것은 우리보다 20년밖에 앞서지 않았으나 그 결과로 나타난 국력의 차는 너무나 컸다(인촌기념회 편 1976, 69).[12]

김성수에게 일본은 문명개화와 근대성의 상징이자, 장래 조선의 발전 모델이었다.

와세다대학의 교육 내용 또한 김성수에게 근본적 각성을 불러일으켰다. 당시 근대정치사를 강의했던 우키타 카즈타미(浮田和民)는 "영국을 모델로 삼아 개인의 자유로운 발전을 보장할 수 있는 입헌정치의 실시를 역설하였고, 사회발전은 혁명에 의해서가 아니라 개량적인 방법에 의해 이루어져야 한다"는 점을 강조했다(榮澤幸二 1981, 12-23; 早稻田大學 1981, 643). 또한 정치철학과 국가학원리를 강의했던 오야마 이쿠오(大山郁夫)는 "보통선거와 정당에 기초를 둔 대의제 데모크라시를 모델로 삼아, 정치적 기회균등주의를 실현해 국민에게 참정권을 부여함으로써 국민을 국정의 주체로 높이는 것이 국가의 도덕적 의무"임을 강조했다(김경택 1998, 89-90). 김성수는 와세다대학에서의 교육과정이 "나의 청춘의 회상과 아울러 영원히 내 가슴에서 사라지지 않을 것"이라고 회고했다(인촌기념회 편 1976, 76, 86-87).

특히 김성수는 일본 메이지 시대의 정치가이자 와세다대학의 창립자 오오쿠마 시게노부(大隈重信)의 '애국 경세가로서의 지조'에 대한 존경심을 다음과 같이 표현했다.

나는 그에게서 …… 애국경세가로서의 지조에 만흔 존경과 앙모[우러러 그

---

12 이 글에서 다루는 사람들은 모두 국한문혼용체의 문장에 어려운 한자를 많이 썼다. 필자는 될 수 있으면 원문 그대로 살리고자 했지만, 일부 인용문에서는 알기 쉽게 풀어 썼다. 또 [ ] 표시는 필자가 해설을 덧붙인 것이다.

리워함]를 가젓섯다. …… 와세다대학의 창설에 팔을 것고 나서는 그때 大隈伯[오오쿠마 시케노부]의 용기와 성력에는 탄복 아니 할 수 업다. …… 이 교문에서 뒷날 일본 헌정을 운전하든 수백의 유명한 정치가와 또 사회 각 방면의 인재를 배출식히여 일본의 문명을 건설식힌 그 국가적 공로를 생각하면 오직 경복할 뿐이다. 오오쿠마 시케노부의 모든 정치적 공로가 매몰되는 날이 온다 할지라도 와세다대학을 통한 교육사업가로서의 공적은 만고불휴[萬古不杇, 오랜 세월을 두고 없어지지 않음]하리라(김성수 1934, 97-98; 김중순 1998, 9).

오오쿠마에 대한 김성수의 이러한 평가는 자신의 진로를 암시하는 듯하다. 오오쿠마는 1882년 도시상공업자와 지식계층을 기반으로 한 입헌개진당을 결성했다. 그리고 이 입헌개진당을 창당했던 인사들이 영국식 입헌정치를 확산시킬 인재를 양성할 목적으로 설립한 것이 바로 동경전문학교(와세다대학의 전신)였다. 이타가끼 다이스케(板垣退助) 같은 자유당 인사들은 프랑스혁명을 언급하며 급진적인 주장을 제기한 반면, 입헌개진당 인사들은 영국식 입헌정치를 모델로 점진적인 개혁을 주장했다(김경택 1998, 87).

한편 오오쿠마는 1898년 헌정당(憲政黨) 당수로서 수상직에 올랐다. 1907년 오오쿠마는 일시 정계에서 물러나 와세다대학 총장직에 취임했다가, 김성수가 졸업하기 몇 개월 전인 1914년 재차 수상직에 올랐다.[13] 향후 김성수의 활동에 비추어보면, 그는 김성수의 롤 모델이었을 수도 있다.

김성수는 또한 동경 유학생활 동안, 향후 한민당에서 정치활동을 함께 하거나 또는 그에게 직간접적으로 영향을 끼치게 되는 인물들과의 인적

---

13 오오쿠마 시게노부는 1873년 조선에 대한 군사정벌을 주장하였다(에커트 2008, 74).

유대를 형성했다. 이미 소년기부터 친구였던 메이지대학의 송진우와 와세다대학의 장덕수, 현상윤, 최두선, 양원모를 비롯해 동경제대의 박용희, 김준연, 유억겸, 메이지대학의 조만식, 김병로, 현준호, 조소앙, 그리고 게이오대학의 김도연 등과 친밀한 관계를 맺었다. 이 인연으로 이들 대부분은 1920년대 이후 김성수의 언론, 교육, 경제사업, 그리고 해방 후 정치활동에 동참했다(인촌기념회 편 1976, 78, 79).

요컨대 김성수는 1910년을 전후한 시기, 일본 사회의 자유로운 분위기 속에서 근대학문을 수학함으로써 이념적 선배인 개화파 세대보다 체계적이고 진전된 신문명에 대한 사유를 갖게 되었다. 특히 영국의 자유주의, 입헌주의, 엘리트주의에 입각한 와세다대학의 학문이념은 그의 사상형성에 중요한 기반이 되었다. 그는 이후 문명개화를 실현하기 위한 방안인 실력 양성 활동을 교육과 언론 영역에서 실천함으로써 문화민족주의자로서의 길을 걷게 된다.[14]

고하(古下) 송진우(宋鎭禹, 1890-1945)는 전남 담양에서 출생했다. 의병운동을 했던 기삼연으로부터 한학을 공부했다(고하선생전기편집위원회 편 1990, 40). 그를 통해서 송진우는 유학 경전뿐 아니라 구한말 정치에 관심을 갖고 항일민족주의 의식을 갖게 되었다(고하선생전기편집위원회 편 1990, 50). 17세에는 김성수의 장인 고정주가 설립한 창평 영학숙(英學塾)에서 신학문을 배우기 시작했으며, 이곳에서 맺어진 김성수와의 우정은 평생 지속되었다.

그의 일본 유학은 유학 전의 민족의식이 자립자강론으로 발전하는 계기가 되었다. 그는 조선 유학생친목회(조선 유학생학우회)를 통하여 일본

---

14 김성수의 이러한 교육과 사업활동과 관련하여 카터 에커트는 "적어도 1938년 이전에 김씨가는 결코 자기 태도의 모순과 함의를 이해하지 못"했다고 주장했다. 에커트는 "처음부터 그들[김성수 등]은 교육과 사업에서 본질적으로 엘리트주의적이고 계급적인 활동을 한국 민족주의의 진짜 핵심으로 간주해왔다"고 기술했다(에커트 2008, 354).

내 유학생 사회를 연결하는 조직활동에 적극적으로 참여했다(이인 1974, 22-23). 이 조직은 1919년 2·8독립운동을 결행하는 조직으로 발전하게 된다.

조선 유학생친목회 활동 중 주목할 만한 것은 조선 유학생들의 학술지인 『학지광(學之光)』을 창간한 것이다. 1915년 5월 송진우는 이 잡지에 「사상개혁론」이라는 글을 발표했다. 이 글에서 그는 부국강병에 앞서 사상개혁이 절박함을 주장하고, 조선의 폐습을 비판했다. 먼저 유교를 비판하고, 민족정신과 용무(勇武, 날쌔고 용맹한 무인)사상을 강조했다. 둘째, 낡은 가족제도를 비판하고 개인의 자립과 자유로운 발전을 주장했다. 셋째, 중매결혼에 반대하고 자유연애를 주장했다. 넷째, 허영 교육에 반대하고 실리 교육을 주장했다. 다섯째, 상식 실업에 반대하고 과학 실업을 주장했다.

결론적으로 그는 "민족은 자립의 도를 불구[不求, 따지지 아니]하며, 사림[士林, 선비들]은 공교[孔敎, 유교]를 의뢰하며, 청년은 노년을 의뢰하며, 여자는 남정을 의뢰하며, 실업(實業)은 상식(常識)을 의뢰하며,[15] 교육은 과거를 의뢰하며, 국내는 해외를 의뢰하고 있는 만큼, 곧 모든 부문들에서 '의뢰심'을 타파하고 '자력심'을 확립해야 한다"고 주장했다(김학준 1990, 65-66). 그 핵심은 '자립'을 위한 '자기개조'로서, 유학 시절 송진우가 서구 근대사상을 완전히 수용했던 것을 알 수 있다. 당시 그의 사상은 보수적이라기보다 급진적이었던 것으로 볼 수 있다.

이후 1918년 말, 송진우는 김성수가 인수한 중앙학교의 교장직에 있으면서 3·1운동을 조직화하였다. 송진우는 김성수, 현상윤, 최린, 최남선, 함태영과 더불어 3·1운동을 계획한 핵심 인물이었고 이로 인해 투옥되

---

15 이 뜻은 조선의 실업이 세밀한 연구 없이 경험을 표준으로 하고, 완전한 설비와 일정한 기준이 없기 때문에 제품에 흠이 많고 투기적 사업이 된다는 점을 비판한 것이다. 그 대안으로 과학을 이용하여 발전 계책을 세우는 과학 실업을 제시한다.

었다(신용하 1985, 228; 고하선생전기편집위원회 편 1990, 195).[16] 이후 그는 계
몽문화운동을 전개하며 문화민족주의를 실천했다(김학준 1990, 90).[17] 해방
이 되자 그는 3 · 1운동의 민족정신을 계승하여 출범한 대한민국 임시정
부를 '정통성 있는 국가'로 승인할 것을 강력히 주장하고, 국가 정통성을
사회주의적으로 새롭게 세우고자 하는 여운형 · 박헌영과 대결했다. 그런
점에서 송진우의 해방 후 활동 역시 3 · 1운동 정신의 영향하에 있었다고
볼 수 있다.

송진우는 일본 유학을 계기로 민주주의와 민권사상을 수용하였고, 자
립 · 자기혁신을 위한 실력배양이 민족운동 실천의 핵심임을 보다 확고히
인식하게 되었다. 3 · 1운동 이후 그는 문화민족주의와 실력양성주의, 준
비론에 기반한 계몽 · 문화 사업에 주력하였다. 그런 점에서 무장독립투쟁
을 전개한 급진민족주의와 거리가 있었다.

설산(雪山) 장덕수(張德秀, 1894-1947)는 황해도 재령에서 출생했다. 14세
에 아버지가 별세하여 면학의 길이 어려워지자 통감부 진남포 이사청
의 급사로 일하면서 군청의 서기가 되는 판임문관 시험에 합격했다(이인
1974, 1; 이경남 1981, 40-47). 그러나 그는 1912년에 동경에 건너가 와세다
대학에서 수학했다. 이후 제1차 세계대전이 종결된 1918년에 상해에서
여운형, 김규식 등과 신한청년단을 조직하여 활동하였으며(이경남 1981,
100), 1919년 11월에는 여운형의 일본어 통역관으로서 그의 동경 회담을
보좌했다. 두 사람의 활동은 이 시기에 동일선상에 있었다고 볼 수 있다.
그러나 1945년 해방이 되자 각자 상이한 노선으로 건국을 준비하게 된다.

---

16 송진우는 3 · 1운동의 핵심 인물이었지만, 재판에서는 배후에서 독립운동을 모의하고 가담
한 것으로 선고되었다. 당시 보안법 및 출판법상 모의나 획책에 가담한 자는 직접 처벌 조문
이 없어 무죄가 선고되었다.

17 송진우는 《동아일보》를 중심으로 이충무공유적보존운동, 브나르드(Vnard)운동, 한글맞
춤법 보급운동 등을 추진했다.

한편 장덕수는 1920년에《동아일보》주간을 역임하면서 조선청년회연합회 등을 조직하여 청년회 활동을 하기도 했다. 그러나 조선청년회연합회의 산하기관인 서울청년회의 김사국, 김한, 이영 등의 공산주의자들이 1922년 2월 4일 자《조선일보》에 발표한「전국 노동 제군에게 고함」이라는 선언문에서 "한국의 민족주의자들을 적으로 돌리고 일본의 노동자들과 손을 잡는다"고 선언하자, 장덕수는 이들 단체와 절연했다(《조선일보》, 1922/02/04; 이경남 1981, 186-187 재인용). 국내에서 최초로 계급투쟁을 공개적으로 선언한 이 문서에서 서울청년회의 공산주의자들은 투쟁의 대상이 "식민지 강점자 일본이 아니고, 일본과 조선의 지주, 자본가"이며, 투쟁의 목표가 "한국의 독립이기보다 부르주아 계급의 타파"라고 주장하였던 것이다(《조선일보》, 1922/02/04).

1924년부터 장덕수는 콜롬비아대학에서 정치학을 공부하였다. 이후 1936년 4월 장덕수는「산업평화를 위한 영국의 방안: 노동분규와 관련한 민주주의 연구」로 박사학위를 취득했다. 그는 이 논문에서 영국 내의 석탄, 철도, 조선, 방직 등 5개 중요사업에서의 산업평화의 추구는 "개개인의 조화로운 성장을 위해 모두가 협력함으로써 가능한 것"이라고 분석했다. 또한 그는 "민주주의란 개개인의 인격을 윤리적 가치가 있는 존재로서 간주하는 것이며, 모든 사람에게 충분하고도 자유로운 생활을 영위할 기회를 제공하는 것"이라고 주장했다(Chang 1936, 288). 민주주의에 대한 그의 이러한 자유주의적 신념은 향후 한민당의 정치이념이 되었다.

김성수, 송진우와 마찬가지로 장덕수 역시 일제강점기 동안 일본, 미국, 영국에서의 학업을 통해 민족주의, 자유민주주의, 그리고 자본주의 노선이 한국 사회의 발전 방향임을 명확히 인식하게 되었다. 그리고 그는 이러한 학문적 인식의 기반하에 신한청년단과 청년회 활동, 언론사의 주간 및 강연활동, 교육활동 등을 통해 문화민족주의를 실천했다.

이상에서 본 바와 같이, 김성수, 송진우, 장덕수는 앞선 세대의 계몽주의적 문명개화론의 연장선에서 민족자강의 방향을 설정하였으며, 1910년을 전후한 시기 일본 사회의 사상적 분위기 속에서 근대학문을 수학한 후, 교육, 언론 분야에서 활동했다. 이들은 식민통치 권력에 대해 적극적인 투쟁보다 점진적으로 실력을 배양하면서 준비하는 등 문화 지향적인 실천을 전개했다. 해방 이후 조직된 한민당의 정치이념 및 인적 구성은 일제강점기 시기 이들의 일본 및 구미 유학과 3·1운동, 그리고 앞으로 살펴볼《동아일보》중심으로 한 활동 속에서 굳건히 형성되었다.

3. 1920년대 보수주의 정치이념의 특징:《동아일보》를 중심으로

다음은 일제강점기에 형성된 한민당의 중심인물들의 정치 인식 및 정치이념의 구체적 내용을《동아일보》를 중심으로 살펴보자. 아래에서 기술되는 보수주의 정치이념은 한편으로는 급진적인 민족주의자들과 또 다른 한편으로는 사회주의세력과의 대립관계 속에서 형성되었다(남시욱 2005, 161-162).[18] 영국의 보수주의가 통상 의회와 국왕의 대립 과정 속에서 형성된 것과는 달리, 한국의 보수주의는 일제강점기 이래로 특히 공산주의세력들과의 대결 속에 형성되었다.

1) 자유주의·민주주의에 기반한 입헌정체 구상

첫째, 이들은 자유주의와 민주주의에 입각한 인민의 정치 참여와 의회

---

18 1922년 1월에 발생한 김윤식의 사회장 사건은 민족주의세력과 사회주의세력으로 불리던 두 진영이 국내에서 최초로 대결을 보인 사건이었다.《동아일보》는 김윤식 사회장을 적극 주장하였으나,《조선일보》는 반대했다. 이 사건을 계기로 우파는 민족주의세력으로, 좌파는 사회주의세력으로 불리기 시작했다.

정치에 기반한 입헌정체의 실현을 구상했다. 1920년 4월 1일 《동아일보》 창간호 「주지(主旨)를 선명하노라」에서 "민주주의를 지지한다"고 천명했다.[19]

> 이[민주주의]는 국체니 정체니 형식적 표준이 아니라 곳 인류생활의 일대 원리오 정신이니 강력[강제적 힘]을 배척하고 인격에 고유한 권리를 주장함이라. 그 용[用, 쓰임새]이 국내정치에 처하야는 자유주의요 국제정치에 처하야는 연맹주의요 사회생활에 처하야는 평등주의요 경제조직에 처하야는 노동 본위의 협조주의라 (《동아일보》, 1920/04/01).

장덕수가 집필한 이 창간호에서는 민주주의가 '인류생활의 일대 원리'이고 '인격에 고유한 권리'임을 주장하고, 특히 이를 국내정치에서 실행하기 위한 이념으로 '자유주의'를 강조했다. 장덕수는 이와 더불어 연맹주의, 평등주의, 노동협조주의 등을 민주주의의 실천이념으로 제시했다. 또한 그는 「신도덕을 논하야 신사회를 망[望, 기대]하노라(1)」라는 제목의 사설에서는 '광의의 자유주의'에 관한 내용을 기술하고 있다. 즉, "개인의 자유를 신도덕의 중심에 위치시키면서도 사회의 제반관계에 맞추어 자유의 일정한 조건을 지울 필요성을 강조함으로써 자유의 무질서를 경계"하고자 했다 (《동아일보》, 1920/07/19). 요컨대 그가 주장하는 자유는 절대적 자유가 아닌 사회의 여건과 조건에 따른 관계적·제한적 자유를 의미했다.

그리고 인민의 정치 참여에 대한 강조는 '현대 정치의 원리'에서 주창되었다 (《동아일보》, 1920/05/10). 여기에서 장덕수는 모든 민중(개인)에게 천부인권이 있고, 이를 증진함이 정치의 이상이고 목적임을 말한다. 그리고 이에 기반하여 국민주권, 대의제, 민중의 시정감독권, 책임정치 등

---

19 이후 1923년 4월 1일 자 사설에서 《동아일보》 창간호에서 발표한 3대 주지(조선 민중의 표현기관을 자임, 민주주의 지지, 문화주의 제창)를 《동아일보》의 '강령'이라고도 하였다 (《동아일보》, 1923/04/01).

을 주장하고 있다. 즉, 현대 자유민주주의의 기본원리를 역설하였던 것이다. 그리고 이를 실현하는 형태가 의회정치에 입각한 입헌정체라고 보았다. 「참정권의 정치학적 원리(4)」라는 제목의 사설에서는 단순히 "의회와 헌법이 있다고 해서 입헌정체가 아니라 통치기관에 일정한 권한을 여[與, 주다]하야 그 범위 내에서 책임을 부하고 정치를 행하며 의회에서는 그 정치를 생하는 것을 감독하고, 문책하는 동시에 의회에서 결정적 의결권을 행사하는" 정치형태가 진정한 의미의 입헌정체라고 했다《동아일보》, 1920/06/29). 요컨대 이러한 집행권, 집행감독권, 문책권, 의결권 등을 지닌 입헌정체가 당시 가장 이상적인 정치형태로 주장되었던 것이다.

2) 사유재산제를 근간으로 한 신도덕사회 건설

둘째, 이들은 사유재산제를 근간으로 한 신사회의 도덕 질서를 확립하고자 하였다. 앞에서 살펴본 바 있는《동아일보》의 "신도덕을 논하야 신사회를 망(望)하노라"에서는 현대사회가 사유재산제의 근거하에 도덕, 법률, 경제활동 등이 형성되고 있음을 강조했다《동아일보》, 1920/07/21). 그런데 사유재산제가 한편으로 자유를 가져다주지만 다른 한편으로는 '사회적 분열'과 특정 계급의 '재산 전횡' 등의 폐해를 낳는다고 주장했다. 이 사설에서는 이에 대한 해결책으로 제시된 '절대 사유재산권' 주장과 '사유재산제의 철폐' 주장 모두를 경계했다. 우선 전자의 경우 사유재산 형성은 개인의 기여 이외에 재산을 형성하게 해준 '사회적 요소'를 고려해야 한다고 지적했다. 장덕수는 사유재산의 형성과 사회를 분리해서 볼수 없다는 이유에서 사회에 기여하는 공공정신, 공동부조의 정신을 강조하였고, 이러한 공동의식이 '재산에 대한 신도덕'이고 사회에 대한 '의무'라고 주장하였던 것이다. 90년 전에 기술된 이러한 사설의 내용은 오늘날 한국 사회의 관점에서 보아도 매우 신선하고 시사적이다.

한편 후자의 사유재산제 철폐 주장에 대한 경계와 관련해서는 이 문제가 당시 단지 이론적인 문제가 아니었음을 알 수 있다. 예컨대 1923년 3월경 조선청년회연합회에서 탈퇴한 서울청년회계의 공산주의자들은 전조선청년당대회에서 사유재산제의 철폐와 장덕수, 오상근 등의 문화 계몽적 민족개량주의를 타도할 것을 주장하였다. 또한 이들 공산주의자들은 "민족자결 및 민족의 독립은 오늘날 무용이다. 무산계급의 해방"이 제1차적 과제라고 결의하였다(이경남 1981, 196-198).

요컨대 이상과 같이 사유재산제를 근간으로 하고, 절대 사유재산제와 공산주의의 사유재산제 철폐를 반대한 이들의 자본주의 이념은 후일 한민당 창당의 핵심 정치이념이 되었다.

3) 점진적 진화발전론을 통한 자본주의 사회 건설

셋째, 이들은 공산주의의 사회혁명 노선을 부정하고, 자본주의 체제 내의 개량, 점진적 진화 발전론을 수용했다. 이는 사유재산 소유의 자유를 토대로 한 자본주의 사회 제도하에서 그 제도의 폐해를 개개인의 공공정신과 제도의 부분적 개조를 통해 점진적으로 개량해 나가고자 한 것이다. 이에 반해 1925년에 창당된 조선공산당은 "진정한 민족운동은 무엇보다도 계급 문제에 기초하여 풀어야 한다"고 주장했다(김창순·김준엽 1973, 250-251). 즉, 이들은 일본 제국주의와 결탁하고 있었던 지주, 자본가들을 모두 민족이라 할 수 없으며, 따라서 민족은 노동자, 농민 등 근로대중을 중심으로 하는 계급들로 규정되어야 한다고 보았다. 요컨대 이들은 독립운동이 계급투쟁을 통한 민족해방운동임을 강하게 표방하였던 것이다. 이러한 일제강점기 공산주의의 계급투쟁에 기반한 민족운동은 해방 이후 여운형의 건국준비위원회와 박헌영·여운형의 인민공화국 건설에서의 핵심 노선이 되었다.

한편 일본 유학 시기에 형성된 김성수의 점진적 진화 발전론은 1930년
에 소련을 둘러본 후 보다 확고해졌다. 그는 소련의 비관적인 면을 다음
과 같이 술회했다.

소련에는 계급 차가 다른 나라보다 더 심할 뿐 아니라 참다운 사회주의가
안 될 것 같았소. 모스크바에 들렀을 때 …… 소련의 정부 관리나 당지도자
들의 생활은 어느 나라의 귀족 못지않게 호화판이고 일반 인민에게 왕자처
럼 군림하고 있었소. 반면에 그들이 그렇게 끔찍이 생각해준다는 노동자 농
민 중에는 손발이 얼어서 길가에 쓰러져 죽어가는 사람도 있었소(인촌기념회
편 1976, 318).

그는 이렇게 사회주의 국가의 허상을 실제로 목격하였던 것이다. 이와
동시에 김성수는 구미 여행에서 느낀 소감을 《동아일보》에 게재했다.[20]
여기에서 그는 "열강의 상태는 극도의 자본주의 발달 때문에 수습치 못할
혼란 속에 빠져 온 나라가 신음 중에 있으니 그 귀추가 어떨는지 측단[예측
해서 판단]할 수 없다"고 하면서도 "자본주의 발달은 세계적으로 가능 중이
니 조선도 결국 자본주의화하고 말 운명에 있는 이상 우리의 힘이 미치는
대로 우리의 권익을 보호하자"고 주장하였다(인촌기념회 편 1976, 321-322).

4) 자치 실현을 위한 합법적 정치활동 구상

넷째, 이들은 "정치적 활동을 떠난 민족운동은 일시적인 것일 수밖에
없다"는 현실주의적 인식 하에 자치 실현을 위한 전략으로 비합법적 투쟁

---

20 김성수는 1929년 12월부터 1931년 8월까지 1년 9개월간 세계일주를 하였는데, 그중 1년
을 영국에서 머물렀다. 이는 자본주의 선진국 영국의 정치·경제·사회·문화 전반에 각별
한 감명을 받은 때문으로 보인다(장규식 2010, 288).

에 몰입하기보다는 합법적 정치활동으로 그 방향을 수정하고자 했다. 이러한 노선은 당시 인도국민회의의 비타협 불복종운동(스와라치 운동)을 염두에 둔 것이었지만, 독립운동과 민권 확립을 추진하기 위한 방법에 있어서 일대 전환을 의미하는 것이었다. 이에 《동아일보》의 김성수, 송진우, 《조선일보》의 신석우, 안재홍, 천도교의 최린, 이종린, 기독교의 이승훈, 법조계의 박승빈, 그리고 조만식, 서상일 등은 이를 실천하기 위해 1923년 연정회(研政會) 조직을 시도했다(인촌기념회 편 1976, 265-266). 이들 구성원 중 다수는 3·1운동으로 결속된 세력이었다.

이후 1924년 1월 이광수가 집필한 《동아일보》 사설 「민족적 경륜」은 합법적 정치활동 추진에 대한 공개적 표명이었다. 이 사설에서는 "아직까지 우리 민족에게는 민족적 계획이 없다. 우리는 …… 절박한 시기를 당하였다"고 전제하고, 민족 백년의 대계를 확립하기 위해 "정치, 산업, 교육의 3대 결사를 조직할 것"을 주장했다(《동아일보》, 1924/01/02).[21] 이는 경제적 자립과 학문의 독립을 지향했던 물산장려운동과 민립대학운동이 실패한 이후 "우리에게 부족한 것은 애국심이 아니고 조직"이라는 정치적 결사의 필요성에 대한 김성수, 송진우 등의 각성에서 비롯된 것이었다(인촌기념회 편 1976, 267). 그러나 총독 정치하에서 이러한 정치적 결사를 실현하려면 합법적인 수단을 사용할 수밖에 없었다.

이 사설은 특히 "조선 내에서 허하는 범위 내에서 일대 정치적 결사를 조직하여야 한다"는 구절이 문제가 되어 국내외의 맹렬한 성토를 받았다. 즉, 일본과 직접 싸우는 쪽을 택한 더 급진적인 민족주의자들 입장에서는

---

21 민족적 경륜[經綸, 일정한 포부를 가지고 일을 조직적으로 계획함]에서 제시한 3대 결사 중 산업적 결사는 물산장려운동과, 민중 교육을 목적으로 하는 교육적 결사는 민립대학운동과 연속적 특징을 지닌다고 볼 수 있다. 그런 점에서 "민족적 경륜은 결코 돌출적으로 제기된 주장이 아니었"고, "기본적으로 장덕수 이래 《동아일보》의 정치이념을 대변한 사설"이었다(최선웅 2014, 125).

일본과의 타협 속에서 자치의 실현을 추구하고자 한 노선을 용인할 수 없었던 것이다. 이후 이 사설은 자치 문제를 둘러싸고 이견을 보였던 국내 민족주의세력을 분열시키는 결정적 계기가 되었다. 민족주의 급진파는 식민정책에 단호히 대항해 조선을 지키고 독립을 쟁취할 것을 주장했다. 처음에 연정회를 같이 구상했던 신석우, 안재홍, 백관수 등의《조선일보》세력과 천도교 구파 계열은 자치론을 적극적으로 반대했다. 이후 이들은 사회주의세력과 연합하여 1931년 신간회가 해산될 때까지 연합전선을 시도했다. 결국, 이후 민족주의 온건파의 연정회는 유산되었다.

이상과 같이 일제강점기 동안 김성수, 송진우, 장덕수 등의《동아일보》진영은 점진적 진화발전론에 바탕을 둔 현실 인식을 갖고 있었다. 이러한 인식은 그 이후 공산주의세력에 대항하는 과정에서 자유민주주의와 자본주의적 세계관으로 보다 명확하게 정립되었다. 그런 점에서 이들의 자유민주주의는 한말의 서구로부터 수용된 자유민권의식에서 싹트기 시작한 것을 보다 성숙시킨 것으로서 이념적 내용에 있어서는 진보적인 면을 담지하고 있었다. 그러나 동시에 그것은 전근대적인 전제군주제나 일제의 식민통치에 적극적으로 타파하기 위한 것이라기보다는 급진 민족주의 또는 사회주의 도전에 대항하는 과정에서 보다 확고해진 것이라는 점에서 위상적으로 보수적인 속성을 지니고 있었다. 곧 과거의 구질서에 대해서는 진보적인 입장을 취했지만, 당시 경합하는 보다 급진적인 이념에 대해서는 보수적인 입장을 취했던 것이다.

이들이 지향한 이념은 사유재산제를 근간으로 하여 개인의 의식 발전과 자유경쟁을 통해 한국 사회를 자본주의 사회로 발전시키고자 함과 동시에 다른 한편으로 인간의 사회성을 사회구성의 원리로 하여 공공정신에 기반한 신사회 신도덕의 이념을 추구했다. 이는 사유재산제 등의 기존 체제를 유지·보수하는 한편, 개인 간의 경쟁을 통해 한국 사회를 점진적으로 자본주의 사회로 발전시키고자 하는 이념 체계였다. 이 점에서 이들의 보수주의가 옹호하는 체제는 "완성된 체제로서 보수되어야 할 기존 질서가 아니라 미래의 과제로서 장차 실현되어야 할 질서의 성격이 더 강했다"(강정인 2010, 44). 따라서 향후 한국 보수주의자들의 과제는 이러한 자유민주주의와 자본주의를 실현하기 위해 한국 사회를 혁신적으로 개조하는 것이었다.

이렇게 본다면 조선 시대, 일제강점기, 해방정국에서 사회주의는 물론 자유민주주의와 자본주의 실천 역시 진보적 과제라 할 수 있고, 이를 표방하는 세력 역시 진보세력으로 규정해야 마땅할 법하다. 그러나 러시아 혁명 및 냉전으로 형성된 '보수적' 자유민주주의-자본주의 대 '진보적' 사회주의의 대립이라는 세계사적 시간대가 한반도의 시간대를 압도했다. 또한 두 개의 진보적 이념이 상호 경합할 때 보다 진보적인 한쪽 이념이 다른 이념을 보수로 역 규정하며, 다른 한쪽의 이념이 보수로 전환된다. 《동아일보》 진영의 지식인들 입장은 사회주의자는 물론 비타협적 민족주의자들의 이념에 의해 보수주의로 규정되었던 것이다.[22] 이 논리는 해방 후 한국민주당의 이념적 입장에도 적용되었다.

4. 한국 보수주의 정치이념의 전개와 변용: 해방 직후 한민당의 정치활동과 정치이념

다음은 해방 직후 한민당의 정치활동과 한민당 창당의 정치이념을 살펴보고자 한다. 한민당 결성은 우익세력의 대표적인 인물들의 결집을 의미하였으며, 한국 정치사에서 보수주의와 급진주의 정치이념의 대결을 정당 차원에서 본격적으로 여는 계기가 되었다. 이 장에서는 일제강점기

---

22 이에 대해서는 강정인(2004, 322-325, 329-330)을 참조.

이래《동아일보》등에 관여하면서 해방 이후 한민당의 주요 리더가 되었던 송진우, 장덕수, 김준연, 그리고 해방 후 한민당에 관여한 허정, 이인, 김도연 등의 정치활동 및 정치연설을 통해 보수주의 이념을 살펴보고자 한다. 필자는 해방 이전과 이후를 잇는 연속적 관점에서 그들의 보수주의 정치이념을 검토하고자 한다.

1) 임정의 정통성 승인 문제: 민족주의와 급진주의의 대결

해방 직후, 조선총독부의 행정권 이양과 관련한 송진우와 여운형의 대응, 그리고 임시정부 승인 문제에 대한 평가는 당시는 물론 오늘날에도 매우 논쟁적이다. 송진우의 총독부 치안 요청 불응은 정세판단에 어둡고 독립을 위한 준비 결여 등으로 받아들여진 반면, 여운형의 승낙은 해방 직전 그의 건국동맹 조직활동 등과 연계되어 긍정적인 평가를 받고 있다 (심지연 1982, 37; 서중석 2004, 200-201). 그런데 이 두 사람의 상반된 대응을 국가 정통성 관점에서 접근해보면, 이는 대한민국 임시정부의 정통성 승인 문제와 깊게 연관되어 있고, 해방 직후 격돌하는 이념의 정치 대결을 함축하고 있다. 송진우 등의 우파는 민족주의 이념에 기반하여 임정의 정통성을 수용하고자 하였으나, 여운형, 박헌영 등의 좌파는 급진주의 이념에 따라 노농계급의 정치세력을 규합하여 국가 정통성을 새롭게 세우고자 했다.[23] 아래에서는 이와 관련하여 살펴보고자 한다.

1945년 8월 15일, 일본이 연합군에게 항복한다는 내용을 들은 송진우는 김준연, 백관수, 김병로, 이인 등과 회합하였다. 이 자리에서 송진우는 경기도지사 이꾸다(生田淸三郞)가 "일본이 물러가니 국내 치안을 부탁한다"

---

23 조선공산당 경성지구위원회 선전부, 「한민당 발기인 성명에 대한 성토문(1945/09/11)」 (심지연 편 1986, 99-100).

고 하기에 "일본이 물러가면 갔지, 우리가 일본으로부터 어떤 지시나 부탁을 받을 성질의 일이 아니요"라고 말했다고 한다(이인 1974, 144-145; 심지연 1982, 36). 당시 송진우의 입장은 다음과 같았다.

왜정이 완전히 철폐될 때까지 그대로 참고 있을 것. 총독부가 연합군에게 조선의 정권을 인도하기 전까지는 독립정권을 허락하지 않으므로 적과 투쟁할 수 없음. 재중경의[중경에 있는] 김구를 중심으로 한 임시정부를 정통으로 환영 추대할 것(민주주의민족전선 편 1988, 85).

송진우의 이러한 태도와 관련하여 이인은 "그 의연한 태도에는 감동했으나, 고하[송진우]가 정세판단에 어두운 것이 아닌가 했다"고 회고했다(이인 1974, 145).[24] 반면에 여운형은 정무총감 엔도(遠藤柳作)의 치안 유지 요청을 즉석에서 수락하고 안재홍, 권태석과 더불어 활동을 개시하여 건국준비위원회(건준)를 발족했다. 안재홍은 방송 연설을 통해 '경위대의 신설, 정규병의 편성, 식량의 확보, 물자배급의 유지, 통화의 안정, 미곡 공출, 정치범의 석방, 대일협력자 대책' 등을 발표하였다. 그러므로 당시 건준의 활동 목표는 단순히 치안 유지에만 있지 않았고, "자치정부를 구성할 의도를 갖고 있"었던 것이다(서중석 2004, 201).

한편 해방 다음 날인 8월 16일부터 진행된 정당 조직 논의를 살펴보자. 허정과 장덕수는 '임시정부의 정통성을 근간으로 하는 정식 정부의 수립'을 지향하는 한편, '임시정부가 정통 정부의 근간이 되도록 하는 정치기반'

---

24 송진우가 총독부 관리의 협조 요청을 거절한 이유와 관련하여 서중석은 "총독부 관리의 권유대로 협조를 하였더라면, 송진우는 …… 반민족행위자로 낙인찍힐 수 있었"고, "미국과 중경 임시정부의 위력을 과신하고 있었기 때문에 미군이 상륙한 후 중경 임시정부를 추대하면 다른 세력을 누를 수 있다고 판단"하였다고 주장했다(서중석 2004, 203-204; 269-270).

으로서의 정당을 조직하고자 하였다(허정 1979, 95-96). 이러한 주장은 임시정부를 '민족역량의 집결체'로 추대하여 합의 가능한 권위체로 세워야만 정치적 혼란을 최대한으로 방지하고, 질서가 확립된 정부를 수립할 수 있다는 것이었다(허정 1979, 66).

이러한 정당 조직의 의사를 타진하기 위해 장덕수가 협의하고자 한 인물은 여운형이었다. 여운형 또한 장덕수에게 건국준비위원회에서 일해줄 것을 요청한 바 있다(김도연 1968, 155).[25] 앞서 살펴보았지만 일제강점기 때 여운형과 장덕수는 신한청년단 활동, 동경회담 등에서 적극적으로 협력했었다. 그러나 여운형은 거국적인 정당의 필요성에 대해 원칙적으로 찬성하면서도 임시정부 승인 문제에 대해서는 견해가 달랐다. 여운형은 임시정부 인물 중 김구 등 몇몇 인물들만을 개인적으로 인정했을 뿐, 임시정부의 정통성을 부정하였던 것이다(허정 1979, 97). 1918년 여운형은 장덕수와 함께 신한청년단을 조직하여 상해 대한민국 임시정부를 출범시킨 주역이었다. 그런데 해방 즈음해서 그는 임시정부가 파벌 싸움에 급급하고 아무 능력도 없다는 입장에서 임시정부를 완전 부정하고, 새로운 법통하에 새로운 국가를 수립하고자 하였다.

여운형은 해방정국의 선두주자였다. 앞서 기술한 바와 같이 조선총독부의 치안권을 이양받아, 해방 직전 결성한 건국동맹을 중심으로 신속하게 건국준비위원회를 조직하였다. 건준은 해방 직후 극도로 혼란한 시기에 처하여 치안 유지와 민심안정에 기여했다고 볼 수 있다(김도연 1968, 155; 심지연 1982, 40). 그러나 9월 6일 박헌영, 이강국, 최용달, 정백 등의 공산주의자들은 부위원장 안재홍을 배제하고 건준의 핵심 조직을 장악한 후 조선인민공화국을 선포하였다. 9월 14일에는 인민공화국의 선언과

---

25 여운형은 송진우에게도 함께 일하자고 제의하였는데, 송진우는 중경 임정을 정통으로 환영·추대할 것을 주장하고 건준에의 합류를 거부하였다.

강령, 시정방침이 결정되었고, 일종의 정부 또는 내각에 유사한 부서가 발표되었다.[26] 여운형은 이 정부 부서가 발표된 이후에야 그것을 알았다고 알려져 있지만(이만규 1946, 263-264; 서중석 2004, 220) 공산주의자들이 이렇게 정부를 급히 조직한 것은 "당시 우익에서 들고나온 중경 임시정부 추대에 대한 대안적 또는 대항적 의미가 주요하게 작용"하였다(김남식 1984, 49-50; 서중석 2004, 220).

요컨대 이상과 같이 장덕수, 허정 등은 여운형의 임정 불승인 등의 강경한 태도 때문에 신당 참여 등의 제휴가 불가능하다고 인식하였고, 더욱이 여운형, 박헌영 등이 조선인민공화국을 선포하자 별도의 정당 조직을 준비하였다.

2) 한민당 창당의 정치통합: 타협적 민족주의와 비타협적 민족주의의 결합

해방 이후 1개월 후에 출범한 한민당 창당의 직접적인 동기는 미군 사령부의 진주와 좌파세력의 조직 결성에 대한 대응 때문이었다. 해방 직후 얼마 동안 임시정부를 중심으로 결집하고자 했던 우파 민족주의세력은 좌파의 조선인민공화국 선포를 계기로 이를 견제하는 연합정당을 창당하고자 했던 것이다. 그리고 이들의 정치이념은 기존의 온건한 민족주의에서 반공에 기반한 민족주의로 급격히 전환되었다. 아래에서는 이와 관련하여 살펴보고자 한다.

송진우, 김준연, 김성수 등은 '임시정부 추대'와 '연합군 환영' 입장을

---

26 인민공화국에서 정한 정부 부서의 명단은 다음과 같다: 주석 이승만, 부주석 여운형, 국무총리 허헌, 내무부장 김구, 외무부장 김규식, 경무부장 조만식, 문교부장 김성수, 사법부장 김병로, 경제부장 하필원, 체신부장 신익희 등이었다. 그런데 김도연이 지적한 바와 같이 당시 우파 민족주의자들이 추대하고자 한 임정을 부인하면서 우파 민족주의자들을 대부분 망라하여 인선한 것은 매우 모순적이다(김도연 1968, 156, 158).

견지하면서도 이미 원산, 평양, 해주 등지를 점령한 소련군이 서울까지 남하할지 모른다는 소문이 무성하였으므로 활동을 개시하지 않고 관망하고 있었다. 그러나 1945년 9월 2일 '미군 상륙에 즈음한 미 사령관의 포고 제1호'는 미군의 서울 진주를 기정사실로 확인시켜 주었다.

따라서 9월 4일 송진우, 김성수, 장덕수, 서상일, 김준연 등은 '대한민국임시정부 및 연합군 환영준비위원회'(위원장: 권동진, 부위원장: 김성수, 이인, 허헌)를 조직하였다. 그러나 앞에서 살펴본 바와 같이 9월 6일 여운형, 박헌영, 정백 등이 전국인민대표자대회를 열어 조선인민공화국(인공) 수립을 선포하자 다음날인 9월 7일에 '임정·연합군환영준비위원회'를 '국민대회준비위원회'(위원장: 송진우, 부위원장: 김준연)로 개편하였다. 그런데 이 조직은 정당이 아닌 하나의 연합단체에 불과하였으므로 9월 8일에 정당 수준의 한민당 발기인 결의문을 채택하였다.

이 결의문에서는 "우리는 독립운동의 결정체이요 현하 국제적으로 승인된 임시정부 외에 소위 정권을 참칭[僭稱, 자격이 없으면서 칭호를 자칭]하는 일체의 단체 및 그 행동은 그 여하한 종류를 불문하고 이것을 단호히 배격"한다고 하였다(김도연 1968, 158; 허정 1979, 103). 즉, 임정 추대를 부정하고 정권을 참칭하는 건준과 인공 등을 배격한다는 것이었다. 특히 발기인 성명서를 구체적으로 살펴보면 다음과 같다.

일본인 총독과 정무총감으로부터 치안 유지에 대한 노력의 의뢰를 받은 여운형은 독립정부 수립의 전권[모든 권한]이나 맡은 듯이 불과 4, 5인으로 소위 건국준비위원회를 만들고 방송국을 점령하여 국가 건설에 착수한 뜻을 천하에 공포하였을 뿐 아니라 경찰서, 재판소, 은행까지 접수하려다가 실패했다. …… 인민대회란 것을 열어 조선인민공화국이라는 것을 조직하고 국내 저명한 인사들의 명의를 도용하는가 하면 해외 임시정부의 주석 혹은 부주석 또는 영수 되는 제 지사들의 영명[英名, 뛰어난 명성이나 명예]을 자기 어깨에다 같이 놓아 모모 위원 운운한 것은 인심을 현혹시키고 질서를 문란케 한 죄 만사[萬死, 아무리 하여도 목숨을 구할 수 없음]에 [해]당한다(김도연 1968, 158).

요컨대 한민당의 창당은 치안 유지 요청을 행정권 전권 이양 등으로 확대하고, 이를 기반으로 하여 국가 건설에 착수하고자 하는 좌파세력에 대한 응전이었던 것이다. 따라서 이념적으로는 이제 반공산주의 투쟁이 핵심과제로 부상했다.

이후 9월 16일 천도교 기념관에서 한민당 창당대회가 개최되었다. 창당대회 선언문에는 "오직 전제와 구속 없는 대중 본위 민주주의 제도 아래 개로개학[皆勞皆學, 모두 함께 일하고 모두 함께 배움]으로써 국민의 생활과 교육을 향상시키며 특히 근로대중의 복리를 증진시켜 호말[毫末, 털끝만큼 작은]의 차별도 없기를 기한다"고 하였다(윤재근 1996, 226). 그리고 이 한민당의 영수로 이승만, 김구, 서재필 등 7인을 추대하였고, 9월 21일과 22일에는 중앙집행위원회를 개최하여 중앙부서를 인선했다. 이와 관련하여 김도연은 "이승만, 김구, 김규식 등 세 영수 간의 합작을 시도"하는 것을 "특히 수석총무 송진우 씨가 강력히 주장했다"고 회고했다(김도연 1968, 161). 그러나 이승만과 김구는 이후 한민당의 영수직을 수락하지 않았고, 이승만은 10월 26일 별도로 독립촉성협의회를 조직하였다.

한편, 한민당 구성원들은 이데올로기적으로 민족주의와 자유민주주의, 자본주의를 신봉하며, 사회경제적으로는 기득권 계층에 속하는 일종의 보수 엘리트 집단이었다. 이들의 이데올로기적 성향과 사회경제적 배경 등을 살펴보면 다음과 같다. 한민당 구성원에는 첫째, 타협적 민족주의 보수파뿐만 아니라 김병로, 이인, 이극로, 김약수, 조병옥, 원세훈 등 일제강점기 때에 비타협적 민족주의 노선을 걸었던 인물들도 참여하였다(심지연 1982, 48).

앞에서 살펴본 바와 같이 비타협적 민족주의자들은 1923년 타협적 민족주의자들이 연정회 등의 합법적 정치활동을 시도하고자 움직이자, 총독부 식민정책에 단호히 대항해서 독립을 쟁취하고자 했다. 그리고 타협적 민족주의자들과 결별하고 사회주의세력과 연합하여 신간회를 조직한 바 있다. 그러나 해방이 되자 비타협적 민족주의세력은 한민당으로 뭉치게 되었다. 따라서 한민당은 연합세력으로부터 출범해 이념적으로 단일하지 않았다.[27] 그럼에도 당시 이러한 연합이 비교적 순조롭게 진행되었는데, 그 이유는 당장의 "정권에 뜻을 둔 것"이 아니라 "건준을 견제하고 임시정부를 추대한다는 공동의 목표"가 있었기 때문이었다(허정 1979, 102).

둘째, 고학력 지식계층으로 구성되었는데, 이들은 해방 후 한국 정치에 자유민주주의 정착을 위한 이론적·실천적 역할을 수행했다고 볼 수 있다. 한민당 지도부에 해당되는 70명의 인물들의 학력을 분석한 연구에 의하면, 그들 대부분이 고등학력(당시 전문학교 이상의 학력)을 이수하였으며, 그 중 일본 유학자가 46.8%, 미국 유학자가 27.1%였다(진덕규 1987, 164). 앞에서 살펴본 바와 같이 김성수, 송진우, 장덕수 등의 한민당 주요 구성원들은 청년기에 일본, 미국, 영국, 독일 등의 유학을 통해 앞선 문명국가를 직접 체험하고, 그 이념을 수용하여 일제강점기 이래로 실천하고자 하였다. 실제로 한민당은 정당 운영 측면에서 다른 정당들에 비해 "당수의 독재성이 없이 당원들의 의견을 존중하는 비교적 민주적인 정당"이었던 것으로 평가되었다(이기하 1961, 53; 심지연 1982, 54).

---

27 이 시기 민족주의진영의 정당 결성 움직임은 대체로 다섯 그룹으로 분리되어 진행되었다. 조선민족당계의 김병로, 백관수, 이인, 김용무, 조병옥, 나용균 등, 고려민주당계의 원세훈, 이병헌, 현동완, 박명환, 한학수, 유흥산, 송남헌 등, 국민대회준비위원회계의 송진우, 김성수, 김준연, 장덕수, 서상일, 김동원, 장택상, 설의식 등, 한국국민당계의 백남훈, 윤보선, 허정, 김도연, 윤치영, 유억겸, 홍성하 등, 신간회 및 사회주의 계열의 홍명희, 김약수, 조헌영 등이다. 이들은 홍명희를 제외하고 한민당으로 통합하여 출발하였다.

셋째, 이들의 사회·경제적 배경을 살펴보면 지주, 자본가, 기업 경영자, 사회단체 간부 출신이 대부분이었다. 한민당 지도부 인물들의 직업을 보면 농업이 13%(대부분 중농 이상의 지주), 교사, 변호사, 의사, 언론인, 작가 등 자유업종자가 75%에 이르렀다(진덕규 1987, 164). 그러므로 한민당은 전문가 및 엘리트 중심의 명사 정당이었다고 할 수 있다.

넷째, 한민당원 중에는 과거 일제의 회유와 압박을 극복하고 협력하지 않았던 김병로, 김약수, 김준연, 송진우, 원세훈, 조병옥 등도 있었지만, 많은 수의 인물들이 일제에 협력한 바 있었다. 이와 관련하여 허정은 "우리가 한민당을 준비할 때는 독립 조국의 주류 형성을 목적으로 하고 있었으므로, 인물의 엄선이 확고한 원칙이었"으나 "건준의 독주만이 아니라 공산당의 재건, 사회주의 계열의 정당, 사회단체의 난립 등은 민주진영 밑에 뭉치려고 하는 사람들을 배척할 수 없는 형세였다"고 했다(허정 1979, 102-103).

3) 한민당의 강령과 정책: '반공'에 기반한 자유민주주의, '국가의 적극적 개입'을 수용한 자본주의

한민당의 강령과 정책은 정치적으로는 자유민주주의를, 경제적으로는 수정자본주의를 기본이념으로 삼았다. 자유민주주의는 개인의 자유와 권리를 보장하는 헌법의 기반하에 민주적 절차를 통해 선출된 대표자들이 국민주권주의와 입헌주의 틀 내에서 정치를 운영하려는 이념이다. 또한 수정자본주의는 자본주의의 여러 모순을 국가의 개입 등에 의하여 완화함으로써 자본주의 사회의 발전과 영속을 도모하고자 한다. 이러한 정치 이념은 앞에서 살펴본 바와 같이 일제강점기 《동아일보》 진영의 정치이념과 연속적이며, 다른 한편으로 해방 후의 공산주의세력과의 대결이라는 정치적 상황에 대응하는 것이었다. 한민당이 창당대회에서 제시한 강령과 정책은 다음과 같다.

강령

① 조선 민족의 자주독립국가 완성을 기함 ② 민주주의의 정체 수립을 기함
③ 노동대중의 복리 증진을 기함 ④ 민족문화를 앙양하여 세계문화에 공헌함
⑤ 국제헌장을 준수하여 세계 평화의 확립을 기함

정책

① 국민 기본생활의 확보 ② 호혜평등의 외교정책 수립 ③ 언론, 출판, 집회,
결사, 신앙의 자유 ④ 교육 및 보건의 기회 균등 ⑤ 중공업주의의 경제정책
수립 ⑥ 중요 산업의 국영 또는 통제관리 ⑦ 토지제도의 합리적 재편성
⑧ 국방군의 창설(중앙선거관리위원회 1964, 89)

한민당은 강령의 "민주주의의 정체 수립을 기함"이라는 정신을 살려 당
명을 '한국민주당'으로 정하였다(허정 1979, 100). 특히 한민당 수석총무 송
진우는 이 강령의 '민주주의 정체'와 관련하여 다음과 같이 주장하였다.

비록 독립한 국가가 되었다 하더라도 그 권력이 일인의 전단[專斷, 혼자 마음
대로 결정하고 단행]한 바 되고 일계급의 독재한 바가 된다면, 무엇으로서 우
리의 생명·재산과 자유가 보장될 수 있겠습니까? 이러한 국가나 사회에서
는 오직 마찰과 대립이 있을 뿐이라. 그러므로 우리는 만인이 추구하는 민
주적 정치체제를 확립하지 않으면 안 될지니 민중에 의하며, 민중을 위한,
민중의 정치가 실현됨을 따라서 민중의 자유는 확보되고 민중의 평등은 보
장될 것입니다. 이 인권 보호와 행복 향수의 기회는 균등화할 것이며 진정한
의미의 공화, 원만한 국가가 조성될 것으로 믿는 바입니다.[28]

---

28 《동아일보》(1945/12/22) 송진우가 서울중앙방송국에서 발표한 내용의 일부임.

송진우는 좌파가 주장하는 계급독재 정체인 공산주의를 반대하고, 민주적 정치체제 확립을 주장하였다. 여기서 그가 말하는 민주적 정치체제는 생명, 재산, 자유, 평등, 인권, 행복을 보장하기 위한 기회가 균등한 공화 국가를 의미했다. 이는 민중에 의한, 민중을 위한, 민중의 정치를 실현함으로써 가능하다고 보았다. 한민당의 선전부장 함상훈 또한 "민주주의의 정체 수립을 기함"에 대해서 다음과 같이 말하였다.

> 아당은 민주주의 정체의 수립을 목적하나(고) …… 전제정치 전체주의를 반대하며 …… 군주정치도 반대한다. 민주주의는 민주주의요 여론정치니 민중의 다수 의견에 의하여 결정되는 정치가 되지 않으면 안 된다. 신독립정부가 수립됨에도 민중의 의사에 맞게 하지 않으면 안 된다. …… 무릇 전제정치와 전체주의 수행하는 곳에 책임이 없고 …… 민주주의·평등주의의 이르는 곳에 반드시 자유가 있고 발달이 있고 향상이 있을지니 문명국일수록 언론·출판·집회·결사·신교의 자유를 인정하고 선거, 피선거의 권리를 인정함은 이 때문이다(함상훈 1946).

즉, 이상에서 그는 민주정체의 수립 목표를 달성하기 위해서 여론정치와 다수결 정치, 공정한 선거, 정치적 자유와 권리 등을 주장하고 있다. 그가 특히 여기서 강조하고 있는 것은 민중의 다수 의견에 기반한 민주주의 정체의 수립이었다. 그런데 한민당 외무부장 장덕수의 주장에 따르면 남한과 북한의 대조를 통해 이러한 민주주의 정체는 보다 분명해진다. 그는 다음과 같이 말한다.

> 남한에는 민주주의의 정치제도가 시행되어 인민이 비교적 자영[自營, 자기 생활과 사업을 스스로 꾸려감]하되, 북한에는 공산당 독재정치가 실시되어 연합군 태평양 총사령관의 포고에도 불구하고 인권과 재산권이 아울러 무

시됨으로 국민의 재산은 함부로 몰수되고 공산주의에 영합치 아니하는 인사는 반동분자·친일파·민족 반역자 등의 허망한 명목을 날조하여 무자비하게 방축[放逐, 자리에서 쫓아냄]할 뿐 아니라 그 소위 위하고[위해주고] 이익을 도모한다는 농민에게서는 생산액 7-8할의 가혹한 현물세와 기타 온갖 명목으로 징수하여 그 생활의 기본을 박탈하니 이에 패가유리[敗家流離, 집안의 재산을 다 써버리고 가족이 따로 떨어짐]하여 남한에 망명[하는] 형편이다. …… 소련의 진주를 계기로 북조선은 완전히 공산당 독재하에 파악[把握, 꽉 잡아 쥠]되었다. 인민위원회는 인민의 위원회가 아니라 공산당의 허수아비 정권이며, 소위 민주적 자유 선거는 인민의 자유의사의 발표가 아니라 공산당의 독재적 지명[指名, 이름]의 위장이다.[29]

이상에서 장덕수는 남한과 북한 양 지역에서 시행되는 정치체제는 본질적으로 상이하다고 이해했다. 즉, 남한은 비교적 자유를 누리고 있으나 북한의 공산 독재정권은 그렇지 않다는 것이다. 그는 특히 북한 정권이 인권과 재산권을 부인하고, 공산주의를 수용치 않는 세력을 탄압했으며, 가혹한 세금 징수로 농민의 기본적인 생존권을 박탈하고 있다고 주장했다. 심지어 그는 인민위원회와 인민의 선거는 모두가 위장된 대표체계에 불과하다고 비판했다. 북한과 같이 이렇듯 대중의 생활과 유리된 정권은 "소련군의 권위를 배경으로 하는 보안성의 탄압과 공포로 유지"될 수밖에 없으므로 결국 북한 공산주의는 "진정한 민주주의의 정 반극(反極)"이라고 주장하였다. 요컨대 장덕수 등 한민당의 자유민주주의는 모든 사상의 자유를 허용하는 것이 아니라 '남조선 적화의 책원지'인 북한 공산주의에 대해서는 관용을 제한하는 반공에 기반한 자유민주주의를 주창하게 되었다.[30]

---

29 장덕수, 「조선정세에 관한 간략한 진술서」, 날짜 미상(미출간원고)(심지연 1982, 290).

다음으로 한민당은 자유방임주의적 경제 제도를 수정해서 국가에 의한 '중공업주의의 경제정책 수립'과 '중요 산업의 국영 또는 통제관리'를 정책으로 선언하였다. 즉, 경제정책을 수립하고, 중요 산업을 관리하는 것이 국가의 의무라는 것이다. 이와 관련해서 한민당 총무 허정은 다음과 같이 말하였다.

> 일본인들이 남겨놓고 간 많은 산업시설을 인수할 만한 민족자본이 형성되지 못한 때에 자유경쟁의 원칙만을 고집하면 경제적 혼란이 오고, 이에 따라 기업윤리가 혼미에 빠지고 급조 재벌이 횡행하여 민생이 위협받을 것이므로, 건전한 민족자본과 기업윤리가 형성될 때까지 국영 또는 통제 관리를 잠정적으로 실시하려고 한 것이었다(허정 1979, 108).

요컨대 그에 따르면 이러한 한민당의 경제 노선은 "사회주의 경제를 지향한 것이 결코 아니었다"(허정 1979, 108). 그럼에도 국가에 의한 중요 산업의 국영 또는 통제관리를 주장한 것은 이러한 국가에 의한 관리가 건전한 민족자본과 기업윤리가 형성될 때까지 '잠정적'으로 필요한 조치라고 보았기 때문이었다. 자유민주주의의 구현이 한민당의 과제였던 만큼 경제정책도 기회 균등이 보장되는 자유경쟁 체제를 원칙으로 삼고 있었다. 그러나 동시에 한민당은 이 시기 국가의 경제 관리를 통해 시장의 불가피한 혼란으로부터 민생과 건전한 민족자본을 보호할 수 있다고 인식했다. 그는 또한 토지정책과 관련한 '토지제도의 합리적 재편성'을 주장했다.

당시 공산당과 그 계열은 농민에게 땅을 주어야 한다는 경자유전을 말하면서 토지의 무상몰수, 무상분배를 주장하고 있었다. 그런데 이것은 토지의

---

30 장덕수, 「조선정세에 관한 간략한 진술서」, 날짜 미상(미출간원고)(심지연 1982, 292).

국유화를 전제로 해서 가능한 만큼, 토지의 소유권이 농민에게 돌아가는 것은 아니었다. 농민은 단지 경작권을 얻을 수 있을 뿐이었다. 그러나 농민은 남의 땅의 경작이 아니라 자신이 소유하는 땅을 원하고 있었다. …… 한민당은 모든 농민에게 자기 땅에 씨앗을 뿌리는 기쁨을 주기 위해 농민이 땅을 사서 사유화하는 유상분배의 원칙을 세웠다. 가난한 농민을 위해 국가가 지주로부터 토지를 사들여 농민에게 분배하고, 농민은 땅값을 국가에 장기 분할로 갚아나가고, 지주는 토지를 매각한 자금으로 산업자본가로 전환하는 '토지의 합리적 재편성'을 의도했던 것이다(허정 1979, 108-109).

즉, 좌파가 주장하는 무상몰수, 무상분배 원칙으로 토지를 개혁할 경우, 지주가 개인으로부터 국가로 바뀌는 차이밖에 없으므로 오히려 농민이 땅을 사서 사유화할 수 있는 '유상매상, 유상분배 원칙'을 주장하였던 것이다. 함상훈 또한 "지주는 토지를 국가에 매각하여 기업가로서 진출할 기회를 주고, 그 국유지는 소작인, 고용 농부들에게 경작권을 부여해야 한다"고 주장했다(함상훈 1946, 53). 이러한 한민당의 토지정책은 1948년 5·10 선거에 앞서 발표된 한민당의 「총선거에 임하여 만천하 동포에게 고함」에서 재차 표명되고 있다(낭산 김준연선생 기념사업회 편 1998, 164-165). 일제강점기 《동아일보》의 편집국장을 역임했고, 한민당의 부당수 겸 노농부장과 선전부장을 맡았던 김준연은 다음과 같이 주장하였다.

우리 한국민주당은 토지를 농민에게 분여[나누어 줌]하여 소작농을 없게 하여 농민들로 하여금 다 자신의 토지를 경작하게 할 것입니다. 북조선에서 소련의 치하에서 공산당이 행하는 것보다 훨씬 더 유리한 조건하에서 농민은 토지의 소유권을 취득하여 자기 자신의 것으로 만들 수 있게 할 것입니다. 이미 신한공사의 토지처분의 예에 있어서도 표시된 바이지만 농민은 대금으로 하여서 일정한 기간 내에 일정한 수량의 곡물만 납입하면 소유권을 취할 수 있을 것입니다. 그리고 토지 대가로 납입한 곡물 외에 농민 자신의 취득할 부분에 대하여서는 공출[供出, 농민이 국가의 수요에 따라 곡물 등을 정부에 내어놓음]을 면제하게 될 것입니다. 그러나 지주에게서는 무상으로 토지를 몰수하는 방법을 취하지 아니할 것이고, 지주로 하여금 그 생활에 급격한 변화를 일으키게 하지 않고, 또 그들로 하여금 상공업으로 전환할 수 있는 최소한도의 자금을 획득하도록 하게 할 것입니다(낭산 김준연선생 기념사업회 편 1998, 164-165).[31]

오늘날 한민당의 '토지제도의 합리적 재편성'이라는 정책은 추상적이고 극히 애매한 정책으로 평가되고 있다(심지연 1982, 64). 이러한 한민당의 정책은 '토지제도의 혁명적 해결'을 주장한 좌파의 토지정책과 '농민 본위의 농지 재편성 및 경작제도의 수립'이라고 주장한 중도파의 그것과 비교되기 때문이다. 물론 당시 한민당의 토지정책이 좌파와 중도파의 변혁 의지에 비해 소극적이었지만, 그들 역시 토지개혁에 관한 나름대로의 정책을 갖고 있었다고 볼 수 있다.

한편 미군정은 1945년 10월 5일, 소작인과 지주 간에 존재하는 계약 또는 협정을 개정하도록 하는 법령 9호를 선포하였다. 이 법령에는 최고 소작료를 총 수확량의 1/3로 제한하고, 만약 이를 초과할 경우에는 어떠한 계약을 막론하고 효력을 상실하며, 재판 이외에는 소작 관계를 해약할 수 없도록 하였다. 그럼에도 이러한 지주와 소작인이라는 봉건적 토지 관계는 근본적으로 개편하지 않으면 안 되었다. 또한 미군정은 일본인 소유

---

31 김준연은 이외에도 다음과 같이 주장했다: 대기업은 국가에서 경영하며 중소상공업은 개인의 경영에 일임한다. 노동자를 위해 최저임금제도, 공장법, 단체교섭권, 실업보험제, 공장의 오락후생시설 등을 정비한다. 교육의 보급 향상을 위하여 의무교육제의 확충, 장학금제도의 수립을 꾀한다. 산림의 보호 및 육성을 위하여 필요한 방책을 취하고, 특히 전력 생산을 늘려 농촌에 전기를 보급한다. 어업 및 광업의 발전을 적극적으로 추진하여 민생문제를 해결하고 국부를 증진한다.

의 농토를 장기상환 방식으로 농민에게 직접 팔려고 했으나, 당시 통일정부가 수립될 때까지 보류하자는 것이 여론이었으므로 신한공사를 설립하여 적산을 관리하였다(심지연 1982, 45).[32] 이후 1950년 4월에 실시한 토지개혁은 결과적으로 허정이 말한 한민당의 원칙이 적용된 것이었다(신병식 1992). 다만 토지개혁 후 전쟁이 발발하여 전시하의 경제적 곤란과 인플레 때문에 지주의 산업자본가로의 전환은 실현되지 못했고, 경자유전의 원칙만이 부분적으로 가능하게 되었다(허정 1979, 10).

요컨대 한민당은 토지정책과 관련해서는 자경자농의 원칙하에 경작 농민에게 유상분배하여 토지를 소유하도록 하였다. 또한 산업 및 분배 정책과 관련해서는 국가의 소유와 통제가 요청되는 특정 산업에 한정하여 국영·공유를 규정하였고, 대산업을 포함한 그 외 산업기관과 관련하여 그 소유구조가 공유(公有, public ownership) 또는 공유(共有, cooperation ownership)라고 하더라도 운영 여하에 따라서 국가의 통제가 축소되고, 사유·사영이 확대될 수 있도록 구상되었다(새한민보사 편 1947, 26-34).[33]

그리고 이후 한민당의 이러한 체제 입장은 좌우합작 과정에서 다시 제기되었다. 제1차 미소 공동위원회가 실패하자 이를 재개하기 위해 미군정은 좌우합작을 적극적으로 제안했다. 1946년 10월 7일에는 좌우합작 7원칙이 발표되었는데 이 7원칙 중 제3항이 문제가 되었다.[34] 한민당

---

32 1946년 3월 3일 미군정 법령에 의해 설립되었다. 이 회사는 일제강점기 동양척식주식회사와 일본인이 소유한 토지를 소유·관리했다. 신한공사는 남한 지역의 15.3%에 해당하는 토지를 소유했기 때문에 식량문제, 토지개혁, 농업금융 등과 관련된 미군정의 농업정책에 중요한 영향을 미쳤다.

33 한민당이 주도하여 작성한 임시정부수립대책협의회(임협)의 「미소 공동위원회답신안」에 규정하고 있는 경제정책을 참조함.

34 제3항의 내용 중 경제 관련 부분을 풀어 쓰면 이렇다: 토지개혁에서는 몰수, 조건부 몰수, 체감매상(토지 소유주의 소유 면적에 따라 등급을 달리 적용해 사들이기) 등으로 토지를 농민에게 무상으로 나누어준다. 도시의 군사기지 및 큰 건물을 적정 처리한다. 중요 산업을 국유화한다.

을 대표했던 장덕수는 "7원칙 가운데 어떤 정부 어떤 국가를 세우느냐 하는 것은 단지 제3항 하나에만 나타나 있어요. 사회주의 경제체제를 만들겠다고 그 문면에[문서에 글로] 나타나 있"다고 주장하면서 좌우합작에 반대했다. 결과적으로 이 3항을 둘러싼 입장 차이로 인해 원세훈, 김약수, 박명환, 김용국 등 33인이 한민당을 탈당하였다. 탈당한 인사들 대부분은 자본주의 노선에 반대하고 사회주의를 지향했던 것이다. 요컨대 한민당은 창당 1년 후에 사회주의 경제체제를 지향하는 세력 33인과 결별함으로써 보다 분명하게 '자본주의 노선'을 택하게 된 반면 창당 초기의 연합세력의 포용적인 정치이념에서 어느 정도 후퇴했음을 알 수 있다.

5. 보수주의 정치이념의 의미와 역사적 시사점

이 연구는 1920년대 형성된 《동아일보》 계열의 정치이념과 해방 직후에 창당된 한국민주당의 정치이념을 보수주의 정치이념이라는 틀 속에서 연속적으로 검토하고자 한 것이다. 김성수, 송진우, 장덕수 등의 보수주의 정치이념은 해방 이전과 이후, 양 시기에 '자치'와 '독립'을 전제로 한 온건한 우파적 구상을 실천에 옮기고자 한 점에서 연속성을 갖고 있다. 특히 이들의 정치이념은 기존의 질서를 점진적으로 개조하는 것을 목표로 했기 때문에 진보적·진화적 성격을 띠었다. 앞에서 분석한 결과를 간략히 정리하면 다음과 같다.

첫째, 일제강점기 동안 김성수, 송진우, 장덕수 등은 앞선 세대의 계몽주의적 문명개화론의 연장선에 있다. 인민의 정치 참여와 의회정치에 기반한 이들의 자유민주주의는 한말의 서구로부터 수용된 자유민권의식에서 싹트기 시작했다. 한말의 자유민권의식이 전통적인 정치질서에 저항하고자 한다는 점에서 이들의 이념은 분명히 진보적이었다. 다른 한편 이들의 이념은 일제의 식민통치에 대한 적극적 대항보다는 급진 민족주의 또는 사회주의의 도전에 대항하는 성격이 더 확고해졌다. 이에 따라 그들의 자유민주주의는 급진 민족주의 또는 사회주의의 도전에 대항한다는 점에서 보수주의적 성격을 띠게 되었다.

이들은 공산주의세력에 대항하는 과정에서 자유민주주의와 자본주의적 국가관을 보다 명확히 확립하게 되었다. 이들이 지향한 이념은 사유재산제를 근간으로 하여 개인의 발전, 자유경쟁 등을 통해 한국 사회를 자본주의 사회로 발전시키고자 하는 것이었다. 특히 이들이 유지·보존하고자 한 것은 도덕, 권위, 사유재산제, 관계적·제한적 자유 등의 여러 가치를 포함하는 기존의 사회체제 및 질서였다. 그래서 혁명을 반대하고, 기존 사회체제와 질서 유지를 위해 점진적 개혁을 수용하였던 것이다. 그런 점에서 이들의 정치이념을 한국 보수주의의 기원으로 볼 수 있을 것이다. 그리고 이러한 정치이념은 해방 후 자유민주주의와 수정자본주의를 주창한 한민당의 정치이념으로 연속되었다.

둘째, 한민당의 창당은 한국 정치사에서 보수주의와 급진주의 정치이념의 대결을 정당 차원에서 본격적으로 여는 계기가 되었다. 해방 후 정치에서 전개된 보수주의는 민족주의와 반공주의 성격이 보다 강화되어 나타났다. 조선총독부 행정권 이양 요청에 대한 송진우와 여운형의 대응은 1919년 3·1운동의 민족정신을 계승하여 출범한 대한민국 임시정부를 한국 역사에서의 '정통성 있는 국가'로 승인할 것인가 하는 문제와 깊게 연관되어 있었으며, 동시에 해방 직후 격돌하는 이념의 정치 대결을 함축하고 있었다.

해방 이후 김성수, 송진우, 장덕수 등의 우파는 민족주의 이념에 기반하여 임정의 정통성을 수용하고자 하였으나, 여운형, 박헌영 등의 좌파는 급진주의 이념에 따라 노농계급 등의 정치세력을 규합하여 국가 정통성을 새롭게 세우고자 했다. 한민당 창당의 직접적인 동기는 미군 사령부의 진주와 좌파세력의 조직 결성에 대한 대응 때문이었다. 해방 직후 얼마동안 임시정부를 중심으로 결집하고자 했던 우파 민족주의세력은 좌파의 조선인민공화국 선포에 대응하여, 이를 견제하는 연합정당인 한민당을 창당하였다. 이를 계기로 이들의 정치이념은 급격히 반공에 기반한 민족주의로 전환하게 되었다.

셋째, 한민당의 정치이념은 반공의 정치질서에 기반한 '보수화'된 자유민주주의, 그리고 국가에 의한 경제 관리를 수용한 자본주의가 수렴한 이념이었다. 앞에서 보았듯이 한민당의 장덕수는 남한과 북한 양 지역에서 시행되는 정치체제는 본질적으로 상이하고, 북한 공산주의는 '진정한 민주주의의 정 반극(反極)'이라고 주장하였다. 따라서 한민당의 자유민주주의는 모든 사상의 자유를 허용하는 것이 아니었다. 그것은 '남조선 적화의 책원지'인 북한 공산주의에 대해서는 관용을 제한하는 자유민주주의, 반공 정치질서에 기초한 자유민주주의였다.

경제 측면에서 한민당은 국가에 의한 '중공업주의의 경제정책 수립'과 '중요 산업의 국영 또는 통제관리'를 정책으로 선언하였다. 또한 토지정책과 관련해서는 자경자농의 원칙하에 경작 농민에게 유상분배하여 토지를 소유하도록 하였다. 산업 및 분배정책과 관련해서는 국가의 소유와 통제가 요청되는 특정 산업에 한정하여 공유·국영을 규정하였다. 아울러 대산업을 포함한 여러 산업기관의 경우 그 소유구조가 공유(公有) 또는 공유(共有)라고 하더라도 운영 여하에 따라서 국가의 통제가 축소되고, 사유·사영이 확대되도록 구상하였다. 요컨대 자유민주주의의 구현이 한민당의 과제였던 만큼 경제정책도 기회 균등이 보장되는 자유경쟁 체제를 원칙으로 삼고 있었다. 그러면서도 동시에 한민당은 국가 경제 관리를 통해 시장의 불가피한 혼란으로부터 민생과 건전한 자본을 보호하고자 하였다.

한민당과 관련하여 보수주의 정치이념의 의미와 역사적 시사점을 생각해보면 다음과 같다. 한민당은 해방 후 실제 정치 및 정책 대안에서 개방

성과 포용성 있는 보수주의로 나아가지 못하고 우파 내의 강경 민족주의자들과 대결했다. 이승만과 김구 등의 임정 인사들이 각각 돌아옴에 따라 한민당은 이들 세력에 대한 방침을 결정해야 했다. 한민당은 임시정부의 김구가 아닌 이승만을 건국 초 초석을 놓을 수 있는 인물로 인식하고 그를 지지했다. 당시 이승만은 여러 지도자와 정당 간의 분쟁을 해소시키고 통일을 이룰 것이라 기대되었다. 한편 모스크바 삼상회의 결과 채택된 신탁통치안에 대해 한민당과 임정은 동일하게 반탁 노선을 견지하였다. 그러나 임정세력이 미군정으로부터 정권을 인수하고자 하는 등 비타협적 강경 반탁 노선을 취하자 한민당은 온건 현실주의 노선으로 전환하였다. 한민당은 반탁 이슈를 통해 질서를 파괴하고, 미군정을 접수하는 방식이 아닌, 반탁 의사를 합법적이고 제한된 방식으로 전개할 것을 주장하였다. 이러한 한민당의 온건 현실주의와 임정세력의 강경 민족주의는 미소공동위원회 참여 문제에 있어서도 갈등하였으며, 이러한 갈등은 한민당의 핵심 리더였던 송진우와 장덕수의 죽음으로 귀결되었다.

이후 김성수는 송진우의 사망으로 공석이 된 한민당의 수석총무직을 수락하며 한민당을 이끌었고, 이승만과 함께 대한민국 정부를 수립하는 데 핵심적인 역할을 하였다. 그리고 1950년 제2대 국회가 개원된 지 불과 1주일 만에 6·25전쟁이 발발했다. 1951년 5월 10일 전쟁 중 발생한 정부의 실정에 항의하며 이시영 부통령이 사직하자, 김성수는 그 후임으로 취임해 "반이승만 노선을 견지하고 야당계 정치세력을 지도"하였다(유진산 1972, 70-71).[35]

---

35 1년 후, 1952년 5월 29일 김성수 부통령도 부산정치파동에 항의하며 국회에 사임청원서를 제출하고 "독재정치의 부통령 자리에 더 이상 앉아 있을 수 없다"고 사임을 선언하였다. 사임서에서 그는 이승만의 정치적 실정과 독재를 신랄하게 비판하였다(국회사무처. 1952. 「제12회 국회정기회의속기록」 제67호(1952/05/29), 29; 인촌기념회 편. 1976. 『인촌 김성수전』, 638. 서울: 인촌기념회).

결론적으로 말하면, 한국 보수주의는 도덕, 권위, 사유재산제, 관계적·제한적 자유 등의 제 가치를 포함하는 기존의 사회체제 및 질서를 유지·보존하고자 한 점에서는 서구의 일반적인 보수주의와 동일하다. 그러나 이들의 정치이념은 일제강점기에는 일본 제국주의하에서, 해방 후에는 미소 대결이라는 외부적 환경에서 생존해야 했다.[36] 서구와 달리, 이들이 주창한 자본주의와 자유민주주의 체제는 완성된 체제로서 보수되어야 할 기존 질서가 아니라 미래의 과제로서 장차 개혁적으로 실현되어야 할 질서 성격이 강했다. 이점이 서구 보수주의와 한국 보수주의의 가장 큰 차이일 것이다.

해방을 전후하여 크게 변동하는 시대적 상황에서 다양한 정치적 문제를 해결하기 위한 대안들이 등장하였다. 해방 3년 동안 한민당과 임정 세력이 중심이 된 한국의 우파세력은 포용성 있고 개방적인 정치이념으로 나아가지 못하고 경직된 특성을 띠었다. 오늘날 한국 보수주의는 이러한 한계를 넘어 경쟁세력과의 공조와 타협을 통하여 자기 개혁을 지속하는 보수주의로 정착되어야 할 것이다. 즉 한국 보수주의는 보수와 개혁 양자를 상호보완하고 과거의 타성을 반성하면서 발전적이고 균형 있는 이념으로 전개될 필요가 있다.

---

[36] 최선웅은 장덕수의 경우 영미 유학을 통해 이론적으로는 더욱 발전적인 자유주의 체계를 확립하였지만, 식민지 정치상황하에서 그의 자유주의는 '굴복'하고 '전향'할 수밖에 없었고, 이후 이 자유주의는 냉전질서 속에서 "반공주의에 전유되며 형해화"되었으며 특히 "표현과 사상의 자유, 관용, 다양성 등을 포기한 채 절차적·형식적인 제도로 축소되어 우익체제 이념 또는 국가이념으로 변질되었다"고 기술했다(최선웅 2014, 10, 14).

강정인. 2004. 『서구중심주의를 넘어서』. 서울: 아카넷.

강정인. 2010. "보수주의: 비동시성의 동시성 그리고 모호한 정상화." 『한국정치의 이념과 사상』. 35-119. 서울: 후마니타스.

강정인. 2014. 『한국 현대 정치사상과 박정희』. 서울: 아카넷.

고하선생전기편집위원회 편. 1990. 『독립을 향한 집념: 고하 송진우전기』. 서울: 동아일보사.

김경택. 1999. "1910·20년대 동아일보 주도층의 정치경제사상 연구". 연세대학교 대학원 박사학위 논문.

김교식. 1984. 『송진우』. 서울: 계성출판사.

김남식. 1984. 『남로당연구』. 서울: 돌베개.

김도연. 1968. 『나의 인생백서』. 서울: 강우출판사.

김성수. 1934. 「대학시대의 학우들」. 『三千里』 제6권 제5호. 경성: 삼천리사.

김일영. 2010. 『건국과 부국』. 서울: 기파랑.

김중순 저. 유석춘 역. 1998. 『문화민족주의자 김성수』. 서울: 일조각.

김창순·김준엽. 1973. 『한국공산주의운동사』 제3권. 서울: 고려대학교출판부.

김학준. 1990. 『고하 송진우 평전』. 서울: 동아일보사.

김학준. 2008. "장덕수, 대한민국 건국의 논거와 방략을 마련하다." 『한국사 시민강좌』 제43집. 80-98. 서울: 일조각.

남시욱. 2005. 『한국보수세력 연구』. 파주: 나남.

낭산 김준연선생기념사업회 편. 1998. 『건국의 원훈 낭산 김준연』. 서울: 자유지성사.

대한자강회 편. 1906. 「대한자강회취지서」. 『대한자강회월보』 제1호. 한성: 대한자강회.

동아일보사 편. 1987. 『인촌 김성수: 사상과 일화』. 서울: 동아일보사.

동아일보사. 1984. 『동아일보사설선집』 제1권. 서울: 동아일보사.

민주주의민족전선 편. 1988. 『해방조선 I: 자주적 통일민족국가 수립투쟁사』. 서울: 과학과 사상.

박태균. 1994. "죽어서 김구를 법정에 세운 장덕수." 『현대사를 베고 쓰러진 거인들』. 서울: 지성사.

새한민보사편. 1947. 『임시정부수립대강: 미소공위자문안답신집』. 서울: 새한민보사.

서중석. 2004. 『한국현대민족운동연구』. 서울: 역사비평사.

서중석. 1993. "장덕수 근대화 지상주의에 매몰된 재사." 『친일파 99인』 제2권. 서울: 돌베개.

신병식. 1992. "한국의 토지개혁에 관한 정치 경제적 연구." 서울대학교 대학원 박사학위 논문.

신용하. 1985. 『한국독립운동사연구』. 서울: 을유문화사.

신일철. 1991. 『평전 인촌 김성수: 조국과 겨레에 바친 일생』. 서울: 동아일보사.

심재욱. 2007. "설산 장덕수(1894-1947)의 정치활동과 국가인식." 동국대학교 박사학위 논문.

심지연. 1982. 『한국민주당연구 I』. 서울: 풀빛.

심지연. 1984. 『한국현대정당론』. 서울: 창작과비평사.

심지연 편. 1986. 『해방정국논쟁사』. 서울: 한울.

에커트, 카터. 2008. 『제국의 후예: 고창 김씨가와 한국 자본주의의 식민지 기원 1876-1945』. 서울: 푸른역사.

위기봉. 1991. 『다시쓰는 東亞日報社: 인촌 김성수와 동아일보. 그 오욕과 배반의 역사를 찾아서』. 서울: 녹진.

윤재근. 1996. 『근촌 백관수: 봄기운은 어찌 이리 더딘가』. 서울: 동아일보사.

이경남. 1981. 『설산 장덕수』. 서울: 동아일보사.

이광수. 1992. 『도산 안창호』. 서울: 우신사.

이기하. 1961. 『한국정당발달사』. 서울: 의회정치사.

이완범. 2009. "김성수(金性洙)와 대한민국 정부수립." 『동양정치사상사』 제8권 제1호, 45-67.

이인. 1974. 『반세기의 증언』. 서울: 명지대학출판부.

이현희. 2009. 『대한민국부통령 인촌 김성수 연구』. 파주: 나남.

인촌기념회 편. 1976. 『인촌 김성수』. 서울: 인촌기념회.

장규식. 2010. "20세기 전반 한국 사상계의 궤적과 민족주의 담론." 『한국사연구』 제150호, 271-312.

정운현. 1999. 『나는 황국신민이로소이다』. 서울: 개마고원.

중앙선거관리위원회. 1964. 『대한민국정당사』. 서울: 중앙선거관리위원회.

채정민. 1991. "한국민주당의 보수주의적 성격." 경북대학교 대학원 정치학과 박사학위 논문.

최선웅. 2014. "장덕수의 사회적 자유주의 사상과 정치활동." 고려대학교 대학원 박사학위
　　논문.

한태수. 1961. 『한국정당사』. 서울: 신태양사.

함상훈. 1946. "아당의 주의정책." 『개벽』 제8권 제1호, 서울: 개벽사.

허정. 1979. 『내일을 위한 증언』. 서울: 샘터사.

Robinson, Michael. 1988. *Cultural Nationalism in Colonial Korea*. Seattle:
　　University of Washington Press.

榮澤幸二. 1981. 『大正デモクラツ期の政治思想』. 東京: 研文出版.

早稻田大學. 1981. 『早稻田大學百年史』第二卷』. 東京: 早稻田大學出版部.

이 책들은 19세기 말과 20세기 초에 출생한 저자들이 직접 경험한 한국 정치에 관해 진솔하게 기술한 회고록이다. 그런데 개인 회고록은 편견과 왜곡이 가능한 영역이기도 하다. 그런 점에서 이 회고록들은 보다 공적인 문서—국회회의록과 신문 등—와 교차 검증이 필요하다. 그렇지만 이 기록은 정치의 세계에서 특히 공적으로 표명될 수 없었던 개인의 인식과 정치적 입장 등 내밀한 부분까지 보여주는 자료다.

- 박갑동. 1991. 『통곡의 언덕에서』. 서울: 서당.
- 서병조. 1963. 『주권자의 증언: 한국대의정치사』. 서울: 모음출판사.
- 유진산. 1972. 『해뜨는 지평선: 정계회고록』. 서울: 한얼문고.
- 유진오. 1980. 『헌법기초회고록』. 서울: 일조각.
- 이인. 1974. 『반세기의 증언』. 서울: 명지대출판부.
- 조병옥. 1959. 『나의 회고록』. 서울: 민교사.

3부

급진사상
공산주의의 한국화

4

박헌영
조선공산당과 급진이념의 역사적 흐름[1]

정승현

1. 한국 급진이념의 시발점

1948년 정부 수립 이후부터 한국은 친미·반공·자본주의를 기반으로 삼는 (보수적) 자유민주주의 헌정체제를 지향해왔다. 그런데 한국 사회에는 자유민주주의와는 근본적으로 다른 정치사회질서를 주장하는 수많은 세력들이 지속적으로 존재해왔다. 이 세력들은 인적 구성, 운동 방식, 문제의식 등 여러 측면에서 달랐지만, 친미·반공·자본주의를 근간으로 하는 한국(남한)의 사회구조를 사회주의적 방향으로 변혁하고자 해왔다는 점에서 공통점을 갖는다. 이들은 민주화 이전에는 역대 정권으로부터

---

1 이 글은 필자의 아래의 글을 재구성하고 보완한 것이다. 정승현. 2012. "해방공간의 박헌영: 공산주의의 한국화." 『현대정치연구』 제5권 제2호. 133-164. 일제강점기 공산주의운동과 사상, 일제강점기와 북한 체류 이후의 박헌영은 새롭게 서술했다.

'빨갱이', '좌익'으로 몰려 혹독한 탄압을 받으면서도 끈질기게 명맥을 이어나가, 1980년대는 한국 사회를 뒤흔들 정도의 폭발력을 보였고, 마침내 2000년 민주노동당 창당을 계기로 정치적 시민권을 인정받았다.

필자는 이들처럼 한국(남한) 사회의 '근본적' 변혁을 지향하는 이념을 급진이념이라고 부른다. 실천 방법의 과격성 혹은 운동 방식의 합법/비합법이 아니라 이념의 목표를 기존 사회의 구성원리와는 근본적으로 다른 질서를 실현하는 데 두고 있다는 점에서 '급진'이라고 부르는 것이다. 이런 기준에 따르면 해방공간에서 박헌영과 조선공산당을 중심으로 하는 좌파세력, 50년대의 조봉암·진보당, 80년대의 민족·민주·민중을 주장하던 운동세력들, 2000년대의 민주노동당·진보신당·정의당을 급진이념에 넣을 수 있다. 물론 1980년대 이후의 급진이념은 그 이전과는 이념 및 인적 구성에서 단절되어 있다. 또한 각 급진이념이 추구하는 대안도 다르다. 그러나 필자는 한국 사회의 지배구조와 근본적으로 다른 대안을 추구한다는 점에서 이 흐름들을 모두 급진이념에 포함시켰다. 박헌영·조선공산당은 해방 이후 한국 급진이념의 시발점에 해당한다.[2]

박헌영은 일제강점기 공산주의의 흐름을 계승하고 해방공간에서 조선공산당을 대표하는 인물이다. 해방공간에서 남한의 공산주의자들은 박헌영을 정점으로 하는 조선공산당의 깃발 아래 집결했다. 그들은 마르크스주의-레닌주의를 한국(조선)이라는 특수한 시공간에 적용하려고 했던 식민지 공산주의자들의 문제의식을 계승하고, 그것을 해방공간에서 실현하고자 투쟁했다. 이들의 이념과 실천은 일제강점기 공산주의운동과 해방 이후의 급진이념을 연결하는 고리이다. 우리는 이들을 통해 일제강점기와 해방공간에서부터 오늘날까지 이어진 급진이념의 기본원리와 문제의식을 파악하고, 그것들이 시대의 흐름에 따라 어떻게 계승, 변화, 발전되

---

2 앞으로는 박헌영·조공으로 표기하겠다.

었는지 파악함으로써, 한국 급진이념에 대한 포괄적 이해를 얻을 수 있을 것이다.

이 글은 박헌영의 사상을 일제강점기, 해방공간, 북한 거주 이후로 나누어 서술하고자 한다. 2장에서는 박헌영의 생애를 간단하게 서술하였고, 3장은 일제강점기 공산주의운동·사상, 그리고 일제강점기 박헌영의 사상을 간략하게 서술했다. 무엇보다 박헌영은 일제강점기 조선 공산주의라는 틀 속에서 이해되어야 하기 때문이다. 4장은 해방공간에서 박헌영·조공의 사상을 사회주의 혁명론에 초점을 맞추어 살펴보았다. 구체적으로는 「8월테제」에 나타난 혁명론, 그리고 그들이 한국 사회의 구성원에게 자신의 정당성을 인정받기 위해 사용한 민족주의 담론을 검토했다. 5장에서는 그가 미군정의 체포령을 피해 북한으로 탈출한 이후의 행적을 살펴보았다. 마지막 부분에서는 박헌영·조공의 노선에 대한 평가, 그리고 그들로부터 출발하는 한국의 급진이념의 역사적 흐름을 검토했다.

자료는 박헌영 명의의 것 혹은 그의 지시에 따라 작성된 조선공산당 관련 문건으로 한정했다. 박헌영이 일제강점기 공산주의의 흐름을 계승하면서 해방공간에서 조선공산당을 대표했다는 사실은 맞지만, 그렇다고 그가 한국(조선) 공산주의를 총체적으로 대표한 인물은 아니다. 조선공산당 내부에서도 박헌영에 대한 반대의 목소리는 있었다. 그의 사상을 한국 공산주의 전체와 동일시해서는 안 된다. 이 글은 박헌영, 그리고 그의 지휘 아래 활동했던 해방공간의 조선공산당만을 다루고 있다. 따라서 박헌영의 노선에 반대했던 공산주의자들의 주장과 활동은 포함되지 않는다는 한계를 갖고 있다.

2. 박헌영의 생애

이정(而丁) 박헌영(朴憲永, 1900-1956)은 충청남도 예산군에서 출생했다. 고향에서 한문을 배우다 1912년 예산군 대흥보통학교 2학년에 입학하여 1915년 졸업했다. 같은 해 경성고등보통학교(현 경기고등학교, 4년제)에 입학했고 1919년에 졸업했다. 재학 중에는 조선 중앙기독교청년회(YMCA) 영어반에서 영어를 공부했다. 1920년 6월 동경 유학을 떠났으나 9월에 중국 상해로 망명하여 상해 한인 공산당으로 추정되는 고려공산당에 입당했고 곧이어 고려공산청년단 상해회 비서를 맡았다. 1921년 5월에는 상해의 이르쿠츠크파 고려공산당에 입당, 당이 운영하던 사회주의연구소에서 사상 공부를 했다.

1922년 4월에 김단야·임원근과 함께 국내 공산당 조직을 결성하기 위해 귀국하다가 일본 경찰에 체포, 1년 6월의 형을 언도받고 1924년 1월 만기 출옥했다. 같은 해 4월《동아일보》에 기자로 입사, 1925년 5월 퇴사했다. 1925년 8월《조선일보》사회부 기자로 입사했으나 사회주의자 기자를 쫓아내려는 경찰의 압력 때문에 같은 해 10월 해직되었다.

박헌영은 1925년 4월 17일 김약수·김재봉 등과 함께 조선공산당 창당대회를 개최했고, 조선공산당의 지도 아래 있는 고려공산청년회의 책임비서직을 맡는다. 같은 해 11월 제1차 조선공산당사건으로 일본 경찰에 잡혔으나, 공판 도중 정신이상을 가장하여 (실제로 정신이상을 일으켰다는 주장도 있다) 1927년 11월 병보석으로 출감했다. 1928년 11월 소련으로 탈출하여 블라디보스토크에서 잠시 머물렀고, 모스크바로 가서 코민테른이 운영하던 공산주의 간부 재교육 기관이었던 국제레닌학교에서 공부했다 (1929년 1월-1931년 말).

1932년 1월 코민테른은 조선공산당 재건 준비사업을 위해 박헌영을 상해로 파견했다. 상해에서 김단야와 함께 조선 공산주의운동 기관지

『콤무니스트』를 1933년 7월까지 발간했다. 1933년 7월 상해 일본 총영사관 경찰부에 의해 체포되어 경기도 경찰부로 압송되었다. 박헌영은 치안유지법·출판법 위반으로 기소되어 6년 형을 언도받고 복역하였다. 1939년 9월 만기 출소하여 경성콩그룹의 지도자 이관술과 만나 그 이후 인천, 청주, 서울 등 비밀 아지트를 옮겨 다니며 김삼룡·정태식 등과 함께 경성콩그룹을 조직하였다. 박헌영은 서울에서 비밀활동을 하다가 1941년 1월부터 시작된 경성콩그룹 검거를 피해 대구, 청주로 옮겨 다녔다. 그는 1942년 12월부터는 광주에서 방직공장 변소 청소부, 벽돌공장 인부로 일하며 해방을 맞았다.

1945년 8월 18일 서울에 도착하여 김형선·이관술·김삼룡·이현상 등과 함께 조선공산당 재건준비위원회를 결성, 9월 11일 조선공산당을 재건하고 책임비서에 취임했다. 당시 남한에는 여운형을 중심으로 발족한 조선건국준비위원회(건준)가 이미 존재했다. 연합군이 곧 한반도에 들어올 것이 확실해지자 1945년 9월 6일 건준은 '전국인민대표자대회'를 소집하여 조선인민공화국(인공)의 성립을 선포하였다. 인공은 주석 이승만, 부주석 여운형, 국무총리 허헌, 내무부장 김구 등을 세우고 겉으로는 좌우를 망라한 인물들로 만들어진 단체처럼 보였으나 그 인적 구성은 대부분 공산주의자였다. 조선공산당은 민족통일전선정책의 일환으로 사실상 이 대회를 주도했으며 부위원장 안재홍을 배제하고 건준의 핵심조직을 장악했다. 좌파는 자신들을 남한의 대표 정부로 인정받고 해방정국의 주도권을 장악하려는 의도에서 적극적으로 움직였던 것이다.

1945년 9월 8일 우파는 조선인민공화국 타도 성명서를 발표했다. 박헌영은 인공이 정부로 인정받기 위해 노력했지만, 10월 10일 미군정은 '남한에서는 미군정 외에 다른 정부는 존재할 수 없다'는 성명을 발표하며 인공을 부인했다. 10월 16일 미국에서 귀국한 이승만은 11월 7일 방송을 통해 정식으로 인공의 주석 취임을 거절했다. 12월 12일 미군 사령관 하지

(John Rheed Hodge)는 방송을 통해 인공이 정부 행세를 하는 것을 단속할 것임을 경고했다. 그 이후 인공은 급속도로 힘을 잃고 1946년 2월에 발족한 좌파들의 단체인 '민주주의민족전선'으로 해체되었다.

박헌영은 이승만이 미국에서 귀국하여 독립촉성중앙협의회를 창설하자 10월 23일 조선공산당을 이끌고 참여했으나, 친일파를 우선적으로 숙청하여야 한다는 주장을 내세우면서 탈퇴하였다. 그래도 초기에는 이승만 및 임시정부 측과 협조했지만 1945년 12월 20일 이승만이 「공산당에 대한 나의 입장」이라는 성명서를 발표하면서 조선공산당과 완전한 단절을 선언하자, 박헌영 역시 이승만과의 모든 관계를 단절한다고 선언했다.

조선공산당은 처음에는 신탁통치를 반대했다. 그러나 모스크바 삼상회의에서 신탁통치 결정을 내렸다는 소식을 듣고 박헌영은 1945년 12월 25일 정책 협의를 위해 평양으로 출발했다. 평양에서 조선공산당 북조선 분국 간부들, 소련군 민정사령관 로마네코와 회담을 가진 후 1946년 1월 2일 신탁통치 지지 성명서를 발표했다. 그 이후 공산당은 급속도로 수세에 몰리게 된다. 박헌영에 대한 테러 위협이 크게 늘어났으며, 우익의 공격은 날로 거세졌다. 박헌영은 여기에 대항하여 남한의 모든 좌익계 정당 및 사회단체를 총망라하는 민주주의민족전선을 1946년 2월에 결성하였으며, 1946년 9월에는 좌파 계열의 공산당·인민당·신민당 3당을 합쳐 '남조선로동당'(남로당)을 만들었다.

1946년 7월 이른바 조선공산당 위폐사건을 계기로 좌익세력에 대한 탄압국면이 본격적으로 전개되었고, 9월 6일에는 미군정 경찰에 의해 박헌영 등 공산당 지도자 체포령이 발령되었다. 박헌영은 하루 전인 1946년 9월 5일 관 속에 누워 영구차 행렬로 위장, 북한으로 탈출했다. 박헌영과 조선공산당은 1946년 7월 '타협을 버리고 미군정과 우익에 대해 치열한 투쟁을 전개한다'는 '신전술'로 방침을 바꿨다. 조선공산당은 1946년 9월 총파업, 대구·경북 지역의 인민항쟁(1946/10), 여수·순천 군인반란 등을 일으켰으나 수많은 희생자를 내고 점차 힘을 잃어갔다.

1948년 9월 9일 북한에 정권이 수립되자 박헌영은 부수상 및 외무상으로 취임하였고, 1949년 3월 북한 정부 대표단의 일원으로 수상 김일성, 부수상 홍명희 등과 함께 모스크바를 방문했다. 1950년 6·25전쟁이 발발하자 인민군 중장으로 참전하였다. 1953년 정권 전복 음모와 간첩 혐의로 체포되어 1955년 12월 15일 미국의 첩자, 정부 전복 음모 등의 죄목으로 사형을 언도받고 처형되었다. 처형일은 1956년 7월 19일 설이 유력하다.

3. 일제강점기 박헌영의 공산주의사상

서구에서 사회주의는 노동계급의 해방 이데올로기로 출발했지만, 한국의 공산주의[3]는 전체 민족의 발전을 꾀하고 미래의 바람직한 정치질서를 만드는 민족해방·근대화·민족국가 건설의 이념으로서 수용되었다. 특히 3·1운동의 실패, 제1차 세계대전 직후 베르사유 강화조약과 워싱턴 군축회의에서 강대국 위주의 국제질서 재편성에 대한 배신감, 세계 약소민족을 지원하는 소련에 대한 기대감이 복합적으로 작용하면서 공산주의는 민족해방운동의 이념적 무기로 등장하였다. 공산주의와는 거리가 먼 유학자 박은식조차 "러시아 공산당은 선두에서 붉은 기치를 들어 전제정치를 전복하고 인민에게 자유와 평등을 실시하며 각 민족에 대하여 자유와 자결을 선포하였다"고 서술할 정도였다(박은식 1946, 59).

---

3 제1차 세계대전 참전을 결의한 '사회민주주의자'와 구분하는 의미에서 자신을 '공산주의자'로 내세우는 것이 당시 세계 공산주의운동의 흐름이었으며, 이것은 한국에도 그대로 수용되었다. 이 글에서도 이러한 용법에 따라 일제강점기와 해방공간의 사회주의와 사회주의자에 대해서는 '공산주의', '공산주의자'라 부르겠다.

1) 일제강점기의 공산주의운동

한국 최초의 공산주의 단체는 1918년 러시아 하바롭스크에서 설립된 '한인사회당'이다. 훗날 상해 임시정부의 초대 국무총리로 활동한 이동휘가 위원장이었다. 이동휘는 상해로 이주하여 임시정부에 합류했고, 1920년에는 '한국공산당' 혹은 '대한공산당'이라는 이름의 공산당이 상해에서 결성되었다. 이 단체는 1921년에 '고려공산당'으로 이름을 바꾸었다. 책임비서 이동휘를 필두로 김립, 이한영, 김만겸, 여운형, 조동호가 간부진에 속해 있었다.

해외의 공산주의 활동과는 별도로 국내에도 독자적인 공산주의 단체가 결성되기 시작했다. 당시 공산주의운동은 일본 유학생 출신들이 주도했다. 1920년대 일본에는 사회주의와 무정부주의가 휩쓸고 있었다. 이런 분위기에서 공부했던 유학생들이 돌아와서 사회주의를 연구하고 공부하는 모임과 독서회를 조직했다. 3·1운동 이후 이른바 '문화정치'로 전환되면서 사상 연구 모임은 정치운동으로 나서지 않는 한 허용되었다.

이러한 흐름을 타고 화요회(火曜會), 북풍회(北風會), 일월회(一月會), 서울청년회, 무산자동맹회 등 여러 공산주의 계열 단체들이 조직되었다. 마르크스의 생일이 화요일이라는 이유에서 조직의 이름을 정한 화요회에는 박헌영과 조봉암도 소속되어 있었다. 각 단체별로 운동이 성장하면서 경쟁하기도 했지만, 이들을 하나로 통합하는 공산당 결성에 대한 관심도 높아졌다. 마침내 1925년 4월 17일 박헌영, 김단야, 조봉암, 김재봉, 김약수, 김찬 등이 중심이 되어 조선공산당이 정식으로 세워졌으며(제1차 조선공산당, 책임비서 김재봉), 그다음 날인 4월 18일에는 청년 조직으로 고려공산청년회가 조직되었다. 조선공산당은 조봉암과 조동호를 모스크바에 있는 코민테른 본부에 밀사로 보내 정식으로 인정받았다.

기본적으로 조선공산당은 조선의 완전 독립을 목표로 하는 혁명단체였다. 이것은 일본 입장에서는 자기 영토를 떼어내 통치권의 변경을 노리는 중대 범죄였다. 공산주의자들은 1925년에 제정된 이른바 '치안 유지법'의 대상이 되었는데, 처음에는 최고 10년 이하의 징역 또는 금고 처벌이던 조항이 1928년에는 최고 사형까지 가능하도록 개정되었다. 조선공산당은 운동의 핵심 계급인 노동자·농민과는 거의 연결되지 않은 지식인 중심의 당이었기 때문에 일본 경찰의 눈은 소수의 핵심 당원들에게 집중되었다. 여기에 조선공산당 당원들의 철저하지 못한 행동까지 겹쳐 곧 일본 경찰에게 적발되어 제1차 조선공산당은 해체되었다. 그 뒤 제2차 조선공산당(1925년, 책임비서 강달영), 제3차 조선공산당(1926년, 책임비서 김철수), 제4차 조선공산당(1928년, 책임비서 차금봉) 등으로 끈질기게 활동을 이어갔지만 모두 짧은 기간 동안만 존재했을 뿐이다.[4]

지하에서 활동하던 국내의 공산주의자들은 일차적으로 공산당 재건에 노력을 기울였다.[5] 비밀리에 활동을 벌이던 소수의 공산주의자 중 이재유, 이현상, 김삼룡, 정태식 등은 1933년 '경성 트로이카'라는 공산주의 비밀 결사를 결성했다. 몇몇 지도부가 당을 먼저 만드는 것이 아니라, 세 마리 말이 마차를 끌듯이 회원들이 각자의 활동 영역에서 동지를 획득하고, 때가 되면 조직을 만들자는 것이었다. 이 조직은 '경성재건그룹'(1934), '조선공산당 재건 경성준비그룹'(1936)의 이름으로 지속되었지만 1936년 이재유가 체포되면서 중단되었다.

그래도 운동은 끈질기게 이어졌다. 이 조직에 처음부터 관련했던 이관술, 김삼룡, 이현상, 그리고 1939년 출소 이후에 합류한 박헌영은 '먼저 대중적인 조직을 조직하고 이것을 발전시켜 조선공산당을 재건할 것'을

---

4 1920년대 공산주의자들의 활동은 스칼라피노·이정식(1986) 제1권 2장의 내용을 정리한 것이다.

5 1930년대에서부터 해방 직전까지 공산주의자들의 활동은 최백순(2017) 제7장을 요약한 것이다.

목적으로 하는 '경성콩그룹'이라는 이름의 단체를 조직해 활동했다.[6] 콩그룹은 1938년에 결성되어 1941년 12월까지 유지되었다. 일본 경찰에 의해 지도부가 체포되며 조직은 와해되었지만 해방될 때까지 명맥을 유지했다. 그리고 검거를 피해 숨어 지내던 박헌영은 끝내 전향하지 않고 공산주의운동을 이어나갔다는 후광을 등에 업고 해방 직후 조선공산당 재건의 주도권을 행사할 수 있었다.

2) 일제강점기 공산주의사상

공산주의가 국내에 도입되던 초기에는 무정부주의, 상호부조론, 사회민주주의 등 여러 조류가 섞여 있었지만 1920년대 초반에 오면 마르크스-레닌주의가 주도적 위치를 장악했다. 일제강점기 공산주의는 일차적으로 민족해방운동의 이념이었지만, 독립은 어디까지나 사회주의 건설을 위한 전 단계였다. 공산주의자들은 처음에는 막연하게 식민지 해방과 동시에 사회주의혁명을 실현한다는 방침을 갖고 있었다. 즉 해방과 동시에 노동자·농민계급의 소비에트[7] 형태의 공화국을 수립하여 사회주의를 직접 실현한다는 방침이었다. 상해 고려공산당은 「강령」을 통해 자신의 운동 목표가 '절대 평등의 대동(大同) 세계' 건설, 즉 사회주의혁명에 있지만, 당면 혁명운동은 민족해방혁명이라고 밝혔다. 그리고 민족해방이 이루

---

6 '경성콤그룹'이라고도 한다.
7 소비에트(soviet). 평의회 혹은 대표자회의를 뜻하는 러시아어에서 나온 말이다. 1905년 러시아혁명 당시 각 공장의 동맹파업운동을 지도하는 기관으로 각지에 '노동자대표 소비에트'가 설립되었으며 점차 군인, 농민, 지역 등의 소비에트로 확대되었다. 공산주의운동에서 소비에트는 민중에 의해 자발적으로 조직되고 운용되는 권력기관이며, 프롤레타리아독재 시기에는 공산당의 하부조직으로서 권력을 행사하는 조직체를 뜻했다. 결성 주체에 따라 농민 소비에트, 노동자 소비에트, 군인 소비에트, 노농(노동자 농민) 소비에트 등으로 나누어진다. 소련의 공식 명칭은 '소비에트 사회주의 공화국 연방'이었다.

어지면 곧바로 사회주의혁명을 통해 '무산자 독재 한국 소비에트 정치의 실현'을 이룰 것임을 선언했다(이반송·김정명 1986, 106-116).

공산주의운동이 성장하면서 1920년대 후반에 들어오면 점차 이 도식으로부터 벗어나 반제국주의·반봉건 민주주의 혁명론이 정착하게 된다. 그것은 식민지 해방 직후에는 제국주의의 잔재와 내부의 봉건적 요소, 예를 들면 소작제, 전통적 신분관계, 낡은 풍습 등을 씻어내고 근대적인 사회경제구조를 발전시킴으로써 사회주의를 향한 제반 조치를 신속하게 마련하는 혁명을 말한다. 이런 생각을 잘 보여주는 문건이 중국 상해에서 발행되었던 조선공산당 기관지 『불꽃』 7호(1926/09/01)에 실린 「조선공산당선언」,[8] 그리고 1928년 2월 제4차 조선공산당 제2, 3회 중앙집행위원회에서 토의 가결되어 정치부장 안광천이 작성한 「민족해방운동에 관한 논강」이다.

「조선공산당선언」은 공산주의자들의 궁극 목적은 '모든 압박을 파탈하고[擺脫: 털어버리고][9] 사람으로서 사람을 착취하는 것까지 폐지'하는 것, 곧 공산주의의 실현이라고 주장했다. 그리고 당면 과업은 '일본 제국주의의 압박에서 조선을 절대로 해방'하는 것이라고 규정했는데, 부르주아지를 포함한 조선의 모든 역량을 집합하여 민족혁명전선을 결성하고, 해방 이후에는 '부르주아 민주혁명'을 수행할 것이라고 명시했다(역사비평 편집부 1993). 즉 독립 이후에는 곧바로 사회주의혁명을 실시하는 것이 아니라 부르주아 민주주의혁명을 시행한다는 것이다. 이 노선이 조선공산당에 확고하게 자리 잡았음을 보여주는 문건이 「민족해방운동에 관한 논강」이다.

제4차 조선공산당의 정치부장 안광천이 작성한 「논강」은 "조선에 소비에트 공화국을 건설하려는 것은 좌익 소아병적 견해이고 부르주아 공화

8　1925년 결성된 제1차 조선공산당의 문건으로 추정되고 있다.

9　앞으로 이 글의 인용문들 중 [ ]부호가 붙은 것은 필자의 해설이다. 당시에는 한자어를 많이 사용했기 때문에 필자가 해설을 덧붙였다.

국을 건설하려는 것은 우경적 견해이다"라고 선언하였다(임영태 편 1985, 354). 즉 독립 이후 곧바로 사회주의혁명을 내세우는 주장, 오랜 기간에 걸쳐 부르주아 민주주의혁명을 완수한 다음에 사회주의혁명으로 이행해야 한다는 주장은 모두 거부되었다. 「논강」은 조선의 완전한 독립을 목표로 하는 민족해방운동을 당면 목표로 규정하고, 민족해방 후에는 노동자·농민이 권력을 장악한 '혁명적 민주주의적 국가'를 건설할 것을 강조했다. 또한 민족해방운동을 위해 우익과 적극적으로 제휴할 필요성을 제기했는데, 이 방침에 따라 공산주의자들은 1927년 신간회를 결성했다.

이처럼 조선공산당은 일관되게 독립 이후의 조선혁명을 일본 제국주의의 지배질서를 해체하고 조선의 낡은 봉건제 유산을 청산하는 반제(국주의)·반봉건혁명운동으로 규정했다. 노동자·농민이 헤게모니를 쥐고 부르주아 민주주의혁명을 완수하면서 빠른 시일 내에 사회주의혁명으로 성장 발전시킨다는 것이 그들의 기본 노선이었다. 반제(국주의)혁명은 법원·경찰·군대·관료제 등 일본 제국주의의 지배기구를 해체·접수하고, 일본 소유의 토지·산림·지하자원·공장·은행 등을 몰수하여 독립국가로 귀속시키는 혁명을 말한다. 반봉건혁명은 지주제를 비롯한 낡은 토지 소유관계를 해체하여 농민에게 토지를 분배하는 토지혁명, 그리고 기본권 보호, 여성해방, 의무교육, 노동자의 권리 보장을 주요 내용으로 하는 민주주의혁명이 함께 이루어지는 혁명을 가리킨다.

이것이 1928년 코민테른(Comintern)의[10] 「12월테제」 이후에는 '조선혁명은 부르주아 민주주의혁명 단계이며, 핵심내용은 일본 제국주의로부터의 민족해방과 토지혁명'이라는 방침으로 확립된다. 일제강점기

---

10 공산주의 인터내셔널(Communist International)의 줄임말. 제3인터내셔널이라고도 한다. 제1차 세계대전으로 제2인터내셔널이 무너진 후, 레닌의 지도 아래 1919년 모스크바에서 창립되었다. 마르크스·레닌주의에 기초하여 각국의 공산당에 그 지부를 두고 세계 혁명운동을 지도·지원했고 1943년 해산되었다.

는 물론 해방공간의 공산주의운동에까지 가장 큰 영향을 끼쳤던 지침은 「12월테제」이다. 1928년 7-8월 모스크바에서 열린 코민테른 제6차 대회의 결정서 「식민지·반(半)식민지국가에서의 혁명운동에 대하여」에 기초하여 1928년 12월에 작성된 문건을 가리키는데, 정식명칭은 「조선 농민 및 노동자의 임무에 관한 테제」이다.[11] 이 테제는 조선의 공산주의자들에게 세 가지 중요 사항을 지시했다.[12]

첫째, 공산주의자들이 프롤레타리아와 농민을 기반으로 민족해방운동을 지도하면서 민족 개량주의자들을 비롯한 소위 민족 부르주아지로부터 대중을 고립시켜야 한다는 지시이다. 이 테제 이전의 코민테른의 방침은 식민지·반식민지에서 공산주의자들이 민족 부르주아 세력과 협력할 것을 지시했다. 반면 「12월테제」는 식민지·반식민지의 민족 부르주아지는 혁명진영과 제국주의진영 사이에서 동요하다가 결국 반혁명진영으로 옮아간다고 지적하면서 그들과 단절할 것을 지시했다. 이 방침에 따라 '민족유일당 민족협동전선'이라는 구호 아래 좌파와 우파의 민족통일전선 조직으로 1927년 결성되었던 신간회가 해체되고(1931) 적색노조운동 및 적색농조운동이 전개되었다.

둘째, 조선공산당은 과거 '소부르주아 지식인과 학생들로 구성되어 있었기 때문에 노동자와의 연대가 부족했고, 파쟁이 심했다'고 비판하며, 기존의 당 조직을 해체하고 노동자·농민을 중심으로 당을 재조직할 것을 지시했다. 사실 이 테제가 전달될 무렵 이미 조선에는 제4차 조선공산당이 붕괴됨으로써 공산당이 존재하지 않은 상태였다. 공산주의자들은 이

---

[11] 식민지는 조선이나 인도처럼 완전하게 제국주의의 지배 아래 편입된 지역을, 반(半)식민지는 중국처럼 국가의 상당 부분이 식민지로 분할되어 있는 지역을 말한다.

[12] 일제강점기 공산주의자들이 코민테른의 지시에 기계적으로 복종했다는 주장이 유행했던 적이 있었다. 그러나 필자가 예시한 두 문건이 보여주듯 조선 공산주의자들도 「12월테제」와 같은 내용의 인식을 이미 스스로 정립하고 있었다. 부르주아지와의 협동 부분만 빼면 둘 사이의 차이는 거의 없다.

지시에 따른 당 재건운동을 추진했지만 해방될 때까지 조선에는 공산당이 존재하지 않았다. 또 한 나라에는 하나의 공산당만 있어야 한다는 '1국 1당' 방침에 따라 중국이나 만주에 있던 조선의 공산주의자들은 중국 공산당 밑에 소속되었다. 해방정국에서 박헌영이 제일 먼저 한 일은 광주에서 서울로 올라와 '조선공산당 재건 준비위원회'를 만들고 당을 '재건'한 것이었다.

셋째, 테제는 조선 혁명 단계를 '제국주의의 타도와 토지문제의 혁명적 해결을 주 내용으로 하는 부르주아 민주주의혁명'으로 규정했다. 즉 독립 이후 조선을 부르주아 민주혁명의 원리에 따라 재편성하고, 이 혁명의 과업을 바탕으로 빠른 시일 내에 사회주의혁명으로 이어간다는 전략이었다. 그런데 이 혁명을 담당해야 할 조선의 부르주아 계급은 일본 제국주의 앞에서 흔들리는 개량주의자에 불과하다고 비판했다. 테제는 이제부터 노동자가 헤게모니를 쥐고 농민을 비롯한 민중을 동맹군으로 포섭하여, 이들이 주축이 되어 부르주아 민주혁명을 조속히 완수할 것을 지시했다. 비록 수적으로 미약하지만 조선의 프롤레타리아가 중심이 되어 농민, 소자산계급, 지식인과 제휴하여 밑으로부터 통일전선을 형성하여 혁명을 끌고 나간다는 방침이었다.

1930년 이후 조선의 공산주의자들은 「12월테제」의 지침에 따라 행동했다. 해방공간에서 조선공산당의 기본 노선이었던 「8월테제」는 「12월테제」의 내용을 기반으로 작성된 것이었다. 1934년 말부터 코민테른은 노선을 전환했다. 파시즘의 성장에 위기를 느낀 코민테른은 식민지에서는 제국주의에 저항하는 민족해방운동이 불가피하며, 제국주의에 대항해서 민족 부르주아지를 비롯한 모든 세력과 연합하여 광범위한 민족해방전선을 결성할 것을 지시했다. 이것을 '인민전선론'이라고 부른다. 그러나 국내에서는 공산주의운동을 통일적으로 지도한 조선공산당이 존재하지 않았으며, 「12월테제」에 따라 신간회가 해체된 이후에는 민족주의자들과의 통일전선이 제대로 수행되지 못했다. 1930년대 중반에 들어오면 대부분의 공산주의자들은 감옥에 있거나 대중 공간으로부터 폐쇄되어 있었기 때문에 민족운동세력과 협동할 여건조차 갖지 못했다. 해방될 때까지 둘 사이에는 제대로 된 협조나 협동을 찾아보기 어려웠고, 서로를 불신하는 풍조는 그대로 지속되었다.

3) 일제강점기의 박헌영

박헌영은 국내에서 중등교육을 이수하고 공산주의로 전향하여 외국 (일본, 중국 혹은 소련) 유학을 통해 이론과 사상을 다듬었던 조선 공산주의자 1세대에 속하는 인물이다. 총 9권으로 출간된 『이정 박헌영 전집』을 보면 해방 이전에 박헌영이 남긴 저작이나 기록은 많지 않다. 박헌영 이름으로 출간된 최초의 글은 『개벽』 1924년 9월호에 실린 「국제청년대회의 의의」이다. 이 글에서 그는 유럽의 사회민주주의를 맹비판하고 러시아혁명의 정당성 및 국제공산주의운동에서 러시아의 주도적 위치를 인정하고 있다. 두 번째 글은 『개벽』 1925년 11월호의 「역사상으로 본 기독교의 내면」이다. 마르크스주의적 시각에서 기독교를 분석한 글인데, 특히 서구 열강의 제국주의 침탈에 기독교가 이용되었음을 폭로하고, 기독교는 "조선 민중에게 소위 도덕 양심이라 하여 인종[忍從: 참고 복종하기]과 유순을 장려하며 선전한다"고 비판했다(『전집』 1, 95).[13] 공산주의자의 시각에서 종교의 이데올로기적 기능을 비판한 것이었다.

그밖에 일본 경찰에 체포되어 남긴 신문조서 등이 있다. 그중 몇몇 문건이 중요하다. 예를 들면 1925년 12월 1일 신의주 경찰서에서 남긴 「청

---

13 이 글에서 인용된 박헌영 관련 자료는 9권으로 출간된 『이정 박헌영 전집』을 바탕으로 삼고 있다. 출처는 '『전집』 1, 113' 방식으로 권과 쪽수를 표기했다.

취서(聽取書)」에서 박헌영은 "우리들의 목적은 제국(주의) 정부, 군국주의자 등을 장사지내고, 러시아처럼 공산주의자들의 세상을 만드는 데" 있다고 주장했다(『전집』1, 165). 또한 1926년 4월 신의주 형무소에서 일본어로 쓴 글은 박헌영이 1920년대 중반 공산주의를 어떻게 이해하는지 알려주는 자료이다.[14] 그는 자본주의는 자체의 모순 때문에 필연적으로 사회주의로 이행할 것이며, "다아윈의 진화론이 생물계의 진화 학설인 것처럼, 마르크스의 공산주의는 인간사회의 진화 학설이며 실로 사회진화론"이라고 주장했다(『전집』1, 96). 마르크스주의를 인류 역사의 보편적 발전법칙을 밝힌 과학이라고 보았던 당시 공산주의자들의 인식을 박헌영 역시 따르고 있었던 것이다.

1930년대에 들어오면 박헌영이 남긴 글이나 기록이 몇몇 보인다. 그중에서도 1930-1931년 모스크바 국제레닌학교 재학 중에 작성한 「변증법적 유물론과 역사적 유물론 학습 노트」가 눈에 띈다. 강의를 들으면서 작성한 필기장이다. 마르크스-레닌주의의 중요 명제의 요약이나 인용 혹은 강의 내용의 메모 등으로 구성되어 있는데, 그가 어떤 생각을 갖고 있었는지 읽어내기는 힘들다.

1930년대에는 코민테른 동양 비서부 조선위원회의 기관지였던 『콤무니스트』에 글을 게재했다. 이 잡지는 1931년 3월에 창간되어 1933년까지 상해에서 발간되었는데, 박헌영은 이정(爾丁) 혹은 이우(爾友)라는 이름으로 모두 6차례 글을 기고했다. 내용은 당시 조선 공산주의자들의 전반적인 인식에서 벗어나지 않는다. 그는 전 세계적으로 자본주의 열강 사이의 전쟁 위기가 고조되어 있으며, 조선에는 지주와 부르주아지를 제외한 근로대중이 몰락의 길을 걷고 있음에 따라 혁명운동의 결정적 투쟁국면이 다가오고 있다고 주장했다. 또한 박헌영은 과거 조선 공산주의자들의

---

14 『전집』1권에 「공산주의」라는 제목으로 수록되어 있다.

파벌투쟁을 비판하고, 조선의 민족 부르주아지들이 일본의 만주 침략을 지지하는 '노골적 반동화'의 길을 걷고 있다고 폭로하면서, 공장과 농촌으로 파고들어 노동자와 농민을 적극적으로 동원할 것과 지속적이고 치열한 혁명투쟁을 전개하자고 주장했다.

이 글들 중에서 『콤무니스트』 6호(1932/07)에 실린 「상해폭탄사건은 무엇을 말하느냐?」는 주목할 만하다. 이 글은 1932년 4월 상해에서 벌어진 윤봉길 의사의 폭탄투척사건에 대한 논평이다. 박헌영은 그 행동이 '참으로 통쾌한 일'이라 평가하면서도 개인 테러 전술이 혁명적 투쟁 방법은 아니라고 강조했다. 또한 김구를 비롯한 임시정부 요인들을 '늙은 민족주의 수령들'이라고 부르며, 그들이 조선 공산주의자들을 적대시할 뿐 아니라 중국 공산당을 반대하는 반혁명적 태도를 취하고 있다고 맹렬하게 비판했다(『전집』 1, 156-159).[15]

위의 글들을 제외하면 1930-1940년대의 박헌영은 별다른 문건을 남기지 않았다. 문건을 남길 수도 없었다고 하는 편이 옳을 것이다. 다만 '경성콩그룹'이 체포되었을 때 일본 경찰이 남긴 신문 조서에 보면 이 조직의 혁명관을 읽을 수 있다(박헌영은 체포되지 않았다). 이관술의 「피고인 신문조서」(제11회)를 보면 이 조직은 조선의 혁명을 반제·반봉건 토지혁명을 기본으로 하는 부르주아 민주주의혁명으로 규정하고 있다. 조선인의 대부분을 차지하는 농민은 봉건적 색채가 농후하여 곧바로 공산주의혁명을 일으킬 수 없으므로, 먼저 부르주아 민주주의혁명을 수행해야 한다는 것이었다. 이 단계에서는 프롤레타리아의 헤게모니 아래 농민·소시민과 동맹하여 인민정부를 구성하며, 노농민주 독재를 통해 프롤레타리아혁명을 진행하는 것이 과제라고 기록되어 있다. 또한 토지혁명을 통해 토지를 농민에게 분배하고, 일본 소유의 기업·은행·철도 등 주요 생산

---

15 이 글들은 전부 『이정 박헌영 전집』 1권에 수록되어 있다.

기관을 몰수하여 국가 소유로 삼고, 8시간 노동제, 노동조건의 개선, 임금 인상, 보험, 실업자 구제 등이 부르주아 민주주의혁명의 주요 내용을 이루고 있다(『전집』 4, 127).

이관술의 진술에서도 볼 수 있듯이 박헌영을 포함한 조선 공산주의자들은 기본적으로 마르크스주의를 진리라고 믿었으며, 소련과 코민테른의 노선을 '국제 노선' 혹은 '국제 공산주의 노선'이라 부르며 철저하게 신뢰했다. 그들은 독립 이후에는 노동자·농민의 헤게모니 아래 소시민과 지식인을 결합하여 부르주아 민주주의혁명을 먼저 실시하고, 그것을 바탕으로 빠른 시일 내에 사회주의혁명으로 전환한다는 방침을 갖고 있었다. 반면 그들은 이승만이 속했던 애국계몽기의 문명개화론자들과 달리 기독교나 미국 혹은 자본주의 문명에 대한 희망은 처음부터 갖고 있지 않았다. 또한 강한 민족주의 성향을 갖고 있으면서도 이른바 우파 민족주의자들에 대해서는 적개심을 갖고 있었다.

3. 사회주의 혁명론과 민족국가 건설론

1) 「8월테제」

광주의 벽돌공장에서 일하며 몸을 숨기고 있었던 박헌영은 마침내 해방이 되자 8월 18일 서울로 올라왔다. 그는 김형선·이관술·김삼룡·이현상 등과 함께 회합을 가지고 공산당 재건위원회를 조직했다. 그리고 9월 11일 조선공산당을 정식으로 재건했고 자신은 책임비서에 취임하였다. 박헌영이 조선공산당 재건위원회를 조직하면서 발표한 문건이 소위 「8월테제」인데, 정식 명칭은 「현 정세와 우리의 임무」이다. 「테제」는 본래 조선공산당의 잠정적 정치 노선으로 채택되었지만, 실제로는 해방공간에서 조선공산당의 이론과 행동을 지도하는 원리이자 미래 국가 건설의 방침을 담고 있는 선언문이었다.

현재 국어 원문은 남아 있지 않고 러시아어로 된 번역본만이 남아 있다. 「8월테제」의 원문이라고 인용되는 글은 러시아어 번역본을 다시 국어로 옮긴 것이다. 여기에 몇 가지를 보완하여 9월 20일 조선공산당 중앙위원회에서 잠정적 정치 노선에 대한 결정으로 채택한 문건도 제목은 「현 정세와 우리의 임무」이며 국어 원문이 그대로 남아 있다. 이 문건을 「9월테제」라고 부르기도 하는데, 몇몇 사항을 보완하여 분량이 늘어났지만 그 기본 내용은 같다.[16] 모두 다섯 부분으로 이루어진 「테제」 내용을 보다 자세하게 검토하기로 하자.

첫째, 「테제」는 해방이 진보적 민주주의국가인 연합국과 파시스트 국가들 사이의 전쟁인 제2차 세계대전의 종전 이후 국제문제 해결의 일환으로서 실현되었다고 주장한다. 이에 따라 전쟁 이후 한 나라의 문제는 '국제 노선'에 의해 해결되어야 하는 것이 기본원칙이며, 조선 역시 예외가 아니라고 강조했다. 즉 한반도의 문제는 미국과 소련 어느 한쪽의 의사에 따라 결정되는 것이 아니라 연합국들의 공통된 합의에 따라 해결되어야 한다는 것이다.

둘째, 제2차 세계대전의 승리는 '세계 혁명을 더 높은 단계로 끌어올렸다'고 하면서, 이제 세계는 "자체 내부에 전쟁과 착취의 원인을 내포하는 자본주의를 선택할 것인가 혹은 유일하게 자유와 평화를 보존하는 사회주의 사회를 창조하기 시작할 것인가"의 문제에 직면해 있다고 주장했다(『전집』 2, 49). 「테제」는 조선공산당 궁극의 목표를 분명하게 사회주의로 설정하고 있었다.

---

16 이 글에서는 8월 20일 작성된 문건을 사용했으며, 「테제」라고 표기했다. 그리고 9월에 작성된 문건을 보완자료로 사용했는데, 이 경우는 「9월테제」라고 표기했다.

셋째, 당시 국내의 공산주의자들 중에는 해방 후 곧바로 사회주의혁명 과업을 완수해야 한다고 주장하던 장안파가 있었다. 그러나 「테제」는 "금일 조선은 …… 민족적 완전 독립과 토지문제의 혁명적 해결이 가장 중요하고 중심되는 과업"인 부르주아 민주주의혁명을 수행해야 한다고 내세웠다(『전집』 2, 49). '완전한 독립'은 친일파 및 민족 반역자에 대한 숙청을 비롯하여 일제 잔재를 청산하고, 조선의 정치적·경제적 완전 독립을 실현한다는 뜻이었다. '토지문제의 혁명적 해결'이란 일본인 소유 토지, 민족반역자와 대토지 소유자의 토지를 모두 무상몰수하여 농민에게 분배함을 뜻한다. 「테제」는 그 외에도 출판·언론·집회 및 시위의 자유를 보장하는 것, 하루 8시간 노동의 실현, 일본 식민주의자로부터 토지·산림·지하자원·공장·은행 등을 몰수하고 국유화하여 국가 관리에 넘기는 것 등을 부르주아 민주주의혁명 단계의 주요 과제라고 주장했다.

넷째 부분은 '과거 혁명운동의 파벌을 극복하고 대중운동을 전개한다', '앞으로 노동자·농민을 중심으로 조직을 확대하고 프롤레타리아 헤게모니를 위한 투쟁을 벌인다'는 내용이다. 식민지 공산주의의 큰 문제점이었던 파벌 문제를 극복하고 앞으로 노동자·농민·여성·문화단체 등 사회 각 부분을 조직화하여 기반을 넓히겠다는 주장이다.

다섯째, 「테제」는 부르주아 민주혁명 단계에서 조선을 '진보적인 민주주의 국가'로, 그것을 실천하는 정부 형태를 '혁명적 민주주의 인민정부'라고 불렀다. 「테제」에서는 이 부분을 간략하게 다루었지만 「9월테제」에서는 보다 상세하게 설명했다. 즉 노동자와 농민이 중심이 되어 도시 소시민과 지식인 및 양심 있는 지주·자본가와 광범위한 혁명전선을 결성하고, 이를 바탕으로 점차 '노동자·농민의 민주주의적 독재정권'으로 발전시켜, 사회주의혁명으로 나아갈 수 있는 전제조건을 만들어나가는 단계를 말한다.

「테제」의 혁명론은 당시에도 궁금증을 불러일으켰던 것 같다. 1945년

10월 12일《조선신보》와의 기자회견에서 박헌영은 '왜 부르주아 민주주의혁명을 노동자·농민 대중이 수행하는가?'라는 질문을 받았다. 그는 "원래 부르주아 민주주의혁명은 자본가가 농민들을 동맹군으로 수행하는 반봉건적 혁명"이지만 조선의 자본가들은 반동적 역할로 일관하며 진보성을 상실했기 때문에 노동자·농민이 주도권을 쥐고 수행해야 한다고 대답했다(『전집』 2, 646).

「테제」의 가장 큰 특징은 사회주의혁명과 민족국가 건설의 비전을 하나로 포괄하고 있다는 점이다. 「테제」는 그 결합을 '진보적 민주주의'라로 표현했다. 이어지는 부분에서는 「테제」에 담겨 있는 계급 노선과 민족주의 담론을 검토하면서 박헌영과 조선공산당의 정치 노선을 보다 상세히 살펴보기로 하자.

2) 계급 노선: 진보적 민주주의

일제강점기부터 좌우를 막론하고 미래의 민족국가는 민주주의가 되어야 하는 것을 당연하게 여겼다. 1919년 2월 동경 유학생들의 2·8 만세 선언문이 새로운 나라의 정치형태를 '민주주의'로 규정한 이후 해방에 이르기까지 우리가 지향해야 할 정치체제는 당연히 민주주의였다. 이 민주국가의 모범은 세계의 '일등 강국' 미국과 소련이었으며, 이들의 부강한 국력 뒤에는 민주주의가 있다고 생각했다.

미국과 소련이 좌우파에게는 각각의 모델이었지만 해방공간에서 민주주의 정치제도나 원리에 관한 인식을 보면 좌우파의 견해가 크게 다르지 않았다. 1946년 미군정은 신탁통치와 관련하여 세우게 될 임시정부에 대한 각 정파의 견해를 묻는 질문서를 좌파의 민주주의민족전선에 보냈다. 그 답변서에서 조선공산당은 민주주의라는 이름 아래 포함되어야 할 구체적 법령이나 제도를 광범위하게 열거하고 있지만, 우파의 주장과 별로 다르지 않았다. 「테제」를 비롯하여 조선공산당의 각종 문건에서도 민주주의는 보통·비밀·직접 선거권, 국민의 정치 참여, 신분 평등, 언론·출판·집회·결사 등 기본권의 보장 정도로 이해되고 있었다.

「테제」에서 가장 중요한 용어, 그리고 좌파와 우파를 구분해주는 단어는 '진보적 민주주의'라는 용어였다. 당시 박헌영·조공이 국가 건설의 원칙을 천명하는 문건에서는 진보적 민주주의란 말이 들어가지 않은 문건이 없을 정도였다. 무엇보다 그것은 박헌영·조공의 계급 노선을 선명하게 드러내 주는 용어였다. 「테제」에서 진보적이라는 말은 세 가지 의미를 갖고 있다.

첫째, 반동 독재의 파시즘을 반대하고 세계사의 진보를 대변한다는 뜻이다. 「테제」는 세계대전 이후의 동유럽과 조선은 '자본주의와 사회주의'를 선택하는 기로에 놓여 있다고 강조하면서, 앞으로 조선에 수립되어야 할 정치체제는 세계사의 '진보적' 방향에 따른 사회주의를 지향해야 한다고 주장했다.

둘째, 사회주의로 나아가는 전 단계, 즉 부르주아 민주혁명 단계에서 마땅히 성취되어야 할 기본과제를 완성한다는 뜻이다. 박헌영·조공의 국가 건설 단계는 2단계로 이루어져 있다. 1단계는 고리대금업자, 반동적 민족 부르주아지, 친일파, 민족 반역자 등을 배제하고 '노동자, 농민, 도시 소시민, 인텔리겐챠 등 근로계급'이 희망하는 '진보적 민주주의 사회' 건설이다. 그중에서도 지주로부터 토지를 무상몰수하여 농민에게 무상분배하는 '토지문제의 혁명적 해결'이 가장 중요한 과제이다. 2단계는 사회주의 사회 건설인데, 해방정국에서 박헌영·조공은 사회주의의 전망에 대해 뚜렷한 견해를 밝히지 않았던 탓에 그들이 그리는 미래의 사회주의 사회의 구체적 모습을 알기는 어렵다.

셋째, '형식적' 민주주의에 그치지 않고 민중의 기본권리가 보장되고, 이들의 생활이 크게 개선되는 '실질적' 민주주의를 실현한다는 의미이다.

박헌영과 조선공산당은 계급적 관점에 입각하여 형식적/실질적 민주주의, 진보적/반동적 민주주의, 현상유지의 미국식/현상 타파의 소련식 민주주의를 구분하였다. 형식적 민주주의는 "해외에 있는 망명정부와 결탁하여가지고 저 미국식의 데모크라시적 사회제도 건설을 최고 이상으로 삼는" 한국민주당[17]의 노선을 말한다(「9월테제」,『전집』5, 55). 이 민주주의는 지주와 대자본가들의 이익을 옹호하는 것이 근본 특징인 데 반해, 자신들이 내세우는 '혁명적 민주주의' 혹은 '실질적 민주주의'는 인민의 생활을 보장하여 실제로 자유와 평등을 누리게 할 수 있는 정치체제라고 주장했다. 토지개혁, 산업발전을 위한 중요 산업의 국유화, 8시간 노동, 국가에 의한 사회보장제도 등 조선공산당의 주요 정책은 민중의 생활을 실질적으로 개선할 수 있는 토대로 강조되었다.

이상에서 보았듯 '진보적 민주주의'는 마르크스-레닌주의에 입각한 혁명론, 계급이론을 충실하게 반영하고 있었다. 박헌영·조공은 우파는 낡은 식민지 봉건질서를 옹호하는 특권계급이라는 점을 계속 강조했다. 미소공동위원회 공동성명 제5호를 적극 지지하는 기자회견(1946/04/18)에서 박헌영은 "친일파 등 특권계급의 이익을 대표하는 반동 정객들"이 "우익의 반동적 지도자"라고 하였다(『전집』2, 713). 당시 조선공산당에게 반동은 '봉건적 토지제도를 고수하고 대기업의 사유를 주장하며 노동자·농민 대중에게 정치적 경제적 평등과 자유를 주지 않으려는 일체의 세력'을 의미했다. 즉 우익은 낡은 사회경제적 제도를 유지하며 인민을 억압하는 봉건적 특권계급인 동시에 친일파라는 두 층위를 갖게 된 것인데, 박헌영·조공은 우익을 비판하는 데 계급 용어보다는 친일파 혹은 매국노 등 민족주의적 담론을 적극 활용하였다.

---

17 앞으로는 '한민당'으로 표기한다.

3) 민족국가: 부강하고 자유로운 민주주의 국가

「테제」는 사회주의혁명 노선을 분명하게 밝히고 있었지만 다른 한편으로 그것은 민족국가의 건설이라는 전망 속에 자리 잡고 있었다. 해방공간에서 박헌영·조공은 계급혁명 노선보다는 민족국가의 비전에 호소하여 자신들의 정당성을 널리 알리고자 했다. 1945년 11월 30월 공산당, 국민당, 인민당, 한민당은 서울중앙방송을 통해 정견을 발표하기로 했는데, 추첨을 통해 공산당이 제일 먼저 방송을 하게 되었다. 해방 후 남한에서는 공산주의자로서 최초의 방송 연설이었다. 여기서 박헌영은 "우리 민족이 잘살고 보다 행복을 누릴 수 있는 민주주의 사회를 건설"하는 것이 자신들의 목표라고 하였다(『전집』 2, 99). 1946년 3·1절을 맞아 조선공산당 중앙위원회 대표 자격으로 발표한 방송기념사에서는 "남과 같이 우리도 자유롭게 행복스럽게 살아봅시다"고 했는데(『전집』 2, 215), 역설적으로 그것은 박정희가 임기 내내 강조하던 말이기도 하다.

박헌영·조공은 조선의 미래를 세계열강과 어깨를 나란히 하는 나라, 찬란한 문화가 발전한 문명국, 부강한 민주국가로 묘사했다. 박헌영은 조선공산당의 중요 정책을 '민족의 흥망'과 '망국'에 연결시켰다. 자신의 노선은 계급혁명이 아니라 '민족의 흥망을 가르는' 위기의 순간에 민족을 구하기 위한 것이라는 주장이었다. 1946년 8월 6일 하지에게 보낸 서한문(「남조선의 위기극복은 인민의 정권 파악」)에서도[18] "장군의 정책 여하는 우리 민족의 흥망성쇠를 직접 영향하는 까닭"에(『전집』 2, 400) 신중히 생각하여 일제에 맞서 "민족의 독립과 인민의 해방을 위하여 싸우던 애국자", 그리고 "인민의 대표애국자들"이 만든 인민위원회에 정권을 넘기라고 촉구했다(『전집』 2, 402).

---

18 여기서 파악(把握)은 '확실하게 이해한다'가 아니라 '손에 쥔다'는 뜻이다.

박헌영은 토지개혁, 모스크바 삼상회의 결정 등 중요문제를 정당화하는 근거로도 민족국가의 미래를 동원하였다. 「3·1운동의 의의와 그 교훈」(1947)에서는 조선 인민의 이익에 가장 적합한 모스크바 삼상회의 결정을 신속하게 이행하여 "영구히 위대한 선진적 민족으로 살아야 한다"고 하면서 '선진국'이 되는 길로 연결시켰다(『전집』2, 577). 토지개혁도 마찬가지였다. 이승만의 방송 연설을 반박한 「이승만씨의 '데마'를 폭로한다」(1946/03/26)에서는[19] 토지개혁을 통해 조선의 경제는 비약적으로 발전할 것이라고 강조했다. 그리고 이를 바탕으로 "정치적 경제적 문화적으로 부흥"된 국가, 세계 평화와 진보와 번영을 위하여 싸우는 "훌륭한 민주독립국가", "반만년역사와 찬란한 우리 문화를 다시 살리는 일류문명국"이 될 것이라고 전망했다(『전집』2, 228).

박헌영·조공이 대중을 호명하는 데 가장 많이 쓴 용어도 '노동계급'이나 '무산자계급'보다는 '민족', '동포', '인민'이라는 세 가지였다. 하나의 문건에서도 이 셋이 함께 사용되는 경우가 많았는데, 그것은 전형적으로 민족주의 감성을 표현하고 있었다. 박헌영·조공은 방송 연설, 3·1절 기념사 등 대중을 상대로 한 연설이나 문건에서는 예외 없이 동포라는 말을 빈번히 사용하였다. 동포는 또 '단일동포', '3천만 동포들이여', '사랑하는 우리 동포들이여', '애국 동포들이여' 등으로 다양하게 변주되었다. 사실 '같은 배에서 태어난 형제'를 의미하는 이 단어는 사회주의자들에게는 별로 어울리지 않지만, 무엇보다 그 정감 어린 단어는 민족주의를 배경으로 정치적 수사 효과를 극대화하는 데 가장 효과적이었다.

민족주의 감정을 자극하는 또 다른 단어는 '애국자'와 '매국노'였다. 해방정국에서 좌파와 우파는 서로 민족의 신성함을 내걸고 '누가 진정한 애국자인가' 하는 '애국자 경쟁'을 벌이며 상대방을 민족의 반역자로 매도

---

19 '데마고그(demagogue)'에서 나온 말로 '선동'이라는 뜻이다.

하는 극한 대립을 벌였다. 박헌영·조공은 '모든' 문건에서 일제강점기 민족해방투쟁 경력을 강조하면서 민족을 위해 헌신한 애국자로 자처했다. 예를 들면 「민족통일의 3대 원칙(하)」(1946/07/14)에서 박헌영은 과거 "조국의 자유와 해방을 위하여" 가장 많은 희생을 당했고, 오늘날에는 "인민의 이익을 위하여 가장 용감히 싸우며 조선 건국의 노선을 가장 옳게 세운 철저한 민주주의적 애국자 공산당"이 바로 자신들이라고 주장했다(『전집』 2, 385).

애국자의 수사는 좌익이 스스로를 민족사의 과거·현재·미래를 담당하는 정당한 이념이라 주장하고, 해방공간에서 핍박받는 애국자의 모습으로 대중의 호응을 얻을 수 있도록 하는 데 매우 유용한 장치였다. 박헌영과 조선공산당은 일관되게 민족/반민족 친일파, 애국자/민족 반역자라는 식으로 대립각을 세우고 우익을 민족의 배신자·매국노로 몰고 갔다.[20] 신탁통치와 미소 공동위원회 문제가 본격적으로 전개되는 1946년 1월 이후부터 이승만과 우익은 물론이고 반탁운동을 주도하던 김구도 '민족반역자'의 목록에 포함시켰다. 1946년 6월에는 이승만과 김구가 해방 후 국내에 들어와서 한 죄악은 "친일파의 두목 김성수, 장덕수, 윤치호에 못하지 않은 아니 그 이상 용서 못 할 민족 반역의 죄악을 감히 범한 자"라고 비판했다(『전집』 2, 359).

민족주의는 해방공간에서 좌우의 이념 대결을 떠받치는 기본 틀이었다. 좌우는 각각 자신들만이 민족을 대변하는 이념이라 자처하고, 상대방을 민족 반역자, 반민족, 매국노 등으로 비난하였다. 좌익의 애국자·매국

---

20 이승만 역시 '공산당에 대한 나의 입장'이라는 제목의 방송 연설(1945/12/17)에서 남한의 공산주의자들을 '나라와 동족을 팔아 사익과 영광을 위하여 인민을 속이는' 무리, 파괴 선동을 일삼는 '극렬분자', '노국[露國: 러시아]을 조국으로 부르는 자'들로 묘사하였다. 그리고 이러한 사람들에 대해서는 "우리 삼천만 남녀가 다 목숨을 내놓고 싸울 결심" 아래 비록 친부형이라도 "원수로 대우해야 할 것"이라고 하면서 민족의 범위에서 배제할 것을 분명히 밝혔다(국사편찬위원회 1968, 612-613).

노 수사법에 우익도 똑같이 응수했다. 1946년 1-2월 사이 신탁통치를 반대하며 우익진영에서 살포한 '삐라'에서부터 '조선의 영원한 노예화를 음모하는 공산당', '민족 반역자 매국적(賊: 도둑)', '매국노 박헌영', '전 민족의 원수', '악마 박헌영 허헌 여운형 타살(打殺: 때려죽이자)' 등의 비난들로 가득 차 있었다(김현식·정선태 편 2011, 186-198).

4. 북한에서의 박헌영

해방공간에서 박헌영과 조선공산당은 일제강점기의 투쟁 경력을 앞세워 우익과 이승만을 친일파, 매국노로 몰아붙이며 상당한 기세를 올렸다. 그러나 신탁통치 지지 입장으로 돌아서며 수세에 몰리게 되었다. 조선공산당은 한반도에서 신탁통치가 실시될 것이라는 보도가 나온 1945년 10월 23일에는 분명히 반대 입장을 밝혔다. 그러나 박헌영이 12월 25일부터 1946년 1월 2일까지 평양을 방문한 이후 신탁통치를 지지한다는 입장으로 바뀌었다. 그 이유에 대해서는 여러 주장이 있지만 이완범의 지적과 같이 '소련의 종용' 그리고 '반탁운동을 주도하는 임정에 맞서 권력투쟁 과정에서 승리할 가능성이 있다는 판단'에서(이완범 2005) 찬탁으로 돌아선 것으로 추측된다.

1946년 5월 제1차 미소 공동위원회가 결렬되면서 좌우파는 격렬한 대립국면으로 돌아섰고, 상황은 날로 심각해졌다. 이승만은 1946년 6월 이른바 '정읍 발언'을 통해 남한만이라도 먼저 정부를 수립하자고 주장했다. 좌우의 대립을 막고 임시정부를 세우기 위해 여운형, 김규식, 안재홍 등 중도파 세력을 중심으로 1946년 7월부터 좌우합작운동이 벌어졌지만, 한민당과 조선공산당은 이 운동에 반대했다.

남한에서 친미 정부를 세우기로 방침을 굳히고 있던 미국은 조선공산당을 더 이상 용납할 수 없었다. 1946년 5월 이른바 조선정판사 위조지폐 사건은 미군정의 좌익 탄압에 좋은 명분을 제공했다. 7월에는 3개 좌익계 신문에 정간조치가 내려졌고, 9월 초에는 박헌영과 이강국을 비롯한 공산당 핵심 간부에 대한 체포령이 떨어졌다. 박헌영과 조선공산당은 1946년 7월 '타협을 버리고 미군정과 우익에 대해 치열한 투쟁을 전개한다'는 '신전술'로 방침을 바꿨고, 조선공산당은 9월 총파업과 대구·경북 지역의 10월 인민항쟁을 주도하였다.

박헌영은 미군정의 체포를 피해 1946년 9월 북한으로 탈출했다. 북한에 거주하면서도 그는 계속 남한의 정세에 대한 논평을 비롯해 여러 글들을 집필했고, 그중의 일부는 공산당 계열의 출판물들을 통해 남한에 공개되었다. 1948년 9월 9일 북한 정부 수립 이전에 작성된 글들은 대부분 좌우합작운동을 비판하고, 남한 단독정부 수립을 시도하는 이승만과 한민당을 격렬하게 성토하며, 조선공산당의 지휘 아래 남한 인민이 치열한 투쟁을 이어갈 것을 주장하는 내용이었다. 박헌영은 「좌우합작 7원칙 비판(하)」(1946/10/26)에서 좌우합작운동은 미군정의 "실패를 만회하려는 책동이며 반동진영이 상실한 그 대중적 기초를 탈환하려는 음모", "인민에의 배반"이라고 맹비판했다(『전집』 2, 452).

'신전술'로의 전환 이후 박헌영은 미군정과 우익에 대해 격렬한 비판을 퍼부으며 더욱 치열한 투쟁을 강조했다. 1946년 10월 대구를 중심으로 '10월 인민항쟁'이 발생하자 박헌영은 조선 근대사를 계급투쟁의 관점에서 분석한 『동학 농민란과 그 교훈』이라는 작은 책자를 출간했다(남한에서는 '해방사'라는 출판사를 통해 1947년 출간되었다). 이 책자에서 박헌영은 동학, 3·1운동, 10월항쟁을 계급투쟁이 아니라 민족투쟁이라는 측면에서 부각시키고자 했다. "19세기 말경에 동학란과 제1차 대전 후의 3·1운동과 금일의 남조선 인민항쟁을 우리 민족으로서는 길이 두고 자랑할 만한 해방을 위한 민족투쟁"이라는 주장에서 보듯(『전집』 2, 469) 여전히 민족주의 수사학이 동원되었다.

박헌영이 남한 단독정부 수립을 위한 선거를 반대하는 명분도 민족주의였다. 남로당 기관지 『노력인민』(1948/04/20)에 박헌영의 이름으로 실린 「인민들에게 고함」이라는 글은 단독선거를 '매국적 행동'이라고 비판했다. 그리고 "국운이 위태하게 된 금일" 나라의 운명을 걱정하며 "정의의 애국투쟁"에 모두 나서자고 전혀 공산주의자답지 않은 발언을 쏟아냈다(『전집』 2, 633-634). 마침내 1948년 7월 2일에는 단독정부 수립을 주도한 한민당과 이승만은 "조선을 미 제국주의에 팔아먹는 매국노들의 집단"이며, 이승만은 '민족 반역자', '매국노', '제2의 이완용', '조선 인민의 원수'라고 규정하였다(『전집』 3, 89).

박헌영이 북한에서 작성하여 남한으로 보낸 문건들은 '반제국주의·반봉건 민주주의혁명의 완수' 같은 계급적 주장을 내세우면서도 전체적으로는 '애국' '매국' '나라의 운명' 등의 용어를 사용하며 민족주의 감정을 강조했다. 예를 들어 「남조선의 정세」(1946/10/10)에서는 미국이 "고만[高慢: 매우 건방진]한 태도로 남조선에서 조선인을 열등 민족으로 취급하고 있다"고 하면서 민족 감정을 자극하였다(『전집』 2, 438). 미소 공동위원회가 완전히 결렬된 1947년 말부터는 미국을 제국주의 국가로 규정하며 민족주의 감정을 최대한 자극하고자 했다. 통일 임시정부가 수립될 때까지 각종 개혁의 기초로 사용될 법령 초안을 작성하는 임무를 갖고 좌우파를 망라하여 조직된 '과도입법의원'에 대해서는 "조선을 식민지화하려는 미군정의 연장 …… 미국 제국주의 괴뢰정권을 수립하는 길"이라고 비판하였다(「남조선 입법의원」(1946/11/07), 『전집』 2, 455).

북한 정권이 수립된 이후의 문건들은 토지혁명을 통해 북한이 훨씬 더 잘살게 되었음을 과시하고, 북한에는 자주적·민주적 정권이 설립된 반면 남한은 미 제국주의의 식민지로 전락했음을 강조하였다. 박헌영은 이때부터 남한은 전쟁 준비에 열을 올리고 있다고 비판하기 시작했다. 예를 들어

북한 정권 수립을 앞두고 열린 조선최고인민회의 제1차 회의(1948/09/07)의 토론에서 박헌영은 이승만이 '남조선'을 미국에 예속시키기 위해 미군을 장기 주둔시키며 무력을 준비하는 "동족상참[同族相斬: 동족을 칼로 베는]의 내란을 꾀하는 외교"에 열을 올리고 있다고 성토했다(『전집』3, 127).

북한에서의 체류가 길어지며 박헌영은 김일성을 추켜세우고 일제강점기 만주에서의 빨치산 투쟁을 높이 평가하였다. 북한의 『로동신문』(1952/04/15)에 게재된 「김일성 동지의 탄생 40주년에 제하여」에서 박헌영은 김일성을 '쓰탈린의 충실한 제자'로서 '조선 인민의 승리의 상징'이라고 강조하고, 민족해방 투쟁 시기 만주에서의 빨치산 투쟁에 대해 높이 평가했다(『전집』3, 423-431). 거의 모든 문건에서 박헌형은 '김일성 동지가 말씀하신 바와 같이' '김일성 동지가 가르치시기를' 하면서 해방 이후 북한의 국가 건설 과정을 김일성 중심으로 서술하며 그의 주도권을 인정하였다. 망명객이나 다름없는 그의 처지가 잘 나타나 있다. 그 외에도 6·25 전쟁이 발발하고 남한의 좌익들에게 투쟁을 독려하는 여러 성명서, 북한의 외무상으로 유엔 및 세계 각국과 주고받은 성명서 및 관련 자료가 남아 있다. 박헌영이 남겨 놓은 마지막 기록은 소위 '박헌영 간첩사건'에서 그가 했다는 최후 진술이다. "저의 죄악의 엄중성으로 보아 사형은 마땅한 것입니다"라고 말했다는 이 진술이(『전집』7, 397) 얼마나 신빙성이 있는지는 의문이다.

5. 비운의 혁명가 박헌영의 노선 평가

지금까지 보았듯이 박헌영·조공은 기본적으로 마르크스-레닌주의와 국제공산주의운동 노선에 기초한 계급 논리를 내세우면서도, 계급 문제를 민족주의 담론 안에서 풀어내고자 했다. 그들은 이승만과 우익을 친일파·반동특권계급·매국노로 규정하고, 자신들만이 민족을 진정으로 사랑하며 민족국가의 현재와 미래를 담당하는 애국자라는 주장을 부각시키고자 했다. 그렇지만 실천 측면에서는 전혀 달랐다. 그들의 담화와 성명은 친일파와 민족 반역자를 제외하고 모든 세력과 민족협동전선을 구축하겠다고 했지만, 실제로 그들이 인정한 협동의 대상은 조선공산당의 노선에 동의하는 사람들로 한정시켰다. 여운형을 비롯한 중도파와의 통일전선조차 거부했다. 공산당이 기껏 해낸 것은 조선신민당, 조선인민당 등 사회주의 계열의 당과 합쳐 남조선로동당(남로당)을 창당한 것이 전부였다. 신탁통치 문제처럼 국제공산주의 노선과 민족주의 노선이 갈등을 일으킬 때 그들은 민족주의적 과제를 포기했다. 필자는 그 원인을 세 가지로 파악했다.

첫째, 공산주의자로서 그들이 기본적으로 '국제 노선'을 따르지 않을 수 없기 때문이다. 박헌영·조공은 자신들의 주장을 국제 노선이라는 측면에서 정당화했다. 국제 노선은 일제강점기 공산주의자들에게 '코민테른 노선', 해방 후에는 소련의 노선과 같은 말이었다. 1928년 조선공산당 해체 이후 조선의 '모든' 공산주의자들은 앞으로 국제 노선을 충실히 따르고 그 노선에 따라 당을 재건해야 한다는 것을 기본 신조로 삼고 있었다. 신탁통치를 찬성한 것도, 1946년 '스탈린 노선'을 따른 것도 그들에게는 국제 노선을 따르는 것이었으며, 진보적인 노선이었다.

둘째, 일제강점기부터 공산주의자들이 지니고 있던 사상의 연속성이다. 일제강점기에 국내 공산주의자들의 행동을 결정지은 것은 1928년의 「12월테제」였다. 앞에서 설명했지만 「12월테제」는 해방될 때까지 한국 공산주의운동을 규정했던 기본지침이었으며 「8월테제」도 그 연장선에서 작성되었다. 두 개의 테제는 민족부르주아지가 민족혁명을 배신한다는 것, 공산당의 지도 아래 민족혁명과 계급혁명이 하나가 되고, 노동자·농민의 계급 역량 강화가 민족혁명 역량을 강화한다는 내용을 담고 있다.

즉 공산주의자들은 민족혁명가인 동시에 계급혁명가이며, 계급 노선을 따르는 것이 곧 민족주의 노선을 강화하는 것이었다.

셋째, 일제강점기부터 소위 민족 부르주아지에 대해 갖고 있던 불신과 불화의 연속이다. 공산주의자들은 처음부터 민족 부르주아지를 신뢰하지 않았으며, 둘 사이에는 제대로 된 협조 또한 한 번도 없었다. 1923년 물산장려운동, 1927년 신간회, 1930년대 문화운동에서 좌파와 우파는 서로 충돌하고 끝내 결별했다. 이미 신간회 시절부터 공산주의자들은 우파 민족주의자들을 변절자나 민족의 배신자로 취급했으며, 우파는 그들 나름대로 좌파를 불신했다. 이러한 인식은 해방공간에서도 그대로 연장되었다.

박헌영·조공은 무력에 의해 전면 패퇴하였고, 1948년 남한 단독정부 설립 이후 박헌영은 괴수나 소련의 주구 정도로 취급받았다. 조봉암을 비롯하여 일제강점기 좌익 경력을 갖고 있던 사람들은 박헌영·조공을 부정하고 그들과의 관계를 청산한다는 입장을 밝혀야 했다. 그렇지 않으면 생존 자체가 어려웠다. 6·25전쟁 이후 남한에서는 '소련의 괴뢰' 혹은 '민족 반역자'로 확정되었고, 북한에서는 '미 제국주의의 스파이'로 규정되었다. 이승만 정권이 몰락하고 1960-1961년 민주당 정권에서 과거의 좌익들이 '혁신계'라는 이름으로 잠시 활동하기는 했지만, 자신들은 '계급정당'이 아니라 '전체 민족의 번영과 발전'을 목표로 하는 사회민주주의자들이라고 주장했다. 이들 또한 북한과 소련을 비판하면서 반공 입장을 분명히 밝히는 데서 출발했다.

박헌영·조공에 대한 시각이 반공 노선에서 벗어나기 시작한 것은 1980년대 중반부터였다. 점차 박헌영·조공의 노선을 객관적으로 규명하려는 움직임이 일어났던 것이다. 그렇지만 '민중운동사'라는 제목을 달고 한국 근현대사를 급진적 시각에서 해석하려는 운동권의 문건들에서 박헌영은 관심의 초점이 아니었다. 국내 친일파와 미국에 맞서는 저항의 주체로서 '민중'과 조선공산당의 투쟁만이 강조되었다.

학계에서는 여러 연구들이 나왔지만 전반적인 평가는 박헌영은 '실패한 혁명가'였다는 것이다. 박헌영·조공은 편협한 교조주의, 좌편향의 오류를 거듭하면서 독선으로 일관했고, 우익 전체를 적으로 규정하는 오류를 범했다는 비판이 대부분이다. 혹은 박헌영의 노선이 당시 상황에서는 일정한 설득력을 갖고 있었음을 인정한다 해도 결국 냉전의 국제 정치구도 속에서 무력에 밀려 실패한 것으로 평가받고 있다.

독자들 중에는 현실의 성공 혹은 실패에 따라 일방적인 평가를 내리는 것이 아니냐고 반문하는 분들도 있겠다. 그러나 박헌영을 규정하는 단어는 '혁명가'이다. 혁명가는 비록 실패했다고 하더라도 그의 이상(理想) 측면에서—실패했기에 더 아쉬운—평가받을 수 있을 것이다. 그러나 그가 한반도에서 실현하고자 했던 사회주의는 북한의 현실이 보여주듯 그의 혁명의 이상마저 희미하게 만들고 있다. 앞으로도 박헌영은 '비운의 혁명가'로 계속 남게 될 것 같다. 그것이 혁명가가 치러야 할 역사 앞에서의 운명일 것이다.

6. 박헌영·조선공산당의 그림자: 한국 급진이념의 궤적

해방 이후 남한 급진주의의 첫 줄기에 해당하는 조선공산당은 정치세력으로서 실패했다. 그 결정적 요인은 미군정과 우익의 압도적 무력 때문이었다. 특히 자신들의 진보성과 애국자로서의 남한에서 투쟁 경력에 대한 확신은 권력 장악만 이루어지면 모든 것이 일거에 실현될 수 있다는 모험주의 노선에 일조했다. 박헌영·조공의 모험주의는 그들의 몰락을 더 빨리 불러왔다. 남한에서 살아남은 좌익은 지하로 숨거나 북으로 탈출하는 수밖에 없었다. 이것이 한국 급진이념의 제1차 국면에 해당한다.

6·25전쟁을 겪고 좌익 잔존 세력은 대부분 처형되었고 그 일부만이

간신히 지하에서 활동했다. 철저한 냉전구도 속에서 1950년대와 1960년대의 조봉암과 혁신계는 민중의 생활고 개선, 민주주의 실현, 부정부패 일소, 평화통일을 사회민주주의 아래 포괄하며 급진이념을 살려내고자 했다. 그들은 반공을 앞세워 북한과의 관련성을 차단하고 계급의 논리를 철저하게 배제했다. 그러나 조봉암은 반공의 이름으로 사형당하고 혁신계는 5·16 이후 대거 탄압받으며 겨우 이름만 유지하였다. 급진이념은 소수의 추종자들에게만 겨우 맥을 이어 다시 지하로 잠복하게 되었다. 이것이 제2차 국면이다.

그 이후 간간이 '혁명당' 사건으로 얼굴을 내밀었던 사회주의는 1980년대에 들어와 한국 사회의 민주화를 가로막는 근본 원인을 자본주의의 모순과 분단구조에서 찾으며 격렬한 혁명 논리를 전개했던 제3차 국면으로 들어선다. NL과 PD로 상징되는 이 시기의 급진이념은 노동계급을 축으로 하는 '민중'을 동원 대상으로 삼으며 민주화를 넘어선 한국 사회에 사회주의혁명이 실현되어야 한다고 주장했다. 그러나 그들의 이념은 민주화운동을 촉발하는 저항이념 차원에서는 대단히 효과적이었으나 한국사회의 대안으로는 널리 인정받지 못했다. 1980년대에 거리를 가득 메운 한국의 '민중'은 민주화에서 멈추었고 1987년의 노동자 대투쟁은 사업장의 작업조건 개선, 민주노조 인정, 임금인상 등의 개량적 조치에서 멈추고 말았다. 또한 계급과 민족의 갈등은 해결되지 못했고 서로 한쪽만을 강조하는 두 개의 노선으로 갈라섰다.

1990년대의 일시적 침체를 극복하고 꾸준히 사회주의를 내걸고 운동을 진행했던 세력들은 2000년대에 들어와 진보정당을 결성하는 결실을 거두었다. 이 제4차 국면은 앞의 국면들을 일정 부분 계승하고, 그것을 새로운 현실 속에서 각색·변용하며 사회주의를 다시금 대안으로 만들고자 분투하고 있다. 그러나 계급이나 민족의 관점에서 문제를 정의하기 어려울 정도로 복잡한 사회구조와 신자유주의 세계화 속에서 저항이념으로서의 위세도 전만 같지 못한 것이 사실이다. 민주노동당은 평등파와 자주파라는 두 개의 분파로 나누어져 사사건건 대립하다가 결국 당이 나누어졌고, 통합진보당은 헌법재판소로부터 해산 명령을 받는 사태를 맞기도 했다. 정의당이 제도권 내의 진보정당으로 활동하면서 최근 지지율도 높아지고 있지만 이론과 실천의 측면에서는 뚜렷한 돌파구를 찾지 못한 채 어려움을 겪고 있다.

이처럼 해방 이후 급진이념은 각각의 국면에서 가장 중요하다고 생각되는 문제들을 포착하며 한국 사회의 근본구조에 대한 대안을 제시하고자 했다. 각 국면마다 사용 언어·수사·담론 틀·문제 제기 방식이 달랐으며, 그들이 포착했던 문제와 언어가 항상 성공적인 것도 아니었다. 우리는 이와 같은 역사적 궤적을 통해 친미·반공·자본주의를 근간으로 하는 한국의 기본 사회원리에 저항하며, 그것을 새로운 질서로 바꾸고자 했던 급진이념의 논리와 인식을 발견할 수 있다. 이 글은 그 첫 단계에 해당하는 해방공간에서의 박헌영과 조선공산당의 담론을 분석하며, 급진이념에 대한 총괄적 이해의 틀을 마련하고자 한 것이다.

박헌영 저·이정박헌영편집위원회 편. 2004. 『이정 박헌영 전집』 전 9권. 서울: 역사비평사.

국사편찬위원회. 1968. 『자료 대한민국사』 1. 서울: 문교부.

김현식·정선태 편. 2011. 『삐라로 듣는 해방직후의 목소리』. 서울: 소명.

박은식. 1946. 『한국독립운동지혈사』. 서울: 서울신문사.

스칼라피노, 로버트·이정식 저. 한홍구 역. 1986. 『한국 공산주의운동사』 1권. 서울:
   돌베개.

이반송·김정명 저·한대희 편역. 1986. 『식민지시대 사회운동』. 서울: 한울림.

이완범. 2005. "조선공산당의 탁치노선 전환 이유." 『정신문화연구』 제28권 제2호, 161–
   185.

임형태 편. 1985. 『식민지시대 한국사회와 운동』. 광주: 사계절.

최백순. 2017. 『조선 공산당 평전: 알려지지 않은 별 역사가 된 사람들』. 파주: 서해문집.

역사비평 편집부. 1992. "자료 발굴 「조선공산당선언」." 『역사비평』 제21호, 349–361.

● 박헌영 저·이정박헌영편집위원회 편. 2004. 『이정 박헌영 전집』. 서울: 역사비평사.
박헌영에 관한 기본자료이다. 해방 이전의 저술이 수록된 1권, 해방공간에서의 저술이 수록된 2권이 핵심이다. 당시의 문건을 그대로 수록하고 있기 때문에 한자가 많아 일부 학생들은 읽기가 쉽지 않다.

● 김남식·심지연 편저. 1986. 『박헌영 노선 비판』. 서울: 세계.
박헌영·조공에 관련된 가장 기본적인 자료들을 선별·수록하여 전부 한글로 옮겼다는 점에서 자료에 접근하기 좋다는 장점이 있다.

● 김남식. 1984–1988. 『남로당 연구』. 서울: 돌베개.
총 3권으로 되어 있다. 1권은 해설과 논평, 2권과 3권은 자료집이다. 『박헌영 노선 비판』에 수록되어 있던 자료들을 비롯하여 그 외 많은 자료들을 보완하였다. 한글로 되어 있다.

● 안재성. 2009. 『박헌영 평전』. 서울: 실천문학사.
'평전'이라는 이름으로 출간된 박헌영 전기 자료 중에서는 이 책이 비교적 건실하다.

● 임경석. 2004. 『이정 박헌영 일대기』. 서울: 역사비평사.
출생에서부터 사망까지 박헌영의 일생을 주요 사건과 날짜별로 추적하며 관련 자료를 덧붙였다. 그의 가족들의 진술도 수록되어 있는데, 박헌영을 연구하려는 사람들에게는 필수적인 자료이다.

● 임경석. 2012. 『모스크바 밀사』. 서울: 푸른역사.
조선공산당이 코민테른 가입을 위해 파견한 밀사들의 활동, 당시의 상황을 간결하고 재미있게 서술한 책이다.

● 최백순. 2017. 『조선공산당 평전』. 파주: 서해문집.
이동휘의 '한인사회당'부터 박헌영과 '경성콩그룹'에 이르는 일제강점기 공산주의운동을

잘 정리했다. 지나치게 전문적이지도 않고 복잡한 곁가지를 쳐내고 큰 줄기를 잡아 잘 정리
했다.

● 조선희. 2017. 『세 여자』 전 2권. 서울: 한겨레출판.
박헌영, 임원근, 김단야의 동지이자 파트너였던 주세죽, 허정숙, 고명자 세 명의 여성 공산
주의 혁명가들의 행적을 재구성한 소설이다. 지금껏 가려져 있던 식민지 여성 혁명가들을
역사 앞으로 불러냈다. 단, 소설임을 감안해서 읽어야 한다.

● 박헌영·조공에 관해서는 많은 연구들이 있다. 열거하자면 끝이 없지만 다음의 글들을
우선적으로 추천한다.
기광서. 2003. "해방 직후 조선공산당에 대한 소련의 입장." 『역사비평』 통권 65호, 227-
    248.
김인식. 2008. "「8월테제」의 '진보적 민주주의' 국가건설론." 『한국민족운동사연구』 통권
    55호, 361-403.
이완범. 2005. "조선공산당의 탁치노선 전환 이유." 『정신문화연구』 제28권 제2호, 161-
    185.
조현수. 2006. "박헌영의 국가건설사상." 오문환 외. 『국가건설사상』 3. 서울: 인간사랑.
    213-257.

5

조봉암

한국 진보이념의 기원과 전개[1]

정승현

1. 한국 진보정치에 있어 조봉암의 의미

박근혜 전 대통령의 탄핵 이후 치러진 2017년 대통령 선거에서 더불어민주당 문재인 후보가 당선되었다. 선거 결과를 두고 다양한 분석이 있었지만 결론은 '진보 대 보수의 대결'이라는 틀로 요약되었다. 한국 정치의 기본구도를 요약하는 단어로 가장 많이 사용되는 것은 아마 진보-보수의 대립이라는 말일 것이다. 그렇다면 한국 정치에서 보수와 진보의 대립구도는 언제 만들어졌을까?

현존 질서의 보존과 변혁을 주장하는 이념을 각각 보수와 진보로 규정

---

1   이 글은 다음과 같은 필자의 논문을 재구성하고 일부를 새롭게 보완한 것이다. 정승현. 2013. "조봉암·진보당과 한국 현대 진보이념: 그 기원과 전개." 『현대정치연구』 제6권 제1호, 115-143.

한다면, 정치이념으로서의 진보와 보수는 어느 시대, 어느 공간에서나 존재해왔다고 할 수 있다. 그렇지만 자신이 지향하는 이념을 진보, 상대편을 보수로 규정하고 한국의 정치사회적 현실을 진보와 보수의 대결구도로 이끌어간 것은 1950년대 중반 조봉암이 이끈 진보당의 창당으로부터 비롯되었다. 그렇다고 한국에 진보와 보수의 대립이 1950년대부터 존재하게 되었다는 말은 아니다. 정치이념의 일반적 분류 기준인 진보-보수의 틀은 모든 시대에 통용될 수 있지만, 한국 현대 정치를 특징짓는 기본 틀로서 '보수-진보' 대립이 조봉암을 계기로 성립되었다는 뜻이다.

조봉암·진보당은 두 가지 이유에서 현재의 정치 국면에서도 중요한 의미가 있다. 첫째, 현재 한국 정치의 한 축을 담당하고 있는 진보이념의 발생지라는 점이다. 보통 김대중·노무현·문재인으로 이어지는 역대 정권을 진보라고 부르지만, 조봉암의 진보이념은 1960년대의 혁신계 정당들, 2000년 이후 민주노동당, 진보신당, 정의당으로 이어지는 진보정당의 이념과 연속성을 갖는다. 이 정당들은 기본적으로 사회민주주의 노선을 추구하고 있는데, 조봉암·진보당은 사회민주주의의 선구자에 해당한다. 우리는 조봉암·진보당을 통해 사회민주주의를 기반으로 하는 한국 진보이념의 기본특징과 문제의식을 파악할 수 있다.

둘째, 조봉암·진보당의 사회민주주의는 현재 신자유주의 세계화에 맞서는 진보정당들의 정책과 노선을 파악할 수 있는 디딤돌이기도 하다. 조봉암·진보당은 1950년대에 사회민주주의를 주장했지만 자본주의의 폐해에 관한 그들의 문제의식은 오늘날 신자유주의 세계화의 국면에서도 일정한 의미를 갖고 있다. 우리는 조봉암·진보당을 통해 한국 진보이념의 자본주의 인식의 초기 형태를 파악할 수 있다.

셋째, 조봉암·진보당은 자신들을 진보세력으로 내세우고 보수세력과 치열하게 대결했는데, 이를 통해 1950년대 한국 정치이념의 다양한 면모를 확인할 수 있다. 또한 당시 진보와 보수 사이에 벌어진 대립과 갈등을 통해 오늘날까지 이어지고 있는 보수와 진보의 기본적인 대립구도를 이해할 수 있다. 아울러 1950년대 진보당 이념의 진보성이 어떻게 변화되었는지 추적함으로써 보수와 진보의 역동적 상호작용을 이해할 수 있다.

2장에서 먼저 조봉암의 생애를 간략하게 서술했다. 3장에서는 조봉암·진보당의 정치이념을 '피해대중', '평화통일론', '사회민주주의'로 나누어 살펴보면서 그 이념이 어떤 의미에서 진보로 평가될 수 있는지 검토했다. 4장에서는 조봉암·진보당에 대한 1950년대의 여러 비판을 통해 보수-진보가 어떤 지점에서 대립했으며, 그 대립구도가 어떻게 현재로 이어지고 있는지 살펴보았다. 5장은 당대에 진보라고 평가되었던 내용들이 그 후에 어떻게 변화되었는지 추적하며 정치이념들의 역동적 상호작용을 파악하고자 했다. 이 글에서 조봉암·진보당은 '조봉암을 앞에 내세운 진보세력의 결집체'라는 뜻이다. 또한 조봉암의 정치이념을 일제강점기로부터 소급하여 추적하지 않고, 그가 가장 활발하게 활동하며 한국 정치이념에 큰 영향을 남겼던 1950년대로 한정한다.

2. 조봉암의 생애

조봉암(曺奉巖, 1898-1959), 호는 죽산(竹山)이다. 일제강점기에는 박철환(朴哲煥, 朴鐵丸), 정환균(鄭桓均), 김준(金埈) 등의 가명을 사용하기도 했다. 1898년 9월 22일 경기도 강화군(현재 행정구역으로는 인천광역시 강화군)에서 출생했다. 1911년 4년제 소학교인 강화공립보통학교와 2년제 농업보습학교를 마쳤다. 어려운 집안 형편 탓에 강화군청에서 하급 사원으로 일했으나 1년도 못 되어 그만두었다. 교회 일을 도우며 생활하다가 1919년 3월 18-19일 강화에서 일어난 독립만세운동에 참가, 1년간 투옥되었다. 그는 출옥 후 서울로 올라와 YMCA 중학부에 입학한다.

조봉암은 1921년 일본으로 건너가 세이소쿠 영어학교에서 잠시 영어를 배운 후 주오대학 전문부 정경과에 입학했다. 유학 시절이었던 1921년 11월 박열 등과 함께 최초의 재일 유학생 사회주의 단체인 흑도회(黑濤會)를 조직한 바 있다. 1922년 귀국하여 11월 러시아의 베르흐노이진스크에서 열린 해외파 고려공산당대회에 국내파를 대표해 참석했다. 회의가 끝난 후 모스크바에 있는 동방노력자공산대학(일명 모스크바 공산대학) 속성반에 입학하여 약 8개월 정도 공부했다. 귀국 후 1924년부터는 신흥청년동맹, 화요회 등 사회주의 청년운동에 뛰어들었고, 박헌영과 함께《조선일보》사회부 기자로 잠시 일하기도 했다.

1925년 4월 결성된 조선공산당 창립 멤버로 조선공산당의 중앙검사위원, 고려공산청년회의 중앙집행위원을 맡았다. 두 단체를 대표하여 코민테른 및 국제공산청년동맹의 승인을 얻기 위해 모스크바로 가서 승인 받았다. 이미 국내에서는 조선공산당 관련 인물들이 체포되는 상황이었기 때문에 중국 상해에서 머물며 민족해방운동을 전개했으나, 1932년 말 상하이 프랑스 조계 프랑스공원에서 일본 경찰에게 체포되어 12월 말 국내로 압송되었다. 조봉암은 징역 7년형을 선고받고 신의주형무소에서 수감, 6년의 옥고를 치르고 석방되었다.

출옥 후에는 별다른 활동을 하지 않았지만 해방 이후 1946년 2월 사회주의 계열 단체인 민주주의민족전선의 인천지부 의장에 선임되는 등 여전히 사회주의자들과의 연계를 유지하였다. 일제강점기부터 사회주의 계열에서는 그가 상해에서 공금 유용을 했으며, 감옥에서 전향성명서를 발표했을뿐만 아니라, 출옥 후에는 이권을 얻어 부자로 살았다고 계속 비판했다. 해방이 되자 조봉암은 1945년 8월 18일 건국준비위원회 인천지부를 조직하였으며, 1946년 2월 7일에는 좌파의 인천 민주주의 민족전선을 결성하고 회장이 되었지만 5월에 사임했다. 1946년 5월 7일「존경하는 박헌영 동무에게」라는 장문의 공개편지를 보내 당 운영의 문제점을 신랄하게 비판하고 자신에게 쏟아졌던 그동안의 비난을 해명했다. 그리고 1946년 6월 노동계급의 독재, 자본계급의 전제를 다 같이 반대한다는 중도통합 노선을 주장하며 조선공산당과 결별하였다.

1946년 8월 이후부터 좌우파 합작을 지지하는 중도파 노선을 걷다가 1948년 5·30선거에서는 국회의원으로 당선되었다. 1948년 이승만 정부에서 초대 농림부장관이 되어 농지개혁과 농업협동조합운동을 전개했다. 농지개혁 과정에서의 그의 공헌은 지금까지도 널리 인정받고 있다. 1949년 농림부장관 관사 수리비를 농림부 예산으로 전용하였다는 한민당의 비난을 받고 장관직에서 물러났다. 1950년 제2대 국회의원에 당선되어 국회 부의장에 선임되었고, 1952년 제2대 정·부통령 선거에 대통령 후보로 출마했으나 낙선했다.

이승만의 사사오입 개헌을 계기로 야당을 통합하려는 기운이 일었다. 야당은 1954년 11월 호헌동지회를 결성하고자 했으며 조봉암도 여기에 참여하고자 했다. 그러나 1955년 1월 호헌동지회 총회가 열릴 때 조봉암의 참여를 놓고 찬성파와 반대파로 분열했다. 조병옥·장면의 민주당 계열에서는 그가 '공산주의자'라는 이유를 들어 극렬하게 반대했다. 결국 조봉암의 참여는 좌절되었고, 1955년 12월 22일 서상일·박기출·이동화·김성숙 등과 진보당 추진위원회를 결성하고 대표로 선출되었다. 1956년 5월 15일 제3대 정·부통령선거에 박기출(부통령 후보)과 함께 대통령 후보에 출마하였으나 다시 낙선했다. 1956년 11월 책임 있는 혁신정치, 수탈 없는 계획경제, 민주적 평화통일이라는 3대 정강을 내걸고 진보당을 창당했다.

조봉암은 1958년 1월 13일 체포되었는데 그가 내세운 평화통일론이 북진통일이라는 국시를 위반했고, 북한 간첩과 접선했다는 것이 이유였다. 그는 혐의를 모두 부인했으나 7월 2일 1심 결심공판에서 불법무기 소지죄 등으로 징역 5년이 선고되었으며, 나머지 진보당 간부들에게는 무죄를 선고했다. 7월 5일 반공청년을 자처한 3백 명이 법원에 난입하여 '조봉암을 간첩죄로 처단하라', 무죄 판결을 내린 유병진 판사를 향해 '친공 판사를 타도하라'는 구호를 외치며 시위를 벌였다.

2심을 맡은 서울고등법원은 1958년 10월 조봉암이 국가변란을 목적으로 진보당을 결성했다는 이유로 국가보안법 위반과 간첩죄를 더해 그에게 사형을 선고했다. 그리고 1959년 2월 대법원은 조봉암에 대한 사형을 확정했다. 변호인단은 대법원에 재심을 청구했지만, 대법원은 7월 30일 재심청구를 기각하고 바로 다음 날인 7월 31일 오전 11시 사형을 집행했다. 유해는 8월 2일 망우리 묘지에 안장되었다.

조봉암의 명예 회복을 위한 움직임은 민주화 이후 본격적으로 전개되었다. 1991년 진보당 활동을 같이했던 윤길중 의원이 '죽산 조봉암 사면 복권에 관한 청원'을 작성하여 국회의원 86명의 서명을 받아 국회에 제출하였으나 별 성과는 없었다. 2007년 9월 '진실·화해를 위한 과거사정리위원회'는 진보당사건이 이승만 정권의 반인권적 정치탄압이라 결론을 내리고 국가의 유가족에 대한 사과와 판결에 대한 재심 등을 권고하였다. 2011년 1월 20일 대법원에서 간첩죄와 국가보안법 위반 등 주요 혐의에 대해 전원 일치로 무죄 선고를 받아 신원이 복권되었다.

3. 진보와 보수의 시발점이 된 진보당의 정치이념

현대 한국 정치의 기본구도를 진보와 보수로 나누고, 그 출발점을 해방 공간의 우익과 좌익의 대립에서 찾는 것이 일반적이다. 그러나 막상 좌우파가 사활을 건 투쟁을 벌이던 해방공간에서는 서로 대립되는 정치이념을 뜻하는 용어로 '진보'와 '보수'라는 낱말이 거의 사용되지 않았다. 진보라는 용어를 가장 많이 사용했을 것 같은 박헌영과 조선공산당도 진보를 거의 수식어로만 사용했다. 그중에서 '진보적 민주주의'와 관련된 것이

전체의 90% 이상을 차지했다. 진보라는 낱말은 단독으로 사용되기보다는 거의 언제나 진보적 민주주의, 진보적 노선, 진보적 민주개혁, 진보적 세력, 진보적 민주국가 등의 낱말과 결합되어 사용되었다.

해방공간에서 자유주의와 사회주의 중 누가 더 한반도의 민중을 대변하는가를 결정짓는 잣대는 민족주의였다. 해방공간에서 민족주의가 여타의 이데올로기를 압도하고 정당화하는 민족주의의 신성화 현상이 전개됨에 따라 자유주의와 사회주의는 모두 자신들의 부족한 정당성을 보충하고 강화하기 위해 민족주의에 호소하였다. 본래 사회주의에서 '민족'은 부르주아지가 내세우는 이념이었지만, 사회주의자들은 자신이 진정한 민족주의자이며 민족을 대변한다고 주장했다. 여기에 맞서 자유주의자들은 사회주의자들이야말로 소련의 지시에 따르는 반민족 사대주의라고 맞섰다. 좌파는 우파를 '친일 민족 반역자', '매국노', '일제의 주구', '망국도배'라고 공격했고, 우파는 좌파를 '소련의 괴리', '소련에 나라를 팔아넘기는 매국노', '파괴분자'라고 공격했다.

1948년 단독정부가 수립된 이후 남한에서는 이승만·자유당이 권력을 틀어잡고 야당인 한국민주당(이 정당은 민국당, 민주당 등의 이름으로 바뀐다)이 맞서는 정치사회질서가 형성되었다. 여당과 야당으로 서로 대립하고는 있었지만 이들은 모두 친미 반공 노선을 기본으로 삼고 자본주의 경제를 추구한다는 점에서는 같았다. 또한 약간의 평화통일 방안이 섞여 있기는 했지만 기본적으로는 북진통일, 무력통일을 통일의 기본방안으로 내세우고 있다는 점에서도 같았다. 이때 여당과 야당을 모두 일제강점기부터 이어진 기득권 세력의 '보수'로 규정하고 그 대안 이념으로 '진보'를 내세우며 냉전 반공을 기반으로 하는 기존 질서에 도전한 세력이 조봉암·진보당이었다.

1) 조봉암과 진보

한국 정치에서 대립되는 정치이념으로 진보-보수가 유의미하게 통용된 것은 1954년 중반 이후의 일이다. 이승만·자유당의 사사오입 개헌 이후 1954-1955년에 민주세력을 결집하여 자유당의 횡포에 대항하려는 신당운동이 진행되었다. 단일 야당을 발판으로 삼아 범민주정당 대 자유당, 독재 대 반독재의 대결구도를 만듦으로써 이승만 정권을 교체할 토대로 삼겠다는 계획이었다. 이때 당의 이념과 정책, 그리고 여기에 참여할 정치세력의 범위 문제를 놓고 우여곡절을 거듭하는 동안 보수세력이니 진보세력이니 하는 말이 생겼다는 것이다.

이러한 사실은 쉽게 확인된다. 동시대를 살았던 신상초는 1957년의 글에서 "우리나라 정계나 언론계에서 보수와 진보를 구별하여 논의하기 시작한 것은 불과 2, 3년 전부터"였다고 회고한 바 있다(신상초 1957a, 76). 그 이전에는 막연히 여당·야당이라는 말을 사용하다가, 이승만에게 맞서 야당을 통합하기 위한 신당운동(1954년 말) 이후부터 조봉암을 중심으로 하는 세력은 진보, 자유당과 민주당은 보수로 규정되었다는 진술(김운태 1962, 68) 역시 신상초의 회고를 뒷받침해준다.

조봉암이 처음부터 자신을 진보라고 내세웠던 것은 아니다. 1954년에 쓴 『우리의 당면과업』에서 야당인 민주국민당을 "자본가와 지주계급을 대표하는 정당으로 출발"했다고 비판하면서 "역사는 어느 때나 보수세력에 대항하는 진보세력의 대두에 의해 발전하여왔다"고 주장했다(『우리의 당면과업』, 64). 이것이 보수와 진보를 가르고, 자신을 진보에 넣은 최초의 언급이었다. 신당운동이 진행되던 국면에서 쓴 「내가 본 내외정국」에서는 민주국민당의 몇몇 논객들이 "진보적이니 혁신적이니 하는 것은 모두 다 사회주의에 통하는 것이고 사회주의는 공산주의의 사촌(『전집』 1, 270-271)"이라며 자신을 배제하고 있음을 통박했다.[2] '진보=혁신=사회주의'

로 취급하는 보수세력에 대한 항의였지만, 그 자신이 '혁신=진보'라는 점은 시인하고 있었다.

야당 통합이 실패로 돌아간 후 1956년 제3대 정·부통령 선거의 대통령 후보로 나서며《한국일보》에 광고 형태로 게재한 「내가 대통령에 당선되면」(1956/04/29)에서 조봉암은 "책임 있는 혁신정치의 단행을 약속한다"(『전집』 1, 302)고 밝혔다. 자신을 혁신이나 진보의 축에 세우고 보수와 대립함을 공개적으로 선언한 것이다.

대통령 선거에 실패한 후 진보당 창당대회가 열렸을 때(1956/11/10), 조봉암은 「개회사」를 통해 "자본주의와 그 앞잡이인 보수당"에 맞서 "나랏일을 바로 잡고 국민을 살리는 유일한 길은 오직 진보적 사상을 가진 혁신요소의 대중적인 집결로 혁신정당을 조직"한다고 선언했다(『전집』 4, 28; 29). 여기서 조봉암은 진보당을 "사회개조의 원리인 진보사상을 주장하는 사회적 민주주의 정당"이라고 규정했다(『전집』 4, 28).

이 창당대회의 선언문을 낭독한 임기봉은 진보당이 여당인 자유당과 야당인 한민당·민국당의 기성 정당들로 구성된 보수세력에 맞서는 "진보적이며 혁신적인 민주주의적 정당" "근로대중 자신의 민주적 혁신적 정당" "진보적이며 대중적인 정치세력"이라고 강조했다(『전집』 4, 56). 또한 윤길중이 낭독한 「강령」에서는 진보당은 부패하고 무능하며 매판적인 "토착자본가 및 지주계급을 대표하는 또는 이와 연결된 우익 보수세력"을 배격하고(『전집 4, 91) "노동자 농민을 중심으로 하는 광범한 근로민중의 집결체"로서 "모든 민중의 자유와 평등과 사람다운 생활을 보장하여줄 가장 진보적인 진정한 사회적 복지국가를 이 나라에 건설하는 것을 역사적

---

2 「우리의 당면과업」, 「남북통일의 기본과업」은 『우리의 당면과업』을 텍스트로 이용했다. 그 외의 문건들은 전 6권으로 출간된 『죽산 조봉암 전집』을 사용했다. 전자는 『우리의 당면과업』, 123'의 형식으로, 후자는 「내가 본 내외정국」, 『전집』 1, 264'의 형식으로 문헌 이름, 그것이 수록된 전집의 권수 및 쪽수를 표기했다.

임무로 삼고 있다"고 내세웠다(『전집』 4, 82).

위와 같은 주장에서 드러난 바와 같이 조봉암·진보당이 내세운 진보는 다음의 세 가지 성격을 갖는다고 할 수 있다. 첫째, 국내의 보수세력에 맞서는 민족주의·민주주의세력으로서의 진보, 둘째 특권층이 아닌 근로대중을 대변하는 민중세력으로서의 진보, 셋째 자본주의와 공산주의를 거부하고 계획경제에 입각하여 20세기 인류의 이상인 복지국가를 건설하는 사회민주주의세력으로서의 진보가 그것이다. 이러한 생각들을 가장 직접적으로 표현한 것은 '책임정치의 수립', '수탈 없는 경제체제의 실현', '평화적 통일의 성취'라는 3대 원칙을 기본으로 삼은 진보당 강령이었다. 진보는 근로대중을 기반으로 한 혁신과 변혁의 이념으로 친미·반공·자본주의를 기반으로 하는 보수적 지배구도와 어떤 형태로든 대립될 것임을 보여주었다.

2) '뭉치자! 피해대중': 보수 지배질서에 대한 도전

조봉암·진보당은 1956년 5월 실시된 제3대 정·부통령 선거에서 '뭉치자! 피해대중, 세우자! 혁신정치, 이룩하자! 평화통일'이라는 세 가지 구호를 내세웠다. 이 구호는 조봉암·진보당이 내세운 진보이념을 그대로 압축하고 있다. 그중에서도 첫 번째의 '뭉치자! 피해대중'은 진보당 강령의 3대 원칙 중 하나인 '책임정치의 수립'을 대중에게 설득력 있게 설명하면서 당시 남한의 보수 지배질서에 근본적으로 도전했던 구호였다.

피해대중은 일제강점기를 거쳐 해방 이후에도 압박받고 수탈당하며, 전쟁의 참화 속에서 학살당했던 수많은 민초를 가리키는 지극히 한국적인 단어였다. 조봉암은 진보당 기관지 『중앙정치』에 게재한 「평화통일에의 길」(1957)에서 "공산침략군에 의하여 생명 재산의 피해를 입은 민족의 다수", 일부 특권층 때문에 "대중적인 수탈을 당하는 국민 대중"을 피해

대중이라고 규정했다(『전집』1, 446).

피해대중을 대변한다는 것은 곧 피해대중을 만들어낸 한국의 현실을 강력하게 비판하는 것이었다. 조봉암·진보당은 이승만 세력뿐 아니라 야당세력까지 포함한 한국의 전체 지배세력이 바로 피해대중을 만든 주범이라고 비판하며 한국 사회의 보수적 지배질서 그 자체를 겨냥하였다. 1956년 11월 진보당 창당대회에서 이성진이 발표한 국내정세 보고는 "헐벗고 굶주린 피해대중은 …… 다시는 보수세력의 제물이 되지는 않을 것입니다"라고 선언하였는데(『전집』4, 48), 이 말은 보수세력이 피해대중을 만들어낸 주범임을 지적하고 있다.

조봉암은 일차적으로 이승만·자유당이 피해대중을 만들어낸 주도세력임을 강조했다. 그들은 김구, 김규식 등 중간파를 "역적같이" 여기면서 자신들과 의견이 다른 사람들을 반역자로 만들고, "목숨을 가진 백성들이 살아보겠다고 발버둥 친 것밖에 그 무슨 다른 죄가" 없는데도 보도연맹 가입자들을 학살했다는 것이다(『우리의 당면과업』, 73, 80). 다른 한편 야당인 한민당 역시 산업이나 정치 등 "각 방면의 실권을 꽉 틀어잡고 인민의 위에 있어서 인민을 지배하고 인민을 착취 압박하여 전 국민의 번뇌와 생활고를 비웃고 있는 무리"라는 점에서 자유당과 별반 다를 바가 없음을 지적했다(「우리는 왜 개헌을 반대했나」, 『전집』1, 126). 이러한 비판은 자신이 내세운 진보 노선이 이승만과 여당뿐 아니라 야당인 한민당을 모두 합친 한국의 보수와 정면으로 대립하는 것임을 보여주는 것이었다.

조봉암·진보당에 따르면 한국의 보수세력은 일제강점기 이래 친일파와 지주세력으로, 해방공간에서는 미군과 결탁하여 반공을 무기로 민중을 억압하고 수탈한 무리들이다. 이들은 무능하고 부패한 분자들로서 권력을 이용하여 이익을 챙기고, 외세와 영합하여 민족경제에는 아무 관심 없이 자신의 이익만 채우는 무리들이다. 그의 보수세력 비판에서 나타나는 몇몇 특징을 살펴보기로 하자.

첫째, 그는 일관되게 보수세력의 '과거 행적'을 비판했다. 그가 처음으로 보수세력을 공개 비판한 것은 1950년 1월 민국당이 내각책임제 개헌안을 반대했을 때였다. 그는 한민당을 해방정국에서 "각 방면의 실권을 틀어쥐고 인민 위에 군림하며 인민을 지배·착취하는 정당"(「우리는 왜 개헌을 반대했나」, 『전집』 1, 126), 자기 당파 이외의 사람들에게는 '빨갱이'라 모함하는 정당이라 비판했다. 특히 조봉암은 한민당이 "얼마나 많은 공산주의자 아닌 공산주의자를 만들고 또 혹은 공산당 아닌 공산당이 생겼으며 …… 대량적으로 공산당을 제조"했는지 만천하가 알고 있다고 꼬집으면서 이승만 정권과 별반 다를 바 없는 세력임을 강조했다(「우리는 왜 개헌을 반대했나」, 『전집』 1, 128). 이미 1950년부터 그는 한국의 지배세력이 미국을 등에 업고 반공을 명분으로 공포정치와 착취를 일삼았음을 지적하였다.

둘째, 보수세력의 '기원'을 파헤치며 그들의 반민족주의적 성격을 비판했다. 야당인 한민당·민국당은 "자본가와 지주계급을 대표하는 정당으로 출발"하여 "일제시대와 군정 이래로 우리 근로대중에게 군림하여오던 또 하나의 기성 보수세력이 야당으로 자처"한 데 불과하다는 것이다(『우리의 당면과업』, 46). 그리고 자유당은 이승만의 보호 아래 "일제와 군정시대를 통하여 군림하던 경찰 및 관료세력이 재빠르게 호응"하여 결성된 정당이라고 비판받았다(「전당대회 개회사」, 『전집』 4, 48). 즉 한국의 지배세력이 일제강점기의 지주·자본가로부터 출발하여 일제강점기와 미군정을 통해 그대로 유지되었음을 지적했다. 그리고 「강령」에서는 이들을 싸잡아 "한국 정치의 추기[樞機: 가장 중심이 되는 부분]를 장악하고 민주주의의 이름 밑에 반(半)전제적 정치를 수행하여온 특권관료적 = 매판자본적 정치세력"이라고 불렀다(『전집』 4, 80).[3] 한국의 지배세력이 반민족적이고 반민주

---

3   「진보당 강령」은 앞으로 「강령」으로 줄여서 표기한다. 그리고 [ ]로 표시된 부분은 필자가 풀어쓴 것이다.

적임을 강하게 비판한 것이었다.

셋째, 이 보수세력이 미국의 후원 아래 성장했다는 사실을 지적하였다. 제2차 세계대전 후 냉전이 격화되면서 공산당의 계획에 따라 한국의 국내적 혼란이 심해지고 있다고 본 미국 당국자들이 "한국의 부패한 보수세력을 원조하고 또 이들과 결탁"했다는 것이다(「강령」, 『전집』 4, 81). 미군정과 결탁한 한민당이 "반공, 반탁 투쟁을 했다는 것을 유일한 사업이며, 위대한 공적으로 삼고" "반대파를 공산당으로 몰아서 해친 일은 몇만 몇십만 건"이었다는 비판은 그 보충설명에 해당한다(「내가 본 내외정국」, 『전집』 1, 264). 즉 현재 한국을 지배하고 있는 보수세력은 미국이 기획한 냉전반공질서의 하수인이라는 것이다.

넷째, 현 정권의 기반을 이루는 보수세력이 혼란과 빈곤을 만들어낸 장본인이라고 비판했다. 진보당은 전쟁과 사회 혼란의 책임을 일차적으로 북한과 소련에게 묻고 있지만, 동시에 해방 이후 경제와 산업을 발전시키지 못하고 침체에 빠지게 된 책임이 "우리나라의 무능 부패한 우익 보수적 정치세력에게 있다는 것은 부인될 수 없는 사실"이라고 주장했다(「강령」, 『전집』 4, 96). 이들은 일본인으로부터 인수한 국가적 독점기업과 미국으로부터의 경제 원조를 물적 기반으로 삼아 "일방으로는 자유기업을 주장하는 미국의 비위를 맞추고 타방으로는 스스로의 재정적 필요를 일시적으로 충족하기 위하여 국영 제 기업의 불하를 실시"한다면서 한국의 경제정책이 보수세력의 이익을 위해 진행되고 있음을 비판했다(「강령」, 『전집』 4, 81).

여기서 보듯이 조봉암·진보당은 일제강점기의 지주·자본가계급으로부터 시작된 한국 보수세력이 해방 이후 반공을 명분으로 미군정과 결탁해 계속 지배세력으로 군림하는 현실을 추궁하면서 보수세력의 사회적 기원, 분단정권의 성립 근거와 정당성에 의문을 제기하고 있다. 조봉암과 함께 부통령 후보로 1956년 선거에 나섰던 박기출은 "이씨 왕조의 봉건세력과 친일파가 일본 식민지의 노예적 특권층으로서 세력화되었고,

그것이 친미파와 타협하여서 이 시간의 보수세력을 형성"하게 되었다고 지적하면서, "필요하다면 민족의 운명을 제물 삼을 수도 있는" 반민족적 세력이라고 격렬하게 비판했다(서중석 1999 상권, 420에서 재인용). 이는 반공을 빌미로 피해대중을 만들어내고 부패정치로 대중의 빈곤을 초래한 보수세력, 즉 한국의 지배세력에게 그 책임을 추궁하고 있는 것이다.

반면 보수주의 '이념'에 대한 비판은 찾을 수 없다. 여기에는 이유가 있다. 『사상계』 1958년 2월호에 수록된 「정치 종횡담」에서 조봉암은 한국의 정당이 이해와 정실에 좌우되어 이합집산이 무상하고 권모술수와 부패가 일반적인 이유는 '보수정객들'이 "이념이나 정책을 완전히 뒤로하고 그저 목전의 이득추구에만 눈이 뒤집히는" 데서 비롯한다고 비판했다(『전집』 1, 481). 곧 일제강점기 이후의 기득권자들이 자신의 이익을 지키기 위해 결집한 것이 한국의 보수세력이며, 이들에게는 그 어떤 일관되고 체계적인 정치이념을 찾아볼 수 없다는 것이다.

한민당을 '지주·자본가계급의 정당'이라고 부르고, 한국 보수세력을 이념이 없는 세력으로 비판하는 글들은 4·19혁명 직후에 활발하게 나왔다. 조세형은 한민당에서 민주당으로 이어지는 야당은 "토착지주세력의 후예들이거나 상업자본세력 내지는 관료세력의 후예들"에 불과하다고 혹평을 퍼부었다(조세형 1965, 85). 그리고 한국 "보수세력의 변치 않는 공통된 특징은 사상의 무체계성"이라고 지적하면서 한국 보수주의에는 뚜렷한 정치이념을 찾을 수 없다고 비판했다(조세형 1965, 83). 송건호 역시 민주당은 지주와 친일파들로 구성되었으며, 이들이 좌익에 공포를 느껴 반공을 표방한 데 불과하다고 지적했다. 그는 이승만·자유당이나 한민당·민주당에서는 모두 정치이념을 찾을 수 없으며 "부패, 권모, 무법, 독재 등이 극히 중요한 한국 보수주의의 성격이 되었다"고 비판했다(송건호 1960, 135).

송건호, 조세형의 지적과 같이 이미 1960년대에 한국의 보수는 뚜렷한 이념 없이 오직 권력 장악에만 온 힘을 쏟는 세력에 불과하다는 것이 널리 인정되었다. 그에 따라 한국 보수주의에 대한 비판도 정치이념으로서의 '보수주의'가 아니라 기득권자로서 '보수세력'의 사회적 기원, 과거 행적, 실제 의도를 추궁하는 방식으로 펼쳐졌던 것이다. 해방공간의 박헌영·조선공산당과 마찬가지로 조봉암·진보당 역시 보수이념의 논리적 정합성이나 사상적 가치가 아니라 그 이념 뒤에 숨어 있는 계급적 이익이나 정치적 의도를 비판하였던 것인데, 일제강점기와 해방공간에서 보여주었던 이들의 행적은 그런 비판에 좋은 재료였다.

3) 평화통일론

조봉암·진보당의 평화통일론은 '분단구조에 저항하며 외세에 맞서 한반도 민족의 주체적이고 자주적인 노력으로 통일민족국가를 수립하려는 통일민족주의'라는 점에서 진보성을 띠고 있다는 평가를 받아왔다. 특히 민족주의 기운이 강했던 1980~1990년대에는 냉전체제에 편승한 분단 고착화세력을 보수로, 분단체제를 극복하고 자주적 통일민족국가를 수립하려는 세력을 진보로 규정하는 것이 거의 일반적이었다. 여기서는 조봉암이 내세운 평화통일론의 내용과 특징을 살펴보고, 그것들이 당대의 국면에서 어떤 진보성을 갖는지 검토하고자 한다.

조봉암이 본격적으로 당대의 진보적 정치인들과 함께 활동하며 자신의 생각을 쏟아냈던 때는 1950년대였다. 1950년대를 관통하는 핵심은 '전쟁'이었다. 6·25전쟁을 보는 당대의 '공식' 입장은 민주진영 대 공산진영의 대결이었다. 그리고 앞으로 다시 한번 전쟁을 치러 공산주의를 섬멸함으로써 통일을 이룰 수 있다는 북진통일론이 이승만 정부는 물론 야당까지 포함한 국가의 공식 원칙이기도 했다. 이것은 전쟁 중에 벌어진 온갖 부정과 실패를 회피 또는 은폐하고 여전히 자신의 권력을 유지하려는 이승만 정권의 체제 보전 논리였다. 북진통일론은 어떤 통일 논의도 거부하면서 남과 북의 극단적 대결의식 아래 전시와 같은 긴장 상태를 조성했다. 여기에 도전하는 인물이나 세력은 누구라도 할 것 없이 '빨갱이'로 몰려 목숨을 빼앗길 운명이었고, 이 문제에 대해서는 자유당과 민주당 모두 일치했다. 이런 상황에서 평화통일론은 이승만 정부에 대한 비판을 넘어 여당과 야당을 모두 포함한 한국의 보수 지배질서에 대한 근본적 도전이었다.

전쟁이 발생하기 이전부터 조봉암은 미소 양군 철수, 사대주의 배격, 한반도를 무대로 하는 미소 전쟁의 저지, 민족자주에 입각한 남북통일을 주장했다. 1949년에 쓴 「남북통일의 기본 과업」에서는 분단은 미국과 소련의 합작품이며, 통일 문제를 해결하기 위해서는 남북 지도자와 민족 전체의 단결이 가장 중요하다는 주장을 내세웠다. 그러나 전쟁을 겪으면서 사회 분위기가 경직되자 통일을 이룩하기 위해서는 평화와 전쟁의 양면 정책을 사용하겠다는 입장으로 바뀌었다. 한동안은 이런 주장을 이어가다가 1954년 3월 다가올 총선을 대비하여 자신의 정치 노선을 밝히는 『우리의 당면과업』을 집필했다. 여기서 그는 북진통일론에 찬성하면서도 먼저 국내의 민주주의를 확실하게 다짐으로써 공산주의와의 투쟁에서 승리할 수 있는 기반을 마련해야 한다고 주장했다. 그렇지만 아직 평화통일을 분명하게 내세우지는 않았다.

조봉암이 평화통일 노선을 분명히 내세운 것은 1956년부터였다. 제3대 정·부통령 선거를 앞둔 1956년 4월부터 조봉암·진보당은 평화통일 노선을 밝히고 선거공약으로 내세웠다. 그는 자유당과 민주당은 시종 무력통일을 주장하였지만 이것은 결과적으로 통일을 단념하는 것과 다름이 없다고 비판하며, 민주주의를 굳게 다진 후에 '민주 승리의 평화통일을 쟁취하기 위하여 국가적 총력을 여기에 경주할 것'이라고 선언했다. 그러나 그 구체적 방안을 밝히지는 않았다. 대통령 선거가 끝난 후 실시된 1956년 11월 진보당 창당대회에서는 당의 정책을 평화통일이라고 확실하게 밝혔다. 그렇지만 '민주주의 승리에 의한 조국의 평화적 통일만이 유일한 길'이라고 했을 뿐 구체적인 방안을 내놓은 바는 없었다.

1957년 10월 조봉암은 「평화통일에의 길」을 당 기관지 『중앙정치』에 발표했다. 이 글에서 그는 남북통일이 되어야 하는 세 가지 이유를 들었다. 첫째, 수 천 년 단일민족의 역사, 둘째 남한의 농업과 북한의 공업을 결합함으로써 민족경제의 발전을 이룩할 수 있다는 점, 셋째 평화적 통일만이 민족의 자유와 평화는 물론 세계 인류의 평화와 행복을 위한 유일한 길이라는 것이었다. 그는 통일방안으로는 유엔 감시하의 남북통일 총선거를 주장했는데 더 이상의 구체적 언급은 없다. 통일문제가 중대한 국가적 외교 문제며, 현 정부의 주장과 정면충돌이 되어 조금이라도 나라에 해를 끼칠 염려가 있어 구체적인 안은 공개하기 어렵다는 것이 그 이유였다.[4]

평화통일론은 여당과 야당으로부터 모두 공산주의자라고 비난받은 계기가 되었지만,[5] 실제로는 구체적인 방안을 제시하지 않아 확실한 통일정책이 무엇이었는지는 알기 어렵다. 진보당의 공식 정책에서도 민주적 진보세력이 주도권을 장악한 이후 '우방과의 긴밀한 협조 아래 유엔을 통한 민주적이고 평화적인 조국 통일의 구체적 방안을 책정하려' 한다고만 했을 뿐 구체적인 방법에 대해서는 유보적 입장을 보였다. 그리고 정치적·평화적 통일의 구체적 실천 방안으로 국내 민주진영의 결속을 통한 민주주의

---

4 그 통일방안에 관해서는 1957년 9월경 진보당 통일문제연구위원회 위원장 김기철이 작성한 「북한당국의 평화공세에 대한 진보당의 선언문」이 주목된다. 훗날 진보당의 용공(容共)을 입증하는 문건으로도 채택되었다. 재판 과정에서 드러난 바에 따르면 김기철 개인이 작성했으며, 이 방안을 발표하는 것은 시기상조라는 대다수 당 간부들의 견해에 따라 정식 당론으로 채택되지는 않았다.
5 국회의원을 역임했고 언론인 활동을 했던 함상훈은 평화통일론을 주장하는 세력은 "북한 괴뢰집단으로부터의 침략의 기회를 더 부여하려 하고 남북협상에 의하여 남북을 통일함으로써 공산측의 기만수단을 정당화하려는 것"이라고 몰아붙였다(함상훈 1957, 74).

의 확립과 경제적 안정을 제시하였다. 물론 공산주의자로 몰리지 않으려는 의도 역시 크게 작용했다.

그의 평화통일안은 남한 내부에서 민주주의세력들이 주도권을 잡고, 통일을 바라지 않는 세력이나 부정부패한 친일세력들을 몰아내고 정치적 승리를 얻은 다음 유엔 감시 아래 총선거를 치르자는 것이었다. 1956년 5·15 정·부통령 선거에서 내건 공약 10장의 첫 번째는 '남북한에 걸쳐 조국의 통일을 저지하고 동족상잔의 유혈극의 재발을 꾀하는 극좌극우의 불순세력'의 존재가 평화통일의 걸림돌이라고 지적했다. 「평화통일에의 길」(1957)에서도 그는 그동안 평화통일을 향한 노력이 모두 실패한 근본 원인은 미소의 충돌, 그리고 "우리 민족 가운데 진실로 통일되기를 원치 않는 세력이 일부에" 있음을 거론했다(『전집』 1, 429). 구체적으로 그들이 누구인지는 말하지 않았으나 무력통일론을 내세워 반공분단구조를 지탱하며 통일의 가능성을 차단하는 보수세력이라는 것은 분명했다.

조봉암·진보당의 평화통일론은 당시의 지배질서와 분명하게 대립되는 노선이었다. 조봉암은 원자폭탄과 수소폭탄 때문에 전쟁을 치를 수 없기 때문에 세계 대세가 평화공존으로 나아갈 수밖에 없으며, 유엔 총회에서도 거듭 한국의 평화통일을 결의했다는 점을 지적했다(「평화통일에의 길」, 『전집』 1, 433). 그렇지만 1950년대의 보수세력은 공산권의 제3차 세계대전 도발 → 핵전쟁 → 공산권 패배 → 남북통일이라는 공식을 당연히 여기고 있었다.

이승만·자유당은 대내적으로는 무력북진통일론을 국시(國是)로 내세웠으나, 국제사회의 요구에 밀려 대외적으로는 '유엔 감시하의 남북한 자유 선거'를 제안했다. 그 핵심은 유엔 감시 아래 북한에서 소련과 중국군이 철수한 다음 선거를 실시하고, 여기서 선출된 대표들을 서울에 있는 남한 국회에 편입시키자는 형식을 취하고 있었다. 이 방안은 미국의 입김이 작용한 소극적 평화통일방안이라고 볼 수 있는데, 북한을 대등한 상대로 인정하지 않고, 남한의 주권을 북한 지역으로 확장하겠다는 주장이었다(홍석률 2001, 50).

이승만·자유당에 맞서 민주당은 통일은 무력으로도 가능하고 평화적으로도 가능하며, 중요한 것은 전쟁과 평화 두 측면에 걸쳐 준비를 갖추는 것이 필요하다고 주장했다. 이것을 당시에는 '화전양양(和戰兩樣)'이라고 불렀다.[6] 얼핏 보면 평화의 길을 열어놓은 것 같이 보이지만, 그 실제 내용은 동서 양 진영 간의 전쟁은 불가피하고, 통일은 그 전쟁 이후에나 가능하다는 주장이었다. 여기서 말하는 평화는 국제정세의 변화에 따라 공산주의가 몰락하면 그때 한국의 문제도 평화적으로 해결된다는 것이었다. 즉 이미 공산주의가 몰락했기 때문에 이제는 전쟁을 벌이지 않아도 평화적으로 통일된다는 주장이다. 그러면서도 무력통일은 가능하지만 단독 북진은 안 되고, 평화통일도 가능하지만 타협과 협상을 절대 거부한다는 입장이었다. 이 논리에 따르면 평화통일은 공산주의가 몰락할 때까지 혹은 제3차 세계대전이 일어날 때까지 기다리는 것이다. 사실상 통일은 유보하고 통일을 남의 손에 맡겨두겠다는 것이다.

1956년 한 잡지사의 요청으로 마련된 좌담회에서 신익희는 "미국이 원자탄과 수소탄을 들고 가서 만주니 시베리아니 막부[幕府: 모스크바]니 할 것 없이 모조리 때려 부시면 우리의 남북통일은 될 거예요"라고 호언장담했다(김동명 외 1956, 56). 조병옥은 한술 더 떠 평화통일은 환상에 불과하며, 1960년 무렵에는 공산세계가 먼저 도발함으로써 제3차 세계대전이 '반드시' 일어날 것이고 "3차 대전이 발발되면 한국 통일도 자연히 이룩"된다고 말했다(조병옥 1957, 52). 이런 주장들에 맞서 "민족의 무덤과 민족문화의 회진[灰塵: 잿더미] 위에 민족번영이 이루어진다고는 생각하지 않

---

6 『사상계』에서 주최한 정치 좌담회에서 조병옥은 이러한 민주당의 통일방안을 "반공통일의 원칙하에 국토통일을 위한 和戰兩樣(화전양양)"이라고 표현했다(『사상계』, 1958, 484).

는다"는 진보당 부통령 후보의 발언은 분명히 외세의 각축장이 되기를 거부하는 민족의 주체적 입장에서 제기된 것이었다(박기출 1957, 83).

보수세력의 통일 방안과 비교할 때 조봉암·진보당이 내세운 평화통일의 기본적인 시각은 두 가지 측면에서 근본적인 차이를 보여준다.

첫째, 평화통일론은 민족주의, 민족 주체성을 강조하며 남한의 보수적 지배질서에 도전하는 주장이었다. 조봉암은 미국과 소련을 추종하는 세력을 약화시키고, 우리 민족이 나서서 국제관계의 조정을 꾀하는 데 노력하며, 남과 북은 각각 민족주의세력이 민주적 개혁을 통해 내부를 다져야 한다고 주장했다. 곧 우리 민족의 주체적 노력을 통해 냉전구도를 벗어나 독자적인 통일을 추구하자는 것이다. 이것은 아시아의 반공 기지, 세계의 반공 기지를 자처하고 철저한 친미 노선을 걸고 있던 이승만은 물론 조병옥 등 보수 야당에 대한 공격이었다. 이렇듯 반공분단구조에 저항하며 민족의 주체적·자주적 노력을 강조하고 간접적으로 외세배격을 주장하는 조봉암·진보당의 이념은 강한 민족주의에 바탕을 둔 것이었다.

둘째, 민족 내부의 여러 상이한 집단 사이의 공존과 대화를 주장하는 평화통일론은 그 자체로 북한을 독자적인 실체로 인정하였다. 기본적으로 평화통일론은 동족끼리 전쟁할 수 없다는 민족 감정에 기반을 둔 것이었으며, 더 나아가서는 앞으로 북한을 독자적인 실체로서 인정해야 한다는 함의를 담고 있었다. 진보당 간부들이나 조봉암이나 그 누구도 남북한 정치세력들의 협상, 남북한 정부의 협상을 공개적으로 말하지 않았다. 그러나 평화통일이 되려면 서로 적대관계에 있는 집단들이 서로의 실체를 인정하고 대화를 하지 않으면 안 된다. 이런 함의 자체가 당시의 냉전 반공질서에 대한 근본적인 도전이었다.

평화통일론은 극단적 냉전의식과 전쟁의 위협을 무기로 삼아 국민을 긴장 상태로 몰아놓는 남한의 반공 지배질서에 대한 도전이었고, 바로 그런 의미에서 1950년대 상황에서 조봉암의 평화통일론이 갖는 진보성은 높이 평가되어야 한다. 또한 4·19혁명 직후 혁신정당과 학생들을 중심으로 전개되었던 평화통일운동 역시 반공의 굴레를 뚫고자 했던 진보적 운동으로 평가받을 수 있다. 그러나 박정희가 평화통일론의 이름으로 국가 주도의 통일을 추진한 이래 보수와 진보를 가릴 것 없이 모든 역대 정권들도—적어도 명목상으로는—평화통일을 내세우며 체제 비판으로서 평화통일론이 갖는 진보성은 대폭 약화되었다.

이처럼 쉽사리 보수적으로 흡수될 수 있었던 것은 그의 평화통일론이 본질적으로 냉전 민족주의에 근거한 '흡수통일'의 한 방식이라는 사실에서 비롯된다. 이승만의 북진통일, 박정희의 평화통일, 그리고 현재 보수세력의 흡수통일에 이르기까지 이 모든 통일방안의 본질은 '대한민국에 의한 북한의 해방'이다. 조봉암의 평화통일도 동일한 틀 안에 있다. 평화적 방식에 의한 통일이지만 그 내용은 '자유대한의 품 안에 북한을 끌어안는' 통일이다. 물론 현재 보수주의 일각의 '전쟁 불사' 운운하는 호전성과 대비하면 평화통일론은 여전히 진보의 표상이 될 가치가 있지만, 그 안에 담겨 있는 내용의 일부가 보수에 의해 흡수됨으로써 진보성이 사라지게 된 의미 변천도 함께 고려되어야 할 것이다.

4) 사회민주주의

조봉암·진보당·혁신운동을 다루는 논자들은 이구동성으로 당시 사회민주주의가 진보의 커다란 축을 이룬다고 지적한다. 당시에도 혁신 혹은 진보의 특징으로서 사회민주주의가 널리 인정되었다. 혁신계에 대해 지극히 인색한 평가를 내리는 신상초도 "진보당의 정강정책은 민주사회주의정당의 그것으로서는 매우 온건한 것"이라고 하면서 사회민주주의를 진보당의 대표적인 이념으로 인정해주었다(신상초 1960, 58). 1956년 5월 정부통령 선거 당시 《한국일보》(1956/05/15)가 선거 초반전에 "조봉암 후보의 사회민주주의 정책과 평화통일이 일부 층의 주목을 끌고 있다"고 보도한 기사(서중석 1999, 상권 359에서 재인용)를 보면 조봉암의 사회민주주의가 당시에도 널리 알려져 있었음을 알 수 있다.

조봉암이 사회민주주의를 본격적으로 제시한 것은 진보당 창당을 전후한 시기였다. 1955년 12월 22일 발표된 진보당의 발기 취지문에는 '관료적 특권정치, 자본가의 특권경제를 쇄신하여 진정한 민주책임정치와 대중 본위의 균형 있는 경제체제를 확립할 것을 기약'한다고 했다. 또한 진보당 강령 전문에서는 '20세기 인류사회 변혁의 기본적 목표가 모든 사람에게 명실상부한 자유와 평등과 사람다운 생활을 보장하여줄 진정한 국민적 복지사회를 건설하는 데 있다'고 천명했다. 그리고 이러한 20세기 인류의 이상은 '근로대중을 대표하는 변혁적 주체세력'인 진보세력에 의해 달성되어야 한다고 강조했다. 조봉암·진보당은 이러한 이념을 '사회적 민주주의'라고 불렀는데, 유럽의 사회민주주의와 같은 의미였다.

진보당이 내세운 사회적 민주주의의 기본원칙은 국가가 경제계획과 통제를 통해 민족자본을 육성하고 경제 건설을 촉진하며, 생산물의 공정한 분배를 통해 사회정의를 실현함으로써 궁극적으로는 복지사회에 도달한다는 것이었다. 조봉암·진보당은 사회적 민주주의의 핵심을 '모든 사람의 자유와 평등을 실현하는 평등적 민주주의'라고 밝혔다. 그 방법으로 교통·체신·운수·은행 등 중요 산업부문과 거대 기업체의 국유화, 국가자본 및 외국의 원조를 활용하는 산업 활성화 계획, 농업의 회생을 위해 농민의 권익 보장, 협동조합과 농업보험제도를 통한 농민의 생활 안정화, 소작 금지 등을 내세웠다. 이처럼 경제발전, 사회보장제도, 산업 발전, 국가 번영, 국민생활 향상이라는 모든 정치적 과제들을 한국에 적용하여 실현하는 것을 조봉암·진보당은 '한국의 진보주의'라고 불렀다. 이를 좀 더 구체적으로 살펴보자.

첫째, 사회적 민주주의는 공산주의와 자유방임 자본주의를 부정하고 국민 일반의 평등과 자유를 확보하려는 사회민주주의를 기반으로 삼고 있다. 진보당 창당대회의 개회사에서 조봉암·진보당은 스스로를 '자본주의와 그 앞잡이인 보수당과 공산주의를 거부하고 사회개조의 원리인 진보사상'을 주장하는 당이라고 선언했다. 그는 소련을 비롯한 동유럽 공산주의는 자유경제로 전환하고, 서구 자본주의 국가는 수정자본주의를 취하며, 서로 사회민주주의로 접근하고 있다고 지적했다. 이런 의미에서 조봉암·진보당은 사회적 민주주의를 '20세기 인류의 여망을 대변하는 이념'이라고 내세웠다.

사회적 민주주의에서 특히 강조된 것은 평등주의였다. 이것은 그가 1956년 야당연합전선을 구상할 때 내세웠던 3개 원칙 중 '수탈 없는 경제체제'에서 잘 표현되고 있다. 그것은 소수의 특권 관료계급이나 매판 자본가들의 수탈을 막고 '모든 국민이 다 같이 생존권을 확보하고 균등하게 번영할 수 있는 수탈 없는 경제체제'라는 뜻이었다. 보수세력은 이에 대해 '수탈 없는 국민경제' 운운은 사회주의이며, '사회주의는 공산주의의 사촌'이라고 주장하며 조봉암을 공산당으로 몰고 갔다.

둘째, 사회적 민주주의 문제의식은 압축성장을 통한 민족국가의 발전을 또 다른 목표로 삼고 있었다. 진보당은 「강령」에서 '아시아의 후진국인 한국'은 "선진제국이 과거 수 세기 간에 걸쳐온 노정을 극히 압축된 단기간 내에 주파하지 않으면 안 된다"고 하면서(『전집』 4, 93) 산업혁명을 시급히 수행하고 사회생산력을 전반적으로 제고하기 위해 사회민주주의가 필요하다고 주장했다. 그 방법이 민족자본의 육성, 계획과 통제를 통한 경제의 자립과 발전이었다. 구체적으로는 국가재정의 대규모 투자를 통해 산업부문의 대량 실업자를 흡수하고, 일반 대중의 복리와 중소기업 발전의 활로를 열기 위해 기간산업 및 소수 자본가가 장악하고 있는 독점산업을 국유·국영화할 것을 제안했다. 이것을 진보당의 이론가 윤길중은 '자유제 계획경제'라고(『전집』 4, 125) 불렀다.

셋째, 사회적 민주주의 경제정책에서 되풀이 강조되는 것은 민족자본의 육성, 그리고 매판자본에 대한 격렬한 비판이었다. 진보당 강령에서도 "현 정권의 사회적 정치적 기반은 매판자본계급과 특권적 관료이며 그 경제적 기반은 일제로부터 인수한 국가적 독점기업과 미국으로부터의 경제원조"라고 성토했다(『전집』 4, 81). 조봉암·진보당은 일체의 사회경제적 변혁을 가로막는 보수세력을 축출하고 진정한 민주주의와 자유를 실현하는 이념으로서 사회민주주의를 제기했던 것이다.

넷째, 진보당의 사회적 민주주의는·민중의 생존권을 보장하고 국민 일반의 복지를 지향하며 국가의 급속한 발전을 지향하는 원리였다. 이 모든 주장을 관통하는 논리는 지배세력이 내세우는 자유방임 자본주의가 사실상 소수 자본가의 독점자본주의에 불과하다는 것이었다. 근본적으로 조봉암·진보당은 자본주의사회에서 자유경쟁은 약육강식의 논리에 지나지 않으며 공정한 분배와 근본적으로 양립할 수 없다고 보았다. 진보당은 강령에서 "우리나라의 우익적 보수세력의 일부 대변자들은(「강령」, 『전집』 4, 97)" 국영기업의 실패를 지적하면서 자유경제를 그 대안으로 내세우고 있음을 통박했다. 당 이론가 신도성은 자유경제는 "사실상 독점경제의 별명에 지나지 않"으며, 이 독점자본주의는 소수 자본가들이 국가 그 자체를 장악하고 "소수 자본계급에 의한 경제상의 독점과 정치상의 전제(신도성 1956, 307)"를 휘두를 것이라고 비판했다.

진보당은 이 모든 사항을 종합하여 창당대회에서 당의 이념을 '사회적 민주주의'로 설정하고 복지국가, 사회보장제도, 모든 국민의 생활 향상, 분배의 평등, 급속한 경제성장, 평화통일, 참된 민주주의의 실시 등을 내세웠다. 윤길중은 「진보당 조직의 의의와 그 주장」에서 "한국 진보주의는 우리나라의 후진성의 초극과 건전한 양심 자본의 육성을 구상하는 하나의 한국적인 프래그머티즘"이라고 주장하면서, 진보당이 추구하는 "한국의 민주사회주의 노선은 진보주의를 걸을 수밖에 없을 것"이라고 주장했다

(『전집』4, 160). 즉 한국적 진보주의에는 국가 주도의 급속한 경제성장, 반자본주의 혹은 탈자본주의의 전망에 입각한 새로운 사회구성의 원리, 정치사회의 변혁론, 사회발전의 원리, 민족국가의 발전 등 민족주의로부터 탈자본주의에 이르는 대단히 폭넓은 요소들이 들어 있다.

이처럼 국가의 개입과 통제를 통해 자본주의의 문제점을 제거하고 사회구성원 전체의 평등과 복지를 추구한다는 면에서 조봉암·진보당의 정책은 유럽의 사회민주주의 정당과 노선을 같이한다. 그러나 유럽의 사회민주주의 정당은 노동계급과 노동조합을 근간으로 삼는 계급정당인 반면 조봉암·진보당은 국민정당을 표방한 점에서 차이가 난다. 진보당 강령 전문에서는 "우리 당은 노동자 농민을 중심으로 진보적 인텔리, 중소상공업자, 양심적 종교인들의 광범한 근로대중의 정치적 집결체이며 국민대중의 이익 실현을 위해서 투쟁한다"고 천명하였다(『전집』4, 82). 그가 즐겨 사용했던 '피해대중'이라는 말도 특정 계급이 아니라 국민 대중을 뜻하는 용어였다. 이것은 아직도 산업발전이 미약하고 국민 대다수가 극심한 빈곤 속에 놓여 있었던 당시의 실정을 감안한 것이라고 할 수 있다.

4. 1950년대 정치이념의 스펙트럼

조봉암은 사형을 받았지만 평화통일과 사회민주주의는 법원으로부터 무죄 판결을 받았다. 그는 양명산이라는 이중 간첩을 통해 북한과 접촉하여 국가보안법을 위반하고 간첩죄를 저질렀다는 죄목으로 사형을 당했다. 그의 존재 자체가 이승만의 반공체제에 균열을 불러일으킬 수 있었기 때문이었다. 1950년대, 특히 전쟁 이후부터 1960년 4·19 이전까지 한국 사회는 제대로 된 곳을 찾을 수 없을 정도로 부패와 편법 및 파행이 널리 퍼져 있었다. 이승만은 '반공' '북진통일' '미국'을 외치는 것 이외에는 아무런 정치적 비전도 갖고 있지 않았다. 반공은 국민을 억누르고 자신의 집권을 연장하는 유일한 명분이었다. 이 체제에 조금이라도 균열이 생기면 저수지의 둑처럼 어느 한순간에 송두리째 무너질 수 있는 상황이었다. 특히 대통령 선거에 출마한 조봉암은 도저히 용납할 수 없었고, 그를 처형함으로써 '본보기'를 보일 필요가 있었다.

당시 진보당에 참여하지 않고 민주혁신당이라는 또 다른 진보정당을 세웠던 이동화 역시 "한국적 반공 이데올로기는 사회주의와 공산주의의 본질적 차이를 인정하려 하지 않으면서 사회주의를 공산주의의 4촌-근친이라고 부르고 있다"고 술회했다(이동화 1987, 121). 이것은 그 어떤 진보정당도 허용될 수 없었던 당시의 사정을 잘 보여준다.

이러한 생각이 연장되며 대부분의 연구자들은 조봉암·진보당에 반대하는 당대의 목소리와 의견들을 '냉전 반공의식에 젖은 기득권자의 저항' 정도로 지나치게 폄하한다. 물론 조봉암 반대세력 중에는 수구세력이 많았지만, 당시 보수를 지지한 쪽에서도 나름대로 타당한 이유가 있었다. 모든 비판이 질 낮은 반공의식이나 기득권 수호의 소산이거나 조봉암의 세력이 커짐에 따라 나타난 적대감의 발로는 아니었다. 또한 이러한 비판들은 21세기의 보수-진보 대립의 원형을 담고 있다. 여기서는 조봉암·진보당을 비판했던 당시의 주장들을 살펴봄으로써 1950년대 정치이념의 분포와 다양성을 파악하고, 21세기 보혁 대립의 원형을 찾고자 한다. 진보당 비판의 논리는 다음과 같이 나누어볼 수 있다.

첫째, 철저한 반공 논리에 입각한 반대 논리가 있다. 진보당은 사회주의 정당이므로 한국에는 전혀 필요 없다는 주장이다. 진보당사건의 담당검사였던 조인구는 "사회주의나 수정사회주의는 그 근원이 모두 사회주의에 있으며 대한민국 국헌에 위배된다"고 주장하면서 평화적 방법을 통해 사회주의를 실현한다는 정책은 결국 공산주의자와 같다고 보았다(『전집』 5, 212). 심지어 민주당 선전부 차장 구철회는 진보당 추진자들을

"6 · 25 이전 공산주의를 맹종하다 전향한 자 또는 그에 동조자 또는 회색분자, 기회주의자들이 대부분"이라며 진보당의 '용공성'을 거론했다(구철회 1956, 184-185). 조봉암의 사면 복권이 논의되던 2007년에도 "명백한 간첩 사건을 정치탄압으로 우기고 생떼를 쓰는 것은 당시나 지금이나 여전한 좌익들의 전매특허"라고 비판하는 사람들도 있었다(이영민 2007, 79). 그러나 1950년대에 용공성 시비를 건 사람들이 모두 극우 반공주의자들은 아니었다.

당대의 대표적 자유주의자 신상초를 비롯한 지식인들 역시 반공 노선을 주장했다. 진보당의 평화통일론은 냉전의 최일선에 서 있는 한국에서는 "있을래야 있을 수 없는 것"으로 지금과 같은 국제적 조건에서는 "철저한 '반공 노선'과 결부되지 않을 수 없는 것"이라는 주장이 대표적인 사례이다(신상초 1956, 203). 주요한 역시 진보당의 노선에 대해 "연막적 색채" "양의 가죽으로 이리의 본색을 감추려 한 것이 아닌가 하는 혐의"를 거론하며, "금일 선진국의 사회민주주의는 명백히 반공"이라는 점을 지적하면서 한국에 존재할 수 있는 진보 노선의 한계를 설정했다(주요한 1958, 30). 4 · 19 이후 혁신계를 지지했던 신범식(1960)과 강상운(1960) 또한 한국에는 공산주의와 단절하고 복지사회 건설, 의회정치, 민주주의를 본질로 삼는 '민주사회주의'만이 존재해야 한다고 주장했다. 오늘의 시각에서 보면 반공은 보수 극우세력의 전유물인 것처럼 여겨지지만 분단과 전쟁이라는 역사적 경험 속에 반공은 생각보다 폭넓게 확산되어 있었던 것이다.

둘째, 한국은 혁신운동이 진행될 정도로 사회경제적 발전이 진행되지 못했다는 논리이다. 자본주의가 고도로 발달하여 그 병폐가 뚜렷하게 드러난 곳에서 "자본주의 체제를 뒤집어엎고 사회주의를 단행하자는 정당이 혁신정당"인데 한국은 여기에 한참 못 미친다는 것이다(신상초 1957a, 72). 즉 한국은 아직 제대로 자본주의화 되지 못했으며, 생활양식에는 신분적 예속관계나 예속의식이 상당히 남아 있고, 정치적 측면에서도 근대

국가 형성과 부르주아 민주주의 이전 단계에 있는 만큼 사회주의를 그 내용으로 하는 혁신운동이 들어설 자리가 없다는 것이다. 이와 비슷한 취지에서 박운대는 사회주의 정책이 한국 현실에는 맞지 않기 때문에 그것을 추구하는 것은 '소아병'에 불과하다고 비판하면서 진보당을 비롯한 혁신운동의 당면과제는 사회민주주의가 아니라 '야당연합전선'에 그쳐야 한다고 주장했다(박운대 1957).

셋째, 과거 자유당 정권과의 차별성을 드러내는 측면에서 한국 보수주의가 충분히 진보적 역할을 해왔고 또 진보적이라는 논리도 제기되었다. 자유당은 이승만의 1인 정치를 옹호하기 위한 도당에 불과한 반면, 자유민주주의를 표방하고 있는 '온건 보수정당'인 민주당은 "자유경제, 법치주의 확립, 민권신장, 책임정치 구현 등 우리 사회를 근대적인 시민사회로 만들기 위해 …… 개혁을 위한 투쟁을 대담하게 전개하고 있는 점에 있어서 건전하고 또 진보적"이라는 것이다(신상초 1957b, 127). 민주당 소속의 김영선 또한 자유당은 "반봉건질서, 즉 현상을 유지하려는" 정당인 반면 민주당은 자유·민권 신장을 주장하는 "현상타파 내지는 개혁을 주장하는 보수정당"이고, 이런 의미에서 "우리나라의 현실에 있어 보수정당은 현상유지 정당이 아니고 혁신과 진보의 정당"이라고 주장했다(김영선 1956, 61).

넷째, 한국의 경제발전은 '자유경제'와 '민간기업'의 원칙 아래 자유주의의 틀에서 진행되어야 한다는 것이다. 당시 진보당은 국유·국영기업의 비능률성과 부패를 이유로 기업의 민간불하를 주장하는 민주당의 정책을 반대했다. 민간불하가 이루어지면 이 기업들은 정치권에 야합한 무리의 수중에 떨어져 또 다른 대규모 부정이 자행된다는 이유에서였다. 반면 자유경제를 주장하는 쪽에서는 민간에게 넘어간 기업은 결국에는 운영 능력이 있는 사람의 손으로 들어가게 되며, 영리의식 아래 책임 있는 경영을 하고, 자유경쟁 원칙 아래 생산성이 향상될 뿐 아니라 민주세력의 경제적 기반을 형성한다고 주장했다(신상초 1956; 김영선 1956). 또한 자본주의 및 자유주의와 결합되지 못한 민주주의는 경제적 자유를 파괴함으로써 결국 정치적 자유를 파괴한다는 근거에서 국유화를 반대한 사람도 있었다. 4·19 이후 《동아일보》 논설위원 이동욱은 '국유화는 자유를 말살하는 것'이라고 하며 혁신계의 국유화 주장에 반대했다(김재순 외 1960, 85-88).

이상에서 보았듯 냉전 반공의식이나 기득권에서 조봉암·진보당을 비판한 사람들도 있었지만, 나름대로 타당한 이유를 갖고 반론을 제기한 경우도 상당히 많았다. 당대의 담론을 냉전 반공의식과 기득권에서 비롯된 것으로 획일화시킬 경우, 1950년대의 다양한 생각들은 시야에서 사라져 버린다. 진보당을 비롯한 혁신계에 대한 당대의 비판에는 비록 초보적이지만 시장경제와 국유화(혹은 통제경제)의 문제, 시장과 계획, 자본주의와 정치적 자유의 관계, 한국의 역사·사회발전 단계에서 보수와 진보의 위상 등이 담겨져 있는데, 이것은 오늘날에도 보수·진보 논쟁의 중요 의제를 구성하고 있다. 또한 조봉암에 대한 당대의 비판에는 초보적 형태이기는 하지만 오늘날에도 보수·진보의 중요 대립 의제인 자유와 사유재산, 경쟁과 계획에 관련된 문제들이 논의되었다. 이런 점을 고려한다면 1950년대 당시 보수세력의 주장을 극우 반공세력이 지난 시절의 잘못을 감추는 선전 문구에 불과하다고 단순하게 취급할 수만은 없다. 다음 장에서는 이 문제에 대해 좀 더 검토하겠다.

5. 정치이념의 역동적 상호작용

지금까지 보았듯이 '피해대중', '평화통일', '사회민주주의'라는 조봉암·진보당의 이념은 1950년대의 국면에서 충분히 '진보'로서의 성격을 갖고 있었다. 또한 그 이념의 상당 부분은 (구)민주노동당, 정의당 등을 비롯한 진보정당으로 이어진다는 점에서 그 진보성이 지금까지도 유지되고 있다. 그런 점에서 조봉암·진보당은 사회민주주의를 기반으로 하는 한국 진보이념의 근원으로서 높은 평가를 받아야 마땅하다.

조봉암의 죽음은 진보의 좌절에 대한 안타까움과 이승만 정권에 대한 반발이 겹쳐 애도와 아쉬움의 감정을 불러일으켰다. '극우 반공 분단체제에 맞선 역풍의 정치인'이라는 평가는(서중석 1992) 조봉암을 규정하는 대표적 용어가 되었다. 특히 민주노동당의 의회 진출(2004) 즈음해서 사회민주주의자로서 조봉암의 이념과 활동을 높이 평가하는 책들이 활발하게 출간되었다(정태영 2006; 정태영 2007; 조현연 2009; 조현연 2010).

이러한 연구들은 대체로 그의 사회민주주의 이념이 오늘날에는 더욱 필요하고 앞으로 그것을 더욱 발전시켜 한국 정치의 새로운 진보이념을 만들자고 주장하는 경향을 보인다. 혹은 조봉암이 진보당을 창당하고 이끌면서 보여주었던 유연하고 현실적인 노선을 높이 평가하며 민주노동당은 바로 그와 같은 사례로부터 배워야 할 것을 강조하기도 했다(서중석 2004; 김성보 2009). 이런 풍조에 대해 강정구는 '무오류 무비판으로 과대 포장된 죽산'이라고 일침을 가하기도 했지만(강정구 1999), 대부분의 연구나 논평은 조봉암·진보당의 노선을 호의적으로 평가하고 있다.

이러한 평가들은 조봉암과 진보당의 이념이 오늘날까지도 진보로서의 성격을 유지하고 있으며 그가 반공체제의 희생자였음을 안타까워하고 있다. 그러나 여기에는 한 가지가 더 고려되어야 한다. 즉 진보와 보수가 고정된 실체가 아니라 역사적 맥락에 따라 서로 상대방 이념의 일부를 차용하면서 담론 내용이 달라진다는 것이다. 앞에서 필자는 평화통일론이 그 이후 국가 주도의 통일론으로 흡수됨으로써 애초에 갖고 있던 체제 도전 이념으로서의 진보성은 많이 퇴색했음을 지적했다. 또한 조봉암·진보당의 정치이념이 한국 진보의 근원지로서뿐 아니라 진보와 보수의 역동적 상호작용을 파악할 수 있는 출발점으로서 한국 현대 정치사상의 중요한 자원이라는 사실을 추가하고자 한다.

조봉암·진보당이 내세운 사회민주주의의 핵심은 국가 주도의 경제계획에 의한 압축성장의 논리였다. 그 후 박정희 정권이 국가 주도의 압축성장을 실현하며 성장 담론은 보수가 흡수했고, 진보는 사회정의와 공정분배 등의 가치를 가져갔다. 한때는 진보의 독점물이었던 것을 이제는 진보와 보수가 나눠 가지게 된 것이다. 다른 한편 박정희·전두환 정권의 통제·계획경제에 맞서 1970-1980년대의 민주세력은 '자율적 시장경제'를 주장하였다. 조봉암·진보당이 보수세력의 독점경제 논리라고 비난했던 시장경제가 진보의 논리로 바뀐 것이다.

2000년대 신자유주의 세계화 국면에서 진보와 보수는 신자유주의 세계화에 대한 대응책을 두고 갈라졌다. 진보는 시장 만능의 신자유주 경제 정책의 모순에 맞서 국가의 적극적 개입을 주장하게 되었지만, 그 내용은 '시장의 모순으로 인한 폐해의 시정', '국가의 개입을 통한 사회 양극화의 해소', '성장이 아니라 복지와 인간적 삶의 추구를 위한 국가정책' 등의 의미로 바뀌었다. 조봉암·진보당의 압축성장론이 갖고 있던 진보성은 완전히 소멸되어 성장은 진보의 항목에서 사라졌다. 이제 계획과 통제는 국가 주도 경제계획을 통한 급속한 산업화가 아니라 사회 양극화 해소나 복지라는 의미로 바뀌어 진보의 몫이 되었다.

반면 '자율적 시장경제'와 성장은 보수의 영역이 되었다. 보수는 신자유주의 세계화에 충실한 자유방임 시장경제에 가까운 논리를 들고나왔다. 그들은 국가의 시장 개입을 없애고 노동시장의 유연화—해고의 자유—를 보장해주어야 국가 전체의 성장과 발전이 가능하다고 주장하고 있다. 조봉암·진보당의 성장은 분명히 노동자·농민의 근로대중의 삶을 위주로 한 것이었지만 현재 한국의 보수는 이 부분에 대해서는 입을 다물고 있다.

진보·보수 담론 역전의 또 다른 사례는 진보당이 주장하던 '헌법 가치의 준수'에서도 찾을 수 있다. 당 강령에서 진보당은 자신들이야말로 건국이념에 충실한 세력이라고 주장했다. 그리고 진보당이 집권하면 "우선 대한민국 헌법의 규정과 정신을 소생시켜 광범한 민중에게 민주주의적 제 자유를 보장하여주려고 한다"고 역설했다(『전집』 4, 82). 보수세력이 건국을 주도하며 내건 이념을 진보세력이 완수하겠다는 약속, 이는 담론 역전의 대표적 사례이다. 1960-1980년대의 민주화 세력이 역대 권위주의 정권에 맞서 헌법에 구현된 민주주의 가치의 실현을 요구했던 사례도 여기에 해당한다. 이러한 주장에 대해 보수세력은 '앞으로 더 큰 자유를 위해 현재의 자유를 유보한다'는 논리로 옹색하게 대응했다.

그러나 역전은 재 역전된다. 2000년대에 들어와 보수세력은 재벌규제와 남북화해에 맞서 한국이 '헌법에 규정된 한반도의 유일한 합법정부'이고 시장경제가 헌법의 기본가치라고 주장하며 '헌법 가치의 준수'를 주장하고 있다. 반면 진보 측에서는 '민주주의와 인권 보호'라는 헌법 가치를 들고나왔지만, 과거처럼 보수가 일방적으로 밀리지 않고 있다. 산업화를 자신의 성과라고 주장하는 보수세력 역시 '인권'을 내세워 북한을 공격하고 있다. 헌법 가치의 해석을 둘러싼 진보와 보수의 담론이 어떤 형태로 변할지 앞으로 주목할 만하다.

우리는 이런 역사적 현상을 통해 보수와 진보가 어떤 고정된 실체가 아니라 역사·사회발전에 따라 문제영역이 달라지면서 담론체계의 내용이 변하고, 때로는 보수·진보가 내세우는 주장이 역전되는 현상도 발생한다는 점을 알 수 있다. 즉 정치이념들 사이의 역동적 상호작용을 놓치지 말아야 한다는 것이다. 이러한 것은 특정 정치이념을 연구할 때에는 세 가지 사항을 염두에 두어야 할 것을 알려준다.

먼저 당대의 맥락에서 그 의미와 위치 파악하기, 당시 상황에서 그 이념이 평가 혹은 비판받았던 내용을 검토함으로써 정치이념의 시대적 맥락 파악하기, 마지막으로 그 이념이 역사적으로 어떤 의미 변화를 겪으며 오늘날까지 전달되고 있는지 검토함으로써 정치이념의 역동적 상호관계 파악하기가 그것이다. 필자의 이러한 의도가 제대로 전달되었다고 자신 있게 말하기는 어렵지만, 독자들이 앞으로 현대 정치의 이념들을 연구할 때 보조지침으로 삼기를 부탁드리는 바이다.

정태영·오유석·권대복 엮음. 1999. 『죽산 조봉암 전집』 전 6권. 서울: 세명서관.

조봉암. 2009. 『우리의 당면과업』. 서울: 범우사.

강상운. 1960. "사민당과 의회민주주의." 『세계』 7월, 81-87.

강정구. 1999. "무오류 무비판으로 과대 포장된 죽산." 『사회와 역사』 56, 288-294.

구철회. 1956. "민주혁신당(가칭)의 반민주노선." 『자유세계』 10월, 181-186.

김동명 외. 1956. "1956년도 국내외 정세를 논한다." 『신세계』 3월, 38-56.

김성보. 2009. "법살 50주기에 돌아보는 진보당과 조봉암의 역사의식." 『역사비평』 통권 88호, 200-214.

김영선. 1956. "보수정당론." 『사상계』 12월, 58-66.

김운태. 1962. "신보수주의." 『사상계』 5월, 66-73.

김재순 외. 1960. "좌담: 보수냐 혁신이냐." 『새벽』 7월, 78-104.

박기출. 1957. "남북통일의 평화적 해결." 『신태양』 4월, 78-86.

박운대. 1957. "진보주의의 정치위치." 『자유춘추』 2월, 66-71.

사상계. 1958. "정치 종횡담." 『사상계』 2월, 479-495.

서중석. 1992. "조봉암·진보당의 진보성과 정치적 기반." 『역사비평』 통권 20호, 16-32.

서중석. 1999. 『조봉암과 1950년대』 상·하. 서울: 역사비평사.

서중석. 2004. "민주노동당은 역사에서 배워야 한다." 『역사비평』 통권 68호, 20-40.

신도성. 1956. "총비판 민주당." 『사상계』 2월, 301-312.

송건호. 1960. "한국 보수주의의 병리." 『새벽』 9월, 127-137.

신범식. 1960. "한국사회주의 세력의 진로." 『세계』 7월, 88-95.

신상초. 1956. "진보당운동의 관념 성격." 『신세계』 6월, 194-203.

신상초. 1957a. "혁신정당론." 『사상계』 1월, 71-79.

신상초. 1957b. "진보-민혁당론." 『신세계』 1월, 124-130.

신상초. 1960. "사회주의운동 15년(상)." 『사상계』 8월, 55-59.

이동화. 1987. "한국 혁신정당운동의 인맥과 활동." 『민족지성』 1월, 109-125.

이영민. 2007. "조봉암 사건에 대한 과거사위의 결정을 규탄한다." 『한국논단』 11월, 68-79.

정태영. 2006. 『조봉암과 진보당: 한 민주사회주의자의 삶과 투쟁』. 서울: 후마니타스.

정태영. 2007. 『한국 사회민주주의 정당의 역사적 기원』. 서울: 후마니타스.

조병옥. 1957. "남북통일이 가능한 길." 『신태양』 4월, 47-53.

조세형. 1965. "4·19, 5·16과 보수세력의 재패." 『청맥』 4월, 83-89.

조현연. 2009. 『한국 진보 정당 운동사』. 서울: 후마니타스.

조현연. 2010. "죽산 조봉암, 진보당과 21세기 한국의 진보정치." 『동북아연구』 15권, 183-220.

주요한. 1958. "진보당사건의 정치적인 의의." 『인물계』 9월, 28-30.

채장수. 2010. "진보의 이념적 분화와 좌파의 분립: '촛불'의 경우." 『대한정치학회보』 17집 3호, 243-263.

함상훈. 1957. "평화통일을 주장하는 제3세력." 『신태양』 4월, 74-77.

홍석률. 2001. 『통일문제와 정치사회적 갈등: 1953-1961』. 서울: 서울대학교출판부.

● 정태영·오유석·권대복 엮음. 1999. 『죽산 조봉암 전집』 전 6권. 서울: 세명서관.

조봉암 자신의 저술, 진보당 관련 자료들이 수록되어 있다.

● 서중석. 1999. 『조봉암과 1950년대』. 상·하. 서울: 역사비평사.

조봉암·진보당에 관한 가장 훌륭한 저작이다. 그 내용의 상세함, 당대의 정치·사회·경제적 상황에 대한 분석에서는 여전히 최고의 위치를 차지하고 있다. 다만 책이 2권으로 되어 있어 분량이 너무 많은 것이 흠이다.

● 박태균. 1995. 『조봉암 연구』. 서울: 창작과비평사

조봉암의 생애를 꼼꼼하게 추적하며 그의 정치 노선과 진보당사건의 전말을 잘 기술했다.

● 정태영. 2006. 『조봉암과 진보당: 한 민주사회주의자의 삶과 투쟁』. 서울: 후마니타스.

● 정태영. 2007. 『한국 사회민주주의 정당의 역사적 기원』 서울: 후마니타스.

조봉암과 함께 진보당에 참여했고, 4·19 이후에는 혁신운동에 가담했으며, 평생 진보주의자로서 신념을 굽히지 않았던 저자가 남긴 기록이다. 당시 활동을 상세하게 서술했다. 분석 수준은 다소 아쉽다.

● 홍석률 2001. 『통일문제와 정치·사회적 갈등』. 서울: 서울대학교출판부

1950년대 통일문제를 둘러싼 정치·사회적 갈등을 살펴보는 데 유용한 책이다.

● 임경석. 2012. 『모스크바 밀사』. 서울: 푸른역사.

조선공산당의 코민테른 가입 외교를 다룬 책이다. 모스크바에 밀사로 파견된 조봉암의 활동이 소개되어 있다. 쉽고 재미있다.

4부

중도파와 민족주의

6

여운형

진보적 민주주의자이자
타협과 조정, 통합의 사상가[1]

전재호

1. 여운형 연구의 현재적 의미

몽양(夢陽) 여운형(呂運亨: 1886-1947)은 일제강점기 해방 정국에서 자주 독립과 통일을 위해 활발히 활동했던 한국 현대사의 대표적인 인물이다. 그러나 냉전 시기에는 '공산주의자'로 낙인찍혀 공개적으로 논의되지도, 학술적인 연구도 제대로 수행되지 못했다. 1987년 민주화 이후에는 역사학자 및 사회과학자들에 의해 자료가 정리되고 그의 정치활동에 대한 여러 연구가 수행되었다. 그 결과 그는 일제강점기 위대한 독립운동가, 언론인, 체육인으로, 그리고 해방 정국에서는 통일정부를 세우기 위해 좌우

---

1 이 글은 필자가 여운형의 정치사상에 관해 출간한 논문(전재호, 2013. "여운형의 정치이념: 민족주의, 공산주의, 민주주의에 대한 인식을 중심으로." 『현대정치연구』 제6권 제1호, 83-114.)을 수정 · 보완한 것임을 밝힌다.

세력을 통합하려 한 '중도' 정치인으로 자리매김 되었다. 그러나 그에 대해서는 여전히 호오(好惡)가 갈린다. 한편에서는 진취적이고 포용적인 민족운동가였다고 긍정적으로 평가한 데 비해, 다른 한편에서는 공산주의에 도취되었던 줏대 없는 기회주의자였다고 부정적인 평가를 하고 있다.

그런데 흥미로운 점은 여운형의 정치이념을 고찰한 연구들은 대부분 긍정적인 견해를 제시했다는 점이다. 필자의 부족함 때문인지는 모르겠지만 여운형은 물론, 그의 이념에 대한 비판적 연구는 찾지 못했다. 다만 그가 활동하던 당시 우파들은 그를 공산주의자로, 그리고 소련을 비롯한 공산주의자들은 그를 기회주의자 또는 개량주의자라 비판했다.

역사학자 정병준은 여운형 "정치사상의 핵심에는 민족통일이 놓여 있"고 "남과 북을 막론하고, 좌와 우를 물론한 민족통일 노선"이며 "이는 민족의 통일·단결과 화합을 위해서 때로는 투쟁하고 때로는 타협하는 것"이었다고 주장했다(정병준 1995, 9).

정치학자 최상용은 여운형의 정치이념을 "민족주의와 사회주의와 자유주의가 절충적으로 공존"하는 "절충적·혼합적 정치이념"이라고 주장했다. 곧 "민족독립의 문제에서는 민족자결주의를 자신의 민족주의사상의 기본바탕으로 깔고 있었고, 통일문제에 있어서도 좌우의 연합전선을 통한 통일정부의 수립을 일관되게 주장했다. …… 민주주의는 평등을 중심 가치로 보는 사회주의적 요소와 자유를 기본내용으로 하는 의회 민주주의적 요소가 혼재하고 있으며, …… 당시 미국과 소련이 공유한 반파시즘·민주주의의 이미지를 갖고 있었다"고 평가했다(최상용 1997, 96).

정치학자 최장집도 여운형을 "이데올로기를 초월하여 민족분단을 막아보려고 노력하였던 진정한 민족주의자"였으며, "혁명적 사회주의와 대립되는 자유주의적 개혁, 관용과 사려 깊음(prudence), 타협과 조정, 공존의 행동양식을 실천에 옮기고, 갈등하는 이데올로기가 공존할 수 있고 대중이 정치에 참여할 수 있는 정치적 경쟁의 규칙을 제도화하려고 시도했던 진정한 자유주의자이자 민주주의자였다"고 평가했다(최장집 1997, 146).

정치학자 이정식은 "여운형의 사상이 '모호했다' 또는 '기회주의자였다'"라고 평가하는 것에 대해 그를 사상적인 틀에 무리하게 끼워 맞추려 했기 때문이라고 주장했다. 그러면서 그는 "공산주의자, 사회주의자 등의 용어에 끼워 맞출 수 없는 사람"이고, "폭이 넓고 …… 자만과 오만이 없는 인물"로서 '반(反)제국주의운동가'며 '진보적인 민족주의자'였다라고 평가했다(이정식 2008, 7-8).

여운형이 긍정적으로 평가되는 이유는 다양하지만, 여러 연구자들이 그를 높이 평가하는 점은 그가 특정 이념에 치우치지 않고 '절충적·혼합적 정치이념'을 가졌고 타협과 조정, 공존의 행동 양식을 실천했다는 점 때문이었다. 이러한 측면에서 그의 정치이념을 살펴보는 것은 현재에도 매우 큰 의미가 있다. 세계적 냉전이 붕괴된 지 한참 지난 현재에도 한반도는 이념의 대결을 극복하지 못했고, 한국 사회 역시 이념적 갈등으로 혼란한 형편이기 때문이다. 이러한 상황에서 중도를 추구했던 그의 이념을 고찰하는 것은 나름 의미가 있다. 이를 위해 이 글은 먼저 그의 생애를 간략히 살펴본 후, 그의 정치이념을 고찰하도록 하겠다.

2. 여운형의 생애와 사상적 궤적

1) 조선과 대한제국 시기(1886-1910)

여운형은 1886년 1월 10일 경기도 양주군(현재 양평)에서 출생하여 14세까지 조부에게 한문을 전수받았다(강덕상 2007, 28). 주목할 만한 점은 조부의 아우 여승현이 열렬한 동학교도이자 간부였고 조부 역시 동학에 심취했다는 사실이다. 그는 『중앙』 1932년 3월호 「나의 회상기」에서 "조부의 감화가 나를 많이 지배하였든 것"이라고 진술한 것을 볼 때, 그가 조부로부터 동학의 영향을 받았을 것으로 추정된다(이정식 2008, 27). 그 후 그는 '개화파 엘리트 중 엘리트'였던 17촌 아저씨 여병현의 영향으로 신지식을 습득하기 위해 1900년(15세) 배재학당에 입학했다. 여병현은 1895년 일본으로 유학 갔고, 이후 미국과 영국에서 서구의 신학문을 접했으며, 귀국 후 미국공사관 통역관으로 일하면서 배재학당에서 영어를 가르쳤고, YMCA에서 활동했다(이정식 2008, 31–41).

여운형은 배재학당에서 조선사회의 봉건적 모순에 눈뜨기 시작했지만, 의무적인 예배 참여에 반발하며 1년 만에 자퇴하고 1901년 민영환이 설립한 흥화학교로 진학했다. 그는 1903년 9월과 10월 조부 및 부인의 사망을 겪은 후 학교를 그만두고 기술자 양성기관이던 통신원 부속 우무학당에 입학했다. 그런데 1905년 11월 을사늑약 체결과 민영환의 자결 이후 다시 학업을 중단하고 양평으로 돌아가 민영환의 '애국심'을 설파했다(강덕상 2007, 44–45). 서울 유학 시절 그는 서구의 신학문과 기독교를 접했고, 대한제국의 몰락을 눈앞에서 보면서 애국심을 갖게 되었다. 귀향 후 그는 당시 활발하게 전개되던 자강운동에 참여하여 인근 청소년을 모아 신학문을 가르치고 장로교 미국인 선교사인 곽안련(Charles Allen Clark) 목사의 도움으로 사립 기독 광동학교를 설립했다. 당시 자강운동은 사회진화론에 기초하여 시작된 민족운동으로 "교육과 실업을 진흥함으로써 경제적 문화적 실력을 양성하고 나아가 부국강병을 달성하여 장차 국권 회복의 토대를 마련하려는 운동"이었다(박찬승 1992, 17). 이를 주도했던 인물들은 주로 교육이 자강 독립의 기초이고 구국의 길임을 알리는 계몽운동을 전개하면서 각 지방에 학교를 설립하는 캠페인을 전개했다.

여운형은 부친의 탈상 이후 가족들과 함께 기독교에 입교했는데, 그 이유는 기독교가 서양문명을 전달하는 통로이자 구문화, 구윤리, 구생활의 비판자로서 자유와 평등을 가르치고 교육을 보급하는 추진자였기 때문이었다(강덕상 2007, 61). 곧 그는 기독교를 조선의 낡은 정치와 사회를 개혁할 수 있는 방향을 제시하는 복음이자 보루로 인식했다(강덕상 2007, 60).

여운형은 서울 승동교회에서 약 5년간(1907-1910, 1911-1913) 곽안련 목사의 조사(助師)로 일했다. 1910년 봄 《황성신문》 사장이었던 남궁억의 초청으로 강릉 초당의숙에 초빙되었으나 1911년 여름 명치연호 사용 문제로 경찰로부터 퇴거 명령을 받고 다시 서울로 돌아와 곽 목사의 조사로 근무했다(여운홍 1967, 19). 또한 그는 이 시기 곽 목사가 강의하던 평양 신학교를 2년간 다녔고, 1914년 중국 망명 후에도 진링대학 신학부에 지원했다. 이는 그가 기독교 신앙에 상당히 독실했음을 알 수 있다. 1929년 일본 검사에게도 자신이 기독교인이라고 말한 사실까지 종합할 때, 기독교는 그에게 큰 영향을 미쳤다고 볼 수 있다. 이는 "당신의 사상이 무엇이요"라고 묻는 일본 검사의 질문에 "나는 기독교의 배경이 있기 때문에 유물론은 받아들일 수 없소"라고 답한 데서 짐작할 수 있다(이환의 1993, 194).

한편 여운형은 1908년 2월 8일 젊은이들의 분발을 촉구하는 안창호의 연설을 듣고 큰 감명을 받았다. 그는 도산의 연설을 듣고 "우리도 훗날 저런 웅변가가 되어, 나라를 위해 죽어야겠다는 결심을 했다"고 한다(여운홍 1967, 7). 또한 사회진화론에 자극받은 자강운동의 일환으로 시작된 국채보상운동이 전개되자 양평에 지회를 조직하고 매일 장터에서 국채를 갚자는 연설을 했다(여운홍 1967, 8). 이는 이 시기 그가 강한 민족의식을 갖게 되었음을 보여준다.

다른 한편 여운형은 1908년 4월 부친 탈상 후 가문에서 모셔온 신주, 지신, 양신 등을 불태우고 집안의 노비를 해방시켰으며, 제사도 그만두기로 결정했다. 이는 계급제도에 대한 죄책감 및 기독교사상과 동학의 가르침이 복합적으로 작용한 결과였다(이정식 2008, 52-53). 더욱이 '백정교회'로 알려진 승동교회에서의 활동은 그가 평등사상을 확고히 하는 데 기여했다. 당시 승동교회는 창립자 무어 목사가 백정들의 지위 향상에 노력했기 때문에 다수의 백정들이 입교함으로써 백정교회로 알려졌다(이정식 2008, 80-83).

결국 유년 시절 이래 여운형은 동학, 근대 교육기관의 수학, 승동교회에서의 활동을 통해 평등의식을 갖게 되었고 대한제국 몰락이라는 시대적 상황에서 자강운동에 참여함으로써 민족의식을 습득했다. 곧 동학, 서구식 교육, 기독교, 그리고 자강운동이 그의 초기 사상 형성에 영향을 미쳤음을 알 수 있다.

2) 일제강점기(1910-1945)

여운형은 1911년 일제가 무단통치의 일환으로 민족운동을 탄압하기 위해 조작한 '105인사건' 발발 이후 망명을 고려했고, 1913년 곽안련 목사를 수행해 신흥무관학교를 비롯한 서간도 각지를 순방한 후, 1914년 중국으로 떠났다. 거기서 난징의 미국계 기독교 학교인 진링대학에 입학했는데, 난징은 중국 학생들의 반일정서가 팽배한 지역이었기에 그의 반일 정치의식이 더욱 성장하게 되었다. 1916년 말에는 진링대학을 떠나 상해로 이주했고 미국인 선교사가 운영하는 YMCA 계통의 책방인 협화서국(協和書局)에 취직했다. 여기서는 동포들의 구미 유학과 도항 절차 및 미국으로 결혼, 이주하려는 조선 여성들의 여행을 도왔다. 1917년 1월에는 상해 조선인 교회의 전도인으로 피선되어 예배를 주관했고, 조선인 자녀들의 교육을 위해 인성학교를 설립하여 교장으로 활동했으며, 1918년에는 신석우 등 동포들과 함께 친목회를 조직하여 총무로 활동했다.

여운형은 제1차 세계대전 종전 직후인 1918년 11월 28일 크레인(Charles Crane) 미국 주중대사의 민족자결권에 대한 연설을 듣고 큰 감명을 받았다. 특히 크레인은 그에게 조선 대표의 파리강화회의 파견을 권유한 것은 물론 조선 입장의 지지를 약속했다. 이에 그는 장덕수와 함께 파리강화회의에 조선 대표를 보내기로 결정하고 신한청년단을 결성하여 1919년 1월 김규식을 대표로 파견했다. 또한 1919년 초 김철과 장덕수를 국내와 일본에 파견하고 자신도 간도와 시베리아 방면을 순회하며 조선 대표의 파견 사실과 독립운동 전반에 관한 의견을 전달했다. 이런 활동에 자극받아 동경의 유학생들이 2·8독립선언을 발표했고, 국내에서는 3·1운동이 일어났다. 이후 그는 상해 임시정부에서 외무부 차장에 임명되었고, 상해 교민단장이자 (교포 자제의 독립사상과 애국정신을 고취시키기 위해 설립된) 인성학교 교장으로 활동했다.

그런데 1919년 11월 일본 정부는 온건한 조선인을 회유하여 임시정부의 단결을 '붕괴'시키고자 여운형을 도쿄로 초청했다. 임시정부에서는 이동휘 이외의 대부분의 인사들이 찬성하여 장덕수, 최근우, 신상완 등과 함께 일본의 초청에 응했다. 도쿄에서 일본 고위관리들과 수차례 회담하면서 일본의 조선자치제안을 공박하고 조선 독립의 당위성과 필요성을 주장했다. 또한 일본의 무분별한 제국주의적 팽창은 동양 평화를 교란하는 것임은 물론, 결과적으로 일본에도 큰 손실을 입힐 것이라고 경고했다 (이정식 2008, 196). 특히 제국호텔에서 한 연설은 일본인을 감동시킴으로써 일본 정부의 의도를 무산시키는 동시에 조선 독립운동의 정당성을 선전하는 계기가 되었다. 그의 활약상이 《독립신문》 등을 통해 보도되면서 독립운동가들로부터 찬사를 받았고 일약 국제적 인물이 되어 중국 혁명가 및 정치인들과의 교분이 확대되는 계기가 되었다.

이렇게 그는 1919년을 전후하여 민족자결주의에 영향을 받아 신한청년단 결성, 파리강화회의 대표 파견, 상해 임시정부 참여, 일본 방문 등 다양한 활동을 통해 독립운동에 활력을 불어넣었고 조선 독립에 대한 확고한 논리를 정립하게 되었다.

당시 여운형의 활동과 사고에 새롭게 영향을 미친 또 다른 요소는 피억압 민족에 대한 국제공산당(코민테른)의 지원과 공산주의였다. 소련은 내외의 '반혁명' 시도를 극복한 후 압박받고 있는 식민지 민족들에게 사상적 물질적 지원을 제공했다. 그 결과 식민지의 민족주의자들은 소련을 우호적으로 생각했고 그들의 초대와 지원을 흔쾌히 받아들였다. 1920년 1월 동경에서 돌아온 후 그는 상해에 파견된 국제공산당 극동부장 보이친스키의 권고로 고려공산당에 가입했다. 이는 한국 독립운동에 대한 국제공산당의 지원 때문이지 공산주의에 대한 깊은 이해에 기초한 것은 아니었다. 사실 고려공산당은 별다른 활동도 전개하지 못했고 분파 갈등으로 국제공산당에 의해 강제 해산되었다. 또한 그는 고려공산당의 목적을 묻는 검사의 질문에 대해 "공산주의의 자연 실현을 몽상해 조직한 단체로 당시는 러시아혁명 직후의 일이어서 조직한 자도 공산주의가 여하한 것인가도 충분히 이해하고 있지 않은 상태였기 때문에 당의 강령 등도 충분히 성립되지 않아 사유재산제도의 부인 또는 국체의 변혁 등은 그 안에 포함되어 있지 않았다"고 진술했다(몽양여운형선생전집발간위원회 1991, 400-401).

여운형은 1921년 12월 소련이 구미열강들이 중심이 되어 열린 워싱턴 회의에 대항하기 위해 1921년 모스크바에서 개최된 극동민족대회에 한국 대표단 단장으로 참석하여 공산주의 사회를 직접 경험했다. 또한 레닌과 만나 임시정부에 대한 지지를 약속받았고 현시점에서 농업국인 한국에서는 공산주의보다 민족주의를 실행해야 한다는 주장을 확인했다. 곧 한국의 당면과업은 공산주의 실시가 아니라 독립 쟁취라는 점을 레닌으로부터 확인받고 그들의 호의를 수용했다.

1922년 4월 상해로 귀국한 여운형은 중국 전역에서 가열되던 반일감정을 이용하여 한중합작운동에 주력했다. 그는 동양 평화를 이룩하려면 중국, 한국, 일본 세 나라가 협력해야 하는데, 일본이 한국과 중국을 침략하고 있으니 두 나라가 협력하여 일본의 침략을 저지해야 한다고 했다.

그래서 한국 독립운동과 중국의 혁명운동 간의 유대 강화에 노력했고, 중국 혁명에도 적극적으로 가담했다(이정식 2008, 333). 당시 손문의 권고로 국민당에 가입했고, 구추백(瞿秋白)의 알선으로 중국 공산당원 대우도 받게 되었다. 그가 이렇게 한 것은 국공 양쪽에 동시에 협력함으로써 그들로부터 장차 한국 독립에 도움을 받을 수 있을 것이라 생각했기 때문이었다(여운홍 1967, 73-74). 1926년 1월에는 광저우 국민당 제2회 대표대회에 초대받아 '중국 국민혁명의 전 세계적 사명'이라는 제목으로 연설했다(여운형 2008, 125). 1928년 그는 생계를 위해 상해 복단대학에 취직했고 1929년 대학 선수단을 이끌고 동남아를 여행하던 중 필리핀에서 아시아 피압박 민족해방을 위해 아시아의 모든 민족이 단결하여 공동 투쟁을 전개하여 구미 제국주의를 몰아내야 한다는 요지로 연설을 하는 등 반제국주의 투쟁을 전개했다. 그러나 상해 귀환 후 곧 일본 경찰에게 체포되어 국내로 압송되었고, 징역 3년 형을 선고받고 복역했다.

여운형은 1932년 7월 출감한 후 조선총독부의 계속된 회유를 거절하고 1933년 "국내에서 독립운동의 총본영과 같은 것을 만들기 위해"《조선중앙일보》사장직을 수락했다. 그는 경향 각지에 지사와 지국을 많이 설치하여 과거 독립운동을 하던 동지들과 사회주의자들을 책임자로 삼고 본사에도 우수한 청년들을 발탁했다(여운홍 1967, 95).《조선중앙일보》는 사회 비리 고발, 농민·노동자·학생운동 변호 등의 논조를 전개했는데, 결국 '손기정 선수 일장기말살사건'으로 인해 1936년 7월 5일 폐간되었다. 귀국 후의 활동은 장기간(15년) 해외에서 보냈던 그에게 국내세력을 형성하는 데 매우 도움이 되었다. 3년 동안의 감옥생활은 독립운동가로서 그의 경력을 더욱 빛나게 했고,《조선중앙일보》에서의 활동은 언론인이자 독립운동가로서 그의 재능을 발휘할 수 있도록 했다(이정식 2008, 436). 이 시기 그는 1934년 조선체육회 회장에 취임하여 각종 경기를 주최 또는 후원하여 청년학도들에게 운동정신을 통한 조국애와 독립정신 고취에 주력했고, 1935년에는 충무공 이순신 장군의 묘소 재건을 추진했으며, 김구의 모친인 곽낙원 여사와 아들 김인, 김신 형제의 상해 탈출을 돕는 등 다양한 활동을 전개했다(여운홍 1967, 95-96).

여운형은 1943년 12월 주변 인물에게 일본 패망 발언을 했다는 이유로 경성헌병대에 연행되었고, 징역 1년, 집행유예 3년을 선고받았다. 그 후에도 그는 일본의 협력 요구를 거절하고 1944년 봄 양주군 봉안으로 내려가 은거하면서 일본 패망 이후를 준비하기 위해 8월 건국동맹을 건설하고 해외와의 연락을 긴밀히 했다(정병준 1995, 63-110).

3) 해방 이후(1945-1947)

1945년 8월 15일 일본의 패망으로 총독부의 엔도 류사쿠(遠藤柳作) 정무총감이 여운형에게 일본인의 신변보장을 요청하자, 그는 다섯 가지 요구 조건을 내걸고 치안 유지 책임을 맡았다(여운형 2008, 319). 그는 한반도가 연합국에 의해 해방되었을지라도 건국 준비는 국내세력이 주체적 입장에서 해야 한다고 생각했기에 안재홍, 이상백, 이만규 등과 함께 조선건국준비위원회(이하 건준)를 결성했다. 그는 건준을 반민족적·반민주주의적세력을 제외한 전 민족세력을 결집하는 통일전선체로 만들려 했다. 그러나 건준은 내부의 파벌 갈등으로 얼마 지나지 않아 안재홍 등 우파세력이 이탈하면서 좌익만의 집합체가 되고 말았다. 게다가 조선공산당의 '극단적' 좌경 노선에 따라 건준이 해산되고 인민공화국이 설립되는 과정에서 그는 주도권을 상실했다(이정식 2008, 532-541).

인공 수립 이후 여운형은 칩거하다가 11월 12일 조선인민당을 결성했다. 인민당은 '개방적인 대중적 정당'으로 근로대중을 중심으로 한 전 인민의 완전한 해방을 기본이념으로, 조선의 완전독립과 민주주의국가 실현을 현실적인 과제로 제시했다(이정식 2008, 570). 그가 인민당을 결성한 것은 그의 생각이 한민당은 물론 공산당과도 달랐기 때문이었다. 인민당은 근로층과 노동자, 농민을 위한 정당인 점에서는 공산당과 동일하지만 방법이 다르다고 주장했다. 또한 자신들의 역할을 "조선의 역사적 특수성으로 노동자 농민은 프롤레타리아트적 정치의식이 빈약"하기 때문에 "이러한 층을 계몽하여 다음에 오는 정치적 조직화에 대한 전 단계적 훈련을 하는 것"이라고 주장했다(이정식 2008, 568-569). 그래서 여운형은 인민당을 통해 근로대중을 중심으로 진보적이고 양심적인 자본가나 지주도 포용하고 제휴하여 광범한 혁명적 민족전선을 이룩하려 했다. 그러나 공산당 계열이 인민당을 장악하면서 여기서도 그는 주도권을 상실했다(이정식 2008, 583-584). 특히 1946년 7월 공산당이 인민당과 신민당을 흡수하는 3당 합당을 추진하자 이에 반대하며 인민당의 당수직을 사임했다. 그러나 9월 평양 방문 시 소련의 '질책'을 듣고 결국 3당 합당에 동의했고 소련이 반대하는 과도입법의원에도 참여하지 않았다. 이는 당시에도 그가 여전히 소련과 협력할 필요가 있다고 생각했음을 보여준다.

그런데 여운형은 서울로 돌아온 후 입장을 바꾸어 김규식을 만나 좌우합작을 추진했다. 10월 7일 김규식과 함께 박헌영이 제시했던 5개 원칙과 정반대되는 좌우합작 7개 원칙을 발표했고, 좌우합작을 성사시키기 위해 3당 합당에 반대하는 세력들을 결집시키려 했다(이정식 2008, 617-618). 이로 인해 공산주의자들의 지속적인 방해와 비난에 시달려야 했고, 좌우합작이 무산되자 12월 정계은퇴를 선언했다. 당시 소련 군정은 3당 합당 과정에서 여운형이 잠적한 것을 비난하면서 '기회주의와 개량주의'가 그에게 고유한 것이라고 평가했다(국사편찬위원회 2003, 131).

여운형은 1947년 초 제2차 미소 공동위원회 개최 가능성이 커지자, 4월 백남운, 장건상 등과 함께 근로인민당을 창당했다. 그는 "남로당은 극단적으로 좌익이며 오직 우리 당만이 올바른 노선을 견지하고 있다"고 주장하면서 미군정과 투쟁하는 남로당과 달리 자신은 미군정과 협력하는 정당을 만들겠다고 말했다(이정식 2008, 624-625). 이는 "조선에 미군 군대가 주둔하고 미군정이 실시되고 있는 동안 우리는 그들과 협의할 필요가 있다"는 실용주의적이고 현실주의적인 인식에 따른 결정이었다(이정식 2008, 628). 미군정 역시 난국에 빠진 남한의 정세를 해결하기 위해 좌우합작을 추진하는 과정에서 여운형에게 직책을 맡길 것을 고려했다. 이에 그는 미소공동위원회 협의 규정에 따라 6월 개최된 서울 합동회의에 참가하여 통일 임시정부의 필요성을 역설하며 통일전선운동을 전개했다. 그러나 7월 19일 미군정 민정관 존슨(E. A. J. Johnson)을 만나러 가는 도중에 혜화동 로터리에서 피살되면서 남한 내 좌우합작 노선은 좌절되었다(이정식 2008, 626-627).

여운형은 해방 정국에서 조선의 자주적이고 독립적인 통일정부를 구성하기 위해 건준, 인민당, 근로인민당 등을 결성하고 좌우합작운동을 전개했다. 이 과정에서 그는 좌우 모두로부터 비판받고 공산주의자들에 의해 이용당했지만 죽는 날까지 통일정부의 꿈을 포기하지 않고 전 민족의 화합을 위해 노력했다.

3. 민족주의, 공산주의, 민주주의에 대한 여운형의 인식

여운형은 한학과 동학의 영향 아래 유년 시절을 보냈고, 근대 교육을 통해 서구의 사고방식을 접했으며, 기독교에도 입문했다. 특히 대한제국의 붕괴라는 상황에서 나라를 구하기 위해 자강운동에 참여했다. 동학과 기독교는 그에게 평등한 인간관을, 그리고 자강운동은 민족의식을 고취시켰다. 중국 망명 이후에는 윌슨의 민족자결주의를 접하면서 독립운동을 적극적으로 전개하였다. 또한 당시 공산주의와 새롭게 등장한 국제공산당에도 큰 영향을 받았다. 그러면 해방 이후 주요한 정치이념이던 민족주의, 공산주의, 그리고 민주주의에 대한 그의 인식과 구상을 살펴보겠다.

1) 민족주의에 대한 인식

여운형은 당대의 다른 독립운동가들과 마찬가지로 민족의 독립과 자주국가 건설을 지향했기에 그의 가장 핵심적인 정치이념은 민족주의라고 할 수 있다. 그런데 민족주의는 민족의 독립, 통합, 발전, 자긍심의 고양 등을 지향할 뿐 그에 도달하는 방법을 포함하지 않은 개념이기 때문에 다른 이념과 결합될 수밖에 없는 독특한 개념이다. 그래서 민족주의는 그 목표를 달성하기 위해 사회변혁이나 정치적 행위의 지침을 지닌 다른 이념과 결합하는 '이차적 이데올로기'로 간주된다(Eccleshall 1994, 30).

당시 독립운동가들은 각자 자신의 이념과 견해에 따라 조선의 독립과 국가 건설을 추구했다. 대표적으로 독립을 추구하는 방법으로는 실력양성, 무장투쟁, 또는 강대국과의 외교로, 그리고 국가 건설 방법으로는 자본주의, 사회주의, 또는 양자를 절충한 사고로 갈렸다. 따라서 특정 인물의 민족주의를 고찰하기 위해서는 그의 민족주의가 어떤 내용을 담고 있는지를 고찰해야 한다. 이러한 문제의식에 기초하여 이 절은 여운형의 민족주의가 어떤 내용을 담았는지를 살펴보고자 한다.

여운형은 일본의 조선 침략을 경험하면서 민족의식을 갖게 되었고, 당시 활발하던 자강운동, 특히 교육을 통한 실력양성운동에 적극적으로 참여하게 되었다. 당시의 지배적 사조는 사회진화론으로, 그것은 세계를 생존경쟁(生存競爭), 우승열패(優勝劣敗)로 설명하면서 경쟁 사회에서 살아남을 수 있는 유일한 길은 스스로 실력을 갖추는 것뿐이라고 주장했다. 한말의 민족주의자들은 이러한 사회진화론의 영향으로 조선이 살아남기 위해서는 스스로 힘을 키우는 길밖에 없다고 생각했고, 그래서 자강운동을 전개했다. 그런데 이 논리는 한편으로 제국주의를 비판하면서도 다른 한편으로는 이를 선망할 수밖에 없는 구조를 갖고 있었다. 그래서 이 논리를 수용하는 한 제국주의자들의 침략 논리를 극복할 수 없는 한계를 지녔다(박찬승 2010, 139). 따라서 당시 자강운동에 참여했던 여운형 역시 이러한 한계에 갇혀 있었다.

그런데 여운형을 비롯한 조선의 민족주의자들의 사고는 제1차 세계대전 전후로 등장한 미국 대통령 윌슨(W. Wilson)의 '민족자결의 원칙(Principle of National Self-determination)'을 접하면서 변하게 되었다. 윌슨은 제1차 세계대전 처리를 위해 피지배 민족(식민지나 점령지역)에게 자유롭고 공평하고 동등하게 자신들의 정치적 미래를 결정할 수 있는 자결권(自決權)을 인정해야 한다고 주장했다. 이는 우승열패의 논리에 따라 민족의 불균등을 인정하는 사회진화론과 달리 '민족평등주의'에 기초하여 약소국이라도 강대국과 동등한 지위를 요구할 수 있다는 논리였다. 여기서 여운형을 비롯한 조선의 민족주의자들은 조선 독립의 정당성을 주장할 수 있는 근거를 발견했고 이에 용기를 얻어 독립운동을 본격적으로 전개했다. 여운형에게 민족자결의 원칙은 곧 약소국 조선 독립 주장에 정당성을 부여함으로써 사회진화론의 영향하에 있는 실력양성론을 극복할 수 있게 해주었다. 게다가 그는 민족자결의 원칙을 접한 이후 조선 독립을 정당화하는 독특한 논리를 제시했다.

먼저 여운형은 1910년대 국내 민족주의자들이 주장하던 '선 실력 양성, 후 독립론'의 논리를 비판하면서 독립을 선결과제로 주장했다. 선 실력 양성, 후 독립론은 교육과 산업의 진흥을 통해 실력을 갖추어야 독립이 가능하다는 주장한 데 비해, 그는 독립이 먼저라고 주장했다.

정치는 반드시 민의에 순종하고 시대에 적합해야 됩니다. …… 전 민족의 요구가 독립에 있고 시대의 형세가 한국의 독립이 필요하다고 하는 오늘일 것

같으면 독립이 선결문제요, 부강책은 그다음으로 강구할 문제입니다(여운형 2008, 40).

여운형은 민의(전 민족의 요구)와 시대의 형세를 내세워 독립이 선결과제이고 부강책은 그다음이라고 주장했다. 그리고 그는 국내 민족주의자들과 일본이 내세우는 조선의 실력 부족, 곧 "한국은 독립을 유지할 실력이 없다"는 주장(여운형 2008, 52)을 정당한 관찰이 아니라고 비판하면서 실력을 정치적 실력, 군사적 실력, 경제적 실력으로 구분하여 자신의 논리를 전개했다. 정치적 실력에는 내치와 외교가 있는데, 내치의 힘이 충실하고 외교에 대해서는 "침략을 하려는 야심은 없고 다만 정의와 인도주의에 굳게 서서 세계 평화의 선봉이 되어 문화로서 세계에 웅비하고자 하는 욕심밖에는 아무것도 없으므로 밖으로부터 시기를 받지 않을 것"이고 "지리적·전략적으로 보아도 한국의 독립은 동양 평화와 세계 평화의 요새가 되기 때문에 다른 나라들의 존중과 옹호가 있을 것"이라는 점에서 "국민외교로만도 넉넉"하다고 주장했다(여운형 2008, 45).

여운형은 군사적 실력에 대해서는 "한국, 중국, 일본이 동맹식 연합이란 정치관계를 맺는 것이 마땅"하며 "독립 후 20-30년 동안 준비하면 여하한 강적이라도 방어할 실력을 갖추게 되리라고 확신"한다고 주장했다. 또한 "우리는 현재 일본과 싸워서 승리할 수 있는 무력이 없음이 사실이오, 그러나 소극적으로 일본의 실력을 분리시키고 군사행동을 방해하는 데 위대한 힘이 있을 것"이라고 주장했다(여운형 2008, 46). 이렇게 그는 실력을 구분하여 조선은 현재 독립할 수 있다고 주장했다. 결국 그는 자신의 논리를 계발하여 사회진화론의 영향하에 있는 선 실력양성론을 비판하고 선 독립의 정당성을 주장했다.

다음으로 여운형은 조선 독립을 정당화하는 새로운 근거를 제시했다. 1919년 12월 일본 방문 시 '동경 제국호텔 연설'에서 그는 한국 독립운동을 다음과 같이 정당화했다.

일본인에게 생존권이 있다면 우리 한민족만이 홀로 생존권이 없을 것인가?
일본인에게 생존권이 있다는 것은 한인이 긍정하는 바이요, 한인이 민족적
자각으로 자유와 평등을 요구하는 것은 신이 허락하는 바이다. …… 이제 세
계는 약소민족 해방·부인 해방·노동자 해방 등 세계개조를 부르짖고 있다.
이것은 일본을 포함한 세계적 운동이다. 한국의 독립운동은 세계의 대세요,
신의 뜻이요, 한민족의 각성이다. …… 때가 와서 생존권이 양심으로 발작된
것이 한국의 독립운동이요, 결코 민족자결주의에 도취한 것이 아니다. 신은
오직 평화와 행복을 우리 인생에 주려 한다. 과거의 약탈·살육을 중지하고
세계를 개조하는 것이 신의 뜻이다(여운형 2008, 52).

여운형은 한국의 독립운동이 민족자결주의에 의한 것이 아니라 생존
권, 세계의 대세, 신의 뜻, 한민족의 각성이라고 주장했다. 또한 독립운동
의 목적도 "조선에서도 인격을 인정받는 것. 즉 사람에게 인격이 있듯이
민족에게도 인격을 인정하게 하는 것"이라고 주장했다(몽양여운형선생전집
발간위원회 1991, 550). 한민족의 생존권 주장이나 인격권과 민족의 권리를
동일시하는 논리는 '천부인권설'과 마찬가지로 민족의 독립을 하늘로부
터 부여받은 '천부의 권리'로 옹호한다는 주장이었다. 게다가 그는 "조선
독립운동은 일시적인 감정적 폭발이 아니"라 "오직 조선인의 영구적 자유
와 발전을 위해서이며, 나아가 동양과 세계의 영원한 평화를 위해서이다"
고 주장했다(여운형 2008, 55). 곧 그는 한국 독립운동이 '한민족의 자유와
발전' 뿐 아니라 '동양과 세계의 영원한 평화'에 기여하는 의의를 지녔다
는 논리를 제시했다. 이렇게 민족자결주의에 의해 전환된 그의 사고는 새
로운 논리를 통해 민족주의를 더욱 발전시켰다.

한편 여운형은 상해 임시정부의 분열상을 경험하면서 민족 내부의 단결

을 강조하게 되었다. 그는 1919년 3 · 1운동을 전후하여 해외의 다양한 독립운동 세력들을 하나로 결집시키려는 노력을 전개했고, 1921년에는 독립운동의 분열상을 비판하면서 '진정한 운동'을 위해 "일차 각지에 산재한 동지를 회합하여 장래 대계를 완전히 정해야 한"다고 주장했다(여운형 2008, 59-61). 곧 1920년대 초반부터 그는 독립운동 내부의 분파를 타파하고 통합하는 것을 가장 중요한 민족적 과제로 생각했다.

이러한 여운형의 인식은 공산주의를 접한 이후에도 지속되어 민족 독립을 위해 이념의 차이를 극복할 것을 주장했다. 우선 1920년대 중반 중국 혁명에 종사했을 때도 그는 중국 민족운동에 대해 손문의 연아연공정책(聯娥聯共政策)과 동일하게 이념의 차이를 넘어 좌우가 연합할 것을 주장했다. 여기서 연아연공정책은 손문이 중국 혁명을 성공시키기 위해서는 이를 지원하는 소련 및 공산주의와도 손잡는다는 정책을 가리킨다(여운형 2008, 133).

다음으로 여운형은 해방 직후 건준을 결성하면서 우파, 중도파, 좌파 및 국내나 국외세력 구분 없이 모든 반일세력을 결집시키려 했다. 그리고 1946년 제1차 미소 공동위원회 결렬 이후에도 그는 "진정한 통일정부는 좌우의 안전한 합작에서 수립될 것"이라고 판단하고 좌우익세력에게 이를 요구했다(《독립신보》, 1946/06/12; 몽양여운형선생전집발간위원회 1991, 299). 또한 날로 벌어지는 남북 간의 격차와 분립을 막기 위해 평양을 방문하고 남북협상과 통일을 성사시키려 했다. 곧 그는 해방 이후 보다 본격적으로 좌우합작의 필요성을 인식하고 이를 위해 노력했다. 이는 그의 민족주의가 이념을 뛰어넘어 민족 전체를 '통합'하려는 성격을 지녔다는 사실을 잘 보여준다.

결국 사회진화론을 기초로 한 자강운동에서 출발한 여운형의 민족주의는 민족자결주의를 접하면서 그 한계를 극복했고, 이를 계기로 한국 독립을 생존권, 세계의 대세, 신의 뜻, 천부의 권리, 동양과 세계의 평화 등으로 정당화했다. 또한 그는 1920년대부터 민족독립을 위해 파벌, 지역, 이념을 넘어 모든 민족 내부세력이 연합할 것을 강조했다. 사회진화론과 민족자결론은 대다수 한국인의 사고에 큰 영향을 미쳤지만 해방 이후에 좌우합작을 주장한 세력은 소수였다. 이러한 점에서 좌우합작으로 대표되는 통합적 성격은 그의 민족주의가 지닌 가장 중요한 특징이다.

2) 공산주의에 대한 인식

여운형의 동생 여운홍은 공산주의에 대한 형의 인식을 이렇게 정리했다. 여운형은 러시아혁명 이전까지는 미국 민주주의가 가장 훌륭하다고 생각하여 예수교 신자가 되어 신학 공부를 했는데, 혁명에 의해 제정 러시아가 무너지고 계급 차별이 철폐되는 것을 보자 사회주의가 더 진보적이라고 생각하게 되었다. 더욱이 파리강화회의가 제국주의자들의 야욕으로 실패하자 사회주의에 대한 신념이 확고해졌다. 그런 상황에서 1920년 국제공산당이 조선의 독립운동을 원조할 것을 약속하자 그는 고려공산당에 가입했다. 또한 그는 마르크스주의에 대해 나라와 민족의 구체적 조건에 따라 수정 적용할 수 있을 것이라고 생각했다. 그러나 점차 소련식 공산주의와 멀어지고 민주적 사회주의로 전환했다(여운홍 1967, 81-82). 그러면 과연 공산주의에 대한 그의 인식이 어땠는지 보다 구체적으로 살펴보자.

우선 공산주의에 대한 여운형의 견해는 1929년 7월 19일 경기도 경찰부에서 실시한 조사에서 볼 수 있다. 그는 제2회 경찰 피의자 신문조서(1929/07/19)에서 다음과 같은 이유로 공산운동에 참여했다고 주장했다.

(답) 나는 계급이라든가 당파 등을 위해 독립운동을 한 것이 아니고 오로지 조선민족의 행복을 위해 한 것이기 때문에 내가 공산운동에 참가한 것도 조선독립의 편의상에서 출발한 것이다. …… 국제공산당은 조선의 독립운동을

원조할 의지를 갖고 있으며, 당신과 같은 유력자들이 참가하기를 희망한다고 하는 권고가 있었으므로 나는 이동휘 등의 그룹에 가입하게 되었다(몽양여운형선생전집발간위원회 1991, 416).

여운형은 이념이 아닌 국제공산당이 독립운동을 원조할 것으로 생각했기 때문에 공산운동에 참여했다고 했다. 당시 독립운동가들 사이에서는 공산주의에 대한 지식이 일천했고, 임시정부도 소련의 지원을 수용했다는 점을 고려할 때, 이는 신뢰할 만한 진술이다.

또한 여운형은 공산당에 입당한 이유를 묻는 일본 검사의 질문에 대해서도 "한국 독립운동을 시작한 후, 영, 미, 불 등 각국도 우리들의 거사를 동정하고 있었지만 그 동정은 단순한 정신적 원조에 그치고 물질적으로는 하등 원조한 일이 없소. 그러나 노농정부는 야심이 있다고는 해도 200만 원이나 원조하려고 했던 것으로 보아 우리들은 독립운동 달성을 위해서는 노농정부와 손을 잡는 것이 필요했고, 손을 잡기 위해서는 공산당에 참가하는 것이 지름길이라고 생각하였기 때문이었소"라고 답했다(이정식 2008, 268).

그런데 1920년대를 거치면서 여운형은 일정 정도 마르크스주의를 이해하고 수용한 것으로 보인다. 왜냐하면 그는 국제공산당과 가깝게 지내면서 공산주의 서적을 접했고 다음과 같이 이론과 현실의 괴리를 언급했기 때문이다.

(문) 너의 주의는 무엇인가?
(답) 나 개인으로서의 주의는 마르크스주의자이다. 또한 조선 독립운동에 대해서는 민족주의적 행동을 한 것이다. 러시아에 레닌주의가 있듯이, 중국에는 삼민주의(손문주의)가 있고, 조선에는 여운형주의로써 하는 것이 조선 해방의 첩경이라고 생각한다(몽양여운형선생전집발간위원회 1991, 443).

여기서 여운형은 자신이 마르크스주의자이지만 조선 현실에 필요한 것은 공산주의가 아니라 민족주의라는 점을 분명히 밝혔다.

> (답) 이상으로서는 공산주의에 찬성하지만, 실행에서는 조선에 그대로 갖고 올 수 없다. 조선을 우선 자본주의로 발달시키고, 그 후 공산주의를 실행해야 한다고 생각한다. 세계 각국 어느 나라에서나 마르크스주의는 형태를 바꾸어 실행되고 있다. 러시아에서는 신경제정책이 이루어졌고 최근에는 5개년계획이 이루어졌다. 즉 때와 장소에 따라서 달라지고, 러시아에서조차도 마르크스주의는 그대로 실행되고 있지 않다(몽양여운형선생전집발간위원회 1991, 544).

마르크스주의에 따르면 공산주의는 자본주의 다음 단계로, 자본주의가 덜 발달한 후진국에서 곧바로 실현될 수 있는 것은 아니다. 여운형은 이러한 마르크스주의의 논리를 잘 이해하고 있었기에 자본주의가 아직 발전되지 않은 조선에 공산주의를 그대로 실행할 수 없다고 주장했던 것이다. 일제강점기와 해방 이후 여운형과 아주 가깝게 지냈던 이란은 여운형을 '개론주의자', 곧 'Outline주의자'라고 규정하면서 그에게 공산주의는 "배고프고 헐벗은 사람을 도와주는 거다 하는 막연한 생각이지 그 이상의 인식은 없"었다고 주장했다지만 이런 사례들을 보면 그가 공산주의를 제대로 이해하지 못한 것은 아니었다고 보인다(이정식 2008, 284-288).

그래서 여운형은 공산주의의 이상은 찬성했지만 조선 현실에 적용하는 것은 부정했다. 곧 마르크스주의를 조선 현실에 맞게 수정할 것을 주장했다. 이는 그가 1920년대 후반 마르크스주의를 일정 정도 이해하고 있었고, 그것을 무조건 수용하는 '교조주의자' 또는 '공산주의자'가 아니라는 점을 보여준다. 이러한 측면에서 그의 '사상적 유연성'을 엿볼 수 있다.

다음으로 여운형은 마르크스주의의 핵심 요소인 유물론에 대한 검사의 질문에 대해 다음과 같이 답했다.

> 나는 기독교를 믿고 신이라는 관념이 사라지지 않기 때문에 망설이고 있다.
> 나는 유물론이 유일하다고 생각하지는 않는다(몽양여운형선생전집발간위원회
> 1991, 544).

비록 기독교에 대한 여운형의 진술이 엇갈리기는 하지만 그가 장기간
전도사로 활동했던 '독실한' 기독교인이었다는 사실은 그가 신(神)을 부
정하는 유물론을 쉽게 수용하지 못했을 것이라는 추론을 가능하게 한다.
따라서 그는 유물론에서 신을 부정하는 측면은 받아들이지 않았을 것이
다. 이는 그가 마르크스주의를 선택적으로 수용했을 것이라는 점을 시사
한다.

마지막으로 여운형의 활동을 통해 그의 이념을 추론할 때 그는 '진정
한' 공산주의자는 아니었다고 볼 수 있다. 왜냐하면 그는 거의 한 번도 공
산당에서 활동하지 않았기 때문이다. 그는 1920년 고려공산당에 가입만
했지 활동하지 않았고 이후에 만들어진 조선공산당과도 관계를 맺지 않
았다. 그리고 중국 공산당에 가입한 것도 국공합작을 통해 중국 혁명을
성공시켜 조선 독립에 유리한 조건을 마련하기 위해서였고, 1930년대 조
선중앙일보 사장으로 재직할 때 좌익계 인물들을 고용했지만 공산주의자
들과 함께 활동하지 않았다. 만일 그가 공산주의자였다면 그는 노동자·농
민·일반 대중 속에 들어가 공산당 조직을 건설하거나 노동해방을 위해
투쟁했을 것이다.

결국 마르크스주의의 이상에는 공감하지만 조선에서 공산주의운동을
실천하는 것에 반대했던 사실을 고려할 때, 여운형은 공산주의를 전적으
로 수용했다기보다는 당대의 많은 독립운동가들과 마찬가지로 피압박민
족에 대한 소련의 지원과 이상으로서 공산주의가 지닌 진보성에 이끌려

그것을 선택적으로 수용했다고 보인다.

그러면 여운홍이 지적하듯이 해방 이후 여운형의 이념은 '사회민주주의' 또는 '민주적 사회주의'로 전환되었는가? 이 주장을 긍정적으로 생각할 수 있게 해주는 사실은 그가 초기 공산주의자와 협력했지만 인공 수립 이후에는 지속적으로 거리를 두었다는 점이다. 우선 1945년 10월 1일 기자들과의 인터뷰에서 그는 공산주의에 대해 다음과 같이 말했다.

> 노동자·농민 및 일반 대중을 위한 것이 공산주의냐? 만일 그렇다면 나는 공산주의자로 되겠다. 노동대중을 위하여 여생을 바치겠다. …… 나는 공산주의자를 겁내지 않는다. 그러나 급진적 좌익이론은 나는 정당하다고 보지 않는다(여운형 2008, 333).

여기서 여운형이 강조하는 것은 자신이 노동자·농민·일반 대중을 위하지만 급진적 좌익이론을 주장하는 조선공산당과는 다르다는 점이다. 또한 나는 '공산주의자를 겁내지 않는다'는 표현은 자신이 공산주의자와의 연대를 꺼리지 않거나 또는 공산주의자가 아니라는 점을 전제로 한 진술이었다.

다음으로 여운형은 1946년 이후 인민당, 사회노동당, 근로인민당 등 조선공산당과 구별되는 정당을 결성하고 좌우합작을 추진하는 등 그들과 다른 노선을 걸었다. 특히 "몽양의 정치이념을 실천하는 정당"인 인민당의 노선과 성격은 다음과 같이 조선공산당, 남조선노동당과는 달랐다.

> 우리 인민당은 전 근로대중을 중심으로 하는 것은 물론이요, 진보적이요 양심적인 자본가나 지주까지도 포섭하고 제휴해서 광범한 혁명적 민족전선을 지어 현 단계에 적응한 가장 대중적인 정당으로서 긴급한 국내 문제를 현실적으로 해결하려는 것입니다(조선인민당 1946, 13).

여운형은 인민당을 통해 공산당과 달리 노동자, 농민뿐 아니라 자본가와 지주를 포용했다(이만규 1946, 272). 특히 그는 급진적 좌익이론을 비판하면서 영국에서 "인민의 총의에 의해 노동당의 애틀리가 정권을 잡"았고 "조선에 적합한 정치도 당연히 새로운 민주주의"이며 "의회를 통하여 순민주적인 입장에게 개혁"할 것을 주장했다(여운형 2008, 343). 일반적으로 민주적 사회주의가 사회주의를 실현하되, 그 방법에 있어서 독재나 혁명보다는 민주적 방식을 중시하는, 곧 의회주의 등 절차적 민주주의를 중시한다는 사실을 고려할 때, 해방 이후 여운형의 인식은 여운홍의 언급대로 민주적 사회주의로 볼 수 있다.

여운형은 러시아혁명의 진보성과 식민지 피억압 민족을 지원하는 국제공산당에 이끌려 공산주의에 경도되었다. 그러나 그는 공산주의를 이론 그대로 수용하지 않고 조선 현실에 맞게 적용하려 했다. 또한 그는 공산주의자와 연대하려 했지만 그들의 견해에 동의하지도, 그들과 함께 활동하지도 않았다. 그에게 공산주의는 그가 지향하는 노동자, 농민 등 일반대중을 위한 사회 또는 무계급 사회를 지향하는 '진보적' 이념이자 조선독립에 도움을 주는 이념이었다. 따라서 그는 공산주의를 매우 유연하고 실용주의적으로 이해했다.

3) 민주주의에 대한 인식과 구상

여운형은 1945년 8월 28일 발표한 건준 강령에서 "전 민족의 정치적·경제적·사회적 기본요구를 실현할 수 있는 민주주의적 정권의 수립"을 명시했다(여운형 2008, 327). 이는 그가 지향하는 정치체제가 민주주의라는 사실을 보여준다. 그가 정확히 언제부터 민주주의라는 개념을 접했는지는 확실치 않지만 대한제국 시기 근대교육과 기독교를 통해 평등이념을 습득했고 자강운동에 참여했기 때문에 일찍부터 인민의 정치 참여에 대한 인식을 가진 것으로 보인다. 1919년 12월 일본에서의 연설에서 그가 "민주공화국이 대한민족의 절대요구요, 세계 대세의 요구"이며 "우리의 건설 국가는 인민이 주인이 되어 인민이 다스리는 국가일 것"이라고 주장한 점은 당시 그의 핵심적인 정치이념 또는 그가 지향하는 정치체제가 민주주의임을 보여준다(여운형 2008, 53). 그는 인민이 주인이 되어 다스리는 민주공화국을 지향했다. 이런 사고는 1920년대 공산주의에 경도된 이후까지도 지속되었다. 당시에도 그는 공산주의보다 '민중 전체의 의사'가 더 중요하다고 생각했다.

> (답) 시종일관 조선 전체의 이익을 위해 할 심산이다. 전체가 모두 공산주의가 좋다고 하면 당장 하고, 나쁘다면 즉시 실행하지 않는다. 일부를 위해 운동하는 일은 없는 것이다.
> (문) 그러면 조선 독립의 날에는 의회주의를 실행할 심산인가?
> (답) 그렇다. 민중 전체의 의사에 맡길 것이다(몽양여운형선생전집발간위원회 1991, 545).

해방 직후인 1946년 1월에도 여운형은 "조선에 적합한 정치"는 '새로운 민주주의'라고 말하면서, 그것은 "높고 낮고 부하고 강함이 없는 완전한 무계급 상태"라고 주장했다(여운형 2008, 342). 또한 그는 "조선인민공화국의 주권은 한 계급의 독점이 아니고 전 인민에게 있는 것"(여운형 2008, 344), 또는 "우리 국가의 조직은 정치적, 경제적, 문화적으로 무계급 상태의 출현으로 완성"(여운형 2008, 343)된다고 언급했다. 물론 그가 '무계급 상태'를 분명히 설명하지는 않았지만 "노동자·농민 및 일반 대중"을 위하겠다는 언급 또는 "노동대중을 위하여 여생을 바치겠다"(여운형 2008, 333)는 언급에서 볼 때, 그것은 모든 인민이 빈부격차 없는 평등한 상태를 의미한다. 또한 그는 "자치와 평등을 기본전제로 하여 과거의 남존여비 사상을 철저히 버리고 일체가 평등하여야 할 것이며, 또 관리되신 분들도 과거의 개념을 떠나 …… 관리 자신이 인민대중의 철저한 종노릇을 해서 심부름꾼이 되어야 할 것"(여운형 2008, 354)이라고 주장했다. 이는 그가 지향하는 민주주의가 자치와 평등을 기초로 인민의 뜻에 의해 정책이 결정되는 사회라는 점을 보여준다.

또한 민주주의의 운영과 관련하여 여운형은 그것이 인민의 투표에 의해, 그리고 다수의 결정에 의해 운영되는 정치 과정으로 이해했다.

> 해방된 오늘날 민주주의의 새 조선을 건설하는 데 있어서 조선에 적색이 어디 있느냐? 대체 공산주의자들을 배제할 필요가 어디 있느냐. 다 같이 민주주의 국가로 건설하면 그만 아니냐. 많고 적은 것은 결국 인민투표로 결정할 것이다. 영국을 보라. 6, 7년간 전쟁의 공로자 처칠이 물러나고 노동당이 승리했다. 그러나 적색은 아니다(여운형 2008, 333).

여기서 여운형이 강조한 것은 새로운 민주주의 조선을 건설하는 데 공산주의자들을 배제할 필요가 없다는 점이지만, 여기서 드러난 그의 사고는 민주주의란 인민의 투표와 다수결에 의해 결정되는 정치 과정이라는 점을 보여준다.

그러면 여운형이 구상한 새로운 민주주의 체제는 구체적으로 어떤 내용을 담고 있는가? 우선 그는 건국동맹의 정책세목(1944)에서 민주주의 조선 건설에 필요한 정치적 목표를 제시했다. 그것은 "만 20세 이상 남녀의 선거권 및 피선거권 확립", "언론·출판·집회·결사·거주·신앙의 유(有)자유", "부인 해방과 남녀평등권의 확립", "봉건적 인습의 타파" 등이었다(여운형 2008, 313-314). 이는 그가 봉건제 혁파와 함께 시민의 자유와 권리를 민주주의 사회의 가장 기본적인 요소로 인식했다는 점을 보여준다. 그런데 이러한 인식은 대한민국 임시정부의 강령 또는 당시 많은 정당이 표방한 내용과 대동소이하다. 따라서 그는 시민의 기본권에 대한 동시대인들의 인식을 공유하고 있었다.

다음으로 여운형은 무계급 상태나 노동자·농민·일반 대중을 위하는 정치체제를 주장했는데, 1944년 건국동맹 강령에는 이를 구현하기 위한 사회경제적 측면의 내용이 담겨 있다. 첫째, "최저임금제의 확립", "8시간 노동제의 확립", "부인 및 소년 노동자의 야간 작업·갱내 작업·위험 작업의 금지" 등 노동자의 기본권과 관련된 내용이 담겨졌다. 이는 당시 유럽의 자본주의 국가에서도 실시된 것으로 건국동맹이 이를 수용한 것으로 보인다. 둘째, "실습·양로·질폐(疾廢) 보험 등 각종 사회보험 실시", "공영 세탁소·유치원·양로원·임산부 보양소의 설립 확충", "교육기관의 대 확장, 근로자 교육 실시와 그 교육비의 국가 보조 또는 부담", "진료기관의 공유화와 사회 위생시설의 확충", "공영주택 공영식당의 증설" 등 인민의 생활과 관련된 많은 부분을 국가가 부담하겠다는 내용이 담겨 있다. 셋째, "고도의 누진소득세의 부과와 노동자를 위한 제 세제의 개혁", "근로자로 중심한 기업관리의 실시", "공업·광업의 계획적 확충과 기술자의 계획적 동원" 등 친 노동적인 내용이 담겨 있다(여운형 2008, 313-314). 이는 사회경제적 측면에서 민주주의에 대한 그의 인식이 사회주의의 영향에 놓여 있었음을 보여준다.

또한 1945년 인민당 강령의 경제 부문은 "원칙적으로 토지는 농민에게로", "중요 생산교통 통신기관은 국유로", "중요기업 상업기관은 국영으로", '계획경제제도의 확립', 현재의 공업시설에 대해 "대(大)는 국영으로 소(小)는 민영으로"라는 내용을 담고 있었다(여운형 2008, 355). 여기서 특이한 점은 사회주의적 요소가 아닌 경자유전(耕者有田: 농사를 짓는 사람만이 토지를 소유할 수 있다. 곧 소작 금지)의 원칙이다. 이는 그가 지향한 새로운 민주주의 체제가 사회주의적 요소가 강한 혼합경제라는 점을 말해준다. 그는 사회주의로부터 지대한 영향을 받았지만 전적으로 그것의 영향만을 받지는 않았다.

그런데 주목할 사실은 여운형의 구상에 나타나는 사회경제적 측면에서 (혼합경제를 포함하여) 사회주의의 강한 영향이 당시 극우정당을 제외한 대부분의 정당들에도 등장했다는 점이다. 특히 우파 주도로 수립된 대한민국의 제헌헌법에도 사회주의적인 경제조항이 포함되었다. 이는 여운형뿐 아니라 당대 많은 정치세력들이 이러한 내용이 민주주의 실현에 매우 필요하다고 생각했음을 알 수 있다. 사실 이러한 내용들은 1920년대 말 세계대공황을 겪은 이후 독일을 비롯한 여러 서구 국가에서 자본주의 사회의 모순을 극복하기 위해 자본주의 사회에 민족주의와 사회주의가 결합되는 과정에서 등장했다. 그리고 이러한 양상은 제2차 세계대전 이후 독립한 신생국에서도 일반화되었다. 따라서 당시 조선에서는 심지어 당시 우파로 간주되던 이승만도 "자본주의 독재의 모순을 지양"한다거나 자신의 민족주의가 "민족 전체의 복리와 행복을 목표하는 사회민주주의적 이념을 기초로 하고 있다"고 주장했다(후지이 다케시 2008, 13-14). 이를 고려할 때, 민주주의의 실현을 위해 사회경제적 측면에서 사회주의적 요소를 도입한 여운형의 사고는 당대의 사상적 조류를 반영한 것이기도 했다.

결국 "진정한 민주주의는 경제적 민주주의를 그 전제로 하는 정치 형태"라는 주장에서 볼 수 있듯이 여운형은 시장의 자유를 무제한 허용하는 자본주의 체제 아래서는 민주주의가 불가능하다고 생각했다. 그래서 민주주의가 "국민의 대다수의 노동층의 경제적 해방"을 "달성할 수 있는 정치 방법"이라고 생각했다. 곧 그가 구상한 민주주의는 대중의 사회경제적 평등에 의해서만 달성될 수 있는 것이었다. 또한 그는 "진정한 민주주의는 정치형태의 형식 과정이 반드시 대중으로부터 조직되어 올라오지 않으면 안 되는 것"이라고 생각했다(여운형 2008, 359). 이는 민주주의가 대중의 정치적 자유와 참여를 통해 가능하다는 사고였다. 따라서 그는 민주주의를 아래로부터, 곧 대중에 의한 정치이며, 동시에 경제적 민주주의를 전제로 하는 정치형태라고 생각했다. 그가 지향한 민주주의란 대중의 정치적 자유와 참여 및 사회경제적 평등을 통해 달성될 수 있는 정치체제였다.

4. 여운형의 진보적 민주주의

이상에서 여운형의 정치적 활동과 사상적 궤적, 그리고 당대의 주요 이념이던 민족주의 및 공산주의에 대한 그의 인식 및 민주주의에 대한 그의 인식과 구상을 살펴보았다. 그러면 해방 이후의 한국 정치사상의 전개 과정에서 그는 어떤 위상을 지니는가?

해방 후의 정치 지형에서 여운형은 '중도 좌파' 또는 '좌파 민족주의'로 간주되었다(도진순 1997, 5). 물론 기준에 따라 달라질 수 있겠지만 이런 범주화는 그의 정치활동에 따른 이념적 평가로 볼 수 있다. 그렇다면 과연 이런 범주화가 적절한 것인지 구체적으로 살펴보자. 정치활동으로 볼 때, 그는 한편으로 일제강점기 고려공산당 가입, 소련의 독립운동 지원 수용, 그리고 해방 이후 건준과 인공에서 공산주의자들(조선공산당)과의 협력, 북한 방문, 소련 및 북한 관계자들과의 접촉 등을 통해 공산주의자들과 밀접한 관계를 맺었다. 다른 한편으로는 일제강점기에도 공산주의자들과 함께 활동하지 않았고, 인공 수립 이후에는 조선공산당이 아닌 다른 정당을 만들어 활동했고, 그들의 반대에도 불구하고 미군정과 협력하려 했다. 이는 그가 상대적으로 우파보다는 좌파 공산주의자들과 가까웠지만 그들과는 차별화된 활동을 했다는 사실을 보여준다. 곧 그에게 공산주의자들은 사안에 따라 협력할 수도, 협력하지 않을 수도 있는 대상이었다.

그런데 여운형은 필요에 따라서는 좌파뿐 아니라 우파와도 결합하려 했다. 이는 일제강점기 중국 혁명 과정에서 국공합작을 위해 노력했고 해방 이후에도 좌우합작과 남북연합 등을 추진했던 사실에서 알 수 있다. 곧 그는 독립과 국가 건설을 위해서는 이념과 노선을 떠나 모든 정치세력이 통합해야 한다고 생각했다. 그런데 이러한 사고는 1920년대 중반 신간회의 결성을 가져왔던 통일전선론, 해방 이후 백남운의 '연합성 신민주주의론'과 배성룡의 '신형 민주주의론', 그리고 조소앙과 안재홍의 좌우연합 인식 등과 상당히 유사하다. 그들에게 공통적으로 볼 수 있는 점은 특정 이념보다 독립과 국가 건설이라는 민족적 과제를 우선적으로 사고했다는 점, 그리고 좌우의 극단적 측면을 지양하고 양자를 중간에서 수렴시키려 했다는 점이다. 따라서 그들은 이념보다 민족적 과제를 우선시했기 때문에 '민족주의세력'으로, 그리고 이념적으로 좌우의 중간에 위치해 있었기에 '중도'로 범주화되었다. 그렇기 때문에 이들과 유사한 사고를 지녔던 여운형 역시 민족주의 또는 중도의 범주에 속한다.

그러면 이념적 측면에서 여운형의 인식은 어떻게 평가할 수 있는가? 그는 한때 마르크스주의를 수용했고 자신을 '마르크스주의자'로 표방했다. 그리고 그가 구상했던 새로운 민주주의는 정치·경제·문화적으로 '무계급 상태'이고 경제적 측면에서 주요 산업시설의 국영화, 계획경제제도 도입, 노동자 중심의 기업 관리 등 사회주의적 요소를 지녔다. 따라서 이념적 측면을 볼 때 그는 좌파 범주에 소속된다.

그런데 여기서 주목할 점은 여운형이 주장했던 사회주의적 내용들이 좌파만의 주장이 아니었다는 점이다. 이런 내용들은 일제강점기부터 김구를 비롯한 우파세력과 조소앙 및 안재홍과 같은 중도우파세력도 표방했고, 그 결과 대한민국 헌법의 경제 조항에도 일부 포함되었다. 이는 일제강점기와 해방 후 이념과 무관하게 많은 정치세력이 사회주의적 내용들을 '시대적 과제'로 인식했다는 점을 말해준다. 따라서 여운형이 좌파라서 이런 내용을 주장했다고 볼 수도 있지만, 시대적 과제를 해결하기 위해 당시 많은 민족주의자가 공유했던 사회주의의 강령을 수용했다고 볼 수도 있다. 물론 그는 양자(신념과 시대적 과제) 모두로부터 영향을 받았을 것이다. 그리고 그가 일제강점기부터 공산주의를 조선 현실에 그대로 적용하는 것에 대해 부정적이었다는 사실을 고려한다면, 이념의 측면에서도 그는 순수한 좌파 또는 극좌파에 속하지는 않는다고 볼 수 있다. 결국 정치활동과 이념을 종합하여 평가할 때, 그는 해방 후 한국 정치의 이념적 지형에서 중도 좌파 또는 민족주의 좌파로도 볼 수 있다.

그러면 현대 한국 정치사상에서 여운형의 인식이 지닌 특징은 무엇인가? 그는 해방 후 보수주의와 급진주의를 한국 사회에 곧바로 적용시키려 했던 우파 및 좌파와 달리 기성 이념을 한국의 현실에 맞게 변형시키려 했다. 이는 그가 공산주의에 공감했지만 노동자가 소수인 한국 현실을 고려하여 급진적인 혁명에 반대하고 의회주의를 수용하려 했다는 점과 주요 생산수단의 국유화와 계획경제를 주장하면서도 사유재산제도를 인정한 사실에서 잘 드러난다. 특히 적대세력을 무조건 배제했던 극좌 및 극우세력과 달리 분단 극복을 위해 좌우합작을 추진했다는 점은 그가 특정 이념에 속박되지 않고 현실주의적으로 사고했다는 점을 잘 보여준다.

이러한 측면들을 종합할 때, 여운형은 특정 이념보다 한국의 '현실'을 중시하여 그에 맞게 이념을 변형, 수정시킨 인물이었다. 특히 인민을 중시하는 입장에서 급진주의를 한국적 맥락에서 독특하게 변용시킨 사상가였다. 이는 자유주의의 보수적 전개 및 사회주의의 조숙한 출현, 권위주의와 자유민주주의의 '이중적 질서의 중첩적 병존'이라는 해방 후 한국 정치의 지배적 흐름과는 다른 모습이었다(강정인 2012, 184). 그 결과 그는 당시 주류 정치세력으로부터 배제되어 소수로 전락했고 강제로 정치 현장에서 추방되었다.

결국 여운형은 한국 현대 정치사상사에서 보기 드물게 현실을 중심에 놓고 이념을 변형시켰던 현실주의자이자 실용주의자였다. 동시에 민족을 중심에 놓으면서도 일반 대중의 정치 참여에 의한 민주주의를 구상했던 민족주의자이자 '진보적' 민주주의자였다 할 수 있겠다.

夢陽呂運亨先生全集發刊委員會(몽양여운형선생전집발간위원회). 1991. 『(夢陽) 呂運亨
　　全集(몽양) 여운형전집)』 1. 서울: 한울.

夢陽呂運亨先生全集發刊委員會. 1993. 『(夢陽) 呂運亨全集』 2. 서울: 한울.

夢陽呂運亨先生全集發刊委員會. 1997. 『(夢陽) 呂運亨全集』 3. 서울: 한울.

여운형 편. 2008. 『조선 독립의 당위성(외)』. 파주: 범우.

강덕상. 2007. 『여운형 평전』. 서울: 역사비평사.

강정인·하상복. 2012. "박정희의 정치사상: 반자유주의적 근대화 보수주의." 『현대정치
　　연구』 제5권 제1호, 181-215.

국사편찬위원회. 2003. 『소련군정문서, 남조선 정세 보고서 1946-1947』. 과천: 국사편찬
　　위원회.

도진순. 1997. 『한국민족주의와 남북관계』. 서울: 서울대학교출판부.

박찬승. 1992. 『한국근현대정치사상사연구』. 서울: 역사비평사.

박찬승. 2010. 『민족·민족주의』. 서울: 소화.

서중석. 2010. 『지배자의 국가, 민중의 나라』. 파주: 돌베개.

심지연. 1991. 『인민당 연구』. 마산: 경남대 극동문제연구소.

여운홍. 1967. 『夢陽 呂運亨(몽양 여운형)』. 서울: 靑廈閣(청하각).

이기형. 2000. 『여운형 평전』. 서울: 실천문학사.

이만규. 1946. 『呂運亨先生鬪爭史(여운형선생투쟁사)』. 서울: 민주문화사.

이정식. 2008. 『여운형: 시대와 사상을 초월한 융화주의자』. 서울: 서울대학교출판부.

이환의. 1993. "나는 유물론자가 아니다: 몽양 여운형론." 夢陽呂運亨先生全集發刊委員會 편.
　　『(夢陽) 呂運亨全集』 2, 194-202. 서울: 한울.

전재호. 2013. "여운형의 정치이념: 민족주의, 공산주의, 민주주의에 대한 인식을 중심
　　으로." 『현대정치연구』. 제6권 제1호, 83-114.

정병준. 1995. 『몽양여운형 평전』. 서울: 한울.

조선사상운동연구자료출판부. 1946. 『여운형선생에 대한 판결문』. 群書堂書店(군서당서점).

조선인민당 편. 1946. 『인민당의 노선』. 신문화연구소출판부.

최상룡.1997. "여운형의 사상과 행동: 원칙과 타협의 지도자." 夢陽呂運亨先生全集發刊委
    員會.『(夢陽) 呂運亨全集』3, 73-97. 서울: 한울.

최장집. 1997. "한국민주주의·민족주의와 여운형." 夢陽呂運亨先生全集發刊委員會.『(夢陽)
    呂運亨全集』3, 145-161. 서울: 한울.

후지이 다케시. 2008. "제1공화국의 지배 이데올로기: 반공주의와 그 변용들." 『역사비평』.
    통권 83호, 117-151.

Eccleshall, Robert, et. al. (eds). 1994. *Political Ideologies*. London: Routledge.

● 여운형의 글을 모은 책으로는 몽양 여운형 선생 전집 발간위원회(夢陽呂運亨先生全集發刊委員會)에서 총 3권으로 발간한 『(夢陽) 呂運亨全集(몽양) 여운형 전집』 1, 2, 3(한울, 1991, 1993, 1997)이 있다.

● 이외에 여운형의 생애와 업적, 그리고 전반적인 사상을 소개한 책으로는 다음의 책이 접근하기 쉽다.

강덕상. 2007. 『여운형 평전』. 서울: 역사비평사.

이정식. 2008. 『여운형: 시대와 사상을 초월한 융화주의자』. 서울: 서울대학교출판부.

정병준. 1995. 『몽양여운형 평전』. 서울: 한울.

7

안재홍

'다사리주의'와 '순정우익'의 중도 노선[1]

이상익

1. 안재홍 다사리주의의 현대사적 의의

민세(民世) 안재홍(安在鴻, 1891-1965)의 정치이념은 한마디로 '다사리주의'[2]라 할 수 있다. '다사리주의'는 그의 '신민족주의'와 '신민주주의'를 동시에 포괄하는 개념으로, 그는 이를 통해 좌·우의 분열을 극복하고 통일민족국가를 건설하고자 했다. 이 글에서는 그의 '다사리주의'와 '순정

---

1 이 글은 필자의 글(이상익. 2011. "안재홍 '다사리주의'의 사상적 토대와 이념적 성격." 『한국철학논집』 제31집, 203-240.)을 바탕으로 재구성하고 보완한 것이다.

2 안재홍은 자신의 정치이념을 주로 '신민족주의' 또는 '신민주주의'라고 표현했고, '다사리주의'라는 용어를 많이 쓰지는 않았다. 그러나 본고에서는 '다사리주의'라는 용어로 안재홍의 정치이념을 대표하고자 한다. 그 이유는 '신민족주의'나 '신민주주의'는 당시 다른 정치가들도 종종 사용했던 용어로서, 안재홍의 고유한 이념을 대표하는 용어로 쓰기에는 적절치 못한 점이 있기 때문이다.

우익(純正右翼)'의 중도 노선에 대해 살펴보고자 한다. 오늘날 그의 다사리주의와 중도 노선이 특별히 주목되는 이유는 다음과 같다.

첫째, 다사리주의는 우리의 통일민족국가 건설을 이론적으로 뒷받침하기 위해 정립된 이념이다. 이러한 맥락에서 다사리주의는 근본적으로 '민족주의'라는 성격을 지닌다. 그런데 안재홍은 민족주의에 함몰되지 않고 민족과 세계를 균형 있게 매개시키는 개방적 자세를 취했다. 이러한 자세는 민족주의자들에게나 세계주의자들에게나 공히 귀감이 될 수 있다.

둘째, 다사리주의는 당시 좌·우로 분열되고 있던 민족운동가들을 '대동단결'시키기 위해 정립된 이념이다. 이러한 맥락에서 다사리주의는 '중도 노선'이라는 성격을 지닌다. 안재홍의 중도 노선은 해방 이후에는 별다른 성과를 거두지 못했으나, 오늘날에는 오히려 민족통일의 이념적 방향으로서 더욱 주목할 필요가 있다.

셋째, 다사리주의와 중도 노선은 후진국의 근대화 과정에서 일반적으로 겪는 '비동시성의 동시성'[3] 문제를 슬기롭게 극복하기 위해 정립된 이념이다. 서구 선진국의 근대화 과정에서는 '민족적 각성, 민주혁명, 사회혁명'이 순차적으로 진행되어 왔으나, 일제강점기와 해방 당시의 한국에서는 이 세 과업을 동시에 해결해야 하는 처지였다. 안재홍은 이를 '우리 민족의 특수한 처지'로 규정하고, 그로 인한 민족(이념)의 분열과 부작용을 최소화하기 위해 고심했다. 그의 이러한 '선구적 지도이념' 역시 우리에게 많은 교훈을 준다.

넷째, 안재홍은 다사리주의를 정립함에 있어서 주요 개념들과 체계를 철저히 우리 민족의 전통사상에서 발굴하여 정당화했다. 조선이 제국주의

---

3 '비동시성의 동시성'이란 독일의 역사학자 블로흐(Ernst Bloch)가 제시한 개념으로, 과거의 질서와 미래의 질서가 중첩적으로 병존함을 말한다(강정인 2009, 44). 짧은 기간에 압축적으로 근대화를 달성하려는 후진국의 경우, 선진국에서는 긴 세월에 걸쳐 단계적으로 겪었던 이념과 제도를 동시에 추구하게 되는데, 이를 '비동시성의 동시성'이라 한 것이다.

열강의 압력에 의해 개항한 이래, 개화(근대화)를 추구한 지식인들은 대부분 '우리 민족의 전통사상'을 창조적으로 재해석함으로써 혁신적 사상을 도출하려고 고심하기보다는 손쉽게 '서양의 문물을 그대로 수용하는 길(사구화)'을 택했다. 당시의 민족운동가들도 서구의 여러 나라나 소련을 '선진문명국가'로 인식하고 그들의 이념을 그대로 추종하는 경우가 많았다. 요컨대 이들은 서양을 '선진'으로 규정하고 그대로 수용함으로써 '빌려온 정당성(borrowed legitimacy)'[4]을 누리고자 했다. 그러나 안재홍은 서구의 사상을 충분히 수용하면서도 '빌려온 정당성'에 의존하지 않고 민족의 전통(역사)에서 정당성의 근거를 확보하고자 노력했다. 이는 '삼균주의'를 제창한 조소앙의 경우도 마찬가지이거니와, 이러한 노력 역시 오늘날 우리에게 귀감이 된다.

이처럼 안재홍의 정치이념은 우리 현대사에서 중요한 의미를 지니고 있다. 본고는 다음과 같은 구성을 통해 안재홍의 정치이념을 소개하고자 한다. 먼저 2장에서는 안재홍의 생애를 간략하게 적었다. 3장에서는 안재홍의 다사리주의는 그의 역사 인식과 밀접한 관련이 있기 때문에 안재홍의 역사 인식을 간략히 살필 것이다. 이어지는 장들에서는 다사리주의의 구체적 내용을 나누어서 살폈다. 4장에서는 다사리주의의 구성 체계를, 5장에서는 다사리주의의 구현 양상에 대해 서술했다. 6장에서는 다사리주의가 우리 정치현실에서 지닌 의의를 중도 노선과 순정우익론이라는 맥락에서 논의할 것이다.

---

4 '빌려온 정당성'에 의존하는 노선은 일반적으로는 자국의 정치적 지형과 풍토에 뿌리박은 것이 아니어서 외래사상에 생소한 전통 지식인 및 일반 대중으로부터 지지를 쉽게 끌어낼 수 없기 때문에, 표면적인 수사(修辭)나 위용(威容)과는 달리 그 지지기반이 매우 취약하다. 그러나 한국의 경우에는 전통사상(유교)이 '망국의 주범'으로 폄하되었기 때문에 이러한 노선이 비교적 쉽게 성공할 수 있었다. 하지만 한국은 빌려온 정당성에 의지한 결과 서구 중심주의에 경도되었다는 새로운 폐해를 겪게 되었다(강정인 2004, 505-513).

2. 안재홍의 생애

안재홍은 경기도 평택에서 태어났다.[5] 그는 집안에서 유교 경전과 역사서 등에 대한 전통적 교육을 받으면서 어린 시절을 보내다가, 17세에 황성기독교청년회(오늘날의 서울 YMCA) 중학부에 입학하여 본격적으로 서구의 신학문을 접하게 되었다. 그는 이후로도 기독교청년회와 지속적으로 관계를 맺었으나, 기독교가 그의 종교는 아니었던 것 같다. 그는 1917년 무렵 단군을 숭배하는 대종교(大倧敎)에 입교하였고, 1949년 5월에는 대종교의 정교(正敎) 및 원로원 참의(參議)에 임명되었다. 그의 '다사리주의'는 대종교 신앙과 밀접한 연관을 지닌다.

안재홍은 집안에서 어른들로부터 유교적 교육을 받으면서 세상과 나라를 근심하는 우환의식을 지니게 되었고, 황성기독교청년회에서 이상재·남궁억 등 당대의 민족지도자들을 만나면서 애국사상과 독립정신을 길렀다. 1910년 8월 29일 일본에 나라를 강제로 합병당하자, 그는 곧바로 해외 유학을 결심한다. 1910년 9월 일본에 건너가 먼저 일본어를 배운 다음, 1911년 9월 와세다대학의 정경학부에 입학하여, 1914년 여름 학업을 마치고 귀국했다. 귀국 이후 그는 언론활동, 역사 연구, 민족운동에 모든 노력을 쏟았다.

1919년 3·1운동이 일어나고, 4월에 중국 상해에서 대한민국 임시정부가 출범하자, 안재홍은 임시정부를 지원하기 위한 조직 '대한민국청년외교단'을 만들어 총무를 맡았다. 그런데 11월에 이 조직이 발각되어, 안재홍은 3년 동안 옥고를 겪었다. 안재홍은 이후로도 불굴의 투쟁을 계속하여, 일제강점기 동안 9차례에 걸쳐 7년 3개월의 옥고를 치렀다.

---

5 이하 안재홍의 생애에 대한 기술은 천관우가 작성한 〈민세 안재홍 연보〉(『민세안재홍선집』 4, 381-439)에 의한 것임(『민세안재홍선집』은 이하 『선집』으로 표기함).

1924년 9월, 안재홍은 이상재가 사장으로 있는 《조선일보》에 주필 겸 이사로 입사했는데, 이후 언론활동은 그의 삶의 주축이 되었다. 안재홍의 삶에서 특히 주목할 부분은 그가 1927년 2월에 발족한 신간회의 창립 회원이었다는 점이다. 《조선일보》 계통 인사들이 민족단일당운동의 일환으로 결성한 신간회는 '민족주의를 표방하고 민족·사회 양 주의자가 제휴한 공동전선이었고, 합법적인 결사운동으로 비타협적 투쟁을 감행하는 민족운동의 대표적 단체'였는데, 안재홍은 신간회가 발족될 때 총무부 총무간사에 피선되었다. 신간회 활동은 안재홍의 정치적 노선을 잘 보여주는 것으로서, 이후 그는 한결같이 중도우파의 길을 걸었다.

안재홍은 여러 시국사건으로 옥살이를 거듭하다가, 1937년에 고향으로 돌아와 우리나라 역사에 관한 본격적인 저술을 시작하여, 1941년에 『조선상고사감(朝鮮上古史鑑)』을 완성하고, 이어 『조선통사(朝鮮通史)』를 집필하였다. 그가 정치투쟁에서 역사 연구로 눈을 돌린 것은 만주사변 이후 옥고를 거듭하면서 "정치로써 투쟁함은 거의 절망의 일이요, 국사를 연구하여 민족정기를 영원히 남겨 놓음이 가장 높고 귀중한 사명임을 자임"하였기 때문이었다.

1945년 8월 15일 마침내 해방되자, 안재홍은 자신의 중도우파 정치 노선을 밝히고 그에 대해 해설한 『신민족주의와 신민주주의』를 집필하는 것과 동시에 좌우합작을 추진했다. 1946년 7월 좌우합작위원회의 우측 대표가 되었으며, 1947년 2월 미군정의 한국인 최고책임자인 민정장관에 취임했다. 1948년 5월 남한에서 국회의원 총선거가 실시되고 6월에 국회가 개원하자, 안재홍은 민정 장관직을 사임했다. 그는 1950년 5월 제2대 국회의원 선거에 평택구 무소속 후보로 출마하여 당선되었다. 그러나 곧 6·25전쟁이 터지고 그해 9월 공산군에 연행되어 납북되었다. 그는 1965년 3월 1일에 평양에서 작고한 것으로 전해진다.

3. 안재홍의 역사 인식

안재홍의 역사관은 여러모로 신채호의 영향을 지대하게 받은 것으로 보인다.[6] 안재홍의 역사관은 1948년 10월에 발표한 「한민족의 기본진로」에 잘 나타나 있다. 이 글에서는 여러 민족의 흥망사를 두루 논하면서 "인류의 역사는 투쟁의 역사"라고 설파했다. 안재홍은 이제까지 인류의 역사적 투쟁을 세 종류로 구분했다. 첫째는 자연과의 투쟁이요, 둘째는 민족(씨족·부족·종족) 또는 국가 사이의 생존투쟁이며, 셋째는 한 사회 내부의 계급투쟁이다. 그는 이 세 종류 가운데 '민족투쟁(국가투쟁)'과 '계급투쟁(사회투쟁)'을 특히 주목하였다.

'민족투쟁'은 국제적 차원의 생존투쟁인 반면, '계급투쟁'은 국내적 차원의 이익투쟁이다. 동서고금의 역사에서 이 두 종류의 투쟁은 끊임없이 지속되어 왔다. 그런데 양자의 비중을 논하자면 공동운명체로서 민족의 사활 성패가 달린 '민족투쟁'이 더욱 중요한 과제이니, 따라서 민족투쟁에 직면해서는 계급투쟁을 적정하게 지양시킬 필요가 있다는 것이다.

안재홍에 따르면, 어떤 민족(국가)의 역량이나 외부적 조건(국제정세)에 따라 민족투쟁과 계급투쟁은 병행될 수도 있고, 병행이 불가능할 수도 있다. 자국의 역량이 외부적 조건을 제어하기에 충분한 경우 또는 외부의 세력이 피폐하거나 서로 견제하여 자국을 침략하기 어려운 경우에는 민족투쟁과 계급투쟁을 병행할 수 있지만, 약소국가로서 자국의 역량이 외부의 침략을 제어하기 어려운 경우에는 민족투쟁과 계급투쟁을 동시에 성공시킬 수는 없다. 우리 한국은 약소민족으로서 주변의 강한 민족(국가)들이 항상 침략의 기회를 엿보고 있으므로, 우리는 민족투쟁에 직면해서

---

6   안재홍의 역사관 중에 특히 인류의 역사를 투쟁의 역사로 규정하는 투쟁사관, 여러 민족의 흥망사와 우리 민족의 상고사에 관심을 집중한 것, 우리 민족의 상고사를 높이 평가하고 근세사를 폄하한 것 등은 신채호의 역사관과 궤를 같이하는 것이다.

는 계급투쟁을 자제해야 하는 처지이다(『선집』2, 366-368). 그는 이러한 관점에서 우리 민족의 흥망사를 논했다.

안재홍은 "조선 4천여 년의 역사는 동서남북을 둘러싸고 있는 강대한 여러 민족에게 거듭거듭 침략을 받으면서 반항투쟁을 되풀이한 기록으로 채워져 있다"고 지적하고(『선집』2, 329), 우리 민족의 역사는 '피눈물 어린 항쟁사'였다고 규정한다. 우리 민족은 이 피눈물 나는 항쟁에서 때로는 승리하기도 하고 때로는 패망하기도 했다. 승리의 대표적 사례는 고구려가 수나라와 당나라의 침략을 물리친 것, 조선이 임진왜란을 물리친 것 등으로서 이는 민족 구성원 모두가 대승적으로 일치단결한 결과이다. 패망의 대표적 사례는 고구려의 멸망과 조선의 멸망으로서, 고구려는 외적의 침략 앞에 지배층이 분열하여 멸망했고, 조선은 외적의 침략 앞에 계급투쟁을 계속함으로써 멸망했다.[7] 안재홍은 특히 갑오농민봉기를 비판적으로 인식하여 '동학란'이라고 규정하면서, 다음과 같이 혹평했다.

동학란 그것은 적 앞에서 집안싸움을 일으킨 민족적 대죄과[민족의 큰 죄]로서, …… 당시의 국내 정세는 민중 반항이 아니 날 수 없었다. 관권[국가권력]을 중심한 지배계급이 최후 발악적인, 도에 넘치는 압박 약탈을 함부로 함에 인하여, 민중으로서 더 견딜 수 없는 절망적 반항을 하게 한 것은, 언제 어디서나 위정자들의 큰 거울이 되는 것이다. 이즈음에 있어 반란자들만을 혹평할 수 없으나, 그 반란은 이른바 '사회 전반의 혁명적 변혁'을 성취치 못한 것은 그만두고라도, 오직 '투쟁에 참여한 여러 계급의 참담한 공멸[함께 멸망]'만을 가져왔다(『선집』2, 369).[8]

---

7 고구려는 연개소문의 아들 연남생이 권력투쟁에서 패하자 당나라에 투항하여 당의 고구려 침략에 앞장섬으로써 망했으며, 조선은 1862년의 전국적인 농민반란과 1894년의 갑오농민봉기로 망했다는 것이다(『선집』2, 398-399).

갑오농민봉기는 청일전쟁의 도화선이 되었고, 그 결과 일제의 침략이 가속화되어 마침내 망국에 이르게 되었음은 주지하는 바이다. 그리하여 안재홍은 갑오농민봉기를 '적 앞에서 집안싸움을 일으킨 민족적 대죄과'를 범함으로써 '우리 민족 모두의 참담한 공멸'을 초래했을 뿐이라고 혹평한 것이다.

위에서 "당시의 국내 정세는 민중 반항이 아니 날 수 없었다"고 했듯이, 안재홍도 '계급투쟁의 불가피성'을 충분히 인정했다. 그러나 외세의 침략을 목전에 두고 내부적으로 분열하는 일만은 삼가야 했다는 것이다. 국제 투쟁(민족투쟁)은 '민족의 사활'이 걸린 문제요, 국내 투쟁(계급투쟁)은 '계급의 이해(利害)'가 걸린 문제인바, 비중을 따지면 국제 투쟁이 훨씬 중대한 문제이다. 따라서 어떤 민족(국가)이 국제 투쟁에 당면했을 경우, 국내 투쟁을 적정한 수준으로 자제할 필요가 있다는 것이다.

안재홍은 민족투쟁과 계급투쟁의 상호관계 속에서 여러 민족의 흥망사를 논한 다음, 결론적으로 다음과 같이 말한다.

여기에서 당연히 깨달을 것은 ① 다만 국내적인 사회투쟁 외에 국제적인 민족투쟁이란 양대 조건이 각 국민의 생존투쟁 역사에 있어 항상 그 성패 사활[성공과 실패, 살고 죽는 것]의 열쇠로 되는 것이요, ② 양자의 비중관계에서 민족의 사활 성패가 보다 더 결정적인 조건으로 되는 것이다. ③ 그러므로 우리가 강조한 풍토 자연과 객관적으로 강요되는 과거 및 현재의 국제적 제약관계는 조선에 관한 한 매우 강대한 객관적 정세로서 우리 민족의 성패를 조건 짓고 있는 것이다(『선집』 2, 369).

---

8 안재홍의 문체는 '국한문혼용체'로서 오늘날에는 생소한 용어들이 많다. 본고에서 안재홍의 글을 직접 인용할 때 독자들의 편의를 위해 오늘날의 문체와 용어들로 약간 손질하였다. 따라서 안재홍의 본래 문장과는 조금 다르다. 글의 본래 모습을 어느 정도 살려줄 필요가 있다고 생각되는 부분에서는 [ ] 표시를 하고 필자가 뜻을 덧붙였다.

국제 투쟁에 당면했을 경우 국내 투쟁을 적정한 수준으로 자제할 필요가 있다는 것은 모든 민족에게 공통으로 해당하는 내용이다. 그런데 조선은 약소민족으로서 국제관계의 제약을 더욱 심하게 받으므로, 국제 투쟁에 당면해서는 더더욱 국내 투쟁을 자제해야 한다는 것이다. 안재홍은 여러 민족의 흥망사를 통해 얻은 이러한 교훈이 해방 당시의 현실에서도 여전히 유효하다고 보았다. 일제로부터는 해방되었지만 조국은 이미 남북으로 분단되어 있고, 우리 민족의 운명을 좌우할 수 있는 미·소 양군이 진주한 상태에서 좌우 여러 정파들은 서로 주도권을 잡기 위해 갈등하고 있는 것이 당시의 정황이었다. 이러한 정황에서 '완전한 통일민족국가'를 건립하는 일은 말 그대로 지극히 어려운 과업이었거니와, 안재홍은 여러 정파의 갈등과 분열을 막아 민족의 역량을 한 곳으로 결집하는 것이 무엇보다도 중요한 과제라고 인식했다. 그는 이를 위해 좌우 대립을 지양시킬 수 있는 이론으로 '다사리주의'를 정립하고, 이를 바탕으로 극좌와 극우의 책동을 막기 위해 진력했다.

먼저 공산주의자들의 책동을 막기 위한 노력을 살펴보자. 안재홍이 공산주의자들을 설득하기 위해 제시한 논리는 두 가지였다. 당시 조선은 계급혁명이 불필요한 상황이라는 것이요, 그런데도 계급혁명을 추구한다면 반드시 통일민족국가 건설을 그르치게 된다는 것이었다.

앞에서 소개했듯이 안재홍은 '계급 대립은 엄연한 역사상의 사실'이라고도 했고, '지배계급의 억압·착취가 심하면 피지배계급은 반란을 일으키지 않을 수 없다'고도 했다. 그런데도 해방 당시 우리 현실에서는 계급혁명이 불필요하다는 것이다. 그는 그 까닭을 다음과 같이 설명했다. 첫째, 우리는 일제의 지배를 받으면서 민족 전체가 피지배계급으로 전락했던 바, 그리하여 기존의 지배·피지배 관계가 사실상 소멸한 상태이다.[9] 둘째, 국민의 대표가 모여 헌법을 제정하고 법령을 제정하는 상황에서 귀족이나 지주·자본가의 이익만을 특별히 대표하는 조치를 단행할 수는 없다.

요컨대 당시에는 이미 지배계급의 압제가 존재하지 않고, 또 앞으로도 지배계급의 특권이 형성될 가능성이 없으므로, 당시의 상황에서는 계급혁명이 불필요하다는 것이다(『선집』 2, 347-349). 이는 국내 차원의 설명이다. 그가 공산주의자들의 계급혁명 노선을 반대한 더 큰 이유는 국제 차원에 있었다.

안재홍이 계급혁명 노선에 대해 결국 통일민족국가 건설을 그르칠 것이라고 본 까닭은 국제 차원에서 두 가지를 우려했기 때문이다. 첫째, 계급혁명 노선은 결국 우리 민족에 대한 국제적 간섭을 초래한다는 것이다. 즉 계급혁명의 조건이 갖추어지지 않은 상태에서 계급혁명을 추진하자면 혁명의 역량이 부족할 수밖에 없어서, 필연적으로 외세를 동원하여 부족한 역량을 메우려고 시도할 것인데, 이는 또 다른 외세의 개입을 초래하여 결국 통일민족국가 건설을 불가능하게 만든다는 것이다. 둘째, 계급혁명 노선은 내부적으로 우리 민족을 분열시키게 한다는 것이다. 우리는 약소민족으로서 외세의 개입에 취약한데, 이미 우리 땅에 미·소 두 강대국의 군대가 진주하여 경쟁하는 상태에서 계급투쟁을 일삼는다면, 우리는 결국 자멸하게 된다는 것이다.

요컨대 안재홍은 동서고금 여러 민족의 흥망사를 통해 계급투쟁보다 민족투쟁이 중요한 과제임을 밝히고, 특히 약소민족의 처지에서는 국제 차원의 민족투쟁에 승리하기 위해서 국내 차원의 계급투쟁을 지양해야 한다고 보았다. 그는 이러한 맥락에서 통일민족국가 건설을 위해서는 누구보다도 공산주의자들의 맹렬한 반성이 필요하다고 호소했다.

그러나 그가 좌익 공산주의자들의 무조건적 침묵을 요구한 것은 아니었다. 그는 '계급적 갈등의 소지를 지양 청산'하는 것이 바로 '국민적 총결

---

9 안재홍은 이를 종종 '동일예속(同一隷屬), 동일해방(同一解放)'이라는 말로 설명했다. 우리 민족 전체가 동시에 일제에 예속되었다가, 우리 민족 전체가 동시에 일제로부터 해방되었다는 것이다.

합의 전제조건'이 된다는 점 또한 분명히 인식하고 있었다. 그는 "고금동서 일체의 사회문제, 인간 세상의 갈등이 모두 불평등에서 기인된 것"이라고 단정한 바 있다(『선집』 2, 228). 그런데 당시 서구의 '자본적 민주주의'는 '돈이 지배하는 정치'로 연결되어 결국 무산계급을 소외시키는 폐단을 낳고 있었거니와, 그는 이 점을 직시하고 우익에 대해서도 일정한 수정이 필요하다고 인식했다. 그는 이러한 맥락에서 좌우 이념을 지양시킨 '다사리주의', 즉 '신민족주의'와 '신민주주의'를 제창했던 것이다.

4. 다사리주의의 구성 체계

안재홍은 1945년 9월의 「국민당 선언」과 12월의 「국민당 정강·정책 해설」에서 다사리주의의 이념과 구체적인 정책을 제시한 바 있다. 그는 고유한 우리말 '사람·나라·겨레' 및 우리말 숫자 '다섯'에 대한 분석을 통해 다사리주의의 주요이념을 제시했다. 그에 의하면, '사람'에는 '인류공존'의 뜻이 담겨 있고, '나라'에는 '자아의식의 결집'이라는 뜻이 담겨 있으니, 밖으로는 인류 대동(大同)의 이념에 적응하고, 안으로는 민족자존의 의도에서 단결하고 전진해야 한다. 또 '겨레'에는 '결림'[結束, 결속]과 '겨룸'[抗爭, 항쟁]의 두 뜻이 담겨 있으니, 내부적인 결속을 통해 대외적으로 항쟁하면서 자아의 생존과 발전을 도모하는 것이 바로 '민족'이요 '국가'라는 것이다(『선집』 2, 61-62).

안재홍의 이러한 설명 속에는 이상과 현실 사이의 간극이 놓여 있다. 즉 '내부적인 결속을 통해 대외적으로 항쟁함'은 여러 민족이나 국가가 역사적으로 추구해온 현실에 해당하고, '인류공존'은 모든 민족이나 국가가 당위적으로 추구해야 하는 이상에 해당한다. 그런데 상호항쟁과 인류공존 사이에는 커다란 틈이 있는바, 그는 그 틈을 '정치'로 메우고자 했다.

요컨대 그는 '정치'를 민족과 국가의 바람직한 존재양식 즉 '인류공존'을 지향하는 것으로 풀이하는데, 이것이 바로 '다사리주의'이다. 그는 우리말 숫자 '다섯'을 '다사리'로 풀이하고, 이를 통해 다음과 같이 자신의 정치이념을 제시하였다.

> 정치는 '다사리'이다. '다사리'는 그 방법에서 모든 인민 각 계층의 총의[공통된 의견]를 골고루 말하게 함이요, 그 목적에서 모든 인민 각 계층의 '나'와 '나'와를 '다 살리'게 하여 빠짐과 차등 없이 함이나니, '나라'요 '겨레'요 '다사리'요는, 즉 하나의 통일민주국가가 정치·경제·문화·사회 등 대중생활의 모든 부면에 뻗치어, 고유한 그러나 새로운 민주주의에 말미암아 자아와 국가를 그의 신민족주의의 큰길로 올바로 나아가게 하는 지도이념이다. 우리는 전 인류가 협동하는 상황에서 가장 오래되었으면서 도리어 후진적인 우리 민족 대중을 이끌어 국제협력의 최선한[最善, 성실하게 수행하는] 분담자로서, 진정한 동방평화의 수호자로서, 선명한 신민족주의의 깃발을 휘날리면서 원대한 길에 오르기로 하자(『선집』 2, 62).

안재홍은 '다사리'를 '누구나 다 살린다'는 만민공생(萬民共生) 이념과 '누구나 다 사뢴다(말한다)'는 만민총언(萬民總言) 이념을 동시에 함축하는 말로 풀이하고, 전자는 정치의 목적이요, 후자는 정치의 방법이라고 설명했다. 안재홍은 다사리주의를 '신민주주의'로 규정했는데, 기존의 민주주의가 특권계급을 일소하지 못해 만민총언과 만민공생에 도달하지 못했음에 반하여, 다사리주의는 만민총언과 만민공생을 지향한다는 점에서 '신민주주의'였던 것이다.

안재홍은 다사리주의를 국제 차원에도 그대로 적용시켜, 우리 민족이 '전 인류가 협동하는 체제'에서 '국제협력의 최선한 분담자'가 되어야 한다고 주장하고, 이를 '신민족주의'라고 규정했다. 그러나 이는 모든 개별 민족에게까지 확대 적용시킬 수 있는 논리로서, 기존의 민족주의가 침략주의와 표리를 이루는 것이었음에 반하여, 다사리주의는 모든 민족의 평화로운 공존을 추구한다는 점에서 '신민족주의'였던 것이다.

안재홍은 위와 같은 다사리주의의 기본이념을 다음과 같은 세 강령으로 구체화하였다(『선집』 2, 66-67).

1. 민족국가의 건전한 발전과 국제협력의 최선한 분담자 됨을 기함.
2. 국민개로(모든 국민이 함께 노동함)와 대중공생(모든 국민이 함께 살아감)을 이념으로 신민주주의의 실현을 기함.
3. 민족문화의 전면적 앙양과 모든 인류가 함께 번영하자는 물결에 순응키를 기함.

안재홍은 위의 세 강령을 다시 다음과 같은 여덟 가지 정책으로 구체화했다.[10]

① 민주주의 정치

의회제도는 민주정치의 필수조건이다. 의회제도를 수립하여 만민이 정치에 참여케 하되, 일정 연령의 남녀는 빈부·직업·성의 차별 없이 선거권과 피선거권을 누리게 해야 한다. 민주주의 정치제도를 완전하게 운용하려면 국민교육 특히 사회교육의 충분한 시행이 필요하고, 여성의 계몽운동도 긴요하며, 전 국민에게 언론·출판·집회·결사의 자유를 보장해야 한다.

---

10 이하의 '여덟 가지 정책'에 대한 서술은 『선집』 2, 68-76쪽, 〈국민당 정강·정책 해설〉을 요약한 것이다.

② 병역제도

병역제도에 있어서는 국민개병제(모든 국민이 함께 병역의 의무를 부담함)를 시행한다. 국민개병은 민주주의 정치이념과 서로 표리를 이루는 것으로서, 국민개로와 취지를 같이 한다. 우리 민족은 고래로 조선 초기까지 대체로 국민개병제를 유지해왔으나, 조선 중기부터 천민계급에만 병역을 부과하고 숭문천무(崇文賤武, 문을 높이고 무를 천시함)의 폐풍을 조장해왔다. 이제 병역의 의무는 모든 국민이 고르게 부담해야 한다.

③ 토지제도

토지는 국유로 함이 원칙이로되 농민에게는 세습소유를 허용하는 것이 옳다. 또 국내의 일본인의 토지는 공유·사유를 막론하고 국가에 회수하여 농민에게 분배하되, 그 값은 최저 이율로 국가에 장기 상환케 하며, 그 소유권의 자유 처분을 국법으로 금지해야 한다. 소작료는 현행의 삼칠할(수확량의 30%를 지주가 갖고 70%는 소작인이 갖는 것) 또는 3분의 1을 기준으로 삼는다.

④ 산업경제정책

의식주 및 교통과 관련된 중요 산업 및 국방공업은 국영으로 하고, 그 밖의 공업·산업·무역·상업 등은 자유롭게 경영하도록 한다. 국내에 있는 일본인의 기업은 공유·사유를 막론하고 국가에 회수하여, 국영 또는 민영으로 알맞게 이관한다. 또한 민영기업도 국가의 지도 아래 둔다. 노동자와 자본가의 관계는 국가가 강력하게 조정하여 노동자를 보호한다.

⑤ 금융화폐정책

화폐의 남발로 인한 물가의 폭등은 대중생활의 안정을 크게 해친다. 국가의 신용으로 국가화폐 또는 법정화폐를 발행하고, 일정 비율로 구화폐와 교환케 하여 물가가 내리고 안정되며, 생활비도 줄어들고 안정되며, 임금도 내리고 안정되게 한다. 조선의 산업은 상당히 풍부한 편이니, 장래에는 금본위제도 고려할 수 있다.

⑥ 농민·노동자정책

쌀값은 공산품 가격과 연관해서 적정하게 조정한다. 이는 생활필수품의 가격에 연관하여 기본노임을 제정하는 것과 표리가 된다. 국내산업의 조장과 근로대중의 생활 향상은 서로 연관시켜 적정하게 조정한다. 최저임금과 최고 노동시간을 제정하고, 어린이 노동을 금지하며, 부녀 및 소년 노동자들의 위험한 노동도 금지한다. 능률에 따라 일하고 일에 따라 분배하는 것은 현재 소련에서 지키고 있는 노동정책의 철칙이다.

⑦ 일반 경제정책

조선은 아직 후진 농업 국가이다. 농업 국가의 특수성을 잘 활용해야 하나, 공업의 급속한 발전을 위해 여러 정책을 실시해야 한다. 광업·임업·수산업을 계획적으로 개발하여 국가의 자원을 보강해야 한다. 도시·항만·철도·도로와 하천·연못·농토·임야 등에 대해 국토계획을 수립해야 한다.

⑧ 국민문화정책

조선은 동방의 가장 훌륭한 국가나, 현재는 국사와 국어도 정리하지 못하고 고유한 철학과 문학도 방치하여 완성하지 못한 후진국이니, 이에 대한 정책적 진흥이 요청된다. 국가의 책임 아래 초등 국민교육을 의무교육으로 실시하고, 실과교육과 과학기술교육을 권장하고, 학술연구기관을 확충한다. 연극·영화·음악·미술 등 민중의 오락기관, 의료보건기관, 탁아소·양로원·임산부보호소 등 사회시설을 확충한다. 국토와 고적 순례를 통해 국토애와 동포애를 각성시키고, 이웃 나라와 문화 친선의 학도사절단·청소년사절단을 교환하여 국제협동과 인류 대동의 정신을 함양시킨다. 이는 만민개로·국민개병 제도와 함께 모든 사람이 즐겁게 공생하는 나라의 풍속을 일으키는 길이다.

5. 다사리주의의 구현 양상

안재홍이 자신의 정치이념을 '다사리주의' 즉 '신민족주의와 신민주주의'라는 용어로 구체화하여 표명한 시기는 8·15광복 전후였다. 그러나 그는 1920년대부터 다사리주의를 구상하고 발전시켰다. 특히 '민족'을 중심 개념으로 삼아 '민족주의자와 공산주의자를 통합'함으로써 '통일민족국가'를 건설한다는 것이 다사리주의의 취지 가운데 하나였는데, 이는 1920년대부터 기본 노선으로 정립된 것이었다. 안재홍은 일제하의 민족운동전선에 타협주의(문화운동과 자치운동)가 등장하는 것을 보고 공산진영과 합작하여 그에 대처하고자 했던바, '신간회'운동이 그것이다. 안재홍은 신간회의 노선을 자신의 민족운동 기본 노선으로 삼아, 1950년 9월 납북될 때까지 이 노선을 견지했다. 이러한 맥락에서 신간회운동부터 납북될 때까지의 안재홍의 정치활동을 세 시기로 나누어 살펴보겠다.

1) 일제강점기

1919년 3·1운동이 소기의 목적을 달성하지 못하고 실패한 후 일제하 국내의 정치운동에는 두 부류가 등장하였다. 즉 우익에서는 '실력양성 노선'이 등장하여 일제와의 타협주의로 기울고 있었고, 좌익에서는 '사회주의(공산주의) 노선'이 등장하여 민족을 부정하는 국제주의로 기울고 있었다.[11] 안재홍의 '신민족주의'는 이 두 노선을 비판적으로 극복하려는 것이었던바, 그는 '민족'을 중심 개념으로 삼아 양자를 지양하고자 했다.

'실력 양성 노선'이란 일제의 식민지배로부터 독립하기 위해서는 먼저 우리 민족의 실력을 양성해야 한다는 노선으로, '문화운동'과 '자치운동'으로 요약된다. '문화운동'이란 우리 민족 재래의 사상·관습·도덕 등 모든 것을 타파하고 새로운 문화로 우리 민족을 개조하자는 것이다.[12] '자치운동'은 정치적 실력양성론으로, 현재로서는 독립이 불가능하므로 독립의 기회를 대비한 준비가 필요하다는 '준비론'과 독립에 도달하는 한 단계로서 자치권을 획득하는 것이 필요하다는 '단계적 운동론'으로 대별된다.[13] 안재홍은 '문화운동'에 대해서는 즉각적인 무력투쟁이 불가능한 상황에서 민족을 향상·순화하는 차선책이라고 십분 긍정하면서도(『선집』 1, 510), 그것이 '조선인의 자기폄하'를 야기함에 대해서는 '조선학(조선을 연구하는 학문)운동'으로 맞서면서 민족문화의 정수를 발굴하여 선양했다(『선집』 1, 550). 그러나 '자치운동'에 대해서는 "일제와 연락되고 호응하는 관제적 타협운동으로[14] 출발부터 그릇된 것이요, 결국은 요절하고 말 것"이라고 비판했다(『선집』 1, 188-190).

한편 일제강점기의 공산주의운동은 그 방향 설정에 있어서 근본적 고민거리가 있었다. 사회혁명(계급혁명)이 우선이냐, 민족해방(민족국가 건설)

---

11 당시의 '좌익과 우익'이라는 용어는 오늘날과는 다른 맥락으로 사용되었다. 1920년대의 일반적 용례로는 친일파를 최우익, 자치론 등 타협적 민족운동을 우익, 비타협적 민족운동을 좌익, 사회주의운동을 최 좌익으로 호칭했으며, 이러한 맥락에서 안재홍은 '좌익'으로 자처했다(『선집』 1, 10).

12 1922년 5월 『개벽』을 통해 발표된 이광수의 「민족개조론」이 그 예이다.

13 송진우는 '준비론'을 피력하였고, 안창호·최린 등은 '단계적 운동론'을 피력하였다(박찬승 1992, 325-328).

14 일제는 장기적으로는 자치제를 실시하여 독립운동의 기세를 꺾고, 단기적으로는 한국인들의 자치운동을 지원하여 민족운동을 분열시킨다는 이중의 목적을 갖고 자치제 실시를 검토했다(박찬승 1992, 321).

이 우선이냐 하는 문제가 그것이다. 좌익 내부에서 두 노선의 차이는 '보편성'(세계사적 차원에서의 계급해방의 보편성)과 '특수성'(피압박민족으로서의 한민족의 해방) 중 어느 것을 더 강조하느냐의 차이였다. '보편성론'은 '만국의 프롤레타리아트는 단결하라'는 국제주의를 따르자는 것이다. 국제주의자들은 계급의 보편성과 프롤레타리아의 헤게모니를 강조했고, 민족주의에 비판적이거나 부정적이었다. 극단적인 계급주의자들은 철저한 계급혁명을 주창하며, 계급혁명 없는 민족국가 건설이란 일본인 부르주아지로부터 한국인 부르주아지로 착취계급만 바뀌는 것이라 생각하여, 민족해방이나 민족국가 건설에 소극적이었다(서중석 1992, 28). 반면에 '특수성론'은 식민지가 아닌 지역에서의 혁명운동과 한국에서의 혁명운동은 당연히 차이가 있으며, 사회주의나 혁명론은 한국의 특수한 현실에 적합하게 창조적으로 적용되어야 한다는 주장이었다(방기중 1995, 118-121).

자치운동의 대두를 묵과할 수 없었던 민족주의진영은 마침내 '좌익 내부의 특수성론자들'과 연합하여 '신간회'를 창립했는데, 안재홍은 신간회의 창립을 주도하고 총무간사를 맡았다. 안재홍은 1927년 1월 「신간회의 창립 준비」라는 논설에서 신간회의 취지를 다음과 같이 설명한 바 있다.

> 신간회의 창립을 준비한다 하는 것은 일부 지식인들 사이에는 근래 적이 화제에 오르는 바이었었거니와, 그는 이제 사실로써 세상에 공개하게 되었다. 우리들의 정치적 경제적 각성을 제창한다는 것과, 단결을 공고히 함과, 및 기회주의를 일체 부인함이 그 강령으로 하는 바요, …… 그리하여 우경적[대일 타협 노선] 사상을 배척하고 민족주의의 좌익[대일 비타협 노선] 전선을 형성함으로써 변동되려는 시국에 대응하고 그 성과를 후일에 기하고자 함이 그 목적이라 한다(『선집』 1, 204).

위에서 말하는 '기회주의'란 타협 노선인 자치운동을 지목한 것으로서,

안재홍은 자치운동을 "점진적이요 또 계단적이란 구실로써 그 실은 타락한 기회주의로 기울어지는 것"이라고도 비판했다(『선집』1, 205). 또 '단결'이란 '민족주의 좌익의 단결'로서, 구체적으로는 '비타협 노선'을 견지한 민족주의자와 공산주의자의 단결을 말한다. 위에 보이듯이 신간회는 '민족주의 좌익의 단결'을 공고히 하여, 한편으로는 '우리 민족의 정치적 경제적 각성'을 촉구하고, 한편으로는 타협 노선을 배척하려는 것이었다.

그러나 신간회는 창립 4년 만에 해소론(解消論)에 봉착하게 되었다. 신간회가 뚜렷한 활동을 하기도 전에 해체된 것에는 일제의 탄압과 실력양성론자들의 와해공작뿐만 아니라 좌익 국제주의자(보편성론자)들의 책임도 컸다.

좌익의 신간회 해소론자들의 논리는 "신간회는 소부르주아적 정치운동 집단으로서, 하등의 적극적 투쟁이 없을 뿐 아니라, 전민족적 총역량을 집중한 민족단일당이란 미명 밑에 도리어 노농대중[노동자 농민 대중]의 투쟁욕을 말살시키는 폐해를 끼친다"는 것이었다(『선집』1, 369). 안재홍은 이에 대해 "구체적인 특수정세가 조선에 있어 매우 다르다"는 점을 들어 비판했다. 조선의 경우는 노동자·농민이 확고한 투쟁의 진영을 갖춘 일본과도 다르고, 신흥 민족적 자본가의 기반 위에서 부르주아적 민주주의나 그의 독재권도 수립할 수 있는 중국과도 다르다는 것이다. 따라서 조선의 경우에는 노농계급과 자본계급의 합동전선이 긴요하다는 것이다. 이러한 맥락에서 안재홍은 해소론자들에게 '공산주의 이념을 곧이곧대로 받아들이거나 혹은 민족을 망각하고 국제주의를 따르는 관념론에서 스스로를 청산시킬 것'을 촉구했다(『선집』1, 370-371).

좌익의 신간회 해소론은 민족주의자들이 신간회의 주도권을 잡고 있던 것에 대한 반발이기도 했다. 하지만 안재홍의 생각은 '민족을 중심개념으로 삼아 항일세력을 결집해야 한다'는 것이었다. 요컨대 안재홍의 입장은 "계급적인 것의 의의를 인정하되, 거기에는 반드시 국민적·민족적인 것의 가치가 우선되어야 한다"는 것이다(『선집』 1, 9). 그러나 계급투쟁의 보편성을 고집하는 좌익의 국제주의자들은 끝내 해소론을 고집했다. 1931년 5월 신간회는 마침내 해체되고 말았다. 이후 안재홍은 몇 차례의 옥고를 거듭하면서, 한편으로는 조선사와 조선학을 연구하고, 한편으로는 언론활동을 통해 민족운동을 지속하면서 다사리주의의 기본 틀을 정립했다.

2) 해방 이후 분단 고정화 시기

해방 이후 안재홍의 정치활동은 '조선건국준비위원회(건준)'의 부위원장을 맡는 것으로 시작되었다. 이보다 앞서 일제 총독부는 패망을 예상하고 안재홍·여운형 등에게 이후의 사태 수습에 협조해달라고 요청했다. 이에 안재홍은 1944년 12월 '양 민족[한국과 일본 두 민족]과 동아시아의 장래'를 위해 전쟁 이후의 치안 유지에 협력하는 조건으로 '민족자주(民族自主), 호양협력(互讓協力), 마찰방지(摩擦防止)'라는 3원칙을 제시한 바 있었다(『선집』 2, 469-470).

마침내 해방되자, 8·15 당일 '건준'이 결성되고 여운형이 위원장을, 안재홍이 부위원장을 맡았다.[15] 안재홍은 훗날 자신이 '건준'에 참여한 것은 다음과 같은 의도 때문이었다고 술회한 바 있다.

첫째, 일제의 붕괴 및 퇴각에 즈음하여 조선인의 민족적 자중으로써[조선 민족은 신중한 태도를 갖고] 일제 군벌의 잔인한 단말마적 발악으로 인한 불필요한 대량의 유혈사태를 방지하자 함이요, 둘째, 현존 시설과 기구·기계·자

---

15 윤대식은 안재홍의 '건준' 참여는 "좌우 협력에 기초한 투쟁을 강조했던 일관된 태도의 논리적 귀결"이었다고 평한 바 있다(윤대식 2018, 39).

료 및 계획문서 등까지를 완전히 보관 관리하여 독립정부에 인계 활용케 하자 함이요, 셋째, 그 독립정부는 중경의 임시정부가 해외에 있는 독립운동의 정통적인 지도기관인 만큼 중경 임정을 최대한으로 지지하여 국내외의 혁명세력으로써 적정한 보강 확충을 하도록 하자는 것이었다(『선집』 2, 259-260).

안재홍은 '건준'에 참여한 다음 날(8월 16일) 좌익인사들에게 "신간회 당년 민·공[민족주의자와 공산주의자의] 분열을 계승함이 없이, 좌방[좌익]은 잘 협동할 것인가"를 질문하였고, 좌익인사들은 "절대 염려 말라"고 응답했다. 이에 안재홍은 '건준'에서 "민족주의자를 일선에 나서게 하고, 좌방 제군[좌익들]은 제2선에 후퇴하라"고 주문했다(『선집』 2, 473). 안재홍의 지론은 민족주의세력의 영도 아래 좌익이 협력하여 '통일민족국가'를 건설하자는 것이었던바, 좌익을 앞세우면 분열을 피할 수 없다는 판단 때문이었다. 그러나 좌익은 "자기들끼리 합동하여 조선에 즉시 노농정권을 수립하여 공산당 지배하에 재건 조국을 요리하기로" 작정하였고, 민족주의자들은 공산주의자들이 주도하는 '건준'에 참여하기를 거부했다(『선집』 2, 260). 이에 안재홍도 결국 20일 만에 '건준'을 탈퇴하게 되었다(9월 4일).

안재홍이 '건준'에서 탈퇴하자 좌익은 마치 기다렸다는 듯이 '조선인민공화국(인공)'을 선포했다(9월 6일). 민족주의자들이 탈퇴하자 좌익은 계급노선을 더욱 분명히 하면서 정국의 주도권을 잡으려고 한 것이다. 이에 대해 훗날 안재홍은 '인공'의 출현이 다음과 같은 3건의 중대한 결과를 초래하였다고 비판하였다.

(1) '인공' 그것은 38 장벽으로서 표현되는 미소 양국 대립의 전 세계적 형태에서 소련의 위세를 상징하는 존재로서 그 본질적 의의를 보유하게 된 것이다.

(2) '인공'은 국내적 견지에서 마치 공산주의의 상층 건축과 같은 존재로 되어, 후일 민족주의진영 총지지의 대상으로서 기미운동[3·1운동] 이래 민족운동의 법통[정통성]을 부르짖는 중경 임시정부와의 사이에 양립 대립하여 조금도 양보치 않는 민족통일 상의 거대한 장애가 되었다.

(3) 9월 8일 미군의 남조선 상륙과 함께 머지않아 서울에 설치한 미군정으로 하여금 소수 공산파 또는 친소파라고 인정되는 '인민공화국'의 존재로 말미암아, 자연 우익 계열에서 그 긴밀한 협력 지지자를 찾아낼 수밖에 없게하였고, 이로 말미암아 일제시대 이래 그와 결합·의존 또는 타협하여 일정한 현존 세력을 식민지 조선에 지니고 있던 여러 부류의 보수적 부대로 하여금 점차 견고한 세력을 다시 뿌리 내리게 하는 계기를 지어주었다(『선집』 2, 262-263).

안재홍은 '인공'이 '중경 임시정부'와 대립함으로써 민족통일에 거대한 장애가 되었으며, 미군정으로 하여금 친일파와 제휴할 수밖에 없는 계기를 제공했다고 비판한 것이다. 좌우가 분열되고, 친일파가 다시 득세하는 등 '통일민족국가' 건설을 소망하는 민족주의세력의 견지에서 볼 때 최악의 역학관계가 형성되었던 것이다.

안재홍은 해방 후의 사태가 이렇게 전개될 것을 일찍부터 예견하고 있었던바, 그리하여 좌우의 분열을 통합할 수 있는 이념으로 다사리주의를 모색했던 것이다. 그리하여 해방을 맞이하자마자 그날부터 즉시 『신민족주의와 신민주주의』를 집필하기 시작하여, 9월 22일 집필을 마치고, 소책자로 간행하였다. 그는 '통일민족국가'를 건설하기 위해서는 무엇보다도 그 이념적 토대를 정립하는 것이 시급하다고 인식하고, 시시각각 급변하는 정국에 대처하면서도 짬을 내어 이를 집필했던 것이다(『선집』 2, 15).

안재홍은 『신민족주의와 신민주주의』에서 '다사리주의'를 통일민족국가의 이념으로 제시하고, 모든 국민과 정치세력이 초계급적으로 협동 통합할 것을 호소했다. 안재홍이 주력한 것은 특히 '민족주의자와 공산주의자의 협동·합작'이었다. 한편, 안재홍은 자신의 다사리주의에 호응하는 세력을 결집하여, 9월 25일 '국민당'을 결성했다. 그런데 안재홍은 「국민당 선언」에서 "우리들은 군정하에 있는 오늘날 정권 장악이나 혹은 관료로 진출함 등을 의도함이 아니요, 정치훈련과 국민운동을 전개함으로써 국가의 영원한 미래에 공헌키를 기한다"고 하여(『선집』 2, 61-62), 국민당은 정권 장악을 목표로 하는 정당이 아니라고 분명히 선언했다.

안재홍은 '건준'에서의 '민공협동'이 실패하여 국민당을 결성한 이후에도 여전히 민공협동을 모색했다. 요컨대 안재홍은 통일민족국가를 건설하기 위해서는 민족주의자와 공산주의자의 협동이 필수 불가결하다고 인식하고 있었다. 국민당 결성 이후에도 지속된 안재홍의 민공협동을 위한 노력들을 정리하면 다음과 같다.

첫째, 이승만이 귀국하자(1945년 10월 16일), 그의 권위에 힘입어 민공협동을 추진한 것이다. 그러나 좌익이 '인공'을 계속 고집함으로써 결국 실패하고 말았다.

둘째, 1945년 12월 28일 '모스크바 삼상회의'에서 '5개년 신탁통치안'을 결정했다는 소식이 알려지자, 좌우가 함께 '반탁 국민운동'을 추진한 것이다. 그러나 1946년 1월 3일 이후 좌익이 '찬탁'으로 돌아섬으로써 민공합작은 더욱 절망적으로 되었다.

셋째, 1946년 1월 6일, 신탁통치안으로 인한 좌우분열의 기세를 완화하고 결합 협동의 길을 열고자, 국민당·인민당·한민당·공산당 등 4당 대표들이 회동하여 이른바 '4당 코뮤니케'를 결성한 것이다. 그러나 '4당 코뮤니케'는 바로 결렬되었다.[16]

---

16 안재홍은 둘째와 셋째의 계기가 무산된 것을 두고 "신탁통치가 좌우분열 및 정부 수립 공작에 미치는 영향은 당시에 민공분열을 결정적으로 하였고, '4당 코뮤니케'의 폐기는 후일 좌우합작 실패를 예고하는 조짐으로 되었다"고 회고한 바 있다(『선집』 2, 267).

넷째, 1946년 여름, 미군정의 알선으로 좌우합작이 추진된 것이었다. 미군정의 알선으로 5월 25일부터 다시 좌우합작운동이 본격화되어, 10월 4일 마침내 '좌우합작 7원칙'이 타결되었다(정윤재 1999, 214-216). '7원칙'의 내용은 남북을 통한 좌우합작으로 민주주의 임시정부를 수립할 것, 미소공동위원회가 다시 열리도록 요청할 것, 토지개혁에 관한 것, 친일파 민족반역자의 처리 문제, 남북을 통하여 현 정권하에 검거된 정치운동자의 석방 문제 등이었다(『선집』 2, 152-157). '좌우합작 7원칙'의 타결로 '입법의원'이 성립되었다. 그러나 좌익이 입법의원을 거부하고, 한민당도 합작 반대로 돌아섬으로써, 좌우합작은 또 불가능하게 되었다(『선집』 2, 273-274).

이상에서 살핀 바와 같이 안재홍은 해방 후 약 1년 동안은 '민공협동[좌우합작]'을 위해 매진했다. 그러나 좌우합작은 성공하지 못했고, 안재홍은 오히려 좌우로부터 협공을 받는 처지가 되었다. 안재홍은 훗날(1948년 10월) 자신의 좌우합작 노선에 대해 다음과 같이 회고한 바 있다.

① 우리는 일국의 독점지배의 위험성을 충분히 인식하므로, 미·소 등 여러 연합국의 공동보장과 지지 아래에 조국의 독립을 육성하고 확보할 것을 희망하였다.

② 미·소의 대립과 전쟁은 전 세계 인류의 불행일뿐더러 38 분단된 조선민족의 지대한 참화요,

③ 그것은 또 반드시 일국의 독점지배를 결과할 것이요,

④ 그 외에도 일본제국의 침략주의적 재출발의 시기를 촉성[앞당기는]하는 것이다.

이러한 여러 이유에서 만사를 미소협동 좌우합작의 노선에서 생각하고 행동했었다. 그것이 성공하지 못한 오늘날, 오히려 소위 '간과지인(看過知仁)'의 자부심을 가질지언정 결코 부끄러워할 이유는 아니 된다(『선집』 2, 317).

위에 보이듯이, 안재홍의 좌우합작 노선은 국내적으로는 '좌익과 우익의 합작'을 의미하고, 국제적으로는 '미국과 소련의 협력'을 의미했다. 안재홍은 '조선 민족의 지대한 참화'뿐만 아니라 '전 세계 인류의 불행'을 막아야 한다는 취지에서 좌우합작에 심혈을 기울였다. 안재홍은 이처럼 좌우합작 노선의 정당성을 확신했기에, 그것이 실패로 귀착된 다음에도 오히려 '간과지인(看過知仁)의 자부심'[17]을 지닐 수 있었다.

이 시기 안재홍의 정치활동 가운데 또 하나 주목할 것은 안재홍이 자신이 이끄는 국민당을 김구와 조소앙 등이 이끄는 한국독립당에 통합시켰다는 점이다. 김구가 귀국하여(1945/11/23) '한국독립당(한독당)'이 출범하자, 안재홍은 한독당을 "그 역사, 그 구성 인물로서 최대한 대표적인 당인 것"으로 인정하고(『선집』 2, 438-439), 국민당을 한독당에 통합시켰다(1946/3/20). 본래 안재홍이 국민당을 결성한 취지는 정권 장악에 있지 않았었거니와, 그러므로 '우익 민족진영의 대동단결'을 위해 '아무런 조건 없이' 국민당을 한독당에 통합시킨 것이다.[18] 안재홍은 양당의 통합에 즈음하여 다음과 같이 말한 바 있다.

혁명단체나 정치결사로서 합동하는 데 최대조건은 주의와 강령의 합치입니다. 그런데 한국독립당은 정치상 보통선거제도를 실시하여 국민의 참정권의 균등을 확보할 것을 필두로, 대규모 생산기관과 토지를 국유화하여 국민의 생활권을 균등화할 것과 의무교육을 국비로 실시하여 국민의 수학권[교육받을 권리]을 균등화한다는 등 삼균제도를 주장하는 터이니, 그는 즉

---

17 『논어』 위정(爲政) 제7장에서는 "사람의 허물은 그 무리에 따라 제각각이니, 허물을 살펴면 곧 그가 어진 사람인지 알 수 있다(人之過也 各於其黨 觀過 斯知仁矣)"고 하였다. 이는 '군자의 허물'은 본래 좋은 취지에서 비롯된 것이나, '소인의 허물'은 본래 나쁜 취지에서 비롯된 것이라는 뜻으로 풀이된다.

18 사실 당시 국민당의 당세가 한독당을 압도하고 있었으며, 한독당 간부들의 거만한 자세가 물의를 일으키기도 했었다고 한다(정윤재 1999, 206).

정치 균등 경제 균등 교육 균등이란 자로, 토지문제를 빼어놓고는 국민당의
만민공화[만민이 서로 화해하고] 대중공생[대중과 함께 잘 삶]을 목표로 하는
'다사리'주의인 신민주주의와 완전히 합치되는 바로, 대한민국 건국대강으
로도 나타난 바이니, 정강정책의 주요 부문에서 양당이 일치되는 바입니다
(『선집』 2, 117).

안재홍은 국민당과 한독당이 '정강정책의 주요 부문에서 일치된다'고
했다. 한독당의 정강정책은 조소앙의 삼균주의에 입각한 것인데, 안재홍
은 자신의 다사리주의와 조소앙의 삼균주의가 완전히 합치된다고 보았
다. 그리하여 안재홍은 당시의 문건에서 종종 삼균제도로 다사리주의를
설명하기도 했던 것이다(『선집』 2, 228-243).

3) 단독정부 수립기

미군정이 일시적으로 좌우합작을 알선하기는 했지만, 그것이 미국의
일관된 전략 아래 추진된 것은 아니었다. 또한 좌우합작에 의한 통일민족
국가 건설은 미국의 협조뿐만 아니라 소련의 협조도 필요한 것이었다. 그
러나 냉전체제를 형성하면서 패권을 다투던 당시의 국제정세상 미·소의
진정한 협조란 사실 기대하기 어려운 일이었고, 따라서 좌우합작도 그 최
종적 성공을 기대하기 어려웠다. 이러한 국제정치적 역학관계를 꿰뚫고
있었던 이승만은 마침내 '정읍 발언'(1946/6/3)을 통해 남한 단독정부 수
립을 주장함으로써, 당시 미군정의 알선으로 추진되던 좌우합작 운동에
제동을 걸었다.

1946년 9월 11일, 미군정은 행정권을 점차 한국인에게 이양하겠다고
발표했다. 1947년 1월 말경, 미군정은 안재홍에게 '민정장관'직을 제의하
였고, 안재홍은 고심 끝에 2월 5일 민정장관에 취임했다. 안재홍이 민정

장관에 취임한 것은 좌익과의 합작 가능성에 대한 기대를 포기하고, 미군정에 협조하는 길만이 최소한 남한의 공산화를 방지하고 나아가 친일파의 지지를 받는 보수 우익세력의 득세를 제어하는 최선의 선택이라고 생각했기 때문이다.

1947년 11월 초, 민정장관 안재홍은 서울중앙방송을 통해 '남조선의 3대 목표'를 다음과 같이 제시한 바 있다.

① 민족적 자주독립 완성의 지상명령 즉 민주독립국가의 완성입니다. ② 진정한 민주주의의 확립, 이것은 본인으로서는 순정우익(純正右翼)이라고 규정하는 진정한 민주주의의 사상, 정책의 확립 및 옹호입니다. ③ 민생문제를 해결키 위한 경제적 민주주의의 강조입니다. 즉 "경제적 자유가 없는 정치적 자유는 공허한 것이며, 독점적 자본과 대지주가 함부로 날뛰는 것을 배제하고 대다수 민중의 경제상 복리를 보장 증진하는 진보적인 경제적 사회적 입법으로 정비되어야 합니다"라고 하였습니다. 이 3대 목표는 공산당의 집권을 반대하고 또 극우적인 편향도 방지하면서 진정한 민주주의 정책에 대중을 집결시키어 민족자주독립을 완성하자고 하는 것으로 그 취지에서 매우 옳은 것입니다(『선집』 2, 222).

안재홍이 제시한 '남조선의 3대 목표'는 '민주독립국가의 완성, 진정한 민주주의 및 경제적 민주주의의 확립'이었던바, 안재홍은 이를 통해 공산당의 집권을 반대하고 또 극우적인 편향도 방지하면서 '진정한 민주주의 자주독립국가'를 세우자고 호소했다. 위에서 주목할 것은 '순정우익'[19]이

---

19 앞에서도 말했듯이, '좌익'과 '우익'이라는 용어는 해방 전후로 범주를 달리했다. 1920년대에는 '일제와의 타협 여부'에 따라 좌우를 구분했거니와, 그리하여 비타협주의자였던 안재홍은 당시에는 좌익으로 자처했던 것이다. 반면에, 해방 후에는 '공산진영과 자유진영'으로 좌우를 구분했거니와, 그리하여 자유진영에 속했던 안재홍은 우익으로 자처했던 것이다.

라는 용어이다. 안재홍은 우익 가운데 '봉건적·대지주적·자본가적 특권계급'을 옹호하는 세력을 '극우'로 규정했거니와, 친일잔당도 여기에 포함되었다. 안재홍은 이들을 제외한 나머지의 우익을 '순정우익'이라고 규정한 것인데, 기존의 비타협적 민족주의자들이 그 주축을 이뤘다.

1947년 10월, 안재홍은 「순정우익의 집결」이라는 논설을 발표했다. 제2차 미소 공동위원회가 결렬되고, 좌우합작도 별 성과 없이 막을 내린 상황에서 안재홍은 미소 공동위원회의 결렬을 남북분단이 기정사실화되는 조짐으로 인식하고, '남조선만의 단독조치'에 대비하여 '신민족주의' 노선을 재확인하고 세력을 결집하고자 했던 것이다(김인식 1997, 376).

안재홍은 '순정우익'이 남조선 단독정부의 주도세력이 되어야 한다고 생각했다. 그런데 순정우익을 대표할 수 있다고 생각된 김구와 김규식이 남북협상에 참여하고, 김일성과의 약속을 지키기 위해 1948년 5·10총선을 거부하겠다고 했다. 그리하여 안재홍은 남북협상이 이미 실패로 돌아간 상황에서 남북협상에 연연해서 총선을 거부해서는 안 된다는 것, 남북 총선거는 최선이요 가능한 지역만의 총선거는 차선인데 군정을 무기한 끌어갈 수 없는 이상 차선이라도 취해야 한다는 것, 진정한 민족주의자들이 국회에 들어가야만 외세 의존적인 극좌·극우세력이 독립 한국의 정치를 좌지우지하는 것을 방지하고 순정우익의 주체적이고 민주적인 국가를 만드는 데 기여할 수 있다는 등의 이유를 들어 총선 참여를 촉구했다.[20] 그러나 김구와 김규식은 끝내 5·10총선을 거부했다. 그 결과 이승만과 김성수 등 극우세력이 총선에서 압도적으로 승리했다. 이에 대해, 안재홍은 1948년 10월에 발표한 「조선 민족의 정치적 진로」에서 다음과 같이

---

20 안재홍 자신은 민정장관직을 맡고 있었기 때문에 5·10총선에 출마할 수 없었을 것이다. 안재홍이 5·10총선 참여를 촉구한 것에 대해 김정은 "이는 자신의 신민주의론과는 반대로 극우파를 지지한 정치행위였다"고 평가했는데(김정 2002, 230), 이는 안재홍의 취지를 충분히 헤아리지 못한 것으로 보인다.

술회한 바 있다.

> 남북협상 당시 선배와 동지들이 남한 선거를 거부치 말고 그 산하의 인물들로 대거 참가케 하였던들, 오늘날 의정단상[議政壇上, 국회] 다수의 싸우는 장수들과 함께 통일공작(統一工作)의 동지로 하여금 대다수를 차지하여, 자못 자유자재로 신축하는[융통성 있는] 기동적인 작전을 하였을 것인데, 그의 오류 이미 바로잡을 수 없고, 역시 다만 간과지인(看過知仁)의 탄식을 발할 바이다(『선집』2, 318).

1948년 5월 31일 제헌의회가 개원하자, 안재홍은 곧바로 민정장관직을 사임했다. 그 후 안재홍은 1950년 5월 30일 제2대 국회의원 선거에 무소속으로 당선되었으나, 국회가 개원한 지 1주일도 안 되어 6·25전쟁이 일어났다. 안재홍은 미처 피난하지 못한 채 납북되어, 1965년 3월 1일 작고한 것으로 전해진다. 안재홍은 일찍부터 민족의 분단을 우려하고, 이를 막기 위해 진력했는데, 그 자신이 민족분단의 가장 직접적인 희생자가 된 것이다.

6. 중도 노선과 순정우익론

안재홍은 일제강점기 신간회운동 당시부터 해방 후까지 일관되게 민공협동 또는 좌우합작을 주창했다. 그런데 좌우 정치세력의 합작은 좌우 정치이념의 지양을 선결 요건으로 전제하는 것이다. 사실 안재홍은 '평등한 권리의 정치[평권정치]와 균등한 소유의 경제[균등경제]'라는 개념으로 좌우 이념을 지양시키고, 이를 바탕으로 좌우세력의 합작을 모색했다. 이렇게 본다면 안재홍은 또한 일관되게 '중도 노선'을 추구한 것이기도 하다.

문제는 안재홍이 남한 단독정부 수립을 불가피한 현실로 수용한 1947년 10월 무렵부터는 '순정우익의 집결'을 표방했다는 점이다. '순정우익의 집결'이라는 표어에는 '좌익을 일정 부분 수용하고 있다'는 측면은 잘 드러나지 않는다. 이 표어는 오히려 '좌익을 배제하겠다'는 의도로 해석되기 쉽다. 실제로 「순정우익의 집결」에서는 "민족해방의 완성은 단일민족 조국고토[조국의 오랜 땅]에서 동일한 진정 민주주의 노선에서 전민족 최대 다수가 집결 단합하여, 민족으로서의 완전해방을 요청하는 것이니, 거기에는 계급적 대립 혹은 계급투쟁을 요청하지 않는다는데 기본적인 뜻이 있다"고 전제했다. "계급적 대립 혹은 계급투쟁을 요청하지 않는다"는 주장은 일견 '좌익을 배제한다'는 뜻으로 읽힐 수 있다. 그러나 여기에는 '좌익과 극우를 동시에 배제한다'는 뜻과 '좌우 이념을 지양시킨다'는 뜻이 모두 담긴 것이다. 이는 순정우익 노선을 구체적으로 설명한 다음의 인용문에서 분명히 확인할 수 있다.

첫째는, 계급 대립을 그 균등경제와 평권정치에서 지양 회통하여 삼천만을 하나로 결합함이요, 둘째는, 외국의 즉 연합국 우방의 일정한 원조는 필요하지마는, 그로 인하여 주권국가의 체제를 침식하는 것은 배제함을 이름이다. …… 진정한 민주주의는 ① 좌에서, 무산계급 독재를 전제조건으로 하고 개성의 자유와 재산의 일정한 사유세습의 원칙을 무시하는 공산주의의 강요를 반대함이요, ② 극우에서, 봉건적·대지주적·자본벌적 특권계급지배의 국가를 배격함이다. ①에서 최대한 위험은 조선의 무산계급이 그 역사적 필연성에서 계급 독자의 역량만으로 그 의도를 실천 강행할 수 없음에서, 필연 제3국의 간섭을 유발 도입하게 될 것인데, 그를 특히 발본색원코자 함이요, ②에서는 특권집단의 유지 혹 육성은 계급적 독립투쟁을 쉴 새 없이 도발시켜, 필경 사회혁명을 멀지 않아 폭발하게 하고, 마찬가지 제3국 등의 간섭 침략의 실마리를 짓게 되는 것이니, 그것 또한 깊고 원대한 생각에 의한 발본색원을 요하는 것이다(『선집』2, 208-209).

안재홍은 '극우'에 대해서는 특권층을 인정함으로써 '계급투쟁을 유발한다'고 비판했고, '좌익'에 대해서는 '계급투쟁을 통해 무산계급 독재를 추구함으로써 개인의 자유를 무시하고 제3국의 간섭과 침략을 유발한다'고 비판했다. 요컨대 극우는 계급 대립을 '유발'하고, 좌익은 계급 대립을 '이용'한다는 것이다. 안재홍은 이러한 관점에서 이들을 대신할 주체로 '순정우익'의 집결을 주창한 것이다.

안재홍은 순정우익 노선을 '균등경제와 평권정치를 통해 계급 대립을 지양시킴'으로 규정했다. 그런데 균등경제는 좌익 이념을 수용한 것이요, 평권정치는 우익 이념을 수용한 것이다. 안재홍은 순정우익 노선을 '좌우를 지양시킨다'는 관점에서는 '중앙 노선'이라 했거니와,[21] 이처럼 중도 노선은 순정우익 노선에 있어서도 여전히 관철되고 있었다. 한편 안재홍은 1948년 「한민족의 기본진로」에서 다음과 같이 말한 바 있다.

나는 공산주의자인 좌익 측과 민족주의자는 마땅히 협동을 하여야 한다는 협동이론이다. 지금부터 22년 이전, 신간회운동 당시에도 나는 열렬한 협동론자였고, 좌편에서 신간회의 해소 책동을 하여 신간회운동을 완전히 끝막은 후에도 나는 협동론으로 일관하여 온 터이다. 8·15 직후 건국준비위원회 시대부터 좌우합작패라고 지목과 배척을 받고 있는 오늘까지도 하나의 국민

---

21 안재홍은 순정우익 노선을 '좌우를 지양 회통시킴'으로써 '계급투쟁을 막는다'는 관점에서는 '진정한 민주주의 노선'이라 했으며, '제3국의 간섭을 막는다'는 관점에서는 '민족자주 노선'이요 '독립 기본 노선'이라고도 했다. 안재홍은 또한 '신민주주의의 사회 건설의 토대 위에 구축 현현되는 신민족주의 노선'이라고도 했거니와, 사실 '순정우익' 노선은 기존의 '신민족주의'와 조금도 다름없는 것이었다(『선집』2, 211). 한편, 윤대식은 "안재홍의 중앙 노선은 중간파로의 정치적 태도가 아니라 시의적절한 노선을 지향하는 태도를 의미하며 이로부터 순정우익의 정체성 역시 좌우의 개념으로 이해되는 것이 아닌 신생국가에 가장 필요하고 알맞은 정치세력을 의미한다"고 설명한 바 있다(윤대식 2005, 298).

적 희망으로서는 이 협동의 필요를 버리지 않고 있다(『선집』 2, 352).

안재홍은 신간회운동 시기부터 순정우익 노선을 표방하고 있던 1948년 당시까지 좌우합작이 자신의 일관된 노선이었다고 술회한 것이다. 이렇게 본다면 안재홍의 순정우익 노선은 기존의 좌우합작 노선이나 중도노선과 조금도 다름이 없었던 것으로서, 여전히 신민족주의·신민주주의였던 것이요, 다사리주의였던 것이다.

이제 안재홍의 중도 노선이 지니는 의의를 정리해보자. 안재홍의 중도 노선은 무엇보다도 '좌우합작을 통한 통일민족국가'의 건설이라는 의의를 지니거니와, 이에 대해서는 더 이상 언급할 필요가 없을 것이다. 안재홍의 중도 노선은 또 하나의 중요한 의의를 지니는바, 그것은 바로 후진국가의 일반적 상황인 '비동시성의 동시성'이 야기하는 난관을 슬기롭게 극복하려는 것이기도 했다.

주지하듯이 서구 선진국가들의 근대화 과정은 대체로 '민족의식의 각성'과 '민주혁명·사회혁명'의 과정을 단계적으로 거치는 것이었다. 그런데 '짧은 기간에 서구를 따라잡고자 하는' 후진국의 경우에는 이 세 과제를 동시에 해결해야 하는 상황이 빚어진다. 안재홍은 다음과 같이 말한다.

무릇 한 시대를 보내어 한 단계를 맞이하고 하나의 제도를 베풀어서 한 주의를 고치어 세우는 동안, 선진사회에 있어서는 그 사회기구의 자연생성의 형세가 일정한 목적의식적인 이즘(ism)의 주형[鑄型, 거푸집]을 만들어나가게 되는데, 이것이 후진사회의 추수모방[뒤따르면서 모방함]의 형식으로 되는 과정에서는 목적의식이 자연생성을 촉성하게 될 뿐 아니라, 건듯하면 관념의 범주가 맹목적인 배치를 미숙한 사회에 강제하게 되는 것입니다. 금고동서 여러 후진국이 선진국가의 기존 문화를 추수모방하는 과정에 있어 골고루, 이 부자연한 군더더기와 그 고통을 동반한 것은 거의 필연의 일이니,

...... 지금도 우리는 그러한 가능성 아래 어려움이 많은 새로운 시대의 전(前) 단계를 가지고 있는 것입니다(『선집』1, 502).

위의 인용문은 서구 선진국들이 '민족적 각성'과 '민주혁명·사회혁명'을 단계적으로 달성한 것과 달리, 당시 조선은 이 세 과제를 동시에 추진해야 하는 상황임을 논한 것이다. 안재홍은 이를 '백두산 고원의 자연현상'에 비유하였다. 남쪽의 평원에서는 사계절이 고르게 진행되나, 북쪽의 고원에서는 겨울이 길기 때문에 봄·여름·가을이 짧은 기간에 한꺼번에 닥쳐온다. 그리하여 백두산 고원에서는 봄꽃이 지자마자 벌써 늦가을의 꽃이 피게 되는데, 안재홍은 이를 '찬란한 듯하나 사실은 슬픈 광경'이라고 보고, '낙후자(落後者)의 신생(新生)의 면치 못할 진통'을 여기에 비유했다. 즉 안재홍은 뒤따라가는 자들이 반드시 겪어야 할 어려움을 지적했지만, 다른 한편으로는 '후진국의 이점'도 있다고 보았다. 후진국은 선진국이 각 단계를 이행하면서 겪었던 '크나큰 파괴 공작'을 답습하지 않아도 된다는 것이다.

자본적 민주주의와 공산주의와 이 두 주의는 이 전환기를 짓고 있는 인류 역사에서 어떻게 해결 짓지 않고서는 거저 지나지 못할 과업으로 되어 있다. 그 인습의 뿌리가 억센 옛 사회의 기성 체제로부터 전연 다른 새로운 사회 체제로 급격하게 변동되는 데는 그 새로운 건설에 앞서서 반드시 한 번의 크나큰 파괴 공작이 따라다니는 것이다. 18세기의 프랑스혁명이나, 바로 30년 전인 러시아의 공산주의혁명은, 이 까닭에 모두 거대한 파괴 과정을 겪어온 것이다. 그렇다고 해서 전 세계 각 국민이 저마다 반드시 똑같은 파괴와 건설의 혁명 과정을 밟아야만 하는 것은 아니다(『선집』2, 345-346).

안재홍의 소망은 우리 민족이 파괴와 유혈을 겪지 않고 통일민족국가를 이루는 것이었다. 우리는 '낙후한' 처지지만 '세련되게' 대응한다면 파괴와 유혈을 겪지 않고도 통일민족국가를 이룰 수 있다는 것이었다.

안재홍은 그 세련된 이념으로 '다사리주의'라는 중도 노선을 제창한 것이요, 그 세련된 주체로 '순정우익'을 설정한 것이었다. 요컨대 '민족적 각성'이 투철한 순정우익이 다사리 이념으로 '민주혁명'을 꿈꾸는 우익과 '사회혁명(계급혁명)'을 꿈꾸는 좌익을 중도에서 통합함으로써, 선진국들이 겪었던 파괴와 유혈을 겪지 않고 통일민족국가를 건설하자는 것, 이것이 안재홍의 일관된 이념이요 노선이었던 것이다.

7. 민족자주 노선으로서의 '다사리주의'에 대한 평가

안재홍이 동서고금 여러 민족의 흥망사를 두루 살피고 얻은 결론은 국제투쟁에 당면한 민족이 내부적으로 계급투쟁을 자제하지 못하면 패배하게 되나, 계급투쟁을 자제하여 민족의 모든 역량을 국제투쟁에 결집한 경우에는 승리할 수 있다는 것이었다. 여기에서 그의 민족주의적 문제의식이 싹튼 것인데, 그는 기존의 민족주의가 침략주의로 표출되었던 것을 비판하고 여러 민족이 평화롭게 공존할 수 있는 이념으로 '신민족주의'를 제창한 것이다. 또 그가 당시 세계 주요 국가의 정치이념을 두루 살피고 얻은 결론은 민주주의(자본적 민주주의)는 개인의 자유만 내세우고 경제적 평등을 소홀히 하며, 공산주의는 경제적 평등만 내세우고 개인의 자유를 말살하고 있다는 것이었다. 그리하여 그는 정치·경제·교육의 권리를 모두 평등하게 보장해야 한다는 '신민주주의'를 정립한 것이다.

안재홍의 '다사리주의'는 신민족주의와 신민주주의를 동시에 포괄하는 개념이다. 그는 다사리주의를 '조선의 전통'에 입각한 '조선의 정치철학'이라고 주장했다. 그러나 다사리주의는 우리의 고유한 전통에서 발굴된 것이기 이전에 당시의 현실과 시대사조를 비판적으로 지양시킨 것이라고도 볼 수 있다. 그런데도 그는 한결같이 우리 민족의 전통에 입각하여 다사리주의를 정당화하였다. 이처럼 그는 정당성의 근거를 우리 민족의 전통에서 찾음으로써, 한편으로는 좌우 대립을 지양시키려 했고, 한편으로는 대중적 지지 기반을 확보하려 했다.

안재홍의 다사리주의를 이념적 차원에서 논하자면, 민족주의라는 점과 중도 노선이라는 점이 주목된다. 그의 민족주의는 민족적 정체성과 민족적 주체성을 표리의 관계로 인식했다는 점과 민족주의와 세계주의를 지양시키려 했다는 점이 주목된다. 또 그의 중도 노선은 자유주의(자본주의)와 급진주의(공산주의)를 지양시킨 '진정한 민주주의 노선'이라는 점과 미·소의 간섭을 막을 수 있는 '민족자주 노선'이라는 점, 그리고 후진국이 겪는 '비동시성의 동시성' 문제를 세련되게 극복하기 위한 '순정우익 노선'이었다는 점이 주목된다. 그러나 다사리주의는 당시 현실에서는 아무런 결실도 거두지 못한 '실패한 노선'이기도 했다.

다사리주의의 실패에 대해서는 여러 각도에서 그 원인을 논할 수 있을 것이다. 그런데 여기서 중요한 것은 그 실패가 다사리주의 자체의 한계에 의한 것인지, 아니면 외부적 요인으로 인한 것인지를 규명하는 것이다. 필자는 다사리주의의 실패는 '미·소 냉전체제 형성'이라는 외부적 요인에 더 큰 원인이 있었다고 본다. 안재홍은 미·소 냉전체제 형성으로 인한 민족의 분단을 막기 위해 다사리주의에 입각한 좌우합작을 추진한 것인데, 극좌(공산주의 계열)와 극우(한민당 계열)는 냉전체제의 형성에 편승하여 단독정부를 추진한 것이다.[22] 당시 냉전체제의 형성은 우리의 힘만으로는

---

22 안재홍은 1948년 7월의 「민정장관을 사임하고」에서 "나는 건준(건국준비위원회)에서의 퇴각을 전후하여 실로 좌우로부터 맹렬한 협공을 받았다. 좌에서는 나를 반동의 음모자라 공격하며 헐뜯었고, 또 우에서는 그 최종에 협동을 거부하고 한국민주당을 조직한 방면에서는 공격하며 헐뜯기까지 하였던 것이다. 정권이 실제로 눈앞에 다가오는 것으로 보이는 때, 매우 노골적인 파벌투쟁이 전개되어가는 것을 보고, 나는 평소에 상당히 오래된 우정도 여지없이 말살되는 것을 개탄하였다"라고 회고한 바 있다(『선집』 2, 263). 요컨대

극복할 수 없는 엄연한 현실이었다. 안재홍도 결국 이를 현실로 받아들이고 단정의 불가피성을 수용하면서 '순정우익의 집결'을 제창한 것이다. 그러나 순정우익에 가장 근접했던 한독당 계열은 단정을 분단의 고착화로 인식하여 참여를 거부하고, 냉전체제가 고착화되는 현실에서 남북협상이라는 이상론에 집착했다. 한독당 계열의 단정 참여 거부는 결국 친일잔당의 부활을 도운 셈이 되고 말았다.

안재홍의 다사리주의와 중도 노선은 오늘날에도 여전히 중요한 의의를 지닌다. 첫째, 민족과 세계를 균형 있게 조화시키려 했던 안재홍의 '신민족주의'는 민족의식을 폄하하기 쉬운 오늘날 세계화 시대에 더욱 중요한 과제로 부각되고 있다. 둘째, 균등경제와 평권정치를 추구한 안재홍의 '신민주주의' 역시 약자의 생존권이 근본적으로 위협받고 있는 오늘날 신자유주의 시대에 더욱 중요한 과제로 부각되고 있다. 셋째, 해방 당시 중도 노선의 실패가 민족의 분단을 초래했다면, 오늘날 우리는 거꾸로 중도 노선에서 통일의 기반을 모색할 수 있을 것이다.

실로 당시의 사상가들은 좌우 어느 한쪽으로 치우친 경우가 많았고, 또 민족의 전통에 의거하지 않고 '빌려온 정당성'을 누리고자 한 경우가 많았다. 그런데 안재홍은 좌우의 이념을 균형 있게 지양시키고, 적극적으로 민족의 전통을 발굴하여 현대적으로 재해석했던 것이다.[23] 이 점에 있어서도 안재홍의 다사리주의를 높이 평가할 수 있겠다.

당시의 좌우 정치가들이 '통일민족국가' 건설보다 '정권의 장악'에 더욱 집착했다는 말이다. 그렇다면 분단이 고착화된 것은 '미·소 냉전체제의 형성'이라는 국제적인 역학관계에도 큰 원인이 있었지만, 민족 내부의 '좌익과 극우의 근시안적 정권욕'에도 큰 원인이 있었던 것이다. 안재홍은 이 글에서 '좌익이 서둘러 조선인민공화국을 선포함으로써, 결국 반공이라는 명분하에 친일 잔당이 다시 살아날 수 있는 계기를 제공했다'고 비판하기도 했다(『선집』 2, 262-263).

23 이러한 점에 있어서는 조소앙의 삼균주의도 마찬가지이다. 특히 안재홍의 '다사리'는 소앙의 '한살림(韓薩任)'과 궤를 같이하는 것이다(이상익 2010 참조).

안재홍. 1981-2008. 『민세안재홍선집』 1-7. 서울: 지식산업사.

강정인. 2004. 『서구중심주의를 넘어서』. 서울: 아카넷.

강정인. 2009. "보수주의." 강정인 외. 『한국 정치의 이념과 사상』. 서울: 후마니타스.

김인식. 1997. "안재홍의 신민족주의 사상과 운동." 중앙대학교 박사학위 논문.

김정. 2002. "해방 후 안재홍의 신민주주의론과 공산주의 비판." 『한국사학보』 제12호, 203-235.

박찬승. 1992. 『한국근대 정치사상사 연구』. 서울: 역사비평사.

방기중. 1995. 『한국근현대사상사연구』. 서울: 역사비평사.

서중석. 1992. 『한국현대민족운동연구』. 서울: 역사비평사.

윤대식. 2005. "안재홍의 신민족주의론에 내재한 정치적 의무관." 『한국사학보』 제20호, 289-316.

윤대식. 2018. 『건국을 위한 변명』. 서울: 신서원.

이상익. 2010. "조소앙 삼균주의의 사상적 토대와 이념적 성격." 『한국철학논집』 제30집, 87-121.

이상익. 2011. "안재홍 '다사리주의'의 사상적 토대와 이념적 성격." 『한국철학논집』 제31집, 203-240

정윤재. 1999. 『다사리국가론—민세 안재홍의 사상과 행동』. 서울: 백산서당.

● 안재홍 자신의 저술: 안재홍. 1981-2008. 『민세안재홍선집』 1-7. 서울: 지식산업사.
'안재홍선집간행위원회'에서는 안재홍의 수많은 저작들을 선별하여 『민세안재홍선집』을 간행하기 시작했는데, 현재 7권까지 간행되었다. 단행본으로 출간된 아래 3권의 책도 모두 『민세안재홍선집』에 다시 수록되었다. 안재홍의 논설들은 모두 중요하지만, 정치사상적 관점에서 특히 주목할 저술은 『신민족주의와 신민주주의』 및 『한민족의 기본진로』이다.

● 안재홍. 1945. 『신민족주의와 신민주주의』. 서울: 민우사.
『신민족주의와 신민주주의』는 해방 직후 "지도층들의 분규 혼란이 갈수록 심한데, 대중은 바야흐로 헤매는 상황"에서 혼란과 분열을 극복하고 통일민족국가를 건설하기 위해 우리가 나아갈 길을 제시한 책이다. 이 책에서는 먼저 우리 민족의 고유사상을 바탕으로 '다사리주의'를 '조선 정치철학'으로 정립하고, 그에 입각하여 우리의 나아갈 길로 신민족주의와 신민주주의를 제창했다.

● 안재홍. 1947-1948. 『조선상고사감』 상·하. 서울: 민우사.

● 안재홍. 1949. 『한민족의 기본진로』. 서울: 조양사.
『한민족의 기본진로』는 안재홍이 1948년 10월에 전국 5개 도시에서 강연한 내용을 정리하여 조그만 책자로 출간한 것이다. 이 책에서는 여러 민족의 흥망을 논하고, 계급투쟁과 민족투쟁의 상호관계를 논하였다. 이 책에서 안재홍은 당시 국민들에게 "여러 나라들이 실력으로 간섭하고 있는 이 즈음, 계급·파당·정권세력의 싸움만으로 서로 엎치락뒤치락하는 틈에 조국과 민족은 어느덧 걷잡을 수 없이 다시 몰락하게 됨"을 각성시키고자 하였다.

● 정윤재. 1999. 『다사리국가론―민세 안재홍의 사상과 행동』. 서울: 백산서당.
이 책은 제목 그대로 안재홍의 사상과 행동을 간결하게 정리하여 소개한 책이다. 이 책에서는 안재홍의 핵심 개념을 '다사리국가론'으로 파악하고, 먼저 '다사리국가론'이 담겨 있는 안재홍의 '조선 정치철학'을 소개한 다음, 안재홍의 신민족주의와 좌우합작론 등을 조명하고 있다. 이 책에서는 일제강점기의 안재홍을 '일제에 굴복하지 않고 끝까지 버텼던 조선 선비'로, 해방 이후의 안재홍을 '극좌·극우를 배격한 민정장관'으로 묘사함으로써, 안재홍의 특징적 면모를 잘 드러냈다.

● 김인식. 2005. 『안재홍의 신국가건설운동 1944-1948』. 서울: 선인.
안재홍에 관한 연구로 박사학위를 받은 저자가 제목 그대로 '1944-1948년 시기 안재홍의 신국가건설운동'을 정리하여 소개한 책이다. 이 책에서도 안재홍의 신국가건설론을 '좌우합작'운동과 '순정우익 집결'운동을 중심으로 서술하고 있다. 이 책은 물론 안재홍에게 초점을 맞추었지만, 중도 노선으로서 여운형과 김규식 등에 대해서도 함께 논하였다.

● 윤대식. 2018. 『건국을 위한 변명』. 서울: 신서원.
이 책에서는 안재홍을 '전통과 근대, 민족과 이념의 경계를 돌파하기 위해 노력한 경계인'으로 규정했다. 저자에 의하면 안재홍에게 가장 중요한 목표는 '조국의 해방과 자주독립'이었는데, 안재홍은 그 수단으로서 '역사의 성찰을 통한 민족의식의 재정립'을 선택했다는 것이다. 이 책에서는 안재홍의 신민족주의와 신민주주의를 중점적으로 분석하며 한민족의 근대국가 형성 과정이 비록 고통스러웠지만 심도 있는 지적(知的), 역사적 성찰과 함께 진행되었음을 잘 보여주고 있다.

8

조소앙

한국적 민주공화주의의
살아 숨 쉬는 유산, 삼균주의

권도혁·강정인

1. 대한민국은 민주공화국이다

2019년은 일제강점기에 거족적 민족운동인 3·1운동이 발발한 지 100주년이 되는 역사적인 해이다. 3·1운동은 고종의 장례식을 호기로 삼아 발발했는바, 이후 왕조의 회복을 목표로 한 복벽주의(復辟主義)가 결정적으로 청산되고 민주공화제가 독립국가의 목표로 굳게 자리 잡게 되었다는 사실은 역사의 아이러니라 하지 않을 수 없다. 3·1운동 직후 4월 11일 상해에서 수립된 대한민국 임시정부가 「대한민국 임시헌장」(이하 「임시헌장」) 제1조에서 "대한민국은 민주공화제로 함"을 선언했기 때문이다. 「임시헌장」은 이런 역사의 아이러니를 극적으로 표현한 셈이었다. 헌법 문서에서 '민주공화국'을 명기한 것은 「임시헌장」이 세계 최초인 것으로 알려져 있다. 서구에서도 우리보다 늦은 1920년에서야 비로소 체코와 오스트리아가 민주공화국을 헌법에 명기했기 때문이다(이영록 2010, 57-58).

일제강점기 독립운동과 건국의 사상적 설계자였던 조소앙의 삼균주의는 「임시헌장」의 민주공화제에 구체적인 골격을 부여한 이념이라 할 수 있다. 나중에 상세히 논하겠지만, 삼균주의란 '사람, 민족, 국가 간의 균등'을 추구하는 사상이다. 비록 조소앙 자신이 「임시헌장」 작성에 직접 관여했지만, 처음에 민주공화제 규정은 실질적인 내용 없이 막연한 상태로 남아 있었다. 그 결과 해외 독립운동 진영에 공산주의사상이 유입되면서 민주공화제를 자본주의 국가의 정치체제를 지칭하는 것으로 해석하고, 사회주의 국가의 노농공산정치와 비교하여 열등한 것으로 치부하는 풍조가 형성되기도 했다. 그렇지만 1935년 한국독립당, 의열단, 신한독립당, 조선혁명당, 미주 대한인독립당 등 5당 대표가 난징에서 민족혁명당을 좌우합작으로 결성할 때 이런 풍조를 타개하기 위해 민주공화정에 새로운 의미를 추가했다. 당시 좌우합작의 사상적 기반으로 채택된 조소앙의 삼균주의가 바로 그것이었다. 민족혁명당은 그 당의(黨義)에서 "정치·경제·교육의 평등에 기초를 둔 진정한 민주공화국"의 건설을 표방했다(이영록 2010, 59-60). 이때부터 해방 이전까지 일부 좌파세력을 제외한 독립운동세력들 사이에서 민주공화국은 독립 후 수립될 국가의 국체(國體)로 자리 잡았고, 이 점에서 조소앙의 삼균주의는 한국적 민주공화주의의 기원이자 원형을 구성한다. 이에 따라 한국적 민주공화주의의 특징적 요소로서 조소앙의 삼균주의사상은 "정치, 경제, 사회, 문화의 모든 영역에 있어서 각인의 기회를 균등"히 한다고 삼균주의를 선언한 헌법 전문과 '대한민국은 민주공화국이다'라고 천명한 제헌헌법 제1조(현행 헌법 제1조 제1항)를 통해 우리나라의 건국정신, 헌법정신의 핵심으로 면면히 계승되어 있다.[1]

---

[1] 여기서 거의 동의어로 사용되고 있는 삼균주의와 민주공화주의의 관계에 대해서는 나중에 좀 더 구체적으로 검토할 것이다. 간단히 말해, 양자는 내용상 많이 중첩되지만 민주공화주의는 삼균주의를 일국적 차원으로 국한하여 적용시킨 정치이론이라 할 수 있다. 그러나

따라서 우리 헌법 제1조 제1항의 '대한민국은 민주공화국이다'의 의미를 제대로 이해하기 위해서는 조소앙의 삼균주의에 대한 이해부터 시작해야 할 것이다. 다시 말해 2000년 이후 일어난 일련의 촛불 집회에서 시민들이 열창한 '대한민국은 민주공화국이다'의 의미에 관해 우리는 조소앙의 삼균주의에 커다란 빚을 지고 있는데, 정작 현대의 많은 한국인은 이를 깨닫지 못하고 있는 듯하다. 이 점에서 조소앙의 삼균주의는 3·1운동 100주년이 되는 2019년에 더욱 각별한 의미를 지니고 있다.

그 외에도 삼균주의는 추가로 두 가지 측면에서 현재적 의의를 지니고 있다. 먼저 삼균주의는 한국인들에게 보다 자유롭고 평등한 삶을 보장하고 더 정의로운 나라를 만들기 위한 중요한 이념적 자원이 될 수 있다. 삼균주의에서의 균등 개념은 임시정부와 제헌헌법의 사상적 토대이다. 이것은 평등을 대한민국의 건국정신의 하나로 자리매김하는 사상적 자원으로서 삼균주의가 활용될 수 있다는 점을 의미한다. 특히 1997년 외환위기 이후 점차 심화되고 있는 사회경제적 불평등이 시민들 간의 공존과 화합을 위협하고 있는 한국 사회에서 조소앙의 삼균주의는 불평등한 현실을 타개하기 위한 사상적 토대가 될 수 있다. 즉 현재 진보와 보수의 격렬한 이념 대립을 불러일으키고 있는 불평등 해소와 사회개혁 문제를 대한민국 건국이념의 토대 위에서 보다 합리적인 토론과 숙의가 진행되도록 지원해줄 수 있을 것이다.

둘째, 삼균주의를 비롯한 조소앙의 사상을 '전통 사상의 창조적 혁신' 측면에서 조망할 수 있다. 조소앙은 자신의 이론을 전개하는 과정에서 서구의 사상이나 지식을 기계적으로 수용한 것이 아니라 유교와 같은 전통적 사상체계와 비판적으로 접목했다. 즉 전통을 유지하면서도 그것을

조소앙의 삼균주의는 공화주의의 핵심적 원칙의 하나인 권력 분립적 요소가 약한 편이다. 삼균주의와 민주공화주의의 관계는 이 글에서 논하는 것보다 더 많은 연구가 필요하다는 것이 필자들의 판단이다.

쇄신하여 급변하는 세태에 적용할 수 있는 새 이론으로 탈바꿈시킨 것이다. 이러한 사상적 방법론은 각 나라와 민족의 문화가 교차하고 횡단하는 지구화 시대에 '한국' 현대 정치사상의 독창적 전개를 위해 지속 가능한 영감을 제공해준다.

이처럼 조소앙의 사상은 단지 과거 독립운동가의 사상에 그치지 않는다. 그의 사상은 임시정부와 대한민국의 연결고리가 될 뿐 아니라 사회적 불평등 문제로 고민하고 있는 현대 한국인이 나아가야 할 방향을 제시해준다. 그것은 지나간 시대의 사상이 아니라 현재와 미래에까지도 지속 가능한 영향력을 지니고 있다. 특히 최근 격렬한 논쟁을 불러일으킨 최저임금제는 물론 세계적으로 뜨거운 감자로 부상한 기본소득 논의와도 연계시켜 그 의미를 사회개혁의 자원으로 확충할 수 있다. 나아가 한국 현대 사상 구축과 관련하여 전통사상과 서양사상의 관계를 어떻게 엮어낼 것인가가 국내의 정치사상 연구자나 이론가들에게 절박하면서도 지속적인 과제인데, 조소앙의 방법론은 중요한 발상의 원천으로 기능할 것이다.

이 글은 목적은 조소앙의 정치사상을 삼균주의를 중심으로 살펴보는 것이다. 먼저 제2장에서는 조소앙의 사상을 이해하기 위한 예비 단계로 그의 생애를 간추려 소개할 것이다. 제3장에서는 한국 정치사상사의 전개와 관련하여 전통사상의 창조적 혁신 또는 전통사상과 서양사상의 비판적 접합이라는 관점에서 조소앙 사상이 갖는 의의를 조명할 것이다. 제4장에서는 조소앙 사상의 집대성인 삼균주의를 그 핵심인 '균등'과 '응능응분(應能應分)' 개념을 중심으로 설명한다. 제5장에서는 삼균주의가 대한민국 제헌헌법 정신에 투영되며 현재까지 어떻게 헌법적 전통으로 이어지고 있는지 짚어보면서 삼균주의의 정치이론을 주로 민주공화주의와 연관해 검토할 것이다. 마지막 제6장에서는 최저임금제, 기본소득론 등 최근 화두로 떠오른 사회경제적 문제에 대해 삼균주의를 현실에 적용해봄으로써 삼균주의가 사회적 민주공화주의로서 던지는 이론적·실천적 함의를 이끌어내며 이 글을 마무리하고자 한다.

2. 조소앙의 생애[2]

조소앙(趙素昂, 1887-1958)의 본명은 조용은(鏞殷)이다. 그는 1887년에 대대로 관료를 배출한 명문가의 후예로 태어나 어려서 조부로부터 한학을 배웠고 15세에 성균관에 입학했다. 대한제국 황실특파유학생으로 뽑혀 1904년에는 일본으로 유학을 떠났다. 1912년까지 일본에서 도쿄 부립 제일중학교와 메이지대학에서 수학하는 한편, 대한흥학회나 관비 유학생회 등 한국 유학생 단체를 이끌며 독립을 향한 열의를 키웠다. 당시 그는 안재홍, 신익희, 안창호, 이승만뿐 아니라 쑨원(孫文)과 같은 중국 혁명가들과 교류하며 신해혁명에 큰 자극을 받았다. 귀국한 후 여러 학교에서 교편을 잡았지만, 1913년 상해로 망명하여 신규식, 박은식, 신채호 등이 조직한 동제사라는 단체에 가입해 활동했다. 1917년에는 이들과 함께 「대동단결선언」의 선언문을 기초하고 통합된 임시정부 건립을 요구했다.

1919년에 조소앙은 만주로 넘어가 만주 지역의 독립운동가들과 함께 대한독립의군부를 조직하고 「대한독립선언서」를 발표했다. 3·1운동 소식을 듣고 다시 상해로 돌아와 여운형과 김규식이 중심이 된 신한청년당과 함께 임시정부 수립을 위한 독립 임시사무소 설치에 참여했다. 이곳에 모인 독립운동가들은 대한민국 임시의정원을 출범시켰고, 조소앙은 국무원 비서장으로 선임되어 「임시헌장」을 작성했다. 1919년 파리강화회의, 국제사회당대회 등에 참석하여 독립외교에 힘을 쏟았고, 유럽 방문을 통해 사회민주주의로부터 큰 영향을 받기도 했다. 1921년에는 상해로 돌아

---

2 아래에서 조소앙의 생애에 대한 서술은 김기승(2015)과 김삼웅(2017)을 주로 참고하였다.

와 임시정부의 외무총장에 피선되었다.

1920년대 중반부터 조소앙은 좌우를 불문하고 독립운동 세력을 규합하려는 민족유일당운동에 뛰어들었으나, 목적을 달성하지 못했다. 1929년에는 이동녕, 안창호, 김구 등과 함께 임시정부의 여당이라 할 수 있는 한국독립당을 창당했다. 그는 한국독립당의 당의(黨議)와 당강을 삼균주의에 입각해 기초했다. 1935년에는 다시 한번 독립운동 세력들이 통일전선을 만들어야 한다는 데 의견을 같이했고, 이에 민족혁명당이 창당되었다. 한국독립당 대표로 참여한 그는 여기서도 삼균주의에 바탕을 둔 당의와 당강을 작성했다.

이념적 지향에 따라 갈등이 심했던 독립운동 세력들을 하나로 대동단결시키기 위해 1939년에는 김구와 김원봉이 서신을 돌려 좌우합작을 도모하며 '한국독립당'이 재결성되었다. 이 당 역시 삼균주의를 지도이념으로 삼았다. 이후 조소앙은 임시정부의 외교부장 겸 선전위원회 주임위원으로 선임되어 대일선전성명서를 작성하였다. 1941년에는 「대한민국건국강령」(이하 「건국강령」)을 기초하여 임시정부의 기틀을 잡는 한편 독립에 대비했다.

조소앙은 광복 이후 남북통일과 좌우합작을 위해 힘을 다했으며, 남한만의 단독정부 수립에 반대하여 1948년 5·10선거에 참여하지 않았다. 1948년 10월에는 오랜 기간 몸담았던 한국독립당을 탈당하고 자신의 삼균사상을 주도적으로 알리고자 사회당을 창당했다. 1949년 김구가 암살된 이후 현실정치 참여를 위해 1950년 제2대 총선에 출마했고, 당시 상대 후보로 나선 한국민주당 조병옥을 물리치고 성북구에서 전국 최고 득표로 선출되었다. 그러나 뜻하지 않은 6·25전쟁의 발발과 함께 납북되었다. 조소앙은 북한 당국에 서울로 돌려 보내줄 것과 남북한의 중재자적 위치에서 평화통일운동을 하도록 지원해줄 것을 요구했으나 받아들여지지 않았다. 1958년 9월 평양에서 생을 마감했다.[3] 그의 유해는 평양에 있는 애국열사릉에 안장되었고, 북한은 1990년 그에게 조국통일상을 추서했다. 남한 정부 역시 독립운동에 대한 공로를 인정하여 1989년에 그에게 건국훈장 대한민국장을 추서했다(김기승 2015, 176; 김삼웅 2017, 340-341).

3. 전통사상의 창조적 혁신

한국 근현대 정치사상은 기본적으로 국권 상실과 식민지라는 시대적 경험 속에서 조형되었다. 역사적으로 서구 제국주의는 주변부 비서구 세계를 식민지로 만들었다. 주변부는 이들의 침투에 맞서 자신의 생존을 확보하고 더 나아가 중심부를 따라잡기 위해 민족주의적 투쟁을 전개했다. 그 투쟁에는 군사적·경제적 무기뿐만 아니라 이념적 무기도 필요했다. 사상적 측면에서 볼 때 민족주의자들은 주변부의 전통사상 체계를 재발견·재구성하거나 혹은 외부로부터 새로운 이념 체계를 빌려와 내부를 혁신하고 중심부에 맞서는 이념을 구축하고자 했다. 전통사상인 유교가 '망국의 이념'으로 규정되었던 한국(조선)에서 대부분의 사상가들은 후자의 길을 따랐다. 그러나 전통 유교의 이념 체계 안에서 서구의 사상들을 선별적으로 흡수하며 민족주의 투쟁의 사상적 자원을 마련하고자 부심했던 사상가들도 있다. 대표적으로 신채호, 조소앙, 안재홍 등을 들 수 있겠다.

조소앙은 여러 경로로부터 사상적 영향을 받았다. 연구자들은 대게 그가 쑨원이 제창한 중국 국민당의 정치 노선인 삼민주의와 유럽을 순방하며 직접 보고 들었던 서구의 사회민주주의에 큰 영향을 받았고, 한편으로

---

3   조소앙의 사망에 대해서는 정치적 탄압을 받는 와중에 평양의 병원에서 사망했다는 설과 (최근 밝혀진 평양 주재 소련대사관 측의 당시 보고서에 따라) 자살했다는 설이 있다(김삼웅 2017, 339-340).

무정부주의도 수용한 것으로 본다. 이러한 지적은 타당하다. 그러나 조소 앙 사상의 가장 주목할 점은 전통적인 사상적 자원을 바탕으로 당대의 서 구사상을 흡수하면서 민족주의 투쟁의 사상적 기초를 확립하고자 했다는 데 있다. 그 전통적 자원이 바로 민족종교와 유교였다. 그중에서 민족종교 는 조소앙의 초기 사상에 잘 나타나 있다.

조소앙의 사상적 이력은 종교 및 윤리철학에서 출발했다. 앞에서 언급 했던 것처럼 그는 어려서부터 유교적 바탕에서 성장했다. 일본에서 공부하 던 유학생들의 친목 잡지였던 「대한유학생회학보」에 그는 유교를 국교로 삼아 도덕을 진흥해야 한다는 논설을 기고하기도 했다. 그렇지만 1910년 기독교에 입교한 후부터는 점차 유교를 객관화하여 평가하기 시작했고, 공자와 함께 예수, 석가모니, 소크라테스 등을 거론하기 시작했다. 그는 일본 유학 시절인 1914년 스스로 '육성교(六聖教)'를 제창하여, 이것을 제 국주의를 타파할 사상적 기제로 만들려고 노력했다. '육성교'는 단군, 부 처, 공자, 소크라테스, 예수, 마호메트 등 여섯 명의 성인을 모시는 종교를 뜻한다. 이 육성교는 후일 더욱 민족적 색채를 띠면서 마호메트와 소크라 테스 대신 노자와 최제우(동학 창시자)를 포함시키고, 단군을 육성 중에서 도 교황의 지위로 추대했다(김기승 2003, 123-124).

이처럼 조소앙의 초기 사상은 종교적 비중이 커서 일부 학자는 1921년 까지를 조소앙의 '종교 · 철학 연구기'로 분류하기도 한다(홍선희 2014, 40). 사실 그가 처음으로 집필한 정치 저술이라 할 수 있는 1917년의 「대동단 결선언」은 물론 삼균주의 모습이 보이기 시작하는 1919년의 「대한독립 선언서」에도 대종교⁴와 육성교의 색채가 묻어난다. 예컨대 균등사상의

---

4   1909년 단군을 신격화하여 모시는 민족종교로 탄생하였다. 신채호 등 여러 독립운동가들
    이 대종교와 연관이 있었고, 조소앙이 주로 작성한 것으로 알려진 「대동단결선언」, 「대한
    독립선언서」의 서명자들에도 대종교 인사들이 많이 포함되어 있었다(김기승 2003, 145,
    196).

당위성을 '우리 선철(先哲)'로 호명되는 단군 설화와 『신지비사(神誌秘詞』(고려왕조까지 은밀히 전해지다가 조선왕조에 들어와 금서로 지정되어 소실된 역사서이자 풍수서)에서 찾기도 했다(192).[5] 이와 같이 전통 종교를 활용하여 민족주의의 이념적 토대를 마련하는 시도를 일종의 전통 쇄신으로 볼 수 있다. 그러나 종교 통합 및 민족 종교 부흥에 대한 관심은 당시 구국과 독립을 위한 사상적 방편을 구하던 여타 민족 지사들에서도 나타나는 흔한 현상이었다(홍선희 2014, 51-53).

따라서 전통사상을 재구성하려 했던 조소앙 특유의 독창적 시도는 종교적 측면보다는 유교의 인식론적 구도를 사상적 토대로 삼고, 그 위에서 서구 정치사상을 흡수하며 자신의 삼균주의의 이론적 체계를 마련했다는 점에서 찾아야 한다. 조소앙의 정치사상에 가장 큰 영향을 준 것은 물론 유학이었다. 또한 그의 정치사상이 유학을 개신(改新)한 캉유웨이의 『대동서』와 또 그것을 본받은 쑨원의 삼민주의로부터 가장 큰 영향을 받았다는 점에서도(최충식 1990; 신우철 2008a, 71; 홍선희 2014, 42-43) 유교적 세계관이 그의 사상의 골격을 형성했음은 의심의 여지가 없다. 그렇다면 조소앙은 전통사상인 유학을 구체적으로 어떻게 자신의 사상에 녹여내었을까? 우선 조소앙이 세계를 바라보는 인식에서 유교적 독법을 찾아볼 수 있다. 이 부분에 관해서는 이상익(2010, 93-98)이 잘 정리하고 있다. 그는 「소앙기설(素昻氣說)」에 나타난 세계관과 육성교 교리 체계의 틀이 성리학의 이일분수론(理一分殊論)에 입각해 있다는 점, 그리고 삼균주의에서 균등이 세계적으로 확장되는 방식 역시 유학의 주요 경전인 『대학』의 평천하(平天下) 논리에 근거하고 있다는 점을 강조했다.

「소앙기설」이라는 제목이 보여주듯 조소앙이 기본적으로 성리학의

---

5 이하 『조소앙』(1982)에서 인용한 글의 주는 쪽수만 기재하겠다. 쪽수만 나와 있는 인용문은 모두 이 책에서 나온 것이다. 또한 필자들은 어려운 옛 한문 투의 구절을 필요에 따라 알기 쉬운 현대 한국어로 바꾸었다.

이기론(理氣論)을 수용했음을 알 수 있다. 구체적으로 그는 세상 만물은 기(氣)가 낳은 것으로 그 근원이 같으며, 다만 같은 뿌리에서 갈라져 나온 가지일 뿐이라고 말한다. 이러한 세계관은 성리학의 이일분수론과 일치한다. 이일분수론이란 만물의 리(理)는 하나이며 다양한 기와 결합함으로써 리가 다양한 양상으로 나타난다는 인식론이다. 이러한 이일분수론적 세계관은 세계 종교를 통합하려 했던 육성교에 잘 나타나 있다. 조소앙은 육성(六聖)이 본래 일신(一身: 하나의 몸)이지만 여섯 양상으로 나뉘어 보이는 것일 뿐이라고 주장했던 것이다(이상익 2010, 93-95).

나아가 삼균주의에도 유교의 인식론이 바탕을 이루고 있다. 그는 「한국독립당 당의해석」에서도 '적은 것을 걱정하지 말고 고르지 못함을 걱정하라'는 공자의 말과 '무릇 물건이 고르지 못하면 운다'는 유학자 한유(韓愈)의 말을 인용하면서 불균등 해소의 당위성을 설파했다(192). 뿐만 아니라 유학은 선후본말론(先後本末論)을 중시하는데 조소앙 사상에서도 그 영향력이 감지된다. 선후본말론은 모든 일은 처음과 끝이 있다, 즉 일에 선후의 순서가 있다는 뜻이다. 조소앙은 "민족국가는 세계구성의 단위이다. 민족과 국가를 부정하고는 세계를 규정할 수 없다"면서 그 이론적 근거로 "만사는 일원진리를 가지고 있다. 옛말에 '물건에는 본말이 있고 일에는 시종이 있으니 먼저 하고 뒤에 할 바를 알면 도에 가깝다'고 하였다"고 부연한다(이상익 2010, 96-97에서 재인용). 이는 『대학』의 '수신제가치국평천하'로 대표되는 유학의 선후본말론적 사고체계와 상통한다(이상익 2010, 97).

이상에서 보았듯이 유교적 이론 및 사고체계는 조소앙의 사상 전반의 형식과 틀을 짓는 데 기본이 되었을 뿐 아니라, 새로운 서구사상을 흡수하여 소화하는 데도 적극 활용되었다. 특히 전통 유교이론은 사회주의와 결합하여 조소앙의 사상 체계 형성에 영향을 미쳤다. 조소앙은 서구의 근대사상 중에서 사회주의로부터 깊은 영향을 받았다. 그는 일본 유학 초기인 1905년부터 러시아의 전제정치에 저항하는 혁명세력들에 동정적인 글을 남겼다. 사회주의에 대한 관심은 1917년 러시아혁명이 성공한 이후 시대적 배경 속에서 더욱 커졌으리라고 충분히 짐작할 수 있다. 실제로 그는 마르크스의 저작과 러시아혁명 및 공산당에 관한 문서들을 정독한 것으로 알려져 있다(홍선희 2014, 48).[6] 또한 그는 1919년부터 파리강화회의를 시작으로 유럽을 순방하며 국제사회당대회에 참석하고 영국 노동당 인사들과 접촉하는 등의 과정을 통해 서유럽의 사회민주주의도 흡수하면서 유럽의 사회당을 긍정적으로 평가하기 시작했다(김삼웅 2017, 70-73; 조일문 1990, 39-40).

특기할 것은 여기서 그가 사회주의를 유교적 관점에서 흡수·소화했다는 점이다. 즉 사회주의 사회를 유교 경전 중 하나인 『예기(禮記)』 「예운(禮運)」편에 묘사되고 있는 이상사회인 대동(大同)사회로 이해했다.[7] 예컨대 모두가 직업을 갖고 경제적으로 곤궁한 자가 없는 대동의 모습을 사회주의 미래상과 동일시한 것이다(김기승 2015, 70-72). 이처럼 소앙은 민족종교와 유교를 중심으로 전통사상들을 쇄신하여 기본바탕으로 삼고 사회주의 등 서구의 신문물을 받아들여 자신의 사상을 일구어낸 것이다.

조소앙 사상의 이러한 특징은 '한국' 현대 정치사상을 어떻게 할 것인지에 대한 시사점을 제시해준다. 즉 과거에 매몰되지 않으면서도 급변하는 정세에 적실성을 갖는 '한국적' 이론을 모색하는 데 하나의 지침이 되고

---

6   그의 이러한 행보가 삼균주의의 균등을 사회주의적 무차별 평등으로 해석하는 경향에 일조한 점도 없지는 않을 것이다.

7   대동이란 유교 및 중국 고대사상 속에서 그린 이상사회의 모습이다. 유교에서는 『예기』 「예운」편에 대동에 대한 묘사가 나타난다. 대동의 시기에 천하는 군주가 아니라 공공의 것이기 때문에 지배와 복종에 따르는 정치적 갈등이 없다. 또한 모두가 직업을 갖는 등 빈부격차에 따른 경제적 갈등도 없다. 또한 늙은 홀아비와 홀어미, 고아 등 사회복지 차원에서 소외되거나 빈곤한 처지로 떨어진 사람들이 없으며, 모든 사람이 안정되고 평등한 삶을 누리는 사회로 묘사되고 있다.

있다. 아래 4장에서는 전통의 혁신으로 탄생한 조소앙의 삼균주의를 본격적으로 검토하겠다.

4. 삼균주의의 형성과 기본내용[8]

조소앙을 대표하는 사상은 삼균주의이다. 삼균주의는 개인의 권리, 정치공동체의 구성원리, 국제관계 등에 관한 조소앙의 정치적 사유의 산물이며 한국독립당(이하 '한독당')과 대한민국 임시정부의 공식적인 지도이념이었다. 처음에 삼균주의는 독립운동의 방략과 새로운 국가 건설의 방향을 둘러싸고 좌우익으로 분열되어 있던 독립운동 진영의 통합을 도모하는 이념으로 출현했다. 이는 조소앙이 후일 상해에서 좌우익 인사들의 단결을 위해 조직한 한국유일독립당상해촉성회가 발족된 1927년에 「삼균제도」라는 글을 썼다고 회고한 점에서도 드러난다(김기승 2015, 98).[9]

삼균주의는 그 뿌리를 보통 1919년 「대한독립선언서」에서 찾는다.[10] 이 글에서는 "일체 방편으로 군국(軍國) 전제(專制)정치를 제거하여 민족평등을 전 지구에 널리 할지니, 이는 우리 독립의 첫째 대의"(조소앙 1979, 230)라고 선언하였다. 무엇보다 이 문서는 앞으로 독립과 건국의 방침을 "동권동부(同權洞富)를 일체[모든] 동포에게 베풀며 남녀빈부를 고르게

---

8 현대 한국 정치사상에 대한 일반 독자의 이해를 돕기 위해 기획된 이 책에 기고하기 위해 필자들은 이 장을 집필할 때, 구체적인 출처를 밝히지 않고 이전에 출간한 강정인·권도혁 (2018, 259-269)에서 선별적으로 발췌·요약·수정하면서 많은 부분을 끌어왔다. 이에 따라 필자들이 출간한 글의 출처를 일일이 밝히는 것이 매우 소모적이고 번잡한 작업이 되는 것이라 판단하여 자세히 밝히지 않았다. 이 점 독자들의 너그러운 양해를 바란다.

9 그러나 해당 자료는 현재 전해지지 않는다.

10 1918년 음력 11월 만주와 러시아를 중심으로 활동하던 39명이 한국의 독립을 선언한 문서. 1918년 무오년에 선포되었다 하여 '무오독립선언서'라고도 하며, 작성자는 조소앙으로 알려져 있다.

다스리며, 등현등수(等賢等壽)로 …… 균등하게" 하는 것이라고 밝혔다 (조소앙 1979, 230). 즉 '동권동부(동등한 권리와 동등한 부)'와 '등현등수(동등한 지식과 동등한 건강)', 다시 말해 권력(權), 재력(富), 지식(賢), 건강(壽) 등 각 영역에서의 균등, 평등이라는 삼균주의의 핵심 개념이 독립과 건국의 주요 가치로 나타나고 있다. 여기서 건강을 제외한 나머지 세 영역의 균등은 이후 체계화된 삼균주의에서 그대로 이어지므로 「대한독립선언서」를 삼균주의 발상의 시초라 볼 수 있다.

본격적으로 체계화된 삼균주의사상은 대략 1920년대 후반에 작성된 문건에서부터 발견된다. 1929년 작성한 「한국독립당의 근상(近像)」은 삼균주의가 등장한 첫 공식 문건이다. 한독당은 임시정부의 우파 민족주의자들을 중심으로 만들어진 정당으로서 초대 이사장은 이동녕(李東寧), 상무이사는 김구와 조소앙이었다. 이 당은 본래 1929년에 창당되었으나 1932년 해체되었고, 1939년에 분산되어 있던 여러 단체를 합쳐 다시 창당되었다. 한독당은 대한민국 임시정부의 여당 역할을 맡았는데 삼균주의를 당의(黨議), 즉 당의 기본정치이념으로 삼았다.

조소앙은 이후에도 여러 문건을 통해 삼균주의를 논하였다. 1929년 이후 임시정부에서 공식적으로 발행한 여러 문건, 특히 조소앙이 외무부장을 담당하면서 작성한 문건들에서도 삼균주의는 임시정부의 독립방략이자 건국 방향으로서 자리를 확고히 했다. 이 중에서도 삼균주의 자체를 잘 설명하고 있는 글은 1932년경의 「한국독립당 당의 연구방법」과 1940년 즈음 작성한 「한국독립당 당의해석」이다. 그리고 결정적으로 삼균주의를 건국이념으로 채택한 문서는 앞으로 세워질 독립국가의 기틀을 마련하고자 1941년 11월 대한민국 임시정부가 발표한 「대한민국건국강령」이었다. 이 강령은 삼균주의를 기본 정치이념으로 삼고 독립 후의 건국과정을 삼균제도의 강령·정책 입안의 제1기, 삼균제도 집행의 제2기, 완성기인 3기로 분류하였다. 해방 이후 유진오는 제헌헌법을 만들 때 이 문서를 참고하고 그 기본정신을 헌법에 반영했다.

1929년에 작성된 「한국독립당의 근상」에 삼균주의의 대개(大槪)가 잘 나타나 있다. 조소앙은 이렇게 말했다.

> 그러면 독립당이 내거는 주의는 과연 무엇인가? "사람과 사람, 민족과 민족, 국가와 국가의 균등한 생활을 주의로 삼는다." 어떻게 하여야 사람과 사람이 균등할 수 있는가? 정치 균등화, 경제 균등화, 교육 균등화가 이것이다. …… 민족과 민족의 균등은 어떻게 하여야 이룰 수 있는가? '민족자결'이다. 각개의 민족이 적절하게 조화를 이루고 소수민족과 약소민족으로 하여금 피압박·피통치의 지위에 떨어지지 않게 한다면 민족 간의 균등을 이룰 수 있는 일이다. 어떻게 하여야 국가와 국가의 균등을 도모할 수 있겠는가? 식민정책과 자본제국주의를 파괴하고, 약한 것을 정벌하고 어리석은 것을 공략하여 어지러운 것을 취하고 망한 것을 모멸하는 전쟁행위를 금지시켜서 일체의 국가가 서로 범하지 않고 서로 침탈하지 않으며 …… 국가 간의 균등은 이룰 수 있다(17-18).

여기서 알 수 있듯이 삼균주의는 사람과 사람, 민족과 민족, 국가와 국가 사이의 균등을 추구한다. 또한 사람 사이의 균등은 정치·경제·교육 세 방면에서의 균등으로 이루어진다. 이처럼 삼균주의에서 핵심 개념은 여러 주체들 사이의 '균등'이다.

그런데 조소앙이 말하는 균등이란 어떤 의미일까? 균등의 사전적 의미는 '고르고 가지런하여 차별이 없음'이다. 기존 연구들은 균등을 평등과 같다고 이해한다. 균등이나 평등은 현대 한국어에서 보통 같은 의미로 쓰이고, 또한 조소앙의 여러 문건에서도 균등과 평등 또는 균평 등이 서로 유사한 맥락에서 호환되고 있기 때문이다. 제일 먼저 균등은 민족 및 국가의 독립, 즉 '전제(專制)로부터의 해방'이라는 의미로 서술되고 있다.

삼균주의 이념에서 민족 및 국가 간의 독립은 '전제와 침탈로부터의 해방'으로 설명되고 있다.

조소앙은 민족자결을 '국제관계에서 완전히 평등한 주권행사'라는 의미로 사용했다. 그것은 최소한 국가의 독립을 요구하며, 독립은 무엇보다 전제적 억압에서의 해방이었다. 이런 의미에서 그는 "군국 전제정치를 제거하여 민족 평등을 전 지구에" 실행하도록 노력해야 한다고 선언했다 (10-11). 이 용례들에서 균등은 '전제적 관계' 혹은 '전제'의 반대어로 사용되었다. 삼균주의에서 민족자결 혹은 독립이 중요하게 등장하는 이유는 당시 일본 지배의 부당함은 물론 제국주의 열강의 횡포를 비판하면서 한국(조선) 독립의 당위성을 내세우기 위해서였다. 조소앙이 임시정부의 외무총장 명의로 작성한 글들은 삼균주의에 입각한 그러한 비판과 주장을 담고 있었다.[11] 물론 민족 및 국가 사이의 균등은 사람과 사람 사이의 정치·경제·교육의 균등이 그런 것처럼 그 조건이 딱 맞아떨어지지 않는다. 때문에 전쟁과 식민주의 및 제국주의의 해체를 요구하며 국가들 사이의 평등한 관계를 지향하는 데 주안점을 두었다.

삼균주의가 내세운 '전제로부터의 해방'은 국제관계에만 해당하는 것이 아니다. 그것은 일국 차원에서 정치와 경제 및 교육 측면으로 확장된다. 조소앙은 「한국의 현상과 그 혁명추세」(1932)에서 "한민족은 고대로부터 지금에 이르기까지 전제와 악정에 유린"당하여왔다고 지적하면서 그 해결방안으로서 "정치권리의 균등, 생활권리의 균등 및 배울 권리의 균등"을 추구해야 한다고 주장했다(47, 67). 즉 전제와 학정으로부터의 해방은 한 나라 안에서 사회구성원들이 정치적 억압으로부터 벗어나 경제와 교육 등에서의 균등한 삶을 성취함으로써 비로소 완성되는 것이었다.

---

11 삼균주의의 이러한 측면은 독립운동의 방략으로 높이 평가되고 있지만, 오늘날의 상황에서는 적실성이 다소 떨어진다. 따라서 이 글도 국제관계의 측면은 더 이상 다루지 않고 삼균주의의 정치·사회·경제적 측면만을 집중적으로 다루고자 한다.

그렇다면 경제, 정치 및 교육에서 '균등'은 과연 무엇을 의미하는가? 이에 대해 크게 두 가지 해석이 있다. 첫째, 기회의 평등을 넘어서 결과의 평등을 추구한다는 홍선희와 윤홍근의 해석이다. 홍선희(2014, 120)는 균등이 자유주의적 평등과 '완전한 무차별'로서 사회주의적 평등이 혼합되어 있으며, 경제면에서는 빈부 간 차별을 없애는 사회주의에 가깝다고 주장한다. 윤홍근(1990, 162)도 균등이 단지 기회의 평등을 넘어서 "동일 출발의 물적 조건'의 보장"을 의미한다고 강조한다. 둘째, 균등을 기회의 평등 또는 불평등의 완화라고 모호하게 해석하는 연구자들이 있다. 예를 들어 김기승이나 한시준은 균(均)과 등(等) 및 균등을 모두 평등(平等)으로 치환하여 사용하는데, 그 평등의 의미에 관해서는 정확하게 설명하지 않았다. 이들은 정치 균등은 민주주의 원리를 토대로 한다거나 경제 균등은 합리적 계획경제, 토지개혁 등에 토대를 둔다고 주장하면서 조소앙의 발언을 재서술하고 있을 뿐이다(김기승 2009 31; 김기승 2015, 100, 111-112; 한시준 1992, 104, 108). 여경수(2012, 290-297)는 경제 균등에 관해서는 노동자 권익 향상, 토지제도 개혁, 생산수단의 독과점 방지 등의 수단을 나열하지만, 균등 자체의 의미는 모호하게 남겨둔 채 '모순 완화', '불균형 축소'로 해석한다.

여기서 균등의 의미를 보다 정확하게 파악하려면 조소앙의 서술을 다시 살펴볼 필요가 있다. 그는 균등을 세 가지 의미로 사용하고 있다. 그것은 ① 전제(專制)의 반대, ② 평등한 기회 부여를 통한 안정적 수혜, 그리고 ③ 모든 행위자들 사이의 힘의 균형 및 전체의 안정이다. '전제의 반대'는 앞에서 살펴보았으므로, 이제 나머지 두 측면을 살펴보기로 하자.

조소앙은 정치 균등을 보통선거제로, 경제 균등을 국유제로, 교육 균등을 국비 의무교육제로써 "안정시키는 것"이라고 말하고 있다(16). 선거권의 평등한 부여를 통해 정치에 안정적으로 참여하고, 국비 의무교육을 받음으로써 누구나 안정적으로 공부할 수 있다는 것이다. 또한 1942년경

작성한 「미래세계에 있어서 한국의 지위」에서 조소앙은 광복된 국가에서는 농민은 "스스로 경작할 토지와 살 주택을 획득"해야 하며, "공인(工人)은 공장에서 작업할 지위"를 얻고, "공무원[은] 자기 보수를 받아서 능력을 다할 안전한 보장"을 받아야 한다고 선언한다(117). 여기서 농민·공인·공무원에 대한 안전한 보장은 곧 각자가 능력을 충분히 발휘할 수 있는 조건의 안정과 의미상 같은 맥락이라고 볼 수 있다. 이처럼 균등에는 어떠한 기회를 부여받고 실질적 지원을 보장받음으로써 정치·경제·교육적으로 안정적인 수혜를 누린다는 의미가 담겨 있다.

세 번째 의미는 앞서 나온 「한국의 현상과 그 혁명추세」에서 찾을 수 있다. 조소앙은 삼균으로써 "전 한민족으로 하여금 대내적으로 그 균형을 획득하고, 대외적으로 각 민족, 각 국가가 평등과 대립적 균형을 향수하는 데 전체 민족의 행복이 있는 것"이라고 주장한다(67-68). 그런데 힘의 균형과 안정은 국가들 사이의 관계에만 그치지 않는다. 조소앙은 삼균주의가 신민주주의 건설을 목적으로 하고 있다고 밝혔는데, 그것은 "민중을 우롱하는 '자본주의 데모크라시'도 아니며 무산자 독재를 표방하는 사회주의 데모크라시도 아니다. 더 말할 것도 없이 범한민족을 지반으로 하고 범한국 국민을 단위로 한 전민(全民)적 데모크라시"(204)라고 선언하였다. 이는 삼균주의가 부르주아 계급이나 무산자계급이 일방적으로 전횡하는 체제가 아니라 계급들 사이에 힘의 균형과 안정이 유지되는 공화제를 지향한다는 점을 의미했다. 즉 삼균주의의 균등은 어떤 강대국이나 특권 계급의 지배로부터 벗어나 각 행위자들(개인, 민족, 국가) 사이의 힘이나 이익이 균형을 이루어 전체가 함께 평안한 상태를 누린다는 의미로 사용되었던 것이다.

결국 균등의 세 가지 의미는 하나로 통합될 수 있다. 전제로부터의 해방은 평등한 기회와 실질적인 지원을 통한 권리의 안정적 수혜, 그리고 모든 행위자들 사이의 힘의 균형을 포함하고 있다. 정치에 참여하고 자신의 능력을 발휘할 수 있는 평등한 기회와 자원을 보장받음으로써 모든 시민 사이의 정치적 균형과 전체 공동체의 안정을 이루는 것이 전제로부터 해방된 균등사회인 것이다. 이러한 통합적 이해를 돕는 것이 조소앙의 '응능응분(應能應分)' 개념이다. 조소앙은 "개인을 출발점으로 하여 균등하게 생산·분배·소비 등 권리를 부여하며 민족을 중심점으로 하여 고도의 과학적 방법으로 생산을 증가하며 국민 전체의 총 부력(富力)을 증가하는 동시에 응능응분의 소비를 균등하게" 해야 한다고 주장한다(189). 여기서 응능응분은 균등을 실천하는 지침으로 제시되고 있다.

이처럼 응능응분이란 마땅한 능력과 마땅한 몫인데, 그렇다면 그 마땅함의 기준은 무엇인가? 또한 응능과 응분은 어떤 관계인가? 먼저 민족과 국가에 관해 조소앙은 전후(戰後)에 한국이 독립국의 지위를 가져야만 하는 바를 역설하며 "한국 민족은 기본적인 능력과 조건을 갖추고 있고 완전 독립국가를 수립할 수 있는 자격을 갖추고 있다"고 선언했는데(112), 여기서 민족 차원의 응능과 응분을 발견할 수 있다. 그는 당위적 원칙의 선언, 즉 독립할 마땅한 '자격'이라는 '응분'을 말함과 동시에 한국이 '독립할 만한 능력'이 있다는 '응능'을 주장했다. 능력이란 한민족의 문화, 투지와 같은 정신적 요소, 그리고 물질적 요소를 모두 아우르는 것으로서 독립적으로 자기의 사안을 결정할 수 있느냐에 달려 있다. 응능응분에서 응능이란 모든 행위자가 자신의 독립성을 추구할 수 있을 만한 마땅한 능력을 의미한다고 볼 수 있다.[12]

한편 「연합국회의에 대한 우리의 기대와 요구」에서 조소앙은 다음과 같이 말하고 있다. "독립은 각 민족의 하늘이 부여한 권리이며 문명 민족과 낙후 민족이 다 동일한 것이다 …… 만일 어느 민족이 자치할 권리를

---

12 혹자는 이것이 단지 민족 및 국가 사이에만 해당하는 것이 아닌가하고 반문할 수 있다. 그러나 조소앙은 개인, 민족, 국가 세 단위가 동시에 모두 균등의 주체이자 대상이라고 단언한다(187).

상실케 된다면 그 민족이 자치할 능력이 자연 발휘될 수 없고 또 그 민족의 자치능력의 여하도 증명할 수 없는 것이다. 그러므로 자치권리와 자치능력은 한 사물의 양면인 것이다"(123). 조소앙은 독립할 권리 및 자격(응분)은 하늘이 모든 국가에 부여한 당연한 것임을 전제하고 있다. 그리고 천부의 권리가 있으면 당연히 그것이 잘 발휘될 수 있도록 기회와 능력(응능)이 부여되어야 한다는 것이다. 이처럼 응능응분에는 '독립할 수 있는 당위의 권리', 그리고 그 권리를 행사할 수 있는 능력을 부여받음으로써 '실제로 독립을 발휘'한다는 두 측면이 결합되어 있다. 그런데 이러한 응능의 성격은 상술했듯이 국가나 민족 단위에만 통하는 것이 아닌지 의문이 들 수 있다. 그러나 조소앙은 여러 저서에 걸쳐 개인, 민족, 국가의 세 단위가 동시에 모두 균등의 주체이자 대상이라고 단언했기 때문에 응능 역시 세 단위에 모두 적용된다고 보아야 한다.

이 점은 또한 "정치, 경제, 교육의 실익을 인민 각개에 균등하게 향수"하게 만드는 것이 곧 "정치에만 착안하지 않고 경제의 독립과 교육의 독립을 동시에 해결"하는 것이라는 언급을 고려해보면 더욱 명확해진다 (215). 이처럼 응능응분의 응당함 또는 마땅함은 독립성 확보 여부를 그 기준으로 하고 있다. 또한 앞에서 지적했듯 전제로부터의 해방은 단순히 국가의 독립 혹은 식민지 해방에 그치지 않고 지배계급의 억압에서 벗어나 개개인이 정치, 경제, 교육 등 여러 분야의 독립을 성취할 수 있는 능력 확보와도 직결되어 있음을 알 수 있다. 곧 '모든 국가나 개인이 하늘로부터 부여받은 평등한 기회'(응분), 그리고 '그 기회를 실질적으로 누릴 수 있는 능력'(응능)을 동시에 확보하는 것이다. 여기에는 형식적 평등과 결과로서의 평등이 서로 결합되어 있다.

삼균주의에서 평등의 기준은 독립적 주체의 기회 평등과 수행 능력이라는 두 가지 측면에서 논의되고 있다. 이러한 의미에서 강정인·권도혁 (2018, 268)은 균등을 "모든 주체가 어떠한 것을 수행할 평등한 기회와 그것을 수행할 능력에 필요한 것들을 향유하며, 또 외부적 방해 없이 실제로 수행할 수 있는 안정적인 상태"를 의미한다고 해석한다. 이것은 조소앙의 균등 개념이 기회의 평등을 넘어 결과적 평등을 지향하지만, 완전히 동일하고 획일화된 평등을 지향하지는 않는다는 뜻이다. 각 행위자가 정치·경제·교육면에서 실질적으로 평등한 상태를 누릴 수 있도록 기회와 능력을 부여하는 상태를 지향하지만, 행위자의 능력에 따라 결과가 달라질 수 있음도 인정하고 있다. 이처럼 균등은 무차별한 결과적 평등을 지향하는 것이 아니요, 그렇다고 단순히 기회의 평등에만 머물지도 않는다. 이것은 기회의 평등만 내세우고 실질적 불평등을 방치하는 자본주의, 그리고 결과의 평등을 내세우면서 개인의 독립을 훼손하는 공산주의에 대한 반명제이기도 하다.

5. 대한민국 헌법의 민주공화국과 삼균주의 정치이론[13]

삼균주의는 독립운동과 건국의 기준으로 제시되었다. 따라서 삼균주의가 세상에 등장한 지 거의 한 세기가 흐른 지금, 어떻게 보면 일제강점기와 해방 전후에 유행하였다가 건국 이후 차츰 잊혀져간 사상으로 치부될수도 있다. 하지만 조소앙의 사상은 제1장에서도 밝혔듯이 여전히 현재적 의의를 갖고 있다. 그 대표적 이유 중 하나는 삼균주의가 대한민국 헌법정신으로서 제헌 과정에 많은 영향을 끼쳤다는 것이다. 따라서 이 장은 삼균주의가 민주공화국이라는 대한민국 국가의 기본이념에 깊이 반영됨으로써 지금까지 한국 현대 정치의 기본 틀로 영향을 미쳤다는 점을 강조

---

13 이 장의 논의는 주로 강정인·권도혁(2018, 269-272)에서 선별적으로 발췌·요약·수정하면서 많은 부분을 끌어왔다.

하고자 한다. 먼저 삼균주의와 제헌헌법과의 관계를 살펴보고, 다음에는 삼균주의 정치이론에 담겨 있는 민주공화국의 개념을 검토하고자 한다.

제헌헌법의 바탕을 이루고 있는 법철학과 법이론에 관한 연구들은 주로 유진오의 영향을 강조하며, 그를 "헌법의 아버지"라고 부르기도 한다(한태연 1988, 40; 전광석 1992). 그러나 유진오 본인도 밝혔듯이 그는 헌법 기초안을 작성할 당시에 이미 해방정국에서 작성된 여러 단체들의 헌법안이나 각 정당의 강령 등을 참고했다(이영록 2006, 127). 그리고 그중 하나가 바로 임시정부의 「대한민국건국강령」인데, 이는 조소앙의 삼균주의가 헌법이론으로 체계화된 문서라고 평가받고 있다(박찬승 2013, 329-330; 서희경·박명림 2007; 신우철 2008a).

이에 따라 제헌헌법의 사상적 기초를 분석함에 있어서 유진오의 역할을 강조하는 입장과 제헌 이전의 임시정부로부터의 연속성을 중시하면서 조소앙의 역할을 강조하는 입장으로 구분된다. 후자의 입장은 특히 제헌헌법 제정 과정에서 그동안 조소앙의 역할이 주목받지 못해왔음을 지적한다. 예를 들어 신우철(2008b)은 '제헌헌법의 아버지'로 불리는 유진오가 1948년 헌법의 기초에 결정적 역할을 했다는 기존 명제를 비판한바 있다. 또한 서희경·박명림은 "거시적인 근대 국가 건국 과정의 헌법이념에서 하나의 이념적·제도적 기축 역할을 수행"한 조소앙을 재평가해야 한다고 주장한다(서희경·박명림 2007, 82). 그렇지만 두 주장이 꼭 대립할 필요는 없다. 유진오가 제헌헌법을 기초하면서 조문과 조항을 작성하는 데 결정적 역할을 한 것도 사실이며, 임시정부 헌정 문서에서 비롯한 삼균주의가 이념적으로 지대한 영향을 미친 사실도 부정할 수 없기 때문이다.

후자에 관해서는 제헌헌법을 논의하던 헌법기초위원회의 회의록을 살펴볼 필요가 있다. 여러 의원이 제헌헌법이 담아야 할 주요이념 및 가치를 삼균주의로 인식했음을 볼 수 있기 때문이다. 대표적인 사례가 최운교 의원의 발언이다. 헌법안의 독회에서 최운교는 헌법안 전문(前文)에 3·1운동 정신을 계승한다는 문장이 있다는 것과 의원들의 모임에서 한국이 대한민국 임시정부를 계승한다는 발언이 있었던 점을 지적했다. 그러면서 "임시정부는 과거 약헌·헌법 등을 대외에 선포했고, 그 가운데에는 정치, 경제, 사회의 삼균주의가 분명히 있었는데, 제헌헌법은 그 정신을 계승하고 있는가"라고 단도직입적으로 질의한다. 이 질문에 대해 헌법기초위원회 위원장인 서상일은 헌법 전문에서 보이듯이 삼균주의를 계승하여 "모든 영역에 있어서 전부가 만민균등주의를 확인"하고 있다고 답변한다(국회회의록 제헌1회 18차, 8-9).[14]

그런데 한편으로는 삼균주의와 우리 헌법이 도대체 어떻게 연결된다는 말인지 의아해할 수 있다. 그 연결고리의 첫 번째 단초는 제헌헌법 전문의 **"정치, 경제, 사회, 문화의 모든 영역에 있어서 각인의 기회를 균등히"** 한다는 문구다(강조는 필자들). 균등은 삼균주의의 핵심적 어휘로서 임시정부의 헌정 문서들, 특히 1941년의 「건국강령」에서 "건국 시기의 헌법상 경제체계는 국민 각개의 균등생활을 확보함과 민족 전체의 발전 및 국가를 건립, 보위함과 민족 전체의 발전 및 연환관계를 가지게" 한다고 서술한 바에서 명확히 드러난다.[15] 이후 해방정국의 정치단체나 시민단체가 작성한 헌법안에도 이러한 어휘체계가 발견된다. 예를 들어 행정연구위원회의 「한국헌법」의 제75조에도 "국민 각개의 균등생활의 확보"를 명시하고 있다. 이외에도 헌법 제정 당시 좌우를 막론한 여러 단체는 임시정부의 영향으로 균등이념을 나름대로 수용하고 있었다(서희경 2012, 191-254). 이처럼 삼균주의는 대한민국 건국의 기본이념으로 제헌헌법의 전문

---

14 국회회의록의 본문 주는 (국회회의록 몇 차, 몇 쪽)으로 기재한다.

15 「건국강령」은 대한민국 임시정부가 1919년부터 작성해온 헌정 문서 중 하나로 건국 시 따라야 할 정치적 규범, 원칙들을 담고 있다. 예컨대 현재 헌법에도 나오는 '대한민국은 민주공화국이다'는 헌법적 선언은 임시정부의 헌정 문서들에서 먼저 등장하고 있다. 그중에서도 「건국강령」은 내용과 형식 면에서 가장 풍부하고 체계적이라 평가받는다. 이후에 임시정부 대외문건 등에서도 이 강령을 중시하고 있다(신우철 2008a, 87-88).

에서 이미 그 위치를 인정받고 있었던 것이다.

그런데 대한민국 건국과 헌정의 기본정신으로서 삼균주의의 위상은 앞에서 인용한 바 있는 헌법 전문의 문장 하나에만 그치지 않는다. 바로 헌법 정신인 민주공화주의와 삼균주의와의 관계를 살펴봐야 한다. 무엇보다 조소앙이 작성한 것으로 알려진 1919년 대한민국 임시정부의 「임시헌장」은 독립국가로서 한국이 추구해야 할 국체(國體)로 '민주공화국'을 명기하고 있다.[16] 이 헌장의 발표 이후 임시정부의 공식문서에서는 민주공화주의가 독립 이후 한국의 정치체제로 분명히 자리매김하게 된다(이영록 2010, 58). 그렇다면 이러한 이념의 기초를 놓은 조소앙의 삼균주의와 민주공화주의의 관계를 살펴볼 필요가 있다.

조소앙은 민주를 공화와 따로 나누어서 쓰기도 하고 함께 쓰기도 하며, 또 그 단어들을 여러 의미로 사용한 것으로 보인다. 먼저 조소앙이 '민주'를 사용한 방식을 보자. 그는 무엇보다 민주를 '국민 전체의 균등'이라는 의미로 쓰고 있다. 「한국독립당 당의해석」(1932)에서 "합리한 정치는 무엇을 기본원칙으로 하여야 할까. 이것이야 두말할 것 없이 국민의 이익을 기초로 하여 정권을 민주적으로 균등화하는 것을 기본원칙으로 하여야 할 것"(201)이라고 선언했다. 또한 "민주 균등의 진의 속에 과학적·구체적 실제 건설을 포함하여서 국민 각각에 모두 정치·경제·교육의 실제 이익을 향수(享受)케"(205) 할 것이라는 언급도 보인다. 여기서 민주 및 민주주의는 '모든 인민을 위한' '모든 인민의 균등한 이익'이라는 의미로 사용되고 있다. 즉 민주적으로 균등하게 한다는 것은 인민 각 개인을 서로 균등하게 한다는 말로, 민주는 삼균주의의 핵심 개념인 '균등'을 통해 풀이되고 있는 것이다.

---

16 민주공화국 개념은 조소앙 이전에 20세기 초부터 한반도에 소개되었다. 이에 대한 상세한 논의로는 박찬승(2013, 140-141)을 참조하라.

조소앙이 민주를 삼균주의 속에 포괄하여 사용하고 있다는 점은 다음의 문건들에서도 확인된다.

정치·경제·교육의 균등을 기초로 한 신민주국을 건설(「한국독립당 당의 연구 방법」, 185).

독립국가를 일체 민족에 건립하고 신민주 정치를 일체 국가에 시행하고 균등제도를 일체 주(州), 일체 종족, 일체 국가에 보급하게 하여 정치와 경제와 교육에 있어서 사람 대 사람의 무차별에까지 진화될 장래 신세계의 신건설이 있을 것을 확신(「긴급한 민족운동의 통합과 단결」, 222).

특별히 건국과 치국의 전 과정을 통하여 본 당의 일관된 목표는 정치·경제·교육의 균등을 기초로 한 신민주국을 건립(「국내외의 정세와 우리의 결의」, 230).

이 문건들에서 민주 또는 신(新)민주는 삼균주의와 불가분의 관계로 나타난다. 민주국가는 인민들의 정치·경제·교육의 균등을 실현함으로써 완성되는 것이다. 이처럼 민주가 삼균주의의 틀 속에서 풀이되고 있다는 것은 민주와 공화가 함께 쓰인 경우를 보면 더욱 분명하다.

조소앙에게 민주와 공화가 함께 사용된 민주공화주의는 기본적으로 한 국가의 통치 방식이다. 그는 「한국독립당의 근상」(1929)에서 삼균주의를 위해서는 국가가 "어떤 정체(政體)를 가져야 하냐"고 자문하면서 "그건 민주입헌공화국이어야 한다"고 단언한다(17). 또한 한국독립당의 당강에는 명시적으로 "전민(全民) 정치기구를 건립하여서 민주공화의 국가체제를 완성할 것"이라고 선언했다(232). 그렇지만 이것만으로는 확실한 의미를 알기 어렵다. '민주공화'의 보다 분명한 뜻을 알기 위해서는 임시정부

헌법의 역사를 좀 더 살펴볼 필요가 있다.

역사적으로 보면 1919년 「임시헌장」에서부터 1944년 「대한민국 임시헌장」(제5차)까지 임시정부에서는 총 6차례의 헌법안이 작성되었다. 이들 중 「대한민국 임시헌법」(1919/09/11 발표)과[17] 1940년 10월 9일에 발표된 제4차 개헌헌법 이외에는 모두 일관되게 '민주공화국'을 선포하였다.[18] 1941년 작성된 「건국강령」에서는 건국 시기를 다루는 제3장에서 "삼균제도를 골자로 한 헌법을 실시"할 것을 선언하였다. 따라서 조소앙이 대한민국의 정체를 민주공화주의로 규정한 헌정 문서의 존재를 모르고 삼균주의를 사용한 것이 아니다. 그는 1944년 작성된 다른 문서에서도 확실히 임시정부가 "현재 헌법상 규정과 같이 공화주의에 근거"하고 있다고 언급한다(132). 즉 헌법상 규정인 삼균주의에 기초한 정치체제가 공화주의라는 뜻이다. 그렇다면 어떤 점에서 공화주의가 삼균주의에 기초를 두었다고 볼 수 있을까?

기본적으로 민주공화국은 '전제의 반대'라는 삼균주의 정신에 충실한 체제이다. 1930년대 이후 여러 문건에서 민주와 공화, 즉 민주공화라는 개념이 나타날 때 그것은 항시 '전제의 반대'를 내세운 삼균주의의 맥락에서 서술되었다. 그는 당대 영국이나 미국과 같은 자본주의 체제의 민주국가나, 독일과 이탈리아 등 파시스트 국가 그리고 사회주의 소련을 모두 특정 계급의 "독재 전정"으로 규정하였다. 즉 자본주의 체제에서는 "자본가들이 전권하는 폐단"이 드러나고, 파시즘에서는 "변상(變相)적 군황 히틀러, 무솔리니"가 독재를 행하며, 소련에서는 "노농전정"이 실시되고 있

---

17 민주공화국이라는 표현은 없지만 제3조 '대한민국의 주권은 대한인민 전체에 있다', 제4조 '대한민국의 인민은 일체 평등하다'고 선언한 데서 보이듯 이 헌법이 민주주의를 지향한 것은 확실하다.

18 이들 자료는 헌법재판소의 웹페이지에서 검색할 수 있다. 아래 주소를 참조. http://history. ccourt.go.kr/cckhome/history/open/constitution60.do#history08

다는 것이다. 그리고 이러한 상황을 타개하는 이념이 곧 삼균주의이고 민주공화 국가체제인 것이다(202). 조소앙은 자본가들이 지배하는 자본주의 독재 또는 파시스트나 공산주의자들의 전제정에 반대하며 민주공화를 내세웠던 것이다.[19]

이상으로 조소앙의 사상에서 '민주=민주공화=삼균주의' 등식이 대체로 성립한다는 것을 알 수 있다. 하지만 민주공화와 삼균주의의 등치가 옳다 해도 두 개념 사이에 외연의 차이가 있다는 점을 분명히 지적할 필요가 있다. 개인과 개인의 균등을 넘어 민족과 민족, 국가와 국가의 균등을 주장하는 삼균주의가 보다 포괄적 개념이고 민주공화주의는 국내적 수준의 좁은 개념이다. 한마디로 국가의 통치 방식과 체제의 근본규범 및 정신의 수준에서 삼균주의가 곧 민주공화주의인 것이다.[20]

이처럼 대한민국 헌법의 골격이자 정신인 민주공화주의는 삼균주의와 밀접한 관련이 있다. 헌법이 비록 과거 특정 시점에 제정되었지만 시간적 연속성 상에서 끊임없이 역사적 의미를 재해석해야만 하는 '과거와의 교섭'임을 인식한다면(함재학 2009, 493), 현재를 살고 있는 우리도 삼균주의를 지속적으로 쇄신하며 그것의 더 적절한 재해석을 일구어내야 할 것이다. 다시 말해 정치·교육·경제 등 각 방면에서 균등 혹은 평등을 지향하면서 사회구성원 전체의 복리를 넓혀나가는 것이 민주공화주의임을 내세워야 하며 그 사상적 근거를 임시정부로부터 건국으로 이어진 우리의 역사에서 찾아내야 하는 것이다.

---

19 조소앙의 이 해석에 따르면 당시 미국이나 영국은 '민주공화국'에 해당하지 않는다.
20 물론 일국의 헌법적 틀로서는 삼균주의가 민주공화주의로 나타나는 것이 맞지만, 그럼에도 그 정치적 실천이 꼭 국내정치에만 머물러야 하는 것은 아니다. 삼균주의는 궁극적으로 세계적 차원을 지향한다. 예컨대 조소앙은 사회당을 창당할 때 당명으로 '한국'사회당이 아닌 사회당이라 명명한 이유를 삼균주의가 궁극적으로 민족과 국가들의 평등한 관계회복을 통한 보편적 사명을 띠기 때문이라고 역설하였다(김삼웅 2017, 355).

6. 삼균주의의 이론적·실천적 적용: 삼균주의의 경제이론

임시정부의 정치적 방향을 정립하고 건국의 철학적 토대를 닦은 삼균주의 원칙은 충분히 설득력이 있지만 그것이 구체적으로 지금의 우리에게 어떤 이론적·실천적 지침을 줄 수 있을지는 불명확해 보인다. 예컨대 개인와 개인 사이의 정치, 경제, 교육의 균등을 어떻게 이룰 것인가? 이 장에서는 이 부분을 점검하면서 삼균주의의 경제이론을 살펴보고자 한다.

대한민국 임시정부는 1941년 「건국강령」을 반포했다. 이 역시 조소앙이 작성한 것으로 전해지는데 이 글은 총칙 이외에 복국(나라 되찾기), 건국(나라 만들기)의 각 단계에서의 지침들을 자세히 기술하고 있다. 조소앙은 나라를 되찾은 이후 건국 단계에서 "전국의 토지와 대(大)생산기관의 국유화가 완성되고 전국 학령아동의 전수가 고등교육의 면비수학(학비 부담 없이 교육을 마침)이 완성되고 보통선거 제도가 구속 없이 완전히 실시"되어 전국 각급 행정 단위에서 "자치조직과 행정조직과 민중 단체[가] ······ 완비되어 삼균제가 배합·실시되고 경향 각층의 극빈계급에 물질과 정신상 생활 정도와 문화 수준을 높이어 보장"해야 한다고 주장했다(조소앙 1979, 151). 즉 정치적 균등은 보통선거제와 지방자치제도로, 경제적 균등은 토지 및 대생산기관의 국유화로, 교육적 균등은 국비 무상교육으로 실행하는 것이다. 이외에도 어떤 종류의 산업들을 국유화할 것이고, 노동자들의 어떠한 권리들이 보장될 것인지 또는 무상교육은 어떤 식으로 진행될 것인지 등이 자세히 서술되어 있다(조소앙 1979, 151-153).

이 중에서 정치 및 교육 측면에서 제시된 해결책들은 현재 모두 이미 시행되고 있는 것들로 크게 논쟁의 여지가 없다. 문제는 경제이다. 삼균주의는 경제에 관해 어떤 해결책을 제안했는가? 이 장에서는 삼균주의 경제론의 핵심을 균등이라고 파악하고 조소앙이 본래 의도했던 자립과 조화로서의 균등을 설명하고, 21세기 현재에도 균등의 적실성이 살아 있다는 점을 기본소득론과 연계시켜 논하고자 한다. 앞에서 삼균주의와 대한민국 정치체제 이념과의 관련성을 논하면서 삼균주의의 현재적 의의를 설명했다면, 여기서는 그 경제이념과 현재적 타당성을 논하려는 것이다.

조소앙은 경제적 균등을 가장 근본적인 것으로 보았다. 그는 「한국독립당 당의 연구방법」에서 "경제 문제는 일체의 중심이며 일체의 원천"이라고 지적했다(조소앙 1979, 200-201). 「건국강령」에서도 "헌법상 경제체계는 국민 각개의 균등생활을 확보함과 민족 전체의 발전 및 국가를 건립 보위함에 깊은 관계를 가지게" 된다고 선언했다(조소앙 1979, 152). 조소앙은 경제적 균등 수단으로 앞에서 지적한 토지 및 대생산기관의 국유화를 강조했다. 이는 사회주의와도 상통하는 부분인데, 실제 그러한 대대적 국유화를 진행했던 과거 사회주의 국가들의 몰락을 지켜본 우리로서는 그 현실성에 의문을 품을 수 있겠다.

그렇다면 삼균주의는 한물간 사상에 불과한가? 이에 대해서는 조소앙의 경제사상을 시기적으로 나누어 바라볼 필요가 있다. 생산기관의 국유화, 소비의 균등 등 다소 추상적 차원의 대책을 제안하던 광복 이전의 임시정부 문서와 달리, 그는 해방 이후 자신이 조직한 삼균주의청년동맹 및 사회당 등을 통해 구체적 방안을 제시했다. 이러한 후기 사상을 포함해 그의 경제 균등론은 ① 실질적인 소비의 향수(享受), ② 경제적 생산수단의 자립, ③ 노자(勞資) 간 조화 세 가지로 나눌 수 있다.

먼저 실질적인 소비의 향수란 한 행위자가 적절한 수준의 경제적 여건을 보장받아 그것을 통해 생활에 필요한 것들을 실제로 소비하는 데 지장이 없는 것을 이른다. 조소앙은 개인에게 "균등하게 생산·분배·소비의 권리"를 부여해서 "응능응분의 소비를 균등하게" 할 것이라 선언한다(189). 이는 개인이 독립적으로 경제생활을 영위할 정도의 실질적인 물질적 혜택을 보장해주어야 한다는 것이다. 이를테면 "노동자·농민이 피땀을 흘려 만들어낸 공업품·농작물은 몇몇 소수인의 끝없는 사치"에 허비

352

되어 정작 다수 대중들은 필요한 소비를 하지 못하고 급기야 기아에 헤매는 상황을 막아야 한다(203). 조소앙은 이를 "균식(均食) 균로(均勞)"로 표현하기도 했다(243). 이는 균등한 식생활과 일자리의 보장을 뜻하는데, 누구나 최소한 자립을 유지할 만큼 먹고 살게 하여 "무산한 노동 청년을 유산하게" 해야 한다는 것이다(243). 또한 그는 건강보험, 실업보험 등 각종 사회보험을 통해서도 인민들이 항시 기본적인 소비생활을 가능케 지원해 주어야 한다고 주장했다.

다음으로 조소앙은 경제적 생산수단의 자립을 경제 균등의 주요소로 거론한다. 이러한 인식이 가장 잘 드러나는 대목이 토지문제다. 「건국강령」을 보면 총강의 3호에서부터 토지국유화를 천명하고 제3장 6호에서는 자경인(自耕人, 직접 농사짓는 사람)에게 토지를 분배한다는 원칙을 적시하고 있다. 이처럼 토지 분배를 중시한 이유는 "한국은 본래 농업으로 나라를 세웠던 까닭에 한인의 생활 문제는 즉 토지문제일 뿐"이기 때문이었다(53). 나아가 소앙은 토지 분배에 만족하지 않고 "농민본위의 협동조합" 건설도 강조했다(283). 농지 문제에 그치지 않고 농사에 관해 필수적으로 소요되는 재정에서도 자립이 보장되어야 실로 자경인으로 살 수 있기 때문이다.

물론 조소앙이 농업만을 자립의 대상으로 본 것은 아니었다. 그는 공무원을 포함한 임금노동자들 역시 경제적 자립을 위해 적정한 보수를 받아야 하며, 동시에 최저임금제도 도입해야 한다고 주장했다. 이와 더불어 단지 적정 임금만이 아니라 직업 자체, 즉 노동할 권리도 보장해야 한다고 지적했다. 요컨대 "한 사람의 공인(工人)이 공장에서 작업할 지위를 얻어야" 하는 것이다(117). 이를 위해 조소앙은 "완전고용정책을 중요국책으로" 설정하여 농지개발사업, 도로, 제방 공사 등 국가의 각종 건설사업에 실업자들을 고용함으로써 국가가 노동의 권리를 보장할 것을 주문했다(286, 296). 그가 대규모 기업의 국공유화를 주장한 것은 계획적 운영을 통한 생산의 합리화를 위함이기도 하지만, 동시에 노동자들을 안정적으로 고용할 수 있기 때문이기도 하다.

마지막은 노자(勞資) 간의 조화이다. 조소앙은 균등을 통해 노동자의 이익을 특별히 보호하려고 했다. 「건국강령」의 제3장 4호에는 인민의 기본권을 나열하는데 그 첫 번째가 노동권이다(105). 여기에는 노동자의 불합리한 노동시간 제한, 각종 노동조건 개선이 포함되어 있다. 무엇보다 그는 노동자를 보호하기 위해 상술한 최저임금제도뿐 아니라 기업이익의 균점제 실시를 요구했다(286, 296).²¹ 또한 노동자의 기업 경영 참여도 하나의 권리로서 보장되어야 한다고 역설했다. 그는 노동자의 단결, 단체교섭, 단체행동 등 이른바 노동조합에 관한 권리는 물론이고 "노동자 대표는 기업에 참가할 권리를 확보"해야 한다고 주장했다(296).²²

한마디로 조소앙의 경제사상은 농민은 토지를 얻고 농사에 필요한 독립적 재정을 확보함으로써, 또 임금노동자는 적정한 보수를 주는 정부나 기업에 고용되고 그 운영에 참여할 수 있게 됨으로써 생산수단을 온전히 확보·사용할 수 있어야 한다고 주문한 것이다. 물론 그 기본은 절대빈곤에 놓여 있는 노동자의 보호를 우선으로 삼지만, 궁극적으로는 노자 간의 대립을 지양하고 노동자와 자본가 사이의 이익 균형을 취함으로써 '균등한 생산의 권리'를 누리게 하려는 것이었다.

노동과 자본의 균형을 주장한 조소앙의 생각은 조소앙이 구상한 민주주의와 직결되어 있다. 조소앙은 삼균주의가 신민주주의 건설을 목적으로 하고 있다고 밝혔는데, 그것은 앞에서도 인용한 것처럼, '자본주의

---

21 이익균점권은 제헌헌법에도 포함되었는데 1952년 개정 때 폐지되었다. 제헌 전후로 하여 강선명, 문시환, 윤석구, 이승만, 전진한 등 여러 의원이 이익균점권을 노자협조 및 공동번영의 차원에서 거론했다. 이러한 논의의 배경이 된 것은 경제적 균등이념, 즉 삼균주의가 결정적이었다(황승흠 2014, 7)

22 이러한 노동자의 기업 참여권은 해방 후 조소앙이 참여한 민주의원의 헌법안인 「대한민국임시헌법」(1947)에도 나타난다(황승흠 2014, 11). 하지만 제헌헌법에 반영되지는 못했다.

데모크라시'나 '사회주의 데모크라시' 등 계급 독재를 모두 배격하고 "범한국 국민을 단위로 한 전민(全民)적 데모크라시"(204)라고 선언했다. 즉 기업이익의 균점 등을 통해 노자가 균형을 이루어 어느 일방이 경제를 독점하지 않고 "헌법에 제정된 균등사회의 완전 실현"을 강구하는 것이 삼균주의의 참뜻이라고 밝혔던 것이다(277).

이상에서 보았듯이 조소앙은 경제 균등의 구체적 방책으로 완전고용, 사회보험, 최저임금제도, 노동자의 기업 참여, 대규모 기업의 국공유화, 기업이익 균점 제도, 자경인에 대한 토지 균분 등을 열거하고 있다. 또한 이러한 세부 정책들은 ① 실질적인 소비의 향수, ② 경제적 생산수단의 자립 그리고 ③ 노자 간 조화라는 원칙으로 수렴된다. 조소앙의 경제 균등론을 국유화로만 단순화시켜서 단지 한물간 사회주의 정책의 아류나 또는 실천이 불가능한 이상론으로 치부할 수만은 없다. 그가 주장한 사회보험, 최저임금제도, 노조의 권리, 노동자의 작업환경 개선 등은 현재도 꾸준히 사회적 현안으로 제기되고 있다.

특히 최저임금의 경우 그것을 언제 얼마나 인상하느냐 또는 그 인상의 효과가 경제적으로 긍정적이냐 여부가 문제인 정부에서 현재 첨예한 논쟁의 대상이 되고 있다. 또한 그 당부당을 놓고 대립적인 경제이론이 각자의 주장을 뒷받침하는 논리로 동원되고 있다. 이 논쟁에서 우리는 조소앙의 사상을 적극 활용할 수 있을 것이다. 즉 최저임금제 논의를 균등한 권리의 향유라는 헌법정신 혹은 건국이념에 비추어 정당화하고, 사회구성원들의 폭넓은 지지를 이끌 수 있는 기반으로 활용할 수 있다. 적절한 수준의 최저임금은 경제적 균등에 이바지하고, 궁극적으로는 정치적·교육적 균등과 연계함으로써 시민의 독립성을 보장하고 평등한 사회를 실현하고자 했던 건국이념의 이름으로 정당화시키는 것이다. 이는 최저임금제도가 기업을 죽이고 경제를 망친다거나, 다른 한편으로 노동자의 소득 향상을 위해 무조건 집행해야 한다는 식의 극단적 대립 양상으로 빠지지 않게 만드는 유연한 사상적 자원이 될 수 있다는 점을 의미한다.

더 나아가 실질적 소비의 향수, 그리고 경제적 생산수단의 자립 측면에서 조소앙의 사상은 최근 세계적으로 논쟁의 중심이 된 기본소득제도와 호응할 수 있다. 기본소득이란 일반적으로 시민들에게 일정 정도의 소득을 일괄적으로 지급해주는 제도로서 지급 대상이나 지급하는 소득의 수준 등에 따라서 다양하게 구분되며, 그것의 정치사상적 원천도 다양하다.[23] 대표적인 기본소득 주창자인 반 파레이스(van Parijs 2016)는 자신의 '실질적 자유(real freedom)'라는 개념에 근거해서 자유주의적 관점에서 "무조건적 기본소득(UBI; Unconditional Basic Income)"을 옹호한다.[24]

하지만 자유주의 외에도 공화주의적 입장에서 옹호하는 기본소득론도 있다. 공화주의적 시각에서 기본소득을 옹호하는 입장 중에서 가장 눈여겨볼만한 이론가는 화이트(Stuart White)이다. 그는 "적어도 루소까지 소급해서 정치경제에 대한 일련의 공화주의 사상가들의 긴 계보에 의해 표현된 핵심 사상은 자유와 독립이 물질적 기반을 요구한다는 것이며, **만약 시민들이 자유와 독립에 대한 권리를 가지고 있다면, 그들은 그 권리로서 사회적 자원의 적절한 몫에 대한 의미 있는 접근이 가능해야 한다**"고 주장하면서 기본소득을 정당화한다(White 2003, 214; 강조는 필자들). 구체적으로 그는 "공동체의 생산활동에 참여하는 데 관련된 광범위한 활동에 필요한 비용을 충당하기 위해서, 이를테면 고등교육이나 직업훈련 과정을 이수하는 데 필요한 비용을 위해서, 새로운 사업을 시작하기 위해서, 취업기회를 찾기 위해 새로운 지역으로 이주할 때 발생하는 이사비용을 위해서, 혹은 아마도 피부양자들을 보살피기 위해 휴직함으로써 발생하는 소득 감소분을 채워주기 위해서" 지급하는 기본소득을 지지한다(White 2003, 186).

---

23 기본소득에 대한 개괄적 이해는 최광은(2013)을 참조하라.
24 이 논문의 주된 주제가 기본소득이 아니므로 반 파레이스의 기본소득론을 자세히 다루지는 않겠다. 이에 대해서는 판 파레이스(2016)를 참조하라.

이처럼 공화주의로 재해석된 기본소득은 그 수혜자가 공동체에 어떤 식으로든 참여하고 기여할 것이고 또 그래야 한다는 전제를 가지고 있다. 또한 기본소득을 제공하는 근본적 이유를 각 시민들이 독립성을 보장받아서 자기 결정의 삶을 누리도록 하는 데서 찾는다. 이는 삼균주의의 균등의 목적과 일맥상통한다. 다시 한번 강조하자면, 조소앙이 정치·경제·교육에서 개인들 간의 균등을 옹호한 이유는 각 방면의 균등이 상호작용하면서 그 결과로 모든 개인이 전제로부터 해방되어 독립적인 시민으로 살 수 있도록 만들기 위함이다. 이 점에서 최근에 논의되고 있는 공화주의적 기본소득은 조소앙의 경제 균등론에 적절히 부합한다고 볼 수 있다.

이와 같이 삼균주의는 최저임금제는 물론 기본소득론을 뒷받침할 수 있는 등 현재의 첨예한 사회경제적 문제에 관해서도 훌륭한 적실성을 갖고 있다. 덧붙여 말하자면 현재 문제인 정부가 중점적으로 추진하고 있는 소득주도 성장정책도 단지 서구의 정치 및 경제이론에 의거하기보다는 삼균주의의 경제 균등론에 입각한다면 더 커다란 설득력을 이끌어낼 수 있을 것이다. 좌우 이념 대립을 지양하고 민족의 보편적 이익을 위해 통합적 정치이념으로서 탄생 및 기능해왔던 삼균주의에 의해 소득주도 성장정책이 정당화된다면 과도한 이념 대립이나 진영 논리를 완화시킬 수 있을 것이다. 또한 기본소득 등 소득주도 성장정책을 한국 정치사상사에서 이제는 전통으로 자리 잡고 있는 삼균주의를 통해 정당화하고 추진한다면, 이는 제2장에서 논한 바 있는 전통사상의 창조적 혁신의 모범적 사례가 될 것이다.

7. 한국적 민주공화주의의 독창적 기원

지금까지 삼균주의로 집약되는 조소앙의 정치사상이 어떤 내용이고 그것이 현대 한국 정치사상에서 어떠한 의미와 역할을 가질 수 있는지를 논하였다. 삼균주의는 우리 민족 고유사상과 유교라는 전통이론들을 쇄신하고 서양의 정치사상들을 흡수한 혼융(混融)의 바탕 위에서 만들어졌다. 그것은 사람과 사람, 민족과 민족, 국가와 국가 사이의 균등을 추구하여 그 어떠한 전제(專制), 억압, 강제로부터도 해방된 자유로운 주체들의 평화로운 사회를 지향하는 사상이다. 소앙은 삼균주의를 기치로 삼아 독립운동에 매진하였고, 새로운 독립국가의 틀을 설계하였다. 정치, 경제, 교육의 균등으로서 삼균주의를 실현하여 모두가 진정한 민주주의를 누릴 수 있는 나라, 즉 민주공화국을 꿈꾸었던 것이다.

조소앙은 광복 후에도 한국독립당 소속으로 중도적 입장에서 자신의 사상을 실천하려 했다. 그는 해방 정국에서 소모적이고 파괴적인 좌우 이념 대립을 목격하면서, 임시정부 활동 당시에 좌우익으로 분열된 독립운동 단체들을 하나로 모으려 했던 민족유일당운동을 회상하며, 다시 한번 모두가 이념 대립을 제쳐두고 힘을 합치지 않으면 안 된다고 강조했다. 그는 1946년 8월 15일에 해방 1주년을 맞이하여 발표한 글에서 다음과 같이 말했다.

나는 이렇게 전망하고 싶소. 대립적 모순을 포괄하고 조화하는 외부의 통일이 국제적으로 요망되는 바와 같이 우리 민족에게도 요망하고 싶소. …… 소위 38선이 이중 모순의 부호가 아니냐. 해방 1주년 기념을 하지만 점령 형태에서 군정 시기를 졸업하지 못한 것이 또한 이중 모순의 표현이 아니냐. …… 우리는 독립운동 진영의 재단결을 통하여 국민운동을 당당히 전개할 것이요. 과거 1년간의 허다하게 착오된 노선은 연장되지 말아야 할 것이요(257-258).

그러나 사태는 더 악화되어 남북분단은 현실이 되었고 김구는 암살되었다. 김구 암살 이후 임정 조직 자체가 분산되고 한독당 내에서 자신이 주도적으로 뜻을 펼칠 수 없다고 판단되자 조소앙은 1948년 사회당을 창당했다. 사회당 역시 "우리 민중은 무산계급 독재도 자본주의 특권계급의 사이비적 민주주의 정치도 우려하는 바가 아니요, 오직 대한민국의 헌법에 제정된 균등사회의 완전 실현만을 갈구"한다며 삼균주의를 기치로 삼았다(277). 이처럼 그는 해방 전후의 어지러운 정세 속에서도 꿋꿋이 민족의 보편적 사명으로서 삼균주의의 실천을 위해 행동했던 것이다. 그러나 냉전의 격화에 따른 좌우의 격렬한 대립은 물론 이승만과 과거 친일세력의 결탁으로 인해 자기 뜻을 제대로 펼치지 못했다.

조소앙의 삼균주의사상은 사회경제적 모순을 개혁하고 모든 사람이 전제와 핍박 없이 자기 몫을 받을 수 있는 '응능응분'의 사회로 나아가자는 한국적 민주공화주의의 독창적 기원이자 살아 있는 유산이라 할 수 있다. 그렇지만 납북 이후 조소앙은 한국 정치에서 오랫동안 망각되어왔다. 이승만과 박정희를 비롯한 우파 권위주의 시대를 거치며 시민의 독립성과 균등을 외친 그의 사상은 제대로 전승되기 어려웠던 것이다. 그렇지만 민주화와 더불어 2000년대에 들어와 시민들이 일련의 촛불집회에서 '대한민국은 민주공화국이다'를 열창함으로써 반세기 이상 잊혀졌던 조소앙의 삼균주의사상에 소생의 숨을 불어넣고 있다. 오늘날 민주공화국에서 사는 한국인들은 그의 후손으로서 이제 살아 숨 쉬는 '생각의 문화재'를 보존하고 확충할 의무를 물려받고 있음을 진지하게 깨달아야 할 것이다.

조소앙 저·삼균학회 편. 1979. 『소앙선생문집』 上·下. 서울: 횃불사.

조소앙 저·강만길 편역. 1982. 『조소앙』. 서울: 한길사.

강정인·권도혁. 2018. "조소앙의 삼균주의의 재해석: '균등' 개념의 분석 및 균등과 민주 공화주의와의 관계를 중심으로." 『한국정치학회보』 제52집 1호. 257–276.

국회회의록 제헌1회 18차 국회본회의(1948년 6월 26일). 《국회의안정보시스템》 http:// likms.assembly.go.kr/record/mhs-60-010.do(검색일: 2017.12.31).

김기승. 2003. 『조소앙이 꿈꾼 세계』. 서울: 지영사.

김기승. 2009. "조소앙과 대한민국 정부수립." 『한국동양정치사상사연구』 제8권 1호. 27–43.

김기승. 2015. 『대한민국임시정부의 이론가 조소앙』. 서울: 역사공간.

김삼웅. 2017. 『조소앙 평전 삼균사상가』. 서울: 채륜.

박찬승. 2013. 『대한민국은 민주공화국이다: 헌법 제1조 성립의 역사』. 파주: 돌베개.

삼균학회 편. 1990. 『삼균주의논선』. 서울: 삼성출판사.

서희경. 2012. 『대한민국 헌법의 탄생: 한국 헌정사, 만민공동회에서 제헌까지』. 파주: 창비.

서희경·박명림. 2007. "민주공화주의와 대한민국 헌법 이념의 형성." 『정신문화연구』 제30권 1호. 77–111.

신우철. 2008a. "건국강령(1941. 10. 28) 연구: '조소앙 헌법사상'의 헌법사적 의미를 되새기며." 『중앙법학』 제10집 1호. 63–97.

신우철. 2008b. "해방기 헌법초안의 헌법사적 기원: 임시정부 헌법문서의 영향력 분석을 통한 '유진오 결정론' 비판." 『공법연구』 제36집 4호. 389–434.

여경수. 2012. "조소앙의 삼균주의와 헌법사상." 『민주법학』 제48호. 277–303.

윤홍근. 1990. "소앙사상에 있어서 균등개념에 관한 연구." 삼균학회. 139–165.

이상익. 2010. "조소앙 삼균주의의 사상적 토대와 이념적 성격." 『한국철학논집』 제30집. 87–121.

이영록. 2006. 『유진오 헌법사상의 형성과 전개』. 파주: 한국학술정보.

이영록. 2010. "한국에서의 '민주공화국'의 개념사." 『법사학연구』 제42호, 49–83.

전광석. 1992. "헌법학자 유진오." 『연세법학연구』 제2권 1호, 50–94.

조일문. 1990. "조소앙의 삼균주의." 삼균학회, 28–64.

최광은. 2013. 『모두에게 기본소득을: 21세기 지구를 뒤흔들 희망 프로젝트』. 서울: 박종철 출판사.

최충식. 1990. "삼균주의와 삼민주의." 삼균학회, 177–193.

판 파레이스, 필리페 저·조현진 역. 2016. 『모두에게 실질적 자유를: 기본소득에 대한 철학적 옹호』. 서울: 후마니타스.

한시준. 1992. "조소앙의 삼균주의." 한국사시민강좌위원회 편. 『한국사 시민강좌』 제10집, 97–11 6. 서울: 일조각.

한태연. 1988. "제헌헌법의 신화." 『동아법학』 제6호, 33–73.

함재학. 2009. "대한민국 헌법사를 어떻게 읽을 것인가." 『헌법학 연구』 제15권 2호, 461–499.

홍선희. 2014. 『조소앙의 삼균주의 연구』. 서울: 부코.

황승흠. 2014. "근로자이익균점권의 탄생배경과 법적 성격 논쟁." 『노동법연구』 제36호, 1–44.

White, Stuart. 2003. *The Civic Minimum: On the Rights and Obligations of Economic Citizenship*. Oxford: Oxford University Press.

● 조소앙. 삼균학회 편. 1979. 『소앙선생문집』 上 · 下. 서울: 횃불사.

조소앙 자신의 저술들을 모아 놓은 것으로는 총 2권으로 삼균학회에서 발간한 『소앙선생문집』이 있다. 다만 대다수의 글이 원문 그대로, 즉 한문으로 적혀 있다. 국역본으로는 이 책에 수록된 글들의 일부를 강만길이 편역한 『조소앙』(한길사, 1982)이 있다.

● 이외에 조소앙의 생애와 업적 그리고 전반적인 사상을 소개한 책으로는 다음의 세 책이 접근하기 쉽다.

김기승. 2003. 『조소앙이 꿈꾼 세계』. 서울: 지영사.

김기승. 2015. 『대한민국 임시정부의 이론가 조소앙』. 서울: 역사공간.

김삼웅. 2017. 『조소앙 평전 삼균사상가』. 서울: 채륜.

● 조소앙의 삼균주의사상에 접근하는 데 다음의 두 연구서가 기초적인 자료로 중요하다.

삼균학회 편. 1990. 『삼균주의논선』. 서울: 삼성출판사.

홍선희. 2014. 『조소앙의 삼균주의 연구』. 서울: 부코. (1982년 한길사 출판본의 재판)

5부

1970년대
시대의 세 얼굴

9

박정희

한국적 국가주의의 빛과 그림자, 비극적 아이러니들[1]

강정인

1. 왜 박정희인가?

박정희 정권은 해방 이후 남한에서 가장 오래 지속된 정권으로 1961 년 5·16 군사쿠데타로 실권을 장악한 후 1979년 10월 대통령이 암살당 할 때까지 무려 18년 동안 군림했다. 이 시기 동안 박 정권은 본격적으로 한국 근대화의 시동을 걸었고, 세계에서 유례없는 고도 경제성장을 실현 했지만, 강력한 권위주의 정권으로 자유민주주의의 제도적 기반과 원활

---

1 현대 한국 정치사상에 대한 일반 독자의 이해를 돕기 위해 기획된 이 책에 기고하기 위해 필자는 이 글의 1-2장 및 결론의 일부를 제외하고, 구체적인 출처를 밝히지 않고 이전에 필 자가 박정희 정치사상에 관해 출간한 논저에서 본문 대부분을 선별적으로 발췌·요약·수 정하면서 사용했다. 이 점 독자들의 너그러운 양해를 바란다. 이 글을 쓰기 위해 끌어온 필자 의 논저로는 강정인(2008; 2014; 2016; 2017)을 참조하라.

한 작동을 철저하게 무력화시켰다(강정인 2014, 23). 한국 현대 정치사에서 긍정적이든 부정적이든 박정희는 이승만과 더불어 가장 큰 영향력을 미친 정치지도자라 할 수 있다. 이승만이 해방 이후 남한에 (비록 분단된 국가지만) 근대적인 국가를 세운 건국 대통령이라면, 박정희는 급속한 산업화와 경제발전을 통해 근대 국가의 물적 토대를 닦았기 때문이다. 2015년 8월 한국갤럽이 발표한 여론조사 결과에 따르면, 박정희는 '해방 이후 역대 최고 대통령'에 꼽혔다. '역대 대통령 중 한국을 가장 잘 이끈 대통령이 누구냐'는 질문에 대해 응답자들은 44%가 박정희를, 24%가 노무현을, 14%가 김대중을 선택한 것으로 밝혀졌다. 이에 비해 이승만과 전두환은 각각 3%의 지지를 받으면서 공동 4위를 차지했다.[2] 박정희 지지율 44%는 2위 노무현과 3위 김대중 지지율을 합한 38%보다도 훨씬 높은 것이고, 이승만과 전두환 지지율을 추가적으로 더한 것과 같다.

박정희는 1979년 10월 26일에 궁정동 안가에서 만찬을 하던 중 중앙정보부장 김재규에 의해 암살되었다. 당시 10월 16일부터 20일까지 부산과 마산에서 학생과 시민들은 '유신철폐' 구호와 함께 파출소를 습격하고 진압 차량을 불태우는 등 격렬한 반정부 시위를 벌였다. 이러한 사태는 김영삼 총재의 국회의원직 제명 등 야당인 신민당과 김영삼에 대한 탄압으로 인해 점화되었지만, 전체적으로는 유신독재와 장기집권 등 박정희 체제 전반에 대한 국민들의 불만이 근본적 원인이었다. 박정희 암살 자체는 당시 정보부장 김재규와 청와대 경호실장 차지철의 갈등과 알력에 그 발단이 있었지만, 근본적으로 박정희 개인에게 영구집권을 허용한 유신독재체제에 대한 국민들의 불만이 김재규에게 박정희를 향해 총을 겨누게 했다. 잠시 만찬장을 떠난 김재규는 권총을 장전하고 측근들에게 지령

---

2 한국갤럽 여론조사로 본 '역대 최고 대통령 순위', HUFFPOST(2015/08/07) https://www.huffingtonpost.kr/2015/08/07/story_n_7954346.html.

을 내린 후 다시 들어가면서 "자유민주주의를 위하여!"라고 중얼거렸다고 한다(조갑제 1998a, 95).

김재규에 의한 박정희 암살은 비극적 아이러니였다. 유신체제 출범 이전인 1970년 12월 말경 당시 중앙정보부장으로 취임한 이후락은 취임식에서 "중앙정보부는 국가안보의 보루다. 국가안보는 대통령의 안보다. 대통령을 보위하는 것은 바로 국가를 보위하는 것이다. 우리는 박 대통령을 보위하는 전위대다"라고 선언했다(중앙일보 특별취재팀 1998, 28에서 재인용). 그 발언은 유신 시대에 많은 국민들이 체험했던 다음과 같은 등식을 재확인하게 해준다. "국가안보 = 정권안보 = 대통령(박정희) 신변안보." 다시 말해 그 발언은 대통령 박정희에 대한 반대자는 국가에 대한 반대자이고, 나아가 국가안보를 위태롭게 하는 국사범으로 취급해야 한다는 논리를 담고 있다. 그런데 유신체제에서 국가의 화신인 대통령의 안보를 책임지는 중앙정보부 수장이 대통령을 암살하고 국가를 전복하고자 한 시도는 그야말로 '비극적' 아이러니였다. 주인이 경호견에 물려 죽은 셈이었다. 박정희의 암살은 당연히 급박한 국가 위기로 받아들여졌고,[3] 그날 밤 긴급히 소집된 국무회의는 비상계엄령을 선포했다. 11월 3일 박정희에 대한 국장(國葬)이 거행되었다. 박정희 영전에 건국훈장이 바쳐지고 국립교향악단은 독일의 리하르트 슈트라우스가 작곡한 교향시 〈짜라투스트라는 이렇게 말했다〉를 연주했다(조갑제 1998a, 10). 18년 동안 국가의 화신으로 무소불위의 권력을 행사했던 박정희는 그렇게 '초인'이 되어 세상을 떠났다.

이처럼 한국 정치에서 초인으로 군림해온 박정희의 정치사상을 어떻게 특징지을 수 있는가? 조갑제는 1998년 외환위기의 와중에 전체 5권으

---

3 당시 국무총리였던 최규하는 이 소식을 듣고, "김일성이가 이 일을 알면 어떻게 하나"라며 울음을 터트렸다고 한다(조갑제 1998a, 160).

로 출간한 『내 무덤에 침을 뱉어라』의 서두에서 박정희를 "근대화 혁명을 추구한 국가주의자"로 규정했다(조갑제 1998a, 13).[4] 그런데 박정희 사후 한국 정치에 찾아온 것은 (김재규의 거사 명분이었던) '자유민주주의'가 아니라 전두환을 비롯한 신군부가 7년 동안 폭압적으로 연장시킨 '박정희 없는 유신체제'로서 국가주의가 강하게 존속하고 있었다. 1987년 6월 민주화 항쟁을 거쳐 1993년 김영삼 정부의 출범과 함께 민주화가 본격적인 궤도에 오름으로써 국가주의는 완만하지만 돌이킬 수 없는 퇴조의 장정(長征)에 들어서기 시작했다.[5]

필자 역시 박정희의 정치사상을 국가주의로 압축한 조갑제의 간단명료한 해석에 동의하는바, 이 글에서 박정희의 정치사상을 국가주의를 중심으로 논할 것이다. 좀 더 구체적으로 박정희 정권의 통치에 초점을 맞추어 박정희의 국가주의를 세 차원에서 검토하고자 한다. 이어서 현대의 보편적인 정치이념이 민주주의라는 점을 고려해 국가주의에 투영된 박정희의 민주주의관을 다루면서 이 글을 마무리할 것이다. 그러나 그의 정치사상을 이해하기 위해서는 무엇보다도 그의 생애와 시대를 간략히 살펴볼 필요가 있다.

2. 박정희의 생애와 시대

한국 현대사는 박정희를 언급하지 않고는 이야기하기가 불가능하다. 특히 박정희가 권력을 장악한 1961년 이후 박정희의 생애는 사적인 한 개인의 삶에 머무를 수 없고 국가의 공적 삶의 핵심 요소로서 한국 현대

---

4 『박정희 평전』을 집필한 전인권(2006) 역시 박정희의 정치사상을 국가주의로 규정한다.

5 1987년 민주화 이후에도 강인하게 지속되고 있는 국가주의에 대해서는 임지현 외(2000)를 참조하라.

사와 불가분하게 엮여 있다. 이 글의 목적인 박정희의 정치사상을 검토하기 위해서는 불가불 그가 정치인으로서 삶을 시작하기 전인 1961년 이전 삶의 이력과 시대적 배경은 물론, 1961년 이후 한국 정치의 거대한 흐름을 그의 정치적 활동에 초점을 맞추어 선별적으로나마 간략히 살펴볼 필요가 있다.

박정희(朴正熙, 1917-1979)는 1917년 경북 선산군 구미면에서 5남 2녀 중 막내로 태어났다. 빈곤한 집안에서 태어났지만 구미 보통공립학교에 입학했다. 성적이 뛰어난 우등생이었고, 3학년 때는 급장을 맡기도 했다. 머리는 우수했지만 체구는 왜소한 편이었다. 남에게 지기 싫어하는 강한 승부욕을 가지고 있었고, 나이가 많고 덩치가 큰 급우들의 뺨을 때리는 등 난폭한 성격을 드러내기도 했다. 소년 박정희는 군인을 동경해 병정놀이를 즐겨했다. 박정희는 1932년 4월 대구사범학교에 입학하여 1937년에 졸업했다. 박정희가 대구사범에 다니던 시절 일본은 만주를 침략하여 만주국을 세우는 등 승승장구하고 있었다. 그의 성적은 좋지 않았다. 식비와 기숙사비도 제대로 내지 못했던 빈곤한 가정 형편 등이 주된 원인이었던 것 같다. 그러나 검도·사격·나팔·체조나 총검술 등 군사훈련 성적은 뛰어났다(김삼웅 2017, 38-40).

대구사범학교를 졸업한 후 박정희는 문경 공립보통학교 교사로 부임해서 3년을 보낸다(1937-1940). 그러나 교사로 근무하면서도 군인이 되겠다는 꿈은 여전했다(김삼웅 2017, 53). 당시 박정희는 기혼과 연령이 초과되어 만주 군관학교 진학이 어렵다는 점을 깨닫고, 이를 타개하기 위한 특단의 방법으로 '충성을 다해 국가에 보답하고 자기를 희생하여 공공에 봉사한다'는 뜻이 담긴 '진충보국 멸사봉공(盡忠報國 滅私奉公)'이라는 혈서를 써서 일본군에 지원했다(김삼웅 2017, 56). 이러한 문구에서 박정희가 내면화한 국가주의를 가감 없이 엿볼 수 있다. 마침내 1940년 만주 군관학교(2년제 예과)에 입학했고, 만주 군관학교를 거쳐 일본 육사에 진학해 졸업했다. 대구사범 시절과 달리 박정희는 만주 군관학교와 일본 육사를 비(非)일본계 학생 중에서는 최상위급 성적으로 졸업했다. 박정희는 만주 군관학교 졸업식에서 답사를 하고 선서를 했는데, 그 선서는 "대동아 공영권을 이룩하기 위하 성전(聖戰)에서 나는 목숨을 바쳐 사쿠라와 같이 훌륭하게 죽겠습니다"라는 내용이었다(김삼웅 2017, 65에서 재인용). 나중에 "긴 칼을 차고 문경에 들러 대환영"을 받음으로써 박정희는 무인으로서의 자신의 꿈을 본격화하기 시작했다(조갑제 1998b, 96-97)

만군(滿軍: 일제강점기 만주국에 있던 일본 군대) 장교로 복무하던 박정희는 해방 직후 무장해제를 당한 후 북경으로 가서 상해 임시정부 산하의 광복군에 편입하였다. 그리고 귀국 후에는 조선경비대 장교로서 군 복무를 재개하였다. 박정희는 1946년 대구 10·1항쟁 와중에 자신이 존경하던 형으로서 사회주의 계열 민족운동에 관여하던 박상희가 경찰에게 사살당한 후, 박상희의 친구들 및 만군 출신의 좌익 인맥과 접촉하면서 좌경화되어 남로당에 가입했고, 군 내에서 좌익활동을 하게 되었다. 그런데 1948년 10월 군에 침투한 남로당 조직책이 주동이 되어 여순반란사건을 일으켰는데, 공교롭게도 박정희는 토벌사령부의 작전 장교로 근무하게 되었다. 이후 박정희는 군에 잠입한 남로당 세력을 색출하려는 숙군(肅軍) 수사기관에 체포되었지만, 남로당 조직원의 정보를 제공하고 그들의 검거에 적극 협력함으로써 수사에 적극 협조했다. 1949년 2월 고등군법회의에서 무기징역을 선고받았지만, 다시 10년으로 감형되면서 형 집행을 면제받았고, 이후 민간인 신분으로 군에 근무하게 되었다. 당시 김정렬, 백선엽, 채병덕 등 만군 인맥의 도움이 박정희의 구명(救命)에 결정적 영향을 끼쳤다(조갑제 1998b, 194-238; 김삼웅 2017, 88-99). 박정희는 6·25전쟁 발발 후 소령으로 복직해 다시 군인의 길을 걷게 되었다.

1960년 4·19혁명 이후 출범한 제2공화국 장면 내각이 학생들의 시위 등으로 인해 정치적 혼란을 겪게 되자, 박정희는 1961년 5·16 군사쿠데타를 일으켜 마침내 실권을 장악하는 데 성공했다. 이후 군사정부는 미국의 압력, 민간 정치인들의 반발 및 군 내부의 의견 분열 등으로 인해 조기 민정 이양과 군정 연장을 놓고 진통을 겪었으며, 민정 이양을 할 경우 박정희 등 쿠데타 세력이 민정에 참여할 것인가를 놓고 입장을 번복하곤 했다. 결국 박정희는 민정 이양을 위한 1963년 5월 대통령 선거에 민주공화당 후보로 출마했다. 야당 후보인 윤보선을 15만 표 정도의 근소한 차이로 누르고 대통령에 당선되었고, 이로써 제3공화국이 출범했다. 박정희, 김종필 등 쿠데타 주도세력은 '조국 근대화'와 '민족중흥'이란 말을 만들어 내고, 민주공화당 창당을 통해 이를 실천에 옮길 국가 엘리트 중심의 정치세력을 육성하고자 했다(조갑제 1999, 188).

박정희는 쿠데타 직후 발표한 '5·16 혁명공약' 제1항에서 반공을 국시로 강조했다. 이어서 이전 정권의 경제 실정(失政)을 '예속경제'나 '원조경제' 때문이라고 비난하면서 "절망과 기아선상에서 허덕이는 민생고"의 해결을 주장했다(김삼웅 1997, 256). 박정희 정권은 경제적 자립과 민족의 번영을 강조하면서 조국 근대화의 핵심으로 제1차 경제개발계획을 열성적으로 추진했다. 1965년 일본과 한일협정을 타결함으로써 일본이 제공한 원조와 차관으로 경제발전에 필요한 재정적 자원을 확보했고, 월남파병을 통해 미국과의 동맹관계를 굳건히 다지는 한편, 경제발전에 필요한 외화 수요를 충당하기도 했다.

제1차 경제개발계획의 성공에 힘입어 박정희는 1967년 대통령 선거에서 윤보선을 압도적으로 누르고 연임에 성공했다. 제3공화국 헌법은 대통령 직선제, 국민의 기본권 보장, 정당제도의 강화, 엄격한 삼권분립제, 대통령의 중임 제한을 골자로 하는 민주적인 헌법이었다. 그러나 박정희 정권의 반민주적 성격은 이후 박정희에게 영구집권을 허용하려는 세 가지 중요한 사건—'6·8 부정선거', '삼선개헌', '유신체제의 등장'—을 통해 본격적으로 노골화되었다. 1967년 대통령 선거에 이어 실시된 총선거

(이른바 '6·8 부정선거')는 장차 추진할 삼선개헌에 필요한 국회 의석수 확보를 목표로 한 조직적 부정선거였다. 1968년의 삼선개헌은 박 정권의 장기집권을 헌법적으로 정당화하기 위해 자유민주주의를 부분적으로 훼손한 조치였으며, 1972년 10월 비상계엄령 선포와 함께 단행된 유신헌법의 제정과 뒤이은 유신체제의 등장은 자유민주주의의 전면적 중단을 의미했다. 유신헌법은 ① 대통령 임기 제한 철폐와 간접선거 실시를 통한 박정희 개인의 영구집권 보장, ② 국회 해산권, 긴급조치 선포권 등 대통령 권한의 거의 무제한적 확대, ③ 대통령에 의한 국회의원 정원 1/3의 사실상 임명, 국정감사 폐지와 국회회기 단축 등 국회 권한의 대폭 축소는 물론 사법권 독립의 훼손을 통한 삼권분립 원칙의 근본적 파괴, ④ 기본권 보장에 대한 법률 유보의 확대를 통한 국민 기본권 침해 등을 특징으로 하는 반민주적 헌법이었다. 곧 유신헌법은 지배이념으로서의 자유민주주의를 공식적으로 폐기한다는 선언이나 다름없었다.

전체적으로 볼 때 박정희 정권은 제3공화국 초에 미국의 지원 아래 국내의 광범위한 반대를 무릅쓰고 한일국교 정상회담을 타결함으로써 자신감을 얻었고, 그 후 크고 작은 정치적 사건에서 정권 존속, 정권 연장 및 영구집권이라는 목표를 관철하고자 수시로 위수령, 계엄령, 국가비상사태 선포, 긴급조치 등 강권에 의존해 야당과 반대세력을 제압했다. 정치권력은 집권 후기로 갈수록 대통령 1인에게 집중되었고, 청와대, 중앙정보부, 행정 관료와 검찰 및 경찰의 권한이 팽창했으며, 상대적으로 여당을 포함한 정당과 국회의 위상은 추락했다. 특히 야당 등 반대세력은 물론 정권의 친위세력마저 조직적으로 감시하고 통제하는 중앙정보부가 무소불위의 막강한 권력을 행사해 소위 '정보정치'라는 유행어가 나올 정도였다(한배호 1994, 241). 박정희의 국가주의는 이러한 억압기제의 촘촘한 동원을 통해 모든 국민을 꼼짝달싹 못 하게 옭아매었다.

그러나 박정희 정권은 1970년대 후반으로 접어들면서 경제, 정치, 대외적으로 심각한 위기를 겪으며 파국의 길을 걷기 시작했다. 경제적으로는 1978년부터 시작된 제2차 석유파동으로 인한 석유 가격의 가파른 상승과 중화학공업화의 무리한 추진 등으로 인해 물가와 환율이 급등하면서 기업이 파산하고 경상수지 적자가 확대되었다. 이로 인해 한국 경제는 급속한 경제성장에 제동이 걸리고 구조적인 경기불황에 직면하게 되었다. 정치적으로도 박정희 정권의 장기집권에 대한 불만이 고조되는 가운데, 1978년 12월에 실시된 제10대 총선에서는 급기야 전체 득표율에서 야당인 신민당이 여당인 민주공화당을 1.1% 차이로 앞섬에 따라 박정희 정권의 정당성이 위협받게 되었고, 선거를 승리로 이끈 김영삼 총재가 강경하게 민주회복을 요구하였다. 1979년 8월에 생존권 보장을 요구하며 농성하던 YH 무역 여성 노동자들에 대한 경찰의 가혹한 진압 등으로 인해 민심도 흉흉해졌다. 이런 상황에서 정권과 정면 대결을 벌이던 신민당의 김영삼 총재가 1979년 9월 《뉴욕타임스》지와의 기자회견에서 미국 정부에게 박정희 정권에 대한 지지를 철회할 것을 요구하는 발언을 하자, 공화당과 유신정우회 주도로 이를 문제 삼아 징계 동의안을 제출하고, 변칙적으로 통과시킴으로써 김영삼의 국회의원직을 박탈하였다. 이러한 탄압은 1979년 10월 중순 부산과 마산에서 일어난 격렬한 반정부 시위의 직접적인 도화선이 되었다. 나아가 대외적으로도 1976년에 취임한 미국의 카터 행정부가 주한미군의 철수를 거론하고 박정희 정권의 인권탄압을 문제 삼아 인권상황을 개선하라고 강력하게 압박함에 따라 한미관계도 긴장이 고조되었다. 1979년 8월 카터의 방한과 함께 이루어진 한미 정상회담에서 박정희와 카터가 격렬한 언쟁을 벌임으로써 양국 정부 간의 갈등은 최고조에 이르렀다. 이처럼 위기가 누적되고 증폭되는 전례 없는 상황에서 김재규가 당긴 권총의 파열음이 박정희 정권의 조종을 울렸던 것이다.

3. 박정희의 한국적 국가주의

이 장에서는 박정희 정권의 통치에 초점을 맞추어 박정희의 국가주의를 세 차원으로 나누어 고찰하고자 한다.[6] 세 차원이란 '정치철학으로서의 국가주의'(이하 '정치적 국가주의'), 박정희 정권에서 추진한 국가 주도 경제발전에서 드러난 '정치경제적 국가주의'(이하 '경제적 국가주의'), 1960년대 말부터 유신체제에 이르기까지 박정희 자신이 적극적으로 추진한 자주국방에 투영된 '국제관계(특히 미국과의 관계)에서의 국가주의'(이하 '대외적 국가주의')를 지칭한다. 필자는 국가주의의 세 차원을 정치철학, 정치경제학 이론 및 국제정치이론에 비추어 일반적 관점에서 간략히 논한 후 이를 각각 박정희의 국가주의에 구체적으로 적용하여 분석할 것이다.

1) 정치적 국가주의: 개인에 대한 국가의 우월성과 초월성

(1) 일반적 고찰

국가주의란 무엇인가? 국가주의는 정치철학 분야에서 먼저 이론화되었는바, 국가가 그것을 구성하는 개인, 집단, (시민) 사회보다 우월하며 그 구성요소를 초월하는 실재성과 가치를 갖는다는 사고를 지칭한다. 이 점에서 국가주의는 자유주의와 정면으로 대립한다. 자유주의 국가관에 따르면 국가는 개인의 생명 · 자유 · 재산을 보존하기 위한 도구나 장치에 불과하기 때문이다. 그러나 국가주의 철학을 가장 전형적으로 전개한 헤겔에 따르면 "국가 자체가 자기 목적"이 된다(황태연 2000, 203에서 재인용).

---

6 박정희의 국가주의를 논한 이 장은 강정인(2017)에서 집중적으로 끌어와 축약한 것이다. 필자는 박정희 '개인'의 국가주의사상이 박정희 '정권'의 국가주의적 정책과 불가분의 관계에 서 있다고 가정하기 때문에 양자를 명확히 구분하지 않고 '박정희의 국가주의'라는 간략한 표현을 사용하고자 한다.

따라서 국가는 자신의 목적을 실현하기 위해 필요하다면 개별 구성원의 희생을 요구할 수 있고, 또 개인은 국가의 이러한 부름에 기꺼이 응해야 한다. 국가주의사상은 우리가 익히 아는 '파시즘'(나치즘)은 물론 국가유기체설, 일본의 초국가주의, 좌파 전체주의 등에서도 공통으로 발견된다. 예를 들어 파시스트들에게 자유는 개인적 자유가 아니라 '민족의 자유', '전지전능한 국가의 자유', '유기적 전체의 자유'를 의미한다. "진정한 자유는 국가에 봉사하는 데 있다"는 것이다(볼 · 대거 2006, 366).

근대 서구에서 출현한 국가주의는 19세기 말부터 동북아시아에서도 본격적으로 수용되기 시작했다. 한국 근현대사에서 국가주의의 전개 과정을 다룬 연구에서 박찬승은 '자유주의'와 '국가주의'를 대비해 국가주의를 논했다. 자유주의와 달리 국가주의는 "국가권력이 개인의 자유나 권리보다 우월한 지위에 있다고 주장"하는 입장이다. 전자가 '천부인권설', '사회계약설', '개인주의'에 기초하고 있다면, 후자는 '사회유기체론'이나 '국가유기체론'에 근거를 두고 있다(박찬승 2002, 201). 박찬승은 한국 사회에서 근대적 국가주의가 19세기 말 이후 "일본·중국 등을 통해 한국에 들어온 [서양의] 국가주의사상과 결합함으로써 …… 굳건히 뿌리를 내렸다"고 언급한다. 박찬승은 국가주의의 극단적 형태로 '국가지상주의' 혹은 '초국가주의'를 제시하면서, 중일전쟁 이후 일본에서 그리고 한국에서는 박정희 시대에 그러한 초국가주의가 출현했다고 지적한다(박찬승 2002, 201). 박정희는 이처럼 19세기 말 이래 일제강점기를 거치면서 지속적으로 강화되어온 국가주의를 시대적 상황과 개인적 체험을 통해 깊숙이 내면화했고, 이러한 국가주의적 사고를 자신의 통치에 철저히 적용했다.

(2) 국가민족주의의 신성화, 영도적 국가민족주의

박정희의 국가주의는 국가와 정치의 관계에 대한 그 자신의 사고에서 특히 잘 드러난다. 1978년 4월에 행한 다음의 언설은 박정희 자신의 국가관/정치관을 총체적이고 압축적으로 잘 보여준다.

> 한마디로 정치의 목적과 제도의 참다운 가치는 그 나라의 당면 과제를 효율
> 적으로 해결하고 원대한 국가 목표를 착실히 실현해나가기 위해 국민의 슬
> 기와 역량을 한데 모아 생산적인 힘을 최대한으로 발휘할 수 있도록 뒷받침
> 하는 데 있다고 나는 믿습니다. 어떤 명분과 이유에서든, …… 국민총화와
> 사회안정을 저해하고 국론의 분열과 국력의 낭비를 조장하는 그러한 형태
> 의 정치 방식은 우리가 당면한 냉엄한 현실이 도저히 그것을 용납하지 않을
> 것입니다(6: 304).[7]

이 언설에서 흥미로운 것은 정치의 목적과 제도가 국가의 목표에 봉사
하는 것이라는 언급이다. 앞에서 논한 것처럼 국가가 정치에 선행하고 우
위에 있다는 이러한 사고는 서구의 자유주의와 정면으로 충돌하는 국가
주의적인 것이다. 또한 박정희에게 국가의 '당면 과제'와 '원대한 국가 목
표'는 민주적 합의에 의해 설정되는 것이 아니라, 위기를 수반하는 '냉엄
한 현실'이 우리에게 선택의 여지없이 부과하는 무언가 '긴급하고 자명한
것'으로 상정된다. 이처럼 '긴급한 위기'를 명분으로 그러한 과제와 목표
설정이 정치의 영역을 초월할 때, 곧 최고 통치자의 결단과 예지의 산물
로 귀결될 때, 유신헌법에서 구체화되고 당시 박정희의 통치가 전형적으
로 보여준 것처럼 정치는 초월적 영도자에 의한 '주권적 독재'의 모습을
띠게 된다.[8]

---

7 이하 박정희의 연설문, 담화문 등을 인용할 때에는 각주에서 '대통령비서실'에서 발간한
『박정희대통령연설문집』의 출처를 일일이 밝히는 대신, 편의상 본문 주를 사용해 인용문
뒤에 『박정희대통령연설문집』의 '권'과 '집'의 번호와 쪽수를 괄호 속에 기재하고(예를 들어
5권 278쪽은 '5: 278'로 표기), 필요한 경우에는 연설문(또는 담화문)의 제목이나 일자를
병기했다.

박정희의 국가주의는 민족주의와 강고하게 결합하여 국가민족주의로 그 모습을 드러냈다. 그것은 상처받은 '민족주의'—단군의 혈통을 이어받은 단일민족임을 강조하는 종족적 민족주의의 자부심에 자주적인 근대화의 실패와 뒤이은 국권강탈, 식민지 경험, 분단과 6·25전쟁 체험 등이 덧씌워짐으로써 형성된—가 '국가주의'—19세기 말에 수용된 서구의 국가주의, 일제강점기에 박탈당한 국가에 대한 강렬한 집착, 일제강점기에 부과되고 내면화된 파시즘적 국가관, 남북한에서 각각의 분단국가가 민족을 온전히 대표한다고 고집하는 분단국가주의 등이 한데 응축된—와 복합적으로 결합하여 출현한 것이다. 이러한 역사적 요인 이외에도 박정희는 그 자신의 개인적 성장배경으로 인해 국가민족주의를 더욱더 강렬하게 내면화하지 않을 수 없었다. 박정희 역시 일제강점기부터 국가를 잃은 민족의 애환을 체험하고, 분단과 6·25전쟁이라는 유례없는 민족의 수난시대'를 살아왔을 뿐만 아니라, 나아가 일제강점기에는 만주 군관학교와 일본 육사, 해방 후에는 조선경비사관학교에서 받은 군사교육을 포함해 오랫동안 군인으로서 국가주의적 사고와 규율을 철저히 내면화해왔다. 따라서 그는 한국 민족주의의 국가주의로서의 특성을 극단적으로 체현한 인물로 자리매김했다.

1963년 8월 전역식에서 행한 연설에서도 박정희는 "'생'과 '사'의 극한에서 감히 사를 초극하는 군인의 '죽음'은 정의와 진리를 위해 소아를 초개같이 버리는 희생정신의 극치로서 군인만이 가지는 영광되고 신성한 길"이라고 군인의 사명을 정의했다. 이어서 "이 거룩한 '죽음' 위에 존립할 수 있는 국가란, 오직 정의와 진리 속에 인간의 제 권리가 보장될 때에만 가치로서 긍정되는 것"이며, "국가가 가치구현이라는 문제 이전으로 돌아

---

8 주권적 독재의 개념은 칼 슈미트에 의해 고안된 것이다. 이에 대한 상세한 논의로는 최형익(2008), 강정인(2014, 285-287)을 참조하라.

가 그 자체가 파멸에 직면했을 경우"에는 혁명이 불가피하다고 하면서 자신의 쿠데타를 정당화했다(1: 489). 이 연설은 군인을 '정의와 진리'의 신성한 구현체인 국가를 위해 자신의 목숨('소아')을 '초개같이 버리는' 존재로 규정함으로써 군인으로서 지닌 국가주의적 사고의 진수를 극명하게 보여주었지만, 동시에 국가주의적 사고로 무장한 군인이 어떻게 (예외적으로 어떤 상황에서) 정부(국가)를 전복하는 쿠데타를 정당화할 수 있는지도 보여주고 있다.

이러한 정당화는 박정희가 군대를 '국가 개조의 방법'으로 보고 있다는 점에서 주목을 요한다. 박정희는 대구사범학교 재학 시절인 1936년에 일어난 일본의 2·26사건에서 깊은 영향을 받았다. 당시 "30대 초반의 가난한 농촌 출신"의 일본군 대위들은 "대륙 침략정책에 희생되고 있던 농촌의 현실"을 알고 나서, "관료화된 군 상층부를 숙청하고 사회적 모순을 일거에 해결한다는 구상"으로 "천황에 직접 호소하여 이른바 '소화유신'을 단행"하고자 2·26사건을 일으켰다(조갑제 1998b, 124-125). 그들은 몇몇 고위직 요인들을 살해한 후 "국가 개조와 군정부 수립을 요구"했지만 일왕의 진압 지시로 주모 장교들이 체포되고 쿠데타는 결국 무위로 끝나고 말았다. 그 쿠데타에 가담했지만 초급장교라는 이유로 만군으로 추방된 간노 히로시(菅野弘)를 만난 박정희는 그에게서 깊은 영향을 받았다(김삼웅 2017, 65-66). 조갑제는 박정희가 "2·26사건과 같은 일본 청년 장교들의 국가 개조운동"을 목격하면서 "군대를 독립투쟁과 국가 보위의 수단만이 아닌 국가 개조의 방법"으로 보는 사고를 키워갔다고 해석했다(조갑제 1998b, 133; 124-125도 참조).

박정희가 자주 사용한 용어들, 가령 '민족적 양심'이라는 개념 역시 국가민족주의적 관점에서 개념화된 것이었다. "전체의 이익과 개인의 이익이 상반 대립할 때는 개인의 희생과 통제로써 합치점을 발견하지 않으면 안 될 것이다. 개인과 전체의 이익이 상반 대립할 때, 거기서 자기를 통제하고 억제하면서 전체와 개인의 합치점을 모색하고 발견하는 것이 소위 '양식'이요, 이것을 민족적 견지에서 본다면 '민족적 양심'이라 할 수 있다" (박정희 1962, 29). (곧 인용할 것처럼) 박정희에게 민족과 국가가 거의 동일시된다는 점을 고려하여, 이 구절에서 '국가'를 '민족'에 대입한다면, 박정희에게 '민족적 양심'은 다른 말로 '국가적 양심'이 될 것이다.

박정희는 1970년 1월 행한 「연두기자회견」에서 "'나'라는 우리 개인을 …… '소아'", "'나'를 확대하고 연장한 …… 국가"를 "'대아'"라 하는데, "우리 민족" 역시 국가와 마찬가지로 "나를 확대한 '대아'"라고 규정함으로써 '대아'인 민족과 국가가 사실상 불가분적이고 호환적이라고 주장했다 (3: 686, 1970/01/19). 나아가 유신체제 수립 직후인 1973년 1월에 행한 연설에서 박정희는 "민족과 국가"는 "영생하는 것"이고, "'국가 없는 민족의 영광과 발전이라는 것'은 있을 수 없는 것"이라며 "국가는 민족의 후견인'"이라고 강조했다. 이 회견에서는 '나라'와 '나'의 구분, 이전에 구분했던 '소아'와 '대아'의 형식적 구분마저 폐기하면서, "'나라'와 '나'라는 것은 별개의 것이 아니라 하나인 것"이라며 "투철한 국가관"을 강조했다(5: 20, 1973/01/12). 급기야 박정희를 포함한 개별 국민 역시 민족 및 국가와 동일시했던 것이다.

박정희의 이러한 국가주의에서 우리는 '국가주의의 신성화'를 발견할 수 있다. 필자는 다른 글에서 한국 현대 정치사상사의 특징으로 '민족주의의 신성화'를 논하면서 그것이 민족의 영구성, 민족주의의 무오류성, 민족(주의)의 비도구성—민족주의는 최상위의 목적이자 이념이기 때문에 다른 목적이나 이념의 도구가 되어서는 안 된다는 관념—으로 구성되어 있다는 점을 밝힌 바 있다(강정인 2016). 그런데 위에서 논한 것처럼 박정희의 국가주의 역시 '민족과 국가'를 '영생하는 것'으로 규정함으로써, '정의와 진리'의 무오류적 구현체인 국가를 위해 개인의 무조건적인 희생을 요구함으로써, 그리고 국가권력을 남용하여 부정부패를 저지른 공무원들을 '국가의 반역자'로 규탄함으로써(3: 430, 1969/01/10), 국가의 영구성, 국가의 무오류성, 국가의 비도구성으로 구성된 국가주의의 신성화를 정식화했다고 할 수 있다.

또한 개인과 국가 및 민족을 동일시하는 박정희의 언술이 대통령을 국가와 민족의 불가분적 결합(동일성)을 매개하고 구현하는 초월적 지도자로 격상시키는 일은 자연스러운 귀결이었다. 다시 말해 국가와 민족의 불가분적 결합은 이를 매개하고 체현하는 인격화된 권력을 요구한바 이는 최종적으로 유신헌법 제정을 통해 대통령이 영도자의 지위에 오름으로써 명실상부하게 제도화되었다. 요컨대 국가민족주의를 극단적으로 구현한 유신체제는 '국가＝민족＝나(박정희)'라는 삼위일체적 결합을 공식화한 것이었으며, 이는 '영도적 국가민족주의'로서 박정희 개인이 권력의 최정상에서 민족과 국가의 화신이자 영도자로서 군림하게 된다는 것을 의미했다.

2) 경제적 국가주의: 경제발전과 국가주의

(1) 일반적 고찰

시장 중심의 경제발전 모델과 대립하는 경제적 국가주의는 자본주의적 산업화 또는 경제발전에서 국가의 적극적 또는 주도적 역할을 자유시장의 역할보다 강조한다. 한국에서 경제적 국가주의는 박정희 정권이 추진한 국가 주도의 경제발전을 통해 철저히 관철되었다. 박정희의 경제적 국가주의는 정치경제학에서 흔히 개발독재, 발전국가론, 동아시아 경제발전 모델 등 다양한 개념을 통해 이론화되었다. 정치적 국가주의와 경제적 국가주의는 강한 이론적·실천적 친화성을 지니고 있기 때문에 국가주의를 논할 때 함께 검토되어야 한다.

경제사가인 알렉산더 거센크론(Alexander Gerschenkron)은 역사적으로 후발 산업국가일수록 경제발전에서 국가의 역할과 개입이 증대된다는 점을 일찍이 밝힌 바 있다(Gerschenkron 1962). 19세기 후반 이후 뒤늦게 산업화를 추진한 독일, 이탈리아, 일본 등은 정치적 국가주의에 기초한 강한 국가를 활용한 경제적 국가주의를 통해 급속한 산업화에 성공했다. 미국의 정치학자인 그레고어(A. James Gregor) 역시 일찍이 파시즘을 우리에게 친숙한 용어인 '개발독재'로 새롭게 개념화하면서 파시즘이 "권위주의적이고 위계적인 정치체제의 주도에 의한 기율, 희생 및 헌신"을 통해 저발전을 극복하고 "자본 축적, 산업 발전 및 경제적 합리화"를 달성하고자 했으며, 그 결과 눈부신 경제성장을 달성했다고 주장했다(Gregor 1979, 144, 111, 149).

비슷한 맥락에서 미국의 정치학자 찰머스 존슨(Chalmers A. Johnson)은 전후 일본이 거둔 놀라운 경제성장과 국가의 역할을 검토하면서 '자본주의 발전국가'라는 개념을 제시했다(Johnson 1982). 20세기 후반 일본을 비롯한 한국·타이완·싱가포르 등 동아시아 국가들이 성취한 급속한 경제성장은 물론 덩샤오핑이 주도한 중국의 산업화 정책을 설명하기 위해 발전국가라는 개념이 널리 통용되어 왔다. 박정희 집권기의 한국도 전후의 일본형 발전국가를 모델로 하여 경제적 성공을 거둔 대표적 사례로 흔히 인식되어왔다. 그러나 박정희 시대의 개발독재형 발전모델의 기원을 전후 일본의 경제발전 모델이 아니라 계획경제에 기초한 국가적 통제를 통해 산업개발을 추진한 만주국에서 찾는 연구 성과들이 최근 속속 출현하여 주목을 받고 있다(김웅기 2006; 한석정 2012; 강상중·현무암 2012).[9]

---

9   이들의 주장에 따르면 만주국에서 실행했던 국가주의적 산업화가 각각 기시 노부스케 (岸信介)와 박정희를 통해 전후 일본의 경제부흥과 박정희 집권기의 개발독재에 계승된 것으로 해석된다.

(2) 국가 주도적 경제발전

국가주의가 명실상부하게 실효성을 확보하기 위해서는 (국가의 이념적·제도적 기제가 완비됨은 물론) 경제적으로 부유하고 군사적으로 강력한 국가를 건설해야 한다. 국가주의 이념이 강력하다 할지라도 빈곤하고 힘이 약한 국가는 사실상 종이호랑이에 불과하기 때문이다. 쿠데타 이후 박정희는 당시 국가의 실상에 관해 "마치 도둑맞은 폐가를 인수한 것 같았다"라는 소감을 실토한 바 있다(박정희 1963, 84). 박정희는 1962년에 펴낸 『우리 민족의 나갈 길』에서 안으로는 "국내의 경제사정 즉 빈곤, 기아, 실업 등"이, 밖으로는 공산주의자의 침략 위험이 민족의 자유에 중대한 위협을 제기한다고 주장했다(박정희 1962, 41). 따라서 박정희는 집권 기간 내내 자립경제 건설과 자주국방 확보를 국가의 목표로 정하고 이를 달성하는 데 온 힘을 쏟았다. 이 절에서는 먼저 경제적 번영을 추구한 박정희의 경제적 국가주의를 다루고, 이어지는 절에서는 자주국방을 추진한 대외적 국가주의를 다루도록 하겠다.

박정희는 집권기에 수차례에 걸쳐 경제개발 5개년계획을 입안하는 등 경제에 체계적으로 개입함으로써 경제발전을 성공적으로 견인했다. 박정희는 군정기인 1962년 1월에 "당면한 우리의 지상목표는 경제 재건을 위한 산업개발"이라고 강조했다(1: 157). 박정희가 쿠데타 직후인 1961년 7월 경제기획원을 창설한 것은 널리 알려진 사실이다. 같은 해 11월 미국 샌프란시스코에서 행한 연설에서, "특히 우리 한국과 같은 저개발국가에서는 모든 가용자원을 최대한으로 이용하도록 선견 있고 합리적이며 잘 조화된 그리고 모든 요소를 세심히 고려한 총괄적인 경제계획이 필요"하다고 일찍부터 역설한 바 있다(1: 129). 박정희는 민정 이양을 위한 선거를 앞두고 출간한 책에서 군정 2년간의 성과를 보고하면서 그 내용의 거의 대부분을 1962년부터 추진한 제1차 경제개발 5개년계획을 상세하게 설명하는 것으로 채우기도 했다(박정희 1963).

박정희 정권은 정부가 직접 은행을 통제하고 정책금융과 세제지원을 통해 전략적 산업과 수출 기업에 투자를 집중시킴으로써 수출 진흥을 위한 불균형 성장을 추진했다. 외국자본 유입을 국가가 면밀히 감시하고 통제하는 것은 물론, 금융자원을 산업정책과 개발계획에 맞추어 배분했다. 환율정책과 경상수지 관리정책, 높은 무역장벽 설치와 수입 금지 및 허가제를 통해 외환관리, 무역수지 개선 및 국내산업 보호를 위해 노력했다 (이강국 2005, 305, 309). 또한 박정희 정권은 외국자본 도입의 긴요성을 고려하여 민간기업의 차관에 대해서도 정부가 지급을 보증하는 유례없는 조치를 취했다. 심지어 "박정희 정부는 매년 철강 몇만 톤의 필요분을 예측하여 그에 따라 제철소 건립 및 이에 필요한 국내외 자금의 조달방안과 기술자 양성을 위한 공업고등학교의 설립까지도 구체적으로 계획하고 정책"으로 밀어붙일 정도로 주도면밀하게 경제에 관여했다(이강국 2005, 308). 나아가 국가 주도 경제발전에 대한 대중들의 지지와 동원을 극대화하기 위해 민족주의적 열정에 호소하면서 정권 초창기부터 1970년대에 이르기까지 국가재건운동, 국민교육헌장, 제2 경제운동, 새마을운동 등 각종 대중 운동을 전국적으로 전개했다.

　1973년 이후 박정희 정권은 미군 철수 논의로 인해 초래된 안보적 위기상황을 타개하고 한국 경제를 자본 집약적 고도 산업국가로 전환시키기 위해 중화학공업화정책을 본격적으로 추진했다. 당시 중화학공업기획단 단장이었던 오원철은 중화학공업화 추진과 10월유신의 관계를 국가주의를 고리로 하여 설명하였다.

　요사이 많은 사람들이 박 대통령은 경제에는 성공했지만 민주주의에서는 실패했다고들 말한다. 심지어는 박 대통령 아래서 장관을 지냈던 이들조차 공개적으로 중화학공업화와 유신 개혁을 별개의 문제처럼 이야기한다. 나는 이렇게 말한다. 중화학공업화가 유신이고 유신이 중화학공업화라는 것이

쓰라린 진실이라고. 하나 없이는 다른 하나도 존재할 수 없었다. 한국이 중화학공업화에 성공한 것은 박 대통령이 중화학공업이 계획한 대로 정확하게 시행되도록 국가를 훈련시켰기 때문이다. 유신이 없었다면, 대통령은 그런 식으로 **국가를 훈련**시킬 수 없었을 것이다(김형아 2005, 294에서 재인용; 강조는 필자).

오원철의 이러한 언명은 중화학공업화의 추진이 유신 시대에 최고조에 달한 경제적 국가주의의 소산임을 밝힌 것이다. 김형아의 표현에 따르면 "중화학공업을 추진하는 과정에서 박정희는 '대통령 지시'라는 명분하에 최고 권력을 행사했고, 이를 국가기관뿐만 아니라 주요 재벌, 고위직 관료, 군 장성들을 통제하는 수단으로 사용했다. 유신체제하에서 박정희는 국가 그 자체였고, 어느 누구도 그의 감시망에서 벗어나지 못했다"(김형아 2005, 33).

앞에서도 잠시 언급한 것처럼 최근의 연구들은 박정희 시대 경제발전 모델을 계획경제에 기초하여 산업개발을 추진한 만주국에서 찾는다. 박정희의 국가 주도 경제발전과 만주국에서 관동군이 추진한 산업개발의 연관성을 깊이 있게 추적한 한석정에 따르면, 박정희는 관동군이 점령지에서 군사작전을 수행하듯이 밀어붙인 경제정책을 한국 경제에 도입했다. 또한 경제개발의 모토였던 '증산, 수출, 건설'에서 건설에 관한 논의는 종종 간과되는데 박정희 정권하에서 1960년대 한국은 "전국이 건설의 현장"으로 화한, "만주국을 능가하는 건설국가"였다(한석정 2012, 164). 만주국에서 일본군은 국도건설국(國都建設局)을 창설하여 신징, 따리엔, 하얼빈 등에서 대도시 건설을 일사천리로 진행했다(한석정 2012, 163).[10] 박정희

---

10 박정희 정권은 울산공업단지를 건설하기 위해 '울산특별건설국'을 설립했는데, 그 명칭은 '국도건설국'과 유사하다(한석정 2012, 164).

의 군사정부 역시 쿠데타 직후 건설부를 만들었고, 만주군 동기생들이 직접 건설부 장관을 맡기도 했다(한석정 2012, 166). 또 박정희 정권은 1963년에 제정된 국토건설종합계획법을 토대로 집권 기간 내내 전국 곳곳에서 고속도로와 철도 건설, 공업단지 건설, 대규모 공장 건설, 도시계획사업, 토지구획사업 등 대규모 건설사업을 벌였다. 이렇게 보면 박정희의 경제적 국가주의는 국가가 경제를 단순히 '발전'시킨 것이 아니라, 오원철의 말처럼, 경제를 '건설'한 것으로 해석하는 것이 온당할 것이다(오원철 2006, 261-262).

3) 대외적 국가주의: 국제관계와 국가주의

(1) 일반적 고찰

국가주의는 본래 대내적으로 국가와 그 구성원들 사이의 수직적·유기체적·권위주의적 관계를 지칭하기 위해 사용되는 개념으로, 보통 국가의 대외적 활동을 지칭하기 위해서 사용되는 개념이 아니다. 그러나 국가주의는 대내적으로 국가의 최고성은 물론 대외적으로 국가의 독립 또는 자주성을 명실상부하게 확보할 때 비로소 완성된다고 할 수 있다. 후자를 위해서는 국제관계에서의 국가주의가 필요하다. 국가가 대내적으로 최고의 위상을 확보하고 있다 할지라도 경제적으로 또는 군사적으로 타국에 의존하거나 종속되어 있다면 국제관계에서의 열악한 지위는 필연적으로 국가의 대내적 최고성마저 위협할 것이기 때문이다.

대외적 측면에서 파악된 이러한 국가주의는 현대 국제정치이론에서 '현실주의'와 긴밀한 연관을 맺고 있다. 그 이론은 국제정치의 기본적이고 중요한 행위자는 국제기구나 국제레짐, 초국적 기업 또는 초국적 시민단체(INGO)가 아니라 오직 '국가'라는 점을 강조한다. 현실주의에 따르면 국제정치는 국가 간의 분쟁과 갈등을 중재하고 해결할 수 있는 상위의 공통된 심판자가 없는 무정부적 상태를 가정한다. 이러한 상태에서 국가는 항상 안보 딜레마에 직면하는데, 자신의 안전을 확보하고 분쟁을 해결하는 궁극적 수단으로 오직 폭력을 수반하는 자력구제에 의존할 수밖에 없다. 따라서 무정부 상태인 국제질서에서 국가는 생존을 위해 "힘에 대한 끊임없는 욕망"(Hobbes 2008, 170-171)과 함께 자신의 국력을 극대화하고자 부단히 노력하며, 이 과정에서 강력한 대외팽창적 지향성을 갖게 된다. 이처럼 대외적 국가주의는 국가가 안보 딜레마의 상황에서 자국의 힘과 이익을 일방적으로 또는 우선적으로 추구하는 국제정치적 현상을 지칭한다.

(2) 방위산업 육성과 국군 현대화를 통한 자주국방

앞에서도 언급한 것처럼 박정희가 유신체제에 들어와 중화학공업화정책을 저돌적으로 추진하게 된 배경으로는 경제적 이유 이외에도 1960년대 말부터 제기된 북한의 빈번한 무력도발, (주한미군 철수 논의로 불거진) 미국과 동맹관계의 불안정이 야기한 안보위기, 그리고 자주국방에 대한 박정희의 집념이 언급된다. 이 점에서 박정희는 급속한 산업화에 기초한 강력한 국가 건설을 통해 북한의 안보위협에 자력으로 맞설 수 있는 자주국방을 추진했다. 이러한 자주성의 추구를 박정희 집권기 국가주의의 대외적 측면으로 이론화하여 다룰 필요가 있다.

박정희는 5·16 군사쿠데타는 물론 자신의 권위주의 체제를 정당화하기 위해 무엇보다도 북한을 염두에 두고 반공과 국가안보를 적극적으로 활용하고 강조했다. 권혁범은 국내 신문에 흔히 나오는 "안보 및 힘 담론과 평화" 관련 기사나 칼럼을 분석함으로써 국제정치에서 현실주의적 세계관과 국가주의의 긴밀한 관계를 명쾌하게 지적했다. 그는 이러한 담론이 형성하는 '조건반사적 회로'를 이렇게 표현한다. "국제 정치현실 → 냉혹한 정글 → 약육강식 → 자구적 힘의 필요성 → 국력 증강 및 국익 강화

↔안보 태세 강화 ↔ 국가 강화"(권혁범 2004, 84). 권혁범은 이러한 논리가 "국가적인 것을 초월적인 것으로 전환시킴으로써 국가를 정치로부터 분리"시키고 나아가 "국가 및 안보[가] 정치에 대해 우위를 점"하게 되는 국가주의를 형성·강화한다고 주장한다(권혁범 2004, 84-85).

이러한 안보관에 따라 박정희의 대외적 국가주의는 미국에 의존하지 않고 능히 북한에 대적할 수 있는 자주적인 국방 능력을 갖추는 것을 목표로 했다. 박정희는 북한의 위협에 맞서고 강대국의 희생양이 되는 약소국가의 처지를 벗어나기 위해 방위산업을 육성하여 무기개발을—심지어 핵무기 개발까지—착수하면서 국군의 현대화와 자주국방을 추진했다. 자주국방에 대한 박정희의 집념은 1960년대 말경 북한의 도발이 빈번해지고, 국제정세의 변화와 함께 미국이 주한미군 철수를 추진하면서 더욱 강화되었다.

1960년대 말부터 1970년대 중반에 이르기까지 한국의 안보 위기상황이 고조되자 박정희는 자주국방에 대해 심각하게 고민하기 시작했다. 북한은 1968년 두 차례에 걸쳐 무장공비들을 침투시켰다. 또 비슷한 시기에 동해상에서 미국의 푸에블로호를 납치하고 미국의 첩보기를 격추시키기도 했다. 거듭되는 안보 위기상황에서 미국이 보여준 미온적 태도로 인해 박정희는 북한의 무력도발 시 미국의 한국 방어 의지에 관해 강한 우려를 품게 되었다. 이런 상황에서 1970년 7월 미국의 닉슨 행정부는 비무장지대에 배치된 주한미군 제7사단의 철수를 한국에 정식으로 통보했다(김정렴 2006, 384). 이런 일련의 상황에 대처하기 위해 박정희는 1968년부터 1970년까지 3년 연속 국정지표를 "일면 건설, 일면 국방"으로 정하고(김정렴 2006, 382), 무기의 현대화와 국산화를 강조했다.

박정희는 북한공비침투사건 이후 창설한 향토예비군을 무장시키기 위해 이미 무기공장 건설의 필요성을 느꼈고, 1970년 6월 방위산업 건설을 지시했다. 이어서 극비리에 '무기개발위원회'와 '국방과학연구소'를 창설했고 M-16 소총 공장 건설을 지시했다(김형아 2005, 280). 또한 주한미군 철수에 대비해 고성능 무기와 군 장비의 자체적 생산을 계획하고 추진했다. 이러한 계획은 핵무기와 유도탄 개발도 포함되었다. 이에 필요한 재원을 조달하기 위해 방위성금을 모금하고, 방위세도 도입했다(김형아 2005, 316). 미국은 한국의 핵 개발 프로그램 추진을 저지하기 위해 여러 가지 방식으로 압력을 행사했다(김형아 2005, 324-326). 이처럼 주한미군 철수 논의에 따른 안보위기의 심화로 인해 박정희는 한국의 존립 자체가 위기에 처해 있다고 믿었고, 어떤 희생을 치르더라도 방위산업 개발을 겸한 중화학공업화를 필사적으로 밀어붙였다(김형아 2005, 336). 요컨대 중화학공업화의 추진은 미국에 대한 의존도를 줄이고 한국의 경제적·군사적 능력을 동시에 신장시킴으로써 북한을 경제와 국방 모두에서 능가하는 것을 목표로 했다(김형아 2005, 222).

당시 정부의 핵심 고위 관료들은 한국적 국가주의의 절정인 유신체제가 "국가의 근본적 목표, 즉 부강하고 공업화된 국가 건설을 달성하고 대미 의존도를 줄이기 위한 획기적인 공업구조 개혁을 시행"하는 데 필수적이었다고 믿었다(김형아 2005, 313). "그들의 국가 개발 방식은 철저히 국가주의적, 권위주의적이었고 경제 민족주의에 상당히 의존했다"(김형아 2005, 313-314). 이 점에서 1960년대 말부터 조성되고 가중된 안보 위기상황은 박정희와 고위 관료들이 국가주의의 대외적 표현인 자주국방에 필사적으로 매달리게 했고, 아이러니하게도 핵 개발을 포함한 고성능 무기 개발 프로그램의 추진은 박정희 정권의 몰락을 재촉한 하나의 요인으로 추정되고 있다. 자신이 추진한 국가주의에 자신이 희생된 셈이었던 것은 아닐까?

4. 국가주의가 투영된 박정희의 민주주의관[11]

마지막으로 박정희 집권기에 국가주의와 민주주의가 충돌하면서 그것이 '민주주의로 분식(粉飾)된 권위주의' 또는 '민주주의를 코스프레한 권위주의'로 출현됐다는 점을 논하면서 이 글을 마무리하고자 한다.

박정희는 『우리 민족의 나갈 길』(1962)에서 경제적 빈곤, 북한의 위협 및 한국의 역사적·문화적 특수성 때문에 한국에서는 서구적 민주주의를 온전히 실현할 수 없다면서, 사실상 권위주의 체제가 불가피하다거나 또는 "왜곡된 '위장 민주주의'"가 필요하다고 강변했다. 그는 한국에 "민주주의가 …… 풍요한 결실을 맺을 수 있는 주체적인 조건"이 결여되었다고 보고, 그 예로 서구와 본질적으로 다른 "역사적인 배경"과 "문화적 전통", 경제적으로 극심한 빈곤과 대량 실업, "농촌의 방대한 문맹", 열악한 산업화 수준 등을 열거했다(박정희 1962, 221-222).

이런 현실적 제약조건은 박정희로 하여금 서구적 민주주의를 실현할 수 있는 주체적 조건이 충족될 때까지 한국 실정에 알맞은 민주주의를 실천할 것을 제안하게 했다. 그는 자유당·민주당 정권의 정치를 '실패한 민주주의'라고 비판한 후, "민주주의의 형태는 수입하더라도 그 뿌리까지 수입할 수는 없다"고 주장하면서 "새로운 지도세력의 대두와 육성"에 기초하고 "한국 사상사의 주체성에 접목한 '민주주의의 한국화'"라는 정치적 과제를 제기했다(박정희 1962, 130-131). 집권 마지막 해인 1979년 1월에 행한 「연두기자회견」에서도 "…… 서구 민주주의도 대단히 훌륭하고 좋은 것은 틀림없지만, 이것을 받아들이는 나라가 그 나라의 소위 역사적인 배경과 사회적인 환경, 다시 말하면 기후 풍토를 고려하지 않고 거기

---

11 이 장의 논의는 강정인(2014, 제5장)에서 집중적으로 끌어와 축약한 것이다. 이 장은 박정희의 국가주의를 '권위주의'라는 개념을 통해 조명하였다. 개인에 대한 국가의 우월성이나 초월성을 주장하는 국가주의는 당연히 권위주의를 수반하기 때문이다.

에 알맞는 재배 방법을 실시하지 않을 것 같으면 결국 성공"하지 못한다고 주장했다(16: 46-47). 이처럼 박정희는 집권 18년 동안 서구적 민주주의가 한국에 그대로 적용되기 어렵다는 입장을 일관되게 견지했다. 이 점은 그가 "민주주의의 한국화"를 적용해 제안한 개념들인 '행정적 민주주의', '민족적 민주주의', '한국적 민주주의' 사이에서 놀라운 유사성과 지속성이 발견된다는 점에서도 확인된다.

먼저 박정희는 5·16 군사쿠데타와 함께 군정을 실시하면서, 정당성의 결여를 메우기 위해 자유민주주의를 실시하기 위한 과도기적 단계로서 '행정적 민주주의'를 제안했다(박정희 1962, 231). "…… 비록 우리들이 혁명 단계에 있어서 완전한 정치적인 자유민주주의를 [향]유할 수 없다 하더라도 최소한 행정적 '레벨'에 있어서는 민주주의적인 원칙이 고수되고 민주주의적 원칙에 의하여 국민의 의견과 권리가 존중되어야 한다"(박정희 1962, 232). 박정희가 제시한 행정적 민주주의의 구체적인 내용은 다음과 같다.

> …… 행정적 민주주의는 정부가 하는 일에 대하여 국민의 정당한 비판과 건의를 봉[쇄] 하는 것이 아니라 오히려 이것을 환영하며 국민의 여론 앞에 정부의 업적을 심판하고 국민의 정당한 의견 아래서 정부의 잘못(만일 있다면)이 시정되어 나가는 방향으로 되어야 할 줄 안다. …… 행정부의 모든 직권 행사에 있어서 비록 혁명기라 할지라도 민주주의적인 절차와 민주주의적인 원칙하에서 이루어져야 할 것이다(박정희 1962, 232).

요컨대 행정적 민주주의는 정치적 민주주의가 중지된 군정 단계에서 "정권의 정당성이나 정권 담당자에 대한 비판을 제약하되 정책에 대한 비판은 허용하고 여론을 수렴하는 것"을 의미했다(조갑제 1999, 158).

박정희는 1963년 대통령 선거를 위해 행한 정견발표에서 윤보선 후보에 대항하여 '민족적 민주주의'를 주장했다. 그는 "자주와 자립이야말로 제3공화국의 집약적 목표"라고 하면서 "민족의식이 없는 사람들에게 자유민주주의는 항상 잘못 해석되고 또 잘 소화되지 않는 법"이며 오직 "자주와 자립의 민족의식을 가진 연후에야 올바른 민주주의를 가질 수 있다"라고 역설했다. 그리고 당시의 선거를 "민족적 이념을 망각한 가식의 자유민주주의사상과 강력한 민족적 이념을 바탕으로 한 자유민주주의사상"의 대결로 규정하면서 민족적 민주주의를 제창했다(1: 519-520).

박정희에게 민족적 민주주의는 자주와 자립에 기초해 조국 근대화와 민족중흥의 과업을 성취함으로써 궁극적으로 '민족(=국가)의 자유와 번영'을 추구하는 이념이었다고 해석할 수 있다. 물론 민족의 자유는 민족의 생존권을 수호하는 것은 물론 공산주의자의 압제로부터 북한 동포를 해방시키는 승공통일을 포함하는 것이었다. 또한 박정희는 "근대적 자유민주주의만이 우리 민족이 살 수 있고 번영할 수 있는 유일한 제도"라고 천명함으로써 자유민주주의를 민족의 생존 및 번영과 연결시키기도 했다(박정희 1962, 22). 이처럼 박정희는 민족적 민주주의와 자유민주주의를 모순관계로 보지 않았다.[12] 그에게 민족적 민주주의는 서구의 자유민주주의와는 다른 버전의 자유민주주의였다.

박정희는 1972년 10월 유신헌법을 제정하기 위한 헌법 개정안을 공고하면서 "이 땅 위에 한시바삐 우리의 실정에 가장 알맞[은] 한국적 민주주의가 뿌리를 내려 올바른 헌정질서를 확립하게 되기를 진심으로 기원하면서……"라고 말하면서 민주주의로 분식된 권위주의의 결정판인 '한국적 민주주의'를 주장했다(4: 307).

박정희의 한국적 민주주의는 선거·정당·의회를 중심으로 정치적 반대

---

12 이와 관련하여 제3공화국 헌법이 서구의 자유민주주의와 비교해 손색이 없었다는 점을 상기하는 것은 매우 중요하다.

의 자유를 제도적으로 보장하는 정치적 민주주의를 무력화한 후, 과거 군정 단계에서 제안했던 행정적 민주주의를 부활시킨 것이었다. 그런데 박정희가 새마을운동을 한국적 민주주의의 표본으로 제시한 데서 확인되듯이, 이제 행정적 민주주의는 새마을운동으로 구체화되었다. 박정희는 1975년 7월에 행한 연설에서 "도시와 농촌에서 묵묵히 땀 흘려 일하는 새마을 지도자들, …… 산업전사 및 기업인들, 그리고 …… 방위역군들"이야 말로 "이 땅에서 민주주의를 육성·발전시키고자 노력하고 있는 진정한 민주역군"이라고 치켜세우면서, 그들이 "땀 흘려 일하는 농촌과 공장, 그리고 직장과 가정이 곧 민주주의 실천도장"이라고 역설했다(5: 452). 그는 새마을운동과 관련해 "지도자를 중심으로 굳게 단결"할 것과 "부락공동사업"을 "주민의 총의를 모아서 결정"할 것을 당부하면서, 이 점에서 새마을운동이 '한국적 민주주의의 실천도장'임을 거듭 언급했다. 박정희는 "새마을운동을 추진하는 과정에서 우리 농민들이 민주주의가 무엇이며, 또 어떻게 하는 것이 민주주의를 올바로 실천하는 길인가를 체험을 통해 알게 되었다는 사실"을 자랑스럽게 거론하기도 했다(6: 242, 1977/12/09).

한국적 민주주의는 이제 정치가 아닌 '행정적 수준'에서 국민들이 집단적이고 자발적인 자치활동을 통해 국가가 설정한 정책의 효율적인 집행에 참여하면서 필요에 따라 정부에 비판과 건의를 하고, 정부 역시 잘못된 정책에 대해서는 시정을 하는 행정적 민주주의를 의미했다. 요컨대 한국적 민주주의는 '국력 소모의 주범'인 정치적 민주주의의 희생 위에 민족적 민주주의와 행정적 민주주의가 결합된 박정희식 민주주의의 완결판이었다.

필자는 『한국 현대 정치사상과 박정희』에서 에른스트 블로흐(Ernst Bloch)가 고안한 '비동시성의 동시성'이라는 개념을 변환·적용하여 중심부 선발국 사상의 수용 과정에서 한국과 같은 주변부 후발국이 겪게 되는 특징적 경험을 조명한 바 있다. 필자는 이 개념을 한국 정치사상의 전개 과정에서 세계사적 시간대와 한국사적(일국사적) 시간대의 불일치에서 비롯된 상호 간의 교차와 충돌을 통해 빚어진 어느 일방의 압도·반발·변이를 설명하기 위해 활용했다. 필자는 이를 통해 민주화 이전 한국 정치질서를 '권위주의와 자유민주주의라는 이중적 질서의 중첩적 병존'으로 규정했다. 곧 그것은 규범적 현실(normative reality)로서 자유민주주의(세계사적 시간대)와 실제적 현실(actual reality)로서 권위주의(한국사적 시간대)가 복합적으로 상호작용하면서 중첩적으로 존재하는 현상을 지칭한 것이다. 이러한 이중적 질서의 중첩적 병존은 자유민주주의라는 세계사적 시간대의 압도로 인해 한국의 역대 권위주의 체제가 그 자체로는 정당성을 획득할 수 없었다는 규범적 현실에서 비롯되었다. 즉 권위주의 체제는 '궁극적' 정당성의 원천인 민주주의에 연결되어 단지 '과도기적', '매개적' 또는 '묵시적' 정당성만을 인정받을 수 있었던 것이다. 이러한 특징으로 인해 박정희 역시 중첩이 시사하는 민주주의와 권위주의의 괴리, 곧 자신의 정권이 안고 있는 민주적 정당성의 결여에 어떤 식으로든 대처하지 않을 수 없었고, 그 결과 민주주의에 대한 담론을 지속적으로 생산해내지 않을 수 없었다.

다시 말해 박정희는 반공(국가안보)과 경제발전(또는 근대화)을 명분으로, 또는 한국의 독특한 역사적 배경과 문화적 전통을 이유로 사실상의 권위주의 정권 수립이 불가피하다고 역설했지만, 이를 '권위주의'라는 이름으로 정당화할 수는 없었다. 따라서 민주적 정당성을 확보하기 위해 다양한 방법과 논리에 따라 그런 명분과 이유를 민주주의와 연결시키는 담론을 생산해내야 했다. 예를 들어 반공 또는 국가안보에 대한 위협을 내세우더라도, 이 때문에 권위주의가 불가피하다는 주장이 아니라 민주주의를 수호하기 위해 반공 또는 국가안보가 긴요하다든가, 경제발전이 권위주의 체제의 유지를 위해서가 아니라 장차 민주적 질서를 성취하기 위한 필요조건 혹은 선결조건이라는 논리를 개발해야만 했다. 문화적으로는 한국의 독특한 전통이 '권위주의' 체제(의 유지)가 필요하다는 노골적인 논리가 아니라 우리 실정에 알맞은 '민주주의'를 요청한다는 분석적인 논리를 개발해야 했다. 그 결과 박정희의 권위주의 체제는 민주적 정당성을 차용하는 데 '민주주의의 한국화'라는 발상을 활용함으로써, 곧 '행정적', '민족적' 또는 '한국적'이라는 수식어를 민주주의 앞에 달아야 했다.

그렇게 '분식된' 논리는 나름대로 일정한 정당성을 누릴 수 있었지만, 동시에 그것은 민주주의와 권위주의의 끊임없는 내재적 충돌과 긴장을 단지 미봉한 것에 불과했던 만큼 불안정하고 유동적인 상태로 남아 있을 수밖에 없었다. 이에 따라 한국의 민주화운동 역시 이러한 내재적 충돌과 긴장에 주목해 그 위선성을 폭로하는 지점에서 대립전선을 형성하게 되었다. 실제로 이같은 지속적인 내적 충돌과 긴장은 민주화운동에 매우 유리한 전선을 제공한 면이 있다. 만약 박정희가 싱가포르의 리콴유 수상처럼 '아시아적 가치'의 우월성을 주장하고 민주주의의 정당성을 공개적이고 원칙적으로 부정하면서, 가령 경제발전이나 안보와 반공을 위해 또는 문화적 전통 때문에 대통령 1인에게 권력이 집중된 권위주의 체제가 바람직하거나 불가피한 것이라고 명시적으로 주장하고 이를 옹호·선전했더라면, 민주화 세력은 박정희 정권의 실상이 그의 주장과 '상반된' 비민주적 또는 반민주적인 권위주의 체제라는 비판을 제기할 수 없었을 것이다. 따라서 박정희의 권위주의 체제는 스스로를 '민주주의'라고 규정함으로써 부분적으로 정당성을 누린 반면, 동시에 '민주주의'에 치명적으로 결박되었던 것이다. 다시 말해 민주주의는 박정희에게 '양날의 칼'이었던 셈이고, 이는 김재규에 의한 극적인 암살을 통해 역사적으로도 입증되었다.

5. 여전히 출몰하는 한국적 국가주의

박정희의 정치적 업적에 관한 평가는 치열한 논쟁과 함께 여전히 현재 진행형이다. 보수우파 논자들이 현대 한국 정치를 논하는 글에서 박정희는 한국 정치가 이룬 모든 긍정적 성과—'한강의 기적', 민주주의의 물질적 토대 마련, 산업화와 민주화에 모두 성공한 보기 드문 비서구권 국가—를 가능케 한 '영웅'으로 칭송되는가 하면, 진보좌파 논객들 사이에서는 박정희가 한국 정치가 안고 있는 모든 심각한 해악—재벌경제로 상징되는 파행적 경제구조와 부의 양극화, 비대한 중앙정부와 지방자치의 부진, 반공과 국가안보를 빙자한 인권침해 등 권위주의적 유산, 고질적인 지역주의 등—을 발생시킨 '악당'으로 지목되어 왔다. 그러나 이처럼 양극화된 평가가 암묵적으로 공유할 수 있는 가정은 일종의 영웅사관으로서, 현대 한국 정치에서 박정희는 긍정적이든 부정적이든 전지전능한 '초인'과 같은 존재라는 점이다.

그러나 박정희에 대한 이러한 일방적인 평가는 반(反)역사적이고 반(反)학문적인 것으로서 기각되어야 한다. 대신 정해구가 제안한 것처럼, 우리는 박정희의 통치를 박정희 정권이 구축한 일종의 "박정희식 개발독재 패러다임"으로 접근하는 학술적인 방법을 채택할 필요가 있다. 이 패러다임은 무엇보다도 먼저 강력한 리더십과 카리스마를 지닌 박정희라는 정치지도자가 근대화를 추진하고 남북한 체제의 경쟁 속에서 북한에 대한 우위를 확보하기 위해 수출주도의 공업화를 통한 급속한 경제성장이라는 국가적 목표를 수립하고 추진한 것으로부터 시작됐다. 나아가 집권세력은 이런 목표를 수립·실행하는 과정에서 한편으로는 물질적인 유인을 제공해 가능한 한 자발적인 국민적 동의와 합의를 유도했지만, 다른 한편 필요한 경우에는 반대세력을 억압하기 위해 물리적 강제기구를 구축하고 이를 통해 '고도의 효율적인(=무자비한)' 강제력 행사 또한 주저하지 않는다(정해구 1998, 64-65). 이 패러다임에서 국가적 목표를 수립하고 실행하는 데 있어 강력한 지도자의 리더십과 이에 따른 국가주의적이고 권위주의적 통치는 필수 불가결한 것으로 인식된다.

박정희식 개발독재 패러다임을 위와 같이 이해한다면, 박정희의 정치사상은 박정희가 그 패러다임을 실천에 옮기는 과정에서 국가적 목표의 수립과 실행 그리고 강력한 리더십 행사를 정당화하기 위해 생산한 정치적 담론으로 구성된다. 이렇게 볼 때 박정희는 반공(국가안보)과 경제발전(근대화)이라는 국가적 목표의 설정과 단호하고 효율적인 추진을 정당화하는 과정에서 반공, 민주주의를 코스프레한 권위주의, 반자유주의적(=국가주의적) 보수주의 및 민족주의에 관한 담론을 생산해냈고, 그 총화가 박정희의 정치사상으로 형상화되었다고 이해해야 할 것이다. 결과적으로 박정희의 정치사상은 장기집권 과정을 통해 다양한 이데올로기적 매체와 기제를 통해 반공과 근대화를 중심으로 응집된 보수우익세력은 물론 일반 국민에게도 광범위하게 확산되고 깊숙이 침투해 보편화되었다. 이런 점에서 박정희의 권위주의 정권에 치열하게 맞서 항거했던 민주인사들 역시 박정희가 부과한 사상적 프레임으로부터 전적으로 자유로웠다고 보기는 어렵다. 요컨대 박정희의 정치사상은 당대의 '지배 이데올로기'였다.

2019년 현재, 박정희의 18년 통치가 끝난 지도 거의 40년이 흘렀다. 그러나 박정희 통치의 긍정적·부정적 유산을 논하는 과정에서 그가 죽은 후 지나간 세월이 그의 집권 기간보다 훨씬 더 길다는 식으로 안이하게 접근해서는 안 된다. 박정희 사후에도 전두환·노태우의 군부정권이 사실상 박정희의 체제로부터 물려받은 과거의 억압적 국가 통치기구들로 강력하게 온존시키면서 13년 동안 권위주의 체제를 지속해왔기 때문이다. 이렇게 본다면 넓은 의미에서 박정희 체제는 32년(1961-1993)간 지속되었고, 본격적인 민주화는 겨우 25년 정도 진행됐다고 볼 수 있다(고종석

2005). 그러나 이러한 계산도 1993년 이후에 박정희의 '유훈통치'[13]가 다양한 양상을 띠고 단속적(斷續的)으로 출몰해왔던 점을 고려하면 정확하지 않다. 박정희 개발독재 시대에 집중적인 수혜를 받으면서 양성된 재벌기업 출신의 경영자로서 높은 경제성장을 통한 선진국 진입을 공약으로 내걸고 2007년 대통령 선거에서 당선된 이명박 대통령(2008-2012)은 물론 박정희의 딸로 아버지의 후광을 업고 박정희 정권의 '불가피성'을 옹호하면서 집권에 성공한 박근혜 대통령(2013-2017) 정부를 포함한다면 9년을 더 추가해야 하기 때문이다(강정인 2014, 345-346). 그렇게 본다면 권위주의적 잔재를 본격적으로 청산하려는 강력한 개혁 의지를 지닌 민주적 정부는 김영삼, 김대중, 노무현 그리고 현 문재인 정부를 포함하여 기껏해야 17년 정도에 지나지 않는다.

그렇기 때문에 보수우익세력의 이념을 대변하고 조형해온 국가주의 정치사상의 영향력은 여전히 완강하게 존속하고 있다. 2014년 통합진보당 해산 판결에서 드러났듯이 반공주의는 '종북 딱지 붙이기'를 통해 여전히 위세를 떨치고 있다. 보수우파세력은 '자유민주' 또는 '자유민주주의'를 수호한다는 표현을 사용하지만 '반공'을 강력하게 암시하면서 박정희식 국가주의의 유산인 '국가 정체성을 지킨다' 또는 '국가 정체성의 위기'라는 구절을 여전히 즐겨 사용하고 있다.[14] 실제 박근혜 정부 시절 청와대 회의석상에서 다수 시민의 지지를 받아 선출된 박원순 시장과 조희연 교육감을 '국가 정체성에 반하는 인사'로 규정하고 보수단체와 언론 보도를 통해 부정적 여론을 공론화하는 정치공작을 벌였던 정황이 드러났다. 2016년 10월 말부터 전국적으로 시민들이 주말마다 광장에 모여 '대한민국은 민주공화국이다'를 열창하면서 박근혜 대통령의 하야와 탄핵

---

13 '유훈통치'라는 표현은 고종석(2005)에서 빌려온 것이다.

14 바로 이러한 이유로 진보좌파 인사들은 물론 문재인 정부 역시 '자유민주주의'에서 '자유'를 삭제하고자 하는 것으로 판단된다. 이에 대한 자세한 논의로는 강정인(2008)을 참조하라.

을 요구하는 촛불집회를 열었을 때, 이에 맞서 개최된 태극기 부대의 집회 광경은 네 개의 상징물, 곧 '십자가, 태극기, 성조기, 군복'으로 점철되었다. 이 모두는 다름 아닌 '반공=국시'라는 박정희 시대의 국가주의와 반공주의를 상징한다. 과거 박정희의 한국적 국가주의라는 우상에 희생물로 동원되었을 법한 시민들이 40년 가까이 지난 이제, '시간의 실향민'(전상진 2018)이 되어 '반신반인(半神半人)' 우상의 부활을 연호하는 희생 제의에 자발적으로 자신들을 바치는 역사의 아이러니를 연출하기도 했다. 공교롭게도 박정희 탄생 100주년이 되는 '영광스러운' 2017년 봄에 딸 박근혜 대통령이 탄핵을 통해 '오욕스럽게' 권좌에서 축출되는 또 하나의 비극적 아이러니를 우리는 목도했다.[15]

필자는 국가주의·반공주의·권위주의를 응축한 박정희의 정치사상의 영향력이 장기적으로는 퇴조할 수밖에 없다고 예상한다. 그러나 민주화가 30년 정도 지난 오늘날에도 동북아에 지속되고 있는 연성(軟性) 냉전과 분단으로 인해 박정희의 한국적 국가주의사상은 한국 보수주의에 지속가능한 이념적 관성과 자원을 제공하고 있다. 그런 만큼 박정희 정치사상에 대한 연구는 박정희 시대는 물론 21세기 한국 정치의 이념적 지형을 이해하는 데도 긴요하다.

---

15 '주여 어디로 가시나이까(Domine, Quo Vadis)?'

대통령비서실. 1973. 『박정희대통령연설문집 1권』(최고회의편: 1961.07-1963.12).
　　서울: 대통령비서실.

대통령비서실. 1973. 『박정희대통령연설문집 3권』(제6대편: 1967.07-1971.06). 서울:
　　대통령비서실.

대통령비서실. 1973. 『박정희대통령연설문집 4권』(제7대편: 1971.07-1972.12). 서울:
　　대통령비서실.

대통령비서실. 1976. 『박정희대통령연설문집 5권』(제8대편 상: 1972.12-1975.12).
　　서울: 대통령비서실.

대통령비서실. 1979. 『박정희대통령연설문집 6권』(제8대편 하: 1976.01-1978.12).
　　서울: 대통령비서실.

대통령비서실. 1979. 『박정희대통령연설문집 16집』(추도판: 1979.01-1979.10). 서울:
　　대통령비서실.

박정희. 1962. 『우리 민족의 나갈 길: 사회재건의 이념』. 서울: 동아출판사.

박정희. 1963. 『국가와 혁명과 나』. 서울: 상문사.

강상중·현무암 저·이목 역. 2012. 『기시 노부스케와 박정희』. 서울: 책과함께.

강정인. 2008. "민주화 이후 한국정치에서 자유민주주의와 법치주의의 충돌." 『법학』 제
　　49권 3호. 40-75.

강정인. 2014. 『한국 현대 정치사상과 박정희』. 서울: 아카넷.

강정인. 2016. "8·15와 한국사회: 한국 민족주의의 신성화와 그 퇴조." 『신아세아』 제23권
　　3호. 134-160.

강정인. 2017. "박정희시대의 국가주의: 국가주의의 세 차원." 『개념과 소통』 제20호.
　　119-155.

권혁범. 2004. 『국민으로부터의 탈퇴: 국민국가, 진보, 개인』. 서울: 도서출판 삼인.

고종석. 2005. "대통령 단임제는 옳다." 《한국일보》 (2월 16일)
http://news.hankooki.com/lpage/opinion/200502/h2005021619362839780.
　　htm.

김삼웅 편. 1997. 『사료로 보는 20세기 한국사』. 서울: 가람기획.

김삼웅. 2017. 『박정희 평전』. 서울: 앤길.

김웅기. 2006. "일본의 '만주형' 발전모델이 박정희정부 산업화에 미친 영향." 한국학중앙
    연구원 박사학위 논문.

김정렴. 2006. 『최빈국에서 선진국 문턱까지: 한국 경제정책 30년사』. 서울: 랜덤하우스
    중앙.

김형아 저·신명주 역. 2005. 『유신과 중화학공업: 박정희의 양날의 선택』. 서울: 일조각.

박찬승. 2002. "20세기 한국 국가주의의 기원." 『한국사연구』 제117호, 199-246.

볼, 테렌스·대거, 리차드 저·정승현 외 역. 2006. 『현대 정치사상의 파노라마』. 서울:
    아카넷.

오원철. 2006. 『한국형 경제건설: 엔지니어링 어프로치 3』. 서울: 기아경제연구소.

이강국. 2005. 『다보스, 포르투 알레그레 그리고 서울: 세계화의 두 경제학(2판)』. 서울:
    후마니타스.

임지현 외. 2000. 『우리 안의 파시즘』. 서울: 삼인.

전상진. 2018. 『세대 게임: '세대 프레임'을 넘어서』. 서울: 문학과지성사.

전인권. 2006. 『박정희 평전』. 서울: 이학사.

정해구. 1998. "박정희신드롬의 양상과 성격." 한국정치연구회 편. 『박정희를 넘어서』,
    51-71. 서울: 푸른숲

조갑제. 1998a. 『내 무덤에 침을 뱉어라: 1 초인의 노래』. 서울: 조선일보사.

조갑제. 1998b. 『내 무덤에 침을 뱉어라: 2 전쟁과 사랑』. 서울: 조선일보사.

조갑제. 1999. 『내 무덤에 침을 뱉어라: 5 김종필의 풍운』. 서울: 조선일보사.

중앙일보 특별취재팀. 1998. 『(실록) 박정희: 한 권으로 읽는 제3공화국』. 서울: 중앙
    M&B.

최형익. 2008. "입헌독재론: 칼 슈미트(Carl Schmitt)의 주권적 독재와 한국의 유신헌법."
    『한국정치연구』 제17권 1호, 241-269.

한배호. 1994. 『한국정치변동론』. 서울: 법문사.

한석정. 2012. "만주국─60년대 한국, 불도저 국가의 흐름." 『만주연구』 제13집, 161-
    178.

홉스, 토마스 저·진석용 역. 2008. 『리바이어던 1』. 파주: 나남.

황태연. 2000. "헤겔의 국가론과 정치철학." 『계간 사상』 제46호, 193-240.

허완. 2015. "한국갤럽 여론조사로 본 '역대 최고 대통령 순위'." 『HUFFPOST』 (8월 7일)

https://www.huffingtonpost.kr/2015/08/07/story_n_7954346.html.

Gerschenkron, Alexander. 1962. *Economic Backwardness in Historical Perspective*. Cambridge, MA: Harvard University Press.

Gregor, A. James. 1979. *Italian Fascism and Developmental Dictatorship*. Princeton, N.J.: Princeton University Press.

Johnson, Chalmers A. 1982. *MITI and the Japanese Miracle: the Growth of industrial Policy. 1925-1975*. Stanford, CA: Stanford University Press.

박정희는 18년 동안 한국 현대사에 군림하면서 현대 한국을 정치·경제·사회·문화 모든 면에서 조형한 인물이기 때문에 박정희 개인은 물론 정권에 대한 수많은 학술적 문헌들이 존재한다. 이 책의 주제는 현대 한국을 움직인 인물들의 정치사상을 다루는 것이기 때문에 아래에서는 그의 생애와 사상을 이해하는 데 도움이 되는 대표적인 문헌만을 소개하겠다.

● 대통령비서실. 1973–79. 『박정희대통령연설문집』 1–6권, 제16집.
박정희가 1961년 5·16 군사쿠데타로 실권을 장악한 이후 1979년 암살당할 때까지 행한 연설문, 담화, 유시 등을 전부 모아놓은 공식 자료집으로서 이를 통해 그의 정치사상에 쉽게 접근할 수 있다.

● 박정희. 1962. 『우리 민족의 나갈 길: 사회재건의 이념』. 서울: 동아출판사.
1962년에 출간한 저작. 군사쿠데타를 일으킨 이유로 건전한 국민도(國民道)의 확립, 공업화를 통한 가난에서의 해방 및 건전한 민주주의의 재건을 제시하고 있다. 이 책에서 한국 역사 전반에 대한 자신의 인식은 물론 자유당·민주당 정권을 비판하고 있다.

● 박정희. 1963. 『국가와 혁명과 나』. 서울: 상문사.
민정 이양을 위한 대통령 선거에 출마하기 전에 출간한 저작. '혁명의 당위성'을 주장하면서 민족경제, 자주경제 확립의 필요성을 강조하고 있다. 아울러 제1차 경제개발 5개년 계획의 착수 등 군사정부가 이전 2년간 이룩한 경제적 성과를 홍보하고 있다.

● 강정인. 2014. 『한국 현대 정치사상과 박정희』. 서울: 아카넷.
이 책은 한국 현대 정치사상의 특징을 '비동시성의 동시성'과 '민족주의의 신성화'로 파악하고 이러한 특징에 비추어 박정희의 정치사상을 조명하였다. 이어서 박정희의 정치사상을 민주주의, 반자유주의적 근대화 보수주의, 민족주의 관점에서 검토하였다.

● 조갑제. 1998-99. 『내 무덤에 침을 뱉어라』 (전 5권). 서울: 조선일보사.

- 김삼웅. 2017. 『박정희 평전』. 서울: 앤길.

조갑제의 책은 보수우익의 입장에서 박정희가 쿠데타를 통해 제3공화국을 출범시킬 때까지의 시기에 초점을 맞추어 박정희의 생애와 정치적 활동을 우호적으로 기술하고 있는 반면, 김삼웅의 책은 박근혜 대통령이 탄핵을 당한 2017년의 시점에서 출생부터 암살당할 때까지 박정희의 생애와 정치적 활동을 비판적으로 서술하고 있다.

- 전재호. 2000. 『반동적 근대주의자 박정희』. 서울: 책세상.

이 책은 박정희 정권을 지배한 사고가 19세기 말 이래 독일의 반동적 근대화를 추동한 사고와 유사하다는 점에 착안하여 박정희 정권에서 목격된 성공적 경제발전과 1인 독재체제가 불가분하게 통일되어 있다고 주장한다. 이를 규명하기 위해 박정희 정권의 정치관, 경제정책, 역사관 등을 면밀히 검토하고 있다.

10

함석헌

민중주의 정치철학과 현대문명 비판[1]

이상록

1. 함석헌이 시대에 던지는 화두

2016-2017년 겨울, 거센 분노의 물결이 한국 사회를 뒤덮었고, 분노한 시민들은 광장으로 모여들어 촛불을 밝혔다. 이 분노는 직접적으로는 대통령의 직무수행과 관련한 '국정농단'으로 인해 표출되었지만, 그 밑바닥에는 열심히 일해도 희망이 보이지 않는 사회, 진실이 통하지 않고 거짓이 지배하는 사회, 공정성이나 정의가 제대로 작동하지 않는 사회에 대한 성토와 비판이 깔려 있었다. 이는 정치적 차원에서 보면 대의제 민주주의와 실질적 민주주의 사이의 격차를 좁히려는 시도로도 볼 수 있다. 대통령,

---

1 이 글은 다음의 논문들을 수정·보완하여 재구성한 것이다. 이상록. 2010. "함석헌의 민중 인식과 민주주의론." 『사학연구』 제97호, 147-190; 이상록. 2017. "1970년대 함석헌의 민주화운동과 비판의 철학-『씨울의 소리』를 중심으로-." 『인문과학연구』 통권 25호, 33-58.

국회의원, 시장, 도지사, 교육감 등 민주적 선거에 의해 선출된 '대리자'들이 시민의 의사와 공공의 이익을 배반하는 정치적 행위를 실행해온 데 대한 문제 제기였다.

지배자의 비도덕성이나 잘못된 통치를 비난하고 권좌에서 끌어내리는 것은 물론 중요한 정치적 의미를 갖지만, 그것이 민주주의의 최종 목표가 되어서는 곤란하다. 혁명이 기존 체제의 파기와 새로운 체제의 구축을 포함하는 개념이라고 할 때, 더 중요한 것은 바로 '새로운 체제의 구축'에 놓여 있다. 4 · 19혁명이 절대권력자 이승만을 하야시키는 놀라운 성취를 거두었음에도 불구하고, '새로운 체제의 구축'에는 실패했다. 민주당 정부의 민주주의가 공전(空轉) 상태에 빠지게 되면서 불과 1년 만에 5 · 16 군사쿠데타가 발생했다. 박정희 정부는 1963년의 개정헌법 전문(前文)에 "4 · 19의거와 5 · 16혁명의 이념에 입각하여 새로운 민주공화국을 건설"한다고 밝혔지만, 4 · 19를 주도했던 학생 · 지식인 · 정치인들의 저항철학은 박정희 정권의 '반공 · 경제개발 · 근대화'의 통치 논리 속으로 상당 부분 흡수되기도 했다. 이러한 사실들은 저항의 밑바닥에 놓인 철학적 기반과 혁명 이후의 대중심리를 들여다보는 것이 매우 중요하다는 점을 암시한다.

1987년 6월 민주항쟁 이후 한국 사회는 제도적 차원의 민주주의를 안착시키는 데 일정한 성공을 거두었지만, 군사독재 시절 그토록 갈망했던 '민주화'의 현실은 '민주주의' 요구자들의 이해를 정면으로 배반해온 일이 많았다. 이른바 '민주정부'가 정당한 시위를 불법으로 간주하여 탄압하고, 노동자 · 농민의 이해에 반하는 정책들을 집행하며, 가진 자들의 이익을 보장하고 구조조정이나 정리해고를 쉽게 할 수 있는 장치들을 마련하였던 것이다. 민주화 이후 한국에서는 국가 경제 규모나 GDP 순위가 올라가는 것에 반비례하여 사람들의 행복지수는 낮아지고, 자살률은 상승하였다. 선거 허무주의의 팽배와 투표율의 지속적인 감소, 사회경제적 불평등의 심화, 신자유주의적 경쟁과 승자독식 사회의 구조화 등 민주주의를 배반하는 방식으로 대의민주주의는 작동해왔다. 아이들은 치열한 입시 위주의 교육환경 속에서 경쟁에서 살아남기 위한 교육을 받으며 자라나고 있고, 경쟁에서 뒤지거나 패배한 자들을 '무능력자'나 '낙오자'로 간주하는 사회 분위기가 팽배해 있다. 1960년대부터 시작된 '경제성장'의 엔진은 바로 이 치열한 경쟁의 풍토 속에서 작동했고, 한국 사회는 '성장'의 엔진을 멈추지 않아야만 한다는 강박 속에서 끊임없이 달려왔다.

2016-2017년 촛불항쟁은 4·19혁명이나 1987년 6월 민주항쟁의 부활이 아니었다. 1997년 이후 강화된 신자유주의적 통치체제의 한 변곡점이자, 일종의 예외상태였다. 이 예외는 비합리와 비민주가 '정상'으로 상례화된 상태에서 임계점을 넘어서면서 나타난 예외였다. 최고통치권자를 권좌에서 끌어내리는 것에서 '민주주의'를 멈추고 '정상'으로 복귀되었다고 판단한다면, '정상적 민주주의' 아래 단단히 구축된 신자유주의적 통치질서를 그대로 묵인하는 민주주의의 역설적 현실을 마주하지 않을 수 없다. 중요한 것은 저항의 결과가 아니라, 바로 비판·저항의 철학이다.

함석헌은 한국 민주화운동사에서 상징적인 의미를 갖고 있는 인물이다. 특히 1960-1970년대 박정희 정권에 맞서 이른바 '재야' 진영에서 구심점 역할을 했다. 그런데 함석헌은 한국의 민주화운동사에서 대표적인 인물 중 한 명이지만, 그가 주장했던 '민주주의'는 1960-1970년대 민주화운동 진영의 '민주주의'와 정확히 일치하지는 않는다. 어떤 의미에서 그는 저항운동가로서는 주류에 있으면서도, 사상가로서는 비주류에 가까웠다. 그의 저항철학은 당대 어떤 지식인보다도 넓고 깊었으며, 근본주의적이었다. 그는 시대를 초월해 있으면서도 시대에 천착해 있었고, 초국가적 세계주의자이면서도 동시에 강한 민족주의자였다.

함석헌은 무교회주의에서 퀘이커교도가 된 기독교인이면서도 힌두교 경전인 『바가바드 기타』를 소개하고, 노자와 장자의 철학을 강연하는 폭넓은 종교철학자이자 시사 문제에 대해 예리하게 비평하는 정치평론가였다. 산업화 시대에 그는 '씨ᄋᆞᆯ'이라는 이름으로 생명을 예찬하며 물질만능, 경쟁지상인 사회를 비판하였다. 그의 바람과는 달리 '민주주의 시대'의 한국 사회는 더욱더 치열한 물질만능의 경쟁 사회가 되었고, 그 속에서 구성된 신자유주의적 주체들은 소리 없는 전쟁을 치르며 하루하루를 살아가고 있다. 지금 우리가 함석헌을 되돌아보는 것은 민주주의를 새롭게 이해하고 신자유주의적 폐쇄회로로부터 벗어나기 위한 정치사상적 가능성의 모색이라는 점에서 중요한 의미를 지닌다.

이 글은 다음과 같이 구성되어 있다. 2장에서는 함석헌의 생애를, 3장에서는 1960년대에 함석헌이 민중과 민주주의를 어떻게 생각했는지를, 4장에서는 1970년대 함석헌 씨ᄋᆞᆯ사상과 비판철학의 특징을, 5장에서는 함석헌의 사상 속에 나타난 노장사상의 영향과 현대문명에 대한 그의 비판을, 6장에서는 함석헌의 사상이 오늘날 민주주의를 재구성하고 실질적으로 적용하는 데 어떤 참조점을 제공할 수 있는지를 다루었다. 함석헌의 사상을 파악하기 위해서는 그의 종교관과 연관된 민중(씨ᄋᆞᆯ)에 대한 인식을 이해하는 것이 핵심이다. 함석헌의 민중주의와 씨ᄋᆞᆯ사상에 대한 조망 위에서 민중주의와 생명·평화사상에 입각하여 독재정치와 현대문명을 비판했던 흐름을 시계열적으로 살펴보고자 한다.

2. 함석헌의 생애

함석헌(咸錫憲, 1901-1989)은 1901년 평안북도 용천에서 태어났다. 그는 1916년 양시공립보통학교를 졸업하고, 그해 평양고등보통학교에 진학하였다. 평양고등보통학교 재학 중이던 1919년 그는 3·1운동에 참가하였는데, 3·1운동을 통해 그는 일제에 대한 저항의식을 확고히 함과 동시에 저항주체로서의 '민중'을 발견하였다. 훗날 그가 "그날처럼 맘껏 뛰고 맘껏 부르짖고 그때처럼 상쾌했던 적은 없었다"고 회고한 그의 3·1운동 체험은 함석헌에게 커다란 문화적 충격이었음에 틀림없으며, 사후에 '민중'이라 이름 붙인 바로 그 집단주체를 처음으로 발견하고 주목할 수 있게 된 사건이었다(함석헌 1959, 259). 3·1운동을 계기로 학교 교육에 실망하였던 그는 학교를 그만두고 낙향하였다가 1921년 평북 정주의 오산학교에 다시 입학하였다. 오산학교에서 그는 안창호, 이승훈, 조만식 등으로부터 민족주의사상의 영향을 받았다.

1923년 오산학교 졸업 후 그는 일본으로 유학을 떠났다. 1924년 도쿄고등사범학교 문과 1부에 입학하였고 1928년에 졸업하였다. 이 시기 그는 일본인들이 관동대지진으로 발생한 혼란을 조선인과 일본인 사회주의자들에게 그 책임을 전가시키며 학살했던 사건을 직접 목격하였고, 자신도 경찰에 체포되어 감옥생활을 겪어야 했다. 일본 유학 시절 그는 일본인 무교회주의자인 우치무라 간조(內村鑑三)로부터 크게 영향을 받았다. 우치무라의 영향으로 그는 교회 제도와 종교 형식을 거부하고 십자가정신을 중심으로 성서를 재해석하는 데 관심을 기울였다.

1927년에는 김교신 등과 함께 무교회주의 동인지인 『성서조선(聖書朝鮮)』 창간에 참여하였고, 『성서조선』에 글을 쓰면서 문필가로서의 면모를 드러내기 시작했다. 그는 1930년대 『성서조선』에 "성서적 입장에서 본 조선 역사"와 "성서적 입장에서 본 세계 역사"를 연재하였는데, 그는 기독교 세계사관 입장에서 역사를 재해석하였고 '민중'을 역사의 주인공으로 설정하였다. 함석헌의 민중 개념은 예수 그리스도가 행했던 실천의 핵심을 사회적 지위가 낮은 사람들 속으로 들어가 십자가를 짊어진 것으로 인식하는 그의 성서 해석으로부터 나온 것이었다. 조선의 '민중'은 일본 제국주의의 지배하에서 수난을 겪고 있지만, 이 고난은 예수 그리스도가 받은 박해와 마찬가지로 세상을 구원하고 혁신할 수 있는 원천이기에 식민지하에서 고난을 받는 민중은 곧 역사의 주인공이 될 존재들인 것이었다.

1928년 졸업 후 귀국하여 그는 1938년까지 모교인 오산학교에서 교사 생활을 하였다. 1940년 평양 근교의 송산농사학원을 인수하여 경영하였는데, 송산농사학원의 전 원장이던 김두혁의 항일운동으로 관련자들이 체포되었던 '계우회사건'으로 1년간 감옥생활을 하였다. 1942년에는 『성서조선』 필화사건에 연루되어 다시 1년간 미결수로 복역하였다. 두 차례나 일제에 의해 투옥된 그는 감옥에서 불교 경전과 노자·장자 등을 접하며 사상적 경계 넘기를 모색하였다.

1945년 8·15광복 이후 용암포자치위원회 위원장, 평북자치위원회 문교부장이 되었으나, 그해 11월에 발생한 '신의주 학생의거'의 배후 인물로 지목되어 소련 당국에 의해 체포·투옥되었다. 1947년 그는 가족들을 북에 남겨두고 홀로 38선 이남으로 내려왔다. 월남 직후 그는 YMCA에서 성서강해를 하며 지냈다.

함석헌은 1956년부터 장준하의 요청으로 『사상계』에 글을 쓰기 시작했다. 한국 기독교에 대한 통렬한 비판을 시작으로 그는 현실정치를 비판하고 사회 변화를 촉구하는 글을 『사상계』에 꾸준히 기고하였다. 그는 『사상계』 1961년 7월호에 「5·16을 어떻게 볼까」라는 글을 발표하여 군부의 쿠데타를 정면으로 비판하였다. 1960년대 그는 한일회담 반대운동에 앞장섰고, 언론수호대책위원회·3선개헌반대투쟁위원회 등에 참여하며 독재정권을 비판하는 활동을 전개했다. 1970년 『씨올의 소리』를 창간하여 여기에 '씨올사상'이라고 할 수 있는 민중주의적 사회철학을 꾸준히 피력하였다. 또한 유신체제하에서 박해받는 이들의 목소리를 대변하는 언론운동으로 유신체제에 저항하였다.

함석헌은 1974년에 윤보선·김대중 등과 '민주회복국민회의'를 조직하는 데 앞장섰고, 반독재 민주화운동에서 중요한 역할을 담당했다. 1976년 명동성당에서 민주구국선언을 발표하여 정부의 탄압을 받았던 명동사건과 1979년 유신철폐와 계엄해제를 요구하며 가두시위를 감행했던

YWCA 위장 결혼식사건 등으로 구속되는 등 그는 많은 탄압과 고초 속에서도 지속적으로 활동했다. 1989년 사망 전까지 그는 비폭력 평화주의와 생명사상에 많은 관심을 기울였다. 여기에는 1960년대부터 그가 세계 퀘이커교도들(Quakers)과 교류하면서 자신도 퀘이커로 개종한 맥락과 깊은 관련이 있었다.

3. 1960년대 함석헌의 민중주의와 민주주의에 대한 인식

'민주수호·민주회복'이라는 1970년대 반독재 민주화운동의 구호가 표상하듯이 독재에 대한 반대는 곧 선거에 의해 운용되는 대의제 민주주의로의 복귀로 인식되는 것이 일반적이었다. 반독재 민주화운동에 적극 참여했던 이력으로 인해 함석헌의 민주주의에 대한 인식도 이러한 궤적 속에 있을 것처럼 보이지만, 그의 민주주의론은 '민주진영'의 일반적인 민주주의 이해 방식과는 동떨어져 있었다.

당시 대부분의 민주화운동을 요구하던 지식인·정치인들은 유신개헌에 의해 상실된 제도적 차원의 '자유민주주의'를 되찾아야 한다는 의미에서 '민주회복'을 내세웠다. 이때의 '민주'는 삼권분립이 보장되고, 선거에 의해 대표자가 선출되며, 대표자에 의해 민주주의가 대행되는 대의제 민주주의를 의미했다. 1970년대 재야 민주화운동이 앞세운 '민주주의'는 1인의 명령과 지시에 의해 모든 정치가 좌우되었던 '유신독재'에 반대되는 개념이었다.

1970년대에는 함석헌 역시 '민주주의'를 유신독재를 비판하기 위한 개념으로 사용하였다. 그러나 함석헌은 민주주의의 핵심을 대의제 민주주의의 정상화로 설정하지 않았다. 그의 민주주의에 대한 인식은 멀리 보자면 일제강점기 무교회주의의 영향하에 형성된 민중주의로부터 비롯된 것이며, 1950-1960년대 반독재 민주주의를 부르짖는 과정에서 만들어지고 다듬어졌다고 볼 수 있다.

1961년 5·16 쿠데타 직후에 그는 「5·16을 어떻게 볼까」라는 글을 통해 쿠데타에 성공한 군부를 거침없이 비판하고 5·16은 혁명이 될 수 없다고 단언하였다. 군인은 절대로 혁명을 할 수 없으며, 혁명을 할 수 있는 것은 오직 특권 없는 민중뿐이라고 주장하였다. 1960년대 『사상계』에 발표한 글에서 그는 다수결이라는 선거 원칙을 '다수의 의지로 소수를 제어하는 것'이라며 부정적으로 생각했고, 오히려 다수결의 원칙이 다수의 힘으로 소수를 억누르는 힘의 철학이자 폭력이라고 비판하였다(함석헌 1965a, 47).

함석헌은 민주주의를 '전체로서의 민중'이 스스로를 다스리는 정치로 인식하였다. 이런 점에서 민중 자신의 정치가 아닌 위임된 정치로서의 대의제 민주주의에 대해 그는 비판적이었다. 현실적으로는 대의제 민주정치를 인정하지 않을 수 없지만, 그는 대표자의 대의정치에 대해 민중이 끊임없이 감시하고 부당한 지배에 대해 항거할 때 비로소 민주주의가 실현될 수 있다고 생각했다. 예컨대 그는 1963년 4월 『사상계』에 「민중이 정부를 다스려야 한다」는 글을 발표했는데, 이 글은 군정을 4년 연장하는 안을 국민투표에 붙여 결정하자는 박정희 의장의 3·16번의[2]에 대한 비판의 글이었다.

이 시기 『사상계』에는 3·16번의를 비판하는 글들이 쏟아져 나왔는데, 대다수의 필자들은 박정희에게 민정 이양의 공약을 지키는 것이 신의(信義)에 맞는 정치라는 식의 논지를 전개하였다. 그런데 함석헌은 단순히 민정 이양을 요구한 것이 아니라 "정부 정치가가 민중을 다스리는 것이

---

2   박정희는 5·16 이후 "1963년 여름에는 민간에 정권을 넘기겠다"고 약속했다. 그러나 1963년 3월 16일 "군정을 앞으로 4년간 더 연장할 것인가 여부를 국민투표에 회부하겠다"고 선언하며 사실상 약속을 깨뜨렸다.

아니라 민중이 정부를 다스려야 한다"는 보다 급진적인 주장을 하였다 (함석헌 1963a, 30). 그는 지배-피지배의 관계를 없애고 민중이 제 일을 하는 것 그것이 정치가 되어야 한다고 하였다.

그는 현실적으로는 대의제를 인정하였으나, 그가 내세운 민주주의론의 핵심은 대의제의 옹호가 아니라 '도덕적 주체로서의 민중'이 행하는 자치에 있었다. 그는 민중이 자치를 행하는 상태를 "천하(天下)를 천하(天下)에 감춘" 것에 비유하며, "민중의 가슴 속에 감춘 나라, 천하막강(天下莫强)의 나라, 곧 하늘나라"라고 설명하였다(함석헌 1964, 41). 이처럼 그의 민주주의 개념은 그의 민중 인식으로 인해 다분히 종교적인 복선이 깔려 있었다. 이같은 그의 민중에 대한 인식은 1930년대 『성서조선』을 중심으로 무교회운동을 전개할 때부터 나타난 것이었다. 그는 그리스도가 "소경, 벙어리, 절름발이, 반신불수, 세리(稅吏), 전과자, 창부, 정신병자"[3] 속으로 들어가 십자가를 짊어졌기 때문에 선악의 전선에서 승리할 수 있었다고 보았다 (함석헌 1936, 21).

함석헌에게 민중이란 '사회의 하수구'에서 고난을 감내하는 피지배층을 의미했다. 함석헌의 '민중'은 하층의 기층민을 가리켰으나, 이는 결코 계급적인 개념이 아니었으며 종교적인 맥락 속에서 구성된 개념이었다. 일제의 식민통치하에서 그가 구성하고자 했던 '민중' 개념은 식민지 상태로부터 벗어날 수 있게 할 주체의 형성이라는 측면에서 '민족'을 구원하기 위한 종교적 신념의 반영이었다고 볼 수 있다.

1950-1960년대를 거치면서 종교적인 개념 위에 정치적 의미들이 덧붙여지기 시작했다. 함석헌은 민중을 "하느님의 구체적인 모습이 민중이요, 민중 속에 살아 있는 산 힘이 하느님"이라고 하였다(함석헌 1965b, 38).

---

3 이같은 표현들이 오늘날에는 차별적 용어들이지만, 1930년대라는 시점을 고려하여 그가 사용했던 표현들을 그대로 밝혀둔다.

그는 민중을 하느님 섬기듯 섬겨야 한다고 주장했고, 민중을 현실 세계에 나타난 하느님의 또 다른 모습이라고 생각했다. 이같은 그의 민중 인식은 5·16 군사쿠데타와 독재정권을 비판하는 하나의 근거로 작용했다.

'민중'이라는 그 명확한 주체 설정은 역설적이게도 그의 민주주의를 모호하게 만드는 효과를 창출했다. 왜냐하면 그가 내세운 '민중'이라는 개념은 현실에서 살아 숨 쉬는 자들의 역동적인 모습을 반영하여 만든 것이 아니라, 함석헌 자신의 종교관과 세계관을 투영시켜 구성해낸 것이었기 때문이다. 그는 역사의 주체를 민중이라고 설정하였으나, 실상 그의 '전체로서의 민중'은 역사적 개념이라기보다는 종교적 개념에 더 가까웠다. '지상의 그리스도'에 가까운 민중 개념으로 구성된 민주주의란 현실정치를 운영하는 제도나 양식으로 설정되기에는 지극히 곤란하였다. 함석헌의 민주주의에는 민중이 자기 스스로 정치를 어떻게 해나갈 것인가에 대한 구체적인 프로그램이 담겨 있지 않았다. 이로 인해 함석헌의 사유 속에서 민중 스스로의 정치란 추상적으로는 직접 민주주의에 가까운 것처럼 논의되었지만, 현실적으로 민중의 역할은 대통령이나 국회의원과 같은 대표자들의 정치가 약속대로 잘 되고 있는지 감시하고 부당한 지배에 맞서 저항하는 정도로 제한되었다.

그는 저항을 인간의 본성적 활동으로 설명하였다. 그는 인격을 가진 생명으로서의 인간은 자유를 추구하지 않을 수 없으며, 그 자유에는 한이 없기에 이를 막아서는 무언가가 존재한다면 인격을 가진 인간은 이에 맞서 싸우는 저항을 본성적으로 행하지 않을 수 없다고 주장하였다(함석헌 1967, 10). 저항은 곧 인간이 가진 자유정신의 발현이자, 악(惡)에 대항하는 선(善)의 모습이라고 설명하였다. 인격의 자유로운 발전을 추구하는 것이 선이요, 이를 방해하는 것이 악이며, 선악의 싸움이 곧 인격의 발전이라고 하였다. 더 나아가 그는 저항을 단순히 외부에 맞선 싸움으로 보지 않았고, 생명 내부에서 이루어지는 본성적 운동으로 설명하였다. 즉, 인간이라는 생명은 자기 자신의 '죽은 선'에 맞서 저항하는 본성을 갖게 마련이라는 것이다(함석헌 1967, 11-13).

함석헌의 '저항'은 인간이라는 개인의 자기 혁명 과정인 동시에 '전체'로서의 민중이 구성되는 과정이었다. 현실 속에서 지배에 순응하고 타협하며 침묵하는 민중의 모습은 함석헌이 볼 때 민중의 '참모습'이 아닌 하나의 현상에 불과했다. 함석헌은 다양한 목소리를 가진 실재의 민중을 '전체'로 일체화시키기 위해 필요한 것이 바로 집단적 저항이라고 보았다. 다양한 모습으로 개성을 지닌 개개인들이 민중이라는 하나의 집단으로 뭉칠 수 있게 되는 것은 저항을 통해서라는 것이었다.

그런데 이처럼 '전체'라는 동질적 집단으로서의 민중이 행하는 정치는 과연 민주주의적인 것일까? 함석헌은 모든 자유주의 지식인들이 그러했듯 주권 개념을 통해 민중의 하나 됨을 가능하고 또 그것을 정당화시켰다(함석헌 1963b, 33). 민중의 전체 의지는 오직 주권을 통해 발현될 수 있을 뿐이었다. 그것을 민중주권으로 부르든, 인민주권으로 부르든 간에 다수의 욕망을 주권이라는 것으로 수렴하는 순간 그것은 권력의 독점과 전체 의지에 반하는 그들(타자)에 대한 억압을 발생시킨다. '전체로서의 민중'만이 오직 지배할 수 있다는 함석헌의 민주주의 인식은 '전체로서의 민중' 그 자체에 대해 비판하거나 저항할 여지를 만들지 않는다는 점에서 반(反)민주적이다(이동수 2002, 100).

그는 개인의 개성과 자유를 존중하는 자유주의와 '민중' 또는 '전체'라는 이름으로 동질화시키려는 민주주의를 조화시키려 하였다(함석헌 1963c). 그렇지만 여기에는 한 가지 덧붙여야 할 점이 있다. 자유주의에서는 '전체'로부터 벗어난 개인의 개별적 주체성과 정치행위를 긍정할 수 있어야 하지만, '전체로서의 민중'을 중시했던 함석헌의 민주주의에서는 '전체'로부터 벗어난 개인의 자유를 허용할 여지가 없었다. 하나하나의 개성을 가진 개인들이 '전체'라는 동질적 주체로 전환되기 위해서는 특정한 개체/집단의 욕망과 의지를 배제하고 억압하는 과정이 수반되지 않을 수 없기 때문이다.

이때 민중 전체의 의지 또는 인민주권이라는 표상은 이같은 딜레마의 해소책으로 등장하게 되며, 이는 기본적으로 배제와 억압의 폭력성을 은폐하려는 효과를 도모하고 있다. 위와 같이 개인의 개성을 강조하는 함석헌의 언설에도 불구하고 기본적으로 함석헌의 자유민주주의론은 자유주의에 대한 민주주의의 우위에 특징이 있다. '전체로서의 민중'이라는 민주주의의 주체 설정은 개성에 대한 그의 강조를 사실상 무의미하게 만들어버린다.

함석헌은 개인을 집단적 저항 주체로서의 민중을 구성하는 하나의 원자로 다루었다. '전체로서의 민중'이 구성되기 위해서는 우선 인격을 갖춘 생명으로서의 개인이 악에 맞서 스스로 싸우는 주체가 되어야만 했다. 그가 '인간혁명'을 강조한 것은 바로 이같은 맥락에서였다. 그는 전근대 민중과 근대 민중의 차이를 개인의 자각 여부로 구분하였다(함석헌 1963b, 30). 전근대에는 하늘 뜻의 대행자를 자칭하는 지배자들이 민중을 속이고 압박하기 쉬웠으나, 근대의 자각된 민중은 의식적으로 역사의 주인 노릇을 하기 시작했다는 것이다. 그는 인간혁명의 핵심을 바로 인격에서 찾았다. 그리고 인격의 핵심을 공자가 말한 인(仁), 기독교에서의 사랑이라고 보았다. 그는 "내 속에 인(仁)을 깨닫는 일, 하느님의 씨를 보는 일, '참 나'를 찾는 일"이 곧 자아개조, 인간혁명이라고 하였다(함석헌 1961, 57-58). 그것은 인간이 바뀌지 않은 모든 혁명은 불완전하며, 인간이 바뀌기 위해서는 인간이 윤리적·종교적 존재가 되어 '참 자아'를 찾아가야 한다는 것이었다.

4. 1970년대 함석헌의 씨올사상과 비판철학

1970년 8월부터 함석헌은 미국에서 열린 퀘이커 세계대회 참석과 세계여행 등을 목적으로 해외 출국하였다. 미국에서 전태일 노동자의 분신 자살[4] 소식을 들은 함석헌은 "태일아! 내가 너를 죽였구나 하면서 몇 번이고 눈물을 못 금했다"며 참회의 눈물을 흘렸다(이치석 2005, 550). 1971년 4월 22일 귀국하자마자 그는 공항에서 자택으로 향하지 않고, 쌍문동의 전태일 집을 찾아 어머니 이소선 여사를 위로하였다. 1971년 11월 13일 경동교회에서 열린 1주기 추도회에서 함석헌은 "전태일을 살려라"라는 주제로 강연을 하였다. 그는 이 강연에서 전태일의 죽음을 '예수의 십자가'에 비하면서 전태일의 정신을 '전체'의 정신으로 되살려야 함을 역설하였다(이치석 2005, 552-554).

함석헌은 1970년대 '재야'의 상징적인 인물이었다. 그는 유신 반대운동의 선두에서 민주수호 국민협의회 대표 위원, 민주회복 국민회의 대표 위원 등을 역임하며 운동 진영의 '어른'이자 '강연자' 역할을 하였다. 유신헌법에 반대하며 개헌 청원 백만인 서명운동을 주동하였고, 유신정권으로부터 탄압받던 《동아일보》 기자들을 응원하였으며, 1976년 3·1 민주구국선언을 발표하였다. 이 과정에서 그는 중앙정보부와 계엄사 등으로부터 수시로 연행 및 입건되는 등 많은 고초를 겪었다. 그럼에도 그는 독재 정권에 굴복하지 않고, 끊임없이 글을 쓰며 행동에 앞장섰다. 1970년대 민주화운동사의 한가운데에 섰던 함석헌은 실천하는 운동가이자, 행동

---

4 1970년 11월 13일 서울시 평화시장 앞길에서 재단사 전태일(23세)은 "기업주는 근로기준법을 지켜달라. 15-16세의 어린아이들이 일요일도 없이 하루 16시간씩 혹사당하고 있으니 당국은 이런 사태를 시정해달라"고 호소하고, 『근로기준법 해설』이라는 책을 태우려다 제지를 받고 자기 몸에 불을 질러 자살했다. 전태일의 분신은 산업화의 그늘에서 고통받는 노동자들의 현실을 드러냈고, 1970년대 노동운동의 확산을 촉발시킨 계기가 되었다.

하는 지식인이었다.

함석헌의 '씨올' 개념은 기본적으로 생명주의적 아이디어로부터 나왔다. 씨앗 종자를 의미하는 '씨올'이라는 말은 함석헌의 스승 유영모가 '민(民)'의 번역어로 사용하면 어떻겠냐고 제안한 것으로부터 시작되었고, 함석헌은 이를 이어받아 이 단어를 널리 사용하였다(함석헌 1970a, 15) '씨올'의 '올'자는 대우주[하늘]('ㅇ')와 소우주[사람]('·')가 연결되어 움직인다('ㄹ')는 의미와 '얼'과 같은 정신의 의미를 동시에 함축하고 있다. 이후 함석헌의 '씨올' 개념은 안병무의 민중신학 형성에 큰 영향을 끼쳤다. 함석헌의 '씨올'은 1970년대 억눌린 잠재적 저항주체로서의 '민중' 개념 형성에 영향을 주었으나, 한완상 등 사회과학자들의 '민중' 개념과는 다소 차이가 있었다(장상철 2007, 127).

한완상은 자신의 민중 개념과 비교하면서 함석헌의 씨올 개념에 대해 '즉자적(卽自的) 민중'이 배제된 '대자적(對自的) 민중' 개념에 가깝다고 하였다.[5] 그런데 함석헌은 한완상의 이 지적을 부정하면서 '씨올' 안에는 즉자적 민중의 모습과 대자적 민중의 모습이 함께 들어 있다면서, 즉자적 민중이 의식화의 대상인 것이 아니라 오히려 이들로부터 깨달음을 얻을 수 있다고 역설적으로 응답하였다(함석헌 외 1978, 33-36). 하나님의 뜻을 구현할 '전체'의 기본단위로서 '씨올' 개념은 구성되었고, 이는 참·정의·진리를 구현할 이상으로서의 민중 개념이었다.

씨올이 참·정의·진리를 구현할 수 있는 이유는 바로 권력과 지위를 갖고 있지 않아서 도덕성과 인간성을 온전히 유지할 수 있기 때문이라고

---

5 한완상은 『민중과 지식인』(1978)에서 민중을 '즉자적 민중'과 '대자적 민중'으로 나누어 설명했다. '즉자(an sich)'와 '대자(für sich)'는 헤겔의 관념론적 변증법에서 나온 개념으로 헤겔은 자기 자신 안에 웅크리고 있는 자기동일적(自己同一的) 상태를 '즉자(卽自)'로, 자기를 의식하면서 타자를 예상할 수 있는 상태를 '대자(對自)'로 설명했다. '즉자적 민중'은 자신의 객관적 모습을 볼 수 없는 존재로서의 민중인 반면, '대자적 민중'은 자기 잠재력과 저력을 객관적으로 볼 수 있는 민중, 즉 '의식화된 민중'이다.

그는 주장하였다. 이는 민중 내부의 권력 지향성이나 상승 욕구 등을 감안하면 다분히 추상적인 개념이었다. 그렇지만 엘리트의 리더십이 일방적으로 강조되던 당시 지성계의 풍토 속에서 함석헌과 같이 '낮은 자'의 입장에서 판단할 때 오히려 올바를 수 있다는 주장은 산업화 시대의 희생자들을 되돌아볼 수 있게 하는 중요한 의미를 지닌다.

함석헌은 문명의 발달로 '씨올'의 존재 형태가 자연과 어긋나 인위적인 방식으로 구성되었다고 지적하면서 일종의 종교적 공동체로 돌아가야 한다고 주장하였다. 그가 부르짖은 종교적 공동체운동은 바로 '같이살기운동'이었다. 함석헌은 같이살기운동을 '혁명'이라고 규정했는데, 폭력으로 하는 거짓 혁명이 아니라 전체(하나님)를 위해 나서는 '참혁명'이라고 하여 종교적·윤리적 차원의 혁명론을 제기하였다(함석헌 1972a, 13-14). 그는 자신이 '같이살기운동'을 제기하는 이유는 바로 '민족의 고질'을 고치고 민족성을 개조하기 위해서라고 주장하였다.

얼핏 보았을 때 '민족성 개조'에 대한 이야기는 이광수의 민족개조론을 연상시키는데, 이광수의 민족개조론이 식민지 조선인들에게 '근대성'을 불어넣어 약육강식의 제국주의 질서 속에서 실력을 키워갈 수 있도록 할 때 '독립'을 기대할 수 있다는 실력양성론적 전망이었던 반면, 함석헌의 민족개조론은 민중의 주인의식과 자치를 보장함으로써 사회 정의(=하나님의 정의)를 구현할 때 비로소 '세계 구원'을 이끄는 '강한 민족'이 될 수 있다는 정의적·윤리적 발상이었다. 이광수가 생존 경쟁의 세계에서 강자가 되기를 기대했다면, 함석헌은 평화 협조의 세계에서 강자가 되기를 희구하였다고 말할 수 있다.

함석헌은 '씨올됨'을 지배 권력에 맞선 저항으로부터 찾고 있다. 그에게 '저항'은 개체의 자기 혁명 과정인 동시에 '전체'로서의 민중이 구성되는 과정이었다. 그는 다성적(多聲的) 목소리를 가진 실재의 민중을 '전체'로 일체화시키기 위해 바로 집단적 저항이 필요하다고 보았다. 그는 선도

악도 모두 개인적인 것이 아니라면서, 박정희 정부의 악 또한 개인적인 것이 아니라 전체에 있는 악의 발현이라고 해석하였다. 이 악을 이기는 길은 민중 전체의 봉기밖에 없다고 그는 단언하였다(함석헌 1970b, 9). 그는 민중이 집단적 저항을 일으키기 위해서는 "자발적인 양심의 명령에 의해 성립되는 공동체"를 구성하는 것이 선행되어야 한다고 보았다.

씨올의 정의로움은 '권력 없음, 낮은 지위, 수난'으로부터 나온다고 보고 있으며, 이는 안병무가 말한 오클로스(정착지가 없어 보호를 못 받고 예수를 찾아온 낮은 사람들)로서의 민중과 유사하다. 함석헌은 이같은 '씨올'의 수난으로부터 경제력·군사력을 기준으로 구성된 선진 대 후진 개념을 도덕적으로 전복시키려고 한다. 경제적·군사적 강제로 구성되었던 '제국주의 대 식민지'의 관계가 제2차 세계대전 이후 '선진국 대 후진국'의 관계로 전환되었는데, 경제력과 군사력을 기준으로 한 '선진 대 후진'의 구도는 강자만이 살아남고 약자의 도태는 당연시되는 사회진화론의 인식을 계승한 것이었다. 즉, 함석헌이 보기에 기성의 '선진-후진'의 구분은 무의미하며, 물질적·경제적 기준으로 구성된 '선진-후진'의 구분을 정신적·윤리적 기준으로 전도시켜 수난받는 위치에 있는 식민지·독립신생국이 '선진'의 자리에 서야 함을 주장하였다.

박정희는 1971년 12월 6일 국가비상사태를 선포하면서 "침략자의 총칼을 '자유'와 '평화'의 구호만으로는 막아낼 수 없"다며 "필요할 때는 우리가 향유하고 있는 자유의 일부마저도 스스로 보류하고 이에 대처해 나아가겠다는 굳은 결의"가 필요하다고 하였다. 안보 위기 앞에서 자유민주주의를 지키기 위해 국가가 국민의 자유권 등을 제한할 수 있도록 하겠다는 선언이 바로 국가비상사태 선포의 핵심이었다. 이에 대해 함석헌은 "정부의 하는 일에 대해서는 한 마디의 반대는커녕 비평조차 못 하게 하자는 방침"이라고 비판하였다. 그는 박정희 정부가 비상사태를 선포한 것은 "스스로 안에 힘의 부족을 느꼈기 때문"이라며, 정부가 국민을 믿어야

지 국민의 신임을 얻지 못하면서 국민의 팔을 비트는 것은 어리석은 일이라고 하였다. 또한 그는 비상사태를 선포한 박정희가 민주주의를 제대로 이해하지 못하고 있다고 비판하기도 하였다. 함석헌은 무서운 무기와 강력한 통솔력을 가진 군대보다 자유를 위해 목숨을 버리려는 군인들로 뭉친 군대가 더 강한 군대라고 비유하면서 "후진국이기 때문에 아직은 강력한 지도자가 필요하다"는 식의 논리는 억지이고, 스스로 민주주의를 지향하는 민중의 자유를 존중하고 그들의 민주주의에 귀를 기울이는 정치가 강한 정치라고 반박하였다(함석헌 1971a, 6-15).

그는 해방 직후의 경험으로부터 월남하기까지의 과정 속에서 공산주의에 대한 경험적 반감을 갖게 되었고, 이후 그의 자유민주주의론은 기독교적 보편주의와도 맞닿아 있으면서도 냉전적인 특징을 일정하게 갖고 있었다. 예를 들어 그는 공산주의에 대해 계급이론을 가지고 세계 해방을 주장하는 것이라고 설명하면서 계급윤리로는 '세계 통일'을 할 수 없다고 단언하였다(함석헌 1958, 254). 그는 공산주의 체제를 반 인격적 통치로 상정하고 반대하였다. 그러면서도 그는 진영론적 차원으로 냉전을 해석하지 않고, 냉전과 분단을 강대국들이 약소민족에 가하는 수난으로 해석하였다. 그렇기 때문에 남이든 북이든 모두 냉전과 분단의 피해자로 보고, 강대국의 지배로서의 분단 자체를 문제시하였다. 그런데 1970년대 들어 그는 이전 시기보다 냉전적 인식에서 더욱 벗어난 모습을 보여준다. 분단의 지양으로서의 통일을 그는 혁명으로 상정하고 있으며, 통일을 위해서는 남북이 체제 기득권과 이데올로기를 동시에 버리고 평화체제를 구성하는 길로 나아가야 한다고 주장하였다.

함석헌은 전쟁불가피론을 주장하는 이들에게 전쟁으로 "남북 긴장을 해결할 수 있겠느냐"고 오히려 반문하였다. 남북 간의 군사적 긴장을 키워온 이들은 "전체의 민중이 아니요 권력욕에 취한 정치업자 전쟁업자들의 집단"이었다는 것이다. 더 나아가 냉전질서 하에서의 남북 간 전쟁은 세계적인 전쟁업자들의 이해와 직결되어 있기 때문에 남과 북 어느 한쪽이 패배한다고 해서 끝날 전쟁이 아니라는 것이 함석헌의 주장이었다(함석헌 1972b, 8-9). 그의 비폭력 평화주의는 인도의 간디 등으로부터 많은 영향을 받았는데, 남북 간의 대결로 피해를 입는 것은 권력 없는 씨올이라며 진정한 평화통일 구축을 위해 군사주의와 남북 대결 의식으로부터 탈피할 것을 촉구하였다.

함석헌의 저항철학은 씨올의 생명과 평화를 중시하는 그의 사상으로부터 나왔으며, 낮은 자의 편에 서서 정치적인 것을 이해하고 그들의 입장에서 유신 권력을 비판하였다. 그의 철학은 다분히 초월적·종교적·계몽적 성격을 지니고 있었지만, 노동자, 농민, 여성 등의 목소리에 귀를 기울이려 노력한 그의 언론운동은 낮은 자의 편에서 '저항'을 몸소 실천하려는 현실주의적 태도이기도 하였다.

1974년 4월 3일 박정희 대통령은 전국민주청년학생총연맹을 반국가적 불법 단체로 규정하고 이와 관련된 일체의 행위를 금지시키며 이 조치 위반자에게는 최고 사형까지 처할 수 있도록 하는 내용의 '긴급조치 4호'를 선포하였다.[6] 4월 25일 중앙정보부는 "'민청학련'의 배후에는 과거 공산계 불법 단체인 인혁당 조직과 재일 조총련계와 일본 공산당, 국내 좌파 혁신계가 복합적으로 작용했다"며 "학생주모자들은 4단계 혁명을 통해

---

6 1973년 12월 대학생들은 전국적인 규모의 학생운동 조직을 준비하기 시작했다. 1974년 3월에는 대학생들이 전국적인 시위 계획과 유인물의 공동 사용을 결정하면서 '전국민주청년학생총연맹(민청학련)'이라는 명칭을 사용하기로 했다. 박정희 정권은 반유신운동을 차단하고 저항세력을 탄압하기 위해 '민청학련'이 북한의 사주에 의해 정부 전복을 기도하였다며 긴급조치 4호를 발동했다. 검찰은 203명을 구속했고, 비상보통군법회의 1심 재판에서는 사형 9명, 무기징역 21명 등 관련자들에게 중형을 선고했다. 그러나 국내외의 강력한 석방 요구 압력에 못 견딘 당국은 1975년 2월 인혁당 관련자와 반공법 위반자 일부를 제외한 사건 관련자 전원을 석방했다. 2005년 '국가정보원 과거사 진실규명을 통한 발전위원회'는 이 사건의 재조사를 실시하여 인혁당 및 민청학련사건 고문 조작 사실을 인정했다. 2009년 사법부는 민청학련사건 관련자들에게 "내란죄로 인정할 증거가 없다"며 무죄를 선고했다.

이른바 노동자 농민에 의한 정부를 세울 것을 목표로 과도적 통치기구로 '민족지도부'의 결성까지 계획했다"고 밝혔다. 함석헌은『씨을의 소리』에 「민주청년학생연맹사건과 우리의 반성」이라는 글을 써서 민청학련사건이 조작된 것이라며 보복주의·단속주의·엄벌주의에 입각한 당국의 태도가 잘못되었음을 지적하였다(함석헌 1974, 51).

함석헌은 박정희 정권이 중앙정보부 등을 앞세운 공작정치로 공안사건을 조작해낸 당시의 분위기를 비판하며, 민청학련사건을 포함한 많은 공안사건들이 당국에 의해 조작된 것이라고 주장하였다. 함석헌은 1971년 10월 박정희 정권의 위수령·휴업령 발동에 대해 철회, 학생들에 대한 부당한 연행과 인권 유린 중지, 특권층의 부정부패 척결 및 정보정치 폐지 등을 요구하는 '긴급선언' 발표에 동참했고, 이 글을 쓰기 몇 달 전인 1973년 11월에는 김재준, 지학순, 법정, 이호철, 천관우 등과 민주질서 회복을 요구하는 '시국선언'을 발표하다가 경찰에 연행되기도 하였다. 함석헌은 '민주회복, 학생인권보호'와 같은 재야의 슬로건에 동의하고 있기는 하였지만, 그러한 기성의 가치에 머물지 않고 생명주의적 관점에서 학생운동과 민중운동을 재해석하였다(함석헌 1974, 57). 함석헌은 학생이나 민중을 하나의 생명체로 간주하고, 이 생명의 나아갈 길을 가로막는 정치에 항의함으로써 생명의 자기 유지를 위한 항상성을 회복해가는 본능적 과정으로 학생운동이나 민중운동을 해석했던 것이다.

그는 독재정권에 의해 수난받는 학생들을 구호하는 데 관심을 기울이지 않는 한국의 기독교인들을 비판하며, 자신은 "학생들과 같이 감옥엘 가고 지옥까지라도 가야" 하겠다며 예수 그리스도의 십자가정신을 현실 속에서 실천하자고 제안하였다. 그는 기독교 교리의 정수는 결코 자기 구원이나 기복에 있는 것이 아니라, '수난받는 자'들과 함께 십자가를 지는 삶을 실천하는 십자가정신에 있다고 믿었다. 함석헌의 종교적 세계관이 사회·정치적 실천성으로 연결될 수 있던 것은 바로 이 '십자가정신'에 대한 그의 해석 때문이었다.

1974년 그는 74세의 나이였지만, 민청학련사건으로 수감된 이들의 가족들과 함께 시간을 보내고, 단식 기도회에도 참석하였다. 기도의 범위를 민청학련 관계자에서 인혁당사건 관계자들을 위하는 것까지 넓혀서 기도회를 개최하던 중에 함석헌은 다시 남산 중앙정보부에 끌려가 3일간 조사를 받고 풀려났다. 그는 당국의 탄압에 굴하지 않고 목요기도회에 참석하며, 장자를 공부하고, 전태일 추도 예배에 참석했다. 1975년 민주회복국민회의 대표였던 그는 1월과 4월에 각각 2차례씩 중앙정보부 · 경찰에 연행되어 조사를 받았다. 계속되는 공안당국의 탄압에도 그는 굴하지 않고 고난받는 민주화운동가들을 보호하고, 이들의 뜻을 대변하는 역할을 지속하였다. 탄압의 절정은 1976년 3월 1일 명동성당에서 열린 3 · 1절 기념미사에서 '3 · 1 민주구국선언'을 발표한 사건 이후였다.

유신정권은 이에 대해 "종교를 이용한 정부전복음모사건"으로 규정하고 긴급조치 위반으로 함석헌 등 9명을 입건, 11명을 구속하였다. 1년 뒤 그는 대법원 확정판결에서 징역 5년, 자격정지 5년에 형집행정지 처분을 선고받았다. 3 · 1절 시위 이후 함석헌은 민중의 저항의식이 더욱 고취되고 저항이 확산될 것을 기대했으나, 박정희 정권에 일면 순응적이던 대중들을 보며 실망스러워했던 것으로 보인다. 확정판결 선고 직후 그는 "내게다가 5년 징역, 5년 자격정지를 선언한 것은 여러분(씨울)입니다"라며 민중 내부를 향한 성찰과 각성을 촉구하기도 했다. 그는 '독재'를 외부(박정희 정권)로만 상정하지 않고 내부와 외부가 뒤엉킨 것으로 이해하며, '씨울됨'이라는 민중성의 새로운 구성을 통해 이를 극복해나가고자 했다. 이 '씨울됨'의 내포 안에는 십자가정신을 포함한 종교 · 윤리 · 도덕이 자리 잡고 있었고, 함석헌은 이를 민중들에게 계몽 · 각성시키는 선지자 역할을 하였다.

1970년대에 그는 억압적 독재 권력에 맞서 '민주 · 자유 · 인권'을 요구했지만, "지금 와서도, 땅떵이를 뛰어넘은 우주 시대에 와서도, 아직도 자유니, 인권이니 하는 소리를 부르짖어야 하니 이런 부끄럼이 또 어디 있을까?"라며 당대 저항진영의 자유·인권 담론과는 다른 목소리를 냈다(함석헌 1977, 26). 그는 자유란 오직 '스스로 행함'뿐이라며, 이는 자연의 하나됨이자 인간의 경우는 '사람 노릇' 하는 것이라고 했다. 얼핏 보면 그는 개인의 자유를 절대적으로 옹호하는 것처럼 보이지만, '사람노릇'이라는 개인의 자유는 오직 전체와의 관계 속에서만 추구될 수 있는 것이었다. 그는 사람노릇 하는 것이란 '참 나'를 찾는 것이며, 이는 누구로부터 빼앗는 것도 누구에게 빼앗기는 것도 아니고, 공포심·시기심·증오·불안 등으로는 구할 수 없는 것이라고 설명했다. 자유는 스스로 함이지만 동시에 '나'를 철저히 부정하는 것이라고도 했다. 함석헌은 "남을 살리는 것이 내가 사는 길"이라며 자기희생 속에 전체를 살릴 때 개인의 자유도 성취된다는 역설적인 주장을 했다(함석헌 1977, 33). 비슷한 맥락에서 '마음대로' 하는 것이란 정말 마음대로 하는 것이 아니라, 양심의 명령에 따라 하는 것을 의미했다. 절대 진리에 복종하는 것, 죄악의 권력에 용감히 맞서 싸우는 것, 세계사의 흐름에 동참하는 것, 함석헌은 바로 그것이 '마음대로' '자유'하는 것이라고 했다.

1970년대 함석헌의 정치사상에서 두드러진 특징은 냉전에 대한 비판의 수위가 한층 높아졌다는 것과 더불어 산업화 과정에서 희생된 이들과 독재체제 아래에서 고통받는 이들에게 더욱 밀착하여 아래로부터 민중을 바라보려는 노력을 기울였던 점에 있다. 1970년대 그는 유신독재 정권의 검열과 탄압 속에서도 『씨올의 소리』를 간행하며 언론자유운동을 전개하였다. 『씨올의 소리』에는 노동자와 농민을 포함하여 산업화 과정에서 희생된 이들의 목소리를 수록하는 기획과 특집 원고가 게재되었다. 이는 고난의 길을 걷는 민중을 '씨올'로 상정하고, 이들의 저항을 일종의 생명 운동으로 간주하는 함석헌의 정치사상으로부터 비롯되었다. 함석헌의 이같은 민중 중심의 민주주의사상은 독재와 개발주의에 맞서 공동체의 평등주의를 강화하는 방향으로 작용했다는 점에서 일정하게 역동성을 갖는 것이었다.

5. 노장사상의 영향과 현대문명 비판

함석헌은 1971년 7월부터 1988년 5월까지 『노자』와 『장자』의 공개강좌를 맡았을 만큼 노장사상에 심취해 있었다. 공개강좌를 시작한 시점이 1971년이라는 것은 여러 의미를 갖는다. 그중 하나는 박정희 정권이 삼선개헌에서 유신을 향해가는 국면 속에서 체제 정당화의 이데올로기로 충효 윤리를 강요했던 데 대한 하나의 저항으로 해석한 것이다(김성수 2002, 104). 유교적 충효 윤리뿐만 아니라 박정희 정권이 부국강병론에 기반해서 '싸우면서 건설하자'고 대중을 동원하던 양상이나 '잘살아보세'를 외치며 경제적 가치를 앞세우던 것 등을 함석헌은 노장사상의 초월적 자유를 통해 비판하고 극복하고자 했던 것으로 보인다.

그는 『씨알의 소리』에서 노끈으로 궤짝의 자물쇠를 단단히 하는 것은 궤짝을 여는 좀도둑을 막는 데에는 적절하나, 큰 도둑이 와서 궤짝 채로 지고 갈 때는 자물쇠를 단단히 하는 지혜가 아무 소용이 없다는 『장자』의 일화를 소개하며 정치라는 제도를 이용해 세상을 통째로 먹어치우는 도둑질에 대해 경계할 것을 이야기했다(함석헌 1971b, 50). 그는 세월이 평안할 때에는 지식인, 도덕가, 종교가가 "부지런해라, 돈을 모아라, 정직해라, 순종해라, 복종해라, 나라를 사랑하고 윗사람을 공경해라"라고 가르쳤으나, 야심가가 칼을 들고 일어나 전의 임금을 죽이고 제가 나라를 온통 먹어치운 상황에서도 지식인, 도덕가, 종교가가 여전히 똑같이 가르치니 이는 "결국 도둑놈에게 모아 바치고 가만 있어 참고 복종하란 말"이 된다고 했다(함석헌 1971b, 51). 이는 정확히 쿠데타로 집권한 박정희 정권을 '큰 도둑'에 비유하면서 충효사상과 복종의 이데올로기를 논하는 지식인, 도덕가, 종교가를 비판하는 것이었다.

그는 근대화로 소득이 늘었다고 권력자들은 주장하지만, "도둑은 민중의 것을 도둑했으니 행복하겠지만 전체 민중은 더 비참해졌다"며 노동자·사무원·학생 등의 반항에 침묵하는 학자, 선생, 목사, 신부는 과연 무엇을 하고 있으며 누구를 위해 일하고 있느냐고 반문하였다. 그는 더 나아가 '국가주의·문명주의'의 근본을 때려 부숴야 한다고 주장했다.

함석헌은 '근대화'에 대해 비판적인 이야기를 많이 하였는데, 단순히 박정희식 근대화가 잘못되었다는 것이 아니라, 자본주의와 과학기술에 기반한 현대문명 자체에 대해 근본적인 회의를 포함한 것이었다. 함석헌은 자유가 억압된 현실을 '벽 속에 갇힌 사나이'로 비유하며 자유의 소중함을 역설하였다. 그는 그러한 억압의 근원으로 '발달된 과학과 기술'을 지목하였다. 과학기술과 근대문명이 지배의 유용한 도구로 활용되어 애초의 의도대로 근대화의 결과가 합리적으로 나타나는 것이 아니라 비합리적으로 발현된다는 사실을 그는 강조했다(이상록 2007, 236). 이 지점에서 그를 탈근대주의자라고 볼 여지가 생기는데, '근대화=서구화', '근대 극복=동양의 재해석'으로 상정한 그의 인식 틀은 근대문명이 낳은 차별·억압·착취의 구조를 문제시한다는 점에서 탈근대주의의 가능성을 보여주는 것인 동시에 '서구'를 총체적으로 타자화(他者化)하는 일종의 옥시덴탈리즘(Occidentalism)[7]으로 이어진다는 점에서 한계를 안고 있기도 했다.

---

7 옥시덴탈리즘은 한마디로 "비(非)서양권이 날조하거나 왜곡한 서양의 이미지"라고 할 수 있는데, '서양'에 대한 편견이 담긴 담론을 일컫는다. 특히 20세기 초 서세동점(西勢東漸)의 분위기 속에서 동아시아의 지식인들은 서양을 '물질'로 동양을 '정신'으로 대비시켜 정형화된 '서양' 이미지를 만들었던 것이 전형적인 옥시덴탈리즘의 사례이다.

함석헌은 서양문명은 내리막길에 들어선 지 오래이며, 문명의 부정성이 긍정성을 뒤덮어 이제 망하게 되었다고 진단하였다. 민주주의를 앞세운 미국이 학생에게 총을 쏘고, 베트남전에 개입하여 베트남인들을 고통에 빠뜨리는 것과 같은 징후들을 그는 문제시하였다. 문명이 발달한 나라들이 세계의 평화와 국제적 정의 등을 파괴하는 데 앞장선 20세기 세계사의 역설에 그는 주목하였다.

함석헌은 인간의 자연력 숭배가 극점에 이르러 사람의 살림과 사회제도 사이의 모순 발생으로 나타난 것이 '제국주의'라고 설명하였다. 그가 보기에 제국주의의 시대는 '부국강병 약육강식'의 시대였다. 강대국은 이렇게 제국주의적 약탈에 기반해 성장했고, 이데올로기를 앞세워 약소국을 분단시키는 등 인류의 도덕·종교·철학 모두에 악영향을 끼쳤다는 것이 함석헌의 생각이었다. 그는 당시 박정희 정권이 역설하던 '근대화'란 곧 서양문명을 뒤따르자는 것인데, "서양문명은 이제 망하게 된 문명"이기 때문에 "근대화를 부르짖으면서 '민족중흥'이다!"라고 주장하는 것은 도살장으로 송아지를 모는 격이라며 박정희 정권의 선전 선동에 대해 원색적으로 비난하였다(함석헌 1970c, 23). 또한, 박정희 정권이 '민족중흥'이라 외치는 근대화가 과연 농민과 노동자의 입장에서는 어떠했는가를 반문하였다. 그는 서양문명에는 분명 장점도 있지만, 철학·과학 등에서의 장점은 서양문명이 내포한 군국주의, 제국주의, 상업주의로 인해 빛을 발할 수 없다고 판단하였다.

1950년대 이후 한국 지식인들의 지배해온 것은 바로 '후진국 국민'이라는 자의식이었다. '선진국'을 따라잡아야 한다는 강박관념은 피식민의 경험과 맞닿아 있었는데, 강대국에 의해 잡아먹히지 않기 위해서는 '선진문명'을 따라 '우리'도 강해져야 한다는 판단으로 이어졌고 이는 '선진문명'에 대한 모방으로 귀결되었다. 함석헌은 이처럼 남의 문명을 이해하지 못하고 그 결과만을 모방하는 후진국 의식이 오히려 패망의 지름길이라고 진단하면서 '선진 대 후진' 구도 자체를 깨뜨려야 한다고 주장하였다. 그는 약육강식 승자독식의 사회진화론적 인식으로부터 벗어나 수난받은 약소국이 새로운 도덕을 앞세워 강자가 되는 새 질서를 만들어가야 한다고 주장하였고, 그는 이를 '문명의 방향전환'이라 불렀다.

그는 '문명의 방향전환'을 약소국으로부터 찾았는데, '서구문명'을 폐기하고 대체해야 할 새 문명을 '정의(情意)'와 '정신'의 힘에 기반한 문명으로 상정하였다. 그는 '서구=물질/계약'에 대한 대립항으로서 '동양=정신/정의'를 설정했던 셈인데, '동양'이라는 기표를 강조하기보다는 '약소국'이라는 보다 보편적인 기표를 드러내는 전략을 취하기도 했다. 그럼에도 불구하고 그의 '약소국'이라는 기표 뒤에는 '동양'이 중첩되어 있었다.

함석헌은 '서양적인 문명'을 강력하게 비판하면서 "동양의 특색은 역시 자연에서 떨어져 나가지 않는데 있소"라는 식으로 '동양'을 꼬집어 언급하기도 하였는데, 이는 자연과의 조화를 추구한 '동양문명'이 '서양문명'을 대체할 대안이라는 점을 강조하기 위한 것이었다(함석헌·김동길 1976, 24). 그는 서양의 문예부흥, 종교개혁, 산업혁명 이후의 새로운 세계 탄생을 위한 고전연구는 "동양고전밖에 없지 않은가?"라며 오랫동안 버림받았던 '동양의 지혜'를 재해석해야 한다고 주장하기도 하였다(함석헌 1976, 24-26). 이런 점에서 그의 문명론은 다분히 오리엔탈리즘의 뒤집어진 형태인 옥시덴탈리즘에 기대고 있는 측면이 있었다. 서구문명에 대해서는 강력히 비판을 전개하였지만, '서구인의 시선'으로부터 함석헌도 완전히 자유롭지는 못했던 셈이다.

근대화론이라는 강력한 자기장 속으로 빨려 들어가서 출구를 찾지 못했던 1960-1970년대 한국 지성계 풍토 위에서 함석헌은 그 거센 흐름을 거스르며 약소국이 오히려 새로운 세계질서를 구축하는 주체가 될 수 있다는 사유를 펴나간 것은 지성사적으로 큰 의미가 있다. 그의 이러한 주장의 배경에는 바로 기독교와 노장사상의 융합이 있었다. 20세기 서구문명의 폐해를 극복할 수 있는 것은 바로 '약소국'이라는 것인데, 이는 "천하에 물보다 부드럽고 약한 것이 없지만, 굳세고 강한 것을 공략하는 데는 그보다 나은 것이 없다(天下莫柔弱於水, 而攻堅强者莫之能勝也)"는 노자의 철학과도 상통하는 것이었다.

함석헌의 비판철학과 저항 담론의 근간에는 생명주의적 사유가 작동하고 있다. 모든 생명은 자기보존에 일차적인 노력을 기울이고, 이 생명성에서 비롯된 자기보존행위가 바로 저항이라는 것이다(송기득 1979, 74-75). 함석헌은 모든 생명은 "스스로 함", "고난으로서의 삶", 그리고 "대리적이고 대속적"[8]이라는 원리를 갖는다고 설명하였다(김경재 2009, 167-169). 이생명의 운동성을 그는 '씨올'사상으로 확장시켜 설명하였는데, 씨올은 억눌리고 빼앗기며 무시당하는 존재이면서도, 그 고난으로 인해 주체적이고 창조적인 운동성을 갖게 된다고 하였다(김소남 2017, 16). 이같은 함석헌의 생명사상은 다석 유영모를 통해 노장사상을 포함한 동양의 고전철학을 배우고 흡수한 영향과 우치무라 간조의 무교회주의를 재해석한 결과이자, 퀘이커리즘 영향의 결과였다.

그는 '씨올'의 저항을 매우 중요하게 생각하나, 그 저항이 문명 또는 기성 정치의 얼굴을 하고 있는데 대해서는 깊은 우려를 표했다. "악을 악으로 대적하는 것"은 결국 전쟁과 공해만을 낳을 뿐이며, 이를 장자의 '무위(無爲)'에 대조해 비춰보면 단시일에는 이익인 것처럼 보이지만, 장기적으

---

8 대속(代贖)이란 예수가 십자가를 짊어짐으로써 죄인들의 죄를 대신 감당하고 구원한 것을 일컫는 종교적 개념이다. 함석헌은 생명을 '자기의 삶'인 동시에 '대리적 삶, 대속적 삶'이라고 설명했다. 이는 의식주 등의 기본생활에서부터 인권·민주주의 등 고차원적 영역에 이르기까지 내 삶의 향유가 오로지 내가 씨 뿌리고 거둔 내 노력의 대가만으로 이루어지는 것이 아니라, 다른 누군가의 헌신과 희생의 산물이기도 하다는 깨달음과 관련된다. 함석헌은 예수 그리스도의 죽음에 의한 대속을 '모든 생명은 하나다'라는 상호 연결의 관계 속에서 해석한다. 이런 측면에서 함석헌은 생명을 공동체 성원의 상호 연결 속에서 이해했고, 모든 생명은 대리적이고 대속적이라고 해석했다(김경재 2009, 168-169).

로는 손해인 동시에 자연이라는 인류의 기반을 파괴함으로써 궁극적으로 파멸로 이끈다는 것이었다. '근대문명'을 넘어서면서 자연과 조화를 이루는 '저항'의 방식을 찾는 것, 바로 그것이 그의 가장 의미심장한 지적·실천적 화두였다.

6. 함석헌을 통한 민주주의 담론의 재구성

함석헌의 민주주의 이해가 여타 지식인·운동가와 구별되는 지점은 민주주의를 대표자에 대한 대의적 통치로 환원시키지 않는다는 점이다. 그는 '민주주의'를 행태적으로 이해하지 않고, 원리적으로 이해하였다. 말 그대로 '민(demos)이 주인이 되는 정치', '씨올'로서의 민중이 주인이 되는 일종의 집단적 자기 통치 상태를 그는 민주주의라고 해석하였다. 씨올의 대표로 위임된 권력자들이 씨올을 배반하는 정치는 민주주의가 아니며, 권력자들의 부당한 정치에 맞서는 씨올의 저항이 민주주의라고 그는 주장하였다. 그런데 저항 이후 수립될 정치제도 차원에서 볼 때 그가 상정하는 집단적 자기 통치가 어떻게 정립될 수 있는지는 분명하지 않다. 다만 공동체와 개인과의 관계 속에서 나타나는 일종의 운동성에서 그는 '정치적인 것'을 설명하고 있는데, 이때 그의 '민주주의' 개념은 정치가 종교·도덕과 결합될 때에만 비로소 설명할 수 있다.

함석헌이 상정하고 있는 정치적 주체는 '생명의 사람'과 같이 자연스러운 씨올의 운동성을 가진 존재이며, 동시에 '전체'로서의 집합적 주체와 유기적으로 연관되는 이타적 주체이다. 그는 공동체 속에서 자기 살림살이(경작)가 타인의 삶도 살찌우는 생명의 운동성과 그 상호작용에 의해 '이타성'이 지속될 수 있다고 상정하고 있다. 여기에 종교적 사랑과 도덕적 양심이 집단적 민주주의를 떠받칠 수 있게 한다고 그는 주장한다.

이 지점에서 함석헌은 자유민주주의의 전형으로부터 벗어난다. 그의 자유 개념은 자본주의적 소유권과 무한 이익추구에 대한 보장이 아니라, 자본주의적 질서를 거스르는 공동체적 관계 속에서의 자유를 의미한다. 그는 서구화로서의 근대화와 현대문명의 반인간적·반공동체적 속성에 대해 비판적인 입장을 취한다.

함석헌의 공동체주의는 어떤 면에서 종교적 유토피아주의에 가깝다. 이것이 자본주의를 넘어선 대안적 모델로 적합한가 하는 문제에 대해서는 의문스러운 지점들이 많다. 함석헌의 씨올 개념 역시 실재하는 하위주체(subaltern)[9]라기보다는 관념적·이상적 개념에 가까워 역사적 개념으로서는 '민중' 개념과 마찬가지로 일정한 한계를 지니고 있다. 그는 저항을 주체 형성의 중요한 계기로 삼고 있지만, 종교·윤리와 결부된 그의 주체 개념은 참·진리·정의로 무장된 일종의 이데아에 가깝다. 이 지점에서 그는 리얼리스트가 아니라 초월적 가치를 지향하며 민중을 계몽시키고자 한 사목적(司牧的) 지식인에 가깝다고 볼 수 있다.

그런데 전태일의 죽음 앞에 참회의 눈물을 흘리고, 민주화운동의 대열에 앞장서며, 언론의 자유를 외치며, 탄압 속에서도 『씨올의 소리』를 간행했던 그의 행동들은 그의 철학에 리얼리즘을 불어넣었다. 1970년대 언론 탄압 속에서 소외받던 노동자와 농민의 목소리를 드러내는 잡지는 많지 않았는데, 함석헌은 『씨올의 소리』에서 그러한 특집을 기획하였고, 시대의 목소리에 귀 기울이는 리얼리스트가 되고자 노력하였다. 그의 철학은 초월적이었지만, 그의 발은 현실 위에 놓여 있었다.

함석헌을 당대의 유명 인사의 대열로 올려놓은 것은 역설적이게도 냉전 분단 하에서 검열관 역할을 하던 공안경찰·검사나 정보기관 당국자

---

9   'subaltern'은 '하층민' 또는 '하위주체'로 번역된다. 지배 권력의 헤게모니에 예속되어 있으면서도 자신들 사이에 모순·이질성·갈등·대립 등이 공존하는 주체, '차이의 공간' 속에 놓인 민중을 가리키는 개념이다.

들이었다. 공안당국은 1958년 8월 그가 『사상계』에 기고한 「생각하는 백성이라야 한다」라는 글에 대해 국가보안법 위반 혐의를 적용하여 함석헌을 구속하였다. 공안검사는 이 글에서 "북한도 남한도 모두 꼭두각시뿐이지 나라가 아니다"라는 구절이 대한민국의 국체를 부인하고 있다고 문제 삼았으나, 언론의 자유를 요구하는 여론의 압력을 못 이긴 검찰이 그의 구속을 해제하고 결국 불기소 처분을 내렸다.

함석헌은 1960-1970년대 한국의 민주화운동을 이끌던 재야 민주화운동가이자, 자신의 정치적·종교적 이상을 끊임없이 구성하여 글과 말을 통해 표현했던 정치사상·종교철학자였다. 또한 그는 정치 현안에 대해 『사상계』와 『씨올의 소리』 등의 미디어에 정치 평론 성격의 글을 기고하는 행위를 통해 시민의 정치적 의사소통과 여론형성에 기여했던 정치평론가였다(이동수 2002, 103). 한일협정, 삼선개헌, 유신헌법과 긴급조치에 반대하며 민주주의를 요구했던 그는 공안·정보당국에 수시로 불려 다니며 고초를 겪었고, 공안당국에 의해 '정부 전복을 선동'하는 '불온한' 인물로 규정되곤 했다. 권위주의 체제 아래에서 그가 제기했던 '불온한' 목소리는 시대의 부조리에 맞선 '정의로움'의 표상으로 남아 있고, 독재 권력의 부당한 억압에 맞서 싸운 그의 행동은 양심적 지식인의 실천으로 평가받고 있다.

1989년 2월 4일 함석헌이 세상을 떠난 후 그의 죽음을 추모하며 나온 『씨올의 소리』 제99호와 제100호는 그의 동지들과 계승자들이 그를 어떻게 기억하고자 했는지를 잘 보여준다. 문익환은 조시(弔詩)에서 "너무나 인간적이셨던 우리의 멋쟁이, 겨레의 어버이, 만인의 벗, 함석헌 선생님"이라며, 그의 죽음을 애도했다. 문익환은 그의 씨올사상이 곧 평등의 사상이며, 경쟁을 거부하고 자연과의 조화를 도모했던 것이라고 해석했고, 함석헌을 그 어디에서고 매이지 않고 활개 치는 자유인이었다고 평가했다(문익환 1989, 20).

함석헌의 씨올사상은 안병무 등의 민중신학에 깊은 영향을 끼쳤다. 민중신학은 효율성과 성장주의에 기반했던 한국의 근대화 과정에 편승하면서 '더 크고 번성한 교회', '더 많은 신도 수' 확보를 목표로 활동해온 한국의 기성종교를 비판적으로 사유할 수 있게 하는 철학적 기반을 제공했다는 점에서 여전히 중요한 의미를 지닌다. 안병무는 함석헌을 추모하면서 "그는 교육자 아닌 교육자였고, 역사학자 아닌 역사학자였고, 학자 아닌 학자였고, 시인 아닌 시인"이었다고 회고했다. 안병무는 함석헌의 사상의 폭이 너무 넓어서 헤아릴 길이 없다면서 특히 고난의 역사 속에서 세계사를 짊어진 메시아적 고난을 행하는 주체로 민중을 설정한 그의 씨올사상을 높이 평가했다(안병무 1989, 24).

계훈제는 함석헌의 근본 사상이 '평화를 위한 저항'에 있다고 보았다(계훈제 외 1989, 151). 계훈제는 분단의 고착을 원하는 권력자들에 맞서 싸울 때 진정한 자주평화통일을 이룰 수 있고, 씨올을 해방시킬 수 있을 것이라고 하였다. 퀘이커 세계협회가 1979년과 1985년 두 차례 함석헌을 노벨평화상 후보자로 추천했을 만큼 함석헌의 평화주의는 냉전의 최전선이었으며 아직도 최후의 보루로 남아 있는 한반도에 여전히 중요한 울림을 제공한다.

신학자 송기득은 함석헌을 이 시대의 '들사람(野人)'이었다면서 다스리는 자리에는 앉아본 적도 없고 가진 자의 계층에 끼어본 적도 없는 인물이라고 했다. 그는 함석헌의 들사람 정신을 '대듦'으로 정의했는데, 대듦이란 민중의 절규를 듣고 그 아픔을 증언하는 것이라고 설명했다. 함석헌의 신앙은 다름 아닌 민중(씨올)이었고, 예언자적 저항으로서 민중의 인권을 지키려 했다는 것이다. 송기득은 함석헌의 씨올사상이 '나는 곧 하늘'이라는 개체(자아)와 초월자(하늘) 사이의 동일시에 그 특징이 있다면서 이 개체와 초월자를 하나로 만들고자 하는 것을 가로막는 장애물에 맞서는 것이 곧 '대듦'이자 저항이라고 설명했다. 즉, 자신의 자유의지와 주체적 인격을 가로막는 데 맞서는 '대듦'이 곧 씨알의 생명운동이라는 것이다 (송기득 1989, 75).

또한 함석헌의 씨알사상은 생태주의에 기반한 협동조합운동과 대안 공동체운동에도 직간접적인 영향을 끼쳤다. 녹색의 가치로 대안적 세계를 꿈꾸는 이들에게 함석헌 글과 사상은 유의미한 참고자료로 기능해왔다. 1990년대 이후의 협동조합운동과 대안공동체운동은 환경, 여성, 인권, 아동, 장애인 등 다양한 사회운동과 연계되어 새로운 비판적 사유와 삶의 방식을 구성하는 데 이바지하고 있다.

그는 당대의 주류적 흐름이었던 '선진국 따라가기, 경쟁주의, 빨리빨리 하기, 물질만능주의' 등으로부터 벗어나기 위해 반시대적 고찰을 행하는 지식인이었다. 산업화 이후 한국 사회를 지배해온 가치는 개발주의와 능률지상주의였다고 해도 과언이 아니다. 경제적 효율성의 법칙은 전 사회를 지배하게 되었고, '정의·평등·자유'의 가치조차 누구나 공정하게 경쟁할 수 있는 기회 보장의 의미로 제한되어버렸다. 함석헌은 자연을 파괴와 정복의 대상으로 여기는 개발주의와 생명의 하나됨을 가로막는 능률지상주의를 거부하고, 경쟁과 적대 그리고 강자의 지배와 착취를 당연시하는 세계를 상생(相生)·상보(相補)·공존과 화합의 세계로 뒤집을 것을 역설했다. 그는 자신의 시대로부터 온전히 자유롭지는 못했지만, 시대를 지배하는 극단의 철학을 넘어서고자 노력했다. 함석헌이 "서구 근대정신과 기독교정신을 받아들여 한국과 동아시아의 종교철학과 통전함으로써 동서 정신문화를 아우르는" 특징을 보여준다는 평가를 받는 것도 그와 같은 노력의 산물이었다(문지영 2013, 76).

함석헌은 국가나 민족에 대해 이중적인 태도를 취하거나 사상 내부에 모순적인 요소들이 공존하는 등의 문제를 안고 있기도 했다. 또한 서양의 근본을 물질문명으로 간주하고 동양의 근본을 정신문명으로 간주하는 이분법에서 근본적으로 자유롭지는 못했다. 그럼에도 불구하고 문지영의 지적처럼 그는 "전통과 근대, 동양과 서양의 이분법적 경계를 넘나들며" "종합적이면서도 독창적인 사상을 제시"하려 노력했다(문지영 2013, 51-52). 평화·자유·공동체를 존중하며, 가난하고 억눌린 자들의 편에서 그들의 저항을 민주주의의 근본으로 생각했던 그의 철학은 신자유주의 시대에 새로운 민주주의를 구성하는 데 여전히 중요한 화두를 제공하고 있다.

함석헌은 식민지와 냉전을 겪은 한국의 지식인이 서구중심주의를 넘어서는 것의 어려움, 민족주의를 비판하면서도 강한 민족주의를 동시에 열망하는 모순과 한계를 보여준다. 그럼에도 불구하고 함석헌의 비폭력 평화주의와 생명사상은 사회진화론과 그것을 계승한 신자유주의적 사고에 맞설 수 있는 공동체적 사유의 기반을 제공했다는 점에서 유의미한 지점이 있다. 현대문명이 인간을 소외시키고 인간성을 파괴하는 오늘날, 서로를 보완하고 함께 사는 삶을 지향하는 공동체적 삶의 철학은 20세기의 그것과 다른 차원에서 재조명될 필요가 있다.

동료마저 짓밟고 살아남아야 한다는 경쟁지상주의의 폐해 속에 인간적 가치가 파괴되어가고, 종교마저도 자본주의적 기업과 닮아가는 오늘날의 한국 사회에서 지난 세기 함석헌이 보여준 가치와 지향은 새로운 울림으로 다가온다. 낮은 자들과 함께하고, 낮은 자의 편에 서며, 인간과 생명의 가치를 중심에 두고 사유하였던 함석헌의 철학적 사유는 탐욕의 시대를 사는 우리들에게 성찰의 계기와 방법을 제공해준다는 점에서 중요한 의의를 지니고 있다.

함석헌. 1936. "무교회신앙과 조선."『성서조선』제85호.

함석헌. 1958. "새윤리(하)."『사상계』제58호.

함석헌. 1959. "죽을 때까지 이 걸음으로."『사상계』제69호.

함석헌. 1961. "인간혁명."『함석헌선집』 2, 11-74. 서울: 한길사.

함석헌. 1963a. "민중이 정부를 다스려야 한다-자유는 감옥에서 알을 까고 나온다."
　　『사상계』제120호.

함석헌. 1963b. "꿈틀거리는 백성이야 산다."『사상계』124호.

함석헌. 1963c. "삼천만 앞에 울음으로 부르짖는다(완) 민중에게."《조선일보》(7월 24일).

함석헌. 1964. "양한재조재차일념."『사상계』131호.

함석헌. 1965a. "비폭력혁명."『사상계』제142호.

함석헌. 1965b. "세번째 국민에게 부르짖는 말-오늘은 우리에게 무엇을 호소하는가."
　　『사상계』제146호.

함석헌. 1967. "저항의 철학."『사상계』제166호.

함석헌. 1970a. "씨올."『씨올의 소리』창간호.

함석헌. 1970b "나는 왜 이 잡지를 내나?"『씨올의 소리』창간호.

함석헌. 1970c. "옛글 고쳐 씹기."『씨올의 소리』제2호.

함석헌. 1971a. "고전풀이: 큰도둑·작은도둑-부정부패 除하는 길."『씨올의 소리』제5호.

함석헌. 1971b. "비상사태에 대하는 우리의 각오."『씨올의 소리』제7호.

함석헌. 1972a. "같이살기운동을 일으키자."『씨올의 소리』제10호.

함석헌. 1972b. "삶의 한 길."『씨올의 소리』제11호.

함석헌. 1974. "[검열삭제] 민주청년학생연맹 사건과 우리의 반성."『씨올의 소리』제32호.

함석헌. 1976. "세계구원의 꿈."『씨올의 소리』제50호.

함석헌·김동길. 1976. "대담: 씨올의 소리, 씨올의 사상."『씨올의 소리』제57호.

함석헌. 1977. "사람노릇·나라노릇·마음대로·뜻대로."『씨올의 소리』제61호.

함석헌 외. 1978. "좌담회: 씨올의 의미와 민중운동."『씨올의 소리』제76호.

계훈제 외. 1989. "좌담: 함석헌 선생님을 생각하면서."『씨올의 소리』99호.

김경재. 2009. "새로운 문명의 길잡이, 함석헌의 씨올사상." 『환경과 생명』 통권 62호, 159-169.

김성수. 2002. "함석헌과 노장사상." 『한국문화연구』 2권, 91-111.

김소남. 2017. "해방 이후 함석헌의 생명사상-장일순과의 비교를 중심으로-." 『인문과학연구』 제25집, 9-31.

무페, 샹탈 저·이행 역. 2006. 『민주주의의 역설』. 서울: 인간사랑.

문익환. 1989. "조시: 우리의 멋쟁이, 겨레의 어버이, 만인의 벗 함석헌 선생님!" 『씨올의 소리』 제99호.

문지영. 2013. "함석헌의 정치사상: 전통과 근대, 동양과 서양의 이분법적 대립을 넘어서." 『민주주의와 인권』 제13권 1호, 49-79.

송기득. 1979. "함석헌의 저항론." 『씨올의 소리』 제83호.

송기득. 1989. "함석헌의 대듦, 그 삶과 얼의 생각." 『씨올의 소리』 제100호.

이동수. 2002. "함석헌과 정치평론." 『한국정치학회보』 제35집 4호, 87-105.

이상록. 2007. "1960-70년대 비판적 지식인들의 근대화 인식: 『사상계』·『씨올의 소리』·크리스찬 아카데미 진영을 중심으로." 『역사문제연구』 제18호, 215-251.

이상록. 2010. "함석헌의 민중 인식과 민주주의론." 『사학연구』 제97호, 147-190.

이치석. 2005. 『씨올 함석헌 평전』. 서울: 시대의 창.

장상철. 2007. "1970년대 '민중' 개념의 재등장." 『경제와 사회』 제74호, 114-138.

● 함석헌. 2014. 『뜻으로 본 한국역사』. 파주: 한길사.

이 책은 함석헌의 저작 중에서 가장 오래 애독되어온 책이다. 함석헌의 역사 인식을 이해하기 위해 읽어야 할 가장 중요한 책이며, 일제강점기에서 무교회주의자로서 독립을 열망했던 그의 역사관이 잘 반영되어 있는 책이다.

함석헌은 1934-1935년에 『성서조선』에 총 22회에 걸쳐 「성서적 입장에서 본 조선 역사」라는 제목의 글을 발표하였다. 해방 후 그는 1946-1950년에 총 20회에 걸쳐 『성서연구』지에 같은 제목의 글을 연재하였고, 이 글들을 묶어 1950년 『성서적 입장에서 본 조선 역사』라는 책으로 출간하였다. 이후 1962년 3판을 출간하면서부터 『뜻으로 본 한국 역사』로 제명을 바꿨다. 함석헌의 이 책은 '고난의 민족사'를 무교회주의에 근거해 기독교 보편주의의 시각으로 해석하고, 제국주의의 지배를 당하는 고난의 상태를 예수그리스도가 걸었던 십자가의 길과 같은 것으로 이해하면서 제국주의-식민지의 지배관계를 극복하는 인류의 구원자적 위치로 설명하는 특징을 지닌다. 조선의 독립이라는 민족적 과제를 '인류'라는 보편과 연관 짓는 함석헌의 고유한 역사철학을 이해하기 위해 꼭 읽어야 할 책이다.

● 이치석. 2015. 『씨올 함석헌 평전』. 서울: 시대의창.

1901년 평북 용천에서 태어나 1989년에 생을 마감한 함석헌의 일생은 '망국과 식민지, 분단과 전쟁, 빈곤과 독재, 산업화와 민주화'로 이어진 한국 근현대사를 관통하고 있다. 함석헌은 비폭력 평화주의에 기반하여 냉전과 전쟁을 비판하였고, 생명사상에 기반하여 현대문명에 저항하였으며, 억압받는 이들의 편에서 민주주의를 외쳤다는 점에서 독특한 위치에 놓인 인물이다. 함석헌의 사상을 이해하기 위해서는 그의 생애와 활동을 파악하는 것이 매우 중요한데, 이 책은 함석헌의 생애를 쉽고 자세히 파악하는 데 많은 도움이 된다. 함석헌이 어떤 인물인지 궁금하다면 이 책을 읽어보길 권한다.

11

장준하
민족주의의 사상적 지표[1]

김대영

1. 장준하의 정치사상이 갖는 의미

장준하는 민족주의자다. 오늘날 현실에서 민주주의와 비교할 때 민족주의는 좀 멀게 느껴진다. 그러나 아직도 남북이 분단된 상태에서 우리는 결코 '민족'이라는 문제를 간과할 수 없다. 또 우리 현대사의 중요한 시점마다 민족 문제가 반드시 중요한 쟁점으로 부각되어 왔다. 해방 후 신탁통치 반대운동이 그랬고, 김구의 단독정부 반대운동은 지금까지도 많은 이의 심금을 울리고 있다. 1972년의 '7·4남북공동성명'은 한국 사회를

---

1 이 글은 다음의 두 논문을 기초로 수정·보완했다. 김대영. 2002. "장준하의 정치평론 연구(1): 장준하의 정치평론에 나타난 민족주의."『한국정치연구』제11집 제2호, 157-179. 김대영. 2003. "장준하의 정치평론 연구(2): 장준하의 정치평론에 나타난 민주주의."『한국정치연구』제12집 제2호, 151-173.

근본부터 흔들었고, 1991년의 남북한 UN 동시 가입은 동북아시아 국제 관계를 변화시켰다. 그리고 이때마다 민족주의 정서가 확산되었다.

한편 '연평해전'이나 '천안함사건' 등과 같이 군사적 긴장이 고조되면 민족주의는 약화되고 좌우 이데올로기 대립이 격화되었다. 그러나 2017년 북한과 미국의 핵전쟁이 가시권에 들어오면서 군사적 긴장으로 말미암 아 민족 공멸의 위기의식이 고조되었으며, 2001년부터 시작된 남북정상 회담의 중요성이 새롭게 부각되었다. 남북 정상이 만나 합의한 2001년의 '6·15공동선언'과 2007년의 '10·4공동선언' 및 2018년의 '판문점선언' 과 '평양선언'은 모두 남과 북을 민족이라는 관점에서 바라본다. 민족주의 의 새로운 부상이다.

정치사상과 관련해서 민족주의는 세 가지 측면에서 관심을 끈다. 첫째 는 민족주의와 다른 정치이념과의 상관관계로서, 주로 다른 정치이념과 의 공존 가능성 나아가 상호작용의 측면이다. 둘째로 민족주의의 배타성 과 전투성이 국제정치의 안정을 해치는 문제로 등장한다. 현재는 주로 아 랍의 민족주의가 연구 대상이 되고 있다. 끝으로 민족주의를 통한 국민 형성과 사회발전의 가능성이 주요 논점이 된다.

장준하의 정치사상은 민족주의를 구체적으로 이해하는 데 큰 도움이 된다. 왜냐하면 그의 민족주의는 정치현실과 긴밀히 연계되어 있기 때문 에 생동감 있는 현실로서 접근이 가능하기 때문이다. 장준하의 정치사상 은 관념적 유희와는 거리가 먼 실천적 정치사상이다. 장준하의 민족주의 는 한국 현대사에서 살아 있는 정치사상이므로 구체적인 문제에 쉽게 접 근하게 해준다. 그의 사상은 단순명료하지 않다는 문제가 있지만, 정치현 실을 구체적으로 고민할 때 많은 시사점과 과제를 우리에게 던져준다.

현재 우리가 주로 배우는 정치사상은 서구에서 도입된 사상이므로 그 체계는 정교하지만 현실정치와는 다소 거리가 있다. 이 때문에 교과서에 서 배운 이론이나 토론에서 인용되는 명언과는 너무나도 동떨어진 현실정치에 대해 고뇌하게 된다. 그러나 장준하의 정치사상을 접하게 되면 현실정치를 있는 그대로 받아들이고 나아가 이를 변화시킬 수 있다는 자신감을 갖게 된다. 왜냐하면 그의 정치사상은 정치현실을 있는 그대로 직시하기 때문이다.

장준하는 사상가 이전에 실천가였고 언론인이었기 때문에 그의 사상은 시대와 긴밀하게 연결되어 있다. 따라서 그가 살았던 삶과 시대를 충분히 이해하지 않고서는 그의 사상에 공감하기 어렵다. 우리가 개념을 중심으로 이해하는 서양의 정치사상도 자세히 살펴보면 현실 속에서 고뇌하고 좌절하며 혼란을 겪었던 흔적을 지니고 있다. 다만 서양의 정치사상가들은 오랫동안 동료들과 더불어 자신의 사상을 발전시킬 수 있었던 성숙한 지적 토양 속에서 활동할 수 있었을 따름이다. 이런 점에서 장준하의 요절이 더욱 안타깝다.

장준하를 정치평론가로 접근할 때 특히 그의 정치사상이 갖는 특성이 잘 드러난다. 장준하는 조국의 독립과 민족의 통일이라는 정치적 목표가 분명했던 실천하는 정치평론가였기 때문에 미세한 정치적 계기와 사건에 민감하게 반응한다. 오웰이 정치평론가를 "당대의 역사를 쓰는 사람"(George Orwell 1968, 234)이라고 명명했듯이 그는 마치 새로운 조국의 역사를 써나가듯이 정치현실에 민감하게 대응했다. 박정희 독재에 항거하던 사람이 갑자기 박정희의 통일 담론에 휘둘려서 많은 이들의 의혹을 사기도 했지만, 그가 쓴 역사는 그 시대를 반영하고 동시대의 국민 정서를 반영하였다.

장준하의 정치사상은 오늘의 우리를 돌아볼 수 있는 자화상이다. 교과서에서 배운 정치사상의 관점에서 볼 때는 체계가 없어 보이는 그의 사상이 '나와 우리'를 고스란히 담고 있기 때문이다. 우리는 흔히 말은 앵무새처럼 볼테르와 루소, 로크의 사상을 얘기하지만 실제 행동은 딴판인 사람들에게 분노한다. 그러나 우리 안에 내재하는 의식의 이중성은 그것을 바라보는 사람뿐만 아니라 그것을 행하는 사람에게도 깊은 슬픔과 환멸을 준다. 장준하를 통해 투영된 우리의 모습을 있는 그대로 직시할 때 비로소 우리는 인식과 현실의 괴리 속에서 살고 있는 이중인격자의 굴레에서 벗어날 수 있다.

조국이 식민지 압제 속에서 억압받을 때 '민족이 최우선적인 가치다'라고 주장하는 시대상황의 맥락을 이해하지 못한다면 장준하의 민족주의는 멀게만 느껴질 것이다. 그렇다고 해서 현재의 시점에서 장준하처럼 강력한 민족주의를 주장할 경우에는 고루한 사람이 될 수도 있다. 장준하의 민족주의를 식민지 상황이나 해방 후의 건국 과정, 한일회담과 7·4남북공동성명 등 특정 맥락에서 그 의미를 살려서 이해한다면 우리 역사를 생동감 있게 이해할 수 있을 뿐만 아니라 정치적 실천의 과정을 공유할 수 있다.

글의 구성은 다음과 같다. 먼저 장준하의 생애를 살펴본 후 그의 정치사상을 세 차원에서 접근하고자 한다. 한 인물을 여러 각도에서 분석해 들어감으로써 심층적인 이해가 가능하기 때문이다. 물론 다각적인 접근은 총체적인 평가를 약화시킬 수 있지만, 장준하는 주로 민주화운동의 맥락에서만 이해되고 있기 때문에 그를 다차원으로 해체하여 이해할 필요가 있다. 이에 장준하의 정치사상을 민족주의자(3장), 민주투사(4장), 정치평론가(5장)의 세 차원에서 분석하고자 한다. 본격적으로 그의 정치사상을 탐구하기 전에 간단히 그의 생애를 살펴보겠다.

2. 장준하의 생애

장준하(張俊河, 1918-1975)는 1918년 평안북도 의주에서 출생하여 1975년에 사망한 정치인이자 언론인이다. 그는 기독교 목사인 아버지 장석인과 어머니 김경문 사이에서 4남 1녀 중 둘째 아들로 태어났다. 그의 유년 시절은 할아버지 장윤희로부터 글을 배우는 것으로부터 시작되었다. 장윤희는 일찍 개명한 기독교 장로로서 한학과 한의학에 조예가 깊었는데, 의주에 '양성학교'라는 사립학교를 설립한 교육자였다. 어린 시절 장준하는 국어와 산수, 한문을 배우는 속도가 빨라서 할아버지를 기쁘게 했던 총명한 어린이였다.

장준하는 15세에 집에서 8킬로미터 떨어진 대관보통학교를 졸업한 후 평양의 숭실중학교에 입학했으나, 1년 후에 그의 아버지가 선천읍에 있는 신성중학교 교목으로 부임함에 따라 신성중학교로 전학했다. 장준하는 중학생 시절에《동아일보》가 주최한 '브나로드' 계몽운동에 참가했고, 정주의 오산중학교에 근무하던 함석헌을 찾아가기도 했다. 이때부터 이어진 인연으로 함석헌은 훗날 『사상계』의 주요 필자가 된다.

1938년 신성중학교를 졸업한 장준하는 가정형편상 대학 진학을 포기하고 정주에 소재한 신안소학교의 교사가 되어 3년간 재직했다. 당시에 그는 학생들과 더불어 교실을 신축하고 운동회와 학예회를 여는 등 열성적인 면모를 보였다. 그 후 1941년에 장준하는 친구 김익준의 초청을 받아 일본 동경으로 유학의 길을 떠났다. 처음에는 김익준이 재직하던 동양대학 철학과에 입학했으며, 1년 후에 장로교 계통의 일본 신학교에 입학했다. 이때 장준하는 훗날 『사상계』를 함께 만든 전택부를 만났고, 『사상계』의 주요 필자가 되는 박봉랑을 만났으며, 민주화운동을 함께 한 문익환도 만났다. 그리고 후에 항일투쟁의 동지가 된 김준엽과의 관계도 이때 형성된다.

1944년 장준하는 일본 신학교 재학생으로서 일본군 학도병으로 징집되어 중일전쟁에 참전했다. 그는 그 전년도에 학도병 지원을 결심하고 귀국했는데, 그가 학도병에 지원한 것은 두 가지 이유 때문이었다. 첫째는 가족에 대한 걱정 때문이었다. 그의 아버지 장석인은 1938년에 신사참배를 거부함으로써 교편을 잡고 있었던 신성중학교에서 쫓겨났다가 3년 만에 겨우 시골교회 목사로 자리를 잡은 상태였다. 만일 학도병에 지원하지 않거나 도망갈 경우 아버지와 가족들이 고초를 당할 수 있다는 생각 때문에 장준하는 학도병 지원을 결심했다. 또 다른 이유는 신안소학교 교사 시절 하숙집 딸이었던 김희숙이 일본군위안부나 근로정신대로 끌려가는 것을 막기 위해서였다. 결국 장준하는 1944년에 김희숙과 결혼하고 2주 후에 일본군에 입대했다.

그의 저서 『돌베개』에서 스스로 고백하고 있듯이 장준하는 일본군에서 탈출하기 전까지는 민족의 독립보다 가족의 안위를 더 중요하게 생각했다. 그가 학도병에 지원한 이유는 일차적으로 가족에 대한 희생정신 때문이었다. "우리 집안의 불행을 내 한 몸으로 대신하고자 이른바 그 지원에 나를 맡겨버린 것이었다. 내가 지금 일본 병영 안에 병정으로 있는 이유는 나의 집안에 닥칠 불행을 예감했기 때문에 그 방파제로서 나를 스스로 설득시킨 결과"라고 장준하는 회고했다(『돌베개』, 7).[2]

가족을 일차적으로 중요하게 생각했던 청년 장준하로 하여금 가족에게 해가 될 것을 알면서도 탈영으로 이끈 것은 일본군 병영에서의 굴욕적 체험이었다. 그는 병영생활을 하면서 민족적 차별을 받았고 이는 인간으로서 감당할 수 없는 치욕으로 그에게 다가왔다. "나는 나의 혈관 속의 피가 멈추지 않기를 기원했다. 나보다도, 내 민족의 피가 용서하지 못할 치욕이었다고 장준하는 당시의 심정을 토로했다"(『돌베개』, 16). 자신이 떳떳한 인간이 되기 위해서는 민족이 독립해야만 한다는 확고한 생각 속에서

---

2 여기에 인용한 장준하의 글은 주로 1985년에 장준하 선생 10주기 추모문집 간행위원회에서 펴낸 『장준하 문집』(전 3권)에서 인용했다. 1권에는 『민족주의자의 길』이란 제목으로 그의 주요 정치평론이 수록되었고, 2권에는 『돌베개』가, 3권에는 『사상계지 수난사』란 제목으로 『사상계』에 게재된 권두언과 '브니엘'이 수록되었다. 이 글에서는 『돌베개』, 10'의 방식으로 책 제목과 쪽수를 표기했다.

장준하는 자신과 민족을 일체화하기 시작했다.

마침내 장준하는 일본군을 탈영하여 7개월간 중국대륙 2,500km를 걸어서 1945년 1월 광복군에 합류하여 대위가 되었으며, 그해 8월에 중국에서 국내침투를 위해 미군 OSS 군사교육을 받던 중 해방을 맞았다. 일본군에서 탈영한 후 장준하는 삶의 의미를 민족 안에서 찾았다. 탈영 후 애국가를 부르면서 장준하는 "민족의 정기는 그 어디엔가 우리들 몸속에 확실히 숨어 있었다. 애국가의 위세가 이 광활한 중국 땅 천지에서 우리를 울려 주었다"고 감격했다(『돌베개』, 59). 이후 장준하는 민족을 위해 개인의 생명까지 희생할 수 있는 각오를 다졌으며 그의 사상 속에서 민족은 절대적 위치를 점했다.

해방 후 장준하는 1945년 11월에 김구를 비롯한 임시정부 요인들과 함께 귀국했다. 이후 그는 김구의 비서로 활동하던 중 1946년에 귀국한 광복군 참모장 이범석의 요청에 따라 김구에 대립하여 이승만을 지지하던 민족청년단에 입단했다. 그러나 이범석과 민족청년단의 활동에 실망한 장준하는 "국내의 수많은 정당·단체들과 하나도 다를 게 없는데 거기에 자신은 이범석만을 보고 뛰어 들어와 바보가 된 꼴"이라고 후회했다(『돌베개』, 249). 이후 장준하는 정치활동을 접고 '한길사'라는 출판사를 경영하기도 했고, 한국신학대학에 편입하여 1949년에 졸업했다.

장준하의 본격적인 언론활동은 1953년 월간 『사상계』를 창간한 이후 시작되었다. 그는 힘 있고 감동적인 필체로 민족의식을 고취했다. 『사상계』의 발행인이자 주요 필자로서 장준하는 한국 지성사에 큰 족적을 남겼다. 그의 글은 1985년에 장준하 선생 10주기 추모문집 간행위원회가 편집한 『장준하 문집』 3권에 수록되어 있다. 이와 같은 언론활동 결과 장준하는 1962년에 막사이사이상 언론문학부문을 수상하기도 했다.

한편 언론을 통해 이승만 정부의 독재와 부정부패를 비판하던 장준하는 1960년 4·19혁명이 발발하자 저명한 지식인으로 부각되었고, 그 연장선상에서 장면 정부에 참여했다. 이때부터 장준하는 본격적으로 정치인의 길을 걷기 시작했다. 그는 1967년에 야당 통합을 추진하여 성사시켰으며, 그해 국가원수모독죄로 수감된 상태에서 국회의원에 출마하여 당선되었다. 1971년 국회의원에 낙선한 이후에는 재야 민주화운동을 이끌었는데, 1972년에 민주수호국민협의회 활동을 했고, 1974년에는 대통령긴급조치 제1호 위반으로 구속되었으며, 1975년 포천군 약사봉에서 등산하던 중 56세의 아까운 나이로 사망했다. 그의 죽음에 대해서는 지금까지도 의혹이 제기되고 있다.

장준하의 저서로는 독립운동 일지 형태의 『돌베개』를 비롯하여 그의 정치평론을 모아놓은 『민족주의자의 길』이 있으며, 『사상계』 권두언을 모아놓은 『사상계지 수난사』, 그의 언론활동을 기록한 미완의 저서 『브니엘』 등이 있다. 특히 『돌베개』는 그가 일본군 학도병에서 탈출하여 중경의 임시정부에 이르는 고난의 여정과 임시정부 내에서의 활동 및 해방 후 귀국하여 목격한 당시 한국의 정치상황 등을 생생하게 보여주는 자전적 기록문학의 백미로 평가받고 있다.

3. 민족과 자신을 일체화한 장준하의 민족주의사상

장준하는 현대 한국의 대표적인 민족주의자다. 『정치학 대사전』에 따르면, 민족주의는 "민족을 기반으로 하여 국가의 형성을 지상목표로 하고 민족생활의 확립과 발전을 정치적 문화적 최고 목표로 하는 주의"를 의미한다(정치학대사전편찬위원회 편 2002, 847). 이와 같은 민족주의가 장준하의 정치사상에서 핵심이며, 장준하의 민족주의는 다른 가치와 병행하는 하나의 이념 체계가 아니라 모든 이념 위에 존재하는 절대적 이념 체계이다. 이 점에서 장준하의 정치사상은 개인과 인권을 절대적 가치로 생각하는 근대의 자유주의적 민족주의와는 다르다. 자신을 품어줄 수 있는 공동체의 부재를 경험한 장준하에게 있어서 일차적 가치는 개인이 아니라 공동체, 즉 민족에게 주어진다.

장준하에게 있어서 개인은 필요하다면 민족을 위해 희생할 수 있어야 한다. 그는 인간의 존재 이유를 민족에서 찾았다. 마치 아렌트(Hannah Arendt)가 고대 그리스에서는 인간의 존재 이유를 폴리스의 정치적 삶과 연계시켰다고 말했던 것처럼 장준하는 인간의 생존의미를 민족이라는 공동체 안에서 찾았다. 장준하에게 있어서 "민족의 생명이 끊어진 뒤에도 살아 있는 자기, 민족이 눌리고 헐벗고 있을 때 그렇지 않은 자기는 이미 자기 아닌 자기이며, 그렇기에 자기의 생명을 실현하는 인간이 아닌 것이다"(『민족주의자의 길』, 50).

민족과 유리된 존재 자체를 부정하는 장준하에게 우리 민족은 독립된 이후에는 불구로 다가왔다. 천신만고 끝에 해방된 조국에 돌아왔으나 민족은 두 동강으로 분단되었고, 나아가 동족상잔의 처참한 전쟁까지 겪었기 때문에 장준하에게 민족의 분단은 어떤 논리로도 받아들일 수 없는 비극이었다. 이에 따라 독립을 지향했던 그의 민족주의는 통일을 지향하는 민족주의로 강화되어 모든 가치 위에 존재하는 절대적 명제가 되었다.

이 지점에서 장준하의 민족주의의 첫 번째 특성인 '자기희생'이 드러난다. 장준하에게 통일은 개인의 희생을 딛고서라도 달성해야만 하는 절체절명의 정치적 과제가 되었다. 이 때문에 그는 통일을 "우리 한 사람, 몇 사람의 재산과 지위와 명예가 희생되어서라도 가야 할 길"(『민족주의자의 길』, 59)이라고 주장했다. 그 연장선상에서 통일운동은 마치 순교의 길과 같은 고귀한 자기희생을 요구한다. "정치이념도 생활 조건도 심지어 사생활까지가 통일을 위해서 방해가 된다면 이에 대한 집착을 탁 털고 홀홀히 나서는 인간이 되어야만 통일을 말할 수 있고 통일운동에 가담할 수 있다"(『민족주의자의 길』, 40).

장준하의 민족주의가 갖는 두 번째 특성은 분단에 대한 견해에 따라 민족을 둘로 구분하는 '이분법적인 대결구도'를 갖는다는 점이다. 그의 민족주의는 일차적으로는 남과 북의 체제를 대결적으로 파악하는 이분법에 기초하고 있으며, 이차적으로는 그 각 체제 안에서 각각 분단에 기생하는 특권계급과 분단에 의해 고통받는 국민이 대립하는 이분법의 구조를 지닌다. 장준하의 선택은 분명했다. 남북 대결에서는 민주주의를 수용한 남한의 정당성을 강조했고, 특권계급과 국민의 대립에서는 통일을 지향하는 민주적 국민의 승리를 주장했다.

장준하의 민족주의는 분단을 강요하는 체제나 세력에 반대한다. 일차적인 그의 비판은 민족분단을 초래한 외세에 초점이 맞춰진다. "북한에 있어서의 소(蘇)군정은 북한 백성을 공산 노예로 전락시켜 종주[宗主, 주인][3]의 명이라면 동족이라도 상잔함을 서슴지 않는 잔인한 백성으로 만들었고, 남한에서의 미(美)군정은 민족정기를 말살시키고 이 사회의 기준을 전복시켰으며 부패와 타락을 북돋우어놓았다"(『민족주의자의 길』, 241). 이처럼 장준하는 분단의 원인인 미국과 소련을 모든 부패와 폭정의 출발점으로 본 것이다. 그는 박정희 정부의 부패를 비판하면서도 그 근저에 있는 "모화사상[慕華思想, 중국을 숭배하던 사상]을 뺨치는 태평양 사대주의에로 줄달음치는 박 정권의 비민족적이며 매국적인 정책"(『민족주의자의 길』, 154)을 들춰냈다.

장준하의 민족주의가 갖는 세 번째 특성은 '과거와의 단절'이다. 많은 민족주의사상이 과거와의 연계성을 강조하고 전통으로의 복귀나 민족정신의 부흥을 주장하는 반면 장준하의 민족주의는 과거와의 단절을 주장한다. 이 단절의 핵심은 우리 민족 안에 내재화되어 있는 고질적인 사대주의로부터의 탈피이다. 그에게 있어서 사대주의는 스스로는 아무것도

---

3 인용문에서 [ ] 표시는 필자가 원문의 글을 쉽게 풀이하여 덧붙인 것이다.

할 수 없다는 정치적 무력감을 조장하는 동시에 외세에 의존해서 불공정한 정치적 승리의 길을 도모하는 비굴한 의식이다. 식민지가 되고 분단이 된 일차적 원인을 사대주의에 길들여진 민족성에서 찾았던 장준하는 과감하게 과거와의 단절을 요구했다. 사대주의와 굴종을 강요한 봉건왕조와의 단절을 주장했고 나아가 비굴한 조상의 썩은 정신과 단절할 것을 주장했다.

과거와의 단절을 강조하는 장준하의 민족주의는 복고적 민족주의를 거부한다. 그의 민족주의는 전통으로 회귀할 것을 주장하지 않고 거꾸로 자립적이고 자주적인 근대의 자유인이 될 것을 주장한다. 그리고 이처럼 과거와의 단절을 주장하는 장준하의 민족주의사상은 젊은이들에게 미래를 향한 용기를 불러일으켰다.

장준하의 민족주의가 갖는 네 번째 특성은 '이데올로기 부정'이다. 그는 임시정부의 김구 주석이 말한 "공산주의자나 여하한 주의를 가진 자를 불문하고 외각[外殼, 꺼풀]을 베면 동일한 피와 언어와 조상과 도덕을 가진 조선 민족"이라는 『백범어록』을 자주 인용했다. 이런 맥락에서 장준하의 민족주의는 민족의 동질성을 강조하면서 민족 내부의 분열을 조장하는 모든 이데올로기를 배격한다.

따라서 장준하의 민족주의는 다른 정치사상과 공존하거나 토론이 가능한 견해가 아니라 독실한 신앙과도 같이 절대적이고 비타협적인 특성을 갖는다. "공산주의는 물론 민주주의, 평등, 자유, 번영, 복지 이 모든 것에 이르기까지 통일과 대립하는 개념인 동안은 진정한 실체를 획득할 수 없다"(『민족주의자의 길』, 54). 실례로 장준하는 박정희의 쿠데타에 대해서는 긍정적인 측면과 부정적인 측면을 냉정히 분석하고 비판했던 반면 박정희가 추구한 한일협약에 대해서는 민족의 자주성을 침해했다는 이유로 극렬히 반대했다.

장준하의 민족주의사상이 갖는 이와 같은 네 가지 특성으로 말미암아 정치인으로서 그의 행보는 다른 사람들과는 다른 모습을 보였다. 철저한 민족주의자였던 장준하는 모든 정치적 판단의 기준을 민족에 도움이 되는지 여부에 두었다. 많은 정치인이 정치적 세력관계를 기준으로 정치 행보를 선택했던 반면 장준하는 자신이 속한 정당에 이롭다거나 자신의 당선에 기준을 두지 않고 오직 민족의 자립과 발전, 통일과 번영을 기준으로 삼아 정치행위를 했던 것이다.

1971년 이후 장준하는 민주투사로서 민주화운동의 길에 매진했는데, 박정희 독재에 항거하여 민주화운동의 열기가 고조되었던 1972년에 '7·4남북공동성명'이 발표되자 장준하는 국내정치 상황을 고려하지 않은 채 이에 동조하여 크게 환호했다. '7·4남북공동성명'은 박정희 독재를 유지·강화하기 위한 친위 쿠데타였던 '10월유신'을 추진하기 위한 명분용이었음에도 불구하고 장준하는 정치적 계산 없이 민족주의자의 관점에서 찬성하고 나섰던 것이다.

'7·4남북공동성명'을 통해 남북통일의 원칙으로 '자주·평화·민족대단결'의 3대 원칙이 발표되었고, 통일을 위한 실무기구로써 '남북조절위원회'가 설치되었다. 이때 박정희의 독재와 대결하던 장준하는 기존의 대정부 투쟁에서 입장을 바꾸어 『씨올의 소리』에 "뜨거운 눈물과 감동과 열정"(『민족주의자의 길』, 54)을 담아 지지를 선언했다. 그의 이런 정치행위에 대해서 많은 사람이 의아해했지만, 그의 민족주의는 이런 것이었다. 그리고 장준하는 즉각 반독재 민주화 투쟁으로부터 통일문제로 정치적 관심을 바꾸었다.

민족적 양심에 살려는 사람의 지상 과제가 분단된 민족의 통일이라고 할 때 어떻게 이 사실을 엄청난 감격으로 받아들이지 않겠는가? 말로 따지고 글자로 적기 전에 콧날이 시큰하고 마침내 왈칵 울음을 터뜨리지 않을 수 있으랴. 이것을 감상이라고 하고 감정적이라고도 할지 모르지만, 이 감상, 이

감정 없이 그가 하나의 인간, 민족 분단의 설움으로 지새워온 민족 양심을
가진 사람이라고 하겠는가(『민족주의자의 길』, 54).

이런 장준하를 감상주의자라 폄훼할 수도 있겠지만, 장준하의 민족주
의는 그의 정치행위에 생명력을 부여한 원동력이었다. 그가 자신의 삶을
민족의 제단에 투신했듯이 그의 사상도 민족주의와 더불어 성숙했다. 민
족과 자신을 일체화한 그의 정치사상은 민족주의의 잣대 속에서 현실정
치를 진단하고 비판했으며 나아가 통일을 향한 희망을 피력했다. 그리고
식민지를 경험한 사람들과 동족상잔의 참상을 겪은 동시대인들은 장준하
에게 깊이 공감했다.

장준하의 민족주의는 통일을 이루기 위한 구체적 방안까지 갖추게 되
었다. 일차적으로는 정치제도를 민주화하여 분단체제에 기생하는 세력을
구축하고 민족적인 국가관을 수립한다는 것이며, 이를 토대로 민족적 동
질성을 확보하여 근로자와 농어민, 소시민을 근간으로 하는 민족경제체
제를 확립한다는 것이다(『민족주의자의 길』, 48). 그가 바랐던 대로 대한민
국은 민주화에 성공했는데, 북한의 민주화와 남북협력의 조건이 형성된
다면 그의 통일방안도 불가능한 것만은 아니다.

4. 민족주의의 신념 속에서 민주투사로 변모

장준하의 민족주의는 다행히 히틀러와 같은 전투적 민족주의나 박정
희와 같은 독재 논리로 발전하지 않고 한국 민주화운동의 자양분이 되었
다. 장준하는 인권과 개인을 일차적인 가치로 생각하는 민주주의자는 아
니었지만, 그 누구보다도 열심히 대한민국의 민주화를 위해서 투쟁한 민
주투사였으며 재야 민주화운동의 중심인물이었다. 민족주의자 장준하가

민주투사로 변모하는 과정을 정치사상적으로 추적하면서 장준하 정치사상의 특성을 이해하고자 한다.

장준하는 일관되게 민주주의를 주장했는데, 그가 강조한 민주주의는 추상적인 민주주의가 아니라 '우리 민족'이라는 주체가 구체적으로 전제되어 있는 '우리 민족'의 민주주의이다. 따라서 그의 민주주의는 누구나 동의할 수 있는 정치 방식이 아니라 우리 민족이 채택한 정치 방식이며, 우리 민족의 역사 속에 살아 있는 구체적인 정치 원리이다. 그는 과거의 폐습과 단절하여 새로운 민족을 형성하는 중심 사상으로서 민주주의를 주장했는데, 이때의 민주주의는 서구의 자유민주주의와는 구별된다. 장준하의 민주주의는 아직은 미숙하지만 점점 더 성숙해가는 변화 과정에 있는 우리 민족 나름의 고유한 민주주의였다.

이 때문에 그에게는 해방 후 몇 년이 지났는지, 정부 수립 이후 몇 년이 지났는지가 매우 큰 의미를 지닌다. 1958년은 대한민국 정부가 수립된 지 10주년이 되므로 민주주의에도 큰 의미를 갖기 때문에 장준하는 "우리가 '민주국가'를 세웠노라고 만방에 선포한 지도 이미 십 년이 지났다"는 사실을 깊은 감회 속에서 상기했고(『민족주의자의 길』, 232), 1975년에는 "조국이 광복을 되찾은 지도 올해로 꼭 30년"이라는 사실을 새삼 강조한다(『민족주의자의 길』, 31).

민주주의를 바라보는 이와 같은 장준하의 관점은 쉽게 왜곡된 민주주의사상으로 변질될 소지를 안고 있다. 박정희 대통령이 독재를 정당화했던 논리가 바로 이것이었다. 박정희는 자신의 민주주의를 '민족적 민주주의' 또는 '한국적 민주주의로' 명명하면서 우리 민족은 우리만의 고유한 민주주의를 발전시켜야 한다고 주장했다. 박정희(1997, 83)가 한국적 민주주의를 주장한 근저에는 "'한국적인 것'은 점차 퇴화 소멸하여가고 대신 '미국적인 것', '서구적인 것' 그리고 '일본적인 것'이 등장하려는 데"에서 느끼는 "끝없는 분노"가 존재한다. 박정희도 장준하와 마찬가지로 한국의 민주주의를 성장 과정에 있는 특수한 것으로 보았던 것이다.

장준하의 민주주의도 이 점에서는 박정희의 민주주의와 크게 다르지 않으며, 그의 민주주의 또한 그 자체로서 절대적 가치를 지닌 것이 아니라 민족의 번영과 발전을 위해 필요한 수단의 성격이 강하다. 그에게 있어서 민주주의의 핵심 가치인 자유도 그 자체로서 중요한 것이 아니라 "보다 큰 민족적 자유를 확보하기 위한 수단이기에 더욱 중요한 것이다"(『민족주의자의 길』, 58). 그러나 장준하는 박정희와 달리 민주주의를 지키기 위해 투쟁하는 삶을 살았다.

장준하가 민주투사가 된 이유는 크게 세 가지이다. 첫째 자유민주주의를 훼손하면 민족이 고립된다는 생각 때문에 자유민주주의를 훼손하는 정치권력에 저항해야 했다. 둘째 국민의 지지를 받지 못하는 독재 정치로는 공산주의에 승리할 수 없다는 판단 때문이었다. 셋째 장준하는 민주주의를 특권계급에 대항하는 국민의 사상이라고 생각했기 때문이다. 이 세 가지 원인을 추적함으로써 장준하의 정치사상이 담고 있는 구체적인 의미를 파악하고자 한다.

첫 번째로 장준하를 민주투사로 만든 것은 자유민주주의를 훼손하는 권력이었다. 장준하에게 있어서 민주주의 자체가 훼손당하는 것이 문제가 아니라 민주주의를 훼손하는 권력은 우리나라를 국제사회로부터 고립시켜 민족의 미래를 불안하게 만들 우려가 있다. 장준하는 박정희와 달리 다른 자유민주주의 국가들의 민주주의 해석을 존중할 때 비로소 국제협력이 가능하다고 생각했기 때문에 자유민주주의의 틀로부터 벗어나려 하지 않았다.

장준하는 우리 민족이 남한에서 민주정부를 수립할 수 있었던 토대를 국제연합(UN)에서 찾았다. 따라서 장준하가 생각하는 민주주의는 우리 민족의 민주주의인 동시에 세계와 긴밀히 연결되어 있는 자유민주주의였다. "대한민국은 유엔이 인정한 합법 정부, 유엔군의 지원으로 국토를 보존하는 땅덩어리, 유엔이야말로 대한민국의 존립의 국제적 토대"(『민족주의자의 길』, 36)이기 때문에 그는 민주주의에 대한 고립되고 편협한 해석을 배격한다.

장준하는 대한민국이 제2차 세계대전의 결과로 독립했듯이 우리의 민주주의도 자유진영 안에서 성장해야 한다고 주장한다. 이승만이 민주주의를 훼손하고 박정희가 민주주의를 자의적으로 해석했기 때문에 그는 반대했다. 장준하의 민주주의는 자유진영 안에서 해석을 공유해야만 하는 정치이념이었고, 이를 토대로 장준하는 독재에 항거하는 민주투사의 길로 나아갔다.

이승만 정부에서 장준하를 민주투사로 만든 가장 큰 계기는 1959년에 발생한 '보안법 파동'이었다. 야당 의원들을 감금한 상태에서 진행한 국회의 보안법 통과는 장준하로 하여금 이승만에 대한 기대를 포기하게 만들었다. 그는 이승만 정부에 대한 비판으로 『사상계』 1959년 2월호 권두언에서 「무엇을 말하랴, 민권을 짓밟는 횡포를 보고」라는 제목만 쓰고 본문은 비워둔 권두언을 발표했다. 이는 한국 언론 최초의 백지 기사였다. 이후 장준하의 『사상계』는 이승만 정부의 독재를 비판하는 정치투쟁의 장이 되었다.

1961년의 5·16 쿠데타로 등장한 박정희에 대해 균형 있는 언론인의 자세를 견지했던 장준하가 본격적인 민주투사로 변모한 시점은 박정희 대통령이 폭력을 동원하여 한일회담을 강행했던 1965년 이후이다. 이는 한일회담 자체의 성격도 문제였지만, 동시에 장준하는 그 추진 과정에서 자유민주주의로부터의 일탈을 발견했던 것이다. 장준하는 자유민주주의를 방기함으로써 대한민국이 자유진영으로부터 고립될 것을 깊이 우려했다.

만약에 박 정권이 지금까지의 집권 태도로써, 계속 민권의 존중을 저버리고 새로운 체제의 독재를 연장시킨다면, 국제사회에 있어서 우리 조국은 보다 큰 시련에 뛰어들게 될 것이다. 왜냐하면 분단된 우리나라의 입장에서 우리가 국제사회에 내세우는 유일한 것이 자유민주주의 국가이념이기 때문이다(『민족주의자의 길』, 122).

위에 인용한 장준하의 정치사상은 '초국적 세계 권력'의 존재를 인정하고 나아가 그 의미를 적극적으로 해석하는 네그리(Antonio Negri)의 관점과 일맥상통한다. 네그리 이전에 이미 장준하는 국제질서를 "힘 자체를 기반으로 하여 형성되는 것이 아니라 힘을 권리와 평화에 기여하는 것으로 제시할 수 있는 능력"(Negri and Hardt 2002, 43)으로 뚜렷하게 인식하고 있었다. 그러나 네그리와 달리 장준하는 초국적 세계 권력으로부터 결코 자유롭지 못했다. 거꾸로 장준하는 초국적 세계 권력의 일익을 적극적으로 담당할 것을 주장했다.

이런 맥락에서 장준하를 민주투사로 만든 두 번째 원인인 '반공'이 등장한다. 장준하는 민족의 생존과 발전의 길을 자유민주주주의진영 안에서 찾았는데, 이는 당시의 냉전체제하에서는 공산주의와의 대결을 의미했다. 따라서 그의 민족주의는 자연히 반공으로 이어졌다. 그는 이미 독립운동 과정에서부터 김구 및 중국 국민당, 그리고 미국과 연계를 가졌으며, 정치적으로 반공 노선에 섰다. 해방 후에도 장준하는 기본적으로 김구의 노선을 추종했고 통일을 일차적 과제로 내세우는 민족주의의 길을 걸었다.

장준하의 정치사상은 독재 및 공산주의와 투쟁하면서 성장했는데, 그에게 있어서 반독재와 반공은 별개가 아니었다. 장준하에 따르면 국내적으로 독재에 반대하여 자유민주주의적 기본권을 보장할 때 비로소 공산주의에 대적할 힘을 기를 수 있다. 독재에 억눌린 국민은 공산주의를 이길 수 없다는 것이다. "공산 노예에 대항하기 위해서는 우리 국민이 한시라도 '집권층의 노예'라는 생각을 갖지 아니하는 상황"이 필요하다는 것이다(『민족주의자의 길』, 147). 이 점에서 장준하의 민주주의는 "서구식 민주주의가 우리의 실정에는 알맞지 않는다"고 주장하는 박정희(1997, 231)와 대립한다.

공산주의와 대결할 것을 강조하는 장준하의 민주주의사상은 리프먼(Walter Lippmann)과 일맥상통한다. 리프먼은 민주주의의 요체를 관용으로 이해하면서도, 그 관용은 파시스트나 공산주의를 이기기 위한 관용이지 결코 파시스트나 공산주의의 발호까지 수용하는 관용은 아니라고 주장했다. 파시스트나 공산주의를 관용하면 관용의 기초인 민주주의가 파괴되기 때문에 리프먼은 그들과 대결할 것을 주장했다(Lippmann 1965, 57). 장준하 역시 민주주의를 수호하기 위해서는 공산주의와의 투쟁이 불가피하다고 보았던 것이다.

장준하가 민주투사가 된 세 번째 원인은 그의 민족주의사상이 이분법적 구조로 되어 있기 때문이다. 이분법적 사상은 항상 선택을 강요한다. 식민지 시대 지식인으로 독립운동에 투신한 사람들이 '적과 동지'의 이분법에 빠지는 것은 당연한 일이다. 도저히 공존할 수 없는 상대방과 만나면 상대는 곧바로 적이 되고 악으로 규정된다. 장준하의 이분법적 정치사상은 그로 하여금 쉽게 독립투사가 되게 했으며 같은 맥락에서 쉽게 민주투사가 되었다.

선악 이분법의 전형을 식민지 해방운동가 파농(Franz Fanon)에게서 찾을 수 있는 것은 우연이 아니다. 파농은 프랑스의 식민지 알제리를 이분법의 세계로 인식했다. 그는 알제리를 식민자(colonizer)와 식민지인(colonized)으로 구성된 "변동 불가능한 마니교적 세계"로 규정했다(Fanon 1963, 51). 식민지의 독립을 거부하는 식민자와 독립을 요구하는 식민지인의 이해관계는 조화가 불가능한 배타적인 것일 수밖에 없다. 식민자와 식민지인 사이에는 오직 승패만이 존재하기 때문에 파농의 이분법은 제3세계 민족해방운동 진영으로부터 큰 호응을 받을 수 있었다.

그러나 장준하의 민족주의는 식민지 시대에 출발했으나 독립된 이후에 성숙했기 때문에 파농식의 마니교적 이원론과는 다르다. 또 장준하의 민족주의는 분단된 조국의 통일을 지향하기 때문에 좀 더 복잡하다. 그의 민족주의가 지향하는 통일을 위해서는 일차적으로 대한민국 내에서 민주주의를 지향하는 국민이 독재정권에 승리해야만 하고, 나아가 민주화된 대한민국이 북한에 승리해야만 한다. 그리고 승리하기 위해서는 투쟁에 나설 수밖에 없다. 현상유지를 위해서는 투쟁이 필요하지 않지만, 현상을 극복하여 통일된 조국을 건설하려면 다차원적인 투쟁이 불가피하다. 이 때문에 장준하는 민주투사의 길을 걷지 않을 수 없었던 것이다.

이상과 같은 세 가지 이유로 장준하는 민주투사가 되었다. 그리고 이를 살펴보는 과정에서 장준하의 정치사상이 갖는 특성으로서 민족 내부의 투쟁에서 연유하는 '비극적 전투성'을 찾을 수 있었다. 장준하의 이분법적 투쟁론은 계급이론이나 사회갈등론과는 다른 성질의 것이다. 그는 분단된 현실을 부정하여 투쟁할 것을 주장했는데, 그 투쟁의 대상이 같은 민족이기 때문에 그 주장은 비장할 수밖에 없다. 투쟁하는 사람과 투쟁의 대상이 결국은 같은 민족이기 때문에 장준하의 투쟁론에는 자기 살을 깎아내는 아픔이 배어 있다.

장준하의 정치사상은 일차적으로는 남과 북으로 분단되어 대결하는 체제의 이분법에 기초하고 있으며, 이차적으로는 그 각 체제 안에서 분단에 기생하는 특권계급과 분단에 의해 고통받는 국민이 대립하는 이분법의 세계로 구성되어 있다. 장준하의 정치사상은 분단체제에 기생하는 특권계급에 대한 날 선 비판으로부터 출발한다. 대한민국의 주인인 국민이 특권계급에 의해 억압받고 유린당하고 있다는 현실 인식 속에서 장준하는 특권계급을 민주주의의 해악으로 규정한다.

장준하의 정치사상에서 특권계급은 민족의 존속까지 위태롭게 만드는 집단이다. 장준하는 민족 분단의 책임을 특권계급에 물어야 한다고 주장한다. 사실상 세계사적 모순의 결과로 분단이 되었음을 인정하더라도 "외세에 의한 민족의 양분[兩分, 둘로 나누어짐]이란 것을 분명히 깨닫지 못하고 이를 권력 장악의 조건으로 이용한"(『민족주의자의 길』, 52) 장본인들인 특권계급의 방조에도 그 책임을 물어야 한다는 것이다. 뿐만 아니라 이들 특권계급은 해방 후에도 통일을 지향하는 국민을 억압하고 기득권을 유지하기 위해 독재를 자행하는 집단으로 규정된다. 따라서 "진실로 이들 파렴치한 무리의 행패를 없이하기 전에는 민주주의도 번영도 있을 수 없을 뿐 아니라 나라 자체의 명맥이 끊어질 염려가 있다"(『민족주의자의 길』, 210).

그러나 장준하가 비판하는 특권계급은 계급이론에서 주장하는 바와 같이 배제하거나 말살해야만 하는 '남'이 아니라 같은 민족으로서 과거로부터 미래에 이르기까지 함께 살아가야만 하는 '나'의 연장선상에 있다. 이 때문에 장준하의 정치적 언행은 비감할 수밖에 없다. 오랜 세월 동안 민족 내부에 자리 잡아 온 특권계급의 관행과 특권계급의 사상을 타파하여 새로운 민족주의사상을 확립하기 위해서는 스스로 자기를 부정하는 각고의 노력과 성찰이 필요하다. 그리고 이 과정에서 필연적으로 발생하는 특권계급에 대한 투쟁은 외적과의 전쟁과 달리 민족 내부의 뼈아픈 희생을 초래하기 마련이다.

> '피를 마시며'밖에 자라지 못하는 '자유라는 나무'가 아직도 이 땅에서는 충분히 자랄 만큼 피가 흘려지지 못했기 때문인 것은 아닐까? 참자유와 민권은 결코 거저 얻어지는 것이 아니다. 그에는 반드시 피의 희생이 필요한 것이다. 피를 지불한 그만큼으로 자유와 민권은 얻어지는 것이다"(『민족주의자의 길』, 71).

그러나 장준하의 정치사상에 내재한 비극적 전투성은 분단체제에 의해 억압받는 국민의 노예의식을 비판할 때 희망적으로 변화한다. 그는 민주주의 체제가 보장하는 권리를 박탈당한 상태에서도, 노예처럼 굴종하는 국민에 대해서도 매섭게 비판했지만, 그 비판의 논조는 힘차고 장엄했다. 장준하는 민주주의가 세계적 추세고 새로운 시대정신이라고 확신했기 때문에 대한민국 국민은 머지않은 시점에 국가의 주인으로서 민족의 앞날을 개척할 것으로 보았다.

장준하의 정치사상에 내재한 비극적 전투성은 그의 논지에서 투쟁과 대결보다는 승리와 화합으로 그 초점을 모아간다. 민주주의의 승리와 국민의 승리는 같은 민족이 희생한 결과이기 때문에 그 상처를 치유하는 화합이 중요하다. 그렇기 때문에 민주투사 장준하에게 있어서 민주화 투쟁은 희생이 수반되는 비극의 과정이었고, 그를 통해 건설될 위대한 민족에 대한 희망을 전제로 한 불가피한 과정일 따름이었다.

5. 실천하는 정치평론가 장준하

장준하는 공론을 중요하게 생각하여 타인과 더불어 현실정치에 대한 견해를 끊임없이 공유하고자 하는 정치평론가였다. 정치를 실천적으로 접근하는 사람을 크게 정치인, 정치사상가, 정치평론가 3가지 유형으로 구분할 수 있는데, 장준하는 그중에서 정치평론가 유형으로 분류할 수 있다. 왜냐하면 장준하는 정치현실을 구체적인 당대의 맥락에서 접근하고 분석하면서 즉각적으로 그 결론을 동시대인과 공유하는 공론활동을 계속했기 때문이다.

정치평론가가 중시하는 공론(public opinion)은 "개인의 의견을 넘어 능동적인 토의와 논쟁 과정을 거쳐 공적 관점으로 승화된 의견"을 말한다(김대영 2005, 70). 공론은 민주주의의 토대로서 작용하는 루소(J. J.

Rousseau)의 일반의지가 외형화된 것으로 볼 수 있으며, 동양에서도 주자(朱子) 이후에 정치적 정당성의 근거로 제시되었다. 그런데 민주주의 사회에서는 공론이 별도로 존재하는 것이 아니라 적극적으로 만들어나가야 하므로 이를 위해 특별히 노력하는 사람들을 필요로 하는데, 그들을 정치평론가라 부른다.

장준하는 정치인이자 정치사상가인 동시에 정치평론가였지만 현실정치에 민감히 반응하면서 국민과 더불어 공론 형성을 목표로 활동했다는 점에서 정치평론가의 특성이 가장 두드러진다. 그는 무엇보다도 공론을 중시했기 때문에 현실정치인으로 활동하는 동안에도 항상 개인이나 정파의 관점에 기초하지 않고 국민의 관점을 견지하고자 노력했다. 정치인의 일차적 관심은 정치적 실천에 있고, 정치사상가의 일차적 관심은 정치행위에 대한 해석에 있는 반면에, 정치평론가는 변화하는 정치상황을 즉각적으로 국민들과 더불어 공유함으로써 공론을 형성하려는 의지를 갖는다. 장준하의 모든 정치행위는 줄곧 공론 형성과 불가분의 관계를 가졌다.

장준하뿐만 아니라 수많은 사람들이 식민지를 경험했고 수많은 사람들이 독립운동에 투신했고, 또 수많은 사람들이 민주화운동에 참여했지만 장준하처럼 시종일관 공론의 중요성을 강조한 사람은 드물다. 장준하에게 공론이 특별히 중요한 위치를 차지하게 된 데에는 청소년기 그의 사상 형성 과정에서 언론의 역할이 컸기 때문이다. 그는 중학교에 입학한 14세부터 3년 동안 《동아일보》의 브나로드운동(문맹퇴치운동)에 참가한 경험담을 토대로 신문의 역할에 대한 글을 발표했는데, 여기에서 장준하는 당시의 감동을 이렇게 말한다.

이때부터 나는 신문을 높이 보게 되었으며 인연 깊은 나의 지도자적인 대상으로, 아니 당시 우리 온 겨레를 지도하고 있는 존재로 아주 믿어버리게 되었다. 실로 이 무렵 나의 눈에 비친 우리나라는 비극의 나라였으며 칠흑 장막과 같은 절망의 나라였었다. 이때의 모든 청년들은 거개가 이와 같은 비극과 절망 속에서 자포자기해버리거나 아니면 겨우 일제에 붙어 호구책으로 입신출세의 길을 노리거나 하는 것뿐 다른 아무런 희망과 장래의 징조는 보이지 않았다. 그런데 오직《동아》와《조선》이 있었던 것이다. 이 두 신문만이 캄캄한 우리 조국을 비춰주던 유일한 등불이었으며 희망이었다. 최소한 그때 나의 눈에는 그렇게 보였다. 그로부터 나는 신문에, 신문이 하는 일에 온 관심을 기울이게 되었다(『사상계지 수난사』, 146).

소년기에 장준하는 언론활동을 통해 새로운 조국을 건설할 수 있다는 희망을 찾았다. 그는 독립운동 과정에서도 언론활동을 매우 중요시했다. 일본군에서 탈영하여 중국군 중앙군관학교 임천분교에서 교육을 받을 때 장준하는『등불』이라는 잡지를 만들어 독립운동의 정신을 고양하고자 했다. 당시의 심정을 그는 이렇게 말했다.

세상이 말하는 출판업자나 잡지 발행인으로서의 그 출발이 이때부터 시작된다. 그러나 적어도 나는 그 이상의 긍지를 가지고 있다. 그 이상의 것이다. 또다시 못난 조상이 되지 않기 위하여 나는 붓글씨 한 자 한 획을 그을 때마다 손에 힘을 넣었고 그 힘은 나의 신념에서 솟아올랐다(『돌베개』, 104).

훈련을 마치고 중경 임시정부에 도착한 후에 장준하는『등불』을 속간했다. 당시 중경 임시정부는 여러 정파로 구성되어 있었는데, 장준하의 눈에는 정파의 난립과 반목이 독립운동의 암적 요인으로 비쳐졌다. 이에 장준하는 '독립운동의 행동 통일, 그리고 그 이론화와 체계화, 또한 민족의 총단결을 위한 방향 모색'을 위해『등불』을 속간하여 중경에서 총 4호를 발행했다.

뿐만 아니라 장준하는 중경을 떠나 서안에서 미군 전략첩보부(OSS)

훈련을 받는 과정에서 『제단』이라는 잡지를 발간했다. "죽음을 각오하고 오직 조국의 독립을 위해서 제물이 되겠다는 일념으로 훈련을 받고 있었기 때문에 뭔가 한가지 후세에 흔적 같은 것이라도 남기고 싶다는 생각으로 시작된"(『사상계지 수난사』, 74) 『제단』은 총 2호가 발간되었다. 당시 장준하에게는 이들 잡지가 그의 모든 것이었다. 그는 국내침투작전을 앞두고 결의를 다지기 위하여 삭발을 하고 고국의 부모와 아내에게 편지를 쓴 후 자신이 만든 『등불』과 『제단』을 유품으로 내놓았다.

> 나는 나의 주변을 정리하기 시작하였다. 일용품을 챙기고 일기장을 모두 꺼냈다. 나의 일기는 일군을 탈출하던 1944년 7월 7일부터 이날에 이르기까지 계속해서 써온 일곱 권의 노우트였다. 이것을 써놓은 다행스러움이 나를 떨리게 했다. 실히 소포 하나는 될 분량이었다. 다음으로는 내가 만든 『등불』 다섯 권과 『제단』의 1호와 2호였다. 이것은 나의 모든 정성이, 나의 나라사랑이 깃들여 만들어진 잡지였다. 아내와 부모와 민족과 이웃과 친구와 동포와 송두리째 조국을 빼앗긴 나로서는 나의 애정을 기울인 단 하나의 대상 그것이 『등불』이요, 『제단』이었다(『돌베개』, 234).

힘들고 어려운 독립운동의 여건 속에서도 장준하는 언론의 중요성과 의미를 잊지 않고 공론 형성에 매진했다. 이 연장선상에서 나온 것이 1953년에 창간된 『사상계』이다. 이 역사적인 월간지는 당초에 『사상』이라는 정부 산하단체의 기관지를 속간할 생각에서 출발했는데, 공론 형성을 향한 장준하의 열정은 독자적으로 새로운 잡지를 창간하는 데 이르렀다.

한국전쟁의 와중에서 장준하는 문교부 산하단체인 국민사상연구원의 직원으로서 『사상』이라는 월간지의 편집을 맡았다. 그는 단순한 정부 기관지가 아니라 민족의 앞길을 모색하는 차원에서 잡지 편집에 매진했지만 경영 악화로 말미암아 『사상』은 제4호를 마지막으로 폐간되었다. 그러자 장준하는 정부의 지원 없이 자력으로 『사상』의 속간을 추진했는데, 속간이 여의치 않아 아예 『사상계』라는 새로운 월간지를 창간했다. 그리고 장준하는 『사상계』 창간사를 통해서 그가 건설하고자 하는 새로운 공동체의 비전을 제시했다.

자유와 평등을 근본이념으로 하는 근대적 과정을 거치지 못하고 봉건사회에서 직접 제국주의 식민지 사회로 이행한 우리 역사는 세계사의 조류와 격리된 채 36년간 암흑 속에서 제자리걸음을 하였다. 그것은 자기 말살의 역사요, 자기 모독의 역사요, 노예적 굴종의 역사였다. 다행히 제2차 세계대전의 결과로 이 참담한 이민족의 겸제에서 해방은 되었으나 자기광정[스스로 잘못을 고침]의 여유를 가질 겨를도 없이 태동하는 현대의 진통을 자신의 피로써 감당하게 된 것은 진실로 슬픈 운명이 아닐 수 없다. …… 본지는 순정 무구[순수하고 깨끗함]한 이 대열의 등불이 되고 지표가 됨을 지상의 과업으로 삼는 동시에 종으로 5천 년의 역사를 밝혀 우리의 전통을 바로잡고 횡으로 만방의 지적 소산을 매개하는 공기[공적인 도구]로서 자유·평화·평등·번영의 민주사회 건설에 미력을 바치고자 하는 바이다(『민족주의자의 길』, 288-289).

초기에 민족주의적 계몽지 성격이 강했던 『사상계』는 이승만 정부가 1956년 3월 대통령 선거에서 불법을 자행하자 서서히 반정부 민주화의 논조를 띠기 시작했다. 1956년 『사상계』 6월호 권두언을 통해 장준하는 이승만 정부의 불법 선거운동을 과거 왕조시대에 빗대어 비판했다. "지난날에 권병[權柄, 권력]을 잡은 이들이 법을 짓밟고 유야무야로 넘겨버리고 방약무인[傍若無人, 국민을 무시]한 태도는 갈수록 조장되어 백성을 얕봄이 노복[奴僕, 노예]과 다름없음을 개탄하여오던바 이번 선거에서 이 만성화된 방약무인은 그 극에 달"했다고 비판했던 것이다(『민족주의자의 길』, 187). 그러나 그때까지만 해도 장준하는 이승만에 대해 "최대의 경의를 드리는 동시에" "대한민국으로 하여금 가식 아닌 진정한 민주주의 사회가 되도록 힘써주기를 바라는 마음"을 피력했던(『민족주의자의 길』, 187) 계몽적 지식인이었다.

1958년 제4대 국회의원 총선에서 민주당이 도시에서 약진하자, 장준하는 언론인으로서 균형 잡힌 평론을 통해 민주주의를 세우려고 노력했다. 그는 불법을 자행한 자유당에 대해 "당명을 더럽히고 민심을 당에서 이탈시킨 무법자, 불법자, 부랑배들 몰아내어 당의 위신을 세워야 한다"고 비판하는 동시에, 새롭게 약진한 민주당에 대해서는 "국민의 지지를 과신 오해한 나머지 민심을 놓치는 과를 범치 말기를 바란다"고 권고했던 것이다(『민족주의자의 길』, 223).

그러나 1959년에 장준하는 이승만 정부가 자행한 '보안법 파동'을 목도하고 완전히 반정부 민주투사의 길로 선회했다. 이후 장준하의 『사상계』는 이승만 정부의 반민주성을 비판하는 정치투쟁의 장이 되었다. 장준하는 『사상계』 1959년 4월호에서 이승만 정부가 "반공을 방패 삼아 민권을 유린함은 죄악 중의 죄악"(『민족주의자의 길』, 244)이라고 비판했고, 『사상계』 1959년 5월호에서 "집권당의 이익을 위하여 전 국민의 열화 같은 반대를 무릅쓰고 반대당을 연금한 채 통과시켜 놓은 신 국가보안법"을 성토했다(『민족주의자의 길』, 246). 나아가 "야당 의원이 선출되는 날에는 좌천 아니면 면직의 변을 당해야 한다는 공포에 사로잡혀 하의 관원들은 갖은 수단을 다하여 비열한 선거 방해를 감행함으로써 자라나는 이 나라의 새싹을 짓밟아"버리는 정치현실을 개탄했다(『민족주의자의 길』, 250).

민족주의자 장준하에게 이런 현상들은 "사리[私利, 사적 이익]를 위하여 나라도 민족도 팔아먹을 수 있으리라는 조짐"(『민족주의자의 길』, 256)으로 보였다. 마침내 1960년 3월 대통령 선거에서 대대적인 부정이 자행되자 그는 『사상계』 1960년 4월호에서 "일당독재의 실[實, 본질]을 완연히 노출시켰고 일부 악질 지도층은 악랄한 공산당의 수법"을 썼다고 이승만 정부를 성토했다(『민족주의자의 길』, 260-261).

1960년에 이승만 독재에 항거하는 4·19혁명이 발발했는데, 장준하는 "용사들이여 편히 쉬시라. 당신들의 흘린 피는 확실히 이 땅에 정(正)을 싹트게 할 것이며, 의(義)의 열매를 맺게 할 것이요, 괄목할 민권의 신장을 이룩할 것"이라고 혁명의 대의를 치켜세웠다(『민족주의자의 길』, 263). 이때 『사상계』는 발행 부수가 10만 부를 돌파하여 《동아일보》와 《조선일보》를 추월하여 한국 지성계를 대표하게 된다.

1960년 8월에 장면 정부가 수립되면서 『사상계』로 연결된 지식인 그룹은 내각의 '섀도 캐비닛'으로 일컬어졌으며 장준하는 장면 정부의 국토건설본부(본부장 장면 총리)의 기획부장을 맡아 국토건설사업을 책임지게 되었다. 이때부터 장준하는 본격적으로 현실정치에 참여했다. 그러나 현실정치 과정에서도 장준하는 공론을 형성한다는 목표의식을 버리지 않았다.

1961년 5·16 군사쿠데타가 발발하자 『사상계』에 복귀한 장준하는 그해 6월호 『사상계』 무기명 권두언을 통해 "5·16혁명은 4·19혁명의 부정이 아니라 그의 계승 연장이 되어야 하는 것"(『사상계지 수난사』, 264)이라고 강조하여 한국 사회의 진로를 제시했다. 그에게 있어서는 그가 몸담고 있던 장면 정부와 군사쿠데타 세력의 대결보다 더 중요한 것은 국민들과 공감할 수 있는 한국 사회의 방향이었던 것이다.

이후 『사상계』는 1961년 7월호에 게재된 함석헌의 5·16에 대한 신랄한 비판의 글로 군사쿠데타 세력과 갈등을 빚었지만, 정작 장준하 자신은 정치상황을 냉정하게 분석하면서 국민들과 공감대를 형성하기 위해 노력했다. 그해 『사상계』 9월호 권두언을 통해서 장준하는 자신이 참여했던 장면 정부의 무능을 "이리 부닥기고 저리 이끌려 갈팡질팡하는 동안 민생은 더욱 심한 도탄에 빠지고 백성의 불만은 날로 더하고" 있다고 비판했으며, 쿠데타 세력에 대해서는 "궐기를 너무도 당연한 것으로도 본다"고 인정했다(『민족주의자의 길』, 279). 그와 동시에 장준하는 당면한 정치적 과제로서 "이 위기가 극복되는 즉시로 정상적인 민간정부로 환원"하는 일이라고 제시했다(『민족주의자의 길』, 279).

장준하에게 있어서 가장 중요한 것은 국민들이 합심해서 정의로운 국가를 세우는 것이었기 때문에 정치적 대립관계보다는 공론의 방향이 더 중요했다. 그는 1962년에 창간 9주년을 기념하여 『사상계』의 방향을 다음과 같이 제시했다. 그것은 비단 잡지의 방향만이 아니라 그 자신의 정치적 태도에 대한 정리이기도 했다.

> 본지는 어떤 개인이나 당파를 맹목적으로 변호하거나 또는 무조건 비방하는 태도를 극력 배격해왔으며, 그러한 입장은 미래에 있어서도 변함이 없을 것이다. 본지는 항상 냉철한 비판정신을 견지하되 그것이 건설적인 것이 되도록 진력하고 있으며, 파당적 편견이 아니라 보편적 진리를, 무책임한 선동이 아니라 과학적 정확성을, 저속한 선정이 아니라 고결한 미를 구하기에 우리들의 모든 지혜를 기울이고자 한다(『민족주의자의 길』, 284).

1963년 10월 제5대 대통령 선거에서 쿠데타의 수장이었던 박정희가 대통령에 당선되자 장준하는 이 선거를 "패배라는 이름의 위대한 승리"로 규정했다(『민족주의자의 길, 285). 박정희는 당선되었지만 진정한 승리자는 국민이라는 것이다. 국민들은 "폭력이나 강권적 수단으로서가 아니라 오직 국민의 투표 행사를 통해 집권자를 물러서게 하는 좋은 사례를 만들지는 못했으나 여하한 폭정이라도 투표를 통해 물리칠 수 있는 가능성과 자신을 국민이 체득했다"는 것이다(『민족주의자의 길, 285). 장준하의 실체를 잘 모르는 사람들은 집권자에 대한 아부로 생각할 수도 있겠지만, 그의 정치적 판단의 기준은 현실정치의 승패에 있지 않고 국민 안에 형성되는 공론 안에 있었던 것이다. 그러나 박정희의 대통령 당선은 잡지 『사상계』에 대한 탄압으로 이어졌다.

박정희 정부가 한일국교 정상화를 통한 경제개발을 추진하자 대학생들은 한일회담 반대 투쟁에 나섰고 야당은 '굴욕외교반대범국민투쟁위원회'를 결성하여 반대했다. 이때부터 장준하는 대표적인 반정부 정객으로 등장한다. 1964-1965년 그는 70여 회의 대중 연설을 했다. 연설 외에도 그는 『사상계』 뿐만 아니라 적극적으로 모든 언론매체를 활용했다. 그에게 있어서 한일협약은 "국가적 이익과 민족적 명분에 전면적으로 위배되는" 잘못된 것이었기 때문이다(『민족주의자의 길』, 293).

박정희 정부가 폭력을 동원하여 한일회담을 강행하자 장준하의 비판의 강도도 더불어 높아졌다. 1966년 10월 장준하는 대구에서 개최된 밀수규탄대회에서 "우리나라 밀수 왕초는 바로 박정희란 사람입니다"라고 발언함으로써(박경수 1995, 376) 국가원수 모독 혐의로 구속되었다. 그리고 장준하는 1967년 『사상계』 신년호에서 한일협정을 "청구권을 경제협력 자금으로 갈아치우는 대담무쌍한 이익포기 행위"로 비판하고 "대일 일변도의 외자도입이 파행무역은 시정하지 못한 채 밀수 조장"으로 이어졌다고 정부를 신랄히 비판했다(『민족주의자의 길』, 115).

그 후 장준하는 1967년 6월 국회의원 총선에 출마하여 국회의원에 당선되어 겸직금지 규정에 따라 『사상계』를 부완혁에게 무상양도했지만, 공론 형성을 위한 그의 노력은 중단되지 않았다. 국회의원으로서 장준하는 『사상계』에 "국민의 민권이 금력과 관권 앞에 여지없이 유린당하는 정치 풍토에서 국회의 정상화만을 외칠 수 있는가"라고 정치현실을 비판했다(『민족주의자의 길』, 120).

국회의원 신분이었던 장준하는 자신이 속한 정당의 행동방침에 따르지 않고 신문기자처럼 행동하기도 했다. 1968년에 '향토예비군법' 개정안이 정치적 쟁점으로 부각되자 장준하는 신민당 의원들이 퇴장한 상태에서 방청석을 지키며 이 통과되는 상황을 묘사하여 월간지 『신동아』에 게재했다. 장준하는 당시의 심정을 "영원한 한국사의 박물관이 될 이 '장' 우리들 후손이 우리를 가리켜 못난 조상이라고 침을 뱉고 지나갈지도 모르는 이 기념관, 온갖 부정부패, 비정[秕政, 나쁜 정치]의 책정지[策定地, 결정 장소]로 대명할 이 '장' 안에 몸을 담고 있는 나의 심정"으로 토로한다고 밝혔다(『민족주의자의 길』, 125).

그 후 『사상계』는 1970년 5월호에 김지하의 시 「오적」을 게재하여 필화에 휘말린 채 막을 내렸고, 판권을 넘기면서 국회의원을 그만두면 『사상계』를 돌려받는다는 서약서를 받았을 정도로 애착을 가졌던 장준하는 영원히 『사상계』 발행인으로 되돌아올 수 없었다. 그는 1971년 국회의원 선거에서 낙선한 이후 재야 민주화운동에 앞장서면서 민족주의 정치사상을 성숙시켜나갔다. 그리고 이때에도 장준하는 대중 연설과 언론 기고문을 통해 끊임없이 민족통일과 민주주의를 향한 공론 형성에 매진하다가 1975년에 아까운 생을 마감했다.

6. 장준하의 민족주의자의 길

장준하를 한마디로 표현하자면 자신을 품어줄 조국을 끊임없이 찾았던 지식인이었다. 식민지 시대에 일본을 자신의 조국으로 인정할 수 없었기에 그는 전선에서 탈영하여 독립운동에 몸을 바쳤다. 그러나 해방 이후에도 남북으로 분단된 조국을 수용할 수 없었기에 통일된 조국을 향한 그의 갈증은 계속되었다. 고향 평안도는 조선민주주의인민공화국에 속하여 그의 조국이 될 수 없었고, 해방 후 주로 활동했던 서울도 완벽한 그의 조국이 될 수는 없었던 것이다.

장준하의 정치사상은 식민지와 분단된 민족으로부터 시작되었다. 장준하에게 있어 식민지의 삶은 비굴한 생존일 뿐이었고, 분단된 민족은 불완전한 불구일 따름이었다. 그는 예속된 민족 속에서 자신의 비루함을 목격했으며, 분단된 민족 속에서 자신의 왜곡을 발견했다. 이 때문에 장준하는 '민족주의자의 길'에서 "우리 민족의 양분, 무력대결은 휴전선의 튼튼한 철조망을 의미하는 것이 아니라 민족 또 개인 한 사람 한 사람의 모든 것이 파괴와 왜곡을 뜻한다"고 절규했다(『민족주의자의 길』, 55).

다만 장준하의 민족주의는 너무나 처절하고 장엄하기 때문에 보통 사람들이 쉽게 수용하기 어렵다는 문제가 있다. 또 민족을 절대화함으로써 그가 주장하는 민주주의는 우리에게 생소한 모습으로 다가온다. 민족통일에 도움이 되면 민주주의고 그렇지 않으면 반민주적이라는 그의 사상은 자유민주주의와 모순되는 것으로도 보인다. 또 장준하의 주장대로 분단체제를 극복하여 민족이 통일되면 모든 문제가 해결될 것으로 생각하는 것은 너무나 순진한 생각이었다.

그럼에도 불구하고 장준하의 정치사상은 고질적인 한국 정치의 문제 해결에 실마리를 제공한다. 국민 다수가 현실정치의 문제를 그 본질부터 꿰뚫어 보고 그 의미를 되새기면서 그 해결방법을 공유하여 철저히 자성할 때 비로소 우리들의 뼛속 깊이 새겨 있는 고질적인 문제를 해결할 수 있다. 겉치레 말로 하는 정치개혁과 사회개혁으로는 근본적인 해결이 불가능하다. 민주화 이후 30여 년이 지난 이 시점에서 장준하를 되돌아보는 이유이다.

특히 정치평론가로서 공론을 중시했던 장준하의 정치사상은 오늘의 우리에게도 많은 시사점을 준다. 아무리 좋은 뜻도 타인과 공유할 수 없으면 무용지물이며 공론의 확산을 통해 정치적 의지를 실천할 수 있다는 그의 사상은 무력이나 강제력으로 정치적 결실을 맺을 수 없는 민주주의 시대에서 매우 중요한 의미를 지닌다. 자신의 판단을 섣불리 내놓기 전에 국민의 판단과 정서를 먼저 살피면서 등장하는 장준하의 정치사상을 통해서 다수의 국민을 진정한 주인으로 섬기는 방법을 알 수 있게 된다.

그러나 장준하의 정치사상이 안고 있는 이분법적 요소는 한국 정치에 만연되어 있는 진영 논리의 근거가 되어 현실의 실질적 변화에 장애가 되고 있다. 오늘날 대부분의 정치인은 적과 동지를 이분법적으로 구분하고, 사회의 부정적 요소들과 긍정적 요소들을 이분법적으로 구분하며, 심지어 지역과 세대를 이분법적으로 대립시키고 있다. 장준하의 이분법적 정치사상은 식민지 시대에 태동했으며 독재와 민주가 대결하던 민주화운동 시기에 많은 사람에게 감동을 주었지만 민주주의 시대에는 역효과를 주고 있다. 민주화 이후의 한국 사회는 과거와는 다른 사유체계를 필요로 한다. 민주화운동 과정에서 형성된 이분법적 사고방식을 극복하여 새로운 민주주의의 신념체계를 형성할 필요가 있다.

민주화 이후 정치의 전환 방식에 관해서는 많은 연구가 이루어져 있지만 필자는 민주화운동을 시민사회의 비제도적 '운동정치(movement politics)'로 개념화한 조희연·정태석의 문제의식을 높이 평가한다. 이들은 제도정치만으로 국가와 공동체가 운영되지 않는다는 사실을 지적하고, 그동안 지배 권력에 저항하거나 권력의 전환을 위해 노력했던 다양한 시민사회의 운동정치에 주목했다. 그리고 민주화운동 과정에서는 운동정치가 전투적인 민중운동 중심으로 진행되었지만 민주화 이후의 시민정치는 "다층적인 대응을 통해 '민주적 헤게모니'를 확립"해야 한다고 주장한다(조희연 편 2001, 58). 이들의 지적대로 민주화 이후의 정치는 적과 동지의 이분법적 사고, 국가권력에 대한 직접적 저항을 위주로 한 과거의 운동 방식에서 벗어나 다양한 방식을 통해 사회 각 분야에 민주적인 행위와 사유양식을 정착시켜야 할 필요가 있다.

장준하는 안타깝게도 대한민국의 민주화를 보지 못하고 타계했지만 그가 살아 있다면 민주화 이후의 정치 과정에서 누구보다도 다층적이고 포괄적인 시각으로 한국 사회에 접근했을 것으로 생각한다. 왜냐하면 그는 평생을 공론을 형성하기 위한 정치행위를 해왔기 때문이다. 공론을 활성화하기 위해서는 국민의 뜻과 의지를 모으기 위한 균형 잡힌 공론장이 무엇보다도 중요하다. 이를 위해서는 투쟁과 배제로 끝나는 이분법이 아니라 장준하의 정치사상이 보여주는 '비극적 전투성'이 지향하는 통합을 가능케 하는 위대한 희망을 찾을 필요가 있다.

끝으로 장준하의 사상에 대한 평가를 소개하면서 마무리하고자 한다. 장준하는 그가 활동하던 때부터 지금까지 일관되게 정치적 실천가로 평가받고 있다. 따라서 그는 투철한 독립운동가로 인정받았으며 굳건한 민주투사이자 뛰어난 언론인으로 존경받았지만 그의 사상에 대한 평가는 찾아보기 어렵다. 이 때문에 장준하의 행적을 다룬 전기는 여러 권 출판되었지만 그의 사상에 대한 책은 찾을 수 없을 정도로 그동안 학자들의 관심을 끌지 못했다.

최근에 그의 사상에 대한 관심이 제고되어 다각도로 그의 사상에 대한 재평가가 시도되고 있다. 장준하의 언론사상은 서구 자유민주주의적 언론사상의 선구적 도입자로 평가되고 있다. 이런 관점의 대표적인 연구자인 김영희(2012, 66)는 장준하의 언론사상을 해석저널리즘의 관점에서 접근하여 그가 "정의와 사회질서의 전제로서의 언론자유의 필요성, 쟁취와 투쟁으로서의 언론의 자유 개념" 등을 한국 사회에 선진적으로 전파했음을 밝혔다.

장준하의 민주주의사상에 대한 평가도 시도되고 있는데, 김지희는 다층적인 장준하의 민주주의사상을 세 시기로 구분하여 경험과학적 내용분석을 통해 그 핵심 내용을 밝혀주고 있다. 그에 따르면 장준하는 정치적 상황의 변화에 따라 시기별로 강조한 내용은 차이가 있지만 기본적으로 "서구적 자유민주주의 이념을 수용하는 가운데 민주주의의 제도적 절차를 엄격히 준수할 것"과 "정당성을 상실한 권력에 대한 제도권 정치세력,

곧 야당을 통한 저항과 투쟁의 필요성"을 주장했다(김지희 2016, 120-121).

이처럼 장준하의 사상에 대한 새로운 평가가 등장하는 것은 우리 사회의 민주주의 경험이 성숙했음을 반증한다. 다양한 정치적 경험은 필연적으로 다각적인 해석을 필요로 하고 그것을 통한 종합적 이해를 요구한다. 한 시대를 정직하고 열심히 살면서 끊임없이 타인과 더불어 해석하고 공유하고자 했던 장준하의 정치사상은 이제 비로소 조금씩 우리 인식의 자양분이 되고 있다.

장준하. 1985. 장준하 선생 10주기 추모문집 간행위원회 편. 『장준하 문집 제1권: 민족주의자의 길』. 도서출판 사상.

장준하. 1985. 장준하 선생 10주기 추모문집 간행위원회 편. 『장준하 문집 제2권: 돌베개』. 도서출판 사상.

장준하. 1985. 장준하 선생 10주기 추모문집 간행위원회 편. 『장준하 문집 제3권: 사상계지 수난사』. 도서출판 사상.

김대영. 2005. 『공론화와 정치평론』. 서울: 책세상.

김영희. 2012. "장준하의 언론사상 연구." 『한국언론정보학보』 통권 59호, 50-70.

김지희. 2016. "현대 한국정치사에 있어서 민주주의 담론의 전개맥락: 장준하의 저술에 대한 경험과학적 내용분석." 『비교민주주의연구』 제12집 2호, 93-125.

네그리, 안토니오 · 하트, 마이클 저 · 윤수종 역. 2002. 『제국』. 서울: 이학사.

박경수. 1995. 『평전: 재야의 빛 장준하』. 서울: 해돋이.

박정희. 1997. 『국가와 혁명과 나』. 서울: 지구촌.

정치학대사전편찬위원회 편. 2002. 『21세기 정치학대사전』. 서울: 아카데미아리서치.

조희연 편. 2001. 『한국 민주주의와 사회운동의 동학』. 서울: 나눔의집.

Fanon, Franz. 1963. *The Wretched of the Earth*. tr. by Constance Farringtion. New York: Grove Press.

Lippmann, Walter. 1965. *The Essential Lippmann*. ed. by Rossiter, Clinton & James Lare. New York: Vintage Books.

Orwell, George. 1968. *The Collected Essays, Journalism and Letters of George Orwell. Vol III*. eds. by Sonia Orwell and Ian Angus. New York: Harcourt, Brace & World.

- 장준하. 2015. 『돌베개: 장준하의 항일대장정』. 파주: 돌베개.

장준하의 저서 『돌베개』는 1971년에 돌베개 출판사에서 초판이 발행된 이후 많은 독자들에게 감동을 준 책이다. 2015년에 서거 40주기를 기념하여 읽기 쉽게 개정판이 발행되었다.

- 박경수. 1995. 『평전: 재야의 빛 장준하』. 서울: 해돋이.

장준하에 대한 평전이다. 이 평전은 장준하의 일대기를 비교적 상세히 잘 서술했다는 점에서 기록적 가치를 지닌다.

- 김삼웅. 2009. 『장준하 평전』. 서울: 시대의창.

이 책은 장준하의 일대기를 시대적 맥락에 맞추어 서술했다는 점에서 독자에게 도움이 될 수 있는 책으로 추천하는 바이다.

 6부

1980년대 저항의 물결

12

리영희·박현채·문익환·장일순
1980년대의 급진사상[1]

이나미

1. 1980년대의 이해

1980년대는 5·18민주화운동으로 그 서막을 열었다. 1980년 5월 광주에서의 비극은 한국 사회의 많은 것을 변화시켰다. 무엇보다 한국 사회를 지배하던 이념이 변화되었다. 그 중 가장 극적인 것은 '미국'이라는 우상이 깨졌다는 것이다. 1960년 4월혁명 당시만 해도 매카나기(W. P. McConaughy) 미대사는 "시위자들이 데모로써 표현한 정당화될 수 있는 불만이 해결되기를 진심으로 바란다"는 성명을 발표했고, 세 번이나 경무대를 방문하여 이승만의 사임을 촉구함으로써 한국인에게 미국인은 민주

---

1 이 장은 이나미의 "1980년대 비판과 대안의 한국정치사상"(『정치사상연구』 25집 1호)을 수정, 보완한 것이다.

주의의 파수꾼이라는 이미지를 갖게 했다(이재봉 2018). 그러나 5·18민주화운동 때 미국은 군의 민간인 학살을 방조 또는 묵인하여 국민들은 크게 실망하고 분노했다. 미국은 한국 군대가 광주 시민을 무력진압하기 위해 이동할 것을 허락했고, 위컴(John Wickham) 주한미군 사령관은 "한국인의 국민성은 들쥐 같다"고 발언했으며 워커(Richard Walker) 주한미국대사도 운동권 학생과 동조하는 성직자를 '버릇없는 아이들'이라고 표현하여 국민들의 격분을 샀다(임영태 2008;《중앙일보》, 1991/05/24).

그러한 가운데 전두환은 미국의 지지를 얻기 위해 미국의 요구대로 한·미·일 군사동맹체제를 강화하고, 전술핵무기를 배치했으며, 팀스피리트 훈련을 실시했다. 미국은 농축산물 개방 압력도 가했다. 전두환 정권은 경제안보협력이란 이름으로 일본으로부터 차관도 제공받았다. 일본은 계속되는 한·일 간 역사 왜곡 망언을 일삼았으며, 1982년에는 교과서 왜곡사건까지 발생했다.

리영희는 이미 1970년대에 이러한 시대를 예고했다. 오랜 외신기자 경험으로 그는 미국의 실제 모습에 일찌감치 눈을 떴고 그것을 과감하게 한국 사회에 알렸다. 1974년 발간된 그의 『전환시대의 논리』는 70년대를 지나 80년대에도 지식인들과 대학생들의 바이블이 되었다. 리영희는 그 시대 지식인이 받을 수 있는 최고의 찬사인 '사상의 은사'로 불렸다. 지성과 계몽의 관점에서 리영희는 중국 근대사에서의 루쉰에 비견된다는 평가를 받는다(박명림 2011). 1979년에 발간되어 단박에 베스트셀러가 된 『해방 전후사의 인식』도 미국이라는 우상 깨기에 동참했다. 그 책에 의하면 한국인에게 있어 미국은 해방군이 아니라 점령군이었으며 남북분단과 일제 잔재의 책임자이다. 이 책은 1979년 10·26사건 이후 판금 되었다가 1980년 '서울의 봄'과 함께 해금됐다. 그러나 5·18민주화운동 이후 다시 저자들이 구속되거나 대학에서 쫓겨나는 수난을 겪었다.

1980년대를 '급진화'시킨 또 다른 원인은 당시의 경제상황이다. 1980년대 경제는 과거와 다른 조건에 처해졌다. 제2차 석유파동 여파와 1980년의 흉작으로 한국 경제는 마이너스 성장, 국제수지의 악화, 고물가라는 삼중고를 겪었다. 미국을 비롯한 선진국들도 석유파동과 긴축정책으로 성장률이 둔화되었고 고용사정이 악화됐다. 세계무역은 위축되었고 보호무역주의가 강화되어 한국의 수출 여건이 악화되었다. 또한 미국의 고금리정책은 한국에 막대한 이자 부담을 가져다주었다. 그러나 마침 1986년 3저 호황으로 외채위기는 넘겼고 물가는 안정되었다. 5공화국 정부는 수출경쟁력을 회복하고자 중화학공업 투자조정, 부실기업 정리 등을 통해 국내 독점대기업에 특혜를 주어 특정 기업이 큰 규모로 확대되었다. 일본의 자금을 비롯하여 외자가 이들 기업에 흘러 들어갔다. 이는 중소기업, 노동자, 농민의 희생을 요구하는 것이었다.

국가권력과 독점자본의 유착을 지적한 당시 박현채의 국가독점자본주의론 등 사회구성체론이 급부상한 것은 이와 같은 배경이 있었기 때문이다. 박현채는 이미 1978년에 『민족경제론』을 펴내 화제를 모았다. 『민족경제론』은 '한국 사회에 가장 큰 영향을 미친 5권의 책' '21세기에도 남을 20세기의 명저'로 꼽혔으며 김대중의 대중경제론에도 영향을 끼쳤다(한윤정 2007). 1985년 『창작과비평』에 실린 그의 글 「현대 한국사회의 성격과 발전단계에 관한 연구」와 이를 비판한 이대근의 「한국 자본주의의 성격에 관하여」는 사회구성체 논쟁의 시작을 알렸다(금인숙 2006, 121).

뒤이어 NL, PD 간 논쟁이 학계와 운동계를 뒤흔들었고 사회구성체 관련 서적은 필독서가 되었다. 사회구성체론은 가장 '80년대스러운' 이론이다. 즉 사회구성체론은 80년대 이전이나 그 이후에는 별로 부각되지 않은, 독특한 80년대식 사상이다. 사회구성체 논쟁은 '한국의 현대 지성사에서 전무후무한 사건'으로, 비록 그 논쟁이 운동권에 국한되기는 했으나 비운동권이라 하더라도 한 번쯤 들어봤음직 할 정도로 "사회 전체를 치열한 논쟁의 소용돌이 속으로 몰아넣었"다고 해도 과언이 아니다(금인숙

2006, 123).

체제 비판과 사회변혁을 촉구하는 서적이 널리 읽힌 또 다른 이유는 5공화국의 극심한 언론 통제 때문이다. 이 시기에 대대적인 언론 통폐합이 이루어졌고 비판적 언론인들이 대거 해고되었다. 기사는 철저히 통제되어 방송과 신문은 정부의 홍보수단에 불과했다. 정권에 협조하는 언론사는 온갖 특혜를 받아 권언유착이 극에 달했다. 이때 몇 신문사들이 몸집을 크게 키웠으며 이후 그러한 언론기관이 스스로 권력자가 되었다. 그로 인해 출판물이 진실을 알리는 언론의 역할을 대신하게 되어 이념서적이 매우 큰 인기를 끌었다.

이념서적은 학생운동, 노동운동 등 사회운동에 이론적 기초를 제공했고 지식인과 학생들의 의식화에 기여했다. 따라서 출판에 대한 정부 탄압도 극심했는데 금서로 찍혀야 오히려 잘 팔리는 역설이 발생했다. 탄압할수록 그에 비례하여 이념서적을 찾는 읽는 이가 많아졌다. 전두환 정권은 『창작과비평』, 『문학과지성』 등의 잡지를 폐간시켰으며 체제에 비판적이거나 약간의 이념적 색채가 있는 책이면 모두 판매 금지시켰다. 당시 대표적 금서목록을 보면, 『전환시대의 논리』, 『우상과 이성』, 『8억 인과의 대화』 등 리영희의 책들과 박현채의 『한국경제구조론』, 함세웅의 『해방신학의 올바른 이해』 등이 있으며, 그람시의 『옥중수고』, 브루스 커밍스의 『한국전쟁의 기원』도 금서였다.

학생들은 이러한 금서들을 읽고 사회변혁의 사명감으로 노동 현장으로 들어갔다. 학생운동과 노동운동 모두 비밀지하서클 활동을 기반으로 조직을 확대했다. 동시에 1984년 유화국면을 맞아 학생회가 부활하고 재야운동이 활발해졌다. 이들을 중심으로 광주학살 이후 침묵하던 시민사회는 정권의 폭압에 맞서 민주화를 위한 투쟁을 시작했다. 노동운동도 폭발적으로 증가했다. 저임금과 장시간 노동 등 악화되는 노동조건에 대한 불만이 터진 것이다. 1984년 박노해가 쓴 『노동의 새벽』은 구로공단 노동

현장을 비판한 시로서 80년대 노동문학을 대표하는 작품이 되었다. 정부는 이를 금서 조치했으나 100만 부 이상 팔렸고, 우리 사회 변화에 큰 영향을 미친 책 중 한 권이 되었다.

1984년 9월 함평·무안 농민대회를 시작으로 농민들도 투쟁에 나섰다. 농축산물 수입 확대로 농축산물 가격이 폭락했기 때문이다. 1984년에 농촌을 뒤흔든 소값 파동이 났고, 1985년에 '소몰이 투쟁'이 전국 20여 개 군에서 벌어져 장관을 이루었다. 광주학살 묵인과 더불어 수입개방을 강요하는 미국에 대한 반발이 커져 미대사관 앞에서도 시위가 벌어졌다. 그런데 당시 이러한 농촌문제를 완전히 새로운 시각으로 바라본 이가 있으니 그가 무위당 장일순이다. 그는 1977년에 농민·노동자 문제는 기존의 운동 방식으로는 해결이 안 된다고 하면서 생명운동을 주창했다. 그는 1990년대 이후 환경운동이 본격화되면서 크게 주목 받았고 따라서 그는 20세기를 산 21세기적 인물로 평가되기도 한다(김호기 2012). 그는 '원주 예수'라고도 불렸다. 리영희는 평소 존경하는 사람이 누구냐고 물으면 가장 먼저 장일순을 꼽으며 "우리 사회에 그런 분 같은 사람은 또 없을 것"이라고 했다(김삼웅 2010, 359-364).

이렇게 학생, 노동자는 물론 농민들까지 저항했음에도 불구하고 정권은 요지부동이었으며 급기야 박종철 고문치사사건이 발생하여 1987년 6월항쟁의 도화선이 되었다. 광주항쟁이 1980년대를 열었다면 6월항쟁은 80년대를 마무리했다. 학생, 노동자뿐 아니라 일반 시민들까지 거리로 나선 6월항쟁은 결국 정권을 굴복시켰다. 그 결과로 들어선 6공화국에서 다양한 운동 세력들이 주장을 펼쳤고, 통일운동도 활발히 전개되었다. 때마침 국제적으로도 소련의 고르바초프가 개혁개방을 주창하면서 냉전체제가 허물어지기 시작했다. 이러한 여러 조건이 한국 사회의 통일운동을 부상시켰다.

1980년대는 통일운동의 시대이기도 했다. 남북의 대결의식도 약화되었고, 이와 함께 '북한바로알기'운동도 확산되었다. 1989년 3월 문익환 목사의 역사적인 평양 방문은 통일운동의 새로운 전기를 맞이했다. 문익환은 김일성과 만나 정치군사적 대결 해소, 이산가족 문제, 다방면에 걸친 교류와 협력, 연방제 방식의 통일에 합의한 4·2공동성명을 발표했다. 이 방안은 2000년 남북 간 6·15공동선언에도 지대한 영향을 끼쳤다(이유나 2014). 문익환의 방북 이후 같은 해 6월 대학생 임수경이 북한을 방문했고, 천주교정의구현사제단에서 파견한 문규현 신부와 함께 8월 15일 군사분계선을 넘었다. 이는 분단 40년 만에 일어난 역사적 사건이었다. 임수경은 '통일의 꽃'으로 불리며 북한에서 큰 환영을 받았다. 그러나 노태우 정권은 이러한 잇단 방북사건을 공안정국의 빌미로 삼아 민주화운동에 타격을 가했다. 통일운동은 이후 남북의 직접 교류보다 군축, 평화정착으로 중심이슈가 점차 바뀌어갔다(임영태 2008, 655).

1980년대는 이렇듯 지배이념의 파괴, 정경유착 비판, 생태사상의 태동, 통일운동의 본격화를 특징으로 하는 '저항의 시대'로, 리영희, 박현채, 장일순, 문익환은 그러한 시대를 대표한 사상가로 자리매김하였다.

2. 리영희: 우상의 파괴

리영희(李泳禧, 1929-2010)는 1929년 평안북도 운산군에 태어났다. 집안이 가난하여 일반대학에 가지 못하고 한국해양대에 입학했다. 3학년 승선실습 때 직접 목격한 여순사건과 평소 존경하던 김구의 피살사건이 그에게 큰 충격을 주었다. 대학을 졸업하고 안동중학교 영어교사로 재직하다가 한국전쟁 발발 후 통역장교로 근무했다. 한국전쟁은 그의 인생에 가장 큰 영향을 끼쳤다. 그는 국민방위군 사건과 거창양민학살사건을 직접 목도했고, 그 경험이 그로 하여금 이념의 우상을 비판하도록 했다. 1957년 합동통신의 외신부 기자로 언론생활을 시작했다. 5·16 군사쿠데타 직후 워싱턴에서 그는 케네디가 박정희 지원 요청을 수용하지 않은 점을 기사로 써서 쿠데타 세력으로부터 협박을 받고 긴급귀국통지를 받게 된다(리영희·임헌영 2005).

1964년 10월 그는 《조선일보》로 옮겨갔고 '남북한 가입 제안 준비'라는 기사를 써서 반공법 위반으로 구속기소 된다. 이후 베트남 파병에 비판적인 기사를 쓰자 중앙정보부는 리영희에게 후한 조건을 내걸며 정부에 우호적인 기사 쓰기를 요청했으나 그는 거절했다(강준만 2004). 그는 결국 조선일보사에서 해고되었고, 1971년에는 '64인 지식인 선언'에 참가했다는 이유로 합동통신에서도 해직된다. 1972년 한양대 교수로 임용된 이후에도 두 차례 해직되었다.

그는 1974년 『전환시대의 논리』를 출간하면서 세상에 널리 알려졌다. 1977년 중국에 대해 다룬 『8억 인과의 대화』를 발간했으나 판금 되었는데 바로 다음 날 『우상과 이성』이 출간됐다. 이 책은 『전환시대의 논리』의 속편 격으로 중국, 베트남전, 냉전, 독일 통일을 다루었다. 그는 1977년 남영동 대공분실로 끌려갔고, 1980년대 초에 광주교도소에서 출감했다. 이후 1984년에 『분단을 넘어서』와 『80년대의 국제정세와 한반도』, 1985년에 『베트남전쟁』, 1987년에 『역설의 변증』, 1988년에 『역정』과 『반핵』, 1990년에 『自由人, 자유인』, 1991년에 『인간지사 새옹지마』, 1994년에 『새는 좌우의 날개로 난다』, 1998년에 『스핑크스의 코』, 1999년에 『반세기의 신화』, 2005년에 『대담』을 썼다.

그의 삶은 수많은 책의 집필과 더불어 실천의 연속이었다. 2010년 12월 간경변으로 타계하기까지 총 9번의 연행, 5번의 기소 내지 기소 유예, 3번의 징역을 살았다. 2003년 노무현 정부의 이라크 파병 결정 반대 시위에 노구를 이끌고 참가하기도 했다(김호기 2018).

1) 진실 알리기

리영희의 글은 '특종'적이며 '예언'적이다. 그 글들은 "한마디로 진실을 추구하려는 집념의 결정"이었다. 그는 "이 한 가지만은 평생에 자랑할 것이란 아무것도 없는 나인데도 주저 없이 말할 수 있다"고 했다(『역설의 변증』, 361).[2] 그의 첫 번째 예언서 『전환시대의 논리』는 70년대를 지나 80년대에도 지식인들과 대학생들의 바이블이 되었다. 이 책은 '전논'이란 줄임말로 불렸고, 당시 학생운동 세대는 '전논 세대'라 불렸다. 지난 100년 한국 지성사에서 한국 사회를 뒤흔든 저작 중 가장 먼저 떠올릴 수 있는 책으로 『전환시대의 논리』가 꼽히기도 했다(김호기 2018).

1980년대 반미의식이 널리 퍼지기 전인 1970년대부터 리영희는 '우방'이라 불리는 미국의 실제 모습을 보라고 경고했다. 예를 들면, 미국의 베트남전쟁의 첫째 목적은 미국의 명성 유지이며 둘째가 남베트남의 영토를 중국 공산주의로부터 지키려는 것이라고 했다(『전환시대의 논리』, 43). 또한 그는 미국의 북베트남 공격의 이유는 허구라고 폭로했다. 통킹만 공해상에서 북베트남 어뢰정 2척이 미국 구축함을 공격했다고 미국이 발표했을 때 그는 "베트남전쟁에서 교전 당사자들의 이데올로기, 정책, 장기전략과 단기전략, 각기 집단의 도덕성, 그 주요 인물들의 철학과 세계관, 그리고 국면국면의 의미와 대처하는 각기의 전술"을 면밀히 관찰한 결과 그 발표는 의심스럽다고 결론 내렸다. 그러던 차에 미 정부의 극비 문서가 노출되고 결국 진실이 밝혀졌다. 그는 "안이하게 미국 정부의 발표문이나 미국 군부의 공표문서 따위에 의존하는 태도는 나의 의식과 책임감에서 용서되지 않는 것"이라고 강조했다(『역설의 변증』, 359-361).

1982년 당시 미국 동맹국 가운데 한국이 미군 주둔비 분담률 최고를

---

2 리영희의 글을 인용한 부분은 책 제목과 쪽수를 표기하였다.

기록했다. 미국에 한국은 미군 임대료를 요구하지 않는 나라로 인식되고 있었다. 리영희는 주한미군 역시 미국의 이익을 위해 존재한다는 것을, 미국방부 윌리엄 하워드 태프트(William Howard Taft) 부장관의 발언을 인용하여 밝혔다. 한국은 세계 어느 곳보다 미군의 매력적인 전쟁 훈련장으로 미군이 평시에도 전시를 상정한 전쟁 훈련을 마음 놓고 할 수 있는 지역이라는 것이었다. 더불어 매년 한국에 35억 달러의 무기판매 결정권을 행사하며 남한에 41개의 미군기지(1989년 11월 2일 기준)를 설치·운용했다. 또한 북한이 핵무기 개발을 포기한다면 미국이 북한에 대한 공격 태도를 바꿀 것인가에 대해 그는 미군의 군사전략과 발언을 분석한 뒤 부정적 답을 내렸다. 북한에 대한 미국 군부의 공격 의지는 북한의 핵시설 유무 차원의 문제가 아니라는 것이다(서보혁 2018).

미국의 실체 폭로가 리영희의 첫 번째 '진실 알리기'라면 두 번째는 중국에 관한 것이었다. 그는 '중공'으로 알려졌던 중국에 대해서도 '진실'을 알리기 위해 노력했다. 『8억 인과의 대화』에서 공산혁명의 필연성과 정당성을 인정하고 '중공'의 활동을 찬양 고무했다는 이유로 리영희는 공소된다. 중국 공산주의혁명 이후 인민의 생활이 나아졌다는 내용이 문제가 되었다. 또한 『우상과 이성』 중, 모택동이 "수억의 중국인에게는 순수한 의미에서 교사, 정치가, 전략가, 철학자, 계관시인, 민족적 영웅, 가장, 그리고 역사상 가장 위대한 해방자라는 것까지를 합친 전부인 까닭"으로 "중국인에게 있어 모택동은 공자, 노자, 루소, 마르크스, 게다가 석가를 합친 존재"라고 한 에드가 스노우(Edgar Snow)의 평을 소개한 부분도 문제시되었다(한국기독교교회협의회 1987).

당시 중국에 대한 보통 한국인의 인식은 리영희를 담당한 검사의 말에서 드러난다. 그는 "나는 6·25 때 열네 살이었는데, 그때 중공군들을 직접 보았어요. 그게 어디 사람 같았어? 똥뙤놈이야! 똥뙤놈! 25년이 지났다고 해서 똥뙤놈이 별수 있겠소?"라고 반문했다. 1978년 제4회 공판에서 리영희는 『8억 인과의 대화』를 펴낸 동기에 대해 "우리 사회에서는 너무도 중국에 관한 지식이 빈약하고 편견과 선입견이 많으며, 사실과는 다른 비과학적, 허구, 오류 등에 의해 인식됨으로 말미암아 중국에 대한 교수와 대학생들의 지식수준이 아주 한심할 정도로 무지에 가깝"기 때문에 이를 "계몽하고 객관적 진실을 보다 과학적으로 저술해야겠다는 학자적 양심 때문에 출판하게 되었다"고 밝혔다. 두 번째 이유로는 "국제정세가 급변해가는 20세기에서 중공과의 관계와 인식이 지금처럼 되어서는 국가의 장래가 위험"스럽기 때문이라고 했다(한국기독교교회협의회 1987).

2) 1980년대에 대한 인식

리영희는 1970년대에 온갖 고초를 겪었음에도 불구하고 이에 굴하지 않고 1980년에 오히려 더 활발한 집필활동을 했다. 그는 80년대 역시 개인적으로는 70년대 못지않은 고난과 시련의 시기였다고 회고했다. 80년대는 70년대의 연속이었으며 "70년대와 마찬가지로, 몇 해를 가지 않아서 그 허구성이 드러나고야 말 온갖 요사스러운 '이론'과 '학설'이 시세에 편승하여 횡행하는 모습을 보면서 참다못해 무엇인가 적어본 것"이 『분단을 넘어서』의 1부라고 했다.

> 80년대에 들어서서 나의 관심은 두 가지 측면에 집중되었다. 일본의 식민통치에서 해방된 지 40년이 되려는 시점에서의 한·일관계의 참모습에 대한 것이 그 하나고, 초강대국들이 '무제한 군사 대결'의 결의를 선언하고 나선 국제관계, 특히 동북아시아 정세 속에서의 한국과 한반도의 장래에 대한 두려움이 다른 하나다(『분단을 넘어서』, 15).

그는 『80년대 국제정세와 한반도』에서, 질적으로 변한 한반도 정세에 대한 대응책으로 국제적 차원에서는 화해와 평화, 민족 차원에서는 대민족주의, 사회적 차원에서는 언론 자유와 민주주의 신장을 촉구했다. 그는 1980년대 한국의 과제에 대해 다음과 같이 제시했다.

> 1980년의 시대적 문턱을 넘어서면서 이 반도와 이 민족의 주변에는 새로운 폭풍이 험악한 비구름이 되어 덮이고 있다. 우리는 이제 역사적으로 길들여진 수동적 지위에서 벗어나 국제정세의 '태풍의 눈'으로 규정되기를 거부해야 할 민족사의 중대한 기로에 서 있다고 믿어진다. …… 우리의 지정학적 조건과 그 밖의 요소들은 우리로 하여금 태풍을 맞받아나가는 만용보다는 태풍의 에네르기를 이 반도 위(안)에 끌어들이지 않는 민족적 슬기를 요구한다(『80년대 국제정세와 한반도』, 17).

그러나 1980년대 중반에 들어와 그는 한반도를 둘러싼 국제관계가 평화적으로 가고 있다고 인식했다. 즉 북한, 중국, 소련, 미국은 한반도의 평화를 바라고 있다고 판단했다. 북한이 평화를 바란다는 신호는 1984년 3자회담을 제안한 것이다. 이것을 북한이 자본주의 국가들과 접촉을 넓혀 경제, 자본, 기술의 현대화를 위한 평화적 환경을 조성하려는 것으로 풀이했다. 또한 북한이 중국과 소련 사이에서 등거리 관계를 유지하는 것의 어려움과 독자적 사회주의 건설의 시도 결과 나타난 경제발전상의 난점을 해결하고자 한다고 보았다.

리영희는 중국도 자국을 세계 일류 공업화, 현대화 국가로 발전시키고자 하므로 한반도 긴장의 해소를 원하고 있다고 판단했다. 한반도 전쟁으로 국력을 낭비할 여력이 없다는 것이다. 소련 역시 남북 간 긴장 고조를 원하지 않는다고 보았다. 미국과 일본의 군사적 압력에 직면하는 상황에서 한반도 긴장 고조는 부담을 주며, 또한 소련이 국력을 기울이고 있는 대규모 동시베리아 개발계획이 타격을 받게 된다는 것이다. 미국은 한국의 미국의 군사기지로서의 역할과 성격을 약화할 의도는 당분간 없어 보이지만 소련, 중국과의 관계를 개선해야 할 과제를 갖고 있으며, 또한 한국의 정치 불안을 원하지 않는다고 보았다.

리영희에게 일본은 남북 간 평화든 전쟁이든 분단상태에서 변함없이 이익을 얻고 있으므로 통일을 가장 바라지 않는 국가였다. 일본의 보수정권과 재벌, 군부, 국수주의 사상가들은 한국을 자신들의 지배권이 행사되어야 할 나라로 인식하고 있으며, 아시아에서의 패권을 다시 노리고 군사화를 시도하고 있는데, 한반도를 일본 군사력이 가장 먼저 행사되어야 지역으로 확정했다는 것이다. 이러한 일본의 군사 대국화를 저지할 방법은 남북 간 화해라고 그는 강조했다(『역설의 변증』, 21-28).

3) 이데올로기론

그는 우상화되고 있는 지배 이데올로기를 강하게 비판한다. 그에게 있어, 『우상과 이성』을 판금시킨 권력자들이 믿고 있는 '위대한 우상'은 "반(反) 무슨 무슨 주의, 냉전 논리, 흑백이분법, 총검숭배" 등으로, 그들은 "평화는 약자의 도덕이라는 믿음에서는 니체 숭배자였고, 권력의 의지만이 최고의 철학이라는 데서는 히틀러의 아류들이었다." 또한 "반공주의 외에는 아무런 이념이 없는 정권과 권력자들이 낡은 예교[禮敎, 예의에 대한 가르침]를 들고나와 '충효' 윤리로 독재체제를" 굳혔다(『역설의 변증』, 357).[3]

그에 의하면 한 사회를 지배하는 사상과 제도는 그 시대 그 사회를 지배하는 세력의 물질적 이해관계를 반영하는 것으로 그 세력은 민중에게 그 이데올로기를 강요한다. 민주주의적 자유와 비판의 권리가 확립되지 않은 사회에서는 그러한 소수자 권력의 이익에 상응하는 '특수주의 이데

---

3 인용한 글 가운데 [ ] 표시는 필자가 해설을 덧붙인 것이다.

올로기'가 '제도적' 사상을 구성하게 된다. 권력층의 성숙도가 높다면 자신에게 비판적인 사상의 가치를 인정하며 양자 간 변증법적 통일을 발전의 계기로 이용할 줄 안다. 이러한 공인된 사상과 비판적 사상 간의 모순 관계를 협조, 통일, 발전의 관계로 활성화하게끔 제도화하는 장치가 민주주의라고 그는 보았다(『분단을 넘어서』, 149-150).

그는 그러면서 과감하게 사회주의적 인간애와 기독교 및 자본주의적 인간애를 다음과 같이 비교한다.

> 중국의 당산시를 황폐화했던 대지진 속에서 중국인들이 혈육 간의 믿음과 사랑의 윤리규범을 모든 타인에게까지 확대 적용한 사회주의적 인간애와, 12시간의 단전으로 암흑이 된 미국 뉴욕시의 미국인들이 가족·혈육은 보호했지만 그 관계범위를 넘어선 다른 시민에게는 '만인이 만인의 적'으로 온갖 행패를 일삼은 기독교와 자본주의적 인간애의 한계를 대치시켜 독자들의 눈을 뜨게 하려고 생각했던 것이다(『역설의 변증』, 357-358).

그의 이러한 평가는 당시의 거의 모든 비판적 지식인들이 그러했듯이 그가 마르크스주의에 호의적이었기 때문일 것이다. 그는 자신의 공부 경험에 대해 다음과 같이 말했다.

> 마르크스 이론과 변증법의 공부도 크게 기여했다. 그것은 일찍이 나에게 사물·관계를 평면적이 아니라 총체적으로 관찰하고 생각할 필요성과 방법을 가르쳐주었다. 모든 현상을 정적이 아니라 동적인 것으로 보는 시각도 제공해주었다. 관념론과 주관주의에서 탈피할 수 있었다. 물적 관계를 토대로 하지 않는 도덕주의와 추상론, 신비주의적 경향에 빠지지 않은 것도 그 덕택이다. 역사성을 무시한 소위 '현실론'과 상대주의에서도 해방되었다. 자본주의적 가치관·윤리도덕·세계관·사관 …… 들과 함께 사회주의적 그것들에

대한 인식을 갖게 됐다(『역설의 변증』, 365).

그러나 1990년대 이후 그는 『새는 좌우의 날개로 난다』라는 그의 저서 제목이 시사하듯 사회주의로만 치우치지 않게 된다. 그는 중도좌에 우호적으로, 다음과 같이 평가한다.

중도좌를 다른 말로 하면 사회민주주의인데, 나는 자본주의 시장경제가 지니는 필연적 결과로서의 인간 소외와 무제한적 이윤추구 경쟁으로 인한 부패·타락·범죄 등을 치유하기 위해 마르크스의 사상·철학적 부분을 수용할 필요가 있다고 생각하고 있습니다(한국일보 1991/06/25).

윤평중은 리영희를 '인본적' 사회주의자라고 부르고 조성환은 그를 '인간적' 사회주의자로 본다(이순웅 2008). 그러나 무엇보다 리영희는 민중의 이성과 힘을 믿은 사람이다. 그는 지배세력이 우상을 세우고 그것에 눈이 멀어 있는 반면 오히려 그들에 의해 "짓눌린 백성들은 이성을 믿고, 그 회복을 기원하고 있었다"고 했다. 백성들은 "모든 것이 거꾸로 보이고, 뒤집혀 있고, 일그러져 있는 세상에 이성의 빛이 활짝 비추기를 손 모아 기도하고 있었다." 그는 뉴턴 물리학의 제3 법칙 "압력이 있으면 그와 같은 양의 반압력(반작용)이 생긴다"는 것과 같은 것이 철학에서는 '변증법'이며 사회과학에서는 '저항의 원리와 권리'로서 "빼앗길 수 없는 인권"과 "폭정에 대해서는 민중의 혁명권이 인정된다"고 주장한다(『역설의 변증』, 348-351).

3. 박현채: 사회구성체론

박현채(朴玄埰, 1934-1995)는 1934년 출생으로 광주서중학교 재학 중 한국전쟁이 나자 빨치산에 가담해 소년 중대의 문화부 중대장으로 활동했다. 조정래는 『태백산맥』에 나오는 빨치산 소년 조원제의 실제 모델이 박현채라고 밝혔다. 또한 조정래는 "『태백산맥』은 박현채 선생의 삶을 그대로 옮겨놓은 것으로 『태백산맥』의 빨치산 부분은 박 선생이 대신 써준 것이나 마찬가지"라고 말했다(한윤정 2007). 박현채는 1952년 하산하다 군경에 체포되었으나 부모님이 경찰에 돈과 쌀을 주면서 간청하여 풀려났다(김삼웅 2012).

박현채는 1954년 전주고등학교 3학년에 편입하고, 1955년 서울대 경제학과에 입학했으며, 서울대 대학원에 진학하여 1961년 졸업한다. 1964년 제1차 인혁당사건으로 검거되어 징역 1년을 선고받았다. 1971년 그가 쓴 『대중 경제론 백문백답』이 김대중의 대중경제론에 영향을 주었고, 1978년에 쓴 『민족경제론』은 그의 대표 저서로서 이후 한국 자본주의 논쟁을 촉발시켰다. 1979년에 임동규 간첩사건에 연루되어 구속된다. 1980년대 한국 사회 성격에 대한 비판적인 연구를 심화시켜 이후 한국 사회구성체론을 주도했다. 1989년에 조선대학교 경제학과 교수로 부임했으며 1995년 8월 타계했다.

그의 저서로는 『민족경제론』 외에 『전후 30년의 세계 경제 사조』, 『민중과 경제』, 『한국 경제의 구조와 논리』, 『한국 자본주의와 민족 운동』, 『경제 현실의 인식과 실천』, 『한국 경제 구조론』, 『역사, 민족, 민중』, 『민족 경제와 민중 운동』, 『민족경제론의 기초 이론』, 『청년을 위한 한국 현대사: 1945-1991』 등이 있다.

1) 민족경제론

박정희 정권의 경제정책은 한국 경제가 미국이나 일본 등 외국의 경제와 세계 경제에 지나치게 의존적이 되도록 만들었다. 그러자 이를 비판하면서 자립적인 민족경제를 건설해야 한다는 주장이 1970년대부터 제기되기 시작했다. 박현채의 민족경제론이 그중 가장 대표적이라고 할 수 있다. 박현채가 보기에 그 당시 경제성장이란 소수 재벌에 대한 특권적 지원을 통한 고도성장이었다. 그로 인해 계층 간, 지역 간, 산업 간, 도시·농촌 간의 격차가 커지고 불균형이 초래되었다. 따라서 '관료 독점자본'이 비대화되는 동시에 대중생활은 열악해지는 '두 개의 공화국' 상황이 빚어졌다고 그는 보았다. 또한 한국의 성장모델은 외자 의존도가 높고 수출입국형의 '외연적 성장' 모델로서, 이렇게 되면 나라 경제의 자율적 분업 연관이 취약해짐으로써 대외 의존성과 불안정성이 심화되고 경제 잉여의 국민적 확산 메커니즘도 약해진다고 보았다(박현채 1969; 박현채 1973; 이병천 2007, 227).

박현채에 의하면 "경제적 민족주의의 실현과 경제적 자유의 보장"은 "밖으로 자립경제에 의해 민족자주성을 확보하는 것이며, 안으로 경제의 성장과 이의 광범한 국민층에의 확산에 의한 생활의 풍요화로 모든 국민층의 참여의 확대를 가져오는 것"이다. 박현채는 '민중적 민족주의,' '민족적인 것의 계급적 프리즘을 통한 발현' 등의 표현으로, 민중과 민족, 혹은 계급 문제와 민족 문제를 통일적, 유기적으로 연관시켰다(정건화 2007, 67). 그는 박정희식 근대화모델을 비판하면서 민중의 참여를 보장하고 국민경제의 자율적 재생산구조를 확보할 수 있는 평등주의적 혼합 자본주의를 대안으로 제시했다. 그것은 중소기업과 국가 자본주의 부문이 두 축이 되고, 시장적 조절과 계획적 조절이 결합되며, 분업구조 및 분배구조 양면에서 국내 시장이 심화되는 '내포적 발전'의 모델이다. 그리고 이런 경제적 대안을 위한 조건으로 정치적 민주주의가 필수적이라는 것이다(이병천 2007, 227; 박경서·이나미 2010).

이러한 박현채의 민족경제론은 사실상 그 용도가 이미 폐기되었다는 해석을 포함하여(정건화 2007, 50) 여러 가지 비판에 직면해왔다. 특히 수출 주도적 성장체제의 성공, 즉 1980년대 중후반의 이른바 3저 호황에 의한 탈종속을 계기로 민족경제론은 치명적인 손상을 입었다고 평가된다. 그러나 외환위기 이후 한국 사회는 수출과 내수 간의 심각한 분리와 격심한 사회경제적 양극화 현상, 그리고 수출편향 및 외국자본 의존적 불균형 성장의 문제점들을 심각하게 경험했다. 이것이 바로 민족경제론의 자립경제론이 제기했던 문제였다(이덕재 2007, 87-90).

박현채의 민족경제론이 갖는 의의는 무엇보다도, 학술과 운동의 결합이 강조된 1980년대 이후의 그 어떤 학술 연구보다 훨씬 일찍이, 동시대 역사의 현장에서 민주화를 위한 현실정치 운동과 결합되었다는 점이라고 할 수 있다(이병천 2007, 227-228). 민족경제론은 "1960년대 이후 30여년에 걸쳐 한국 경제 분석의 틀로서 그 위치를 유지해오면서 외국 이론이나 모델을 단순히 도입, 적용한 것이 아니라 토착화되고 실천운동과 결합됨으로써 고유의 내용을 갖춘 이론체계"이며, "당시 사회 현실에서 대중적 의식으로나 지식인들의 사상에서나 강력한 경향으로 존재하던 '경제적 민족주의'의 바람을 반영해서 성립된 이론체계라고 할 수 있다"(정건화 2007, 58).

또한 민족경제론은 현재 여전히 민족 문제가 중요하다는 점에서도 지지되고 있다. 특히 통일문제는 민족과제가 아직 현실적인 과제라는 점을 보여준다. 통일과 연관된 민족경제론은 '한반도경제론'으로 이어지고 있다. "민족경제의 형성은 시장교란 요인의 제거와 내수시장 확대라는 이중의 효과를 거둘 수 있다는 관점에서 남북한을 아우르는 한반도경제권을 추구하자는 주장은 통일이라는 민족 문제가 진화하고 있는 현재적 양상을 잘 보여주고 있다"고 할 수 있다(안현효 2007, 16; 박경서 · 이나미 2010).

2) 사회구성체 논쟁의 전개

『민족경제론』 이후 전개되는 박현채의 이론을 이해하기 위해서는 1980년 대를 특징짓는 사상사적 사건인 사회구성체 논쟁을 먼저 파악해야 한다. 그 논쟁이 시작된 중요한 계기는 역시 5 · 18 광주사건이다. 그 사건은 기존 패러다임으로 사회문제를 해결하려는 것이 불가능하다는 인식을 낳게 했고 사회운동 조직들을 인식론적으로 급진화시켰다. 비판적 지식인들은 기존 민주화운동이 부르주아적이어서 실패했다는 인식을 갖게 됐다. 그리하여 1980년대 초 지하서클 등에서 마르크스 서적 소지가 불법이었는 데도 마르크스주의가 비밀리에 학습됐고, 1980년대 중반에는 주체사상, 마르크스주의, 레닌주의를 한국 사회에 적용하려는 시도가 행해졌다. 그러한 가운데 사회변혁을 위한 방법의 모색 과정에서 한국 사회의 성격 규명에 관한 격렬한 사회구성체 논쟁이 발생했다(조희연 1990; 금인숙 2006).

'사회구성체(social formation)'란 개념은 '사회적 관계의 총체'를 의미하는 것으로 좌파이론가들이 '사회'란 말 대신 자주 사용한 용어이다(김영수 2010, 219-300). 그 개념은 마르크스의 『자본론』 1권 서문 중 "경제적 사회구성체의 발전을 하나의 자연사적 과정으로 이해"한다는 구절에서 발견된다. 마르크스에 의하면 인간의 사회는 '경제적 사회구성체'로서, 생산양식인 토대와 정치 제도, 이념 등으로 구성된 상부구조로 이루어져 있다. 생산양식은 생산력과 생산관계로 구성되는데 생산력이 발전하면 기존의 생산관계와 맞지 않게 되어 충돌을 일으켜 혁명이 일어나고 그 결과 새로운 생산양식으로 변화된다. 이는 기존의 상부구조도 변화시켜 결국 한 사회구성체의 전체 성격이 바뀌게 된다는 것이다(조항구 2014, 322-323).

운동 조직 간에 1984년부터 1985년에 걸쳐 전개된 CNP 논쟁은 사회구성체 논쟁의 출발이 되었다. CNP란 각기 다른 노선을 지향한 운동 조직들의 영문 첫 글자의 조합이다. 즉 CNP는 각각 시민민주혁명인 CDR(Civil Democratic Revolution), 민족민주혁명 NDR(National Democratic Revolution), 민중민주혁명 PDR(People's Democratic Revolution)의 첫 글자들이다. 이들 노선은 각각 자신의 논리에 맞는 한국 사회 성격 규정이 필요했으며 그에 따라 이 논쟁은 학계의 사회구성체 논쟁으로 이어졌다. 그 시작이 1985년 『창작과비평』 부정기간행물 제1호에 실린 박현채의 「현대 한국 사회의 성격과 발전단계에 관한 연구」와 이를 비판한 이대근의 「한국 자본주의의 성격에 관하여」이다(금인숙 2006, 121).

이후 이 논쟁은 3단계 과정을 거쳤다. 1단계에는 운동 세력이 각각 박현채의 국가독점자본주의론과 이대근의 주변부자본주의론을 지지하는 두 그룹으로 나뉘게 된다. 결과적으로는 국가독점자본주의가 정통 마르크스-레닌주의와 과학적 사회주의에 입각했고 한국 사회의 이해와 실천에 적합한 사회구성체론이라는 의견이 대세를 이루게 된다. 2단계에서는 여러 전략 전술이 반영되어 논쟁이 복잡해지면서 점차 식민지반봉건사회론 대 신식민지국가독점자본주의론의 구도로 수렴된다. 3단계는 1980년대 말경으로, 소련과 동유럽의 사회주의가 무너지면서 사회변혁의 실현 가능성에 대한 근본적인 회의가 일어나고 다양한 대안이 논쟁의 주제로 떠오른 시기이다. 이 단계에서는 사회주의를 부정하고 한국 경제발전의 독자성을 인정하는 중진자본주의론, 마르크스주의를 보완·수정한 민중민주주의론, 그 밖에 자유민주주의론과 사회민주주의론이 등장하여 서로 대립한다(금인숙 2006, 121-123).

3) 국가독점자본주의론

본격적인 사회구성체 논쟁의 시작을 알린 박현채의 국가독점자본주의론은 마르크스주의 정치경제학의 사회분석방법론으로서 생산양식론, 계급구조론, 자본주의 발전단계론에 입각하여 한국 사회의 성격을 규명한 이론이다. 박현채는 해방 이후 한국 사회의 구성체는 국가독점자본주의의 특성에 의해 규정되고 있으며, 식민지 시대의 한국 경제 또한 일본 제국주의에 예속되었다 하더라도, 자본주의로의 사회이행이 단계별로 이루어진 것은 부정할 수 없다고 주장했다(박현채 1983, 372; 금인숙 2006, 124). 그는 국가독점자본주의론의 시각에 입각하여 해방 이후 한국 자본주의의 발전 단계를 다음과 같이 설명한다.

해방 후 한국 경제는 대미종속성을 띠면서 동시에 귀속재산 불하로 관료 자본주의가 자리 잡았다. 1948년 단독정부 수립으로 한국 자본주의가 독자적인 자기발전을 전개했다. 기업들은 국가로부터 귀속재산을 불하받았고 또한 10억 불의 미국 원조를 받아 소생했다. 자본과 자원의 배분, 기업의 소유와 운영, 한국전쟁 여파에 대한 대처 등에서 국가가 경제에 미치는 영향력은 절대적이었다. 이때 한국 사회의 구성체는 국가자본주의 성격으로 구조화된다(박현채 1986, 29-31; 금인숙 2006, 125).

1950년대 중반 이후에는 금융자본이 형성되고 중소기업이 도태되었다. 즉, 정치권력과 유착관계에 있는 재벌기업이 경제를 장악하며 독점자본의 축적기반이 확대되었고 산업자본과 은행자본의 결합으로 금융자본이 형성되었다(박현채 1986, 31-37; 금인숙 2006, 127). 1960년부터는 외국자본의 거대 유입과 국가독점자본주의의 일반화가 이루어지기 시작했다. 미국 원조가 삭감되어 위기 탈피가 필요했으며 군사정부 주도의 경제개발계획과 수출 지향의 성장정책이 독점자본에 유리한 생산기반을 확보해주었다. 또한 국영기업과 정부 투자기업을 창출하여 국가독점자본주의

축적이 일반화되었다(박현채 1986, 37-44; 금인숙 2006, 127).

1973년부터는 민간 부문 독점의 완성과 산업구조 재개편이 이루어진다. 사채를 제도금융으로 전환하도록 조치했으며, 기업경영의 공개제도가 도입되었고, 금융산업의 활성화와 증권시장의 육성으로 축적기반의 강화와 안정화가 이루어진다. 또한 수많은 중소기업이 소수 재벌기업으로 계열화되었고, 기업들이 중화학공업으로 구조 개편되었으며, 거대자본 상호 간의 과점적 경쟁마저 제도적으로 배제될 정도로 독점이 강화되고 완성되었다(박현채 1986, 44-50; 금인숙 2006, 127-128).

결론적으로, 독점자본이 노동자를 지배할 수 있도록 국가가 개입하는 사회구성체인 국가독점자본주의의 기본모순은 계급모순이다. 따라서 변혁의 주체세력으로서 노동자계급의 헤게모니 확립과 사회주의 민중혁명이 실천운동으로 요구된다는 것이다(박현채 1985; 금인숙 2006, 128).

4) 신식민지국가독점자본주의론 지지

박현채의 국가독점자본주의론이 겨냥하는 것은 앞서 살펴보았듯이 주변부자본주의론이다. 주변부자본주의론은 제3세계 등 비서구 국가들은 유럽 선진국의 자본주의 사회구성체와 다른 이행 과정을 거친다는 것을 전제한다. 당시 박현채의 논쟁 상대가 되었던 이대근은 비유럽 후진국 사회의 독자적 실재성을 인정해야 한다고 주장했다(이대근 1985).

이대근에 따르면 자본주의 발전 경로는 서유럽 등의 중심부자본주의의 경로와 자립경제를 마련하지 못한 비서구의 주변부 자본주의의 경로가 있으며, 한국은 주변부자본주의 성격으로 구조화되어왔다. 자본주의로의 이행의 단초도 일본 제국주의로의 강제 편입이었고, 그 결과 자본주의 이전의 생산양식과의 접합, 복잡한 계급구조, 자본조달과 상품생산의 대외의존, 국부유출 등과 같은 주변부의 특성이 한국 사회의 주요 성격을 구성하게 되었다는 것이다. 이 경우 제국주의 수탈구조의 민족모순이 계급지배의 기본모순 형성의 핵심 기제로 작용했다는 것이다. 또한 주변부 자본주의 사회구성체로의 전환은 해방 후 미군정에 의한 시장경제원리 도입과 농지개혁 등의 자본주의화 정책 추진으로 본격화되었다고 보았다(이대근 1985; 금인숙 2006, 132-133). 이러한 민족모순 해소의 유일한 길은 주변부 국가의 노동자, 농민, 빈민, 민족자본가 등이 하나로 결속하여 투쟁해야 한다는 것이다.

이후에 나온 식민지반봉건사회론 역시 한국 사회의 핵심모순을 제국주의세력에 의한 민중 수탈과 분단으로 보았다. 식민지성을 강조하는 식민지반봉건사회론은 이전 사회구성체론과 달리 학자들보다는 운동가에 의해 주로 제창되었다. 이 이론은 주변부자본주의론의 일부이기도 하고 북한의 남한에 대한 인식 틀이기도 하다(금인숙 2006, 135). 이 이론의 주장은, 한국 사회의 기본모순은 민족모순과 계급모순이 유기적으로 결합되어 매우 복잡하다는 것이다.

식민지반봉건사회론에 따르면 한국 사회는 전형적인 자본주의사회와 달리 미 제국주의와 그 대리 역할을 하는 국내 자본가, 독재정권, 관료집단이 장악하고 있다. 또한 지주와 소작농 간의 봉건적 관계가 여전히 존재하고 노동자의 비율도 절반이 안 된다. 그 결과 한국의 산업구조는 해외시장에 의존하는 예속적 경제와 불균형발전이라는 기형적 속성을 가졌다는 것이다(금인숙 2006, 136-137).

따라서 식민지반봉건사회론은 민족해방민중민주주의혁명(NL)을 주장한다. 이 이론은 변혁주체를 기층민중으로 확대하고 전위대에서 대중노선으로 전환한다. 변혁의 궁극목표는 사회주의지만 당면목표는 반제반미 자주화, 반파쇼민주화, 통일을 통한 민중민주 정권의 수립이며 지도이념으로 주체사상을 적극 수용한다.

박현채는 주변부자본주의론과 식민지반봉건사회론을 비판하면서 "한 사회구성체에 있어서 발전의 단계를 밝히는 것"이 중요하다고 주장한다. 즉 자본주의인가 아닌가를 묻는 것이 아니라 "자본주의에 있어서 역사적인 발전 단계, 즉 산업자본 단계, 독점자본 단계, 그리고 독점의 특수한 다른 단계로서의 국가독점자본주의 단계를 밝히는 것"이어야 한다는 것이다. 이런 입장에서 박현채는 신식민지국가독점자본주의론을 지지했고, 그의 '독점 강화, 종속 심화' 테제를 통해 PD파가 한국 자본주의의 역사적 발전을 이론화했다.

이에 맞서 한국 사회의 종속성의 민족 문제를 인정하지만 식민지의 규정성과 주체사상의 수용은 동의할 수 없었던 CA 계열과 PD 계열의 운동 조직들이 신식민지국가독점자본주의론을 주장했다. 그 시기는 1986년에서 1988년에 이르는 때로서 이 시기에 사회과학계가 박현채의 민족경제론을 재조명하고 제2차 세계대전 전후에 전개된 국제민중해방운동의 경험과 이론을 거쳐 반제반독점의 신식민지국가독점자본주의론을 정립한다 (금인숙 2006, 140).

이 이론에 의하면 한국 사회의 구성체적 실체는 국가독점자본주의로서, 경제토대로서 독점자본과 상부구조로서 군부독재 권력으로 구성되어 있다. 국가독점자본주의는 보편성으로, 미 제국주의에 편입된 신식민지종속은 특수성으로 규정된다. 그러나 독점의 강화가 종속의 심화를 초래한다는 것이다. 즉 신식민지국가독점자본주의는 계급모순, 민족모순을 동시에 고려한 것으로, 독점과 종속이 서로 연결되는 관계에 대해 논리적으로 해명하고자 한 것이다. 이 이론은 학계와 운동 조직 등으로부터 광범위한 지지층을 확보했으며, 종속적 경제발전, 남북 분단, 폭압적인 국가 지배구조를 모두 비판할 수 있게 해주었다.

그러나 이 이론은 다른 사회구성체론이 갖는 한계처럼 마르크스주의에 얼마나 충실한가 하는 교조주의 논쟁에 치우쳤으며, 한국의 복잡한 사회상황, 일반 대중의 구체적인 생활 현실을 도외시한 채 분파주의 파벌투쟁에 주로 힘을 소모하는 결과를 초래했다는 비판을 받았다(금인숙 2006, 148).

4. 문익환: 통일의 길

문익환(文益煥, 1918-1994)은 1918년 만주 북간도에서 목사 문재린의 장남으로 태어났다. 북간도는 독립운동의 주요 거점이었으며 진보적인 선교사들이 포교활동을 하는 곳이었다. 문익환은 선교사들과 아버지의 영향을 크게 받았다(이유나 2014, 242). 문익환은 1938년 일본 신학교에 입학하여 장준하, 전택부 등과 교류하다가 1943년 학병을 거부하며 만주의 봉천신학교로 옮겼다. 1946년 김천의 배영중학교에서 영어교사로 근무하다가 1947년 조선신학교를 졸업하였다. 조선신학교는 근본주의 신학을 비판하고 진보신학을 주도하기 위해 김재준이 설립한 학교다. 김재준은 문익환을 비롯해 장준하, 안병무, 강원룡, 이우정, 김관석 등 기독교계 큰 인물들을 많이 배출했다. 문익환은 김재준으로부터 사상적 영향을 크게 받았다.

문익환은 1955년부터 1960년대까지 한신대와 연세대에서 구약학 강의를 했다. 1963년부터는 본회퍼(Dietrich Bonhoeffer)의 신학에 큰 관심을 가졌다. 본회퍼는 교회를 단순히 사회를 섬기고 봉사하는 정도의 역할만이 아니라 이웃과 세상을 섬기는 공동체로 규정했다. 1968년 성서공동번역 책임을 맡고 1970년에는 번역에 전념하기 위해 교직을 사임했다. 그에게 있어 공동번역은 구교와 신교의 벽을 허무는 것이며 교회와 사회를 갈라놓는 말의 담을 허무는 것이었다(이유나 2014).

1965년 한일국교 정상화는 기독교계에도 거센 반발을 불러일으켰다. 박정희가 3선개헌을 시도할 때부터는 김재준, 박형규, 함석헌 등이 1968년

8월 '3선개헌저지범국민투쟁위원회'를 조직했고 반대성명서를 발표했다. 1972년 10월유신 이후에는 기독교계의 민주화운동이 보다 급진적으로 전개되어 나갔다. 문익환도 1970년대 들어오면서 사회문제에 관심을 갖기 시작했고 1970년대 중반부터는 적극적으로 민주화와 통일운동에 참여했다.

그가 적극적으로 행동하게 된 결정적 계기는 1970년 11월 전태일의 분신이다. 문익환은 "전태일 아닌 것들아 다들 물러가거라"라며 사회문제를 소재로 한 격정적인 시들을 발표했다. 1974년 민청학련사건을 접하며 그는 인권 문제에 더 깊은 관심을 갖게 되었고 구속자 석방을 위해 투쟁했다. 그가 본격적으로 통일운동에 나서게 된 것은 장준하의 죽음 때문이다. 1976년 「3·1민주구국선언문」을 기초하면서 민주화운동과 통일운동에 본격적으로 참여하게 되었다. 이 사건으로 그는 수감생활을 시작하게 된다 (이유나 2014). 1985년 3월 민중운동, 통일운동 단체가 연대해 만든 민통련(민주통일민중운동연합) 의장으로 선출되었고, 1989년 1월 1일 김일성이 신년사를 통해 그를 초청하자 그해 3월 25일 방북했다. 김일성과 회담 후 4·2공동성명서를 발표한다. 그는 총 여섯 번 투옥되어 10여 년을 감옥에서 지냈다.

그는 시집도 많이 냈다. 시집과 수필집 외에 『꿈이 오는 새벽』(1984), 『통일을 비는 마음』(1989), 『히브리 민중사』(1990), 『가슴으로 만난 평양』(1990) 등이 있다.

1) 민주통일병행론

첫 번째 수감생활 이후 통일과 민주화와의 선후 관계에서 문익환은 민주통일병행론을 주장했다. 70년대부터 사회운동 세력들은 민주화가 우선인가 통일이 우선인가를 두고 격한 논쟁을 벌여왔다. 대체로 많은 지식인이 통일을 중시하면서도, 민주화와 통일의 선후관계에 있어서는 대체로 '선 민주 후 통일'의 입장에 서 있었다고 할 수 있다. 한편 장준하는 통일을 강하게 주장하여 내부 비판자들을 양산하였으며, '선 민주 후 통일'이냐 '선 통일 후 민주'냐 하는 논쟁을 불러일으키기도 했다. 그러나 문익환은 통일과 민주의 선후 관계에 대한 질문 자체가 오류라고 파악했다. 즉 히브리 민족을 볼 때, 그들은 애굽을 떠났으며, 그들의 공동체와 그들의 역사가 의미하는 바는 영토를 어떻게 하느냐의 문제가 아니라고 하는 것이다 (박경서·이나미 2010). 문익환은 다음과 같이 말했다.

> 그때 나의 관심은 남과 북으로 갈라진 '국토'가 아니라 '민족'이었다. 그 후로 민주냐 통일이냐 하는 문제가 제기되었을 때 이 둘을 하나로 묶어준 것이 바로 '민족'이라는 개념이었다. 남과 북으로 갈라진 국토는 무력으로도 하나가 될 수 있지만, 주종관계로 갈라진 겨레를 하나로 묶는 길은 '민주'의 길밖에 없다는 것은 재론의 여지가 없기 때문이다(김형수 2004, 427-428).

즉 문익환은 민족통일과 민주회복이 본래 하나의 문제라는 주장을 제기한 것이다. 그는 분단이 기득권의 이해관계를 지키기 위한 해결책이었음을 지적하고 민족통일의 당위성을 거론하면서도 민주화를 통일의 전제로 보았다. 또한 다른 이들과 마찬가지로 통일의 주도권은 국민이 쥐어야 한다고 강조했다. 이러한 견해는 사실상 '선 민주화 후 통일론'에 힘을 실어주는 논리가 되어 재야운동이 민주화운동에 더 주력하도록 했다고 할 수 있다(박경서·이나미 2010). 또한 그는 강연이나 설교에서 민주화는 민중의 부활이고 통일은 민족의 부활이라고 주장했다. 십자가의 가로축과 세로축이 만나는 것처럼 민주화와 통일은 뗄 수 없는 관계라는 것이다(이유나 2014).

12·12 쿠데타 이후 문익환은 '김대중 내란음모사건'에 연루되어 공주

교도소에 수감되는데 그는 "민주화란 하느님의 절대명령이요, 민족사의 지상과제"라고 항소이유서에 썼다. 또한 '민주화만이 분단을 극복하고 민족을 통일하는 일'이라고 했다. 민주화와 민족통일은 하나라는 민주통일 병행론을 강조한 것이다(이유나 2014). 이후 그는 민주·자주·통일이 하나라고 주장한다. 그는 김일성을 만난 자리에서는 민주와 통일을 하나로 보는 것은 70년대 통일론이고 80년대 통일론은 민주·자주·통일을 하나로 보는 것이라고 말했다(김형수 2004, 718).

2) 평화의 강조

1980년대 문익환의 결정적 변화는 평화의 강조이며, 그 계기는 5·18민주화운동이다. 1983년 2월 17일 강연에서 그는 "1980년 5월 17일까지는 교회의 인권, 나라의 민주화, 조국의 통일이 전 관심사였고, 그래서 민족보다는 세계를, 민주화투쟁보다는 평화를 강조하는 함석헌의 사상에 대해 상당히 못마땅했습니다"라고 운을 뗐다. 그런데 세 번째 수감생활을 통해서 "세계 평화 없이 한국 문제의 평화적 해결이 어렵고, 한국의 평화가 세계 평화의 초석이 될 수 있으며, 반대로 세계 평화가 깨어지면 한국의 평화는 없다는 것을 깨달았"다는 것이다. 그는 한반도에서 강대국 4강이 화해하고 전 국민이 화해의 분위기를 만들어 한반도의 평화를 이뤄가야 함을 역설했다(「문익환의 평화의 길 강연록」; 이유나 2014).

민족 화해는 "민족의 비극 앞에서 가슴을 치며 다 같이 슬퍼하는 일에서 이룩된다는 것, 우리의 비극이 너무 슬퍼서 우리의 이해나 주의 주장은 헌신짝처럼 아낌없이 버릴 수 있게 되는 데서 이룩된다"(문익환 1981)면서 그것을 예수의 십자가를 보고 깨달았다고 했다. 예수가 민족과 인류의 수난을 온몸으로 겪으면서 원수를 용서하여 대로마를 하느님의 품 안에서 하나 되게 화해시켰다는 것이다. 즉 예수는 '용서'를 통해 인류에게 대화해의 길을 열게 해주었다는 것이다. 기독교 신학의 핵심이 화해로서, 민족사의 매듭들을 용서로 푸는 것이 민족 대화해의 내용이며 모든 일에 화해의 자세로 임해야 한다는 것이다. 이러한 깨달음으로 인해 비로소 민족 문제가 국제관계에서의 평화 문제로 비춰지기 시작했다고 한다. 이런 인식에서 그는 중립 노선의 중요성을 피력한다. 즉 한반도를 중립화시켜 4강의 힘의 완충지대로 만들자는 것이다(문익환 1981; 이유나 2014). 그는 1985년 5월 다음과 같이 말한다.

> 지금의 한반도는 대륙세력과 해양세력이 만나는 중요한 다리가 되어 있습니다. 이 다리가 두 세력이 평화적으로 교류하는 다리가 되도록 만들어가야 해요. 이 다리를 폭파시키면 사대 강국 모두가 손해다, 다리를 파괴시켜서는 안 된다는 논리가 중립화입니다. 이 같은 논리를 실현하기 위해서 충분히 주변 국가들을 납득시킬 수 있다고 봅니다. 한반도에 관련을 가진 국가들을 우리는 주체적으로 끌고나갈 수 있어야 하며, 그러려면 국민의지 위에 선민주 정부가 수립되어야 합니다(김형수 2004, 726).

그는 이어 우리가 "자본주의와 사회주의 대결과 갈등"에서 "새로운 이념과 질서를 세계 인류를 대표해서 책임지고 있다고" 말했다(김형수 2004, 726-727). 그는 자신이 평양에 다녀온 이유도 한반도의 평화뿐 아니라 "아시아의 평화, 일본과 중국과 소련의 평화를 위해서"이며 "생명이 소중해서 생명 사랑하는 마음으로" 다녀왔다고 했다(김형수 2004, 740).

3) 통일방안

문익환은 김일성을 만나기에 앞서 김대중을 만나 통일방안에 대해 논의했다. 이때 김대중은 문익환의 연방제 통일 1단계와 자신의 공화국연방제 안은 같은 것이며 또한 당시 정부가 구상하고 있는 체제 연합도 자신들의 통일안과 크게 다르지 않다고 했다. 따라서 문익환이 북한을 끌어올 수 있다면 큰 성과라고 격려했다(김형수 2004).

문익환은 김일성에게 남북한 유엔 동시 가입을 부정적으로만 볼 필요가 없다고 하면서 이를 연방제 통일에 이르는 긴장 완화의 과도기적인 단계로 거치는 것도 무방하다고 제안했다. 즉 유엔 외교만 단일화하고 당분간 군사, 외교까지 남과 북이 독립적으로 운영하는 대영제국의 연방제도와 같은 것을 실시하자는 것이었다. 문익환의 통일방안은 3단계로서 2단계가 북한의 안에서는 통일의 완결 단계였지만 문익환은 그것만으로는 모자라다고 보아 최종 단계는 한민족이 한 나라 시민인 동시에 한 체제에서 살아가는 단계로 설정했다. 그 단계의 체제는 남북한 두 체제의 결합이 보완된 체제로 상정됐다.

그는 김일성에게 남한에서도 민주화운동을 통해 통일의 장애 요인을 제거하려고 노력하겠지만 북한도 주체사상의 강조점을 인민으로 옮겨야 한다는 과감한 지적을 하여 좌중을 놀라게 했다. 그러자 김일성은 수긍하면서 "주체사상도 인민에게서 온 거지요"라고 답했다고 한다. 문익환은 주체사상이 물질이 아닌 사람을 역사의 주체로 본 것은 높이 평가했지만 비판성이 빠져 있는 것이 문제라고 보았다. 그는 또한 김일성에게 남한 정부가 구상하고 있는 '체제 연합'은 북이 제안한 연방제통일 방안에 근접해 있다고 말했다. 그러자 김일성은 매우 흥분하면서 '노태우 대통령'도 만나겠다고 했다. 김일성은 그때 노태우에게 처음으로 대통령 칭호를 붙였다(김형수 2004, 693, 719-725).

문익환은 방북 후 도쿄 기자회견장에서 기자들로부터 북한과 그의 통일방안의 차이에 대한 질문을 받자 다음과 같이 답했다.

북한이 주장하는 연방제의 전 단계를 설정했다는 점입니다. 또 연방제를 민주주의의 기본제도인 지방자치제라고 볼 때, 북쪽의 연방제에는 남북을 두 단위로 하는 지방자치제인 데 비해서 저는 도 단위로 분화된 지방자치제를 상정했던 겁니다. 도민들의 자주적인 선택권이 보장되는 진정한 민주제도로까지 발전되어야 한다는 점에서 저의 통일방안과 북쪽의 통일방안은 다르다고 하겠습니다(김형수 2004, 739-740).

문익환·김일성의 회담 결과인 4·2공동성명의 주요 내용은 7·4공동성명이 천명한 통일 3대 원칙 즉 자주, 평화통일, 민족대단결을 재확인한 것이다. 정치군사적 대결 해소와 이산가족 문제 해결, 다방면에 걸친 교류와 접촉, 연방제 방식으로의 통일이 주요 내용이다. 이 성명이 1991년 김일성의 신년사에 반영되어 '느슨한 연방제'로 등장한다. 또한 이후의 '낮은 단계의 연방제'로 이어져 2000년 6·15공동선언에도 지대한 영향을 미쳤다(이유나 2014).

김대중은 문익환 방북의 성과로 첫째, 김일성이 노태우 대통령을 만나고 싶다고 한 것, 둘째, 김일성이 고려연방제를 고집하지 않고 어떤 안이든지 서로 협의하겠다고 한 것, 셋째, 북한이 종래에 정치·군사 문제만 앞세웠으나 이후에 경제·문화·체육·이산가족 등 모든 문제를 병행해도 좋다고 입장을 변화시킨 것을 들었다(김형수 2004, 747-748).

5. 장일순: 하나 된 생명

장일순(張壹淳, 1928-1994)은 1928년 강원도 원주시에서 태어났다. 어린 시절 조부 장경호에게 한학을 배웠으며, 유인석 휘하에서 의병투쟁을 하던 박기정에게 글씨와 그림을 배웠다. 또한 이웃에 살던 동학도 오창세를 통해 동학을 알게 되었다(장일순 2016). 집안은 불교를 믿었으나 15세에 암으로 사망한 형이 가톨릭 공동묘지에 묻어달라는 유언을 하여 가족 모두 가톨릭 신자가 되었다. 이후 서울로 유학을 와 배재중고등학교를 졸업했다.

1945년 경성공업전문학교에 입학하지만 미군 대령 총장 취임을 핵심으로 하는 국립서울대학교 설립안 반대투쟁의 주요 참여자로 지목되어 제적된다. 1946년 서울대 미학과에 다시 입학하나 1950년 한국전쟁으로 인해 학업을 중단하고 군에 입대한다. 거제포로수용소에서 통역관으로 일하다가 1952년 원주로 돌아왔다. 이때 원월드운동(세계연방정부운동)에 동참했고 아인슈타인과 여러 차례 서신을 교환하기도 했다.

원월드운동은 일본에 원폭이 투하되자 아인슈타인이 반성을 하면서 세계는 하나의 연립정부를 만들어야 한다는 것이다(장일순 2016, 196). 안창호가 평양에 설립한 대성학교 정신을 잇는다는 취지에서 1954년 대성학원을 설립한다. 1958년 민의원 선거에 무소속으로 입후보했으나 낙선했고, 1960년 사회대중당 후보로 국회의원에 출마했으나 역시 낙선했다. 그는 당시 평화통일론으로 진보당을 이끌던 조봉암에게 큰 영향을 받았다. 50년대에는 평화통일운동을 주창했고 60년대 초반까지 민족통일, 민주화라는 화두 속에서 살았다.

1961년 5·16 군사쿠데타가 나자 평소 주장하던 중립화 평화통일론이 빌미가 되어 3년간 옥고를 치른다. 1963년 출소 후 다시 대성학원 이사장에 취임했으나 대성고등학교 학생들의 한일굴욕회담 반대투쟁에 연루되어 이사장직을 박탈당했다. 이후 정치활동정화법과 사회안전법 등에 묶여 모든 활동에 철저한 감시를 받기 시작한다. 1964년 이후 몇 년간 포도농사에 전념했다. 그는 감옥에 다녀온 후 변화됐다고 한다. "'살아 있는 물고기는 물을 거슬러 오른다'고 말하던 사람이 감옥에 갔다 오고는 변했다. 물결을 따라 흐를 줄 알게 됐다"고 한다(최성현 2004, 28). 이후 그는 사회운동가의 길을 걷는다. '파워게임과 야합이 판치는 정치판'보다 '이 땅에 사는 사람들이 잘살 수 있는 길을 밑바탕에서 돕는 일이 더 필요하다'고 생각한 것이다.

그는 1965년 원주 교구장으로 부임한 지학순 주교와 만나 평신도 사도직협의회 회장 일을 하며 사회활동에 참여한다. 지학순 주교와 장일순의 활동으로 원주는 '1970년대 민주화운동의 성지'라 불렸다. 1977년 그는 기존의 운동 방식으로는 한계가 있음을 깨닫고 사회변혁 운동을 공생의 논리에 입각한 생명운동으로 패러다임을 전환한다. 핵, 공해, 자연 파괴에 대해서는 자본주의와 공산주의가 모두 무관심하다는 것으로(최성현 2004, 35), 조화와 공생을 통한 협동을 강조하게 된다. 1982년 '생명운동'이라는 개념이 기록된 최초의 문건 "생명의 세계관 확립과 협동적 생존의 확장"이라고 하는 이른바 '원주보고서'가 발표된다.

이 보고서는 생명의 위기와 산업문명의 위기, 생명의 질서로서 협동적 삶의 복원을 제시함으로써 생명운동사상을 제시했다. 1983년 10월 29일 자연과 밥상을 되살리자는 목적으로 농산물 도농 직거래 조직인 '한살림'을 창립한다. 1991년 지방자치제 선거를 앞두고 '참여와 자치를 위한 시민연대회의'를 발족하여 고문으로 참여하고 1992년 생명사상에 대한 강연을 다수 개최한다. 지학순 주교 기념사업을 진행하던 중 위암이 악화되어 "내 이름으로는 되도록 아무 일도 하지 말라"는 말을 마지막으로 남기고 1994년 5월 22일 봉산동 자택에서 67세를 일기로 운명한다.

1) 무아(無我)와 공생

장일순은 리영희가 『전환시대의 논리』에서 사상적 전환의 필요성을 말했다고 하면서 자신도 자신 나름대로 생각이 바뀌었음을 강조했다.

난 사실은 77년서부터 결정적으로 바꿔야 되겠다고 생각을 했네. 땅이 죽어가고 생산을 하는 농사꾼들이 농약 중독에 의해 쓰러지고, 이렇게 됐을 적에는 근본적인 문제에서부터 다시 봐야지. 산업사회에 있어서 이윤을 공평하게 분배하자고 하는 그런 차원만 가지고는 풀릴 문제가 아니라 자연과도 공생을 하는 시대가 왔구나 하는 것 때문에 이제 방향을 바꿔야겠다고 생각을 했지(장일순 2016, 232-233).

생명이라고 하는 것은 하나이지 둘이 아니다 이 말이야. 생명은 볼 수가 없어요. 볼 수가 없는데 하나다 이 말이야. 생명은 분명히 있는데 하나다 이 말이야. 생명이 둘이다 할 적에는 '너'와 '내'가 갈라지는 거예요. '너'와 '나'의 대상관계라고. 그렇게 되었을 적에는 현실의 현상세계만 보게 돼. 이 생명은 절대관계에 속하는 거지. 그러니까 '너·나' 해서 자꾸 담을 쌓고 가게 되면 말이지 수없이 담을 쌓게 돼(장일순 2016, 29-30)

그에 의하면, 공생의 기반은 "천지여아동근(天地與我同根)이요, 만물여아일체(萬物與我一體)"라고 했다(장일순 2016, 21). 즉 하늘과 땅은 나와 한 뿌리이고 세상 만물은 나와 한몸이라는 것이다. 그의 공생론의 바탕에는 무아사상이 자리 잡고 있다. "나라고 하는 존재는 고정적으로 있는 것이 아니라, 일체의 조건이 나를 있게끔 해준 것"이라는 것이다. "내가 내 힘으로 한 게 아니"며 "따지고 보면 내가 내가 아닌" 것이다. "우리가 연대관계 속에 있으면서, 그러면서 투쟁의 논리가 아니라 화합의 논리요 서로 협동하는 논리라는 그런 시각으로 봤을 때에 비로소 우리가 존재할 수 있다고 하는 새 시각 속에서 우리 한살림 공동체 이야기도 될 수 있"다고 그는 말한다(장일순 2016, 41).

장일순은 에고(ego)가 없어야 모든 것에 도움이 되는 일을 할 수 있다고 했다. 물은 자기 자리가 없고 언제나 낮은 자리로 가는데 그런 자리에서 모든 것을 대하니까 모든 것을 이롭게 한다는 것이다. 그러니까 다투지를 않는다고 한다. 남을 도와주면서 다툴 수가 있겠는가 라는 것이다(장일순·이현주 2003, 121-122). 그러므로 "자연과도 공생해야 되지만 제대로 사는 것을 모르는 사람하고도 공생해야 된다"고 했다. "우리끼리만 맛있는 거 먹고 우리끼리만 몸에 해롭지 않은 거 먹고" 그렇게 하면 영역을 확대해 나갈 수 없다는 것이다(장일순 2016, 113).

자애와 무위는 삶에 있어서 표리관계에 있다고 그는 생각했다. 자애, 사랑은 나와 네가 분리되지 않은 동체인 것이며 따라서 무아의 관계인 것이다. 무위는 계산법이 없는 것으로 이로움을 추구하지 않는 것이다. "우리가 얼핏 생각할 때 건들거리고 노는 것을 생각할지 모르지만 그런 것이 아니라 계산 보지 않는 참마음 그런 것이 무위지요"라고 그는 말한다(장일순 2016, 94).

2) 서구와 제국주의 비판

그는 서구선진국의 책임도 물었다. "세계의 큰 도시들 몇 개가 낭비해 없애는 것만 가지고도 전 지구의 기아 문제를 넉넉히 해결할 수 있다"고 했다(장일순·이현주 2003, 449). 또한 미국, 일본, 유럽 등이 나무를 잘 가꿨다고 하는데 "자기네 나무를 울창하게 가꾼 그 사람들이 지구 위에 있는 나무를 숱하게 없애는 사람들"이라는 것이다. "제집에서는 무공해식품 먹고 제집에서는 맑은 공기 마시며 살면서, 제집 바깥은 엉망이 되어도 좋다는 얘기"하고 같은 것이라고 했다. 그런데 그러면 그들 자신도 결국 죽는다고 그는 경고한다(장일순 2016, 63).

서구의 한계는 그들 사고방식의 한계이다. 장일순은 서구철학의 기본이 주와 객으로 나뉘어져 있어 나와 대상을 나누기 때문에 자연을 대상으로만 본다고 비판한다.

자연과 인간이 따로 있는 것이 아니야. 자연이나 인간이나 다 자연이야. 자연과 인간이 다 존경받는 그러한 속에서 일원론으로 돼야 해. 요소론적으로는 사물을 보는 의식을 버려야 되지. 그렇게 해야만 인간의 생산작업으로 자연이 손상되지 않고 인간도 자연스런 인간이 될 수 있어. 그러한 방식으로 변화도 구축돼야 하겠지. 그것이 한살림운동의 핵심이 아니겠어? 서구의 녹색운동이란 것도 그와 같은 변화의 한 흐름이지. 그런데 서양애들이 얘기하기를 '피조물 보호' 어쩐다 하는데 말이야, 물론 그 친구들의 접근방법이 그럴 수밖에 없기는 하겠지. 주와 객으로 언제나 사물을 보니까. 과학이라는 것이 주와 객의 설정을 통해 보는 것 아닌가. 한계가 있어. 주와 객이 초연히 하나가 되는 삶, 그런 만남 속에 문제를 보지 않고는 안돼. 그러자면 무아(無我)의 상태, 곧 자네가 나이고 내가 자네인 상태, 그것을 이루지 않고서는 전 세계의 인류는 살 수가 없어(장일순 2016, 275).

그는 제국주의를 "새 알을 깨고, 팀을 나눠 경쟁해서 남이 안 보니까 남의 밭에 나는 콩 싹을 잘라버리는 것들"에 비유했다(장일순 2016). 중동전쟁도 석유 때문에 싸우는 것인데 그 산업구조가 천지자연의 도리에 어긋나 있다는 것이고 공해도 마찬가지라고 보았다(장일순·이현주 2003, 274-276). 만일 상대가 공생을 하지 않겠다고 할 경우 비폭력과 비협력의 방법을 쓸 수 있다고 했다.

용서한다는 것은 같이 공생하려고 할 때의 얘기입니다. 그들이 공생 안 하겠다고 한다면 우리는 비폭력, 비협조해야죠. 이것 두 가지는 굉장히 중요한 잣대입니다. 그런 사람하고는 비협력해야죠. 그리고 상대는 폭력을 쓰더라도 우리는 비폭력으로 대해야죠. 그 폭력의 세계라는 건 정복을 한다거나 소유를 한다는 범주의 얘기들이니까 억울함이라든가 분함이라는 것도 똑같은 역사의 궤적을 갈 경우에 따르는 문제이지요. 우리는 우리끼리 만든 다른 궤적의 역사를 가고 있으니까 억울함이나 분함이 문제 되는 것은 아닙니다. 지금 세상은 얼마나 빠르게 변합니까. 우리가 그렇게 살아가는 모습을 보여주면 가졌던 놈들도 다 놓게 될 겁니다. 내가 너무 나이브하게 생각하는 건지는 모르겠습니다(장일순 2016, 193).

"반생명적인 일체의 조건을 갖다가 다시 보고 그것에서부터 우리는 탈출해야" 되는데, "그것은 주먹을 쥐고 상대를 때려눕히면서 하는 것이 아니라 상대를 변화시키는 운동으로, 비협력으로 탈출해야" 된다고 했다(장일순 2016). 비폭력과 비협력은 간디도 말했지만 수운과 해월의 동학사상에도 구구절절 기록되어 있다고 그는 강조한다. 그렇기 때문에 3·1만세운동이 민족자주를 천명하면서도 비협력과 비폭력이라는 정신이 깃들어 있다는 것이다(조성환 2018).

3) 해월과 노자의 사상

동학을 신봉한 장일순은 해월 최시형을 매우 존경했다. 그에 의하면 최시형은 "눌리고 억압받던" 한반도 100년 역사 속에서 가장 '거룩한 모범'이었다. 또한 "이 땅에서 우리 겨레가 어떻게 살아가야 하고, 또 온 세계 인류가 어떻게 살아가야 하는가를 정확하게 일러주신 분"으로, 우리가 "가장 자주적으로 사는 길이 무엇이며, 또 그 자주적인 것은 일체와 평등한 관계에 있어야 한다는 것"을 설명했다(최성현 2004, 23-24).

그는 최시형을 민중해방운동의 선구자로 여겼으며 최시형이 원주에서 관군에게 잡혀간 것을 기리고자 그 현장인 원주군 호저면 송골에 비문을 직접 쓴 기념비를 세우기도 했다(장일순·이현주 2003, 728). 최시형은 우리 민족의 거룩한 스승으로 그가 있었기에 손병희가 있었고 또 그렇기 때문에 3·1운동이 있었다고 했다. 그 결과 중국과 인도에 커다란 각성운동을 주었다고 했다. 또한 최시형은 언제나 가난한 이들과 같이 살아갔고 여성, 아이들까지 지극히 섬기는 모범적인 삶을 살았다고 했다(장일순 2016).

해월 선생님께서는 '밥 한 그릇을 알게 되면 세상의 만 가지를 다 알게 된다'는 그런 말씀을 하신 적이 있어요. 이 우주가 없으면 나락 한 알이 되지 않는다 이거에요. 바로 그 나락 하나는 하늘이다 이거야. 그래서 해월께서는 '이천식천'이라. 하늘이 하늘을 먹는다 이 말이야. 우리가 다 하늘이다 이거야. 우리 안에 불생불멸의 영원한 아버지께서 함께하신다 이 말이야. …… 이천식천이라 했거늘 이제는 먹이사슬 관계는 뭐냐 하면 소비의 대상이 아니라 생명의 주체이다 이 말이야. 생명 그 자체다 이 말이야. 근데 생명을 나눌 수 있느냐? 나눌 수 없다. 문제는 거기서부터 봐야지(장일순 2016, 137).

해월의 이천식천(以天食天) 즉 '하늘이 하늘을 먹는다'는 사상은 그의 천주교 신앙으로도 이어진다. 즉 예수가 자신을 빵이라 했다는 것, 자신이 밥이라 했다는 것을 상기시킨다. 그러므로 곡식 한 알 한 알이 엄청난 것이며 우리 모두는 하늘과 땅이 먹여주고 길러준 것이라고 했다. 또한 예수가 구유에 태어난 것은 심지어 그가 짐승의 먹이로도 왔다는 것을 의미한다고 했다. 인간만이 구원의 대상이 아니라 우주 전체를 위해 그가 왔다는 것이다. 즉 "일체의 것들의 진정한 자유와 평화를 위해서 오신 것"이라고 했다(장일순 2016).

그가 보기에 해월의 실천 방법은 '무위(無爲)'이다. 해월은 '시(侍)는 무위이화(無爲而化)', 즉 모시는 행위는 무위로서 하는 것이라고 했다는 것이다. 이 점에서 해월은 노자와 만난다. 장일순은 무위당으로 불릴 만큼 그는 '무위'를 강조했고, 따라서 노자의 영향을 크게 받았음을 알 수 있다. 그에 의하면 도는 '안다, 모른다'에 속하지 않는 것이다. 대와 소가 따로 없고 선과 악이 따로 없다. 노자는 모순 통일의 자리에서 모든 것을 들여 다보았다고 했다. 또한 세상만사를 들여다보시는 분을 수운이나 해월은 한울님이라 했고 예수는 아버지라고 했다는 것이다. 그러므로 구체적으로 어떤 일을 하다가도 다시 그 '자리'로 돌아가야 한다는 것. 아버지의 자리로, 부처님의 자리로 돌아가서 행하고 사물을 보되 그 자리에서 보자는 것이다(장일순·이현주 2003, 19-23).

그는 소유권에 대해서도 노자를 따라 소유는 자연스러운 것이 아니라고 주장한다. 노자는 '생이불유 장이부재(生而不有 長而不宰)'라 하여 '낳았지만 소유하지 않으며 키웠지만 지배하지 않는다'라고 했다는 것이다. 그는 "자연은 소유하려는 게 없어요"라고 말한다(장일순 2016). 또한 노자는 '사람을 다스리고 하늘을 섬기는 데 알뜰함만 한 게 없다(治人事天莫若嗇)'고 했다고 강조한다. 그런데 지금 알뜰할 수 없게 되었는데 그 이유는 지구 전체가 장삿속이고 욕심판이고 돈이 기준이 되었기 때문이라는 것이다. 자연을 무한히 개발하여 제대로 분배만 하면 복지고 민주주의인 줄 안다는 것이다. 그리고 그것이 지금 한계에 부딪혔다고 보았다. 우리가 농사지은 것과 모든 물건을 알뜰히 해서 소중히 쓰면 많은 사람에게 베풀 수 있다고 했다. '하늘과 땅과 만물의 도움으로 생긴 물건을 알뜰하게 모시고 남는 것을 이웃과 함께 나누는 게 바로 한살림의 정신'이라고 했다 (장일순 2016).

또한 장일순은 화엄경을 인용하여 '조그마한 티끌 안에 우주가 있다'고 했고, 예수가 좁쌀만한 믿음만 있어도 산과 바다를 옮길 수 있다고 한 비유를 들어 우주적 각성을 촉구했다(장일순 2016). 1970년대 농민운동가를 교육할 때는 모택동의 모순론을 공자의 말을 빌려 쉽게 설명하기도 했다. 즉 교학상장(教學相長)이라 하여 스승과 제자가 함께 자란다는 것, 의사와 환자의 관계에서도 의사와 환자가 돌아가며 스승과 제자가 되어야 병을 고칠 수 있다는 것 등을 들었다. 그러므로 사회가 굳어져 있으면 교학상장이 되지 않고 선생은 항상 선생이고 제자는 항상 제자가 되는 것이 문제라는 것이다(장일순·이현주 2003, 282). 그가 강조한 천지여야동근(天地與我同根) 만물여야일체(萬物與我一體)는 선어록인 『벽암록(碧巖錄)』에 등장하고 또한 『맹자』의 만물개비어아(萬物皆備於我) 즉 만물이 모두 나에게 구비되어 있다는 것과도 상통하므로 그의 사상은 유학, 노자, 불교, 기독교 사상의 합일로 볼 수 있다(정종모 2018).

리영희는 이러한 장일순을 "다면적이고 복합적이고도 중층적이면서 아무 모순 없이 이질적으로 보이는 제반 사상들을 하나의 커다란 용광로처럼 융화시켜 나가는 분"이라고 평했다(리영희·임헌영 2005, 467-468). 그의 새로운 진보론은 "진보함으로써 확장하는 것이 아니라 확장함으로써 진보하는 것이다."

4) 풀뿌리민주주의와 협동조합 정신

장일순은 활동가들에게 자주 '농민 앞에서 기라'고 말했다고 한다. 즉 활동가들이, 자신이 전위인 양 행세하며 대중을 지도하거나 군림하려고 하지 말라는 것이다. 그는 풀뿌리 민중운동을 '밑으로 기어가는 운동'이라고 표현한다. 밑바닥과 어울려야 오류가 없다는 뜻으로 '개문류하(開門流下)'로 표현한다(최성현 2004, 243). 즉 '문 열고 아래로 흐르라'는 것이다. 또한 잔뿌리가 있어야 큰 나무가 된다고 했다. 대와 소는 하느님 아버지의 차원에서 보면 같은 것이라는 것이다(무위당을 기리는 사람들 2004, 107). 따라서 자신이 나서려 하지 말고 남이 앞에 서게 하라고 그는 권한다. '남이 꽃 피우게 하라'는 것이며 '겸손한 마음으로 섬기라'는 것이다. 노자가 이것이 자신의 보배라고 했는데 예수도 같은 말을 했다는 것이다(장일순 2016).

불감위천하선(不敢爲天下先)이라. 세상에서 다른 사람 앞에서 서려고 하지 말아라 이 말이야. 오늘도 내가 재수 없게 여러분 앞에서 섰지만, 앞에서 서지 마라 이 말이야. 남을 도와서 남이 앞에서 서게 하라 이거야. 남이 꽃피우게 하라 이 말이야. 이웃이 잘 되게 하라 이 말이야. 꽃 하나 벌레 하나 풀 하나를 보더라도 다 하심(下心)으로써, 겸손한 마음으로 섬기라 이 말이야(장일순 2016, 142).

그는 '아래로 흐르는 것'을 말뿐 아니라 실천에도 옮겼다. 합동전시회 때 장일순도 작품을 냈는데 작품 아래에 "글씨: 장일순, 석각: 김진국, 받침대: 김진성"이라는 소개글을 붙인 것이 화제가 되었다. 즉 글씨를 쓴 자신뿐 아니라 돌에 새긴 이와 그 돌의 받침대를 만든 이의 이름까지 밝힌 것이다(최성현 2004, 264). 소매치기를 찾아가 설득하여 소매치기한 돈 중 쓰고 남은 돈을 찾아온 일화도 있다(최성현 2004, 136).

협동조합의 정신도 풀뿌리민주주의에 있다. 그는 '국민'이 아닌 '주민'을 주권의 주체로 내세웠다. 주민은 시민보다 더 풀뿌리에 가까운 존재이다.

'국민주권'이 아니라 '주민주권' 시대가 왔다고 얘기하는데, 독재 형태에서는 주권을 인정하지 않아요. 국민으로부터 주권이 나온다고 말하지만 진정한 요구와 바람이 그러한 집단 속에 들어가면 일회용으로 써 먹히고 걷어차입니다. 내가 왜 그런데 참가해요. 적어도 만민이 평등하게, 다 자유롭게 자기 생활을 보호할 수 있는 협동적인, 그래서 나는 협동운동을 몇십 년 동안 하고 있습니다(여운연 1991, 52-54).

이는 당시 한국 국민이 독재 정권에 종속된 국민이었기 때문에 더욱더 그러했을 것이다. 그는 또한 생산자, 소비자 간의 공생을 강조한다. "잇속을 계산해보는 습성"은 '나쁜 습성'으로, "소비자는 생산자를 살게 해줘야"

한다는 것이다. 즉 생산자, 소비자가 각자 상대의 입장이 되어보아야 한다는 것이다. "하늘나라에 들어온, 생명의 나라에 들어온 이라면 먼저 왔건 나중에 왔건 다 먹고 살게 해줘야" 한다고 했으며 이것이 포도밭 비유의 말씀이라고 했다(장일순 2016, 112).

그는 스페인 몬드라곤 협동조합에 주목했다. 1956년에 시작된 몬드라곤 협동조합 복합체의 장점은 노동자들에 의한 기업 소유와 민주주의적 원칙에 따른 자율경영이다. 또한 다원화되고 개방적인 피드백 과정이 존재하며 산업발전에 따라 파생되는 문제들을 해소할 수 있다는 것이다. 조합원들로만 하나의 자치도시를 형성한 몬드라곤 공동체는 프랑코 독재하에서 한 신부의 노력으로 시작되어 노동자에 의한 생산수단의 공유라는 사회주의적 이상의 실현과 또한 동시에 자본주의적 시장 논리를 존중하는 틀 안에서 경쟁력을 높여왔다. 그 결과 로봇까지 생산하는 기술공동체로 발전했다.

장일순은 조합원 교육시 협동운동을 계승, 발전시킬 수 있는 길로써, 첫째, 꼭 필요로 하는 사람을 찾는 일, 둘째, 교육을 부단히 지속성 있게 추진하는 일, 셋째, 남과 북의 통일에 대비하여 협동운동을 북측 사람들에게 심어주면서 자본주의 모순과 사회주의 모순에서 살길을 찾아주는 일, 넷째, 시대에 맞는 협동문화 개발을 꾸준히 하는 일, 다섯째, 돈은 살아가는 데 꼭 필요하지만 수단이지 사람 위에 있는 것이 아니라는 것을 분명히 아는 일을 지적했다(무위당을 기리는 사람들 2004, 56-57).

6. 실천으로 구현한 사상

1980년대의 사상을 리영희, 박현채, 문익환, 장일순만이 대표한다고 말할 수는 없을 것이다. 그러나 이 네 사람의 사상과 실천을 이야기하지 않고

서 1980년대를 말할 수 없다. 김삼웅이 쓴 『리영희 평전』의 부제는 "시대를 밝힌 '사상의 은사'이다. 그는 리영희를 "우상의 칼에 맞선 이성의 펜"으로 묘사한다(김삼웅 2010, 7) 그의 중국에 대한 인식은 예언자적인 것으로 당시에 이미 G2 국가로서의 중국의 위상을 알아보았다고 할 수 있다. 그는 또한 한반도 평화를 동아시아 문제로 본 최초의 학자로 평가된다(서보혁 2017, 132). 그러나 평화론에 비하면 그의 통일론은 다소 미흡하며 또한 정보의 편향성을 완전히 극복했다고 할 수는 없다. 중국의 문화혁명에 대한 이해도 다소 한계가 있다고 지적된다.

박현채는 NL과 PD 간 논쟁에 영향을 끼친 인물로 지금까지도 일부 사회운동가들에게 영향을 미치고 있다. "사회성격 논쟁 혹은 사회구성체 논쟁으로 알려진 논쟁은 한국의 사회과학 역사에서 매우 이례적인 논쟁이었을 뿐 아니라 (정치)경제학을 비롯해 사회학, 정치학, 지리학 등의 사회과학 분야의 분과학문을 넘어 문학을 비롯한 인문학 분야에 역시 그 효과가 반향되었던 '학술적인' 사건"이라 평가되기도 한다. 또한 그러한 논쟁은 "분단 이후 남한에서 거의 전례 없는 마르크스주의의 부활 또는 재기를 가리키는 사태"였다고 평가된다(서동진 2017, 39).

당시에는 세계적으로 마르크스주의의 종말이 회자되었지만 한국에서는 예외적으로 마르크스주의에 대한 지지가 강했다. 이에 대해 서동진은 "한국 사회의 독특한 역사적 추이를 떠난 채 설명될 수 없"으며, 지식인들이 마르크스주의를 "자신이 분석하고자 하는 대상에 대한 비판적 제시를 위한 이론적 프로그램으로 채택"했고 그것은 "이론 활동에 있어서의 윤리적 규범으로서, 도덕적 코드와 같은 것으로 이해"되었기 때문이라고 평가했다(서동진 2017, 40). 그러나 박현채를 포함하여 1980년대의 마르크스주의자들은 구체성을 결여한 추상적 이론의 수준을 넘지 못했다. 또한 관념성, 경직성, 좌편향성으로 인해 조직 분열을 초래하여 오히려 민주화운동의 장애 요인이 되었다고 평가되기도 한다(금인숙 2006, 112).

문익환의 방북 성과인 4·2공동성명은 남북간의 첫 합의라는 역사적 의미가 있다. 6·15정상회담이 성사된 것도 4·2공동성명에서 그 합의의 가능성이 확인되었기 때문이다. 실제로 4·2공동성명과 6·15공동선언은 중요한 부분에서 그 내용이 일치한다(김형수 2004, 778). 문익환의 방북은 남한 내 통일운동을 활성화시켰다. 그는 방북 후 전국을 다니며 '방북보고대회'를 했는데 그 결과 노동자, 농민, 종교, 문화, 체육 등 다방면에서 통일운동과 교류가 활발히 추진되었고 통일운동이 대중운동으로 발전했다. 또한 분단 45년 만에 남한, 북한, 해외동포 대표가 베를린에서 만나 '조국통일범민족연합(범민련)'을 결성했다. 1990년 12월 범민련 해외 본부가 결성되면서 일본, 북미주, 유럽, 호주 등지에서 지역 본부가 결성되었고 남한에서는 1991년에 범민련 남측 준비위가 발족되어 문익환이 위원장을 맡았다. 북한에서도 범민련 북측 본부가 구성되었다(김형수 2004, 759).

장일순은 유영모, 함석헌의 뒤를 이어 김지하, 신용복을 이끌어낸 토착적 한국 사상가로 자리매김할 수 있다. 장일순은 동학사상의 본질이 생명 사상임을 깨닫고 그것을 현대적으로 되살려냈다(조성환 2018, 63-66). 기독교는 신의 전지전능함을 상정함으로써 신이 만든 인간과 세상의 불완전성을 설명하지 못하고 인간의 비주체성에 직면해야 하는 딜레마에 빠지는데 동학은 하늘이 불완전하고 인간에 의지해서만이 자신을 드러낼 수 있다고 하여 그 딜레마를 해결하고 인간에게 주체적 역할을 부여한다. 인간은 또 다른 하늘로 여겨진다. 장일순은 최시형의 사상을 '하늘과 인간의 상호협력'이라는 천인상여(天人相與)로 설명하고 더 나아가 밥알 하나, 티끌 하나에도 우주의 생명이 있다고 하여, '만물이 하늘을 모시고 있다'고 한 최시형의 말을 적극적으로 해석한다(조성환 2018, 74-75). 그는 최시형이 하늘, 인간뿐 아니라 만물까지도 존경하라는 경물사상을 주장한, 전근대 시대에 탈근대사상을 전파한 인물임을 다시 확인시켜주었다.

이들 중 리영희와 박현채는 한국 사회에 지적 충격을 가져다준 인물로 리영희는 '사실'과 '구체'에, 박현채는 '이론'과 '추상'에 집중했다고 여겨진다. 리영희는 일반인들에게까지 폭넓게, 박현채는 학생과 지식인들에게 강한 영향을 끼쳤다. 둘의 공통점은 이성적이고 과학적이라는 점이다. 반면, 문익환과 장일순은 종교적이고 영성적이다. 문익환은 목사로서 예수의 삶을 살고자 했고, 장일순 역시 리영희에 의하면 '성자'의 삶을 살았다(최성현 2004, 106). 또한 리영희와 박현채는 역사와 현실에 집중했고, 문익환과 장일순은 장기적 미래에 관심을 가졌다. 문익환은 한반도 통일이라는 미래를, 장일순은 자연의 회복이라는 미래를 꿈꿨다. 그리고 리영희, 문익환, 장일순은 평화를 매우 강조했다는 공통점이 있다.

이 네 사람은 모두 사상가인 동시에 운동가요 실천가였다. 모두 수차례 구속되고 오랜 감옥생활을 했다. 그뿐 아니라 정권의 탄압으로 여러 차례 실직을 감수하면서도 소신을 굽히지 않았다. 1980년대의 사상가는 실천으로 그 사상을 구현해야 하는 시대였다. 현재 우리가 누리는 민주주의는 이들과 더불어 그 시대를 치열하게 살아간 사람들의 이러한 헌신 덕분이다.

고 박현채 10주기 추모집·전집 발간위원회 편. 2006. 『박현채 전집』 1. 대구: 해밀.

리영희. 2006. 『전환시대의 논리』. 파주: 한길사.

리영희. 2006. 『80년대 국제정세와 한반도』. 파주: 한길사.

리영희. 2006. 『분단을 넘어서』. 파주: 한길사.

리영희. 2006. 『역설의 변증』. 파주: 한길사.

리영희·임헌영. 2005. 『대화』. 파주: 한길사.

문익환. 1981. 『문익환 전집』 7권. 파주: 사계절출판사.

문익환. 1984. 『통일은 어떻게 가능한가』. 서울: 학민사.

박현채. 1983. "해방전후 민족경제의 성격." 『한국사회연구』 1, 369-410. 서울: 한길사.

박현채. 1985. "현대 한국사회의 성격과 발전단계에 관한 연구." 『창작과비평』 57호, 310-345.

박현채. 1986. 『한국경제구조론』. 서울: 일월서각.

장일순. 2016. 『나락 한 알 속의 우주』. 서울: 녹색평론사.

장일순·이현주. 2003. 『무위당 장일순의 노자 이야기』. 서울: 삼인.

강준만. 2004. 『리영희: 한국 현대사의 길잡이』. 서울: 개마고원.

금인숙. 2006. "마르크스주의 사회과학에서의 오리엔탈리즘." 『담론201』 제9권 3호, 109-157.

김삼웅. 2010. 『리영희 평전』. 서울: 책보세.

김삼웅. 2012. 『박현채 평전』. 서울: 한겨레출판.

김영수. 2010. "1980년대 사회변혁적 사회구성체론과 민주노조운동." 안병욱 편. 『한국 민주화운동의 성격과 논리』, 299-331. 서울: 선인.

김형수. 2004. 『문익환 평전』. 서울: 실천문학사.

김호기. 2012. 『시대정신과 지식인』. 파주: 돌베개.

김호기. 2018. "리영희, 냉철한 이성으로 반공주의 맞서 '탈냉전 대전환' 치열한 사유." 《한국일보》 (6월 25일).

무위당을 기리는 사람들. 2004. 『너를 보고 나는 부끄러웠네』. 서울: 녹색평론사.

박경서·이나미. 2010. 『70년대 한국민주화인식』. 파주: 지식산업사.

박명림. 2011. 『역사와 지식과 사회』. 파주: 나남.

서동진. 2017. "사회성격 논쟁과 마르크스주의." 『사이』 제23호, 39-70.

서보혁. 2018. "리영희의 반전반핵 평화사상." 서보혁·이찬수 편. 『한국인의 평화사상』 2,
    279-316. 고양: 인간사랑.

서울지역대학생대표자협의회. 1989. "식민지반봉건론에 대한 초기의 입장." 박현채·조희연
    편. 『한국사회구성체논쟁』 I, 403-407. 서울: 한울.

안현효. 2008. "'민족경제론'과 신자유주의 시대의 한국경제학." 『동향과 전망』 통권 72호,
    11-48.

여운연. 1991. "시민연대회의 고문 장일순 '겨레의 가능성 대중 속에'." 『시사저널』 (3월 21일).

이덕재. 2008. "민족경제론의 공동체성과 현재적 의의." 『동향과 전망』 통권 72호,
    83-112.

이대근. 1985. "한국 자본주의의 성격에 관하여." 『창작과비평』 57호, 346-373.

이병천. 2007. "민족경제론과 대중경제론: 민족경제론의 현실적 변용으로서 대중경제론에
    대하여(1960년대 말-70년대 초)." 『사회경제평론』 제29권 2호, 223-246.

이순웅. 2008. "리영희의 '인간주의적' 사회주의에 관한 비판적 연구." 『시대와 철학』 제
    19권 3호, 193-230.

이유나. 2014. "문익환의 기독교 신앙과 사회참여." 『한국기독교와 역사』 제40호, 239-272.

이재봉. 2018. "이승만 하야, 미국의 내정간섭 결과였다." 『프레시안』 (4월 5일).

임영태. 2008. 『대한민국사 1945-2008』. 파주: 들녘.

정건화. 2008. "민족경제론을 위한 변명." 『동향과 전망』 통권 72호, 49-82.

정종모. 2018. "현대한국정치사상의 흐름." 토론회 논평문. 미출간 문서.

조성환. 2018. 『한국 근대의 탄생: 개화에서 개벽으로』. 서울: 모시는사람들.

조항구. 2014. "『독일이데올로기』의 개정판과 '사적유물론'에 대한 재해석." 『철학논집』 제
    38호, 307-346.

조희연. 1990. "제국주의 지배하의 자본주의 발달의 성격." 『80년대 사회운동논쟁』,
    247-267. 파주: 한길사.

최성현. 2004. 『좁쌀 한 알』. 서울: 도솔.

한국기독교교회협의회 인권위원회 편. 1987. 『1970년대 민주화운동』. 서울: 한국기독교
    교회협의회.

한윤정. 2007. "조정래 '태백산맥 소년 빨치산 모델은 박현채'." 《경향신문》 (9월 21일).

● 이 글에서 소개된 인물들의 대표적 저작을 꼽자면 다음의 책을 추천한다.

리영희. 2006. 『전환시대의 논리』. 파주: 한길사.

박현채. 1985. "현대 한국사회의 성격과 발전단계에 관한 연구." 『창작과비평』 부정기
　　간행물 제1호.

문익환. 1984. 『통일은 어떻게 가능한가』. 서울: 학민사.

장일순. 2016. 『나락 한 알 속의 우주』. 서울: 녹색평론사.

찾아보기

필자소개

강정인

서강대학교 정치외교학과 교수이자 서강대학교 글로컬한국정치사상연구소 소장이다. 주요 연구 분야는 비교정치사상, 한국 현대 정치사상, 문화와 정치 등이다. 저서로는 『넘나듦의 정치사상』(2013), 『한국 현대 정치사상과 박정희』(2014), 『죽음은 어떻게 정치가 되는가』(2017), 『교차와 횡단의 정치사상』(2019) 등이 있고, 역서로는 『통치론』(공역, 1996), 『정치와 비전1·2·3』(공역, 2007·2009·2013), 『군주론』(공역, 2015), 『평등이란 무엇인가』(공역, 2016), 『민주주의란 무엇인가』(공역, 2018), 『로마사 논고』(공역, 2019 개역) 등이 있다.

권도혁

서강대학교 정치외교학과에서 석사학위를 받았다. 정치사상을 전공했으며, 주요 관심 분야는 평등이론, 공화주의, 비교정치사상 등이다. 주요 논문으로는 "경제민주화 담론에 대한 정치사상적 고찰", "조소앙의 삼균주의 재해석: '균등' 개념의 분석 및 균등과 민주공화주의의 관계를 중심으로", "유교의 정치적 평등의 전개: 유형원과 이익을 중심으로", "한미 자유무역협정(FTA)은 순응의 산물인가 아니면 선택의 결과인가?" 등이 있고, 역서로는 『평등이란 무엇인가』(공역, 2016)가 있다.

김대영

현재 사단법인 대한민국지식중심의 이사장직을 맡아 지식의 공유를 통해 한국사회의 미래에 기여하자는 취지의 법인활동에 전념하고 있다. 한때 국회에서 현실정치를 경험하기도 했고, 박사학위 취득 후 동북아역사재단에서 우리 역사와 독도를 지키기 위한 연구활동을 했으며, 정치평론학회를 통해 한국사회의 공론장을 활성화하기 위해 노력했다. 이상과 현실의 괴리를 극복하기 위한 실천의 연장선에서 『공론화와 정치평론』(2005)이라는 저서를 내기도 했다.

서희경

이화여자대학교 정치외교학과를 졸업하고, 서울대학교 정치학과에서 석사·박사학위를 받았다. 서울대 법학연구소 선임연구원, 서강대 사회과학연구소에서 연구교수를 역임했으며, 현재 서울대 한국정치연구소의 연구원으로 있다. 주요 관심분야는 한국헌정사이며, 저술로는 『대한민국 헌법의 탄생: 한국 헌정사, 만민공동회에서 제헌까지』(2012)가 있다. 주요 논문으로는 「헌법적 쟁점과 대한민국의 국가정체성(1945-1950)」, 「War and Justice: Just Cause of the Korean War」 등이 있다.

양윤모

인하대학교에서 『김구의 백범일지와 민족주의사상 연구』로 박사학위를 취득하였다. 학교 연구소에서 근무하였고, 지금은 사학과 초빙교수로 강의하고 있다. 김구와 박은식, 신채호, 여운형 등 근대 인물들에 대한 글을 발표하였으며, 10여 년 전 부터는 주로 인천 지역의 민족운동과 독립운동에 관한 글들을 집필해왔다. 최근에는 김구가 직접 쓴 친필본 『백범일지』를 그대로 번역한 책을 간행하였다. 현재 기존에 발표한 글들을 다른 각도에서 재구성하고 정리하는 작업을 하고 있다.

이나미

현재 한서대 동양고전연구소 연구교수로, 자유주의, 보수주의 등 한국의 지배이념에 대한 비판적 연구를 수행했다. 현재는 생태주의 등 대안적 가치에 대한 연구를 진행 중이다. 주요 저서로 『한국 자유주의의 기원』(2001), 『WCC창으로 본 '70년대 한국민주화인식』(공저, 2010), 『한국의 보수와 수구: 이념의 역사』(2011), 『이념과 학살: 한국전쟁 시기 좌익에 대하여』(2013), 『한국시민사회사: 국가형성기 1945~1960』(2017) 등이 있다.

이상록

한국현대사를 전공하는 역사학자로 현재 국사편찬위원회 편사연구관으로 재직 중이다. 한양대학교 사학과에서 "『사상계』에 나타난 자유민주주의론 연구"라는 논문으로 박사학위를 받았다. 주요 연구 분야는 '사회사상으로 본 독재와 민주주의', '산업화 시대의 일상사' 등이다.
주요 연구 논저로는 『근대의 경계에서 독재를 읽다』(공저, 2006), 『호모 에코노미쿠스, 인간의 재구성』(공저, 2018), 『1960년대 사회 변동과 자기 재현』(공저, 2018), 『1970년대 사회 변동과 자기 재현』(공저, 2018) 등이 있다.

이상익

성균관대학교 유학대학 한국철학과를 졸업하고, 동 대학원에서 철학박사 학위를 취득했다. 육군사관학교 철학과와 영산대학교 교양학부 교수를 역임하고, 지금은 부산교육대학교 윤리교육과 교수로 재직하고 있다. 주요 관심분야는 성리학의 형이상학적 체계와 그 사회·정치적 의미이다. 주요 논저로는 『서구의 충격과 근대 한국사상』(1997), 『유가사회철학연구』(2001), 『朱子學의 길』(2007), 『인권과 인륜』(2015), 『현대문명과 유교적 성찰』(2018) 등이 있다.

전재호

서강대학교 글로컬한국정치사상연구소 연구원. 서강대학교 정치학 박사. 『박정희 체제의 민족주의 연구: 담론과 정책을 중심으로』(1998)를 쓴 후, 주로 한국정치와 민족주의 관련 연구를 수행했다. 대표 저서는 『반동적 근대주의자 박정희』(2000), 『박정희 대 박정희』(2018), 『키워드 한국정치사』(2018)이고, "2000년대 한국 '탈민족주의' 논쟁 연구: 주요 쟁점과 기여"(2018), "한국의 '극단적' 민족주의에 대한 비판적 연구: 국수주의 역사학의 존립기반을 중심으로"(2019), "한국의 반일 민족주의 연구: 담론의 변화와 특징"(2019) 등의 논문을 발표했다. 성균관대 동아시아학술원 연구교수, 서강대 사회과학연구소 연구교수, 민주화운동관련자명예회복 및 보상심의위원회 전문위원, Harvard-Yenching 연구소 Visiting Fellow 등을 역임했다.

정승현

서강대학교 글로컬한국정치사상연구소 연구원. 서강대학교 정치학 박사. 주요 연구 대상은 한국 급진주의, 한국 근현대 정치사상 등이다. 주요 저서로는 『한국 정치의 이념과 사상』(2009), 『정치학의 정체성』(2016)(이상 공저) 등이 있고, 『마인드』(2007), 『나 홀로 볼링』(2009), 『지구적 정의란 무엇인가』(2017), 『현대 정치사상의 파노라마』(공역, 2019) 등의 책을 번역했다.

인물로 읽는

현대한국정치사상의 흐름

해방 이후부터 1980년대까지

1판 1쇄 펴냄 | 2019년 6월 28일
1판 2쇄 펴냄 | 2020년 2월 28일

저　자 | 강정인·정승현·전재호 외 지음
펴낸이 | 김정호
펴낸곳 | 아카넷

출판등록 2000년 1월 24일(제406-2000-000012호.)
10881 경기도 파주시 회동길 445-3 2층
전화 | 031-955-9510(편집)·031-955-9514(주문)
팩시밀리 | 031-955-9519
책임편집 | 김일수
www.acanet.co.kr | www.phildam.net

ⓒ 강정인·정승현·전재호 외, 2019

Printed in Paju, Korea.

ISBN 978-89-5733-631-1 93300

이 도서의 국립중앙도서관 출판시도서목록(CIP)은
서지정보유통지원시스템 홈페이지(http://seoji.nl.go.kr)와
국가자료공공목록시스템(http://www.nl.go.kr/kolisnet)에서 이용하실 수 있습니다.
(CIP 제어번호: CIP2019023102)

* 이 저서는 2017년 대한민국 교육부와 한국연구재단의 지원을 받아 수행된 연구임
  [NRF-2017S1A3A2065772]